DER DEUTSCHE ROMAN II

DER DEUTSCHE ROMAN

Vom Barock bis zur Gegenwart

Struktur und Geschichte

II

Herausgegeben von

Benno von Wiese

August Bagel Verlag Düsseldorf

Alle Rechte vorbehalten
Herstellung A. Bagel, Düsseldorf
Printed in Germany 1963

INHALT

Vom Realismus bis zur Gegenwart

VOM REALISMUS
BIS ZUR GEGENWART

WERNER KOHLSCHMIDT

Gotthelf · Geld und Geist

Voraussetzungen

„Geld und Geist" erschien 1843 in seiner ursprünglich beabsichtigten Form als zweites Bändchen einer von Gotthelf bei einem bescheidenen Solothurner Verleger veröffentlichten Werkreihe „Bilder und Sagen aus der Schweiz". Es war der spätere erste Teil. Die Ausweitung um zwei weitere Teile erfolgte im vierten und fünften Bändchen der gleichen Reihe 1844. Es handelt sich also um einen der bei Gotthelf mehrfach auftretenden Fälle der Ergänzung und Abrundung einer ursprünglich begrenzter angesetzten Konzeption um weitere „Teile". „Uli"- und „Anne Bäbi Jowäger"-Roman sind die bekanntesten Analogien. Wie beim „Uli" folgt auch die Ausweitung von „Geld und Geist" erst nach einer zeitlichen Unterbrechung. Die in diesem Verfahren beschlossene Formproblematik wird später zur Sprache kommen. Die Handschrift von „Geld und Geist" ist nicht erhalten. In den in der Kritischen Ausgabe mitgeteilten Briefen findet sich nicht eine einzige ergiebige Stelle zur Entstehungsgeschichte gerade dieses Werkes, das eines der zentralsten Gotthelfs wird. Erst die ganz neu aufgetauchten, 1961 veröffentlichten Briefe an K. R. Hagenbach geben an einer Stelle eine freilich äußerst wichtige Selbstaussage zur Frage des Übergangs von der Novellen- zur Romanform: „Ich sehe wohl, daß eine Fortsetzung folgen muß, indessen bin ich darüber noch nicht im klaren, jedenfalls ist es schwer, sie im gleichen Geiste zu halten, sie nicht in einfache Hochzeitgeschichte verflüchtigen zu lassen" (6. II. 43). Diese einzige wesentliche Briefstelle enthält den Kern des im folgenden dargestellten Form-Problems von „Geld und Geist".

„Geld und Geist" entstammt der fruchtbarsten Schaffensperiode Gotthelfs. Von den spät ansetzenden Jahren dichterischer Produktivität, die dem zu ihrem Beginn fast Vierzigjährigen noch gegönnt waren, brauchte er etwa das erste Jahrfünft, um seiner Sache und seines Stiles sicher zu werden, was 1840 mit „Uli der Knecht" erreicht ist. 1842 und 1843 entstehen nicht nur die beiden meisterhaftesten seiner Novellen: „Die schwarze Spinne" und „Elsi die seltsame Magd", sondern auch, zeitlich in- und nebeneinander, „Anne Bäbi Jowäger" und „Geld und Geist". Man kann darüber streiten, ob Gotthelf je zeitbedingte und überzeitliche Menschlichkeit wieder so rein als Einheit zu gestalten vermochte wie hier. Den Rang von Höhepunkten seines damals gerade seiner selbst bewußt gewordenen Könnens und des ihm eigentümlichen Stils kann man beim „Jowäger"-Roman und „Geld und Geist" nicht in Frage stellen. An den Anfängen, dem „Bauernspiegel" und dem „Schulmeister", gemessen, zeigen sie eine unabhängig gewordene bildende Kraft und eine verfeinerte Menschen- und Seelenkenntnis.

Gotthelfs Entwicklung bis hierher war zugleich langsam und spät und jäh und plötzlich. Achtunddreißigjährig entwirft er sein erstes dichterisches Werk, den „Bauernspiegel". Was an literarischen Versuchen vorhergeht, erwächst, direkt oder indirekt, aus seinem Pfarrberuf, in dem er es, gleichfalls recht verspätet, zu der Landpfarre im Emmental gebracht hat, von der er niemals in ein anspruchsvolleres Amt berufen wird. Seine Wirkung als Prediger war mäßig, wie denn auch seine handschriftlich erhaltenen Predigten nicht überragend sind. Die Reiseberichte des einstigen Göttinger Studenten hatten eher literarisch eine andere Richtung versprochen. Freilich standen sie partienweise noch stärker im Bann spätromantischer Sehweise und der Bildungswelt der ausgehenden Goethezeit, zu der Gotthelf später den Kontakt nahezu völlig abbrach. Wo sich romantische Sentimentalität im Werk noch niederschlägt, vor allem in historischen Novellen, wird es nirgends zu ihrem Vorteil sein. Ein Zeichen, daß der Weg dieses Dichters nicht vom Standort der Goethezeit denkbar gewesen wäre, obwohl im Zentrum seiner eigentlichen Theologie Herder bestimmend bleibt, mit dem man auf der Berner Hochschule zu seiner Zeit die jungen Theologen aufzog. Die fast anderthalb Jahrzehnte während Vikariatszeit läßt unbemerkt eine Persönlichkeit ausreifen, die der intellektuellen, vor allem der literarischen Weiterbildung entbehrt, die sich zudem in ihrem Amt keineswegs auszeichnet, auch als Seelsorger nicht, die aber ganz im stillen einen Schatz von Menschenkenntnis in sich angesammelt haben muß, der dann elementar eine Form des Ausbruchs sucht. Da er sie nicht im Amte findet, da er sie nicht in der literarischen Tradition finden kann, muß der „Ausbruch des Bergsees", den Gotthelf selber als Bild seiner Entwicklung verwendet, sich sein eigenes Bett suchen. Das lange, und zwar in einer Natur von äußerster erzieherischer Vitalität Angestaute führt dann zu dem in der Literaturgeschichte kaum mit Analogem vergleichbaren Phänomen einer spät, aber dann schnell und anhaltend fruchtbaren Schaffenszeit, in der schon anfangs die volle Eigenart und die ganze Menschlichkeit des Dichters sich bezeugt. Es gibt hier kaum noch Entwicklungstufen, von dem späteren Abstreifen gewisser Künstlichkeiten abgesehen, die den beiden großen Erstlingswerken anhaften. Vom „Uli" an gibt es nur ein mehr oder weniger reines Gelingen, ein Aneignen neuer Wirklichkeitsbereiche und mit ihnen eine Erweiterung des Menschenbildes, jedoch keine Brüche, Umschläge, Stilwechsel mehr. Die Sprache zeigt dasselbe Bild. „Geld und Geist" fällt, zeitlich zu Beginn des zweiten Drittels der dichterischen Produktivität, in eine solche Periode besonderen Gelingens.

Die erste Konzeption

Nur für den ersten Teil, wie er 1843 vorliegt, gilt der Doppeltitel „Geld und Geist oder die Versöhnung" im eigentlichen Sinne. Zwar schließt auch die Erweiterung mit einer Versöhnung, aber ein Schlußmotiv duldet im Grunde keine Wiederholung, während die weltanschauliche Allgemeinheit der ersten Titelhälfte sehr wohl auch die später erweiterte Konzeption zu treffen vermag. Im ersten Teil hingegen zielt die ganze Handlung auf die Aufhebung von Zwietracht und auf Versöhnung nicht in einem symbolischen, sondern konkret menschlichen Sinne.

Die erste Konzeption ist nicht eigentlich die eines Romans. Denn es gibt z. B. den „Helden" nur sehr cum grano salis. Den Mittelpunkt bildet vielmehr die Gemeinschaft einer Familie, deren Glieder, so geflissentlich individuell Gotthelf sie auch darstellt, nicht ohne einander oder in Zwietracht miteinander existieren können. Unter ihnen freilich ist eine überragende Gestalt: die der Mutter, in der die Entscheidung über das Schicksal aller sich vollzieht. Ob das ein „Falke" im Sinne der Heyseschen Novellenform ist, mag man vielleicht diskutieren. Die innere Entscheidungsdynamik weist das Werk am ehesten dieser Gattung zu. Mit der „Dorfgeschichte" im Sinne Auerbachs teilt sie nur das Stoffliche, den Schauplatz, aber weder die Technik noch den Geist. Diese Erzählform steht nicht nur in der Prosaepik der vierziger Jahre, sondern noch für lange als eigentümlicher Typus da, dem die Spannung ganz von innen her zuwächst. Die äußeren Geschehnisse sind, vergegenwärtigt man sich im Vergleich Meyersche oder selbst Kellersche Novellen, ohne jedes Dramatische, ja fast herb prosaisch.

Zum Verständnis der Verwicklung, die zur Katastrophe führt, muß man auch die politische Voraussetzung klären, die hier so zart wie selten bei Gotthelf in menschliche Grundproblematik sublimiert ist. Gotthelf, ursprünglich wie als Theologe so auch als Politiker

Liberaler, sieht sich zunehmend in den Wirren der Parteikämpfe
seiner Heimat nach der konservativen Seite hinübergedrängt, da
sein religiöses Weltbild theozentrisch bleibt, und zwar im Sinne
einer die Geschichte stets dynamisch bestimmenden Gottheit, für
deren unmittelbare Wirkungsmacht Gotthelf äußerst empfindlich
war. Die führende Partei der Radikalen in Bern und Zürich, den
beiden mächtigsten Kantonen, tastete aber gerade dieses religiöse
Weltbild an, zum Teil auch unter den frischen Einflüssen des deutschen Linkshegelianismus und Frühmaterialismus.

Ein Charakter wie Gotthelf konnte hier nichts als die Auflösung
aller von der christlichen Lebensordnung überlieferten Werte sehen:
Zerstörung nicht nur der Kirche und der Schule, sondern auch der
Familie, der intakten bäuerlichen Gemeinschaft und jeder sauberen
Sittlichkeit. Symptome im politischen und sozialen Leben von der
Hauptstadt bis ins kleinste Dorf hinunter ergab das Zeitbild zur
Genüge. Ein neues skrupelloses und egoistisches Menschenwesen sah
er das Haupt erheben. Ihm galt zunehmend sein Kampf, den er in
den direkt politisch gemünzten Erzählungen wie „Zeitgeist und
Bernergeist", im von ihm nicht publizierten „Der Herr Esau" oder
in „Jakob der Handwerksgeselle" ausfocht. Und von dieser Welt
geht auch der Anlaß zum Konflikt unserer Geschichte aus.

Die Erzählung führt in die Welt der jahrhundertealten reichen
und stolzen Bauernhöfe des Emmentals. Liebiwyl nennt Gotthelf
symbolisch, wie er es auch sonst drastisch zu tun pflegt, den Hof,
auf dem das im ganzen Land in hohem Ansehen stehende Elternpaar
Christen und Aenneli mit seinen drei Kindern Christen, Annelisi
und Resli in „adelicher Ehrbarkeit" hausen. Die Grundlage dieser
Ehrbarkeit aber ist die Frömmigkeit der Eltern und das christliche
Vorbild, das sie in der Zucht der Kinder einsetzen, so daß diese,
jedes in seiner von den andern respektierten Eigenart, alle wohl
geraten. So stellen sie zusammen das Vorbild einer durch und durch
rechten Familie dar, die in sich in Frieden lebt, mit ihrem Reichtum
häuslich schaltet, dabei aber auch den Armen reichlich mitteilt und,
mit der Person des Vaters, der Ehrbarkeit angemessen, auch in der
Gemeindepolitik ihre natürliche Rolle spielt. Ausdruck und Sinnbild
der frommen Rechtlichkeit, die hier waltet, ist das abendliche gemeinsame Gebet der Eltern, in dem alle Schatten und Menschlich-
keiten jedes Tages aufgehoben werden. Die ganze Exposition dient
Gotthelf zur Entfaltung dieser christlichen Existenz einer ganzen
Familie, die von ihrem ererbten und erarbeiteten irdischen Reichtum
nur als „Verwalter Gottes" Gebrauch macht. So wie sie sind,
könnten sie zeitlos leben, im 17. so gut wie im 19. Jahrhun-

dert. Auch in der Individualität der Kinder zeigt sich kaum Zeitgeist an.

Diesen Frieden stört „die Welt". Es ist nicht das Raabesche „saeculum", das im Grunde eine romantische Antithese zu einer romantischen Stille ist. Die „Welt" ist bei Gotthelf vielmehr der von Gott emanzipierte materialistische und egoistische Bereich des Menschlichen. In diesem Falle konkret in einer seiner Ausdrucksformen: der Gemeindepolitik, und zwar der Gemeindepolitik unter dem „Zeitgeist". Der von Grund auf ehrliche Christen gerät in die Fänge eines gewissen- und skrupellosen Ratgebers. Dieser nützt die biedere Unkenntnis des großen Bauern in Geldgeschäften für seine Zwecke aus und veranlaßt Christen, eine bedeutende Summe ihm anvertrauter Mündel- und Vogtpapiere in Bargeld umzusetzen, das dann unbemerkt sich in die Taschen des unredlichen Beraters und seiner Freunde verflüchtigt. Christen hat sich dabei, seiner gutmütigen Natur gemäß, vertrauensselig wie ein Kind benommen, entgegen allen Warnungen Aennelis, die ihm intellektuell überlegen ist. Als er der Gemeinde die 5000 Pfund, die verlorengingen, aus eigener Tasche ersetzen muß, ist die Katastrophe der Familie da. Nicht etwa weil der Verlust, am Reichtum des Hofes gemessen, objektiv ins Gewicht fiele. Aber subjektiv zerstört er in einem psychologisch von Gotthelf meisterhaft dargestellten inneren Prozeß zuerst den Frieden und dann auch den Ruf der Familie fast völlig.

Das Titelmotiv „Geld und Geist" wird in diesen Partien mit einer erbarmungslosen Logik herausgearbeitet. Es ist bezeichnend, daß das in keiner Weise mit der objektiven Gefahr der Verarmung verknüpft ist. Der Geist des Geldes, der hier den vorbildlichen echten Geist einer bisher in sich ruhenden menschlichen Gemeinschaft ergreift und aufzulösen droht, ist eine Macht der Seele, die latent im Menschen liegt und jederzeit wieder hervorbrechen kann, wenn die ihn bändigenden sittlichen und religiösen Kräfte versagen. Genau das aber läßt Gotthelf hier eintreten. Theologisch ausgedrückt wäre es das Problem des reichen Jünglings aus dem Evangelium, dem denn auch später des Pfarrers zweite Predigt gilt.

Wie läßt er den Prozeß der Auflösung scheinbar so fest gegründeter Bindungen sich vollziehen? Der Anlaß liegt auch hier im Zeitgeist. Der in seiner Art wundervoll sichere Bauer sieht sich überfordert durch den öffentlichen Anspruch, den die Gemeinde an seine Mitwirkung stellt. Er, der kaum lesen und schreiben kann und dabei doch die volle Würde des Erben und Vertreters fast großartiger bäuerlicher Verhältnisse zu repräsentieren vermag, scheitert sofort an den Problemen einer Gemeindeverwaltung, in und an der sich bereits Vertreter des skrupellosen Zeitgeistes festgenistet haben. (Der untreue Ratgeber, der Gemeindeschreiber.) Christen muß die Erfahrung machen, daß diese Welt nicht sittlich ist in dem Sinne, wie er es ihr selbstverständlich zutraut. Dabei gerät nicht nur seine natürliche Würde in Gefahr, sondern er sieht sich durch die List geradezu zum Dummkopf degradiert, der er keineswegs ist. Denn die Hauptschuld liegt nicht bei ihm, der mit der ihm zugewachsenen Welt stets vollkommen fertig wurde, sondern in dem System, das sittlich nur funktionieren kann, wenn es auch eine Gemeinschaft der wirklich Sittlichen darstellt. Das aber muß für Gotthelfs religiöses Menschenbild eo ipso eine Utopie sein. Genau dies trennt ihn von den Fortschrittstendenzen seiner Zeit, die in ihrem Menschenbild von eben dieser Utopie ausgehen und daraus die Berechtigung der öffentlichen Ansprüche an den einzelnen in Staat und Gemeinde herleiten. Gotthelfs tiefes Mißtrauen gegen den sich nach dem Zeitgeist modernisierenden Staat beruht auf dem utopisch optimistischen Charakter des Menschenbildes, auf das er sich gründet. Sein eigenes christlich realistisches Menschenbild muß also, wie es im Falle Christens deutlich ist, in einer (Gemeinde-)Demokratie, deren Träger nicht sittlich sind, zum Opfer der in der Politik entbundenen Skrupellosigkeit werden. Nicht daß Gotthelf sich jemals nicht mit Stolz als Republikaner gefühlt hätte. Briefstellen und andere Selbstäußerungen beweisen es zur Genüge. Jedoch die Verwirklichung der Demokratie ist ihm durch keine noch so moderne Verfassung gewährleistet. Sie liegt vielmehr in der Intaktheit ihrer Träger. Da er diese mit dem scharfen Blick des christlichen Realisten, der niemals von dem Prinzip „Der Mensch ist gut" ausgehen kann, in der politischen Wirklichkeit seiner Zeit vermißt, und zwar je länger, je mehr, wird ihm auch die Ideologie des Liberalismus zur verdächtigen Phrase. Daher wirkt er den fortschrittlichen Zeitgenossen, zum Beispiel auch einem Gottfried Keller, als reaktionär, während er in Wirklichkeit dem festen Gefüge der liberalen Weltanschauung der dreißiger und vierziger Jahre gegenüber revolutionär war; freilich revolutionär aus christlicher Gesinnung, jedoch keinen Augenblick verzagt, das Bild des Menschen in seiner biblischen Unbedingtheit statt in seiner aufklärerischen Beschränktheit anzusetzen. Das ist der politische Aspekt von „Geld und Geist", der Aspekt von Gotthelfs „saeculum", von dem aus geschichtlich die Bedrohung von Liebiwyl einsetzt, die Bedrohung des Geistes durch das Geld, das „politisches" Geld ist, nicht durch persönliche Schuld der Familie verlorenes Geld. Die Friedensstörung kommt von außen. Zur Schuld im religiösen, persönlichen Sinne wird sie erst durch die Antwort von Liebiwyl auf die Anfechtung durch das politische Saeculum. In diesem Konflikt, aber auch nur hier, bekommt die Versuchung indirekt auch ein Recht. Es ist die Versuchung der Geschichtlichkeit schlechthin, der menschliche Existenz grundsätzlich ausgesetzt ist, wo sie nicht klösterlich abgeschieden ihren Frieden allein mit sich selbst sucht. Dies konnte Gotthelfs Lösung nicht sein.

Von nun an geht es um die Folgen des materiellen Verlustes. Die Familie, von der Gotthelf aussagt, sie sei der eigentliche Träger menschlicher Gemeinschaft, weder Staat noch Schule seien es, zerfällt nun in Zwietracht, da der Geist nicht stark genug ist, das Geld zu verschmerzen. Gotthelf zeigt in einer Psychologie, der gegenüber viele psychologische Studien des späteren Naturalismus grob erscheinen, wie der Friede Stufe um Stufe zerstört wird, nicht weil man in Not wäre, sondern weil man nicht vergessen kann. Die Symptome sind zunächst noch durch die ererbte gute Form verdeckt. Aber Christen rechnet Aenneli nun das Geld für die Armen nach, um wieder einzubringen, während sie dagegen dem Manne seine durch nichts zu beschleunigende Schwerfälligkeit in der Arbeit und seine Verschwendung im Stall vorhält, die sichere Verkaufsverdienste verschmäht um der bäuerlichen Repräsentation willen. Was sich zwischen die Eheleute schiebt, ist zunächst kaum mehr als dieser Eigensinn von beiden Seiten. Die Frau, unschuldig am verlorenen Geld, ist dabei mehr im Recht als der Bauer. Ihre Schuld liegt nicht in der Großzügigkeit gegenüber den Armen, sondern darin, daß sie, die Gescheitere und Überlegenere, die Empfindlichkeit des am Geldverlust schuldigen Mannes nicht respektiert. Daher kann es nicht besser, sondern nur schlimmer werden. Die Kinder werden unmerklich mit hineingezogen, eins nach dem andern, obwohl gerade sie es sind, die gerne für den Schutz des Geistes sorgen würden, der auch ihr eigenes Lebensgesetz ist. Alle Rücksichten fallen (nicht gewollt und zunächst nach außen kaum spürbar). Christen und Aenneli, mit sich selbst gequält und beschäftigt, verlieren den Sinn für die im Frieden immer respektierte Individualität der drei Kinder. Noch fallen zunächst keine häßlichen Worte. Die „adeliche Ehrbarkeit" weiß noch ihre Form nach außen zu wahren. Grobes oder Gemeines kommt nicht vor. Aber ein Augenblick entscheidet.

Gotthelf hat den Weg zu diesem Augenblick in einer eingeschalteten Meditation über den Teufel, wie er den Schelm macht unter den Menschen, genau ausgedrückt: „. . . so schleicht er noch viel herum in Gestalt von flüchtigen Gedanken, luftigen Nebeln gleich; und diese Gedanken streifen zuerst nur über eine Seele, dann schlagen sie sich allmählich nieder darin, haften, setzen sich fest. Dann steigen

sie herauf in unsere Blicke, in unsere Gebärden, brechen endlich
als Worte zum Munde heraus, und während wir glauben, wir reden
aus dem göttlichsten Recht, ists der Teufel ..." Die Meditation
mag stellvertretend gerade für die Neigung und Fähigkeit Gotthelfs
sein, ein theologisch Vorgedachtes ins Menschliche zu transponieren,
und zwar in ein sehr realistisch psychologisch durchschautes Menschliches. Der Augenblick ist dann da, als eine trotzig unbedachte
Äußerung Christens, in der Aenneli einen endgültigen Vertrauens-
entzug sieht, ihr Rechtsgefühl, auf dem auch ihre Liebe beruht,
tödlich verletzt. Am Abend ist daraufhin sie es, die die Gemeinschaft
des Gebetes aufhebt, so daß beide sich zum erstenmal im Leben
grußlos schlafen legen. Psychologisch ist der Ausdruck des Bruches,
daß keiner dem andern ein Wort gönnt: „Und als Wunsch und
Segen noch ausblieben, da war es ihr, als sei zwischen ihr und
Christen ein weiter und tiefer Graben, über den keines Menschen
Fuß kommen könne, zu keinen Zeiten mehr." Erst hierdurch wird
Aenneli, ursprünglich innerlich und äußerlich im Recht, entscheidend
in die Schuld mitverstrickt, die nichts anderes als die Selbstgerechtig-
keit des formal zuerst Gekränkten ist, die sich nicht zum Vergeben
durchringen kann. Denn Gotthelf läßt sie, die Klügere, in ihrem
Gekränktsein übersehen, daß nur die Schwerfälligkeit des längst
windelweich gewordenen Christen ihnen die versöhnliche Aussprache versagt. So verhärten sich beide, und von nun an liegt der
verlorene Frieden der Familie bald auch für alle Welt offen. Sitte
und Form, zunächst noch immer krampfhaft festgehalten, fallen
immer mehr dahin, zunächst den Kindern gegenüber, die nun auch
untereinander, nicht mehr von der selbstverständlichen Liebe der
Eltern gehalten, zänkisch und bitter werden. Danach fallen auch die
Rücksichten gegenüber der Welt. Die Dienstboten werden hineingezogen, die Freundinnen der Tochter, ja selbst die Bettler, die
Aenneli nun erst recht versorgt. Damit ist nun auch der Ruf der
Familie in ihrem Dorfe dahin. Wie mit einem Schlage ist er weg-
geweht, als das Sichgehenlassen der Streitenden schließlich die
Männer des Dorfes für Aenneli, die Weiber für Christen Partei
nehmen läßt. Resli, der Jüngste und Hoferbe, nach den Eltern die
wichtigste Figur, empfindet das am schmerzlichsten: „Er wußte
wohl, daß ein Name, welcher durch mehrere Geschlechter während
einem ganzen Jahrhundert erworben worden war, in wenig Jahren
ganz dahingeht ..." Hier verknüpft sich das, was war und was ist,
bereits mit der Zukunft der Familie. Und hier, im Leiden des Erben
am Zerfall der Gemeinschaft, in die er nur eine ebenso ehrbare
Frau — er kennt sie schon — einzubringen gedenkt, liegt der eigent-

liche Keim der zweiten, erweiterten Konzeption, in der die Novelle
zum Roman wird.

Es ist die Begegnung mit Annemareili, der Tochter eines reichen
Bauern, bei einem sonntäglichen Tanzvergnügen. Gotthelf schaltet
die Szene hier noch ganz in seine Haupthandlung ein; Resli sieht
nicht nach Mädchen aus; aber er weiß, daß er über kurz oder lang
als Hoferbe ein Söhnisweib ins Elternhaus bringen muß. Er findet
am Eingang des Tanzsaales das unbekannte Mädchen, in dem er
sofort die Ebenbürtige herausspürt: „Der Glanz der Züchtigkeit
und Reinlichkeit, in welchen das Mädchen so gleichsam gebadet
war, gab ihm fast etwas Stolzes, daß keiner der Bursche, die da
waren, sich an ihns wagte." Beide geben dann auch gleich ein
wunderbar passendes Paar beim Tanz ab. Resli erfährt erst nach
dem baldigen Aufbruch des Mädchens ihren Namen. Es ist alles
angelegt auf eine eigene Liebeshandlung in der jüngeren Generation,
aber nichts ausgesponnen, das vom Thema der Geschichte ablenkte.
Vorerst dient die Episode Gotthelf nur zur psychologischen Begründung, wodurch der Familienzwist Resli eigentümlich und besonders schmerzlich trifft. Kanzelt doch die Mutter ihren früheren
Liebling, als er ihr in aller Offenheit berichtet, grämlich und bitter
als Egoisten ab. Gotthelf will aber an diesem Beispiel gerade Aennelis
Unfreiheit und Egoismus besonders bloßstellen als den kläglichen
Irrweg eines ursprünglich so ganz auf Liebe eingestellten Charakters.
Der Vater aber glaubt gar, der Sohn wolle ihn vorzeitig aufs Altenteil setzen.

So läßt Gotthelf denn alles einer Katastrophe zutreiben, so sorgsam, so zart er sie sich aus fast unscheinbaren Anfängen entwickeln
läßt. Diese Katastrophe ist der Ausbruch eines fast zu Tätlichkeiten
ausartenden Familienzankes am Sonntag vor Pfingsten. Er versinn-
bildlicht den zerstörten Familienfrieden, da hier jeder gegen jeden
steht, und den Verlust nun auch aller Formen der Ehrbarkeit, vor
dem sogar die Dienstboten Reißaus nehmen.

Aber der offene Ausbruch dessen, was Gotthelf erst nur verborgen
und dann halb offen schwelen ließ, ist zugleich die Peripetie. Aennelis
einsamer Kirchgang unmittelbar nach dem Streit führt sie schon
herbei. Ihre Einsamkeit wird schon vor Beginn der Predigt zur
Herzensangst. „Das Elend, das nicht aus mißratenen Ernten kommt
..., sondern das andere, das aus übelberatenen Seelen stammt und
dauert ..." kommt ihr nun zum vollen Bewußtsein. Die Predigt
über das Abendmahl trifft sie dann mitten ins Herz, in dem Todesahnungen und Todeswehmut sich regen. Denn der Pfarrer bezieht
die Abschiedsworte Christi ganz realistisch auf die Vergänglichkeit

des Menschenlebens und auf die Rechnung des Friedens, die jeden Augenblick abgeschlossen sein sollte, ehe ein jäher Tod in Unfrieden eintritt. Die Hörerin weiß sich selber angesprochen und getroffen, ohne Ausfluchtsmöglichkeit. Sie kehrt verwandelt nach Hause zurück.

Zu gleicher Zeit meditiert Christen am Waldsaum auf seine Weise über den zerstörten Frieden, sehr nüchtern übrigens, und seiner einfachen Art gemäß, in größter Nähe am Dialekt. Nahe an seiner Sprache läßt Gotthelf ihn auch denken. Daß er ebenso reif ist zur Umkehr wie Aenneli, ist deutlich. Zwar er bleibt ratlos, aber immer stärker ergreift die Wehmut nach dem alten Zustand von ihm Besitz. Dennoch findet niemand zunächst das lösende Wort. Aennelis Getroffenheit durch die Predigt mißdeutet der Mann als Schmollen. Und obwohl sie inbrünstig im Herzen wünscht, er möge daheim bleiben, dann wolle sie „das Herz in beide Hände nehmen", bleibt sie doch noch einmal einsam auf dem öden Hof zurück. In dieser Zeit läßt Gotthelf die Wirkung der Predigt in ihr zum Durchbruch kommen. Es ist der entscheidende Augenblick der Peripetie, so wie der entscheidende Augenblick, der die Katastrophe einleitete (die Verweigerung des gemeinsamen Gebetes) auch bei Aenneli lag. Die Wendung setzt ein, als Aenneli in ihrer Verzweiflung beim Blick über das Land den Frieden von Himmel und Erde erkennt. Jetzt erinnert sie sich des Bruchs der Gebetsgemeinschaft durch sie selbst. Und das ist der Augenblick, in dem jäh der Geist in ihr siegt: „So ging ihr auf ihre Schuld, und ihres Elends Anfang suchte sie nicht mehr im Verlust der fünftausend Pfund, welche mehr dem Manne als ihr zur Last fielen, sondern im Zerreißen des geistigen Bandes, welches so lange ihre Seelen in Treue und Liebe zusammengehalten hatte, und dieses Zerreißen war ihre Schuld. Diese Erkenntnis, die fast wie ein Blitz durch ihre Seele fuhr, erschütterte Aenneli tief." In diesem Augenblick ist die Entscheidung beschlossen. Gotthelf läßt ihn paulinisch „fast wie ein Blitz" an seiner „Heldin" geschehen. Und nicht umsonst folgt auf ihn der für Gotthelfs Kunst vielleicht bezeichnendste Exkurs über den heroischen Helden und Märtyrer, dem er den realistischen Helden des Alltags ohne Pathos, den Helden der Demut und Stille, als ebenbürtig entgegenstellt. Es geht dem Dichter um einen absolut „inwendigen" Sieg.

Und mit ihm sind auch Leben und Freude wieder da: „Als Aenneli so auf dem Berge gerungen und gesieget hatte und sie die Augen aufhob, da schien ihr alles noch viel schöner als sonst . . ." Es ist eine Wiedergeburt (auch diese Bezeichnung findet sich). Aber man würde sich in Gotthelfs Darstellungsart täuschen, wenn man glaubte,

die „Versöhnung" würde sich nun in irgendeiner pathetischen Form
vollziehen. Als die andern sich zögernd und hastig, keiner mit
leichtem Herzen, wieder einfinden, spielt sich alles so prosaisch wie
möglich ab. Aenneli hat nun für jeden ein gutes Wort, für Christen
schöpft sie zum erstenmal wieder die Nidle ab. Damit ist das Eis
gebrochen. Christen wird gesprächig, die andern auch: „Ein freundlich Wort gab das andere freundliche Wort, man wußte nicht wie,
und hoch am Himmel stand der Mond, als eins nach dem andern
seine stille Kammer suchte."

Der Leser weiß nun genau, wie danach die Versöhnung — eigentlich und sinnbildlich — sich verwirklichen muß. Denn das Wort ist
noch nicht gesprochen. Das Heldentum der Demut kann sich aber
für Gotthelf erst mit ihm vollenden. Noch einmal läßt er Aenneli
in ihrem beschränkt menschlichen Raum mit sich ringen, den Aufschub abweisen, nach dem ihr Allzumenschliches verlangt. Aber
der beschränkt menschliche Raum weitet sich zum unendlichen,
indem der Dichter auf Christi Ringen mit dem Tode selber anspielt:
„Da wandte ihre Seele sich mit einem unaussprechlichen Seufzer zu
Gott empor: Vater, hast du mich verlassen? Da wars, als versinke
ein finsteres Unwesen, das drohend vor ihrer Seele gestanden, als
sprängen Ketten, die um ihre Brust geschlungen, frei ward das Wort
in ihrem Munde, und langsam und bebend, aber inbrünstig und
deutlich begann sie zu beten Unser Vater . . ." „Beim ersten Ton
aus Aennelis Munde fuhr Christen zweg, als hätte der Klang der
Feuerglocke sein Ohr getroffen, dann saß er auf, dann rangen sich
auch Töne aus seiner Brust, er betete mit . . ." Damit ist, nach
Christens anderem Maße, der „Blitz" auch über ihn gekommen.
Der zweite Teil des Titels, wie Gotthelf ihn für die erste Konzeption
gemeint hatte, ist besiegelt. Die Verhärtung des Schweigens ist gebrochen. Denn zur Versöhnung gehört die wiedergewonnene Freiheit des Wortes: „So war es auch ihnen; lange trauten sie ihren
Ohren kaum, konnten ihr wiedergefundenes Glück nicht fassen,
fürchteten bei jedem Wort, es möchte in eine wunde Spalte des
Herzens fallen und aus dem Abgrunde der Streit wieder sein strup-
picht Haupt erheben. Sie wählten mit der rührenden Sorgfalt, mit
welcher eine zärtliche Mutter ihres Lieblings eiternde Wunde verbindet, die Worte aus, und in neuer Redeweise erkannten sie die
Macht ihrer Liebe." In dieser Nacht (so wie in ihrer Voraussetzung,
der Predigt) hat sich an dem so unpathetischen und unheroischen
„Helden" dennoch das Außerordentliche vollzogen, in beiden Fällen
und keineswegs zufällig durch das Wort. Die einfachen Menschen
in ihren einfachen Formen werden dabei ohne jede Sentimentalität

Teilhaber des Unendlichen. Es gehört zu Gotthelfs innerem Raum-
bild, daß sich diese Erfahrung auch am Einfachsten vollziehen kann.
Der ihnen gemäßeste Weg nach dem wiedergefundenen Frieden ist
die Familie und das Wiedererwachen aller Liebe für die Kinder. Ihr
Glück wird erst vollständig, als sie erkennen, was sie diesen nun
wieder sein können, nachdem die „Angst ums Geld" ihre Herzen
ihnen so lange verschlossen hat.

Aber die schlaflose Nacht des Außerordentlichen vergeht. Das
Glück, das aus ihr erwächst, kündigt sich den andern wieder realistisch ohne alle Sentimentalität: „Sie verkündeten ihre Freude nicht
laut, gaben ihr keine besonderen Worte, das Hauswesen ging seinen
gewohnten Gang . . ." Den Kindern wird die Versöhnung wieder
ganz nüchtern klar. Der Vater gibt Resli Auftrag und Freiheit zu
Änderungen im Stall. Die Mutter macht Annelisi, ihrer Jüngsten,
Vorschläge zur Verbesserung von deren Garderobe. Etwas Weiteren
bedarf es nicht für diese nun wieder in ihre adelige Form zurück-
findenden Menschen. Aber es genügt, um Gotthelf über Resli sagen
zu lassen: „Resli stund fast auf dem Kopf" und über die Tochter:
„Diese Reden der Mutter machten Annelisi fast wunderlich."

Gotthelf läßt zum Schluß dennoch das Außerordentliche auch der
ganzen Familie geschehen, nämlich in der Pfingstpredigt, deren Inhalt
der Dichter wiederum dem Leser nicht erspart. Sie handelt vom
reichen Jüngling, aber so realistisch menschlich, daß es der versöhnten Familie ist, als „hörten sie . . . vor der ganzen Gemeinde
ihrer Herzen Geschichte und Zustände". Für Gotthelf ist hiermit
die Wiedereinsetzung des Geistes in den Herzen der Liebiwyler
noch einmal ausdrücklich in aller Öffentlichkeit besiegelt. Denn die
vom Geld noch besessenen reichen Bauern in der Kirche läßt er
nicht mitgetroffen sein, sondern ungerührt Kritik üben an der
Predigt. Die Wirkung kann nur eine „inwendige" sein, worüber der
Dichter im Anschluß auch meditiert.

Mit dem vollen Frieden in der Familie schließt Gotthelf, wieder
ohne große Worte, die Konzeption. Christen spricht selber offen
vom Altenteil und von den künftigen Heiraten der Kinder. Dabei
wird nun unter dem neuen Vorzeichen am Schluß auch die Begegnung Reslis mit des Dorngrütbauern Tochter Annemareili offen
angesprochen. Reslis Erröten zeigt die von Gotthelf beabsichtigte
Anlage des Motivs, die nun allen erwünschte Lösung in einem den
Eltern ebenbürtigen Paare der jungen Generation. Christeli, der
ältere Bruder, erbietet sich selbst, den Vermittler zu machen. Liebe
und Friede der Familie sind auf ihrem Höhepunkt. Da läßt Gotthelf
mit einemmal die Feuerglocke durch die Nacht schallen. Resli muß

ihrem Aufgebot folgen: „Und verschwunden war das schöne Bild der innigen Familie, verschlungen vom Wirbel der Welt.

Aber sei auch das Bild verschwunden, ist nur der Geist geblieben; der lebendige Geist sprüht neue Bilder immer wieder auf, schöne Kinder, Zeugen seines Lebens."

Daß Gotthelf die erste Konzeption (die der Novelle) so abschließt, wurde ihm sofort als ein übereilter Abbruch angekreidet. Eine moralistische Novelle von so glasklarer Tendenz mit der Wiederherstellung des vollen Friedens, der zugleich Rehabilitierung des Geistes ist, zu schließen, das hätte niemanden vor den Kopf gestoßen. Aber das jähe Motiv der Feuerglocke — was sollte es hier? Es scheint eine neue Handlung einzuleiten, die wiederum nicht ausgeführt ist. Und doch würde auch ohne den später folgenden zweiten und dritten Teil für den, dem Gotthelfs Form und Weltanschauung vertraut sind, nichts Anstößiges übrigbleiben. Man braucht nicht einmal die (dokumentarisch nicht beweisbare) Unterstellung, daß der Autor hier bereits die erweiterte, die Romankonzeption in sich getragen habe. Denn der Schlüssel für den scheinbar abrupten Abschluß der Novelle liegt in den Worten, daß das innige Bild der Familie mit dem Ertönen der Feuerglocke „verschlungen vom Wirbel der Welt" sei. Das ist aber gar kein unorganischer Schluß, sondern einer, der Gotthelfs Weltbild nach jeder Richtung entsprechen muß. Denn dies theologisch begründete Weltbild kann gar nicht zulassen, daß die Wiederherstellung des Geistes auf Kosten der Geschichtlichkeit des Menschen erfolge. Das ist so wenig für den Paten Herder wie für den Erben Gotthelf theologisch denkbar. Eine klösterliche Familienzelle, abgeschieden von der Welt, vom „saeculum", kommt niemals für Gotthelf in Frage. Das Motiv der Feuerglocke, die in die Versöhnungsszene hineingellt, ist der natürliche Anspruch des „Wirbels der Welt" an die Kinder des Geistes, die gar nicht Kinder des Geistes wären, wenn sie ihn nicht als geschichtliche Menschen im „Wirbel" zu bewähren hätten. Die Novellenkonzeption hätte objektiv, für den Leser, auch mit diesem gleichsam offenen Schluß ihre volle Rundung gehabt.

Die zweite Konzeption

Was wir bisher zweite Konzeption nannten, begriffen wir als identisch mit einem Ausweitungsprozeß, in dessen Folge auch der Gattungswechsel von der Novelle zum Roman liegt. Selbstverständlich liegt dies nicht in der Konsequenz der Fortsetzung an sich. Die Kontinuationen zu Grimmelshausens „Simplicissimus" oder Schnabels „Insel Felsenburg" sind anderer, sozusagen additiver Natur. In

Gotthelfs Erzählweise aber beruht geradezu charakteristisch die innere Kapazität zum Gattungswechsel durch organisches Ausspinnen anfänglich begrenzter Motive. So entwickelt er aus dem „Uli", dessen Konzeption ursprünglich auf den Weg vom Knecht zum Meister zielte, einen vollkommenen Erziehungsroman, dessen zweiten Teil man nicht als Continuatio empfinden würde, wenn man über die Entstehungsgeschichte nicht historisch Bescheid wüßte. Ähnlich wird aus der ursprünglich als moralistische Tendenzgeschichte angesetzten „Anne Bäbi Jowäger" mit dem vorher von Gotthelf nicht beabsichtigten zweiten Teil ein Lebens-, ja ein Weltanschauungsroman großen Stils. „Der Herr Esau" wird aus einer „Schützennovelle", „Zeitgeist und Bernergeist" aus einer ganz zeitgebundenen politischen Parteinovelle entwickelt. Es gibt zahlreiche Briefstellen, die zeigen, daß Gotthelf sich dieses seines eigentümlichen Werkstattproblems vollkommen bewußt war. Es war ihm klar, daß die Gestalten, die er anfangs auf ein begrenzteres Ziel hin konzipierte, mit dem ihnen alsbald eingehauchten Eigenleben die ursprünglichen Absichten des Dichters überwuchsen, daß sie ein „eigenes Leben" gewannen, das den Dichter innerlich zu größeren und weiteren Konzeptionen geradezu zwang. Daß Gotthelf, ohne jede Routine wie er war, niemals im Grimmelshausenschen Sinne addierte, wenn er fortsetzte, sondern aus innerer Nötigung subsummierte, ist das Geheimnis seiner Fähigkeit, epische Kleinformen zu epischen Großformen organisch auszugestalten. Dieser Impetus, man darf vielleicht sogar von einer Art Besessenheit von der Vitalität seiner eigenen Phantasiegeschöpfe reden, reißt ihn auch in „Geld und Geist" über die ursprüngliche Konzeption hinaus.

Die Hand des großen Epikers spürt man schon daran, wo er ansetzt. Gotthelf spinnt genau die beiden Motive der ersten Konzeption aus, die in ihrem menschlichen Gehalt im ersten Teile unausgeschöpft blieben. Es ist dies zunächst die Begegnung zwischen Resli und Annemareili vom Dorngrüthof, deren Funktion innerhalb des ersten Teiles wir klarlegten. Das Motiv enthält alles für eine eigene Schicksalshandlung Nötige, wurde aber nur als Reslis Individualität eigene Konfliktshandlung ausgenützt und blieb als alle Möglichkeiten enthaltendes Ferment des Versöhnungsmotivs am Schlusse vollständig offen. Es versinnbildlichte hier die Zukunft, jedoch ohne sie episch mehr als anzudeuten.

Das zweite nur atmosphärisch gebliebene Motiv des ersten Teils ist das von Aennelis Todesahnung, die sie während der ersten Predigt, die alle an ihr mögliches Ende mahnt, ganz persönlich überfällt und ihre Umkehr bewirkt. Gotthelf hat hier das Motiv des Insichgehens des für alle entscheidenden Charakters existentiell mit der Todesreife verbunden. Aber so bleibt es gleichsam in der Luft hängen, wird nicht ausgewertet. Es wird durch Christen beiseite geschoben, von der liebend besorgten Familie nicht akzeptiert. Es kann nach dem ersten Teil auf Selbsttäuschung beruhen und wird damit im letzten nicht ernst genommen. Seine Funktion ist die des treibenden Argumentes für Aennelis Umkehr zur Versöhnung und damit zu sich selber zurück. Aber offen bleibt neben diesem Subjektiven die Möglichkeit, daß es objektiv ernst damit sei.

Auf eine instinktiv meisterliche Weise hat der Autor nun diese Motive zur Grundlage der erweiterten, der Romankonzeption gemacht, unter Ausnutzung der Offenheit, die er dem Schluß des ersten Teils, ob mit oder ohne Bedacht, gelassen hatte. Dieser Schluß wurde vorher als ein organischer und die Novelle in echtem Sinne abrundender interpretiert. Es konnte dabei bleiben. Aber das Motiv der Feuerglocke, das die in sich selbst wieder glücklich versöhnte Familie in den Wirbel der Geschichte zurückrief, enthielt in sich Fragen und Spannungen, die auch nach einer Beantwortung und Lösung rufen konnten, obschon sie es nicht unbedingt mußten. Gotthelfs neue, die alte subordinierende Konzeption setzt an diesen beiden Motiven an und fort.

Zunächst wird das Motiv der Liebe zwischen Resli und Annemareili zum eigentlich tragenden der beiden späteren Teile. Das Problem der Zwietracht und Versöhnung aus der ersten Konzeption war erledigt und bleibt erledigt. Aus ihm ist, wie gezeigt wurde, nur das offene Motiv von Aennelis Todesahnung noch weiter zu spinnen, alles andere nicht. Nun sollte und mußte ja aber der Titel der Novellenkonzeption erhalten bleiben. Die Erweiterung indessen sprengte — nicht etwa nur quantitativ — die ursprüngliche Novellenform. Eine Novelle mit mehreren „Falken" ist nicht denkbar, so kritisch man sonst auch zu Heyses Theorie stehen mag. Man stelle sich die Ringparabelnovelle aus Boccaccio, die bekannte Vorlage Lessings, auf ähnliche Weise erweitert vor: das sinnbildliche Motiv ist in der Kurzform abgespielt. Man könnte nun der Parabel Schicksale folgen lassen, die ihren Sinngehalt in menschliche Wirklichkeit überführen, ohne die Grundthematik zu verändern. Aber das ergibt keine Novelle in zwei oder mehr Teilen, sondern den Weltanschauungsroman oder wie bei Lessing das Weltanschauungsdrama. Darstellungsgesetz und Darstellungsziel müssen sich wandeln und in jedem Fall über das Novellistische hinausgehen. Diesem Formproblem sieht sich Gotthelf gegenüber jedesmal, wenn er die Feder zum Ausspinnen ansetzt. Soll eine Einheit der „fortgesetzten" Erzählung bleiben, so muß es eine neue Einheit sein. Sonst gäbe es einen unglücklichen Zwitter von Bild und Spiegelbild nebeneinander. Oder man müßte wie Keller zum kunstvollen Novellenzyklus mit Rahmenmotiv kommen. Hierauf ist Gotthelf nie verfallen, sowenig wie auf die andere Continuatio-Möglichkeit des Neben- und Nacheinander: das zyklische Abenteurermotiv. Wenn also Gotthelf seiner epischen Freude am Aus- und Weitergestalten die Zügel schießen läßt, wenn er dabei innerhalb seiner Möglichkeiten, über die er sehr genau Bescheid wußte, bleiben will, dann kann es nicht in der Richtung auf zyklisches Nebeneinander erfolgen, sondern nur in der Richtung zur aus einem Novellenkern entwickelten Romanform, mag die Novelle nun den Anfang bilden wie in „Geld und Geist" und „Anne Bäbi Jowäger" oder beiseite gelegt werden und in allem über sich hinaus entwickelt werden wie in „Herr Esau" und „Zeitgeist und Bernergeist".

Für die Romankonzeption muß also bei Gotthelf die Novellenthematik von „Geld und Geist" im vollen Umfang bestehen bleiben, ohne daß das nun Hinzuerzählte nur koordinativen Charakter hat, ohne Wiederholung also. Denn nur so ist ein Konglomerat zu vermeiden. Das kann nur dadurch geschehen, daß der Schauplatz (etwa in Analogie zur mittelalterlichen und Barockbühne) erweitert wird. Das Titelmotiv gibt nicht nur die Möglichkeit, sondern fordert geradezu heraus, auf mehr als einer Ebene dargestellt, in unserem Falle erzählt zu werden. Die Familiennovelle ist abgeschlossen. Aber damit ist für Gotthelf und die in ihr konzipierten Figuren seiner Einbildungskraft das Motiv noch nicht zu seinem ganzen Recht gekommen, ist seiner Bedeutung und Dynamik episch noch nicht genügt. Wir bemerkten bereits ein Symptom dafür im Motiv der Feuerglocke, das in sich schon die Erweiterung des Gesichtspunktes von der privaten und persönlichen Ordnungsproblematik zu deren Bewährung in der geschichtlichen Realität enthält. Die Personen der Novelle haben sich vor Gott und damit auch voreinander im engsten zugeordneten Geschichtsbereich, der Familie, entschieden. Die Bewährung der Entscheidung der „Welt" gegenüber steht noch aus. Damit ist der epischen Entfaltung zwar kein neues Thema und Problem gestellt, wohl aber ein weiteres künstlerisches Ziel gesteckt, umfassender und differenzierter zugleich gegenüber der Novellenkonzeption.

Das muß man sich deutlich machen, wenn man zur Kenntnis nimmt, daß Gotthelf zunächst nur einfach das Feuerglockenmotiv weiterzuerzählen scheint. Und zwar im Grunde ohne jede Zäsur, da die kurze Meditation über den Glockenklang im Menschenleben dem ihm eigentümlichen und gewöhnlichen Erzählstil entspricht. Der

Autor breitet sich auch zunächst nur situationsrealistisch aus, freilich nicht ohne den Charakter des Resli sogleich im Zusammenhang des Brandes um eine Dimension zu erweitern, die für die neue Romankonzeption wichtig ist. Gotthelf muß gespürt haben, daß er diese Figur allzu friedlich und wohlgeartet angelegt hatte, daß sie als entschiedener Träger der erweiterten Handlung aber auch über die Intimität hinaus erweitert werden mußte. Denn genau das tut er. Resli bekommt in der Funktion eines Führers der „Feuerläufer" mit einem Schlage eine unerhörte Vitalität: „Leicht wie ein Vogel und kühn wie ein Löwe war er zum Brande gekommen, hatte sich in denselben gestürzt. Es war ihm gar wunderbar zumute gewesen, fast als ob er Flügel hätte und Kraft in sich, die Welt zu bezwingen; er hätte während dem Laufe jauchzen und singen mögen, wenn es schicklich gewesen wäre, und weil ers nicht durfte, rissen seine Beine um so schneller aus, daß die hinter ihm alle Augenblicke rufen mußten, er solle doch nicht so laufen, es möge ihm ja niemand nach.

In fast freudiger Erregung hatte er sich in den Wirrwarr gestürzt; aber wer weiß nicht, wie jede Erregung so leicht in verschiedene Töne übergeht, die freudige in eine wilde, die wilde in eine zornige?" Diese Note der Wildheit mit fast dionysischen Zügen liegt Gotthelfs Menschenbild nicht etwa fern, sondern überaus nahe. Man weiß aus seinen Briefen, daß er als ganz junger Akademiker die Wildheit einer Knabenklasse, die er zu unterrichten hatte, mit ausgesprochener Freude daran nicht bändigte, sondern eher provozierte. Die spätere Briefstelle des Pfarrherren und Schriftstellers, in der er vorgibt, daß der Drang in ihm, sich auszuleben, ebensowohl in wilden Ritten wie „in Schrift" sich hätte Luft machen können, ist bekannt. Die Gestalt des Michel aus der Brautschau-Novelle oder des Felix aus der „Käserei in der Vehfreude" verraten Gotthelfs Bedürfnis, die äußerste Natürlichkeit in der Form überschäumender Kraftfülle als ganz positive Mitgift der Jugend auch seinem dichterischen Menschenbild einzubeziehen. Ja, er braucht diese Seite des Menschlichen sogar, weil sein christlicher Aspekt der Zucht sonst ohne ebenbürtigen Gegenstand wäre. Gottfried Keller hat ganz mit Recht gerade hier seine positive Stellung zu Gotthelf gefunden, dessen politischen und theologischen Standort er so entschieden ablehnte. Man vergegenwärtige sich auch die übermenschliche Wohlerzogenheit der jungen Menschen bei Stifter, die das Motiv der Zucht bei ihm oft um seine innere Glaubwürdigkeit bringt, weil der menschliche Charakter damit in die Nähe des Utopischen rückt. Für Gotthelf aber gibt es eine dionysische Seite der jugendlichen Menschennatur, die ihr erlaubt, ja zugeordnet ist.

Für die Gestalt Reslis bedeutet das, daß sie erst jetzt Tragfähigkeit erhält für eine eigene Schicksalshandlung, mit der ihre Nebenfunktion in der Novelle gesprengt wird. Den „Wirbel der Welt", das Motiv des gegenmönchischen Ausklangs der Novelle mit seinem Hinweis auf die Bewährung der Familie in der Geschichtlichkeit, hat Resli zuerst und zutiefst auszustehen. Das ist seine neue Funktion im Roman. In ihr begründet Gotthelf nun auch die konzentrische Erweiterung des ganzen Motivs: nämlich die Verlegung des Konflikts Geld und Geist auf die räumliche Zwei-Welten-Ebene, die des Ringens der Welt von Liebiwyl mit der des Dorngrüthofes. Dieses Ringen hat er psychologisch meisterhaft aufgebaut auf der Liebeshandlung zwischen Resli und Annemareili.

Mitten im turbulenten Getriebe des Brandes führt Gotthelf die beiden wieder zusammen, nüchtern, wie der Augenblick es ergibt. „Mach nit dr Lümmel", ist das erboste Wort des in der Hitze des Gefechts von Resli unsanft beiseite gewiesenen Mädchens. Unsentimentaler kann die neue Handlung nicht beginnen. Doch wird sie alsbald dramatisch im „homerischen" Sinne Kellers. Nachts auf dem Heimwege, als alle außer Rand und Band sind, kommt es zur Schlägerei. „Wie Trojaner und Griechen um die Helena zankten sich allerdings die Burschen um ein Mädchen oder zwei, und zwar handgreiflich nach der Väter Sitte." Resli stürzt hinzu, weil er Annemareili zu erkennen glaubt, und wird mit dem Feuerhaken niedergeschlagen. Alles flieht nach dem vermeintlichen Mord auseinander, und das Gerücht von Reslis Tode dringt bis ins angstvoll wartende Elternhaus. Aber Annemareili hat den Bewußtlosen auf den Dorngrüthof tragen lassen, und dort erwacht er wieder zum Leben. Auch hier beugt Gotthelf zunächst jedem Ausdruck des Gefühls vor, durch die ironische Beschreibung des reichen, aber finsteren Hofes, des geizigen und unmenschlichen Bauern, der gedrückten und hässig gewordenen Mutter. Die Gegenwelt zu Liebiwyl ist da, als Handlung, nicht als Beschreibung. Und jetzt erst findet der Dichter es richtig, die entscheidende Handlung aufzudecken, durch Worte auch der Empfindung zu verraten, daß das Mädchen den unbekannten „schlanken Tänzer" heimlich immer im Herzen getragen hat. Nun sind die beiden Seiten des Dorngrütmotivs ins volle Licht gestellt. Der Plan des Romans und sein notwendiger Gang liegen offen.

In eben dem Maße, wie die beiden sich ihrer Liebe bewußt werden und das auch zeigen, muß die tyrannische und materialistische Macht von Annemareilis Vaterwelt, zu der auch die wüsten Brüder gehören, in ihrer ganzen Unbarmherzigkeit hervortreten. Der Kampf von Geld und Geist ist nun in die Welt verlegt, in der sinnbildlich die beiden Reiche einander gegenübertreten. Gotthelf hat diese Linie bis zum Schlusse in überlegener Konsequenz durchgehalten; in der durch die neue Form gewährten epischen Breite wie in seiner durch die menschliche Grundkonzeption von vornherein möglichen Tiefe. Das Bild von Liebiwyl darf er vom ersten Teil der Novelle her voraussetzen. Es braucht nur der ganz neuen Versuchung durch die „Welt" standzuhalten. Die eigentliche epische Aufgabe liegt nunmehr darin, die ganze Bösartigkeit der Geldseite des Daseins in ihrer Aggressivität leibhaft werden zu lassen. Und doch darf er sie nicht zur Karikatur treiben, wenn es nicht zum Stilbruch kommen soll. Was die frühere Konzeption als innere Versuchung schließlich überwand, das darf nun als Versuchung von außen nicht Spottgeburt werden, wenn es auch, Gotthelfs Stil gemäß, dämonische Züge gewinnen darf. Und das läßt Gotthelf auch geschehen. Mit Dostojewskischer Großartigkeit und Feinheit zugleich läßt er den Dorngrüthof in von Mal zu Mal bedacht sich steigernder Weise und allmählich von allen Seiten her sich kompromittieren. Die volle menschliche Wirklichkeit des egoistischen Gelddämons ist präludierend schon dargestellt an dem Benehmen des Dorngrütbauern vor Reslis Krankenbett. Er hadert, daß die Tochter ihm die Schererei ins Haus gebracht hat. Das Menschenleben gilt ihm nichts. Die Steigerung dieser Handlung liegt darin, daß sich im folgenden erweist, wie die Besessenheit vom Besitz auch mit den nächsten, nicht nur mit fremden Menschenleben spielt. Die eigene Tochter betrachtet er als Schacherware und Spekulationsobjekt. Der Kellerjoggi, der Greis mit den Triefaugen, der erbenlos sicher bald das Zeitliche segnen wird, ist der ihr bestimmte Bräutigam. Ist man ihn möglichst bald los, fällt sein reicher Hof an Annemareilis Brüder und verdoppelt deren Besitztum. Die behutsam, weise und überlegen einsetzende Werbung des Liebiwyler Hauses für den Hoferben Resli nützt der Dorngrütbauer zynisch zunächst, um den pfiffigen Alten zu dem entscheidenden Testament zu drängen, dann aber auch, um ebenso zynisch zu erkunden, wieweit man durch Benachteiligung der Liebiwyler Geschwister und Eltern zu einem ähnlichen Resultat mit dem dortigen Reichtum gelangen könne.

Hier nun liegt die zarteste und profundeste seelische Motivation der neuen Romanhandlung. Sie liegt zunächst in dem bestimmten, wenn auch nicht aggressiven Gegenspiel, das dieser Gesinnungslumperei von Liebiwyl aus entgegengesetzt wird. Gewiß, Resli und seine Familie sind die Werbenden. Dreimal läßt Gotthelf sie nach ihrer Wesensart anhalten: bei den beiden Besuchen auf dem Dorngrüthof, deren letzter zu Reslis wildem Aufbruch aus der wüsten

Welt führt und zum Verzicht auf Annemareili, der ihm und ihr fast das Herz bricht. In der Mitte zwischen den beiden Werbungsversuchen liegt das Treffen der beiden Liebenden im Badwirtshaus und das Verlöbnis dort, mit dem beide ihren Lebensplan endgültig festlegen; Annemareili, weil in ihrer Liebe das einzige Gegengewicht gegen ein Übergewicht von Hoffnungslosigkeit liegt; Resli, weil Innigkeit und Treue die Mitte seines Wesens und seiner Welt sind. Aber diese Treue gilt auch gegenüber seiner Familie. Geschwister und Eltern um das Ihre zu bringen, wie der Ehevertrag des Dorngrütbauern von ihm fordern würde, vermag er noch weniger, als Annemareili aufzugeben. Sie wäre die Erfüllung, aber sie ist nicht die Mitte seines Lebens. Er kann noch er selber sein, wenn auch freudlos, ohne sie. Für sie aber ist ihre Liebe zu Resli der einzige Daseinssinn. Darum verzeiht sie, als die Verhandlung zusammenbricht, Resli seine Festigkeit nicht, die sie als Härte deutet, deuten muß. Es ist wieder eine überlegene Psychologie, mit der Gotthelf, der doch die Strenge von Reslis Ethos der Familientreue vertreten muß, das Mädchen subjektiv in seinem Rechte (der Verzweiflung) beläßt. Und es ist ebenso von äußerster Zartheit, wie er den Knoten entwirrt. Es muß die Heldin der Novelle, Aenneli, sein, die Mutter, die Annemareilis Trotz versteht und auf ihrem Totenbette die beiden geliebten Kinder endgültig miteinander verbindet.

Das seelisch Komplizierte am Motiv der Liebenden ist ja die ungleiche Verteilung der Lasten. Für Resli ist der Verlust Annemareilis schmerzlich aus der Treue und Innigkeit seiner Natur heraus, durch die gleiche Eigenschaft aber — Geschwistern und Eltern gegenüber — wieder zum Teil aufgehoben. Ihn stützen seine gute Art und der gute Geist seines Hauses. Annemareili aber ist ganz auf sich selbst gestellt als das erstaunlich schöne und reine Gewächs inmitten einer Einöde. Für sie bedeuten Herkunft und Haus nicht Hilfe, sondern die Gefahr und die Gewalt. So ist ihr Kampf um ihre Hoffnung auf die Zukunft mit Resli ein verzweifelter und einsamer. Berücksichtigt man dies, so erkennt man in der Zuspitzung und in dem vorläufigen Bruche nichts, was die Reinheit ihrer Gestalt antastete. Allerdings: sie hält Resli verzweifelt an, wenigstens zum Scheine den Forderungen ihres Vaters nachzugeben, die Reslis Geschwister zur Hälfte enterben würden. Und als er das nach seiner Natur nicht kann, vermag sie ihm das nicht zu vergeben. Der genaue Leser des Romans wird das wieder nur natürlich finden an dem Mädchen, das sich allen Gewalten zum Trotz rein und stolz zu erhalten wußte inmitten niedriger und kümmerlicher Gesinnung. Annemareilis Charakter leidet nicht durch ihren Antrag an Resli und den verzweifelten Trotz, mit dem sie auf seine Ablehnung reagiert. Er gewinnt aus seinem Schicksal die Tragik, die des Mädchens Gestalt über die Lieblichkeit und Reinheit hinaus erreicht. Gerade hier nun findet die Erzählung vom Motiv her die Vollendung ihres Romancharakters. Aus der Art der Liebenden erwächst folgerichtig Notwendigkeit und Tiefe ihrer zuletzt tragischen Beziehung. Keins der beiden kann nach Artung und Schicksal nachgeben. Sich selbst treu, müßten sie scheitern in ihrer Liebe, wobei, wie schon klargestellt wurde, dem Mädchen das weitaus größere Opfer zufiele. Der Knoten scheint nicht lösbar, ohne daß beider Charakter gebrochen würde.

Hier nun läßt Gotthelf mit dem feinsten künstlerischen Instinkt die Lösung von der einzigen Seite her eintreten, von der sie möglich ist: von der überragenden Gestalt der Novelle her, Aenneli, der Mutter. Indem er dies Motiv wieder zum Schlußmotiv des Romans werden läßt, stellt er auch dichterisch die Einheit mit dem Novellenansatz wieder her. Einmal stofflich: der in eine neue Richtung gelenkte Blick wird zurückgeführt auf die vertraute Gestalt, die früher schon die Ordnung und den Frieden wiederherstellte. Sie tut es diesmal wirklich im Angesicht des Todes und damit auch in der Form einer letzten Glaubwürdigkeit. Sie tut es ferner nach dem Gesetz, nach dem sie angetreten: nach dem Gesetz der Liebe, die alles überwindet, auch das Selbstmißverständnis der beiden Kinder. Endlich greift Gotthelf damit das letzte der offengebliebenen Motive aus der Novelle wieder auf: die Todesahnungen Aennelis läßt er jetzt in Erfüllung gehen und gestaltet sie zu dem großartigen Schlußmotiv der Romanfassung. Was in der Novelle noch einen Hauch von ehrenwertem Eigensinn hatte: Aennelis Sorge für die Armen, das läßt er sie jetzt existentiell verwirklichen. Bei einem gegen den Willen Christens und der Kinder geübten Werk der Nächstenliebe, der Krankenpflege, holt sie sich die tödliche Krankheit, die aus der in der Novelle noch beiseite geschobenen Todesahnung nun die Todeswirklichkeit macht.

Mit dieser Wendung hat Gotthelf nicht nur organisch weiter und zu Ende entwickelt, was in dem liegengebliebenen Motiv der Novelle nach Bearbeitung drängte, er hat auch dem Titelmotiv sein für die Romanform noch ausstehendes Recht gegeben. Der Geist, den sich die Familie in der Novelle zurückgewann, erweist jetzt erst seine größte Kraft, da er als Liebe auch nach außen ausstrahlt und Versöhnung stiftet nicht nur als Wirkung auf sich selbst zurück wie früher, sondern als Wirkung in die geschichtliche Welt hinein, deren Opfer Annemareili und Resli zu werden drohen; beide nach dem

Gesetz ihres Wesens und einer so verschieden gearteten Herkunft. Dabei wäre nicht nur Annemareili als Opfer der materialistischen „Welt" gefallen, sondern auch Reslis Schicksal unerfüllt geblieben. Das heißt: folgerichtig gut und treu im Geiste, aber um seine menschlich geschichtliche Erfüllung, die eigene Familiengründung, gebracht. Gotthelf hat mit dem Schluß des Romans die einzig verbliebene glaubwürdige Lösung gefunden, die zugleich auch die allein dichterisch mögliche ist. Das bedeutet auf höherer Ebene die Wiederaufnahme des Novellenschlusses, ohne daß eine Wiederholung herauskommt, bei der das Versöhnungsmotiv sich hätte abnützen müssen. Zweierlei Motive ergeben die neue geschichtliche Ebene des Romanschlusses, die die räumlich weniger umfassende des Novellenschlusses gleichwohl unmittelbar voraussetzt. Einmal ist Aennelis Muttergestalt durch die Energie ihrer Wirkung stark genug, um das Kind aus der anderen Welt an ihr letztes Lager zu ziehen, ohne daß es der Worte oder Taten dazu bedürfte. Ihre Ausstrahlung in das Saeculum, die geschichtliche Welt, rein als Person, ist unüberwindlich. Das von ihr repräsentierte Haus bringt ohne eigenes Handeln Annemareili zum Bruch mit den Ihren. Es überwindet die Welt; genau das, was der Novellenschluß von der versöhnten Familie forderte, aber, seiner Funktion entsprechend, nicht geben durfte.

Sodann: Aennelis Überlegenheit erweist sich dem anderen Partner der Romanhandlung, dem Lieblingssohn Resli gegenüber, als die einzig mit innerem Recht seine Resignation lösende Kraft. Sie zwingt ihn damit nicht, seine Rechtlichkeit, die Ursache seines Verzichtes, aufzugeben. Aber in der wundervollen Interpretation, die sie dem Sohn von Annemareilis Verhalten aus seiner inneren und äußeren Not gibt, bewährt sich wohl am höchsten der Geist, unter dem Gotthelf die Liebe versteht: „Da ists mir aufgegangen auf einmal, es het mi düecht, sein Mänteli sei ein Fenster, und was dahinter sei, könne ich sehen, so deutlich, wie wenn es mir vor Augen wäre, und doch ist der Spiegel eigentlich in meinem Herzen gewesen, und was ich in dem des Meitschis erkannte, las ich eigentlich ab in mir." Gotthelf läßt sie hier schlichte und innige Worte der Erkenntnis und des Selbstbekenntnisses zugleich finden, die eine unerhört konzentrierte Stauung des Erzählungsflusses bedeuten, einen Höhepunkt des Ausdruckes menschlicher Reife schlechthin, wie es dem Anspruch der nun zu Ende geführten Romankonzeption gemäß ist. Die Stauung kommt von der Steigerung der Dringlichkeit, die durch Reslis Widerspruch bewirkt wird. Denn auch hier versagt sich Gotthelfs Realismus jedes sentimental gerührte Nachgeben des Sohnes, das doppelt peinlich wirken müßte, da man ja weiß, daß es sein letztes Gespräch mit der Mutter sein wird. Aber daß Annemareili in diesem Augenblick selbst hinfindet zu der Welt, in die sie gehört und für die sie mit der ihr angestammten brechen mußte: das erst läßt Gotthelf den Ausschlag geben. Es ist der Beweis für Aennelis richtige Deutung von Annemareilis innerer Not und ihrer Zugehörigkeit zu ihnen. So kann sie als letztes noch die Hände der Kinder zusammenlegen und mit wenigen Worten von ergreifender Schlichtheit enden.

Es gehört eine tüchtige Portion von Banausentum dazu, wie es noch zu Gotthelfs Lebzeiten geschehen ist, auch diesen Abschluß als Abbruch zu interpretieren, die Hochzeit Reslis und Annemareilis als Ergänzung zu fordern, die Einzelheiten von Annemareilis Bruch mit ihrem Elternhause zu vermissen. Wenn etwas den Romanschluß um seine großartige Wirkung gebracht hätte, so wäre es ein solcher Auerbachscher Schluß gewesen. Die Größe der atemberaubenden Spannung, die, wie gezeigt wurde, in ihrem Mangel an Pathos liegt, aber ebenso im fast brüsken Weglassen alles Unwesentlichen, duldete weder das Idyll noch die entwirrende Logik der Kriminalgeschichte in sich. Sie duldete nur die innere Notwendigkeit.

Grundsätzliches

Die Interpretation, die hier vorgelegt wurde, war darauf gerichtet, den in Handlung und Motivation von Gotthelf vorgenommenen Formwechsel von der Novelle zum Roman aufzuzeigen. Einen Formwechsel, der die Ausgangsnovelle nicht aufhob, sondern unverändert bestehen ließ als ersten Teil des späteren Romans, der nunmehr nur der neuen Konzeption untergeordnet wurde. Es war dies ein höchst individuelles Verfahren, das nur aus der Gotthelf eigentümlichen Schaffensart und den ihr innewohnenden Formmöglichkeiten ganz verständlich werden kann. Wenn die Zeitgenossen wie auch spätere Gotthelf-Biographen das Gotthelfsche Formgesetz so mißverstehen konnten, daß sie ihm die angeblich fehlenden Schlüsse ankreideten, so ist charakteristisch dafür, wie zäh sich das Modell der Dorfgeschichte und die Gewohnheit ihrer Sentimentalität auch an den Erzähltypus, den Gotthelf verkörperte, heftete. Dabei hatte Gotthelf zu dieser Zeit — außer in den Erstlingswerken, dem „Bauernspiegel" und dem „Schulmeister" —, in den gleichen Jahren, in denen er „Geld und Geist" ausarbeitete, auch im „Uli" und in „Anne Bäbi Jowäger" hinreichend ausgeprägte Proben seiner Form gegeben, die mit der Pseudonaivität der Dorfgeschichte nichts zu tun hatte, noch weniger mit deren Sentimentalität. Abgesehen von den Empfängern freilich wußte man nicht von den brieflichen Selbstaussagen, die belegten, wieweit er sich selber der formalen Konsequenzen seiner Arbeitsweise und des ihr zugrunde liegenden Eros des religiösen Erziehers bewußt war. Dieser stets auf das Gesamtmenschliche zielende Aspekt, der sich auf einer theonomen und dynamischen Geschichtsanschauung gründete, ist die Voraussetzung für „Geld und Geist" wie für jede andere seiner großen Prosadichtungen.

Es ist daher wohl Absicht, daß Gotthelf gerade in „Geld und Geist" auf zwei wichtige Probleme seiner Prosaepik grundsätzlich zu sprechen kommt. Sie sind beide bezeichnend für sein Menschenbild wie für seine Erzählweise.

Die eine grundsätzliche Erwägung schließt Gotthelf, worauf schon hingedeutet wurde, an das Motiv von Aennelis Umkehr im ersten Teil. Es ist nicht zufällig der innere Vorgang, Aennelis Ringen auf dem Berge mit sich selbst, an den Gotthelf seine Meditation über das Heldentum anschließt. Ausgehend von der Figur des literarischen heroischen Helden klassisch-romantischer Prägung, bettet er dieses Stück seiner Poetik zugleich in eine Analyse der Zeit. Der „Held" im überlieferten Sinne bewirkt im Leser, daß er sich von seiner Zeit distanziert, die alten Heldentage wieder heraufwünscht, die eigene Zeitsituation versteht als „den Kampf mit der Langeweile in diesen geschliffenen Zeiten und bei den durch sie geschliffenen Menschen". Er vergleicht ein solches Bedürfnis nach Heldentum mit dem Sensationsbericht des Zeitungsschreibers. Dem setzt er den eigenen realistischen Heldenbegriff entgegen: „Nun aber gibt es Helden und Märtyrer immerfort, und die Gelegenheiten dazu kommen jeden Tag. Wo göttliche Kraft im Menschen ist, da sprudelt sie hervor, und wo ist auf Erden die Quelle, welche nicht ihr Bett gefunden? Die ächte Kraft weiß im Kleinen groß zu sein ... Ächte Heldenherrlichkeit, großen Märtyrersinn findet und sieht man heute wie immer, man muß ihn nur zu erkennen wissen in jedem Lebensverhältnis und nicht meinen, er blühe nur auf Schlachtfeldern oder Blutgerüsten." Man wird eine gewisse Verwandtschaft im Standpunkt mit Stifters Vorrede zu den „Bunten Steinen" erkennen. Doch unterscheidet Gotthelfs Heldentum der Größe „im Kleinen", in der Demut, sich von Stifters Polemik gegen Hebbel dadurch, daß es bei ihm im engeren Sinne um die Unpathetik des menschlichen Geistes und nicht um pathetische oder unpathetische Naturerscheinungen geht wie bei Stifter. Das Problem ist bei Gotthelf ein anthropologisches. Es ist zugleich eine Äußerung seines Realismus, der die menschliche Größe „in jedem Lebensverhältnis" sucht und erkennt, gerade auch im seelisch Unscheinbaren, das seine eigene Größe der Wirklichkeit hat. „Geld und Geist" ist für den Dichter der Modellfall der ihm eigenen Beziehung zur menschlichen Wirklichkeit, Aenneli seine dichterische Repräsentation. Eine Linie führt übrigens — wenn auch theologisch säkularisiert — von hier zum „heldenlosen" Drama und zum Gesellschaftsroman des späteren Naturalismus weiter.

Die zweite grundsätzliche Äußerung Gotthelfs über seine eigene Schaffensweise findet sich im Nachwort („Schluß") zum Roman. Unwirsch fertigt Gotthelf hier sogleich die ihm zuteil gewordenen Leserkritiken ab: „Meine günstigen Leser werfen mir so oft vor, meinen Erzählungen fehle der Schluß, daß ich genötigt bin, die Schlüsse förmlich herzusetzen." Sodann rechtfertigt er den gewählten Schluß von „Geld und Geist". Was man hier vermißt hätte, das sei nur Sache nicht genügend gestillter „Neugierde". Aber der Sensationslust fühlt er sich nicht verpflichtet. Ihr setzt er die Autonomie des Dichters entgegen: „Aber er ist untertan einem eigenen Geiste, der in jeder Erzählung lebendig wird, sie leitet und schließt. Der Verfasser kann eine Erzählung beginnen, aber dieser Geist ist es, der sich ihrer bemächtigt und sie gestaltet nach seinem Willen." Der Dichter nimmt also das Recht für seine Arbeit in Anspruch, sich frei von jeder Bindung durch den Stoffhunger und das Spannungsbedürfnis des Lesers zu halten, dafür aber einer Eigengesetzlichkeit zu folgen, die der epischen Konzeption selber immanent ist. Von ihr nimmt er das Diktat an, das er dem Publikum verweigert. Indem er das tut, findet er nebenher Zeit, sich ausdrücklich von der (klassischen) Erzählform des „Ebenmaßes" zu distanzieren. Wenn er den Akt der dichterischen Konzeption mit dem physischen Zeugungsakt vergleicht, behält er sich ausdrücklich die Freiheit von der klassischen Norm des Gleichgewichtes vor. Die Romanstruktur, die Gotthelf anerkennt, ist daher nicht eine vorentworfene und dann nach dem Gesetz des Gleichgewichtes ausgestaltete, sondern sie folgt dem Leben selber, wie es nach eigenem Gesetz sich entwickelt: nicht ideal, sondern real. Der epische Gegentyp läge etwa bei Stifters „Nachsommer" oder Meyers „Jürg Jenatsch". Dagegen würde hier eine merkwürdige Formverwandtschaft sichtbar, nämlich die mit Thomas Mann und verwandten Typen des modernen Romans, zum Beispiel mit Musil, bei denen „die Länge der Glieder" auch nicht „mit dem Metermaß" gemessen werden dürfte, wie Gotthelf es für seine Erzählform in Anspruch nimmt. Freilich: Musils und Kafkas Vorherbestimmung zu Fragmentisten eignet dem Berner keineswegs. Es gibt — abgesehen von dem Torso wider Willen „Der Herr Esau" — keine Torsi bei Gotthelf. Wie Thomas Mann behält er, auch „ohne klassisches Ebenmaß", die Fähigkeit, ja die Bestimmung des Abrundens nach dem Maß seiner Wirklichkeit.

VICTOR LANGE

Stifter · Der Nachsommer

> Die Männer gefielen mir, welche die Dinge und die Begeben-
> heiten mit klaren Augen angeschaut hatten und sie in einem
> sicheren Maße in dem Rahmen ihrer eigenen inneren Größe
> vorführten. Andere gaben Gefühle in schöner Sittenkraft, die
> tief auf mich wirkten. Es ist unglaublich, welche Gewalt
> Worte üben können; ich liebte die Worte und liebte die
> Männer und sehnte mich oft nach einer unbestimmten, un-
> bekannten, glücklichen Zukunft hinaus.
>
> Der Nachsommer: Die Erweiterung

Voraussetzungen

Der dichterische Ruhm und die vorbildliche Kraft von Stifters
„Nachsommer" haben sich im Verlaufe des Jahrhunderts seit seinem
Erscheinen immer eindeutiger und fragloser behauptet. Das große
Werk gehört zu den Zeugnissen einer seelisch-geistigen Haltung,
die jenseits ihrer historischen Grenzen als platonisches Sinnbild
immer wieder berufen wird und deren eigentümliche Kunstgestalt
den Kanon der deutschen Romantradition bedeutsam bestimmt hat.
In seinen Grundtendenzen stellt sich der „Nachsommer" in aller
Entschiedenheit gegen die Impulse des Fühlens und der Darstellung,
die die Zeit seiner Entstehung bestimmen; und gerade die an ihm
seit je als unzeitgemäß empfundenen Züge sowohl der Weltsicht als
auch der Mitteilungsform haben dem Roman in der Geschichte des
deutschen Selbstbewußtseins einen hohen Rang verliehen.

Glanz und Wirkung eines bedeutenden Werkes zu begreifen, heißt
aber nicht nur die sittlichen Energien zu bestimmen, die sich in ihm
aufweisen lassen, sondern vor allem diejenigen spezifisch dichterischen Leistungen zu verfolgen, die uns, auch über die historisch-
moralischen Voraussetzungen hinaus, zu gültigen Einsichten in das
Verhalten des dichterischen Bewußtseins überhaupt führen. Gerade
Stifters „Nachsommer", der in aller ausdrücklichen Absicht pole-
misch gegen die geistige Situation seiner Zeit gerichtet ist, zwingt
uns dazu, zunächst nach den Folgen zu fragen, die ein so radikaler

Versuch, die historische Aktualität zu transzendieren, für die Struktur des Erzählens überhaupt haben muß.

Die Formen, in denen sich Stifters Leben als Künstler darstellt, lassen sich aus jener vieldeutigen geschichtlichen Situation Österreichs zu Beginn des neunzehnten Jahrhunderts ableiten, in der sich das politisch-gesellschaftliche Modell der Josephinischen Aufklärung auflöst und seine religiös-humanistischen Impulse ihre Bildungskraft verlieren. Stifters Weg aus dem Zentrum der böhmischen Provinz an die Peripherie der adligen Hofgesellschaft entsprach seinem Erziehungsgang, der ihn von der benediktinischen Klosterschule Kremsmünster nach Wien in die bewegten Kreise der deutschromantischen Dichter und der nazarenischen Maler führte. Winckelmann und Herder, Goethe, Schiller und Humboldt formten seine ästhetischen Empfindungen; die sittliche Voraussetzung alles Handelns lag für ihn in jenem Glauben an die Vernunft der göttlichen Schöpfung, die sich als „sanftes Gesetz" offenbart und begreifen läßt; in den Erscheinungen der Natur, der Geschichte, des Glaubens, den Werken des Wissens und der Kunstgestaltung stellt sich ihm die Beziehung zwischen übernatürlicher Ordnung und menschlicher Teilnahme dar. Die religiöse Erfahrung in ihrer Spannung von Aktualität und Transzendenz bietet Stifter die Voraussetzung für jedes Bewußtseinsverständnis; in den Zeugnissen der klassischen Kulturtradition gewinnt für ihn die christlich-ethische Forderung ihre höchste sinnliche Evidenz.

Stifters schon früh entwickelter Sinn für die gegenständliche Welt wird von vornherein in Bedeutungszusammenhängen erlebt, deren religiös-klassizistische Züge sich seit der Kremsmünsterer Zeit unveränderlich behaupten. Es erscheint charakteristisch für die Entwicklung seines geistigen Verhaltens, daß die benediktinischen Erlebnisse seiner Jugend nicht nur den Ausgangsbereich seines aufgeklärten christlichen Idealismus bilden, sondern vor allem auch die Formen seines Wirkens bestimmen: die *oboedientia* gegenüber der hierarchischen Autorität und jene *stabilitas loci*, die die Benediktinerregel im engeren Sinne fordert, werden zu wesentlichen Voraussetzungen seines soziologischen Denkens. Die Evidenz der sinnlichgeistigen Ordnung in der Fülle ihrer historischen Gestaltung aufzuweisen, bleibt der umgreifende didaktische Impuls seines Schaffens. Dieser kulturpädagogischen Aufgabe widmet sich Stifter zeit seines Lebens, zunächst als Lehrer und später — dem Sinn der Ordensregel noch näher — als Schulverwalter; er erfüllt sie aber am eindrucksvollsten als Künstler, einmal in der Darstellung bestimmter thematischer Überzeugungen, dann aber vor allem in der eigentüm-

lichen Bindung seiner dichterischen Sprechform an die visionären
und gemeinschaftsbildenden Absichten und Mittel der kirchlichen
Liturgie.

„Ich bin seit meiner Jugend dem Hohen nachgegangen", schreibt
er einmal, „und habe es zu verwirklichen gestrebt. Ob es mehr
oder minder gelungen, oder ob nur ein fantastisches Ding gekommen ist, wußte ich nie völlig sicher." Das „Hohe" in der
immer unzureichenden Welt zu verwirklichen, gilt Stifter als die
eigentliche menschliche Forderung; das Werk des Künstlers führt
ausdrücklich zu den Möglichkeiten einer solchen Verwirklichung in
den sinnbildlichen Formen des Schönen. Schon in Kremsmünster
gewinnt für den jungen Stifter jener aufklärerische Satz seines
Lehrers Pater Ignaz Reischl: „Die Kunst ist das Göttliche im Kleide
des Reizes" seine kategorische Gültigkeit. Die Kunst bleibt für ihn
„ein Zweig der Religion", in der „Erhebung zu dem Göttlichen"
besteht ihre eigentliche Absicht: „Darum ist auch die Kunst so
groß, weil es noch unzählige Erhebungen zum Göttlichen gibt, ohne
daß sie den Kunstausdruck finden, Ergebung, Pflichttreue, das Gebet,
Reinheit des Wandels, woran wir uns auch erfreuen, ja woran die
Freude den höchsten Gipfel erreichen kann, ohne daß sie doch
Kunstgefühl wird. Sie kann etwas Höheres sein, sie wird als Höchstes
dem Unendlichen gegenüber sogar Anbetung und ist daher ernster
und strenger, als das Kunstgefühl, hat aber nicht das Holde des
Reizes desselben."

Es entspricht der aufklärerischen Grundstimmung von Stifters
Religiosität, wenn er das Göttliche nicht als das Überwältigende und
Unerhörte empfindet, sondern als die klare und bis zur Abstraktion
vereinfachte Selbstverständlichkeit. Der Nachweis des Großen und
Hohen wird deshalb mit aller Absicht und einer geradezu pedan-
tischen Scheu vor dem Exorbitanten am Kleinen und Unscheinbaren
geliefert. Die berühmte Vorrede zu den „Bunten Steinen" enthält
Stifters entschiedene Verteidigung des benediktinisch-stoischen
Lebensgefühls: „Das Wehen der Luft", heißt es hier, „das Rieseln
des Wassers, das Wachsen der Getreide, das Wogen des Meeres,
das Grünen der Erde, das Glänzen des Himmels, das Schimmern
der Gestirne halte ich für groß: das prächtig einherziehende Gewitter,
den Blitz, welcher Häuser spaltet, den Sturm, der die Brandung
treibt, den feuerspeienden Berg, das Erdbeben, welches Länder
verschüttet, halte ich nicht für größer als obige Erscheinungen, ja,
ich halte sie für kleiner, weil sie nur Wirkungen viel höherer Gesetze
sind." Die Fülle der Erscheinungen, so fährt Stifter fort, wird im
„Geisteszug des Forschers vorzüglich auf das Ganze und Allge-

meine" ausgerichtet. In der unverzüglichen „Freude und Glückseligkeit des Forschens" wird der Blick immer mehr auf den Zusammenhang gerichtet, und wo die Geschichte des Großen in der Natur dargestellt wurde, da „sanken die einzelnen Erscheinungen immer tiefer, und es erhob sich das Gesetz immer höher, die Wunderbarkeiten hörten auf, das Wunder nahm zu".

„So wie es in der äußeren Natur ist, so ist es auch in der inneren, in der des menschlichen Geschlechtes. Ein ganzes Leben voll Gerechtigkeit, Einfachheit, Bezwingung seiner selbst, Verstandesgemäßheit, Wirksamkeit in seinem Kreise, Bewunderung des Schönen, verbunden mit einem heiteren, gelassenen Sterben halte ich für groß: mächtige Bewegungen des Gemütes, furchtbar einherrollenden Zorn, die Begier nach Rache, den entzündeten Geist, der nach Tätigkeit strebt, umreißt, ändert, zerstört und in der Erregung oft das eigene Leben hinwirft, halte ich nicht für größer, sondern für kleiner, da diese Dinge so gut nur Hervorbringungen einzelner und einseitiger Kräfte sind wie Stürme, feuerspeiende Berge, Erdbeben. Wir wollen das sanfte Gesetz zu erblicken suchen, wodurch das menschliche Geschlecht geleitet wird."

Die Spannung zwischen dem Leidenschaftlichen als Unruhe, Unsitte, Unform und Unsinn und dem geduldigen Erfahren und Aufweisen des vernünftig-schöpferischen Gesetzes wird von Stifter als das große existentielle Kräftespiel verstanden. „Es gibt daher Kräfte, die nach dem Bestehen der gesamten Menschheit hinwirken, die durch die Einzelkräfte nicht beschränkt werden dürfen, ja im Gegenteil beschränkend auf sie selber einwirken. Es ist das Gesetz dieser Kräfte, das Gesetz der Gerechtigkeit, das Gesetz der Sitte, das Gesetz, das will, daß jeder geachtet, geehrt, ungefährdet neben dem andern bestehe, daß er seine höhere menschliche Laufbahn gehen könne, sich Liebe und Bewunderung seiner Mitmenschen erwerbe, daß er als Kleinod gehütet werde, wie jeder Mensch ein Kleinod für alle andern Menschen ist. Dieses Gesetz liegt überall, wo Menschen neben Menschen wohnen, und es zeigt sich, wenn Menschen gegen Menschen wirken. Es liegt in der Liebe der Ehegatten zueinander, in der Liebe der Eltern zu den Kindern, der Kinder zu den Eltern, in der Liebe der Geschwister, der Freunde zueinander, in der süßen Neigung beider Geschlechter, in der Arbeitsamkeit, wodurch wir erhalten werden, in der Tätigkeit, wodurch man für seinen Kreis, für die Ferne, für die Menschheit wirkt, und endlich in der Ordnung und Gestalt, womit ganze Gesellschaften und Staaten ihr Dasein umgeben und zum Abschluß bringen. Darum haben alte und neue Dichter vielfach diese Gegenstände benützt, um ihre Dichtungen dem Mitgefühle naher und ferner Geschlechter anheimzugeben." Im Verlaufe seiner allmählichen Abwendung vom romantischen Pathos der Leidenschaft klärt sich auch Stifters Bild von der Gesinnung und der Funktion des Dichters. „Der Stand des Schriftstellers", heißt es in einem Aufsatz aus dem Jahre 1848, „ist einer der ehrwürdigsten des menschlichen Geschlechtes. Er ist der Lehrer, Führer, Freund seiner Mitbrüder, er kann ihnen ein Dolmetsch und Priester des Höchsten werden, wenn er in ihre Seelen als Dichter das Ideal des Schönen bringt . . ." Die rhetorische Gestik dieser Zeilen deutet auf den einen Zug der Stifterischen Einschätzung des Dichters als eines Bürgers von ganz besonderer moralischer Zuverlässigkeit, der sich nicht nur durch „Männlichkeit und Maßhalten" auszeichnet, sondern die mögliche Überwindung aller „furchtbaren Geister der Menschheit" in sich vollzieht. Da die Leidenschaft „das Anmaßendste ist, was es auf Erden gibt", so ist „eine nicht unergiebige Quelle schlechter Schriftsteller (eigentlich der unwürdigen) die Charakterlosigkeit oder gar unsittlicher Charakter, d. h. ohnmächtiger Hingabe an Leidenschaften." Diese von der charakterlichen Integrität her unmittelbar bestimmte Vorstellung des Dichters entspricht Stifters eigenem frühen Verhältnis zum Schreiben, das ja zunächst, ohne alle „artistischen" Ambitionen, eher auf das Verfassen von lehrhaften Stücken ausging als auf die Darstellung seiner künstlerischen Existenz.

Die Problematik des dichterischen Schaffens wird Stifter erst nach 1848 bewußt, d. h. in einer gesellschaftlich-geistigen Situation, die er nicht länger als „Dolmetsch" dessen, was ist, glaubt darstellen zu dürfen, sondern der er „als Dichter das Ideal der Schönheit" entgegenstellen will. „Die Verhältnisse sehen", schreibt er im September 1849, „und doch die Verwirrung und Schlechtigkeit geschehen lassen zu müssen, ist ein Schmerz, der sich kaum beschreiben läßt. Ich habe in diesem Jahre Gefühle kennen gelernt, von denen ich früher keine Ahnung hatte. Alles Schöne Große Menschliche war dahin, das Gemüth war zerrüttet, die Poesie gewichen." Der für so viele Dichter des neunzehnten Jahrhunderts symptomatische Konflikt zwischen Beruf und Berufung wird von Stifter seither um so bedränglicher empfunden, je deutlicher ihn seine Verwaltungstätigkeit als Schulrat und Konservator der Kunstdenkmäler die Grenzen des „politischen" Wirkens gegenüber dem dichterischen Vorbilden spüren ließ. Nicht allein das Klagen um die fehlende Zeit, sondern die Entscheidung für das Schreiben als Hauptanliegen wird in den Briefen seit 1850 immer spürbarer. „Meine Bücher", heißt es noch 1850, „sind nicht Dichtungen allein (als solche mögen sie von sehr vorübergehendem Werthe sein), sondern als sittliche Offenbarungen, als mit strengem Ernste bewahrte menschliche Würde haben sie einen Werth, der bei unserer elenden, frivolen Literatur länger bleiben wird als der poetische." Stifters Wendung von der anekdotischen Erzählform der Novellen zum breit komponierten Gewebe der zwei großen Romane hat deshalb durchaus nicht nur stoffliche Gründe: Dichten als absolute Gestaltung der Erfahrung — „dieses höllische Handwerk" — stellt ihn vor Aufgaben, denen er sich immer weniger gewachsen fühlt: „Sie müssen erwarten", schreibt er 1861 an eine Freundin, „daß das Dichten Sie viel unruhiger und schmerzlicher bewegt, als das von Andern Gedichtete zu lesen ... Es hat das Schaffen an und für sich, wenn es auch gar keine Lesewelt gäbe, oder man an sie gar nicht denkt, auch Leid und Elend genug. Ich kann die Sünde des Dichtens nicht lassen, und bringe immer nicht zu Stande, was ich will, und ringe mich kläglich ab."

Stifters Vorstellungen vom Wirken des Dichters sind anfänglich wie später moralisch-apodiktisch: „Ich lege nur einen sittlichen keineswegs aber künstlerischen Werth auf meine Arbeiten ..." Indem er sich aber den „literarischen" Tendenzen der Zeit fordernd entgegenstellt, vertieft sich das Bewußtsein einer spezifisch ästhetischen Verantwortlichkeit. „Das Reich des Reinen Einfachen Schönen, das nicht nur häufig aus der Litteratur sondern auch aus dem Leben zu verschwinden droht, auszubreiten und in einer nicht ganz unschönen Gestalt vor die Leser zu treten, das war und ist das Streben meiner Schriften."

Über technische und kompositorische Fragen spricht Stifter freilich nur selten und auch dann in ganz allgemeinen Begriffen: „Was dem Leser das Einfachste und Natürlichste scheint, ist das Werk der größten Kunst und Sorgfalt, wer es anders meint, der versteht von Kunst und ihren Hervorbringungen nichts." Wenn sich gelegentlich Anlaß bietet, eine ablehnende oder unzureichende Besprechung zurückzuweisen, so geschieht es eher aus schriftstellerischem Selbstgefühl als in der Absicht, die dichterische Strategie zu rechtfertigen. „Der gute Rezensent meint", so schreibt er an seinen Verleger anläßlich einer Kritik der „Bunten Steine", „ich mache meine Dinge naiv und bewußtlos, und sagt dann wieder, daß außerordentlich viel Natürlichkeit darinnen sei, er meint, diese Dichtart verliere sich ins Blaue und doch hält er den Inhalt (der componiert ist) für ‚real wirklich' (beiläufig närrisch gesagt, als ob es ein real Unwirkliches gäbe) und nur mit Fantasie umkleidet, was ein Widerspruch ist. Er ahnt also gar nicht, daß diese Dinge mit Bewußtsein (freilich nicht auch ohne Gefühl) hervor gebracht sind, wie sie sind, daß sie vollkommen abgeschlossen sind, aber innerlich, nicht, was bei ihm etwa Abschluß sein könnte, durch einen äußeren Rahmen."

In Stifters dichterischer Schaffensweise verbindet sich jene erstaunliche, ja kleinliche Genauigkeit der Materialdisposition, die in vielen Dokumenten seiner Verwaltungstätigkeit bezeugt ist, mit einer zur äußersten Zurückhaltung disziplinierten Geduld des langsamen Abschreitens eines gegenständlich gefüllten, aber in sich nur in großen Umrissen gegliederten epischen Raumes. Die Kunstleistung des „Nachsommer" steht in ihrer konstruktiven Absicht in einer fast nebensächlichen Beziehung zur Erzählkunst der Zeit und verwandelt die von Stifter als urbildlich empfundenen Erzählformen Goethes und Jean Pauls in ein „Bildungswerk" von eigentümlicher formaler Unabhängigkeit. Denn zur zeitgenössischen Literatur hatte Stifter ein durchaus polemisches und nicht ästhetisches Verhältnis: den experimentellen Roman des aktualistischen Realismus lehnt er ebenso entschieden ab wie die analytische Dramatik Hebbels, — für ihn der „groteskeste und sittlich verkröpfteste und widernatürlichste Poet". Seine Urteile über Grillparzer bleiben sentimental-patriotisch; „Heine mit der Haltlosigkeit seines Gewissens und dem Prunk seines Talentes hat unendlich geschadet"; Friedrich Halms attitudenreicher und tönerner „Fechter von Ravenna" gilt ihm als „eines der größten deutschen Werke"; Mundts „Matadore" scheinen ihm ein „Gebräu von Unwahrheit Unnothwendigkeit Zerfallenheit". Zu Freytags „Soll und Haben", das ihm durch Zufall in die Hände fiel, äußert er sich zwar ausführlicher, aber nicht weniger befangen: er empfindet es als eine zwar technisch außerordentliche Leistung, die aber im Episodischen steckenbleibt. „Freitag macht Theile äußerst geschickt, ohne daß ein Hauch von Poesie vorhanden ist . . ., er hat lauter Theile, die nie ein Bild machen, man muß in den drei Bänden ewig neu anfangen, keine Begebenheit bleibt sie selber, kein Karakter bleibt er selber, und immer hat man an den Erlebnissen keine Freude." Was ihm an Freytags Kunst fehlt, ist „Empfindung für Totalität . . . alles ist nur erdacht und gemacht, daher nichts entwikelt und organisch".

So führt Stifter in Urteilen über Dichter seiner Zeit die Klage um mangelnden sittlichen Ernst zur Forderung nach einer dichterischen Darstellungsweise, in der die „Empfindung für Totalität" ihren zureichenden Ausdruck finden soll. „Ein Mann, der mit mir die Einfachheit und das sittliche Bewußtsein gemein hätte", heißt es noch während der Arbeit am „Nachsommer", „mir aber an Dichterbegabung weit überlegen wäre, sollte aufstehen. Er würde der Erneuerer unserer gesunkenen Kunst sein."

Man wird erwägen müssen, ob Stifters geforderte „Empfindung für Totalität" als ästhetische Gegenposition gegen die unbefriedigende Welt von ihm in ihrer ganzen historischen Problematik durchdacht ist oder ob sich hier nicht das humanistische Vokabular Herders und Humboldts zur Rechtfertigung einer tiefen epigonalen Melancholie anbietet. Denn entscheidend für das Abschätzen von Stifters dichterischer Leistung ist die Frage, ob in einer Zeit der intensiven analytischen Gesellschafts- und Kulturkritik eine so summarische Form des sittlichen Bewußtseins, wie er sie behauptet, eine adäquate Voraussetzung des echten Erzählens sein kann. Große Dichtung kann niemals aus einem unzulänglichen Situationsbewußtsein entstehen. Stifters oft geäußertes Mißtrauen gegenüber seiner eigenen Begabung ist deshalb gewiß mehr als eine liebenswürdige Geste, mit der er im Gegensatz zum „Wesentlichen" den Rang des bloßen Könnens herabsetzen möchte; es läßt darauf schließen, daß er sich der polemischen Einseitigkeit seiner klassizistischen Position durchaus bewußt war: anders als Gotthelf oder Keller hat Stifter weder zur sozialen noch zur ästhetischen Auseinandersetzung seiner Zeit ein zureichend kritisches Verhältnis.

Wie undeutlich und konventionell aber auch Stifters Reflexionen über das dichterische Verfahren sein mögen, er hat seine Aufgabe als Dichter mit immer größerer Energie und immer intensiverem Suchen nach spezifischen Ausdrucksmitteln zu erfüllen versucht. Die Briefe der fünfziger Jahre lassen keinen Zweifel, daß ihm mehr und mehr daran lag, im Gegensatz zum „literarischen" Zeitroman und über seine eigenen, im bisherigen didaktischen Zusammenhang zureichenden episodischen und „realistisch" gemeinten „Studien" hinaus eine eigenartige epische Form zu finden und zu entwickeln. Diese Form sollte es ihm ermöglichen, die für ihn allein authentische Welt von der Aktualität zu distanzieren und ihre „Totalität" als Modell im Bewußtseinsbereich des Erzählers zu projizieren.

Das Experiment dieses „visionären" und bewußt bis zum Mythisieren vorgetriebenen dichterischen Sprechens wird im „Nachsommer", zwar oft mit eigentümlichen Mitteln, aber mit überraschender formaler Konsequenz durchgeführt.

Die Gestalt des Romans

Über das Verhältnis der fragmentarisch erhaltenen Anfangsskizzen zum ausgearbeiteten Roman lassen sich nur Vermutungen anstellen: auf wenig mehr als einem Blatt begann Stifter wohl schon zehn Jahre vor dem Erscheinen des „Nachsommer" eine genrehafte Schilderung, in der berichtet wird, wie der jugendliche Erzähler auf einer Gebirgswanderung in einem „weißen Häuschen" vor einem drohenden Gewitter Schutz sucht.

„Es hatte hinter sich einen großen Garten, und war vorne mit einem Gitter umgeben, das hochroth angestrichen war. Die grünen Fensterläden, alle geöffnet, und so frisch, als wären sie gestern erst angestrichen worden, standen recht freundlich zu der schneeweißen Mauer. Als ich an dem Thürlein des Gitters versuchte, ob ich es öffnen könnte, kam aus dem Gartenbusche plötzlich jemand gegen mich zu, der das kleine schneeweiße Männchen war, von dem ich oben sagte.

,Was steht Euch in meinem Hause zu Diensten?' fragte der Mann. ,Ich bin ein Wanderer', antwortete ich, ,und möchte gerne einen Unterstand suchen, in dem ich so lange verweilen könnte, bis das heranziehende Gewitter vorüber wäre.'

,So geht herein', sagte der Mann, indem er seine Hände an das Schloß des Türleins legte, es öffnete, und mich zu sich hinein ließ.

In dem Augenblike kam von dem Gartengange ein blühend schöner junger Mann von etwa vierzehn Jahren zu uns herzu. Er warf die dunkelbraunen Locken seitwärts, und schaute mich mit den dunkeln sanften Augen an.

Ich kann es nicht sagen, welch liebliches Gefühl mich überkam, als ich in die wunderschönen Züge dieses Jünglings schaute."

Der durchaus romantische Ansatz dieses „Die Beherbergung" überschriebenen Stückes, mit seinen dramatischen, aber klischeehaften Farbtönen und der ganz malerischen Sicht auf Gegenstände und Figuren, wird später im Anfang des dritten „Nachsommer"-Kapitels aufgehen; hier fehlen zunächst noch entscheidende Motive, aus denen sich im Roman die Tiefendimensionen erst ergeben sollen: in dem unscheinbaren „kleinen schneeweißen Männchen" läßt sich von der menschlichen Resonanz Risachs noch nichts vermuten, und die Ich-Form des Erzählens soll, wie auch in anderen Frühnovellen Stifters, nur die abenteuerlichen Aspekte der Begegnung begründen, ohne auf die selbstreflektierenden Absichten bezogen zu sein. Inwiefern von einer solchen zusammenhängend geplanten und dichterisch durchkomponierten Bildungsdynamik zwischen dem Betrachter und der gegenständlichen Welt hier schon die Rede sein kann, läßt sich auch aus einem zweiten kurzen Fragment der früheren Novelle kaum erkennen, in dem ein Aufenthalt der ursprünglich Magdalena genannten Freundin des Hofmeisters im Rosenhäuschen und der gemeinsame Gegenbesuch auf Magdalenas Besitztum geschildert werden. Unter dem veränderten Titel „Der alte Vogelfreund" sollte die Erzählung in die Novellensammlung der „Bunten Steine" eingereiht, dann (1854–55) zu einem Roman von zwei oder gar drei Bänden erweitert werden.

Das Werk, das schließlich am 12. September 1857 als „Der Nachsommer" abgeschlossen wird und in drei Bänden erscheint, stellt die schon früh skizzierten Gestalten in einen vielseitigen Sinnbezug, den Stifter erst im langsamen Prozeß künstlerischen Reifens verwirklichen konnte. Daß der „Nachsommer" ausdrücklich nicht etwa als Roman bezeichnet wurde – obwohl Stifter ihn am Anfang der Arbeit einmal einen „sozialen Roman" nennt –, läßt darauf schließen, daß sich das Werk gerade in seiner Kunstform von den geläufigen Vorstellungen sowohl des spätromantischen als auch des zeitkritischen Erzählens distanzieren sollte, jenem „gemachten fantastischen Firlefanz, ... den Schriftsteller und albernes Publikum leider heutzutage so lieben". In dem Maße, in dem der deutsche Roman der Zeit ein Bild der „prosaischen" Welt zu gewinnen versuchte und das Ziel seiner Wirkung im Verständnis der gegenwärtigen gesellschaftlichen Konflikte sah, mußten sich einem so apodiktisch humanistisch gestimmten Dichter wie Stifter die großen Vorbilder der klassisch-romantischen Tradition anbieten. Die Romane Jean Pauls und Goethes, möglicherweise auch Novalis' „Heinrich von Ofterdingen", sind für Stifter die schlechthin exemplarischen Großformen der modernen Bildungserzählung. Anklänge an Jean Paul sind in den Gestalten und Empfindungstönen der früheren Erzählungen unverkennbar; im „Nachsommer" sind sie nur in Momenten verklärender und verinnerlichter Natursicht einer neuen, völlig unsentimentalen und unpathetischen Erzählweise untergeordnet. Die innere Nähe zu Goethe hat Stifter gerade während der Arbeit oft betont; er sei, schreibt er 1854 in einem oft zitierten Satz, „zwar kein Goethe, aber einer aus seiner Verwandtschaft". „Mein Werk", so heißt es nach dem Abschluß des „Nachsommer", „ist weit entfernt von einem Götheschen, von der Großartigkeit des Inhaltes und der schönen klaren Fassung: aber mit Göthescher Liebe zur Kunst ist es geschrieben, mit inniger Hingabe an stille reine Schönheit ist es empfangen und gedacht worden."

Es liegt nahe, über Stifters Neigung zur humanen Lebenskunst Goethes hinaus den „Nachsommer" entscheidend auch in gewissen formalen Aspekten in die Nähe des „Wilhelm Meister" zu stellen; in manchen Einzelheiten mag das zutreffen. Wenn wir aber Stifters Erzählweise, seinen eigentümlich unspontanen Sprachstil und vor allem die Substanz und die dichterischen Darstellungsformen seines Bildungsideals prüfen, so scheinen sich doch im „Nachsommer" poetische Absichten zu verwirklichen, die einer durchaus anderen

Bewußtseinslage entsprechen als der des „Wilhelm Meister". Wichtiger ist es vielleicht, an Stifters Lektüre von Goethes „Novelle" zu erinnern und deren Absicht eines äußerst kunstbewußten Erzählens zum ähnlichen Ziel des „Nachsommer" in Beziehung zu setzen. Über Stifters Einschätzung der „Wahlverwandtschaften" läßt sich weniger Bestimmtes sagen, als man erwarten sollte; denn gerade dieser formal höchst disziplinierte Roman Goethes führt diejenige dichterische Aufgabe durch, die sich Stifters Roman in seiner Weise noch einmal stellt: gegenüber der Welt der Natur, des unmittelbaren Daseins, des Unheimlichen und der Leidenschaft, im Vollzug des absolut verhaltenen Erzählens die nur im Kunstwerk abstrahierbaren reinen Möglichkeiten des Daseins zu verwirklichen.

„Ich habe ein tieferes und reicheres Leben, als es gewöhnlich vorkömmt, in dem Werke zeichnen wollen und zwar in seiner Vollendung und zum Überblike entfaltet daliegend . . ." Zu diesem wichtigen, rückschauenden Satz, in dem Stifter 1858, nach dem Erscheinen der ersten, durchaus kritischen Besprechungen, noch einmal seine dichterischen Absichten zusammenfaßt, führt über drei Jahre fast täglicher, mühsamer Arbeit die Durchführung des großen epischen Experimentes. „Ich hoffe", so schrieb er nach Abschluß des ersten der drei Bände im Februar 1856, „hiemit etwas zu ‚dichten', nicht zu ‚machen'. Die ganze Lage, so wie die Karaktere der Menschen sollen nach meiner Meinung etwas Höheres sein, das den Leser über das gewöhnliche Leben hinaushebt, und ihm einen Ton gibt, in dem er sich als Mensch reiner und größer empfindet, daher das Buch öfter gelesen werden kann, und immer dieselbe Empfindung erfolgt, ja, wenn man den Zusammenhang bereits weiß, in noch höherem Maße erfolgen soll, weil man durch das Stoffliche nicht mehr beirrt wird."

Wir stoßen uns zunächst nicht an die seltsam anmutende Vorstellung Stifters, daß „das Stoffliche" den reinen Ton der Dichtung beeinträchtigen könne, und versuchen das erzählte Material des Romanes zu überschauen.

In siebzehn Kapiteln, deren zuständliche Titel die diskrete und stetige Wellenbewegung der Erzählung umschreiben, läßt Stifter einen noch jungen Mann bürgerlicher Herkunft sich in einer Rückschau auf die Jahre vor seiner Ehe der Elemente des sinngefügten Erlebens erinnern. Aus der Erwerbswelt seines väterlichen Hauses führt ihn sein naturwissenschaftliches Interesse in den Kreis des Freiherrn von Risach, eines ehemaligen kaiserlichen Staatsmannes von vorbildlicher menschlich-geistiger Haltung, auf dessen Landbesitz, dem Rosenhaus, der junge Heinrich Drendorf in alljährlichen

Besuchen eine Welt von höchstem Kulturbewußtsein erfährt. Die
bis zur klassizistischen Abstraktion transparent gemachte Organisation der natürlichen Umwelt von Risachs Besitztum, die „Mitteilung" seiner souveränen Lebensführung und der „Rückblick" vor
allem auf seine einstige leidenschaftliche Zuneigung zu Mathilde, die
schmerzliche Trennung von ihr, das Wiederfinden der gealterten
und gereiften Liebenden und ihre stille Gemeinschaft auf nachbar-
lichen Gütern, dieses sind die Erlebnisbilder, denen sich Heinrich
gegenüber findet und von denen er, mehr und mehr ergriffen und
doch gefaßt, erzählt. Mit Mathildes Tochter Natalie schließt er den
„Bund" für ein gemeinsames Leben, an dessen Schwelle er sich,
eben in der Erzählung des „Nachsommer", über den Sinn der
Erweiterung und Entfaltung seines bisherigen Lebens Rechenschaft
abzulegen versucht. Auf einer Reise „in die höheren Lande" muß
er sich vor seiner Eheschließung die Frage stellen, „ob ein Umgang
mit lieben Freunden, ob die Kunst, die Dichtung, die Wissenschaft
das Leben umschreibe und vollende, oder ob es noch ein Ferneres
gäbe, das es umschließe und es mit weit größerem Glück erfülle.
Dieses größere Glück, ein Glück, das unerschöpflich scheint, ist mir
nun von einer ganz anderen Seite gekommen, als ich damals ahnte.
Ob ich es nun in der Wissenschaft, der ich nie abtrünnig werden
wollte, weit werde bringen können, ob mir Gott die Gnade geben
wird, unter den Großen derselben zu sein, Das weiß ich nicht; aber
Eines ist gewiß, das reine Familienleben, wie es Risach verlangt, ist
gegründet, es wird, wie unsre Neigung und unsre Herzen verbürgen,
in ungeminderter Fülle dauern, ich werde meine Habe verwalten,
werde sonst noch nützen und jedes, selbst das wissenschaftliche
Bestreben hat nun Einfachheit, Halt und Bedeutung."

Das „reine Familienleben" ist die Metapher, in der der Erzähler
jenes geschlossene menschlich-gesellschaftliche Gefüge erfaßt, innerhalb dessen sich die Verhältnisse von Eltern zu Kindern, von Geschwistern, Liebenden, Freunden und Helfern, von Herrschaft zu
Gehorsam, von Hochgestellten zu ihren Bediensteten, von Lehrenden
zu Schülern, von Wissenden zu Fragenden sinnfällig gestalten. Denn
alle diese Beziehungen werden in einem behutsam gefügten Kreis
von Modellfiguren dargestellt. Sie werden nicht etwa in ihrer Komplexität oder Fragwürdigkeit durchleuchtet, sondern als Leistung
und Erfüllung in das nachsommerliche Licht Risachs erhoben und
im Bericht des schauenden und mitgehenden Jünglings bezeugt.

Inwiefern der Charakter dieser Erzählung im Begriff des Bildungs-
romanes zureichend bestimmt ist, bleibt eine Frage; um sie zu
beantworten, muß man davon ausgehen, daß der eigentliche thema-

tische Vorwurf und Gegenstand nicht so sehr Heinrichs „Bildung"
ist als vielmehr die alles umgreifende Geschichte Risachs und Mathildes. „Die zwei jungen Leute" (Heinrich und Natalie), schreibt Stifter
kurz vor Abschluß des Werkes an seinen Verleger Heckenast, „sind
weitaus nicht die Hauptsache, sind eine heitere Ausschmückung des
Werkes, sein Ernst und sein Schwerpunkt muß irgendwo anders
liegen." Es ist vielmehr der „innere Lebensgang" des in Leidenschaft
und Irrtum, in Verständnis, Liebe und handelndem Entsagen gereiften Risach, dessen zum Bild, ja zum Spiegelbild gewordene Erscheinung der jugendliche Erzähler in seiner fast absoluten Gegenwärtigkeit bezeugt. Die allgemeinen ideellen Voraussetzungen, nach
denen Stifter den Roman entworfen hatte, sind in einem späteren
Brief an seinen Freund und Verleger aufgezeichnet. Es heißt dort:
„Ich habe ein tieferes und reicheres Leben, als es gewöhnlich vorkömmt, in dem Werke zeichnen wollen und zwar in seiner Vollendung und zum Überblike entfaltet da liegend in Risach und
Mathilden, zum Theile auch und zwar in einseitigeren Richtungen,
im Kaufmanne [Heinrichs Vater] und seiner Frau, selbst etwas auch
in Eustach und sogar dem Gärtner: in seiner Entwicklung begriffen
und an jenem vollendeten Leben reifend in dem jungen Natur-
forscher [Heinrich], an Natalie Roland Klotilde Gustav. Dieses
tiefere Leben soll getragen sein durch die irdischen Grundlagen
bürgerlicher Geschäfte der Landwirthschaft des Gemeinnuzens und
der Wissenschaft und dann der überirdischen der Kunst der Sitte
und eines Blikes, der von reiner Menschlichkeit geleitet, oder wenn
Sie wollen, von Religion geführt höher geht als bloß nach eigentlichen Geschäften (welche ihm allerdings Mittel sind) Staatsumwäl-
zungen und anderen Kräften, welche das mechanische Leben treiben.
Das gewöhnliche Leben, und zwar nicht gerade ein gemeines, ist
im Inghofe, in den Gesellschaften der Stadt, (in der Fürstin nicht),
und im Besuche im Sternenhofe angedeutet. Risach hatte sich
empor kämpfen müssen, dort, wo er und Mathilde fehlten, wo sie
Schwäche hatten, mußten sie sühnen, und zwar gerade, weil sie
bessere Menschen waren, tiefer, fast mit ihrem irdischen Lebens-
glüke, sühnen als andere, wofür aber auch der Lohn ihres Lebens
im Alter höher war als bei andern, bei denen es wie bei Steinen nicht
Sühne und nicht Lohn gibt. Wer das Buch von diesem Punkte
nimmt, der wird den Gang, wenn er mir menschliche Schwächen
verzeiht, ziemlich strenge und durchdacht finden."

An dieser geistigen Topographie des Romans wird uns allerlei
auffallen. Das „tiefere" Leben soll in einer Reihe von Menschen-
schicksalen „in seiner Vollendung" „zum Überblike entfaltet" und

in seinen tragenden „irdischen" und „überirdischen" Bereichen
aufgewiesen werden; das „gewöhnliche", nicht das „gemeine"
Leben werden angedeutet; die Erfahrung von Sünde und Sühne
rechtfertigt die echte menschliche Existenz und findet sich im „Lohn"
eines verklärten Alters bestätigt. Diese dualistischen Gedanken sind
in Stifters aufgeklärtem religiösen Idealismus begründet und in
seinen früheren Werken immer wieder anekdotisch exemplifiziert
worden. Sie gewinnen im „Nachsommer" nicht etwa dadurch an
Gültigkeit oder Ernst, daß sie noch bewegender oder ergreifender
mitgeteilt werden als in den Erzählungen der „Studien" und „Bunten
Steine", sondern dadurch, daß ihre immanente Antithetik aus der
dramatischen Spannungsform der Novelle entfernt und in der Nacherzählung des epischen Erinnerns umkreist wird. Das bedeutet, daß
die Konflikte und Unruhemotive des Romans nicht als Ereignisse
unmittelbar dargestellt, sondern im Beobachteten des „Natur-
forschers" als Phänomene in ihrer Allgemeingültigkeit, ja Wieder-
holbarkeit bezeichnet werden sollen. Der „Gang" der Handlung
des „Nachsommer"-Romans darf deshalb nicht aus der Dynamik
der erzählten Ereignisse an sich, die Verhältnisse der Menschen für
sich und zueinander können nicht aus ihren individuellen Zügen
verstanden werden. Die Wirklichkeit wird in der distanzierenden
Erzählweise nicht in ihrer Struktur, wie im analytischen Roman,
sondern als geschlossenes, sichtbares Ergebnis einer beispielhaften
menschlichen Leistung aufgewiesen. „Das Reich des Reinen Einfachen Schönen, das nicht nur häufig aus der Literatur sondern
auch aus dem Leben zu verschwinden droht, auszubreiten, und in
einer nicht ganz unschönen Gestalt vor die Leser zu treten, das war
und ist das Streben meiner Schriften."
 Es ist gelegentlich nach den historischen und autobiographischen
Bestandteilen gefragt worden, die in den Roman eingegangen sind.
Stifter war — wie Goethe — kein Erfinder, sondern ein Gestalter;
aber er fügt die beobachtete und erlebte Welt so in die Erzählung
ein, daß sie den konstruktiven Zwecken des Kunstwerkes völlig
untergeordnet erscheint. Wenn Risach unverkennbare Züge sowohl
des Freiherrn Andreas von Baumgartner als auch Wilhelm von
Humboldts trägt, wenn die Fürstin Schwarzenberg und ihre Gesell-
schafterin, die Dichterin Betty Paoli, im Roman in einzelnen Zügen
nachweisbar sind, wenn Mathilde an die Gräfin Esterhazy erinnert
und Heinrich selbst von der Erscheinung des Naturwissenschaftlers
Friedrich Simony her skizziert ist, so bedeutet das nichts anderes,
als daß Stifter in diesen Menschen die Elemente der Wirklichkeit,
um die es ihm ging, schon modellhaft vorgebildet fand. In ganz

ähnlicher Weise fügt er Gegenstände und Züge seiner eigenen Umgebung in die Erzählung ein: „drei Geräte, welche sehr schön sind, und im Buche vorkommen, befinden sich in meinem Besitze. Für den Schreibkasten (herrliche eingelegte Arbeit) sind mir schon 2000 fl CM geboten worden"; der Kefermarkter Schnitzaltar, dessen Wiederherstellung Stifter veranlaßte, wird im Roman zum Kerberger Altar, der Hallstädter See erscheint als „Lautersee", sein Heimatort Oberplan als „Dorf Dallkreuz" und Wien als „die große Stadt mit dem schlanken Turm". Stifter spricht gelegentlich von seiner eigenen Liebhaberei als „Restaurateur alter Bilder und Geräte nebst Gerumpel" und von der „Cactusnarrheit", die ihn im Sommer 1854 überfallen hatte.

Alle diese Bestandteile der eigenen Welt gewinnen im Roman ihre eigentümliche Funktion und Bedeutung. Vor allem ist es aber wohl Stifters leidenschaftliche Jugendliebe zu Fanny Greipl, die in den Beziehungen zwischen Risach und Mathilde ihre verklärte dichterische Erfüllung und Überhöhung findet. Denn der Vorwurf der seelischen Unsicherheit und der Unreife des Urteils und der Liebe, den sich Stifter in der lange schmerzvoll durchlebten Zeit nach seiner Trennung von Fanny immer wieder selbst machte, wurde zum eigentlichen Thema der „Nachsommer"-Erzählung. Das Zufällige, die Willkür, die sinnbedrohende Leidenschaft in der Möglichkeit ihrer Überwindung durch Wissen, Gestalten und Vertrauen zu neutralisieren und das Verhältnis von Natur, Mensch und Gott als reines Gesetz zu demonstrieren, darauf sollte es im Erzählen des jungen Naturwissenschaftlers ankommen.

Die Kunstform des Erzählens

Man könnte es als die zentrale geistige Aufgabe des „Nachsommer" bezeichnen, vier Bedeutungssphären zu umkreisen und ihre gegenseitige Beziehung dichterisch darzustellen: die Sphären der Beobachtung, des Urteilens, des Gestaltens und der Einsicht. Jeder dieser Bedeutungskreise findet sein Ereignisäquivalent in der objektiven Welt des Romans; jedem wird aber vor allem „entsprochen" in der Haltung des Erzählers, dessen Funktion zu erkennen für ein Verständnis des Romans von entscheidender Wichtigkeit ist. Daß der „Nachsommer" aus der Perspektive eines „Ich" erzählt wird, daß in ihm der junge Heinrich Drendorf die Erinnerungen seiner Jugend zu berichten scheint, darf uns nicht darüber täuschen, daß hier von einem psychologischen Roman keine Rede sein kann. Denn es wird weder — wie im „Grünen Heinrich" — das langsame Heranwachsen eines jungen Menschen in seinen inneren Zuständen zureichend aufgezeichnet und entwickelt noch die Welt in ihrer geistigen Problematik perspektivisch entdeckt. Man hat sich gefragt, warum der jugendliche Heinrich gerade zu dem Zeitpunkt, an dem er tatsächlich über seine Vergangenheit berichtet, zu einem persönlich so wenig profilierten Rückblick auf seine Umwelt ansetzt: auf der Schwelle zwischen Wissen und Handeln müßte ihm — wenn man Stifters Darstellung als psychologische Erzählung begreift — das echte Verständnis der geschilderten Schicksale noch fehlen. Auch daß Stifters gelegentlich so eckige und spröde Erzählweise der noch weitgehend naiven Vorstellungswelt des jungen Heinrich entsprechen soll, ist — lobend oder bemängelnd — bemerkt worden.

In Wirklichkeit widerspricht diese Vorstellung von einem psychologischen Erzählen gerade Stifters wichtigstem Anliegen. Denn im Gegensatz zu seinen früheren Erzählungen sollte im „Nachsommer" das Seelische in seiner individuellen Äußerung nicht etwa dargestellt, sondern abstrahiert werden; es sollte nicht in seiner Komplexität und Tiefendimension erforscht, erwogen und verstanden, sondern als Gestalt in seiner vorbildlich gewordenen Verallgemeinerung, Überwindung, ja Erlösung gezeigt werden.

Es war Stifters Aufgabe, für diesen Vorgang des Zeigens eine Stimme zu finden, deren Zuverlässigkeit nicht durch individuelle Problematik belastet und entwertet ist oder die etwa erst durch den Nachweis des eigenen Reifens hergestellt werden müßte; sie ließ sich innerhalb der geistigen Zielsetzung und mit den Mitteln des zeitgenössischen analytischen Romans kaum lösen. Es mußte Stifter deshalb darauf ankommen, eine dichterische Redeweise zu finden, deren Gültigkeit und Aussagekraft nicht aus der individuellen, psychologischen Struktur des Erzählers, sondern aus der mehr formalen Gestik des ursprünglichen epischen Sprechens abgeleitet werden kann.

Zu dieser Kunstform des Erzählens führt gerade das Thema der „Nachsommer"-Situation; denn der Gegenstand des Erzählens ist ja nicht etwa die Entwicklung Heinrichs, sondern die Verwandlung eines leidenschaftlichen Verhältnisses in ein im höchsten Sinne verständiges und deshalb beispielhaftes. Dieser Vorgang des Sublimierens soll nicht als solcher deutlich gemacht, sondern im verhaltenen epischen Sprechen als Gegenstand des gemeinsamen Betrachtens verallgemeinert werden. Durch Heinrichs Erzählung soll also nicht so sehr ein Bewußtsein *dargestellt* als vielmehr, mit der distanzierenden Geste des dichterischen Sprechens, im Leser *hergestellt* werden. Heinrich ist nicht der Gegenstand, sondern das Mittel des Erzählens; nur in Heinrichs weder subjektiver noch

eigentlich objektiver, sondern durchaus vor-urteilsvoller, „gebil-
deter" Art des Sprechens kann Stifter versuchen, die darzustellende
Wirklichkeit in ihren geistigen Bezügen als menschlich-religiöse
Forderung zu behaupten. Es sollte sich deshalb von selbst verstehen,
daß die Redeweise Heinrichs als in sich zusammenhängende und
abgestimmte Kunstabsicht gedeutet werden muß und daß die
„natürliche" Schreibweise Stifters zu seiner dichterischen Leistung
in einem Verhältnis steht, das hier ohne kritische Bedeutung ist.
Drendorfs „Ich" ist, als Erzählstimme, merkwürdig unpersönlich
und ohne unmittelbares psychologisches Interesse. Er spricht völlig
ernst, oft gespreizt, in einer künstlichen Manier, die sich nur selten
zum echten Pathos, oft dagegen zur pathetischen Rhetorik erhebt
und der es nicht nur an Komik, sondern vor allem an jeder Ironie
fehlt. Gerade diesen Mangel an Ironie hat die zeitgenössische Kritik
— etwa Julian Schmidts berühmte Rezension des „Nachsommer" in
den „Grenzboten" von 1858 — beklagt; freilich ohne erkennen zu
wollen, daß es sich Stifter ja gerade zur Aufgabe gemacht hatte, die
darzustellende Welt nicht in ihrer Fremdheit skeptisch-ironisch zu
konfrontieren, sondern sie in ihrer sinnlich-sittlichen Gestalt begreif-
bar zu machen. Heinrichs Sprechen darf deshalb ebensowenig
ironisch wie bewegend oder erschütternd sein; es ist hinweisend,
mitteilend, bedeutend und setzt von der ersten Zeile des Romans
an eine Urteilsfähigkeit voraus, deren Zuverlässigkeit, ja Reife von
Anfang bis zu Ende, auch da wo sie sich als vorläufig ausgibt und
sich selbst mit einer leicht melancholischen Geste in Frage zu stellen
scheint, nicht ernstlich in Zweifel steht.

Wenn sich sagen läßt, daß Stifter — wie später Kafka — in der
Sprachgeste das Bewußtsein zur Betrachtung aufrufen will, so müßte
zugleich gefragt werden, wer denn von dem erzählenden Ich angesprochen werden soll. Stifter wendet sich offensichtlich in seinem
bis zum Zeremoniellen stilisierten Sprechen nicht an einen geselligen,
beweglichen und weltoffenen Leserkreis, sondern an eine in ihrem
geistigen Habitus und ihrer inneren Geschlossenheit disziplinierte
christlich-humanistische Gemeinde. Dieser die Sinnbilder einer Wirklichkeit vorzuweisen, deren Charakter nicht so sehr verstanden als
nachvollzogen werden will, ist das Ziel von Stifters rituellem
Erzählen. „Sollte der Künstler", heißt es in jenem großen Gespräch
über die Kunst im Kapitel „Das Vertrauen", „das wirklich Schöne
nicht für die Geweihten schön halten?" Und: „Der wahre Künstler
stellt sich die Frage gar nicht, ob sein Werk verstanden werden
wird oder nicht. Ihm ist klar und schön vor Augen, was er bildet;
wie sollte er meinen, daß reine unbeschädigte Augen es nicht sehen?"

Das dichterische Sprechen des erzählenden Ich ist also in einem fast liturgischen Sinne vorbildlich; es sind die größten Künstler, die „auf einer Höhe der Gefühle und Gedanken stehen, zu der sie ihre Welt erst durch ihre Werke führen müssen. Nach Jahrzehenden denkt und fühlt man, wie jene Künstler, und man begreift nicht, wie sie konnten mißverstanden werden. Aber man hat durch diese Künstler erst so denken und fühlen gelernt." Der Dichter, heißt das, präfiguriert die Wirklichkeit, nicht etwa so, daß er sie in ihrem Dasein oder auch ihrer spezifischen Struktur aufweist, sondern indem er sie im Sprechen als eine reine, das heißt virtuell sinnvolle bezeichnet.

Wenn, wie wir noch im einzelnen sehen werden, der rituelle und hinweisende Charakter des erzählenden Ich alle Formaspekte des „Nachsommer" bestimmt, so müßte zunächst gefragt werden, wieweit denn in der offensichtlich und bewußt vorurteilsvollen Darstellungs- und Redeweise des Erzählers Heinrich Drendorf der Aktualitätscharakter der Wirklichkeit zuverlässig respektiert oder etwa verzeichnet und entstellt wird. Gerade in Hinsicht auf Stifters skeptische Haltung gegenüber der wertblinden eigenen Zeit ist es wichtig, an seine benediktinische Grundüberzeugung von der immanenten Sinnhaftigkeit der Wirklichkeit zu erinnern: die Wirklichkeit wird deshalb in Stifters Erzählen nicht etwa mit einem idealen oder gar ideologischen Schema konfrontiert und ironisch oder sentimental versachlicht, sondern im Gegenteil so angesprochen und bezeichnet, daß ihr vorausgesetzter Sinn evident wird. Gewisse Dichter scheinen Heinrich aus dieser Perspektive unzureichend und „schwülstig": „Sie gaben die Natur in und außer dem Menschen nicht so wie sie ist, sondern sie suchten sie schöner zu machen und suchten besondere Wirkungen hervor zu bringen."

Die erzählerische Fiktion von Heinrichs naturwissenschaftlichem Bildungsgang muß also von einem Wirklichkeitsverständnis ausgehen, das Stifter mit Goethe teilt und das vielschichtig etwa in Heinrichs Äußerung formuliert wird: „In der Naturwissenschaft war ich gewohnt geworden, auf die Merkmale der Dinge zu achten, diese Merkmale zu lieben und die Wesenheit der Dinge zu verehren." Die „Merkmale" der Dinge, das, was an ihnen „merkwürdig" ist, zu bezeichnen wird damit eine der Voraussetzungen des dichterischen Verhaltens, das sich den „Dingen und Begebenheiten" der Wirklichkeit anschauend und zugleich urteilend gegenüber weiß. „Die Männer gefielen mir", kann Risach konsequent sagen, „welche die Dinge und Begebenheiten mit klaren Augen angeschaut hatten und sie in einem sicheren Maße in dem Rahmen ihrer eigenen inneren Größe vorführten."

Die Ordnung der Dinge

Die Dinge in ihrer virtuellen Sinnhaftigkeit darzustellen, sie gewissenhaft nach ihrem Bezug aufeinander und auf die menschliche Verwirklichung hin zu „benennen", dieser Wunsch wird uns vom Knaben Heinrich als Begründung seiner „Sehnsucht nach Mitteilung" berichtet. „Ich war schon als Knabe ein großer Freund der Wirklichkeit der Dinge gewesen, wie sie sich so in der Schöpfung oder in dem geregelten Gange des menschlichen Lebens darstellte ... Ich fragte unaufhörlich um die Namen der Dinge, um ihr Herkommen und ihren Gebrauch und konnte mich nicht beruhigen, wenn die Antwort eine hinausschiebende war."

Heinrichs Empfinden für die Aussagekraft der Dinge wird wiederum in Risachs Lebensrückblick gespiegelt, in dem er von seiner Ehrfurcht vor den Dingen spricht, „wie sie an sich sind", und von seinem Bemühen, auf das zu sehen, „was die Dinge nur für sich forderten, und was ihrer Wesenheit gemäß war".

Die Forderung der Dinge, das, was ihnen „gemäß" ist, zu entdecken, trägt wesentlich zum erzählerischen Schema des „Nachsommer" bei: was zunächst nur als beiläufiger Gegenstand zur Kenntnis genommen wird, wird in einer zweiten oder mehrfachen Betrachtung in seinen sinngefügten Einheiten beschrieben und erfahren. „Ich ging auch noch einmal in das Gewächshaus", heißt es einmal. „Ich konnte nun Manches genauer ansehen, als es mir früher möglich gewesen war, da ich mit meinem Begleiter das Haus gleichsam nur durchschritten hatte." Die scheinbar mechanische und pedantische Aufreihung von Dingen und ihren zunächst nur offensichtlichen, schließlich aber verständlichen Attributen und Funktionen gehört zu Stifters höchst bewußten stilistischen Mitteln. Die Dinge, die in ihrer Fülle als bloße gegenständliche Aspekte einer Szene erscheinen, werden in einem planvollen Beobachten und dem Erkennen ihres Bedeutungscharakters zu den zentralen Bildungssymbolen des Erzählens. Im Hinweisen auf sie entsteht Stifters Handlungsvorgang: sie werden vom Menschen sinnlich erfahren, vom Naturwissenschaftler kategorisch geordnet, vom gesellschaftspolitischen Handeln her „gefaßt", im schaffenden Kunstvorgang „gestaltet" und im sittlichen und religiösen Ordnungserleben in ihrer reinen Gesetzmäßigkeit symbolisch wirksam. In ihrem erkannten Zusammenhang sind die Dinge nicht eigentlich mehr Gegenstände, sondern Zustände, Bilder von Geistigem.

Die Problematik einer Dingwelt, deren Kohärenz im Bewußtsein der rein pragmatischen Funktionalität immer mehr in Frage gestellt werden muß, gehört zu den großen Themen der Dichtung des neun-

zehnten Jahrhunderts: zwischen den zwei Extremen einer beziehungs-
losen Mannigfaltigkeit der ungebundenen Gegenstände (etwa in
Flauberts „Education Sentimentale") und des Kellerschen Ideal-
realismus versucht Stifter durch eine Erzählweise des mythischen
Hinweisens zu vermitteln, die den Ordnungszusammenhang im
Glauben voraussetzt und die im ehrfürchtigen, gestaltenden, liebenden Verhalten beispielhafte Möglichkeit des Lebens vorzustellen
versucht.

Die virtuelle gegenständliche Ordnung wird aber zunächst in
ihrer bedingenden Gebundenheit an die Umwelt geprüft: das be-
deutsamste Erzählschema Stifters ist deshalb das Abschreiten bestimmter deutlich und kunstvoll abgegrenzter Räume. Die Gliederung
der Landschaftsbereiche, von Stadt und Gebirge, von Landbesitz,
Garten und Häuslichkeit wird bis ins einzelne durchgeführt und
begründet; in der Beschreibung von Zimmern wird von Heinrich
immer wieder das Gefühl für die begründenden Voraussetzungen
eines tätig-ordnenden Lebens „ausgesprochen". Mit der Aufgliede-
rung des väterlichen Hauses setzt der Roman ein: die Mitglieder
der Familie bewegen sich in einer geschlossenen Ordnung sinn-
reicher Funktionen, die in einzelnen „aufgeräumten" Zimmern
symbolisch abgegrenzt erscheinen: „Überhaupt durfte bei dem
Vater kein Zimmer die Spuren des unmittelbaren Gebrauches
zeigen, sondern mußte immer aufgeräumt sein, als wäre es ein
Prunkzimmer. Es sollte dafür aber aussprechen, zu was es besonders
bestimmt sei. Die gemischten Zimmer, wie er sich ausdrückte, die
Mehreres zugleich sein können, Schlafzimmer, Spielzimmer und
dergleichen, konnte er nicht leiden. Jedes Ding und jeder Mensch,
pflegte er zu sagen, könne nur Eines sein, dieses aber muß er ganz
sein."

Die Erlebnisse nicht nur im frühen und späteren Bereich der
Stadt, sondern vor allem im Gebirge und in der Welt des Rosenhauses sind im Grunde Erfahrung des menschlichen Verhaltens
innerhalb immer wieder durchschrittener und in ihrer geistigen
Aussagekraft äußerst durchsichtig gemachter Räume. Die bis zur
geweihten Feierlichkeit erhöhte Abschätzung der Sinnbedeutung
des Asperhofs erfolgt in einer oft wiederholten Bewegung durch
die Innenräume ebenso wie durch die gegliederten Bereiche der
Gartenanlagen. Das für die Handlungsstruktur des „Nachsommer"
entscheidende Verbum ist sicherlich das Wort „gehen"; und in der
Metapher des „Weges" läßt sich der eigentümliche Bewegungs-
vorgang der Erzählung in seiner Struktur erfassen. Sätze wie die
folgenden sind bezeichnend:

„Eines Tages, da ich selber einen weiten Weg gemacht hatte und gegen Abend in das Rosenhaus zurück kehrte, sah ich, da ich von dem Erlenbache hinauf eine kürzere Richtung eingeschlagen hatte, auf bloßem Rasen zwischen den Feldern gegangen, auf der Höhe angekommen war und nun gegen die Felderrast zuging, auf dem Bänklein, das unter der Esche derselben steht, eine Gestalt sitzen. Ich kümmerte mich nicht viel um sie und ging meines Weges, welcher gerade auf den Baum zuführte, weiter. Ich konnte, wie nahe ich auch kam, die Gestalt nicht erkennen; denn sie hatte nicht nur den Rücken gegen mich gekehrt, sondern war auch durch den größten Theil des Baumstammes gedeckt. Ihr Angesicht blickte nach Süden. Sie regte sich nicht und wendete sich nicht."

Die Erfahrung der Räumlichkeit wird von Stifter mit der für ihn so charakteristischen Neigung zur epischen Aufzählung und Wiederholung einzelner Dinge vollzogen, für die in der Umwelt des Rosenhauses vor allem die vorsichtig gesetzten Bäume bezeichnend sind. Zu den Bäumen führen die entscheidenden Wege der Erzählung; sie bestimmen den Ort im größeren Raum, an dem Denken und Empfinden, Erinnern und Planen ihre Gestalt finden: unter der schönsten Linde des Gartens, dem „Baum der Wohnlichkeit", finden die Gespräche zwischen Risach und dem Erzähler statt („Ich saß noch eine geraume Zeit unter dem Baume und legte mir zurecht, was ich gesehen und vernommen."). Auf dem Bänklein unter der Esche findet Heinrich Natalie; zum großen Kirschbaum kehren sie oft zurück, er war „bei weitem der schönste Platz zu einem Abendsitze"; von ihm aus führt Heinrich schließlich den Vater durch die vertraute Landschaft: „Wir gingen von dem großen Kirschbaume auf den Getreidehügel hinaus und auf ihm fort bis zu der Felderrast. Wir gingen genau den Weg, welchen ich an jenem Abende mit meinem Gastfreunde gegangen war, als ich mich zum ersten Male in dem Asperhof befunden hatte."

Auf die sinnbildliche Ordnungskraft des Raumes sind im Nachsommer alle Dinge und alle Bewegungen, alle Bilder, alle Gewächse, und alle Entwürfe ausgerichtet; im Raum wird die Natur mit der Kunst zu einem geschichtsbewußten Handeln verbunden, in ihm fügt sich die menschliche Gemeinschaft und bildet sich vor allem die Liebe. Von der menschlichen Aufgabe, „die Wege" zu erfahren und ihre Vielfalt zu übersehen, spricht Risach am Ende des gemeinsamen Ganges zu Heinrich: „Du hast einmal, da du zum ersten Male in diesem Hause warst, in der Schreinerei gesagt, daß der Wege sehr verschieden sind, und daß man nicht wissen könne, ob der, der dich eines Gewitters wegen zu mir herauf geführt hat, nicht ein sehr guter Weg gewesen ist, worauf ich antwortete, daß du ein wahres Wort gesprochen habest, und daß du es recht einsehen werdest, wenn du älter bist; denn in dem Alter, dachte ich mir damals, übersieht man erst die Wege, wie ich die meinigen übersehen habe."

Den Weg nicht als Unruhe und Zielstrebigkeit über die Dinge hinaus, sondern eher als zuständlich und einförmig erkennbar zu machen, ihm alles Dynamische — oder Leidenschaftliche — zu entziehen und die Ruhe als Gesetz der Bewegung spürbar zu machen, führt Stifter gelegentlich zu Darstellungsmotiven, die sich bewußt an mythische Formen anschließen. Am bezeichnendsten für diese in einen mythischen Bildraum erhobene Sprechweise ist die Schilderung des „geweihten Unternehmens", zu dem Heinrich in die Eisfelder der Echern hinaufsteigt. Die Naturkenntnis des jungen Forschers verbindet sich für die Expedition mit der getreuen Hilfsbereitschaft des alten Kaspar; im winterlichen Zwielicht werden die ungeheuerlichen Felsenbildungen des Gebirgs durchklettert; an einem großen Stein, „der beinahe ganz schwarz ist", erquicken sie sich mit Wein und Brot und steigen schließlich weiter, bis sie die Täler nicht mehr sehen können und „ein einfaches, waagrechtes, weißlichgraues Nebelmeer" zu ihren Füßen ausgespannt ist. „Es schien riesig groß zu sein, und ich über ihm in der Luft zu schweben. Einzelne schwarze Knollen von Felsen ragten über dasselbe empor, dann dehnte es sich weithin, ein trübblauer Strich entfernter Gebirge zog an seinem Rande, und dann war der gesättigte, goldgelbe, ganz reine Himmel, an dem eine grelle, fast strahlenlose Sonne stand, zu ihrem Untergang bereitet. Das Bild war von unbeschreiblicher Größe."

Noch einmal gehen die zwei Wanderer „zwischen Felsen empor, die unsere Richtung von beiden Seiten begrenzten". Der Nebel hat zugenommen „und begrenzte unsere Höhe als Insel". „Während wir standen und sprachen, fing sich an einer Stelle der Nebel im Osten zu lichten an, die Schneefelder verfärbten sich zu einer schöneren und anmuthigeren Farbe, als das Bleigrau war, mit dem sie bisher bedeckt gewesen waren, und in der lichten Stelle des Nebels begann ein Punkt zu glühen, der immer größer wurde und endlich in der Größe eines Tellers schweben blieb, zwar trübroth, aber so innig glimmend wie der feurigste Rubin. Die Sonne war es, die die niederen Berge überwunden hatte und den Nebel durchbrannte. Immer röthlicher wurde der Schnee, immer deutlicher, fast grünlich seine Schatten, die hohen Felsen zu unserer Rechten, die im Westen standen, spürten auch die sich nähernde Leuchte und röteten sich. Sonst war nichts zu sehen als der ungeheure dunkle, ganz heitere

Himmel über uns, und in der einfachen großen Fläche, die die Natur hieher gelegt hatte, standen nur die zwei Menschen, die da winzig genug sein mußten. Der Nebel fing endlich an seiner äußersten Grenze zu leuchten an wie geschmolzenes Metall, der Himmel lichtete sich, und die Sonne quoll, wie blitzendes Erz, aus ihrer Umhüllung empor. Die Lichter schossen plötzlich über den Schnee zu unsern Füßen und fingen sich an den Felsen. Der freudige Tag war da."

Der Rückweg führt die Bergsteiger vorbei am schwarzen Steine, „die steile Senkung der Berge hinunter", zu den Menschen zurück. „Ich aber war von dem, was ich oben gesehen und gefunden hatte, vollkommen erfüllt. Die tiefe Empfindung, welche jetzt immer in meinem Herzen war, und welche mich angetrieben hatte, im Winter die Höhen der Berge zu suchen, hatte mich nicht getäuscht. Ein erhabenes Gefühl war in meine Seele gekommen, fast so erhaben, wie meine Liebe zu Natalien."

Der entscheidende Impuls dieser charakteristischen Handlungsfolge ist die romantische Mythisierung des Raumerlebnisses, deren Herkunft von Jean Paul zwar offensichtlich ist, deren abgeschlossene Bildhaftigkeit die „tiefe Empfindung" aber nicht in ihrer unmittelbaren lyrischen Intensität, sondern formelhaft, als epische Erinnerung, vermitteln soll. Die Raumerfahrung, das Durchschreiten der Innen- und Außenbereiche des Rosenhauses, der Stadt oder der umgebenden Kulturlandschaft ist eines der wesentlichen Stilmittel, mit denen Stifter die Isolierung und damit die Sublimierung des gestaltlosen Gefühls zu vermitteln sucht. Der faustisch-mythische Rückzug in „die Gebirge" führt jedesmal zum „erhabenen" Gefühl einer bedeutsamen inneren Klarheit. „Oft, wenn ich von dem Arbeiten ermüdet war, oder wenn ich glaubte, in dem Einsammeln meiner Gegenstände genug gethan zu haben, saß ich auf der Spitze eines Felsens und schaute sehnsüchtig in die Landschaftsgebilde, welche mich umgaben, oder blickte in einen der Seen nieder, wie sie unser Gebirge mehrere hat, oder betrachtete die dunkle Tiefe einer Schlucht oder suchte mir in den Moränen eines Gletschers einen Steinbock aus und saß in der Einsamkeit und schaute auf die blaue oder grüne oder schillernde Farbe des Eises. Wenn ich wieder thalwärts kam und unter meinen Leuten war, die sich zusammenfanden, war es mir, als sei mir Alles wieder klarer und natürlicher."

Der Mensch in der Umwelt

In Szenenbildern von absichtlicher Geschlossenheit wird das Verhältnis des Menschen zur Umwelt zugleich als raumbedingt aufgewiesen und aus seiner Zeitgebundenheit in einen Bereich der

mythischen Geschichtlichkeit transponiert. Raum und Zeit sind in
Stifters Erzählung so aufeinander bezogen, daß eines das andere
aufzuheben scheint, in Wirklichkeit aber eines erst durch das andere
darstellbar wird. Die Zeit soll in ihrer überschaubaren Potenz
abgegrenzt, der Raum in seiner durchschreitbaren Fülle als Nacheinander von Gegenstand zu Gegenstand erlebt werden. Anders als im
Zeiterlebnis der modernen Kunst soll in Stifters Roman die Zeit nicht
als eine sich entziehende und jedenfalls verlierbare Dimension des Bewußtseins gesucht und gebunden, sondern vielmehr in ihrem fraglosen
Dasein und ihrer überschaubaren Ausdehnung als schöpferischer
Erlebnisrahmen nachgewiesen werden. Sie soll deshalb, wie der
Raum, in ihrer Ausdehnung begrenzt erscheinen; ihre chronologische
Abfolge wird pedantisch, aber ohne wesentliche strukturelle Bedeutung für den Prozeß des Reifens beobachtet. Jahreszeiten und
Jahresfolgen werden weniger als geistige Voraussetzungen symbolisch geordnet, sie werden zu einem selbstverständlichen Element
der erzählerischen Bewegung. Was „die Zeit" lehrt, heilt oder an
Ehrfurcht und Liebe schafft, wird nicht als innerer Vorgang, sondern
als sichtbares Ergebnis vorgeführt. Risachs Entsagung wird als Vorgang nicht geschildert; die große Bildungsreise, die Heinrich „um
einen und einen halben Monat weniger als zwei Jahre" von Schott-
land bis nach Spanien führt, wird nur in ihren Resultaten in allgemeinen und offensichtlich formelhaften Sätzen — „unendlich viel
Anmuthiges und Merkwürdiges umringte mich" — umrissen.

Wenn also auf der einen Seite die Nachsommer-Welt in all ihrer
dinglichen Fülle geordnet erscheinen soll, so bewegt sich die Erinnerung des Erzählers in einer einfachen und konsequenten Linie
vom Einsetzen der Handlung bis zu ihrem vorläufigen Abschluß.
Denn auch das Bewußtsein der Zeit, von deren tiefen und bedeutsamen Folgen immer wieder gesprochen wird, soll in beherrschtem
und formelhaftem Sprechen gebändigt werden. „,,Er wird gewiß
bleiben, wie er heute ist', sagte [Mathilde], wahrscheinlich auf einen
Wunsch für die Zukunft antwortend. ,Nein, mein theures Kind',
sagte meine Mutter, ,er wird nicht so bleiben, Das weißt du jetzt
noch nicht: er wird mehr werden, und Du wirst mehr werden. Die
Liebe wird eine andere, in vielen Jahren ist sie eine ganz andere;
aber in jedem Jahre ist sie eine größere, und wenn Du sagst, jetzt
lieben wir uns am meisten, so ist es in Kurzem nicht mehr wahr,
und wenn Du statt des blühenden Jünglings einst einen welken
Greis vor Dir hast, so liebst Du ihn anders, als Du den Jüngling
geliebt hast; aber Du liebst ihn unsäglich mehr, Du liebst ihn treuer
ernster und unzerreißbarer.'"

In der festen Beziehung zu den Dingen und ihrem Zusammenhang wird so der Ablauf der Zeit als Erwartung, Begegnung, Annäherung, Entfaltung, Rückblick bis zum Abschluß hin registriert: „Ich harrte nun der Dinge, die kommen sollten", „so verging die Zeit, und so kam ich bereichert nach Hause". Das Wachsen der Rosen als Ereignis von Natur und Kultur, das Blühen des Kaktus am Hochzeitstage, das Vollenden der handwerklichen Aufgaben, das Suchen und Finden von Gegenständen und Menschen — etwa des Zitherspielers oder, auf der symbolischen Ebene der höchsten Erfüllung, des Vaters und der geliebten Mathilde, der Kreis von Risachs Lebensweg —, an allen diesen metaphorischen Ereignissen erfüllt sich das Wissen des Erzählers um die Zeit als Vollendung. An ihnen bestätigt sich zugleich der Sinn des geschichtlichen Daseins als Form jenes Ewigkeitsbewußtseins, dessen Gegenwärtigkeit Dauer schafft. Geschichte ist Aufgabe: „Es haben sehr tiefsinnige Menschen vor uns gelebt", sagt Risach einmal bei der Betrachtung von Zeichnungen altertümlicher Bauwerke, „man hat es nicht immer erkannt und fängt erst jetzt an, es wieder ein wenig einzusehen. Ich weiß nicht, ob ich es Rührung oder Schwermuth nennen soll, was ich empfinde, wenn ich daran denke, daß unsere Voreltern ihre größten und umfassendsten Werke nicht vollendet haben. Sie mußten auf eine solche Ewigkeit des Schönheitsgefühles gerechnet haben, daß sie überzeugt waren, die Nachwelt werde an dem weiter bauen, was sie angefangen haben."

Vergangenheit und Zukunft treffen sich im Moment der gegenwärtigen Erfüllung; gerade am Ende des Lebens zielt Risachs Denken über den Augenblick hinaus, denn er weiß, „daß mit dem zunehmenden Alter die Weitaussichtigkeit der Pläne wächs't, man denkt an Dinge, die unabsehliche Strecken jenseits alles Lebenszieles liegen, was man in der Jugend nicht thut, und das Alter setzt mehr Bäume und baut mehr Häuser, als die Jugend". In Heinrichs Gesprächen erscheint freilich die Geschichte des Menschen eher als der unendlich bewegte Fortgang, dessen immanente Zukünftigkeit den ruhigen Gang der Vollendung von je gefährden muß. In einem Moment der skeptischen Ablehnung des städtischen Lebens erinnert Risach an dessen ewigen, rastlosen Wechsel von einem „Einerlei" zum anderen. „Aber es gibt auch ein Einerlei, welches so erhaben ist, daß es als Fülle die ganze Seele ergreift, und als Einfachheit das All umschließt." In der großen weltgeschichtlichen Tat, so fährt er fort, mag sich diese erhabene Einfachheit gestalten; und in der Naturwissenschaft liegt im eigentlichen Sinne „ein großartiges Feld höchstens Erringens vor dem Menschen". Stifters Menschenbild wird im Bewußtsein seiner Geschichtlichkeit nirgends kategorischer definiert als in Risachs Betrachtungen über das Verhältnis der Naturwissenschaft zu den „Wissenschaften vom Menschen". „Die Naturwissenschaften sind uns aber viel greifbarer, als die Wissenschaften der Menschen, wenn ich ja Natur und Menschen gegenüber stellen soll, weil man die Gegenstände der Natur außer sich hinstellen und betrachten kann, die Gegenstände der Menschheit aber uns durch uns selber verhüllt sind."

In dieser Äußerung liegt der Schlüssel nicht nur zu Stifters Versuch, im „Nachsommer" die Erlebniswelt als Gegenstand im epischen Sprechen greifbar zu machen, sondern auch zu der Verstehensfunktion, die er der Naturwissenschaft zuordnen möchte. „Wir arbeiten an einem besonderen Gewichte der Weltuhr . . ., an den Naturwissenschaften"; „die Sätze dieser Wissenschaft" werden zu einer so ungeheuerlichen Umgestaltung des Lebens führen müssen, daß die eigene Welt als eine Übergangszeit erscheint, von einer klassischen Kultur der Politik und Kunst zu einer „Zeit der Größe, die in der Geschichte noch nicht dagewesen ist". „Ich glaube, daß so Stufen nach Stufen in Jahrtausenden erstiegen werden. Wie weit das geht, wie es werden, wie es enden wird, vermag ein irdischer Verstand nicht zu ergründen. Nur Das scheint mir sicher, andere Zeiten und andere Fassungen des Lebens werden kommen, wie sehr auch das, was dem Geiste und Körper des Menschen als letzter Grund innewohnt, beharren mag."

Man pflegt von Stifters Flucht aus der zeitgenössischen Gegenwart zu sprechen und an die scheinbar biedermeierlichen Züge seines Werkes zu erinnern. Daß eine distanzierte Haltung gegenüber der eigenen Welt zu Stifters Wesen gehört, steht außer Frage. Nur ist es wichtig, zwischen einem biedermeierlichen Ausweichen vor der Wirklichkeit und ihrer ausdrücklichen Erhöhung im beherrschten und stilisierenden Bewußtsein zu unterscheiden. Die Lust des Bewahrens, die Risach bestimmt, Dinge, die in Verfall geraten sind, wiederherzustellen, ist kein biedermeierlicher Impuls des Rückzugs vor der Wirklichkeit, sondern eben das nachsommerliche Wissen um echte Geschichtlichkeit, in dem sich die melancholische Einsicht des Entsagenmüssens mit dem Willen zur lebendigen Vergegenwärtigung verbindet. In den verfallenen Dingen wohnt ein „Reiz des Vergangenen und Abgeblühten"; „darum haben wir hier eine Anstalt für Geräte des Alterthums gegründet, die wir dem Untergange entreißen, zusammen stellen, reinigen, glätten und wieder in die Wohnlichkeit einzuführen suchen".

Die Dinge des Lebens dem Untergang zu entreißen, dies ist Stifters Formel für eine Haltung, die den Tod besonnen, aber keineswegs in elegischer Resignation durch ein geschichtsbewußtes Gestalten in den Bedeutungszusammenhang des Lebens rückt. Vom Sterben als einer menschlichen Leistung wird im „Nachsommer" zwar gelegentlich in jener für den Roman so bezeichnenden stoischen Vernunfthelle gesprochen; aber die Erscheinung des Todes vollzieht sich nur in der künstlichen Projektion des Tableaus. Auf einer seiner frühen Wanderungen im Gebirge — dem reinen Bereich der inneren Sammlung — stößt Heinrich einmal auf einen toten Hirsch, dessen Schilderung in einem malerisch komponierten Rahmenbild durch das epische Sprechen eine Stilisierung und Vergeistigung des Todeserlebnisses erzielen soll.

„In einem Thale an einem sehr klaren Wasser sah ich einmal einen todten Hirsch. Er war gejagt worden, eine Kugel hatte seine Seite getroffen, und er mochte das frische Wasser gesucht haben, um seinen Schmerz zu kühlen. Er war aber an dem Wasser gestorben. Jetzt lag er an demselben so, daß sein Haupt in den Sand gebettet war und seine Vorderfüße in die reine Flut ragten. Ringsum war kein lebendiges Wesen zu sehen. Das Tier gefiel mir so, daß ich seine Schönheit bewunderte und mit ihm großes Mitleid empfand. Sein Auge war noch kaum gebrochen, es glänzte noch in einem schmerzlichen Glanze, und dasselbe, so wie das Antlitz, das mir fast sprechend erschien, war gleichsam ein Vorwurf gegen seine Mörder. Ich griff den Hirsch an, er war noch nicht kalt. Als ich eine Weile bei dem todten Thiere gestanden war, hörte ich Laute in den Wäldern des Gebirges, die, wie Jauchzen und wie Heulen von Hunden, klangen. Diese Laute kamen näher, waren deutlich zu erkennen, und bald sprang ein paar schöner Hunde über den Bach, denen noch einige folgten. Sie näherten sich mir. Als sie aber den fremden Mann bei dem Wilde sahen, blieben einige in der Entfernung stehen und bellten heftig gegen mich, während andere heulend weite Kreise um mich zogen, in ihnen dahinflogen und in Eilfertigkeit sich an Steinen überschlugen und überstürzten. Nach geraumer Zeit kamen auch Männer mit Schießgewehren. Als sich diese dem Hirsche genähert hatten und neben mir standen, kamen auch die Hunde herzu, hatten vor mir keine Scheu mehr, beschnupperten mich und bewegten sich und zitterten um das Wild herum. Ich entfernte mich, nachdem die Jäger auf dem Schauplatze erschienen waren, sehr bald von ihm ... Ich schlug jetzt einen andern Weg ein. Der Hirsch, den ich gesehen hatte, schwebte mir immer vor den Augen. Er war ein edler, gefallner Held und war ein reines Wesen. Auch die Hunde, seine Feinde, erschienen mir berechtigt, wie in ihrem Berufe. Die schlanken, springenden und gleichsam geschnellten Gestalten blieben mir ebenfalls vor den Augen. Nur die Menschen, welche das Thier geschossen hatten, waren mir widerwärtig, da sie daraus gleichsam ein Fest gemacht hatten." Der Raum des Geschehens, der „Schauplatz" der Begegnung, entspricht in seinem dramatischen Umriß wie in seiner Stimmungslage der heroisch-balladesken Absicht der Erzählung. Der tote Hirsch wird mit sparsamen, aber pittoresken Zügen als Opfer eines abscheulichen Spieles gezeichnet, seine Schönheit weckt Heinrichs Bewunderung, sein Antlitz scheint einen Vorwurf gegen seine Mörder auszusprechen. Die innere Bewegung wird in stummer Andacht als beherrschtes geistiges Verhältnis zum Tode eines reinen Wesens gespiegelt. Verworrene Laute kündigen die Ankunft „schöner" Hunde an, die sich selbst teils kämpferisch, teils in ihrer charakteristischen Beweglichkeit („wie in ihrem Berufe") verhalten. „Männer mit Schießgewehren" brechen „widerwärtig" in den Bereich der Betrachtung ein; Heinrich schlägt, in Gedanken versunken, einen anderen Weg ein.

Der Tod wird hier offensichtlich vom Leben her bedeutungsvoll erfüllt und von der Kunst her zum schönen Objekt der gemeinsamen Reflexion gemacht. Sein Sinn enthüllt sich im Bild des edlen Helden, dessen Mord durch verächtliche Feinde uns den mythischen Rang des Tieres nur um so deutlicher empfinden lassen soll.

In Szenen dieser Art kommt es Stifter durchaus nicht auf eine Vermittlung der psychologischen Zustände und Einsichten Heinrichs an, sondern auf die symbolische Fixierung eines geistigen Vorganges im dichterischen Bild. Indem Heinrich vom Todeserlebnis in einer kunstbewußten Bildhaftigkeit spricht — die übrigens wie oft in Stifters Sprache evidente literarische Reminiszenzen enthält —, wandelt sich die Wirklichkeit des Zeitempfindens aus einer leidenschaftlichen Bewegung zu einem Gegenstand der Erkenntnis.

Das dichterische Sprechen

Stifters Bemühen, Raum und Zeit im epischen Schildern übersehbar und durchsichtig zu machen und ihre Bezüge auf den Menschen nicht im unmittelbaren und leidenschaftlichen Erleben, sondern im gefaßten und urteilenden Überschauen und Durchschreiten formelhaft zu definieren, führt uns zu der Frage, wie sich denn diese Absichten auf gewisse Formen des Erzählens auswirken. Von der Handlung des „Nachsommer" ist oft gesagt worden, es fehle ihr sowohl die Ereignisfülle als auch die Spannung, ohne die der moderne Roman seine Aufgabe als Abbild einer unvergleichlich reichen, komplexen und faszinierenden Welt nicht zureichend er-

füllen könne. Obgleich Stifter selbst glaubte, der „Nachsommer"
stehe auf einer viel breiteren Lebensgrundlage als die „Studien",
bietet der Roman tatsächlich nicht jene bunte und bedrängende
Vielfalt des Erlebens in ihrer beunruhigenden Wirkung auf ein
subjektives Bewußtsein; seine Handlung will vielmehr in wenigen,
aber in ihren Grundzügen oft wiederholten Zustandsschilderungen
eine begrenzte Zahl von fast archetypischen geistigen Verhaltensweisen umschreiben. Die Gliederung der Erzählung, sagte Stifter
einmal, „soll organisch sein, nicht daß Handlungen im Buche nebeneinander liegen, deren einmal eins die letzte ist". „Der Haushalt des
Buches" verlange es, daß erst „das schlanke Blättergerüste" aufgebaut werde, „ehe die Blüthe und ihre Frucht erfolgen kann". Mit
diesem — an Goethes Charakterisierung der „Novelle" anklingenden
Satz — ist freilich über die Struktur der Handlung wenig gesagt.
Wenn der Bereich des Erlebens und Handelns außerordentlich eng
bestimmt und die gegenständliche Welt in ihrer Aktualität begrenzt
erscheint, so entspricht das Stifters Absicht, nicht so sehr einen
Reifeprozeß vorzuführen, als die wesentlichen Grundformen menschlichen Wissens und Gestaltens in ihren Zuständen, das heißt als
Resultate, darzustellen. Die Gegenstände des Wissens enthüllen sich
im Bericht des Erzählers in ihrer Folge und in ihrem Zusammenhang; aus seiner Perspektive werden deshalb bestimmte Resultate
der Erfahrung in ihrer Ordnungskraft schon von vornherein vorausgesetzt. Zu ihnen führt die Erzählung immer wieder hin, sie werden
nicht als Alternativen des Handelns, sondern in ihrer Vollendbarkeit
demonstriert.

Wissen und Nichtwissen, Kennen und Nichtkennen, Vermögen
und Unvermögen stehen sich deshalb im Handlungsgefüge nicht als
Antithesen gegenüber, sondern werden als graduelle Stufen einer
allmählichen Erfüllung der immanenten Ordnung gezeigt. So wird
das Ideal der Kalokagathie immer wieder umschritten und umschrieben. Es ist also die Kreisbewegung, nicht aber die zielstrebige
Linie, die den Handlungsverlauf im ganzen wie im einzelnen bestimmt: der „Weg" des Romans führt von einem Bild der fest-
gefügten Familiengemeinschaft über die Darstellung ihrer Voraussetzungen in einer Reihe von sinnbezogenen Spiegelungen zur
vertieften Bestätigung ihrer Wirklichkeit. Die Bewegung der Gestalten zueinander ist eine „Annäherung", wie der Fortgang der
Handlung überhaupt nicht so sehr Fortschritt als „Einblick" und
„Rückblick" sein soll. Die Kapiteleinheiten werden von diesem
Vorgang der Ausrundung her benannt; ihre weitschauenden Formeln
gliedern die oft monotone Folge von Detailaufreihungen als große

Modellkreise des menschlichen Verhaltens. Wenn Josef Hofmiller einmal sagt, die Handlung des „Nachsommer" sei die eines Märchens, so meint er damit wohl, daß die überhöhte geistige Dingwirklichkeit in einem alltäglichen Ereignisschema wieder verallgemeinert werden muß.

Als märchenhaft mögen wir es auch empfinden, daß in Stifters Roman jedes innere Verhalten und jede Bedeutungserfahrung völlig als Szene stilisiert und daß alle Bewegung in einem sinnbildlichen Sprechen abgeblendet wird. Wir kennen Stifters Überzeugung, daß „Ruhe in Bewegung die Bedingung eines jeden Kunstwerkes" sei; auf die Problematik des erzählerischen Vorganges übertragen, bedeutet diese klassizistische Forderung die Verwandlung alles seelischen Erlebens in die formelhafte Beschreibung eines lebenden Bildes. Die Rosen stehen vor der Blüte; Mathildes Besuch auf dem Asperhof leitet die Wendung der Erzählung nach innen ein:

„Wir gingen bei dem grünen Gitter hinaus und gingen auf den Sandplatz vor dem Hause. Die Leute mußten von diesem Vorgange schon unterrichtet sein; denn ihrer zwei brachten einen geräumigen Lehnsessel und stellten ihn in einer gewissen Entfernung mit seiner Vorderseite gegen die Rosen.

Die Frau setzte sich in den Sessel, legte die Hände in den Schoß und betrachtete die Rosen.

Wir standen um sie. Natalie stand zu ihrer Linken, neben dieser Gustav, mein Gastfreund stand hinter dem Stuhle, und ich stellte mich, um nicht zu nahe an Natalie zu sein, an die rechte Seite und etwas weiter zurück.

Nachdem die Frau eine ziemliche Zeit gesessen war, stand sie schweigend auf, und wir verließen den Platz."

Die Fassung in einer Bildszene, Handlungsszene, Sinnszene – wie etwa die ausführliche und völlig als Tableau organisierte Schilderung und Deutung der Ökologie der Vögel – oder vor allem in einem als Struktur und nicht als dynamisch-unmittelbares Mitteilen gemeinten Sprechszene gehört zu Stifters ganz eigentümlichen stilistischen Mitteln. Denn sein Erzählen will ja in Spiegelbildern oder Echovorgängen die Wirklichkeit weder als bare Aktualität noch etwa als Schein, sondern als sinnfälliges Analogon der göttlichen Ordnung greifbar machen. Wenn alle Bewegung, alle Leidenschaft, alle Schwere auf ihren Sinnzusammenhang hin geprüft werden sollen, dann kann und darf es nicht im „Ausdruck" der Dinge selbst, in ihrer momentanen Individualität, sondern nur in der bereinigenden Form der betrachtenden und sentenzenreichen Reflexion, der Zeichnung oder vor allem im dichterischen Sprechen auf das

Erhabene hin geschehen. Im Sprechen soll die Bewegung — als Zeit wie als Gefühl, als Form wie als Substanz — aufgehoben werden; nur dem zur Geste verwandelten Sprechen könnte es gelingen, die Form des Erlebens zu kristallisieren.

Betrachten wir die Eigentümlichkeiten von Stifters Sprache, so muß uns zunächst ihre oft einfältige, pedantische, unsinnliche Gestik auffallen: es ist mit Recht bemerkt worden, daß man den „Nachsommer" nicht laut lesen kann. Der umständliche Satzbau, die gespreizten Ausführlichkeiten — „dieser ging um den Tisch, denn eine Ecke desselben trennte sie" — „Ihre Fußspitzen ragten in den Staub der vor uns befindlichen offenen Stelle hinaus . . ."; der rhetorische Leerlauf — „so erfüllte es mich mit einer Gattung Freude" — und die schülerhafte Klügelei mancher Abschnitte sind gewiß nicht zu verteidigen: „,. . . sprechen wir von dem Geruche, so dürfte keiner sein, der dem Rosengeruche an Lieblichkeit gleich kömmt.' ‚Darüber könnte nach einzelner Vorliebe gestritten werden', antwortete ich, ‚aber gewiß wird die Rose weit mehr Freunde als Gegner haben. Sie wird sowohl jetzt geehrt, als sie in der Vergangenheit geehrt wurde. Ihr Bild ist zu Vergleichen das gebräuchlichste, mit ihrer Farbe wird die Jugend und Schönheit geschmückt, man umringt Wohnungen mit ihr, ihr Geruch wird für ein Kleinod gehalten und als etwas Köstliches versendet, und es hat Völker gegeben, die die Rosenpflege besonders schützten, wie ja die waffenkundigen Römer sich mit Rosen kränzten. Besonders liebenswerth ist sie, wenn sie so zur Anschauung gebracht wird, wie hier, wenn sie durch eigenthümliche Mannigfaltigkeit und Zusammenstellung erhöht, und ihr gleichsam geschmeichelt wird . . .'"

Aber Stifters sprachliche Leistung liegt eher in der diszipliniert durchgeführten Gestik des Sprechens als in der Kraft des im einzelnen bezeichnenden Ausdrucks. Wenn Risach einmal seine Vorliebe für sinnlich vorstellende Worte gesteht — „. . . so traf es mich viel mächtiger, wenn jemand sagte: der Graf reitet auf dem Schecken, als: er reitet auf einem Pferde" —, so wird sonst im „Nachsommer" gerade durch das Sprechen die sinnliche Gegenständlichkeit auf seine geistige Funktion abgestimmt. Zwar werden die Dinge im Sprechen „genannt" und ihrem Sinne nach identifiziert; da aber, wo der Sinn in seiner ganzen Tiefe empfunden wird, schafft nicht die Sprache, sondern das Schweigen den eigentlichen Ausdruck. Das dichterische Sprechen stellt die äußerste Grenze der Mitteilbarkeit dar; über sie hinaus führt nur das Schweigen. Bei der ersten Betrachtung des Rosenzimmerchens wird „nicht ein Wort gesprochen". Zwischen Heinrich und Natalie entsteht das tiefe Verstehen der Liebe: „ein Weilchen standen wir stumm einander gegenüber"; sie sprechen in vorsichtigen Formeln von ihrer Welt, die Dämmerung tritt ein, sie schreiten gemeinsam durch die abendliche Landschaft: „Wir sprachen nun gar nicht mehr. Ihr Kleid fühlte ich sich neben mir regen, ihren Tritt fühlte ich im Gehen. Ein Wässerlein, das untertags nicht zu vernehmen war, hörte man rauschen, und der Abendhimmel, der immer goldener wurde, flammte über uns und über den Hügeln der Getreide und um manchen Baum, der beinahe schwarz dastand."

Wenn nun im dichterischen Sprechen der Erlebnisinhalt nach Möglichkeit formalisiert werden soll, so geschieht das gelegentlich in einer scheinbar diskursiven Weise, deren Zweck erst im Zusammenhang zu begreifen ist: die ausführliche und scheinbar unmotivierte Inhaltsangabe des „König Lear", zum Beispiel ist nicht als bloßes theatralisches Resümee, sondern als eine streng epische Erzählung gemeint, die eine tiefe innere Bewegung verdecken soll. Erst am Ende der Schilderung erfahren wir, wie sehr Heinrich vom Geschick des Königs erschüttert ist: „Mein Herz war in dem Augenblicke gleichsam zermalmt, ich wußte mich vor Schmerz kaum mehr zu fassen. Das hatte ich nicht geahnt, von einem Schauspiele war schon längst keine Rede mehr, das war die wirklichste Wirklichkeit vor mir."

Als das charakteristischste Mittel der verhaltenen epischen Sprechweise erscheinen im „Nachsommer" jene rituellen Wiederholungen stereotyper Gesten, die oft bis zur mythisierenden Tautologie getrieben werden; sie sind Äußerungsformen der Echo- oder Spiegeltechnik, die den objektivierenden Stil des späten Stifter bestimmen. In genauem Parallelismus beschreiben beispielsweise Heinrich und Natalie die „Wege", die sie am Nachmittage ihrer entscheidenden Begegnung zusammenführen. Oder Heinrich fragt Natalie bei späterer Gelegenheit:

„‚Wie habt Ihr denn die Nacht zugebracht, Natalie?', fragte ich. ‚Ich habe sehr lange den Schlummer nicht gefunden', antwortete sie, ‚dann kam er doch in sehr leichter, flüchtiger Gestalt. Ich erwachte bald und stand auf. Am Morgen wollte ich auf diesen Weg herausgehen und ihn bis über die Felderanhöhe fort setzen; aber ich hatte ein Kleid angezogen, welches zu einem Gange außer dem Hause nicht tauglich war. Ich mußte mich daher später umkleiden und ging jetzt heraus, um die Morgenluft zu genießen.'"

Eine Seite später fragt Natalie:

„‚Und habt Ihr die Nacht in Ruhe und Wohlsein zugebracht?' ‚Ich habe sehr wenig Schlaf gefunden; aber ich habe es nicht unangenehm empfunden. Die Fenster meiner Wohnung ... gehen in das Freie, ein großer Theil des Sternenhimmels sah zu mir herein. Ich habe sehr lange die Sterne betrachtet. Am Morgen stand ich frühe auf, und da ich glaubte, daß ich Niemand in dem Schlosse mehr stören würde, ging ich in das Freie, um die milde Luft zu genießen.'"

In ähnlicher ritueller Echobeziehung werden die förmlichen Liebeserklärungen Heinrichs und Natalies in den leidenschaftlichen Formeln des jungen Risach und Mathildes wiederholt.

Noch eigentümlicher aber ist ein anderes Stilmittel Stifters, mit dem er vor allem an einer zentralen Stelle des „Nachsommer" versucht, die leidenschaftliche Bewegung und ihre unmittelbare Ausdruckskraft aufzufangen: der Ausbruch tiefster seelischer Wirklichkeit in Mathildens Erwiderung auf Risachs resignierten Entschluß zur Trennung verlangt eine Darstellungsform, in der die äußerste und bedenklichste Intensität des Gefühls zugleich im Selbstbewußtsein des Erzählens gespiegelt werden soll. Stifter entwickelt deshalb diese Szene in einem geradezu opernhaften Vorgang, auf dessen Höhepunkt Mathildes Empfindungen, die sie zutiefst allein bewegen, vom Erzähler in der Form einer großen Arie mitgeteilt werden:

„Sie ging einige Schritte von mir weg, kniete gegen die Rosen die an dem Gartenhause blühten, gewendet in das Gras nieder, schlug die beiden Hände zusammen und rief unter strömenden Tränen: ,Hört es, ihr tausend Blumen, die herabschauten, als er diese Lippen küßte, höre es du, Weinlaub, das den flüsternden Schwur der ewigen Treue vernommen hat, ich habe ihn geliebt, wie es mit keiner Zunge in keiner Sprache ausgesprochen werden kann.'"

Solche Szenen, in denen Stifter den Erzähler die Momente kaum aussagbarer innerer Bewegung in den Formen einer neutralisierenden theatralischen Gestik darstellen läßt, sind im „Nachsommer" häufig genug; noch ist hier die strenge epische Nüchternheit des „Witiko" nicht erreicht, das malerische und szenische Pathos will deshalb als wirkungsvolles Mittel der Verallgemeinerung und Distanzierung des Gefühls empfunden werden.

Epische Spannung

Bei einer Handlungsstruktur, die sich aus dem Umkreisen von wenigen symbolischen Vorgängen herleitet, ist die Frage nach den Mitteln berechtigt, mit denen Stifter gerade im streng epischen Erzählen Spannung herzustellen versucht. Wenn auch das Modell der Handlung die immer wiederholte Durchführung des „Weges" ist, der entweder physisch oder im benennenden Gespräch dargestellt wird, so fehlt es dem Roman doch völlig an jener Form der Spannung, die aus dem Ineinander von rätselhaften Ereignissen hergeleitet werden könnte. Was Heinrich auf seinen sukzessiven Wegen erfährt, ist für den Leser in keiner Weise überraschend; die Identifizierung der Hauptgestalten erfolgt in einer Weise, die es im Gegenteil gerade vermeidet, auch das zunächst noch nicht Bestimmte als fragwürdig oder beunruhigend darzustellen. Die Fragen nach den Hintergründen von Risachs Welt und danach, in welcher Form sich Heinrich den Menschen des Asperhofes nähern könne, stellen sich nicht eigentlich im Bereiche der Aktualität, sondern des geistigseelischen Verstehens. Es sollen also nicht etwa versteckte Handlungsbezüge allmählich aufgedeckt werden, es werden keine falschen Fährten erfunden: alles Abenteuerliche — etwa die Gletscherwanderung Heinrichs — ist von vornherein, in seinem Verlauf wie seinem Ausgang, nicht als Wagnis, sondern als Bestätigung gemeint. Allein die Frage nach der Identität einzelner Gestalten scheint dem Geschehen ein Spannungsmoment zu verleihen. Aber auch diese Fragen — wer sind Risach und Mathilde? wer ist das schöne Mädchen im Theater? — führen nicht so sehr zu einer Entdeckung unerwarteter Zusammenhänge als zum Begreifen einer menschlichen Potenz oder Situation, deren Äußerungsformen Erzähler wie Leser im Grunde bekannt sind und allmählich mehr und mehr verständlich werden. Wir sind kaum darüber erstaunt, daß die ergänzenden Wandvertäfelungen Heinrichs Vater schließlich doch überreicht werden können und daß sich die dritte Zither noch findet; es überrascht den Leser nicht, daß sich der Zitherspieler, dessen Identität zwar bekannt ist, der aber in seiner naturverbundenen Beweglichkeit nirgend aufzufinden ist, zur Hochzeit der jungen Leute einstellt.

Die Spannung, die im Leser erweckt werden soll, ist intellektuell und formal, zielt auf die allmähliche Erfüllung und Abrundung von Grundpositionen und Haltungen, die als solche im Wissen und Verstehen des Erzählers schon deutlich sind, deren Wesen und Ordnungsfunktion aber im Erzählen immer einsichtiger gestaltet werden soll. Gelegentlich stellt Stifter eine bedeutsame Situation in betont geringfügige Spannungsklammern: vor Beginn der Lear-Aufführung steckt Heinrich seine Kappe in die Tasche seines Überrockes und gibt diesen in das Kleiderzimmer; am Ende des bewegenden Erlebnisses holt er den Überrock, zieht seine Kappe aus der Tasche, setzt sie auf „und blieb noch einen Augenblick stehen, und sah den abfahrenden Wägen nach, die ihre rothen Laternenlichter in die trübe Nacht hinaus trugen". Noch wichtiger als Element der zusammenraffenden und aufschließenden Spannung ist jene Geste Heinrichs, mit der er vor dem entscheidenden Treffen mit Natalie „eine Weile in die Zeilen des alten Homer blickt" und schließlich „die Worte Homers" auf den Tisch legt. Der Abschluß des „Bundes" mit Natalie erfüllt ihn mit tiefem Glücksgefühl. „Wie war es gut, Natalie, daß ich die Worte Homers, die ich heute Nachmittag las, nicht in mein Herz aufnehmen konnte, daß ich das Buch weg legte" und „in den Garten ging". Mit seiner Rückkehr in das Haus wird die Szene abgeschlossen: „Da lag das Buch, in welchem die Worte Homers waren, die heute Gewalt über mein Herz verloren hatten — es lag, wie ich es auf den Tisch gelegt hatte."

Außerordentlich bezeichnend für Stifters Art, Spannung zu schaffen, ist der Aufbau der ersten Begegnung zwischen Heinrich und Risach, deren Verlauf völlig von der Auseinandersetzung über das drohende Gewitter und einer ersten Darstellung von Risachs Denk- und Lebensweise bestimmt ist. Das Gewitter, das Heinrich in spätestens einer Stunde erwartet, kommt nicht; Risach kann ihm schon von vornherein versichern, daß es vorüberziehen wird. Aber erst in der Mitte des dritten Kapitels, fast siebzig Seiten später, darf Heinrich seinem Gastfreund das „Anliegen" vorbringen, „daß Ihr mir endlich sagt, wie Ihr zu einer entschiedenen Gewißheit in Hinsicht des Wetters gekommen seid".

„Das Wetter an dem Himmel", heißt es einmal während dieser ersten Gespräche, „war mir aber endlich besonders merkwürdig geworden." Mit dieser Spannungsformel weist Stifter auf jenes allmähliche Eröffnen der geistigen Wirklichkeit, das das wichtigste Anliegen des Romans ist.

Es ist im höchsten Maße bezeichnend, daß das Wissen um die echte und wahre Substanz von Dingen, Menschen und Verhältnissen nicht etwa im einfachen Gegeneinander von Frage und Antwort, sondern in einem subtilen geistigen Spannungsvorgang gewonnen wird. Heinrich vermittelt dem Leser seine allmähliche Einsicht nur in zurückhaltenden Vermutungen: „mir fiel bei diesen Worten auf ...", „ich konnte nicht errathen ...", „ich konnte bei dem ersten Anblicke nicht erkennen ..." „Ihr werdet Euch wundern, daß ...", „ich habe mir das beinahe gedacht ...", „ich begreife zwar den Grund nicht, aber ...". Nach dem Unverständlichen zu fragen hieße nicht nur vorschnell handeln, sondern die „Darstellung", die „Gestaltung", den „Einblick" als den eigentlichen Gegenstand des Erzählens unmöglich machen. Es mag vielleicht zu weit gehen, wenn man den Gang des „Nachsommers" in manchen überraschenden Einzelheiten und Aspekten mit der Parzival-Struktur in Verbindung setzt: tatsächlich aber sieht sich Heinrich immer wieder vor Fragen, die zu stellen er sich versagt. „„Warum habt Ihr denn nicht gefragt?' ‚Ich nahm es mir vor und habe wieder darauf vergessen', antwortete ich." „Daß ich nicht um den Gebrauch dieser Zimmer fragte, begreift sich." „Als ich schon zum Entschlummern war, kam mir der Gedanke, ich wolle nach Mathilden und ihren Verhältnissen eben so wenig eine Frage thun, als ich sie nach meinem Gastfreunde gethan habe." Es ist nicht nur eine höfliche Diskretion, wenn nach den Namen der Figuren durchaus nicht gefragt werden soll. Wenn auch der Knabe Heinrich „unaufhörlich um die Namen der Dinge" fragte, so werden in seinem späteren Betrachten die Gestalten, die ihm begegnen, nicht durch ihre Namen, sondern durch die Formen ihrer Existenz identifiziert. Bis zu seiner Selbstdarstellung, nur wenig mehr als hundert Seiten vor dem Ende des Romans, bleibt Risach der „Gastfreund"; wenn er schließlich seinen Namen nennt, so darf er voraussetzen, daß er als Gestalt bekannt ist: „Ihr werdet wohl wissen, daß ich der Freiherr von Risach bin." Im Rosenhause und im Sternenhof „ist die Sitte des gegenseitigen Vorstellens von Personen nicht streng gebräuchlich". „Man überließ es eher den Bemühungen des Einzelnen, sich die Kenntniß über eine Person zu verschaffen, an der ihm gelegen war."

Die Figuren

In der Welt der Dinge, die sich in ihrem Raum als Gegenstände und in ihrer Zeit als Zustände darstellen, erfüllen sich schließlich Stifters Menschen als Gestalten des Erzählers. Von den Figuren des Romanes sei deshalb noch einmal in ihrem Zusammenhang gesprochen. Sie sind durchaus weder als autobiographische Abbilder noch auch als psychologische Modelle gemeint: das Verhältnis ihrer individuellen menschlichen Natur zu dem formelhaften Bild, das der Erzähler uns mitteilt, ist nicht leicht zu bestimmen. Immerhin dürfen sie nicht im Spielraum ihrer eigenen seelischen Potenz verstanden werden, sondern allein im Rahmen der erzählerischen Absicht, der sie dienen sollen. In den Figuren erscheint deshalb nur, was im Blicke des Erzählers ergriffen wird. Es mag dies der Grund sein, weshalb die Gestalten schon von vornherein bestimmt und geschlossen in die Handlung eintreten: ihr „Selbst" ist — auch im Falle des labilen Künstlercharakters Rolands — als solches nicht problematisch, es soll nicht in seiner Entwicklung, sondern eher in seiner Erfüllung beurteilt werden. Dies trifft nicht zuletzt auf Heinrich selbst zu, dessen Weg konsequent und in immer engeren Kreisen auf die einsichtige Besinnung hingeführt wird, aus der sein Erzählen sich überhaupt motiviert. Wenn sich ihm das Verständnis der Ordnungsformen allmählich erschließt, so verändert er sich doch im Innersten durchaus nicht; der Vorgang des Erkennens wird als solcher im Erzählen verständlich, seine Gegenstände, eben die menschlichen Verhaltensweisen, werden in ihrer Objektivität und ihrem absoluten Anspruch bestätigt.

Risach rückt als Hauptgestalt des Romans immer klarer und eindrucksvoller in Heinrichs Blickfeld. Seine Erscheinung, seine Worte, seine Leistungen werden vom Erzähler in ihrer ganzen Konsequenz verständlich gemacht; aber auch sein Eigensinn, seine Ungeduld, seine Leidenschaft werden in Heinrichs Darstellung — die ja ihrerseits Risachs Rückschau in der Brechung des eigenen Wiedererzählens stilisiert — bedenklich und zugleich sinnvoll. Stifter wollte ihn als bedeutenden Staatsmann sehen, dessen Kräfte ursprünglich schaffende waren, „er mußte sie unterdrücken, und erst nach seiner Staatslaufbahn in seiner Muße machen sie sich gelten, und umblühen den Herbst dieses Menschen, und zeigen, welch ein Sommer hätte sein können, wenn einer gewesen wäre. Auch sein Herz findet die schönsten Blüthen erst im Alter, und an diesen Blumen entzünden sich andere, die jung ins Unbestimmte und Regellose gewachsen wären, und die, ohne selber groß zu sein, durch seine Größe, die sich erst wie in einem Nachsommer zeigt, doch groß werden."

Risachs Gestalt wird deshalb im Ordnungsfeld der benediktinischen Frömmigkeit in seiner Erfüllung gezeigt; seine staatsmännischen Handlungen sind in dieser Menschenform als Erinnerung und Verehrung aufgehoben. „Er suche", sagt Mathilde von ihm, „sein Dasein mit jener Ruhe der Anbetung der höchsten Macht zu erfüllen, die alles Bestehende ordnet." Heinrich zeichnet ihn deshalb von Anfang an als „ein Ganzes mit seiner Umgebung", denn an ihm soll ja die menschliche Gestalt nicht wie sie für sich ist, sondern allein in ihren Bezügen auf die immanenten Ordnungsformen der Umwelt demonstriert werden. Die Art, wie Stifter in Heinrichs Sprechen nicht nur Risachs, sondern alle Gestalten entstehen läßt, ist daher auch weniger das Resultat von spezifischen Beobachtungen als von verallgemeinernden und symbolisierenden Urteilen. Risachs weiße Haare, die dunklen Augen Natalies, die eigentümliche Kleidung der Männer — es sind ebensosehr charakterisierende wie neutralisierende Attribute. Selbst Heinrichs nächste Familienmitglieder bleiben in ihren individuellen Zügen völlig unausgeprägt: ihre im wesentlichen spiegelbildliche Funktion gegenüber Risach, Mathilde und Natalie soll nicht verwischt werden. Auch im Sprechen der Figuren wird durch den ausgleichenden dichterischen Sprechton des Erzählers jeder persönliche Zug ausgelöscht. Die Gestalten sollen aus ihrem Verhalten zu den Dingen der Umwelt bestimmt und am Grad ihrer Annäherung an die reinen Formen nicht nur des Wissens, Kennenlernens und Schaffens, sondern vor allem der Zuneigung, des Vernunftglückes und der Liebe gemessen werden.

Allein in der Figur Rolands wird die Gefahr der Unruhe und der noch unzureichenden geistigen Disziplin angedeutet; nur hier scheint so etwas wie ein Zeichen des leidenschaftlichen Bösen tatsächlich in Erscheinung zu treten. Sein „merkwürdiges" Landschaftsbild fasziniert Heinrich: „Auf diesem wüsten Raume waren nicht Berge oder Wasserfluthen oder Ebenen oder Wälder oder die glatte See mit schönen Schiffen dargestellt, sondern es waren starre Felsen da, die nicht als geordnete Gebilde emporstanden, sondern wie zufällig als Blöcke und selbst hie und da schief in der Erde staken, gleichsam als Fremdlinge, die, wie jene Normannen, auf dem Boden der Insel, die ihnen nicht gehörte, sich seßhaft gemacht hatten. Aber der Boden war nicht, wie der jener Insel, oder vielmehr er war so, wo er nicht von den im Alterthume berühmten Kornfeldern bekleidet oder von den dunkeln, fruchtbringenden Bäumen bedeckt ist, sondern wo er zerrissen und vielgestaltig ohne Baum und Strauch mit den dürren Gräsern, den weiß leuchtenden Furchen, in denen ein aus unzähligen Steinen bestehender Quarz angehäuft ist ... der dörrenden Sonne entgegenschaut."

Dieses Bild ist der Spiegel eines ungegenständlichen Schaffens — ähnlich jener „kolossalen Kritzelei", mit der im „Grünen Heinrich" „alles Gegenständliche, schnöd Inhaltliche" aus der Kunst verbannt werden soll. Was aber bei Keller mit überlegener Ironie ins Absurde gezogen wird, ist im „Nachsommer" Symptom und Symbol der Unreife und Unsicherheit. Einige Seiten vor dem Ende wendet sich deshalb Risach noch einmal zu diesem unruhigen Menschen: „Er kann ein bedeutender Künstler werden oder auch ein unglücklicher Mensch, wenn sich nämlich sein Feuer, das der Kunst entgegenwallt, von seinem Gegenstande abwendet und sich gegen das Innere des jungen Mannes richtet."

Aber auch diese Gestalt wird, positiv oder negativ, nicht durch ihre individuell-psychologischen Züge bestimmt, sondern, im Sprechen Heinrichs, durch ihre ideal-typischen Attribute. An einer anderen Figur, der des Zitherspielers Joseph, läßt sich jene von Stifter so häufig versuchte Einbeziehung des Mythischen in die poetische Schilderung nachweisen. Ein Jägersmann, der aber ruhelos durch die Gebirge schweift, ist zugleich der berühmteste Zitherspieler im Gebirge; seine Kunst ist so bezaubernd, daß Heinrich

meint, „nie einen süßeren Ton auf einem menschlichen Geräte
gehört zu haben". Als Naturwesen wird er Heinrichs Lehrer, verschwindet immer wieder in der Anonymität des Gebirges, nur
wenige Menschen sehen ihn; schließlich taucht er bei der Hochzeit
Natalies und Heinrichs auf und spielt, völlig in sich versunken, eine
„eigenthümliche Weise". Offensichtlich klingen in dieser seltsamen
Gestalt Erinnerungen aus „Wilhelm Meister", aus dem „Ofterdingen" und aus dem „Parzival" an.

Die Erfüllung

Es ist immer wieder jenes für den späten Stifter charakteristische
Spiegelverhältnis, in dem nicht nur die Dinge, sondern auch die
Gestalten im Roman zueinander in Beziehung gesetzt werden; denn
gerade in der Erfüllung der „Verhältnisse" zwischen den Menschen,
im Entdecken nicht nur der Geliebten, sondern des eigenen Vaters,
der geschwisterlichen wie der freundschaftlichen Verbindung be-
stätigt sich für Heinrich die Möglichkeit, das Leben in seinen großen
Ordnungsformen zu begreifen. Aus der patrjarchalischen Häuslichkeit seiner städtischen Familie steigt der Gang seiner Erfahrung und
Besinnung zum sinnbildlichen, bis ins Visionäre gesteigerten Erleben des reinen Lebens in den Gebirgen und der Entsagung in
Risachs kunst- und vernunftbewußter Welt zur „Weihe" des eigenen
Liebesbundes auf. Sein Bildungsweg — so fern von der skeptischen
Bildungskritik der Zeit zwischen 1830 und Nietzsche er auch verlaufen mag — kann ihn zwar nicht zu letzten Einsichten oder gar
zur eigenen Vollendung führen, aber doch an jenen Wissensbereich
zwischen Erleben und Verstehen, zwischen Handeln und Transzendenz, in dem die symbolische Gestalt das Maß der menschlichen
Möglichkeiten ist. In den großen Symboleinheiten des Romans,
seinen Räumen und Dingen, Gestalten und Geschöpfen, den Wegen,
Begegnungen und Mitteilungen verdichtet sich deshalb für ihn die
schöpferische und heroische Forderung Stifters nach Ruhe in der
Bewegung. In der Welt des Rosenhauses sind alle Aspekte dieses
seines tiefsten Wunsches symbolisch zusammengefaßt; im Marmor-
bild und der Nausikaa-Erzählung wird er, Natalie überhöhend, zur
reinen Kunstgestalt des sittlich-schönen, des klassischen Wollens.
Denn wenn auch Stifter selber gelegentlich einmal sagt, die Kunst
sei im „Nachsommer" „als Schmuck des Lebens, nicht als dessen
Ziel geschildert", so heißt es an anderer Stelle, daß gerade die
Kunstgebilde uns mit Bewunderung und Liebe erfüllen, und in dem
bedeutenden Gespräch über Kunst und Künstler, durch das sich
zwischen Risach und Heinrich das „Vertrauen" herstellt, wird die

Liebe zur Kunst eine jener unbedingten Formen der Anbetung des Göttlichen genannt. Die Kunst ist „der Freiheit des Menschen anheimgegeben"; ja, nur der Mensch allein besitzt Kunst; sie ist nicht Mittel zum Leben, sondern eine höchste Form des Lebens selbst. In ihren Formen, heißt das, kann das Leben rituell begriffen werden. Als Spiegel, Echo, Erinnerung, Anruf, Gestalt vollzieht sie die alles umfassende Aufgabe des menschlichen Daseins, das Gesetz jenseits aller Willkür und Leidenschaft auszusprechen und es als schönes Bild beispielhaft zu erheben. Die Dichter sind darum vor allen anderen „die Priester des Schönen und vermitteln als solche bei dem steten Wechsel der Ansichten über Welt, über Menschenbestimmung, über Menschenschicksal und selbst über göttliche Dinge das ewig Dauernde in uns und das allzeit Beglükkende. Sie geben es uns im Gewande des Reizes, der nicht altert, der sich einfach hinstellt und nicht richten und verurteilen will. Und wenn auch alle Künste dieses Göttliche in der holden Gestalt bringen, so sind sie an einen Stoff gebunden, der diese Gestalt vermitteln muß . . .; nur die Dichtkunst hat beinahe gar keinen Stoff mehr, ihr Stoff ist der Gedanke in seiner weitesten Bedeutung, das Wort ist nicht der Stoff, es ist nur der Träger des Gedankens, wie etwa die Luft den Klang an unser Ohr führt. Die Dichtkunst ist daher die reinste und höchste unter den Künsten."

Genau in der Mitte des Romans, am Ende der ihn tief bewegenden Kunstfahrt zum Kerberger Altar, stellt sich Heinrich zum ersten Male die Frage: „ob nun ein solches Vorgehen, ob die Kunst, die Dichtung, die Wissenschaft das Leben umschreibe und vollende, oder ob es noch ein Ferneres gäbe, das es umschließe und es mit weit größerem Glück erfülle". Das „Fernere" aufzuzeigen, es in seiner Problematik wie seiner Vollendbarkeit erscheinen zu lassen, ist schließlich der Vorgang, der in den letzten Kapiteln des Romans erhellt wird. Denn das Fernere, das das Leben umschließt, ist die Liebe. In einer unzureichenden Welt steht ihre bindende Kraft am höchsten:

„Die Welt ist gefüllt", schreibt Stifter einmal, „mit der Schaar der Gleichgültigen oder gar Rohen in Bezug auf alles Große, mit den sogenannten guten Menschen, die niemanden weh und niemanden wohl thun, mit einigen Geschäftsmännern, mit einigen, die mit Krieg und Frieden spielen, mit Künstlern, die in hohen Schwärmereien leben, mit Gelehrten, mit Karaktermenschen, mit Weisen und mit Thoren — und da ist das Beste die Erquickung an einzeln stehenden großen und guten Menschen, die Liebe zu ihnen, das Aufschauen zu diesen Säulen und das Empfinden, daß der Mensch etwas Er-

habenes ist — und nach diesem ist das Beste die Neigung und Liebe
der Menschen zu einander, die gut sind ohne Gründe."

Die Liebe Risachs und Mathildes, deren Geschichte Heinrich im
erinnernden Wiedererzählen bis in die äußersten Pole ihrer Ver-
irrung wie ihrer Verklärung ausbreitet, ist der unerschöpfliche
Gegenstand des sanften Gesetzes. „Aeußeres, Inneres", ruft die ver-
zweifelte Mathilde aus, „das ist alles eins, und alles ist die Liebe.
Du hast nie geliebt, weil du es nicht weißt." Wenn sie hier noch
in aller Impulsivität urteilt, so kann sie nach Jahren Risach um
Vergebung bitten. „In der Liebe liegt alles", darf nun Risach aus
tiefem Erkennen bestätigen und ergänzen: „Dein schmerzhaftes
Zürnen war die Liebe, und mein schmerzhaftes Zurückhalten war
auch die Liebe. In ihr liegt unser Fehler, und in ihr liegt unser
Lohn." „Ja, in der Liebe", erwiderte sie, „die wir nicht ausrotten
konnten."

Im Zustand des nachsommerlichen Bewußtseins, in der Rosen-
blütenzeit, erleben die Liebenden in Glück und Stetigkeit „das
Spiegelklarste . . ., was menschliche Verhältnisse aufzuweisen haben",
eine traumhafte Möglichkeit zu leben. Gleich den Vögeln, von
deren Lebenszuständen Risach schon bei Heinrichs ersten Besuchen
mit metaphorisch-symbolischer Absicht erzählt, eröffnet sich auch
den Liebenden im Herbst des Lebens eine „freie Zeit", „da haben
sie gleichsam einen Nachsommer und spielen eine Weile, ehe sie
fortgehen". Und vorsichtig abgetönt und mit einem Anflug von
milder Ironie wird auch von Heinrichs Vater schließlich berichtet,
er wolle künftig nur seinen „kleineren Spielereien leben, daß ich
auch einen Nachsommer habe wie dein Risach".

Frei von irgendwelchem utopischen Blick in die Zukunft — denn
was vor Heinrich liegt, wird auf der letzten Seite des Romans in
den allerbürgerlichsten Sätzen abgeschätzt —, ist es vielmehr die
erinnerte Vision in den Formen des mythischen Erzählens, mit
denen Stifter in Heinrichs Rückschau ein unsterbliches, ein glück-
seliges Leben schafft, „das keine Verwirrung mehr zu sehr sichtbar
ist". Der Roman ist ein unerschöpflich bedeutendes Werk, dessen
geistig-dichterischer Anspruch an den Betrachter absolut sein muß;
denn, so schreibt Stifter einmal, „das Merkmal eines Kunstwerkes
aber ist einzig das, daß es im Leser jede Stimmung aufhebt, und *seine*
hervorbringt". In diesem Kunstbewußtsein zeigt sich zugleich der
hohe, ja heroische Geist eines Dichters, dessen reine Sprache
Nietzsche zu den seltensten Ereignissen der deutschen Dichtungsgeschichte zählte und dessen Grundhaltung Hofmannsthal wahrhaft
großartig nennen darf:

„Durch sein ganzes Lebenswerk nämlich will er mit einer Geisteskraft, die fast unvergleichlich zu nennen ist, unablässig und unbeirrbar hindeuten auf ein höchstes Dichterisches, das zugleich unmittelbare Lebensmacht wäre — und alles, was er in der Hingabe eines ganzen Lebens zu leisten vermag, sieht er an als eine Wegbereitung für dieses Höchste. Dieses nun freilich ahnt er riesenhaft: so in der Bestimmung als in den Maßen des Geistes, dem eine solche Bestimmung könnte auferlegt werden; denn er erblickt den Dichter der kommenden Generation als einen, gegen den die vereinigten Gaben von Goethe und Schiller — und man bedenke, wie Stifter diese beiden Geister erkannte, ehrfürchtig, liebevoll und wahrhaft das Große groß sehend! — als die geringeren erscheinen müssen. Gewaltig ist diese Glaubensfassung, und von einem solchen inneren Kern aus wirkt durch die Zartheit und Behutsamkeit des Dargestellten hindurch eine große und im reinsten Sinne leidenschaftliche Seele auf viele Geschlechter."

Keller · Der grüne Heinrich

Den Bildungsroman des poetischen Realismus pflegt man gemeinhin Kellers „Schicksalsbuch" zu nennen. Das erscheint auf den ersten Blick als eine handliche Formel, wenn es gilt, Erzählthema und Erzählstruktur ins Enge zu bringen und den Ort des Romans innerhalb der Gattung wie innerhalb der Dichtungsgeschichte zu bestimmen. Freilich besteht diese Formel aus zwei besonders fragwürdigen und heute vielfach angefochtenen Begriffen, wobei zunächst offenbleiben mag, wieweit diese Abneigung auf mangelhaftem Verständnis der Begriffe beruht oder wieweit sie vom Ressentiment gegen die vermeintliche Bürgerlichkeit der Begriffe Bildungsroman und poetischer Realismus kommt. Aber die Formel ist ein guter Ansatzpunkt, wenn das Wechselverhältnis von Thema und Struktur, von Stil und Geschichtlichkeit erörtert werden soll.

Kellers aphoristische, meist in Briefe verstreute Poetik beweist immer wieder, wie klar ihm die geschichtliche Bedingtheit des dichterischen Formen-, Struktur- und Stilwandels war. „... mit einem Worte: es gibt keine individuelle souveräne Originalität und Neuheit im Sinne der Willkürgenies und eingebildeten Subjektivisten ... Neu in einem guten Sinne ist nur, was aus der Dialektik der Kulturbewegung hervorgeht." So heißt es in dem bekannten Brief vom 26. Juni 1854 an Hettner. Und schon am 4. März 1851 schrieb er demselben Empfänger:

„Bei aller inneren Wahrheit reichen für unser jetziges Bedürfnis, für den heutigen Gesichtskreis, unsere alten klassischen Dokumente nicht mehr aus ... Es ist der wunderliche Fall eingetreten, wo wir jene klassischen Muster noch nicht annähernd erreicht oder glücklich nachgeahmt haben und doch nicht mehr nach ihnen zurück, sondern nach dem unbekannten Neuen streben müssen ... Und alsdann werden veränderte Sitten und Völkerverhältnisse viele Kunstregeln und Motive bedingen, welche nicht in dem Lebens- und Denkkreise unserer Klassiker lagen, und ebenso einige ausschließen, welche in demselben seinerzeit ihr Gedeihen fanden ... Was ewig gleichbleiben muß, ist das Streben nach Humanität, in welchem uns jene Sterne wie diejenigen früherer Zeiten vorleuchteten. Was aber diese Humanität jederzeit umfassen solle: dieses zu bestimmen hängt nicht von dem Talente und dem Streben ab, sondern von der Zeit und der Geschichte." Dieses Streben nach Humanität meint natürlich nicht ein ethisches Verhalten, eine sittliche Tendenz, sondern die ursprüngliche und dauernde Aufgabe der Dichtung, die ein Satz aus dem Anfang der Gotthelf-Aufsätze lapidar ausspricht: „Ewig sich gleich bleibt nur das, was rein menschlich ist, und dies zur Geltung zu bringen, ist bekanntlich die Aufgabe aller Poesie . . ." Aber dieses ursprüngliche und immer identische Humane, das die Dichtung dem Menschen erschließen soll, erscheint nie als ein An-sich, es ist untrennbar von den durch Zeit und Geschichte bedingten Erscheinungsweisen des „konkreten Menschentums"; das wesenhaft Menschliche kann sich nur in der beständigen Verschränkung mit einer bestimmten kulturellen Situation bezeugen. Dichtung bedeutet somit, dieses Wechselverhältnis von ursprünglich und elementar Menschlichem und Kulturbewegung sichtbar zu machen, das rein Menschliche als eine Dimension jedes konkreten Menschentums nachzuweisen. Aber das kann, so sehen wir ferner, nie heißen, daß die Kulturbewegung nur als Stoff einbezogen wird; Keller hat sich mehrmals über solche Tendenz zum „äußerlich Zeitgemäßen" mokiert. Vielmehr ist ja die dichterische Welterfahrung selbst ein Moment in der Dialektik der Kulturbewegung. Ein neuer Erfahrungshorizont bewirkt auch den Wandel der Auffassungs- und Darstellungsweisen, neue Motive können nur durch neue Kunstregeln ihren „prägnanten Ausdruck" finden.

Ein neuer Erfahrungshorizont — neue Kunstregeln: wir wollen diese noch ganz leeren Begriffe mit der Anschauung einer Stelle aus dem Roman verbinden. In dem Kapitel „Das spielende Kind" sieht der grüne Heinrich andere Knaben, angeleitet von Vätern und Lehrern, kleine Naturaliensammlungen anlegen:

„Ich ahmte dieses nun auf eigene Faust nach und begann gewagte Reisen längs der Bach- und Flußbette zu unternehmen, wo ein buntes Geschiebe an der Sonne lag. Bald hatte ich eine gewichtige Sammlung glänzender und farbiger Mineralien beisammen, Glimmer, Quarze und solche Steine, welche mir durch ihre abweichende Form auffielen. Glänzende Schlacken, aus Hüttenwerken in den Strom geworfen, hielt ich ebenfalls für wertvolle Stücke, Glasflüsse für Edelsteine, und der Trödelkram der Frau Margret lieferte mir einigen Abfall an polierten Marmorscherben und halb durchsichtigen Alabasterschnörkeln, welche überdies noch eine antiquarische Glorie durchdrang. Für diese Dinge verfertigte ich Fächer und Behälter und legte ihnen wunderlich beschriebene Zettel bei. Wenn die Sonne in unser Höfchen schien, so schleppte ich den ganzen Schatz hinunter, wusch Stück für Stück in dem kleinen Brünnlein und breitete sie nachher an der Sonne aus, um sie zu trocknen, mich an ihrem Glanze erfreuend. Dann ordnete ich sie wieder in die Schachteln und hüllte die glänzendsten Dinge sorglich in Baumwolle, welche ich aus den großen Ballen am Hafenplatze und beim Kaufhause gezupft hatte. So trieb ich es lange Zeit; allein es war nur der äußere Schein, der mich erbaute ..."

Läßt diese herausgegriffene Stelle schon eine Kunstregel, ein poetisches Darstellen erkennen? Auf den ersten Blick scheint es sich nur um eine rein berichtende und durchaus prosaische Darstellung des kindlichen Treibens zu handeln. Hören wir aber genauer hin, so zeigt sich schnell, daß doch Erzählkunst am Werke ist. Wir entdecken, daß in Wendungen wie „gewagte Reisen" oder „antiquarische Glorie" oder „Schatz" der Erzähler sich für einen Augenblick mit dem kindlichen Erleben identifiziert und seine Perspektive in der des kleinen Jungen verschwinden läßt, daß aber das erzählende Ich die Distanz auch wieder betont, so etwa in der Wendung „wunderlich beschriebene Zettel". Nur vom Kind aus sind die Reisen gewagt, nur für den Erzähler die Zettel wunderlich beschrieben, nur für das Kind durchdringt die Alabasterschnörkel eine Glorie, nur dem Erzähler ist das Wort antiquarisch angemessen. Die Sprache berichtet oder schildert nicht nur, sondern sie bringt ständig das Schwanken zwischen Abstand und Innigkeit zum Ausdruck, so daß der Gegenstand des Erzählens immer zusammen mit einer subjektiven Resonanz zur Geltung kommt. Eine humoristische Innigkeit — so wollen wir es zunächst einmal ohne Kommentar nennen — vermittelt dauernd zwischen erzählendem und erlebendem Ich; dies scheint hier die Kunstregel zu sein, und wir müssen späterhin fragen, welche neuen „Momente in Leben und Kultur" durch diese Erzählweise „ihren prägnanten Ausdruck" finden.

Aber was macht einen so unscheinbaren und gewöhnlichen Vorgang überhaupt erzählenswert? Ist er bloße Reminiszenz, ist er psychologisch interessant? Dies wohl kaum; aber was kann er dann bedeuten? Nun, an sieben Stellen ist vom Bunten, Glänzenden die Rede, das dann doch nur als äußerer Schein erbauen kann. Die Freude am Glanz der Dinge schlägt um in Enttäuschung, weil der Glanz nichtssagend bleibt, weil er dem einsamen Kind nichts weiter bedeutet. Dieser Zusammenhang profiliert das Erzählte; aber ist er, für sich genommen, etwa als Einblick in die Kinderseele oder in das kindliche Spiel, nicht doch banal? Wir können die Antwort Keller selbst zuschieben, denn in der Urfassung ist folgender Hinweis in die Jugendgeschichte des grünen Heinrich eingefügt worden: „Wenn ich nicht überzeugt wäre, daß die Kindheit schon ein Vorspiel des ganzen Lebens ist und bis zu ihrem Abschlusse schon die Hauptzüge der menschlichen Zerwürfnisse im kleinen abspiegele, so daß später nur wenige Erlebnisse vorkommen mögen, deren Umriß nicht wie ein Traum schon in unserm Wissen vorhanden, wie ein Schema, welches, wenn es Gutes bedeutet, froh zu erfüllen ist, wenn aber Übles, als frühe Warnung gelten kann, so würde ich mich nicht so weitläufig mit den Dingen jener Zeit beschäftigen."

Kindheit und Jugend als Vorspiel, das die wesentlichen Motive und Themen des ganzen Lebens und Erlebens schon gedrängt enthält: das mag uns eine Binsenweisheit sein; es zwingt uns doch zu fragen, ob sich in der Jugendgeschichte des grünen Heinrich ein solches Schema ausmachen läßt und ob es tatsächlich in Zusammenhang steht mit den unaufhörlichen späteren Zerwürfnissen. Und damit ist natürlich die Frage verbunden, ob sich dieser frühe Umriß des Ganzen mehr in charakterologischer, psychologischer, soziologischer Hinsicht ergibt, oder ob er überhaupt ganz anders gemeint ist, was uns wieder auf die Frage nach dem Wechselverhältnis von dichterischem Erfahrungshorizont und Dialektik der Kulturbewegung zurückführen muß.

Die Thematik der Kindheitsepisoden

Die Stelle, wo der grüne Heinrich sein „erstes deutliches Bewußtsein" findet, ist zugleich die früheste, entfernteste Situation, in der dem Erzähler sein ursprüngliches Ich konkret gegenwärtig wird. Der Fünfjährige durchforscht das Haus der eben verwitweten Mutter, und sein stundenlanges Ausschauen vom Wohnstubenfenster im obersten Stock stellt die erste feste Verbindung zwischen Welt und Bewußtsein her.

„Gegen Sonnenuntergang jedoch stieg meine Aufmerksamkeit an den Häusern in die Höhe und immer höher, je mehr sich die Welt von Dächern, die ich von unserm Fenster aus übersah, rötete und von dem schönsten Farbenglanze belebt wurde. Hinter diesen Dächern war für einmal meine Welt zu Ende; denn den duftigen Kranz von Schneegebirgen, welcher hinter den letzten Dachfirsten halb sichtbar ist, hielt ich, da ich ihn nicht mit der festen Erde verbunden sah, lange Zeit für eins mit den Wolken." Die Mutter mochte lange sagen, es seien Berge: „ich vermochte sie darum nicht von den Wolken zu unterscheiden, deren Ziehen und Wechseln mich am Abend fast ausschließlich beschäftigte, deren Namen aber ebenso ein leerer Schall für mich war wie das Wort Berg. Da die fernen Schneekuppen bald verhüllt, bald heller oder dunkler, weiß oder rot sichtbar waren, so hielt ich sie wohl für etwas Lebendiges, Wunderbares und Mächtiges wie die Wolken und pflegte auch andere Dinge mit dem Namen Wolke oder Berg zu beleben, wenn sie mir Achtung und Neugierde einflößten. So nannte ich . . . die erste weibliche Gestalt, welche mir wohlgefiel und ein Mädchen aus der Nachbarschaft war, die weiße Wolke, von dem ersten Eindrucke, den sie in einem weißen Kleide auf mich gemacht hatte."

Alles dreht sich um das Wörtchen „halten für", um den Kontrast zwischen Vorstellung und dem, was Hegel „die Positivität des für sich Notwendigen und Gesetzlichen" nannte. Gleich in der frühesten deutlichen Welterfahrung verfehlt die Auslegung das Wesen der Phänomene, treten Geltung und Wirklichkeit der Erscheinungen auseinander. Gewiß sind es hier noch die natürliche Naivität des kindlichen Verständnisses und der im wörtlichen Sinn begrenzte Horizont, die über die „innere Notwendigkeit, Identität und Selbständigkeit der natürlichen Dinge" hinwegsehen und den Zusammenhang von Erscheinung und Wesen nicht einsehen lassen. Aber der beiläufige Nebensatz „da ich ihn (den Kranz der Schneegebirge) nicht mit der festen Erde verbunden sah" ist doppelsinnig. Er scheint sich nur auf die lokalen und optischen Bedingungen zu beziehen und zeigt doch den Umriß künftiger Zerwürfnisse, wenn wir vorgreifend daran denken, wie spät sich Heinrich dem Anspruch öffnen wird, „nicht nur die Form, sondern auch den Inhalt, das Wesen und die Geschichte der Dinge zu sehen und zu lieben". Das Kind am Fenster kann den Grund, die Basis der Schneekuppen im wörtlichen Verstand nicht einsehen; aber diese verwehrte Einsicht in „Faser und Textur der Wirklichkeit" ist schon das Vorspiel jener „Unverantwortlichkeit der Einbildungskraft", die bereits in den Vorarbeiten zum Roman als Grundzug des grünen Heinrich festgehalten wird.

Mustern wir die einzelnen Episoden der Kindheitsgeschichte, so füllt sich mit jeder das aus, was Keller ein „Schema" nannte. Das allererste Schulerlebnis wird peinlich durch den Kontrast von innerer Vorstellung und Eigentlichem:

„Ich hatte schon seit geraumer Zeit einmal das Wort Pumpernickel gehört, und es gefiel mir ungemein, nur wußte ich durchaus keine leibliche Form dafür zu finden, und niemand konnte mir eine Auskunft geben, weil die Sache, welche diesen Namen führt, einige hundert Stunden weit zuhause war. Nun sollte ich plötzlich das große P benennen, welches mir in seinem ganzen Wesen äußerst wunderlich und humoristisch vorkam, und es ward in meiner Seele klar und ich sprach mit Entschiedenheit: Dieses ist der Pumpernickel! Ich hegte keinen Zweifel weder an der Welt noch an mir, noch am Pumpernickel, und war froh in meinem Herzen . . ."

Er nennt hier, wenn auch in leichtem Ton, die Dreiheit, die alle weiteren Erzählmotive bestimmt: die Welt als Gesamtzusammenhang, als nie gegenständliches Umgreifendes, das Ich, das dieser Welt gerecht und in ihr heimisch werden muß, und das einzelne Seiende, an dem sich das Weltverhältnis bewähren muß, weil es durch seinen doppelten Bezug zum Ich und zur Welt problematisch, fragwürdig, deutbar ist. Der ganze Vorfall aber bezeugt wie die Sache mit der weißen Wolke, wie die als „innerliche Anschauung" gegebene Identität von Gott und dem funkelnden Turmhahn, dann dem prächtigen Bilderbuchtiger, das Bedürfnis und das Vermögen, allem Vorhandenen oder Vernommenen eine tiefere, eine poetische Bedeutung zu geben; denn kann man die von dem Kinde vollzogene Vermittlung von Leibhaftigkeit und Wesensfülle anders nennen als poetisch? So entspricht einer ausgeprägten Beschaulichkeit von vornherein eine gesteigerte Einbildungskraft als Vermittlerin zwischen innerem Bedürfnis und äußerer Welt. Die karge Nüchternheit und hausbackene Einfachheit der Mutter tut ihm kein Genüge, und so muß die Frau Margret der „suchenden Phantasie" zu Hilfe kommen und für Heinrich das werden, „was sonst sagenreiche Großmütter und Ammen für die stoffbedürftigen Kinder sind". Denn die Trödlerin hat selbst die „lebendigste Einbildungskraft" und eine „überfüllte Phantasie"; „mit neugieriger Liebe erfaßte sie alles und nahm es als bare Münze, was ihrer wogenden Phantasie dargeboten wurde, und sie umkleidete es alsbald mit den sinnlich greifbaren Formen der Volkstümlichkeit, welche massiven metallenen Gefäßen gleichen, die trotz ihres hohen Alters durch den steten Gebrauch immer glänzend geblieben sind". Im Bereich dieser Trödelhexe begegnet dem grünen Heinrich eine Welt von gleichsam mythischer Sinnenfälligkeit und Totalität; als wahrhafter Kosmos entsteht hier aus Erzählungen, Gesprächen, Begebenheiten und aus dem abenteuerlichen Sammelsurium des Trödelkrams ein absonderliches, aber geschlossenes und konkretes Bild der Welt und des menschlichen Handels und Wandels, ein Weltbild, in dem alles in einem für das Kind sicht- und greifbaren Zusammenhang steht, mögen auch weithin phantastische Imagination und Aberglaube diesen Zusammenhang und diese Totalität stiften. Frau Margret ist die Verkörperung einer archaisch-poetischen Weltauffassung und Weltdeutung, „die ganze Welt in allen ihren Spiegelungen, das fernste sowohl wie ihr eigenes Leben, waren ihr gleich wunderbar und bedeutungsvoll ..." Aber für die suchende Phantasie des Kindes ist das Verhältnis zwischen den phantastisch verzerrten Formen dieser Welt und ihrem Gehalt an menschlicher Wahrheit nicht erkennbar, und so verstärkt gerade der Umgang mit dem Trödlerpaar den Umriß der künftigen Zerwürfnisse: „Mit all diesen Eindrücken beladen, zog ich dann über die Gasse wieder nach Hause und spann in der Stille unserer Stube den Stoff zu großen träumerischen Geweben aus, wozu die erregte Phantasie den Einschlag gab. Sie verflochten sich mit dem wirklichen Leben, daß ich sie kaum von demselben unterscheiden konnte."

Eines dieser Gewebe wird zum „Kinderverbrechen". Ohne Verständnis ihrer Bedeutung gebraucht der Siebenjährige einige besonders unanständige Worte; zur Rede gestellt, woher er sie habe, erdichtet er eine so schlüssige und stimmige Erzählung, daß den Verhörenden kein Zweifel an ihrer Wahrheit möglich scheint und die belasteten Schüler schwer bestraft werden. Wieder zeigt sich die Macht der „innerlichen Anschauungen", wenn der Autor sein Märchen selbst glauben muß, da er sich sonst „auf keine Weise den wirklichen Bestand der gegenwärtigen Szene erklären" kann; aber diesmal läßt ihn die Autonomie der Einbildungskraft schuldig werden: „Soviel ich mich dunkel erinnere, war mir das angerichtete Unheil nicht nur gleichgültig, sondern ich fühlte eher noch eine Befriedigung in mir, daß die poetische Gerechtigkeit meine Erfindung so schön und sichtbarlich abrundete, daß etwas Auffallendes geschah, gehandelt und gelitten wurde, und das infolge meines schöpferischen Wortes. Ich begriff gar nicht, wie die mißhandelten Jungen so lamentieren und erbost sein konnten gegen mich, da der treffliche Verlauf der Geschichte sich von selbst verstand und ich hieran so wenig etwas ändern konnte, als die alten Götter am Fatum."

In einer späteren Stelle der Urfassung wird das Kinderverbrechen nochmals erläutert: dem Kinde sei der Unterschied zwischen Gut und Böse, zwischen wahrer und falscher Sachlage nicht bewußt und völlig gleichgültig gewesen, und weil ihm die wirkliche Gerechtigkeit verborgen geblieben sei, habe es eine poetische Gerechtigkeit herstellen und dazu erst einen ordentlichen faktischen Stoff schaffen müssen. Aber mag Heinrichs Schuld in diesem Falle ihren Grund mehr in der Unvernunft der Erwachsenen haben: die Unverantwortlichkeit der Einbildungskraft, die Vergewaltigung der wirklichen durch eine poetische Gerechtigkeit bleiben ein Grundzug seines Wesens und Werdens, der auch das religiöse Weltverständnis und die künstlerische Welterfahrung bestimmen wird.

Zunächst aber bringt es die Erkenntnis der schöpferischen Macht des Wortes mit sich, daß sich die Phantasie des Kindes nicht mehr nur in ganz innerlichen Anschauungen verhaust, sondern daß sie sich entäußert, daß sie eine „Gestaltungslust" entbindet, die Heinrich aus der Beschaulichkeit oder „chorartigen Teilnahme an allem" heraustreibt. Daß in der Schule die älteren Schüler die jüngeren unterrichten dürfen, beglückt ihn, weil er, „ausgerüstet mit der Macht zu lohnen und zu strafen, kleine Schicksale kombinieren, Lächeln und Tränen, Freund- und Feindschaft hervorzaubern" kann. Dieselbe Lust, Schicksale zu kombinieren und für poetische Gerechtigkeit zu sorgen, beherrscht das spielende Kind: den Entwurf eines von der Theosophie inspirierten phantastischen Weltschemas, in das er dann eine „tabellarische Schicksalsordnung" aller ihm bekannten Leute einträgt; weiter die Sammlung von „Schicksalsträgern", von grotesken Wachsfiguren, die er in Flaschen setzt, mit Namen begabt, mit kurzen Lebensbeschreibungen versieht und wieder je nach Aufführung und Schicksal in ein theosophisches Sphärensystem einordnet; schließlich seinen Beitrag zu dem kindlichen Theaterspiel im Faß, zu dem er die Stücke liefert. Was sich in diesen Spielen ankündigt, wird sich freilich erst nach der Erkenntnis des „Irrtums im Künstlerberufe" herausstellen; in der Urfassung wird dieser weitgespannte Bogen noch ausdrücklich deutlich gemacht, der von der ersten Entdeckung der Macht des schöpferischen Wortes und vom ersten Erwachen der poetischen Gestaltungslust bis zu dem Entschluß reicht, „im lebendigen Menschenverkehr zu wirken und zu hantieren und seinerseits dazu beizutragen, daß alle Dinge, an denen er beteiligt, einen ordentlichen Verlauf nähmen". Die „Malefizgeschichte", mit der er die Kenntnis der unanständigen Worte rechtfertigt und begründet, ist dem Zurückschauenden der erste Hinweis auf diesen eigentlichen Beruf: „Gedachte er nun noch, wie er um die gleiche Zeit sich Bilder von Wachs gemacht und eine tabellarische Schicksals- und Gerechtigkeitsordnung über sie geführt, so schien es ihm jetzt beinahe gewiß, daß in ihm mehr als alles andere eigentlich eine Lust läge, im lebendigen Wechselverkehr der Menschen ... das Leben selbst zum Gegenstande des Lebens zu machen."

Im Fortgang der Jugendgeschichte indessen tritt das problematische Verhältnis von Phantasie und Wirklichkeit vollends in den Mittelpunkt, wenn Heinrich in der Faustaufführung und im Kontakt mit der Leserfamilie zwei antithetische Möglichkeiten dieses Verhältnisses entgegentreten. Als Meerkatze an der Faustaufführung mitwirkend, kann Heinrich das Spiel und zugleich das Treiben hinter den Kulissen beobachten; er gewahrt „mit hoher Freude, wie aus dem unkenntlichen, unterdrückt lärmenden und streitenden Chaos sich still und unmerklich geordnete Bilder und Handlungen ausschieden und auf dem freien, hellen Raume erschienen, wie in einer jenseitigen Welt, um wieder ebenso unbegreiflich in das dunkle Gebiet zurückzutauchen". Zum ersten Male tritt dem Kind die Gewalt der Dichtung von außen entgegen, begegnet es einer poetischen Wirklichkeit als einem Jenseits im Diesseits, gestiftet durch dieselbe Macht des schöpferischen Wortes, die das Kind in sich selbst erfahren hat: „Der Text des Stückes war die Musik, welche das Leben in Schwung brachte." Die Menschen aber, die diesen Text als Spiel realisieren, gewinnen durch ihren ständigen Wechsel zwischen Bühne und Kulissen ein doppeltes Leben, wovon eines ein Traum sein muß, ohne daß der beschauliche kleine Statist entscheiden kann, welcher Teil dieses Doppellebens Traum und welcher Wirklichkeit ist. „Lust und Leid schienen mir in beiden Teilen gleich gemischt vorhanden zu sein; doch im innern Raume der Bühne, wenn der Vorhang geöffnet war, schien Vernunft und Würde und ein heller Tag zu herrschen und somit das wirkliche Leben zu bilden, während, sobald der Vorhang sank, alles in trübe, traumhafte Verwirrung zerfiel." Was dem Kind hier leise dämmert, was der Erzähler in den Gegensätzen von streitendem Chaos und geordneten Bildern, von trüber, traumhafter Verwirrung und Vernunft und Würde, von dunklem Gebiet und freiem, hellem Raum evoziert, läßt sich ganz gut begreifen mit Hegels Worten über das Wesen des „Scheins", durch welchen die Kunst dem an sich selbst Wahrhaftigen Wirklichkeit gibt, und über die Haltlosigkeit des Vorwurfs, dieser Schein sei Täuschung:

„In der gewöhnlichen äußeren und inneren Welt erscheint die Wesenheit wohl auch, jedoch in der Gestalt eines Chaos von Zufälligkeiten, verkümmert durch die Unmittelbarkeit des Sinnlichen und durch die Willkür in Zuständen, Begebenheiten, Charakteren usf. Den Schein und die Täuschung dieser schlechten, vergänglichen Welt nimmt die Kunst von jenem wahrhaften Gehalt der Erscheinungen fort und gibt ihnen eine höhere, geistgeborene Wirklichkeit. Weit entfernt also, bloßer Schein zu sein, ist den Erscheinungen der Kunst der gewöhnlichen Wirklichkeit gegenüber die höhere Realität und das wahrhaftigere Dasein zuzuschreiben."

Ganz in diesem Sinne erfaßt Heinrich die Kerkerszene Gretchens, das „Bild des im grenzenlosesten Unglück versunkenen Weibes" als das wahrhaftigere Dasein der schönen Frau, die er kurz zuvor hinter den Kulissen die Spuren von Tränen tilgen sah.

Voraussetzung einer solchen höheren Wirklichkeit ist freilich jene „Phantasie für die Wahrheit des Realen", von der Goethe einmal zu Eckermann sprach und deren Wesen Heinrich später eben im Laufe seiner Goethelektüre dämmern wird. Dies ist der Gesichtspunkt, der dem Faust-Erlebnis den Umgang in der „Leserfamilie" antithetisch zuordnet. Eine Unzahl schlechter Romane füllt die Wohnung dieser vielköpfigen Familie und wird an den Sonntagen verschlungen. Auch diese „unpoetischen Machwerke", Ritterromane und Sittenschilderungen aus der Epoche der Galanterie, sind ein Jenseits im Diesseits; auch die Mitglieder der Leserfamilie suchen, indem sie ihre Vorstellungskraft an den Produkten gemeiner oder verwahrloster Phantasie erhitzen, „die bessere Welt, welche die Wirklichkeit ihnen nicht zeigte". Und wie bei dem Kreis um Frau Margret die schwärmerisch-religiöse Sektiererei, so ist hier die Lesewut „die Spur derselben Herzensbedürfnisse und das Suchen nach einer besseren Wirklichkeit". Aber diese vermeintliche bessere Wirklichkeit der Ritter- und galanten Romane ist doch nur das Machwerk einer Art von Traumfabrik, Verführung zum Uneigentlichen, zu substanzloser und unverbindlicher Romantik. Denn anstatt den Menschen wahrhaft mit seinen Möglichkeiten vertraut zu machen, anstatt ihm die eigentliche Not und Würde seiner Existenz zu erschließen, anstatt also das Poetische als eine Dimension des faktischen Lebens nachzuweisen, entrücken die Schundromane ihren Leser in eine völlig scheinhafte, illusionäre Wirklichkeit. Diese mag wohl für die Dauer des Aufenthalts in ihr Zank, Not und Sorge vergessen lassen; aber sowie diese zweite Wirklichkeit das eigene Leben bestimmen will, kommt es zu dem bösen Kontrast, den die Schilderung der Wohnung der Leserfamilie anschaulich macht: eine Herde unehelicher kleiner Kinder spielt mit den zerlesenen, übelriechenden Büchern und zerreißt sie, um doch nur neuem Nachschub Platz zu schaffen, „so daß man in der Behausung nichts sah als Bücher, aufgehängte Windeln und die vielfältigen Erinnerungen an die Galanterie der ungetreuen Ritter ..."

So begegnet dem Kind der „Faust" wie die Welt der Schundromane als ein Jenseits im Diesseits, beide Male steht er vor der Frage einer höheren Wirklichkeit, in beiden Episoden geht es um das Verhältnis von imaginativer und faktischer Welt und damit um Heinrichs Grundproblem. Aber dem unberatenen und einsamen Kind kann nicht deutlich werden, was Goethes Dichtung von der Nahrung der Leserfamilie unterscheidet. Denn wie gut auch das Kind die körperlichen Erscheinungen auf der Bühne erfassen konnte, so sehr bleibt der Text, der diese Erscheinungen bedingt, „als die

Zeichensprache eines gereiften und großen männlichen Geistes dem unwissenden Kinde vollkommen unverständlich; der kleine Eindringling fand sich bescheidentlich wieder vor die Türe einer höheren Welt gestellt . . ." Die Ritterromane dagegen können zu Bausteinen der kindlichen Gestaltungslust werden; aus dem anfänglichen Nachspielen gehen „nach und nach selbsterfundene, fortlaufende Geschichten und Abenteuer hervor", bis sich die beiden Knaben „in ein ungeheures Lügennetz verwoben und verstrickt" sehen. Das träumerische Ungenügen an einer farblos und banal erscheinenden Wirklichkeit wird nach der Lektüre der Rittergeschichten abgelöst von einem Leben „in einer ersonnenen Welt", die doch ihre „trügliche Wahrhaftigkeit" hat, weil auch in dieses kleinen Don Quijote ersonnener Welt alles scheinhaft und imaginär ist, nur die Beteiligung des Herzens nicht.

Diese aus der Wechselwirkung von unbefriedigender Wirklichkeit und poetischer Gestaltungslust entspringende Bereitschaft, in einer ersonnenen Welt zu leben, führt dann auch den Ausschluß aus der Schule herbei, der Heinrichs Kindheit so fatal beendet. Wie ein Bumerang fällt auf ihn zurück, was er einst mit dem „Kinderverbrechen" anderen zugefügt hat. Es ist nicht einfach Geltungsdrang, was ihn an die Spitze des Demonstrationszugs gegen den verhaßten Lehrer treibt; er lehnt die Veranstaltung zunächst ab, er folgt aus Neugier von weitem, er schließt sich an und schiebt sich dann wie berauscht von der Akklamation der Erwachsenen und der dynamischen Bildhaftigkeit des Vorgangs immer weiter vor, bis der Zuruf „Der grüne Heinrich ist doch noch gekommen!" zum Signal wird, das die Phantasie vollends entbindet: „Mir schwebten sogleich gelesene Volksbewegungen und Revolutionsszenen vor." Genau wie bei der Geschichte von der Herkunft der unanständigen Redensarten emanzipiert sich das Trachten nach poetischer Gerechtigkeit, es wird autonom und verdeckt jede Rücksicht auf die wirkliche Gerechtigkeit; das Ende ist dann noch viel verhängnisvoller als die Strafen, die damals die durch solche poetische Gerechtigkeit ganz ungerecht belasteten Schüler betroffen hatten.

Die integrierende und strukturierende Bedeutung des Konflikts zwischen Vorstellung und Wirklichkeit für Heinrichs Kindheitsgeschichte zeigt sich vollends, wenn wir erkennen, daß auch die religiöse Entwicklung des Kindes als eine Dimension dieses Konflikts dargestellt ist. Darüber dürfen wir nicht hinwegsehen, mögen auch noch so viele Stellen des Romans eine grundsätzliche Kritik der christlichen Glaubensgehalte und Lebensnormen enthalten. Bedeutsamerweise stellt sich die Problematik dieser Entwicklung in einem Zuge mit dem Beginn der Inkongruenz von Vorstellung und Wirklichkeit ein, sie entspringt an derselben Stelle, wo erstmals das Verhältnis von Erscheinung und Wesen verkannt wird, an der Stelle, wo dem Kleinen am Fenster die Schneekuppen, weil er sie nicht mit der festen Erde verbunden sieht, Wolken zu sein scheinen:

„Mit mehr Richtigkeit nannte ich vorzugsweise ein langes hohes Kirchendach, das mächtig über alle Giebel emporragte, den Berg. Seine gegen Westen gekehrte große Fläche war für meine Augen ein unermeßliches Feld, auf welchem sie mit immer neuer Lust ruhten, wenn die letzten Strahlen der Sonne es beschienen, und diese schiefe, rotglühende Ebene über der dunklen Stadt war für mich recht eigentlich das, was die Phantasie sonst unter seligen Auen oder Gefilden versteht. Auf diesem Dache stand ein schlankes, nadelspitzes Türmchen, in welchem eine kleine Glocke hing und auf dessen Spitze sich ein glänzender goldener Hahn drehte. Wenn in der Dämmerung das Glöckchen läutete, so sprach meine Mutter von Gott und lehrte mich beten; ich fragte: Was ist Gott? ist es ein Mann? und sie antwortete: Nein, Gott ist ein Geist! Das Kirchendach versank nach und nach in grauen Schatten, das Licht klomm an dem Türmchen hinauf, bis es zuletzt nur noch auf dem goldenen Wetterhahne funkelte, und eines Abends fand ich mich plötzlich des bestimmten Glaubens, daß dieser Hahn Gott sei. Er spielte auch eine unbestimmte Rolle der Anwesenheit in den kleinen Kindergebeten, welche ich mit vielem Vergnügen herzusagen wußte. Als ich aber einst ein Bilderbuch bekam, in dem ein prächtig gefärbter Tiger ansehnlich dasitzend abgebildet war, ging meine Vorstellung von Gott allmählich auf diesen über, ohne daß ich jedoch, so wenig wie vom Hahne, je eine Meinung darüber äußerte. Es waren ganz innerliche Anschauungen, und nur wenn der Name Gottes genannt wurde, so schwebte mir erst der glänzende Vogel und nachher der schöne Tiger vor.“

Das Kind verlangt nach einem Bild Gottes, es will im Schauen und nicht nur im Glauben wandeln, es muß auf leibhaftige Erscheinung dessen, was die Mutter „Geist" nennt, dringen. Alle Glaubensmühen und Glaubensnöte des grünen Heinrich entstehen aus diesem Bedürfnis. Gewiß löst bald „ein edlerer Begriff" die innerliche Anschauung Gottes als Turmhahn und Tiger ab, stellt sich die Ahnung ein, „daß Gott ein Wesen sein müsse, mit welchem sich allenfalls ein vernünftiges Wort sprechen ließe, eher als mit jenen Tiergestalten". Aber auch diese Zwiesprache steht ganz im Zeichen des Bedürfnisses der Phantasie, die unmittelbare Sicht- und Greifbarkeit nun nicht mehr der Gestalt, aber der Allgegenwart und Allmacht

Gottes zu erleben. So fühlt sich das Kind zu seiner nicht geringen Qual eine Zeitlang genötigt, Gott mit vollem Bewußtsein der Blasphemie Spottnamen und Schimpfwörter anzuhängen, freilich mit der sofortigen Bitte um Verzeihung; als ein unbewußtes Experiment mit der Allgegenwart Gottes interpretiert der Erzähler diese peinigende und krankhafte Versuchung. Und ebenso handelt es sich um das Bedürfnis nach unmittelbarer und leibhaftiger Erscheinung der Allmacht Gottes, wenn Heinrich gesteht, daß er in seinen Gebeten „immer entweder das Unmögliche oder das Ungerechte verlangte": die gelungene Probe eines schwierigen Rechenexempels oder den Stillstand der Sonne bei drohender Verspätung, daß der Lehrer für einen Tintenklecks mit Blindheit geschlagen werde oder daß das Mädchen „weiße Wolke" sich zu einem Kuß entschlösse.

Das alles könnte man als bloße Reminiszenz oder als typische kindliche Naivität verstehen, wenn es nicht so deutlich mit der Neigung zusammenfiele, die poetische Gerechtigkeit mit der wirklichen zu verwechseln, wenn der Erzähler nicht selbst so klar die Parallele zwischen religiösem Verhalten und dem Konflikt zwischen Vorstellungswelt und Wirklichkeit betont hätte mit der Bemerkung, für lange Jahre sei ihm der Gedanke Gottes zu einer prosaischen Vorstellung geworden, „in dem Sinne, wie die schlechten Poeten das wirkliche Leben für prosaisch halten im Gegensatze zu dem erfundenen und fabelhaften", wenn schließlich nicht die Unangemessenheit der Gottesvorstellung genau an der Stelle begönne, an der sich auch der erste Zwiespalt zwischen Einbildungskraft und Realität zeigt. Denn der Satz, er habe die Berge für Wolken gehalten, weil er sie nicht mit der festen Erde verbunden sah, enthält implizite auch den Grund, warum Heinrich so lange fortfährt, auf „unberechtigte und willkürliche Weise" an Gott zu glauben. Auch in der Dimension der religiösen Welterfahrung verschleiert oder verfälscht die Imagination die „innere Notwendigkeit, Identität und Selbständigkeit der natürlichen Dinge".

Die Bibel ist „ein Buch der Sage"; Heinrichs Auseinandersetzung mit den christlichen Lehren beginnt mit dem Vorwurf, daß „das Fabelhafte", daß „die wunderlichsten Ausgeburten menschlicher Phantasie . . . als das gegenwärtigste und festeste Fundament unseres ganzen Daseins angesehen werden" sollen. Aber in dem grünen Heinrich selbst widerstrebt die Phantasie noch lange der „Achtung vor der ordentlichen Folgerichtigkeit der Dinge". Am deutlichsten wird dieser Zwiespalt zwischen poetischer Auslegung und „notwendigem Weltlauf" in dem „Flötenwunder". Den vom Hungertod bedrohten Kunstbeflissenen läßt die Erinnerung an den „Oberproviantmeister" der Mutter so etwas wie ein Gebet zustande bringen; und wie der Halbohnmächtige die Augen wieder öffnet, sieht er die Metallklappe seiner im Zimmerwinkel verschollenen Flöte und damit die Möglichkeit aufleuchten, zu einigem Geld zu kommen.

„Ein einziger Sonnenstrahl traf das Stückchen Metall durch die schmale Ritze, welche zwischen den verschlossenen Fenstervorhängen offen gelassen war; allein woher, da das Fenster nach Westen ging und um diese Zeit dort keine Sonne stand? Es zeigte sich, daß der Strahl von der goldenen Spitze eines Blitzableiters zurückgeworfen war, die auf einem ziemlich entfernten Hausdache in der Sonne funkelte, und so seinen Weg gerade durch die Vorhangspalte fand. Indessen hob ich die Flöte empor und beschaute sie. ‚Die brauchst du auch nicht mehr!' dachte ich, ‚wenn du sie verkaufst, so kannst du wieder einmal essen!' Diese Erleuchtung kam wie vom Himmel, gleich dem Sonnenstrahl."

Die seltsame Verwickeltheit der kausalen Bedingungen, die endlich das Metall aufleuchten lassen, verleihen dem Vorgang eine Ambivalenz, die an die Struktur der Wirklichkeit in Hoffmanns Erzählungen erinnert. Heinrichs letzter Satz hält sie ausdrücklich fest, und sie macht ihm noch geraume Zeit zu schaffen, trotz allem, was er inzwischen in den Hörsälen einzusehen gelernt hat. Der Einbildungskraft scheint der Sonnenblitz auf der vergessenen Flöte doch ein transzendentes Ereignis zu sein; dem Gedanken, es werde schon „mit rechten Dingen" zugehen, gesellt sich die Überzeugung, „daß der liebe Gott doch unmittelbar geholfen habe", und sie läßt ihn dem ersten Gebet ein Dankgebet nachschicken, „schon der Symmetrie wegen". Der Wiedergekräftigte freilich fragt sich „in ganz verändertem Seelentenor", ob denn der Glaube an ein solches „stilles Privatwunder" besser sei als der phantastische Wunderglaube der Bildanbeter. Zögernd, sich „der wohltuenden Empfindung einer unmittelbaren Vorsorge und Erhörung, eines persönlichen Zusammenhanges mit der Weltsicherheit zu entledigen", und doch entschlossen, „das Vernunftgesetz zu retten", führt Heinrich den Vorgang schließlich auf eine natürliche Magie des Gebets zurück; die „pedantische Abrechnung" will ergründen, wie das, was der Phantasie als Wunder erschien, gleichwohl mit der festen Erde verbunden ist.

Auch in der religiösen Entwicklung des grünen Heinrich zeigt sich also das Schema, das fast alle künftigen Zerwürfnisse schon enthält. Die Lehren der Mutter wie die öffentliche Unterweisung machen den Gedanken Gottes zu „einer prosaischen Vorstellung", weil dabei die vermittelnde Phantasie nicht zu ihrem Recht kommt. Der Mutter, deren Existenz im schlichtesten Sinne Sorge ist, ist Gott die Vorsehung schlechthin; die Bitte um das tägliche Brot ist der Kern ihrer Religiosität. Dem Kind aber ist das tägliche Brot eben durch Dasein und Sorge der Mutter selbstverständlich; solange deren Hand den Tisch sicht- und greifbar bestellt, bleibt die göttliche Providenz, die sie immer vor Augen stellen will, etwas allzu Abstraktes. Das Auswendiglernen und Wiederkäuen „hölzerner, blutloser Fragen und Antworten" im Katechismusunterricht aber macht Lehre und Vorstellungskraft vollends unvereinbar; eine imaginative Vermittlung zwischen den Glaubensgehalten und Lebensnormen einerseits, der kindlichen Selbst- und Welterfahrung andererseits ist ganz unmöglich, und so bleibt der „silbenstecherische Patron" im Katechismus eine „nüchterne, schulmeisterliche Wirklichkeit", die in keinerlei Zusammenhang mit dem eigentlichen Leben des Kindes steht.

Gespaltenheit der Liebe und Irrtum im Künstlerberuf

Im § 38 der Farbenlehre spricht Goethe von dem „stillen Widerspruch, den jedes Lebendige zu äußern gedrungen ist, wenn ihm irgend ein bestimmter Zustand dargeboten wird", und anschließend prägt er die berühmten Sätze: „So setzt jedes Einatmen das Ausatmen voraus und umgekehrt, so jede Systole ihre Diastole. Es ist die ewige Formel des Lebens, die sich hier äußert." An diese Worte gemahnt der Wendepunkt, die Kehre, die der Schulausschluß innerhalb der Jugendgeschichte bedeutet. Er bleibt verhängnisvoll; aber die beklemmende Lage nach der Ausweisung bedingt doch die „Flucht zur Mutter Natur, und diese Kapitelüberschrift deutet auf Entfaltungsmöglichkeiten, die sich wahrhaftig ins Bild der Diastole fassen lassen. In welch weitem Sinne die Naturerfahrung den zweiten Teil der Jugendgeschichte bestimmen wird, das deuten die folgenden Kapitelüberschriften an: Die Sippschaft — Neues Leben — Berufsahnungen.

Mutter Natur: sie begegnet schon in dem „natürlichen Zusammenhang" der Sippschaft, der den Ausgestoßenen bergend aufnimmt. In ihren Generationen und Erbschaften, ihren Liebschaften und Begräbnissen erlebt Heinrich, wie die „goldene Lebensschnur" gewirkt ist durch den natürlichen Kreislauf des menschlichen Daseins, von dem gleich zu Beginn des Romans, im „Lob des Herkommens", die Rede ist: „Aus der unergründlichen Tiefe der Zeiten an das Tageslicht gestiegen, sonnen sich die Menschen darin, so gut es gehen will, rühren und wehren sich ihrer Haut, um wohl oder wehe wieder in der Dunkelheit zu verschwinden, wenn ihre Zeit gekommen ist." Ein „aufblitzendes und verschwindendes Tanzen im Weltlichte" nennt später Dortchen das Dasein des Menschen; die Schilderung des Friedhofs, über den am ersten Tag Heinrichs Weg zur Großmutter führt, zu der Frau, hinter der sich die goldene Lebensschnur im Dunkel verliert, wird ganz zum Bilde dieses Tanzens im Weltlichte. Auch das Haus der Großmutter, „welches in tief grünen schweigenden Schatten lag", verweist auf das Dunkel des Ursprungs, und die Begegnung zwischen Ahne und Enkel vergegenwärtigt noch einmal den natürlichen Kreislauf: „... wie in ihrer Person das meinem Dasein Vorhergegangene groß und unvermittelt vor mir stand, mochte ich als die Fortsetzung ihres Lebens, als ihre Zukunft dunkel und rätselhaft vor ihr stehen ..." Der Rückweg aber führt ihn erstmals zu Judith, an deren Seite ihm bald „Weben und Leben der Liebe" spürbar wird; auch das Erwachen des „Gattungsmäßigen" in Heinrich entspringt der Flucht zur Mutter Natur. Und wenn ihm Judith „wie eine reizende Pomona" entgegentritt, so deutet dieses Bild auf die Grunderfahrung des neuen Lebens, auf die ungeahnte Fülle, Mannigfaltigkeit und Dynamik, die dreimal panoramatisch geschildert wird und schließlich in die Worte gefaßt ist: „... mein Herz jubelte, als ich alles entdeckte und übersah ... Hier war überall Farbe und Glanz, Bewegung, Leben und Glück, reichlich, ungemessen, dazu Freiheit und Überfluß, Scherz und Wohlwollen." Mit diesem Jubel verbindet sich die alte Gestaltungslust, ohne daß die Öde und Dürftigkeit der äußeren Welt durch die träumerische Willkür der Einbildungskraft kompensiert werden müßte: „In diesem Augenblicke wandelte sich der bisherige Spieltrieb in eine ganz neuartige Lust zu Schaffen und Arbeit, zu bewußtem Gestalten und Hervorbringen um." Die Flucht zur Mutter Natur bringt die „Berufsahnungen".

Alles scheint eine mächtige Diastole anzukündigen, aber das Schmollen, die „schiefe Lage" zur Wirklichkeit macht sich rasch genug wieder geltend: im Verhältnis zur Sippschaft, zur erwachenden Geschlechtsliebe und erst recht zur Natur, soweit sie Gegenstand seiner gestaltenden Auslegung wird. Und wieder ist der Grund nicht einfach ein generelles Entwicklungsproblem.

Man hat Heinrichs Doppelliebe zu Anna und zu Judith ziemlich einhellig als Zwiespalt zwischen spiritueller und sexueller Sphäre aufgefaßt, man deutete sie als Analogie der Hegelschen Dialektik und konnte dann in der Liebe zu Dortchen die Synthese des Widerspruchs von Trieb und Geist sehen; und endlich man wollte diese Versöhnung von Sinnlichkeit und Geist mit der Philosophie Feuerbachs in Verbindung bringen. Aber ist der Dualismus von sexueller und spiritueller Liebe nicht eine zu einfache und abstrakte Formel, die dann die erotischen Beziehungen Heinrichs wieder als eine generelle Pubertätserscheinung verstehen läßt? Gewiß, es gelingt ihm nicht, zu fühlen oder gar einzusehen, daß die scheinbar so gegensätzlichen Weisen erotischer Beziehung nur zwei Dimensionen einer einzigen Wirklichkeit, eben der geschlechtlichen Liebe, sind. Dieses Unvermögen führt zur Zwiespältigkeit seiner Liebeserfahrung, die der Siebzehnjährige am Abend des Fastnachtsspiels gegenüber Judith nur umschreibend andeuten kann:

„Siehst du! für die Anna möchte ich alles Mögliche ertragen und jedem Winke gehorchen; ich möchte für sie ein braver und ehrenwerter Mann werden, an welchem alles durch und durch rein und klar ist; nichts tun, ohne ihrer zu gedenken und in aller Ewigkeit mit ihrer Seele leben, auch wenn ich von heute an sie nicht mehr sehen würde! Dies alles könnte ich für dich nicht tun! Und doch liebe ich dich von ganzem Herzen, und wenn du zum Beweis dafür verlangtest, ich sollte mir von dir ein Messer in die Brust stoßen lassen, so würde ich in diesem Augenblicke ganz still dazu halten und mein Blut ruhig auf deinen Schoß fließen lassen!"

Der „Lebenszuschauer" stellt dieses Dilemma am Ende desselben Kapitels klar: „Ich fühlte mein Wesen in zwei Teile gespalten und hätte mich vor Anna bei der Judith und vor Judith bei der Anna verbergen mögen." Aber enthüllen nicht schon die an Judith gerichteten Worte, daß für diesen Zwiespalt die Formel Sinnlichkeit—Geistigkeit viel zu grobschlächtig ist?

Aufschluß über Grund und Eigentümlichkeit der Doppelliebe erhalten wir vor allem in dem Kapitel, das nicht von ungefähr die Überschrift „Judith und Anna" trägt. Da wird von den immer häufigeren Besuchen des grünen Heinrich bei Judith erzählt:

„Durch diesen Verkehr war ich heimisch und vertraut bei ihr geworden und, indem ich immer an die junge Anna dachte, hielt ich mich gern bei der schönen Judith auf, weil ich in jener unbewußten Zeit ein Weib für das andere nahm und nicht im mindesten eine Untreue zu begehen glaubte, wenn ich im Anblicke der entfalteten vollen Frauengestalt behaglicher an die abwesende zarte Knospe dachte, als anderswo, ja als in Gegenwart dieser selbst. Manchmal traf ich sie am Morgen, wie sie ihr üppiges Haar kämmte, welches geöffnet bis auf ihre Hüften fiel. Mit dieser wallenden Seidenflut fing ich neckend an zu spielen und Judith pflegte bald, ihre Hände in den Schoß legend, den meinigen ihr schönes Haupt zu überlassen und lächelnd die Liebkosungen zu erdulden, in welche das Spiel allmählich überging. Das stille Glück, welches ich dabei empfand, nicht fragend, wie es entstanden und wohin es führen könne, wurde mir Gewohnheit und Bedürfnis, so daß ich bald täglich in das Haus huschte . . ." Denn zu solcher zwischen Spiel und Liebkosung fluktuierenden Zweisamkeit kommt es nur, wenn Judith allein und keine Störung zu befürchten ist, „und diese stillschweigende Übereinkunft der Heimlichkeit lieh dem ganzen Verkehr einen süßen Reiz".

All das steht in genauem Gegensatz zum Umgang mit Anna. Der geschieht vor aller Augen und unter allseitiger Anteilnahme der Sippschaft; wo der Tanz die beiden in enge Berührung bringt, da trennen sie sich „nach der Tour so schleunig wie Feuer und Wasser"; wie sie sich zum ersten Male küssen, da liegen nur die Lippen regungslos aufeinander: „wir küßten uns nicht und dachten gar nicht daran, nur unser Hauch vermischte sich auf der neuen, noch ungebrauchten Brücke . . ." Entscheidend aber ist, daß der grüne Heinrich von dem stillen Glück bei Judith nicht weiß, wie es entstanden ist und wohin es führt, während er sein Verhältnis zu Anna vom ersten Tag an Liebe nennt, und weiter, daß ihm mehrfach an der Seite Judiths das Bild Annas vorschwebt, daß aber nie das Umgekehrte geschieht. Von Judith kann er sich außerhalb ihres Bannkreises kein Bild machen. Was das bedeutet, zeigt sich noch im selben Kapitel, das die Namen beider Frauen trägt. Wieder ist es zu einem aus Neckerei und Liebkosung gemischten Kampf gekommen, außer Atem lassen sie ab, Judith mit wogender Brust, Heinrich noch immer die Arme um die weißen Schultern schlingend: „Meine Augen gingen den ihrigen nach in den roten Abend hinaus, dessen Stille uns umfächelte; Judith saß in tiefen Gedanken versunken und verschloß, die Wallung ihres aufgejagten Blutes bändigend, in ihrer Brust innere Wünsche und Regungen fest vor meiner Jugend, während ich, unbewußt des brennenden Abgrundes, an dem ich ruhte, mich arglos der stillen Seligkeit hingab und in der durchsichtigen Rosenglut des Himmels das feine, schlanke Bild Annas auftauchen sah. Denn nur an sie dachte ich in diesem Augenblicke; ich ahnte das Leben und Weben der Liebe, und es war mir, als müßte ich nun das gute Mädchen gleich sehen."

Im Fluidum der begehrenden, wenngleich an sich haltenden Frau ahnt Heinrich Leben und Weben der Liebe; aber diese gestaltlose Ahnung bezieht er auf ein Bild der Liebe, das sich um die rein freundschaftliche Beziehung zu Anna kristallisiert. Ursprung und Bild der Liebe treten auseinander, unmittelbare Erfahrung und innerliche Anschauung geraten in Widerspruch; wir sind wieder an das Schema erinnert, an die Stelle, wo er die Schneeberge Wolken nannte, weil er sie nicht mit der festen Erde verbunden sah. Die Bestätigung bringt der Satz über seine Beziehung zu Anna: „. . . ich war am Ende der einzige, welcher heimlich ihr den Namen Liebe gab, weil mir einmal alles sich zum Romane gestaltete." Daß Heinrichs Liebe zu Anna allein dem Namen nach Liebe ist, daß sie am Bilde genug hat, daß sie mehr als Einbildung wirklich ist denn als faktisches Verhältnis, dies wird auf mancherlei Art deutlich. Was ihn an Judith bindet, bleibt bildlos; und so bezieht sich, abgesehen von dem ersten Vergleich mit einer reizenden Pomona, keine Metapher, kein Vergleich auf diese Frau, während Anna durch eine Fülle dieser poetischen Mittel vergegenwärtigt wird. Sie begegnet Heinrich zuerst „schlank und zart wie eine Narzisse", sie sieht ein andermal aus „wie eine junge Engländerin aus den neunziger Jahren", dann wieder „wie eine Art Stiftsfräulein", dann, an der Hausorgel, „wie eine heilige Cäcilie"; die Wendungen „verklärte Gestalt" oder „verklärtes Bild" sind Topos, und aus dem Wasser schaut ihr Spiegelbild „gleich einem holdseligen Märchen". Am Essen nippt sie so zierlich und mäßig „wie eine Elfe, und als ob sie keine irdischen Bedürfnisse hätte", und das Bild schließlich, das er selbst malt, nimmt sich aus „wie das Bild einer märchenhaften Kirchenheiligen". Gewiß verweisen all diese Vergleiche und eine Unzahl von Metaphern auch auf die Todesnähe, auf die seltsame Entrücktheit Annas; aber in erster Linie haben sie den Sinn, zu zeigen, wie Heinrichs Verhältnis zu ihr viel mehr ein Bild als die Wirklichkeit der Liebe ist. Gleich am Ende des ersten gemeinsam verbrachten Sonntags, am Ende der „Sonntagsidylle", wagt Heinrich „ein zartes Frauenbildchen" in seinem Herzen aufzustellen, und im Umgang mit diesem inneren Bilde erschöpft sich, was er Liebe nennt. Ein einziges Mal gewinnt das Imaginäre dieser Liebe solche Macht, daß es den „Traum im Traum" gebiert, der dann plötzlich mit der Wirklichkeit identisch ist. Das ist dort, wo die beiden als Rudenz und Berta vom Tellspiel nach Hause reiten. Deutlich verweisen die wechselnden Bilder der „Abendlandschaft" auf alle Nuancen eines wechselseitigen, noch von Rolle und Kostüm stimulierten Sich-näherns bis zu dem Punkte, wo sich die beiden leidenschaftlich umfangen. Aber: „Die Küsse erloschen wie von selbst, es war mir, als ob ich einen urfremden, wesenlosen Gegenstand im Arme hielte, wir sahen uns fremd und erschreckt ins Gesicht . . ." Und dann sieht Heinrich aus dem Wasser „ihr Spiegelbild mit dem Krönchen heraufleuchten wie aus einer anderen Welt", und als sie sich versöhnt erheben, lächelt Anna flüchtig gegen Heinrichs „verschwindendes

Bild im Wasser". Was anders bedeuten nach dem erschreckenden Blick von Angesicht in Angesicht die Spiegelbilder als die reine Bildhaftigkeit dessen, was Heinrich Liebe nennt? Vollends offenbart sich diese Kluft zwischen Imagination und Wirklichkeit dadurch, daß sich die Liebe zu Anna im Getrenntsein am mächtigsten entfaltet. Annas Abwesenheit macht ihn „insgeheim immer kecker und vertraulicher mit ihrem Bilde", und diese kecke Vertraulichkeit mit dem Bilde läßt ihn den Liebesbrief schreiben, den er den Wellen anvertraut und der an derselben Wasserstelle, da er zweimal Annas verklärtes Spiegelbild heraufleuchten sah, von der badenden Judith aufgefangen wird. Dieser Zufall ist voller Sinn. Denn daß Judith das an Annas Bild gerichtete Liebesgeständnis empfängt, steht in bedeutsamer Beziehung damit, daß Heinrich an der Brust Judiths Leben und Weben der Liebe ahnt, daß ihm dabei aber das Bild Annas vorschwebt. Der Weg des Briefes ist wie eine Berichtigung, sofern er gleichsam hinter dem Rücken Heinrichs offenbart, wen das Erwachen des Gattungsmäßigen eigentlich meint, wem seine Liebe eigentlich gilt und wem er sie entfremdet, indem er sie durch die Einbildungskraft von ihrem Ursprung abzieht. Den letzten, endgültigen Beweis für den Zwiespalt zwischen Bild und Wesen der Liebe bringt dann Heinrichs Gefühl vor der Leiche Annas: „Ich sah alles wohl und empfand beinahe eine Art glücklichen Stolzes, in einer so traurigen Lage zu sein und eine so poetisch schöne Jugendgeliebte vor mir zu sehen." Was mit der Aufstellung eines zarten Frauenbildchens im Herzen begann, ist am Ende zu einem rein ästhetischen Wert geworden. Man hat in Heinrichs Haltung beim Tod Annas eine Unwahrscheinlichkeit sehen wollen; davon kann keine Rede sein, wenn man nicht unangemessen psychologisiert, sondern einsieht, wie auch die Doppelliebe auf das ursprüngliche Schema seines Wesens und Werdens zurückzuziehen ist.

Denn erst aus dieser Voraussetzung, aus dem Zwiespalt zwischen Wesen und poetischer Auslegung der Wirklichkeit, erklärt sich der seelische Konflikt, erklärt sich, daß Heinrich die gestaltlose, ursprüngliche Gewalt, die ihn an Judith bindet, zu verdrängen und zu verdächtigen sucht. Ein einziges Wort, „hinüberschielen", verrät, warum er auch in der Liebe der Natur aus der schiefen Lage des Schmollens begegnet und dadurch die Sicherheit — das nie auf ihn bezogene Leitwort des Romans — verliert. In der Föhnnacht nach dem Fastnachtsspiel geleitet er Judith nach Hause, nach dem Nimbus des Schwerenöters trachtend. Und dennoch heißt es: „. . . ich hielt mich spröde zurück, während mein Ohr keinen Ton ihres festen und doch leichten Schrittes verlor und begierig das leise Rauschen ihres Kleides vernahm. Die Nacht war dunkel, aber das Frauenhafte, Sichere und die Fülle ihres Wesens wirkte aus allen Umrissen ihrer Gestalt wie berauschend auf mich, daß ich alle Augenblicke hinüberschielen mußte, gleich einem angstvollen Wanderer, dem ein Feldgespenst zur Seite geht." Und wie sich ihm im Herdfeuerschein die blendende Schönheit der entblößten Schultern zeigt, braucht es lange, bis sich sein „flimmernder Blick an der ruhigen Klarheit dieser Formen" entwirrt, bis er die „Vorwurfslosigkeit" wahrnimmt, die auf diesem Schnee ruht. Der Augenblick scheint gekommen, da dem grünen Heinrich aufgeht, daß Seelisches, Geistiges und Leibliches in der Liebe nur Dimensionen einer und derselben Wirklichkeit sind. Aber wieder geht mitten im Leben und Weben der Liebe Annas Stern auf, wieder treten Bild und Wirklichkeit der Liebe für ihn auseinander. Ein maßloser Treueschwur soll Anna schließlich seiner ewigen Liebe versichern. Freilich zeigt ihm Judith den Widerspruch zwischen ursprünglicher Erfahrung und poetischem Idol: „Fühlst du denn gar nicht", ruft sie ihm zu, „daß ein Herz seine wahre Ehre nur darin finden kann, zu lieben, wo es geliebt wird, wenn es dies kann? Du kannst es und tust es heimlich doch ... zwinge dich nicht, mich zu verlassen." Aber für Heinrich gestaltet sich auch das Verhältnis zur toten Anna zum Roman; erst viel später, in der Kunststadt, wird ihm im Augenblick der Besinnung der Zwiespalt zwischen Bild und Wirklichkeit seiner Liebe klar. Er gedenkt Annas als einer Erscheinung verschollener Tage: „Unversehens aber verlor sich und verblich das Bild vor der Gestalt der Judith ... Im hellsten Tageslicht sah ich sie vor mir stehen und gehen, aber es war keine Erde unter ihren lieben Füßen, und es war mir, als ob ich das Beste, was ich je gehabt und noch haben könnte, gewaltsam und unwiederbringlich mit ihr verloren hätte."

Und doch gerät er im Laufe der flüchtigen Affäre mit dem Arbeitermädchen Hulda noch einmal in die Gefahr, sich an ein „Liebesbild" — so heißt es ausdrücklich — zu verlieren. Schon aus seinem Befremden über die ihm unheimliche Lebensform, die ganz in täglich kündbarer Arbeit und Liebe aufgeht, rettet er sich in eine poetische Vorstellung vom Ursprünglichen und Elementaren dieser Lebensform, die doch ganz aus den „Kulturwandlungen" durch den Frühkapitalismus abzuleiten ist: „Und doch war es wiederum wie eine Erscheinung aus der alten Fabelwelt, die ihr eigenes Sittengesetz einer fremden Blume gleich in der Hand trug. Es wurde mir zu Mut, als ob eine wirkliche Huldin sich aus der Luft verdichtet hätte und mit warmem Blute in meinen Armen läge." Und schon beginnt die Einbildungskraft am Bilde einer tieferen, verborgenen Wirklichkeit zu schaffen: „Ich traute meinen Sinnen kaum, mitten in der Not und Bedrängnis, in die ich geraten war, auf der vermeintlich dunkelsten Tiefe des Daseins so urplötzlich vor einem Quell klarster Lebenswonne, einem reichen Schatze goldenen Reizes zu stehen, der wie unter Schutt und dürrem Moose verborgen hervorblinkte und schimmerte! Der Teufel auch! dachte ich, das Völklein hat ja wahre Hörselberge unter sich eingerichtet, wo der prächtigste Ritter keine Vorstellung davon hat..." Erst angesichts seiner im Kindbett gestorbenen Wirtin, ihrer schon verwahrlosenden Familie und des toten Mädchens in der Leichenhalle, in der „Wachtstube des Todes", dämmert ihm, wie wenig er bei seinem Liebesbild die Verwitterung durch Sorge, Not und Tod einbezogen hat, beginnen ihm „Mut und Lust zur Verwirklichung der tannhäuserlichen Glückspläne" zu vergehen. Auch in der Hulda-Episode droht ein Zerwürfnis, weil die Wirklichkeit in ein poetisches Bild umgesetzt wird, das dieser Wirklichkeit nicht gerecht werden kann.

Erst wenn Heinrichs Verhältnis zu Anna und Judith nicht einfach als Dualismus von Geistigkeit und Sinnlichkeit aufgefaßt wird, sondern als eine Gespaltenheit, die von dem Auseinandertreten des Bildes und der Wirklichkeit der Liebe bedingt ist, erst dann wird deutlich, wie genau ergänzend diesem Erfahrungskomplex des „neuen Lebens" die Kunstbeflissenheit des grünen Heinrich zugeordnet ist. Es liegt auf der Hand, daß es Keller nicht um das Wesen der Kunst oder um die eigentümliche Problematik der Künstlerexistenz geht; er hat den Künstlerroman gleichsam mediatisiert, so daß Heinrichs „Irrtum im Künstlerberufe" das, was er einmal das ständige Mißlingen seines Zusammentreffens mit der übrigen Welt nennt, in einem Aspekt jenseits der zwischenmenschlichen Beziehungen erzählbar machen kann. Darauf weist die erste Fassung noch ausdrücklich hin:

„Der Verfasser dieser Geschichte fühlt sich hier veranlaßt, sich gewissermaßen zu entschuldigen, daß er so oft und so lange bei diesen Künstlersachen und Entwickelungen verweilt, und sogar eine kleine Rechtfertigung zu versuchen. Es ist nicht seine Absicht, einen sogenannten Künstlerroman zu schreiben und diese oder jene Kunstanschauungen durchzuführen, sondern die vorliegenden Kunstbegebenheiten sind als reine Facta zu betrachten, und was das Verweilen bei denselben betrifft, so hat es allein den Zweck, das menschliche Verhalten, das moralische Geschick des grünen Heinrich und somit das Allgemeine in diesen scheinbar zu absonderlichen und berufsmäßigen Dingen zu schildern."

Gleich beim ersten Versuch Heinrichs, die neuartige Gestaltungslust zu bewähren, erweist sich dieser erzählfunktionale Sinn der
Kunstbegebenheiten: „Mit einer Mappe und Zubehör versehen,
schritt ich bereits unter den grünen Hallen des Bergwaldes hin, jeden
Baum betrachtend, aber nirgends eigentlich einen Gegenstand
sehend, weil der stolze Wald eng verschlungen, Arm in Arm stand
und mir keinen seiner Söhne einzeln preisgab; die Sträucher und
Steine, die Kräuter und Blumen, die Formen des Bodens schmiegten
und duckten sich unter dem Schutz der Bäume und verbanden sich
überall mit dem großen Ganzen, welches mir lächelnd nachsah und
meiner Ratlosigkeit zu spotten schien. Endlich trat ein gewaltiger
Buchbaum mit reichem Stamme und prächtigem Mantel und Krone
herausfordernd vor die verschränkten Reihen, wie ein König aus
alter Zeit, der den Feind zum Einzelkampfe aufruft. Dieser Recke
war in jedem Aste und jeder Laubmasse so fest und klar, so lebens-
und gottesfreudig, daß seine Sicherheit mich blendete und ich mit
leichter Mühe seine Gestalt bezwingen zu können wähnte." Wieder,
wie schon so oft, das Lächeln des großen Ganzen, des „Welt-
angesichts", und die Ratlosigkeit des grünen Heinrich; wieder der
Wahn, die Verblendung auf seiner und die feste, klare Sicherheit auf
der anderen Seite! Denn jeder Ansatz, jeder Strich vergrößert die
Unnahbarkeit des Vorwurfs; das Spiel der Reflexe, der Wechsel von
Licht und Schatten gibt in jedem Augenblick neuen Erscheinungen
Raum, zeitigt immer andere Aspekte, die sich in derselben Bewegung
preisgeben und entziehen, und alles, was der Stift dennoch festhält,
bezeugt nur das Unvermögen, das Einzelne in seinem Verhältnis
zum Ganzen zu erfassen. Am Ende grinst ihn ein „lächerliches Zerr-
bild" an, er fühlt sich abgewiesen: „. . . der tröstende Inhalt des
Lebens, den ich gefunden zu haben wähnte, entschwand meinem
innern Blicke . . ."

Gewiß kommt diese plötzliche Ohnmacht der Gestaltungskraft
auch von der technischen Unbeholfenheit, vom Mangel elementarer
zeichnerischer Fertigkeit, aber darüber hinaus versagt er aus dem
gleichen Grunde wie später gegenüber dem borghesischen Fechter.
Dort fehlt ihm „jeder bestimmte Einblick in den Zusammenhang
dessen, was unter der Haut ist und vor sich geht". Auch die Buche
kann er nicht bewältigen, weil ihm die Einsicht in die Bedingungen,
in den Zusammenhang der Erscheinungen fehlt. Als „ein Spielwerk
für die nachahmende Hand" schien ihm am Morgen die Erscheinungs-
fülle der Natur zum Fenster hereinzuleuchten; der erste Versuch aber
zeigt das Zerrbildhafte jeder Mimesis, die nicht das Verhältnis von
Mannigfaltigkeit und Einheit, von Wesen und Erscheinung mit in

den Blick bekommt, die nicht, um Kellers Lieblingsausdruck zu verwenden, Faser und Textur der Wirklichkeit in der Nachahmung einer
bestimmten Wirklichkeit zur Geltung bringen kann. Ein Gegenstand
kann erst zum wahren Bilde werden, die dem Bilde eigene Totalität
haben, wenn die nachahmende Hand der realisierenden Kraft und
Ordnung des großen Ganzen gerecht wird, aus dem heraus der
Gegenstand begegnet.

Aber alles in Heinrichs Wesen und in seiner Ausbildung wirkt nun
dahin, diesem Anspruch auszuweichen. Alles, was er bei Herrn
Habersaat, der eine auf arbeitsteilende Zerlegung der Produktion
abgestellte Fabrikation von Gebrauchsgraphik betreibt, lernen kann,
ist „ein fixer Jargon", eine „geläufige freche Manier" fern von allem
Wesen und Verständnis. Freilich ist Heinrichs Gestaltungslust zu ursprünglich, als daß ihm über der „bald erworbenen leeren Äußerlichkeit" seines Könnens die Ahnung eines Besseren erlöschen könnte.
Aber wie ihn einst die mangelnde Einsicht in die wirkliche Gerechtigkeit verleitete, eine poetische Gerechtigkeit zu schaffen, so schlägt
nun sein Verdruß über die Öde seiner geläufigen „Pinselei" um in
„die alte voreilige Erfindungslust"; wie einst die Macht seines
schöpferischen Wortes, so zeugen nun die „marktschreierischen
Produkte" seines Pinsels von der Unverantwortlichkeit der Phantasie.
Hinzu tritt in dieser Phase die Faszination durch das Werk Jean
Pauls; am Ende ist er „von einem Geiste träumerischer Willkür und
Schrankenlosigkeit besessen, der noch bedenklicher war, als die
früheren Auflehnungen".

Warum bedenklicher? Weil nun die trügliche Wahrhaftigkeit einer
ersonnenen Welt, das fundamentale Zerwürfnis zwischen Vorstellung
und „Bestehendem" in ganz anderem Maß als in der Kindheit ein
Moment der Selbstbestimmung wird, weil das Schmollen oder die
Auflehnung gegen die Natur, gegen das Gewachsene und Gewordene,
nun in ganz anderen Erfahrungsdimensionen wirksam wird. Zunächst
aber geht die Wechselwirkung von Jean Paul und Habersaat als
„Schwindelhaber" auf, und schon das Vokabular dieses Kapitels
zeigt, wieso die Kunstbegebenheiten das menschliche Verhalten und
das moralische Geschick des grünen Heinrich vergegenwärtigen. Die
Art etwa, wie er die nach alten Niederländern gestochenen Kupferstiche kopiert, nennt er „Lasterhaftigkeit", und wo er die Natur
selbst an die Stelle solcher Vorbilder setzt, geht er „nicht mehr mit
der unverschämten, aber gut gemeinten Zutraulichkeit des letzten
Sommers vor die runden, körperlichen und sonnebeleuchteten
Gegenstände der Natur, sondern mit einer weit gefährlicheren und
selbstgefälligeren Borniertheit". Einerseits verweist also das Miß-

verhältnis zwischen Natur und Widerspiegelung auf ein verdunkeltes künstlerisches Gewissen, ist die Unverantwortlichkeit der Einbildungskraft eine sittliche Kategorie; andererseits aber ist es zugleich Ausdruck eines uneigentlichen Weltbezugs, einer abgeleiteten und substanzlosen Romantik. Denn Heinrichs „ungebundener und willkürlicher Geist" fügt sich vollkommen in die einzige Tradition, die Herr Habersaat „zu überliefern für angemessen hielt, nämlich die des Sonderbaren und Krankhaften, was mit dem Malerischen verwechselt wurde". Heinrich verhudelt, verfehlt, umgeht das Bedeutende, das Eigentümliche, er sucht oder erfindet das Abenteuerliche, Sonderbare, Ausgefallene, Seltsame, Verzerrte, Fratzenhafte; und schon diese Begriffspolarität läßt erkennen, wie sich die Dimensionen des Ethischen und Noetischen, des Persönlichen und Epochalen in dem Grundzug einen, den Keller die „Unverantwortlichkeit der Einbildungskraft" nannte. Denn all diese Begriffe deuten bereits auf das Gegenbild einer „Phantasie für die Wahrheit des Realen", die dem grünen Heinrich im Laufe seiner Goethelektüre entgegentritt.

Man kann mit dieser Formel Goethes vollkommen klarmachen, was Heinrich dämmert, nachdem er sich in vierzig Tagen durch Goethes sämtliche Werke hindurchgelesen hat. Er ahnt „die hingebende Liebe an alles Gewordene und Bestehende, welche das Recht und die Bedeutung jeglichen Dinges ehrt und den Zusammenhang und die Tiefe der Welt empfindet", er vernimmt den Anspruch, „nicht nur die Form, sondern auch den Inhalt, das Wesen und die Geschichte der Dinge zu sehen und zu lieben"; er lernt, „daß das Unbegreifliche und Unmögliche, das Abenteuerliche und Überschwängliche nicht poetisch ist", sondern daß allein das Wesentliche und Bedeutende „die Dinge poetisch oder der Widerspiegelung ihres Daseins wert macht". Der Satz, der all das zusammenfaßt, mag uns heute banal oder allzu vag vorkommen: „Denn wie mir scheint, geht alles richtige Bestreben auf Vereinfachung, Zurückführung und Vereinigung des scheinbar Getrennten und Verschiedenen auf einen Lebensgrund, und in diesem Bestreben das Notwendige und Einfache mit Kraft und Fülle und in seinem ganzen Wesen darzustellen, ist Kunst . . ." Aber wir brauchen bei dem „scheinbar Getrennten" nur an Heinrichs durch Anna und Judith „gespaltenes Wesen" zu denken, um zu erkennen, wie genau die Kunstbegebenheiten mit seiner Liebeserfahrung zusammenhängen; und wir können weiter entdecken, daß hier ganz klar eine der wichtigsten Äußerungen Goethes selbst paraphrasiert wird, nämlich bis in den Wortlaut hinein der Aufsatz „Einfache Nachahmung der Natur, Manier, Stil". Dessen Schluß lautet: „Wie die einfache Nachahmung auf dem ruhigen Dasein einer liebevollen Gegenwart beruht, die Manier eine Erscheinung mit einem leichten fähigen Gemüt ergreift, so ruht der Stil auf den tiefsten Grundfesten der Erkenntnis, auf dem Wesen der Dinge, insofern es uns erlaubt ist, es in sichtbaren und greiflichen Gestalten zu erkennen." Es bedarf keines Hinweises, wie präzis der Stilbegriff Goethes, der Phantasie und Wesen der Dinge vermittelt, das Gegenbild des Zwiespaltes zwischen Bild und Lebensgrund ist, der aus Heinrichs unverantwortlicher Einbildungskraft entsteht. Und so vermögen weder die Goethelektüre noch die Lehre des wirklichen Meisters Römer den „anmaßenden Spiritualismus" auszuschalten; denn so wie seine religiösen Vorstellungen ist auch sein Verhalten als Maler nur eine Funktion seines Weltbezugs überhaupt.

Der Widerstreit von Selbstverwirklichung und Selbsterhaltung

Vielleicht hat der Versuch, das Schema zu verdeutlichen, das nach den Worten des Autors schon in der Kindheit sichtbar wird und das fast alle späteren Zerwürfnisse wiedererkennen lassen, zu einer Schematisierung geführt, und gewiß sind wir der Komplexität und Mannigfaltigkeit dessen, was den frühen Umriß ausfüllt, nicht gerecht geworden. Dennoch war ein solcher Durchblick wohl angebracht, um sehen zu lassen, in welchem Sinne die einzelnen Begebenheiten trotz ihrer scheinbar ganz episodischen Struktur sich zum einheitlichen Geschehen verbinden. Die Jugendgeschichte stellt nicht einen Entwicklungsprozeß, nicht die Manifestationen eines problematischen Charakters, nicht die Auseinandersetzung zwischen Anlage und Umwelt, zwischen Natur und Erziehung dar, man darf sie nicht von den orphischen Urworten her verstehen wollen. Der wesentliche Aspekt ist vielmehr das Verhältnis von innerer und äußerer Wirklichkeit und genauer die Bedeutung und Problematik der Einbildungskraft als Vermittlerin zwischen innen und außen. Denn von allen möglichen Relationen zwischen Ich und Welt ist die Phantasie die vollständigste und in dieser Hinsicht vollkommenste, am wenigsten ausschließliche; als universale Funktion des menschlichen Weltbezugs ist sie in allen anderen Relationen zwischen Ich und Welt mit im Spiel. Die „Unverantwortlichkeit der Einbildungskraft" gibt der Jugendgeschichte in der Tat das Profil.

Aber inwiefern erweist sich nun der zweite Teil des Romans, die Erzählung von dem Jahr zwischen der Fastnacht in der Kunststadt und Heinrichs Heimkehr, als Entfaltung der Themen und Motive, die schon das frühe Vorspiel enthält? „Der vierte Band als Schluß enthält die Antwort oder Auflösung der Frage, welche in der Jugendgeschichte liegt", schreibt Keller am 5. Januar 1854 an Hermann

Hettner, und diese Auflösung hat er ja in einigen brieflichen Exposés darzulegen versucht. Doch die sind fragwürdig und ein Beispiel mehr, wie selten es für den Autor einen archimedischen Punkt außerhalb der Produktion gibt, von dem aus er kompetent und zulänglich formulieren könnte, was im Werk „herauskommt".

Skizzieren wir ganz grob, was wir erzählt bekommen von dem Zeitpunkt an, da Heinrich anderthalb Jahre nach seinem Einzug in den Musenort wieder auftaucht. Der „Irrtum im Künstlerberufe" beginnt, gespiegelt durch den Rückzug der Freunde von der Kunst, schon leise zu dämmern. An Heinrichs Malerei wird fast nur noch der ökonomische Aspekt hervorgekehrt; die Bilder finden keinen Käufer, und schließlich landet die Kollektion, nachdem der Erlös des Pergamentleins und die Ersparnisse der Mutter verzehrt sind, beim Trödler. Den Grund für sein Scheitern erfahren wir, wenn ihm Lys Spiritualismus vorwirft, das „Herausspinnen einer fingierten, künstlichen, allegorischen Welt aus der Erfindungskraft, mit Umgehung der guten Natur". Beim Abzeichnen des borghesischen Fechters entdeckt Heinrich selbst, daß ihm „jeder bestimmte Einblick in den Zusammenhang dessen, was unter der Haut ist und vor sich geht", fehlt. Er beginnt Anatomie, Anthropologie und schließlich all die Fächer zu studieren, die den Einblick in die Struktur der menschlichen Erscheinungen im weitesten Sinne, vom Körper bis zum gesellschaftlichen Leben, eröffnen, er bemüht sich, Faser und Textur der menschlichen Wirklichkeit zu erkennen und zugleich die Grenzen menschlicher Erkenntnis zu erfahren. Aber was Grundlage der Produktion werden soll, entfernt ihn vollends von der Kunst, und für den Rest des Aufenthalts am Musenort ist sein Leben ein qualvoller Antagonismus von Selbstverwirklichung und Selbsterhaltung. Der innere Anspruch, sein Pfund nicht zu vergraben, den schöpferischen Möglichkeiten ihre Chance zu wahren, sich den Weg zu einem Leben offenzuhalten, in dem auch Arbeit und Erwerb „nichts anderes als die Erfüllung seines innersten Wesens" sein sollen, dieser innere Anspruch gerät in Widerstreit mit dem drükkendsten Gebot der Selbsterhaltung. Er verstrickt sich in ein Schuldennetz, beutet die Mutter aus und landet schließlich doch in dem „Finsterloch", wo er als Gelegenheitsarbeiter Fahnenstangen anstreicht: „Es war die unterste Ordnung von Arbeit, wo dieselbe ohne Nachdenken und Berufsehre und ohne jeglichen andern Anspruch, als denjenigen auf augenblickliche Lebensfristung, vor sich geht . . ." Die „tannhäuserlichen Glückspläne", die sich um die flüchtige Liebesbeziehung zu dem Arbeitermädchen Hulda kristallisieren, zergehen in der Erkenntnis ihrer Unangemessenheit, in der Empfindung der

„Gefahr, die darin liegt, sich gegen Natur und Gewohnheit mit dem völlig Geistlosen beschäftigen und nähren zu wollen". Als Ausweg aus dem Dilemma bleibt nur die Flucht zurück zur Mutter. Doch der Glückswandel auf dem Grafenschloß hält ihn Monate auf. Der Liebhaberwert, den Heinrichs Bilder für den Grafen haben, verschafft ihm ein kleines Vermögen und läßt ihn aus freier Wahl, versöhnt, der Kunst als einer Halbheit entsagen. Denn Heinrich glaubt nun zu verstehen, worauf seine frühe Gestaltungslust eigentlich hinauswollte und worauf ihn der borghesische Fechter, jenes Bild, „in welchem das Leben im goldenen Zirkel von Verteidigung und Angriff sich selbst erhielt", hinweisen wollte: er gedenkt, des Menschen „lebendiges Wesen und Zusammensein zum Berufe zu wählen", er will sich dem öffentlichen Dienste widmen. Die anscheinend hoffnungslose und entsagende Liebe zur Adoptivtochter macht den Glückswandel zwielichtig; wie er endlich aufbricht, hat er dennoch ein Zeichen der Neigung, des Rechtes auf Hoffnung in der Hand. Aber die Mutter, die er mit dieser Schicksalswende überraschen will, findet er in der Urfassung tot, in der endgültigen Fassung sterbend vor. Sein beharrlicher Anspruch auf die Erfüllung des innersten Wesens hat ihr Leben zerstört. In der ersten Fassung läßt ihn die unselige Verschlungenheit von Schuld und ehrlichem Wollen physisch dahinsiechen und der Mutter rasch nachsterben; das Leben erscheint ihm „wie eine abscheuliche, tückische Hintergehung, wie eine niederträchtige und tödliche Narretei und Vexation", an der er zerbricht. In der endgültigen Fassung tritt Heinrich ein unscheinbares und anspruchsloses Amt an; aber nichts vermag die Schatten aufzuhellen, die seine „ausgeplünderte Seele" erfüllen, die öffentliche Wirksamkeit wird zum stillen und pünktlichen Funktionieren, das Leben verödet zu tristem Zeitverbringen.

Wir stellen diese grobschlächtige Nacherzählung nur deshalb an, weil nochmals die Frage gestellt werden soll: Wie hängt dies alles mit der Jugendgeschichte zusammen? Ist es nicht doch allein der schwierige, vertrackte, „irrgängliche" Charakter des grünen Heinrich, der die Einheit herstellt? An Stelle der „Unverantwortlichkeit der Einbildungskraft" scheint nun die eigentümliche Ambivalenz der „Selbstsucht" der rote Faden zu sein. Denn diese Selbstsucht ist nicht niederträchtig, sie trachtet nur nach der Erfüllung des innersten Wesens, aber dieses Festhalten an der Gewißheit einer inneren Bestimmung trotz allen Widerwärtigkeiten gründet doch auf dem Opfer, auf der Selbstverleugnung des Nächsten. Dies ist doch der innere Nexus: vom selben Augenblick an, da Heinrich wieder auf den Weg gerät, der von dem kindlichen Bemühen um poetische

Gerechtigkeit über die „Studien am borghesischen Fechter" bis zu
dem Entschluß führt, „sich der produktiven Behandlung des öffentlichen Lebens zu widmen", vom selben Augenblick an wächst und
gedeiht die Schuld am tristen Ende der Mutter. Sie wird zunächst als
lebende Sparbüchse behandelt und geleert und dann um die letzte
Sicherheit, Geborgenheit und Hoffnung gebracht. In den Heimat-
träumen mischen sich seltsam Bilder, die auf das Wirken im politischen Leben der Heimat deuten, mit solchen, die auf Opfer und
Elend der Mutter verweisen; der Glückswandel auf dem Grafenschloß läßt dann Heinrich seine wahre Bestimmung deutlich sehen,
aber eben dieser Durchbruch macht unmerklich das Maß der Schuld
voll. Wie will man nun diesen Nexus als eine Entwicklung zu männlicher Reife und geistiger Mündigkeit, zur Einsicht in die Verantwortung für die Gesellschaft auffassen? Wie will man ein neues
Humanitätsideal statuieren, zu dem Heinrich unterwegs ist und das
sich am Ende in ihm ausgebildet hat? Sicher, wenn man einseitig den
ideologischen Fortschritt ins Auge faßt, die Korrektur des Welt-
bildes im Verlauf der Universitätsstudien und unter dem Einfluß des
Grafen und Dortchens, dann mag man den Sinn des Geschehens so
auffassen. Aber diese Entwicklung bleibt eben nur die eine Seite des
Geschehens. Und wie steht es, wenn man in der sittlichen Selbst-
erziehung das Thema des Romans sehen will? Gewiß lernt Heinrich
im zweiten Teil des Werkes, den Wert der Dinge gegen die Not des
Augenblicks abzuwägen, lernt er sich fast ohne Schmollen dem
Zwang der peinlichsten und widrigsten Umstände fügen und sich
doch über alle Zwangslagen emporzuheben, „wenn auch nur eines
Daumens hoch". Aber all diesem läuft doch die wachsende Schuld
gegenüber der Mutter parallel, die am Ende beider Fassungen jeden
Aspekt seiner Entwicklung in Frage stellt. Was bedeutet also diese
Verschränkung von menschlicher Reife und alles vermauernder
Schuld? In seiner knappen Selbstdarstellung von 1876 berichtet
Keller über die Konzeption des „Grünen Heinrich", er habe nach
der Rückkehr aus München den Vorsatz gefaßt, „einen traurigen
kleinen Roman zu schreiben über den tragischen Abbruch einer
jungen Künstlerlaufbahn, an welcher Mutter und Sohn zugrunde
gingen". Was anders kann mit tragisch gemeint sein als die Verket-
tung von Reife und Schuld? Heinrichs beharrliches und bei aller
Irrgänglichkeit unentwegtes Bestehen auf der Entfaltung seiner
schöpferischen Möglichkeiten führt so weit, daß er seine „unmittelbare Lebensquelle" vernichtet und jedes Recht auf Selbstverwirklichung preisgibt: auf diesen Zusammenhang verweist Kellers Bericht über die Konzeption des Romans, und dieser Zusammenhang

hat sich erhalten. Die Gefährdung des Weltbezugs durch den Konflikt zwischen Phantasie und „innerer Notwendigkeit, Identität und Selbständigkeit der natürlichen Dinge" ergab den Umriß der Jugendgeschichte; den roten Faden des zweiten Teils bildet die Ambivalenz der Selbstsucht, in der sich moralischer Selbsterhaltungstrieb und Verschuldung wechselseitig zu bedingen scheinen. Wir müssen nochmals fragen: in welchem Sinne kann die Jugendgeschichte Vorspiel dieser Zerwürfnisse sein?

Den wesentlichen Aspekt erfassen wir wohl, wenn wir uns auf die Bedeutung der Selbstbestimmung besinnen, die so früh das eigentliche Los des grünen Heinrich wird. Gleich zu Beginn des vierten Buches, das ja die Antwort und Auflösung der in der Jugendgeschichte liegenden Frage sein soll, meditiert Heinrich im Banne des borghesischen Fechters über dieses Los: „Ich war noch nicht über die Jugendidee hinaus, daß eine solche Selbstbestimmung im zartesten Alter das Rühmlichste sei, was es geben könne; allein es begann mir jetzt doch unerwartet die Einsicht aufzugehen, das Ringen mit einem streng bedächtigen Vater, der über die Schwelle des Hauses hinauszublicken vermag, sei ein besseres Stahlbad für die jugendliche Werdekraft als unbewehrte Mutterliebe. Zum ersten Male meines Erinnerns ward ich dieses Gefühles der Vaterlosigkeit deutlicher inne, und es wallte mir augenblicklich heiß bis unter die Haarwurzeln hinauf, als ich mir rasch vergegenwärtigte, wie ich durch das Leben des Vaters der frühen Freiheit beraubt, vielleicht gewaltsamer Zucht unterworfen, aber dafür auch auf gesicherte Wege geführt worden wäre."

Entsprechend beklagt die Mutter in dem hinterlassenen Brieffragment, daß sie „das Kind einer zu schrankenlosen Freiheit und Willkür anheimgestellt habe". Sie verwendet dieselben Begriffe, die sonst immer wieder in Verbindung mit Heinrichs unverantwortlicher Einbildungskraft auftauchen. Und mit Grund, denn zur Selbstbestimmung gehört ja nicht nur die Freiheit der Entscheidung, sondern zunächst ein Entwurf, an dem sich die Entscheidung orientiert; erst der Raum zwischen Gegebenem und Entwurf eröffnet die Möglichkeit der Selbstbestimmung. Mit einem solchen Entwurf aber kommt die Einbildungskraft ins Spiel; beides, die Freiheit der Entscheidung und die entwerfende Imagination, unterscheiden die Selbstbestimmung vom Instinkt des Tieres, vom „Bereich des blinden Naturgesetzes", das die unermüdliche Spinne repräsentiert, die Heinrich bei seinen Reflexionen über die Willensfreiheit beobachtet. Die entfremdende Willkür der Phantasie bestimmt nicht nur Heinrichs Weltbezug, sie bestimmt auch den Bezug zum eigenen Ich;

sie bewirkt den ständigen Zwiespalt zwischen Selbstverständnis und Situation, jenes „Schmollen", das Kellers früheste Novelle in unmittelbare Beziehung zum „Grünen Heinrich" bringt.

Gleich dort, wo im Hinblick auf den Schulausschluß zum ersten Male von der Notwendigkeit der Selbstbestimmung ausdrücklich die Rede ist, zeigt sich dieser Zusammenhang. Hier beginnt der „Irrtum im Künstlerberufe", und es wird deutlich, daß es sich da nicht um eine Begabungsfrage handelt, sondern um einen tiefen Zwiespalt zwischen subjektiver und objektiver Vernünftigkeit der Selbstbestimmung. „Ich erfand eigene Landschaften, worin ich alle poetischen Motive reichlich zusammenhäufte, und ging von diesen auf solche über, in denen ein einzelnes vorherrschte, zu welchem ich immer den gleichen Wanderer in Beziehung brachte, mit welchem ich, halb bewußt, mein eigenes Wesen ausdrückte. Denn nach dem immerwährenden Mißlingen meines Zusammentreffens mit der übrigen Welt hatte eine ungebührliche Selbstbeschauung und Eigenliebe angefangen, mich zu beschleichen; ich fühlte ein weichliches Mitleid mit mir selbst und liebte es, meine Person symbolisch in die interessantesten Szenen zu versetzen, die ich erfand." Damit steht Heinrichs Selbstbestimmung von vornherein im Zeichen des Konfliktes zwischen dem äußeren Anspruch und dem inneren Bild seiner Situation. Was hier Eigenliebe genannt wird, die Art, wie Heinrich sich sein ursprüngliches eigenes Wesen jenseits jeder konkreten Situation zu vergegenwärtigen sucht, dies ist das Vorspiel der Selbstsucht, die ihn in der Kunststadt die Selbstbestimmung immer nur am Bilde des eigenen Wesens orientieren läßt und die nicht statuieren will, daß allein das unaufhörliche Zusammentreffen mit der übrigen Welt der Ort ist, wo sich der Mensch des eigenen Wesens versichern kann. Dadurch kommt es aber zu dem Zwiespalt zwischen subjektiver und objektiver Vernünftigkeit der Selbstbestimmung; die Verwirklichung des eigenen Wesens und die Bewältigung der konkreten von außen aufgedrungenen Situation werden unvereinbar. Weil Heinrich die Selbstbestimmung lediglich als Verwirklichung des ursprünglichen eigenen Wesens versteht, gerät er in das Schuldengewebe, in das Netz banalster äußerer Umstände und schließlich in die völlige Abhängigkeit von Bedürfnis und Selbsterhaltung; es ist nicht ohne Bedeutung, daß der notgedrungen zur Mutter heimfliehende Wanderer die ganze Nacht die vom reinen Instinkt geleiteten Zugvögel über sich rauschen und lärmen hört. Und es ist genauso bezeichnend, daß ihm der teure Einband der Jugendgeschichte, durch die er sich sein eigenes Wesen und Werden klarmachen will, die allerletzten Mittel verschlingt. Der „Seufzer nach

Aufschub", den er einmal ausstößt, ist wie eine Formel dieser abstrakten Selbstbestimmung, die alles von außen Andringende als
vorläufig, unangemessen, uneigentlich ansehen muß und die dabei
doch immer mehr in die Gefangenschaft durch dieses vermeintlich
Uneigentliche führt. Das Dasein wird zum „dumpfen Traum", weil
Bild und Situation des Ich unversöhnbar auseinanderfallen, weil die
Selbstbestimmung den Anspruch des „Wirklichen und Geschehenden" und den Anspruch des eigenen Wesens nicht zu vermitteln
bereit ist, trotz allen theoretischen, ideologischen „Fortschritten":
„So drehte ich mich gleich einem Schatten umher, der durch zwei
verschiedene Lichtquellen doppelte Umrisse und einen verfließenden
Kern erhält."

Aber wird das nicht anders, wenn er auf dem Grafenschloß der
Kunst als einer Halbheit entsagt, wenn er seiner wahren Bestimmung
auf die Spur kommt und seine Gestaltungslust im gesellschaftlichen
Raum zu bewähren gedenkt? Wenn ihn angesichts der Heimatlandschaft die begeisterte Lust anwandelt, sich „als einzelner Mann
und widerspiegelnder Teil des Ganzen zum Kampfe zu gesellen",
wenn er sich begeistert vornimmt, sein schöpferisches Wirken solle
hinfort ein Selbstgespräch sein, das die Nation in ihm mit sich selber
führt? „So griffen denn meine Schritte immer kecker und unternehmungslustiger aus, bis ich plötzlich das Pflaster der Stadt unter
den Füßen fühlte und ich doch mit klopfendem Herzen ausschließlicher der Mutter gedachte, die darin lebte." Schon dieser eine Satz
deutet in schweigsamer Prägnanz darauf hin, daß auch diesmal wieder
die Selbstbestimmung im Zeichen des Konfliktes zwischen der
Erfüllung des innersten Wesens und der konkreten Situation steht.

In der Urfassung zerbricht der grüne Heinrich seelisch und leiblich an diesem Konflikt; die Verschränkung seines „ehrlichen Wollens, wie es jetzt war", mit der Schuld am Tod der Mutter scheint
ihm eine Absurdität, die ihn aufreibt. In der endgültigen Fassung
läßt Keller „den Hering leben" und Judith zu ihm zurückkehren.
Wie ist dieser neue Schluß zu verstehen? Schon die äußeren Umstände des Wiedersehens sprechen aus, was Judiths Rückkehr bedeutet. Zwischen zwei grünen Berglehnen hat sich der grüne Heinrich an eine begrünte Erdwelle geworfen und eben von dem grünen
Zettel Dortchens, von dem „falschen Wechselchen", getrennt, als
Judith, wie aus dem Berg hervorgewachsen, vor einem gegenüberliegenden Felsband von grauer Nagelfluhe erscheint, eine Gestalt
von grauer Farbe, in einem Kleid von grauem Stoff, mit einem grauen
Schleier. So wie das vielfache Grün auf die Erinnerung an alles, was
er „gehofft und verloren, geirrt und gefehlt" hat, verweist, so muß

man das Grau auf die „verdüsterte Seele" dessen beziehen, der immer
so leicht bereit war, nach dem Glänzenden zu greifen, der aber auch
weiterhin im Lauf der Jahre zu erwägen hat, „wie mit der Schönheit
der Dinge doch nicht alles getan und der einseitige Dienst derselben
eine Heuchelei sei, wie jede andere". Es ist, als seien die graue Farbe
und der nackte Stein der seelische Hintergrund, aus dem sich plötzlich die Wiederkehr der Judith ereignet. Meint dieses Hervortreten
der grauen Gestalt aus dem grauen Hintergrund das Glück der Entsagung? Aber es ist doch vor allem Judith, die entsagt, sie will ihr
Leben mit ihm teilen, ohne ihn zu binden, sie will ihm liebend alle
Freiheit lassen, weil er ihr im Blute liegt und weil sie doch sein Leben
nicht zu ihrem Glücke mißbrauchen will. Für Heinrich aber ist sie
vor allem eine „Naturmanifestation"; so hat es Keller außerhalb des
Romans formuliert, und so steht es ja auch im Text: „Und wenn ich
in Zweifel und Zwiespalt geriet, brauchte ich nur ihre Stimme zu
hören, um die Stimme der Natur selbst zu vernehmen." Natur ist im
„Grünen Heinrich" weder sentimentalisch gemeint als Gegensatz
einer zivilisatorischen zweiten Natur, noch ist sie bloße Auffassungs-
form von Erscheinungen, noch hat sie in irgendeinem Sinn Verwei-
sungscharakter. Sie ist die Ganzheit des „Gewordenen und Bestehenden"; als das „unabänderliche Leben des Gesetzes", als ein jenseits des Bewußtseins Bestehendes ist sie vor allem in der ersten
Fassung immer wieder gekennzeichnet, die Begriffe Unerbittlichkeit,
Folgerichtigkeit, Notwendigkeit, Identität und Selbständigkeit formulieren das Abständige und Fremde der „natürlichen Wirklichkeiten". Das Einvernehmen mit dieser Eigengesetzlichkeit mani-
festiert sich in Judith, in der sich Selbsterhaltungstrieb und Opfer-
fähigkeit so glücklich mischen; und in diesem Sinne kann sie zur
Stimme der Natur werden, kann sie Heinrich erlösen aus der Selbst-
versenkung des Ich in seinen eigenen Gehalt, vermittelt sie den Anspruch auf Selbstbestimmung mit dem Anspruch einer abständigen
Wirklichkeit. Was mit Judiths grauer Gestalt aus der starren grauen
Nagelfluh herauswuchs, ist Heinrichs Einsicht, daß allein die Erfahrung der vom Ich abgesetzten Gesetzlichkeit und Notwendigkeit die
Entfremdung zwischen innerer und äußerer Wirklichkeit aufheben
und den Menschen zu sich selbst kommen lassen kann.

Poetischer Realismus

Wir sind ausgegangen von der Frage, in welchem Sinne der
„Grüne Heinrich" als Bildungsroman gelten könne; es hat sich
gezeigt, wie entschieden das Spannungsverhältnis zwischen innerer
und äußerer Welt das eigentliche Erzählthema abgibt. Darin bezeugt

sich in starkem Maße das Prinzip der Verinnerlichung, der subjektiven Brechung und Spiegelung aller Begebenheiten und „Abenteuer", das seit dem „Don Quijote" den modernen Roman bestimmt und das diesen Ahnherrn um 1800 geradezu als das Modell einer „neuen Mythologie" gelten ließ. Und besonders im Bildungsroman zeigt sich, wie die erzählbaren Begebenheiten sich nicht mehr wie im Epos innerhalb eines in sich einheitlichen objektiven Geschehens begegnen, sondern sich erst durch ihren Bezug auf ein problematisches subjektives Weltverhältnis zur Einheit eines Erfahrungszusammenhangs zueinanderfügen. Wie sehr das Spannungsverhältnis zwischen innerer und äußerer Wirklichkeit die Geschichte des deutschen Romans bestimmt, mag an den Beispielen des „Anton Reiser", des „Wilhelm Meister", der „Flegeljahre", des „Heinrich von Ofterdingen" und des „Kater Murr" deutlich geworden sein.

Dieses Spannungsverhältnis erscheint nun im „Grünen Heinrich" in einem bestimmten Aspekt. Das problematische Verhältnis zwischen Einbildungskraft und „innerer Notwendigkeit, Identität und Selbständigkeit der natürlichen Dinge", das Mißverhältnis zwischen Phantasie und „Faser und Textur der Wirklichkeit" ist die Wurzel aller Zerwürfnisse des Helden mit der Welt und mit sich selbst; das Komplexe und Perspektivenreiche des Romans kommt daher, daß fast jedes Zusammentreffen des grünen Heinrich mit der Welt in das Feld dieser Spannung zwischen Phantasie und Eigengesetzlichkeit, Eigensinn des „Bestehenden" gerät. Auch für die romantischen Erzähler ist das Verhältnis von innerer und äußerer Wirklichkeit immer wieder in diesem bestimmten Aspekt wichtig geworden, aber gerade im Blick auf diesen gemeinsamen Ansatzpunkt wird die epochale Wende deutlich, die sich im „Grünen Heinrich" vollzieht.

Sind wir aber mit alldem der eigentlich poetischen Substanz des Romans auf die Spur gekommen? Wurden wir dem Faktum gerecht, daß es sich doch um das Gebilde einer spezifisch dichterischen Welterfahrung handelt? Dem „Grünen Heinrich" widerfuhr seit je, lediglich als autobiographisches oder weltanschauliches Bekenntnis, als Manifest einer Humanitätsidee, als psychologische Selbstanalyse oder als geistesgeschichtliches Dokument gelesen und entsprechend ausgelegt zu werden. Haben wir beachtet, daß wir es nicht mit einer historischen Darstellung, mit einer faktischen Autobiographie zu tun haben, sondern mit einem freien poetischen Kunstwerk?

Damit geraten wir zu dem zweiten der fragwürdigen Begriffe, von denen wir ausgingen, zum poetischen Realismus. Die Diskussion darüber setzte schon um 1800 ein; ihren Ansatzpunkt erhellt am besten der beständige Hinweis Friedrich Schlegels auf das Dilemma der modernen, mehr nachahmenden als schöpferischen Dichtung, sich entweder ins Unbestimmte oder Allgemeine zu verflüchtigen oder sich in einen prosaischen Empirismus zu verlieren. Vor allem die Erzählkunst scheint immer mehr Gefahr zu laufen, der Eigenbewegung, Eigengesetzlichkeit des Vorhandenen, Positiven zu verfallen oder zum Vehikel anderweitiger Intentionen zu werden. Sie wird bloße Reproduktion und Bestandsaufnahme, oder sie illustriert nur noch Probleme, die sie von Psychologie und Soziologie, Geschichts- oder Naturwissenschaft, politischem oder religiösem Leben empfängt, deren Bewältigung aber durchaus nicht auf eine spezifisch dichterische Welterfahrung angewiesen ist. Aber in all diesen Fällen löst sich die Kunst als solche auf, sinkt sie nach Schlegels Worten in „empirischen Materialismus" ab. Wir können uns weder auf die geistes- und dichtungsgeschichtlichen Voraussetzungen noch auf den Verlauf dieser Diskussion eines poetischen Realismus einlassen. Aber ihre Quintessenz erscheint vielleicht, wenn wir die zentrale Frage stellen und variieren, die von Schlegel wie von Jean Paul, von Solger wie von Hegel, von Otto Ludwig wie von Fr. Th. Vischer, die aber auch in den Briefen Kellers, Fontanes und Raabes immer wieder aufgeworfen wurde: Wie kann die Autonomie dichterischer Imagination bestehen gegenüber der Eigenbewegung, Eigengesetzlichkeit des Wirklichen, das ihr Realitätsvokabular ist? Wie kann sich die Erzählkunst den konkreten geschichtlichen und faktischen Gehalten öffnen, ohne das Spezifische dichterischer Welterfahrung preiszugeben, ohne identisch zu werden mit dem, was Hegel „das alltägliche Bewußtsein im prosaischen Leben" nennt? Wie kann sich die Welthaltigkeit des Erzählens vereinen mit jener „Geschlossenheit gegen das Wirkliche zu", die Otto Ludwig für die Werke der Dichtkunst fordert? Wie kann die Eigengesetzlichkeit eines für sich freien Gegenständlichen — sei es der Natur, der Geschichte, der Gesellschaft — zur Geltung kommen und doch unter ein spezifisch poetisches Strukturgesetz treten? Wenn schließlich Keller selbst in dem Brief vom 27. Juli 1881 an Heyse sich auf die „Reichsunmittelbarkeit der Poesie" auch im Zeitalter des Fracks und der Eisenbahnen beruft, „ein Recht, das man sich nach meiner Meinung durch keine Kulturwandlungen nehmen lassen soll", so steht auch das in unmittelbarem Zusammenhang mit dieser Kernfrage.

Wir können uns diese Frage noch einmal von Hegel verdeutlichen lassen; seine Ästhetik gewinnt für das Problem des poetischen Realismus höchste Bedeutung, weil sie die geschichtliche Rechtfertigung des Romantischen als eines unwiderruflichen Prinzips der modernen Dichtung mit der Prognose verbindet, wie dieses Prinzip dialektisch aufgehoben werden könne. Hegel fordert auf der einen Seite, daß sich die Poesie vor jedem außerhalb der Kunst liegenden Zweck bewahren müsse, denn sonst entstehe „entweder ein Bruch zwischen dem, was die Kunst verlangt, und demjenigen, was die anderweitigen Intentionen fordern, oder die Kunst wird, ihrem Begriffe zuwider, nur als ein Mittel verbraucht und damit zur Zweckdienlichkeit herabgesetzt". Auf der anderen Seite aber mahnt er energisch, die Poesie müsse „mitten ins Leben hineintreten", fordert er den Mut zur Entäußerung und, eben gegenüber der Romantik, die lebendige Beziehung zur konkreten geschichtlichen Wirklichkeit. „Es fragt sich daher, wodurch die Poesie in diesem Konflikte noch ihre Selbständigkeit zu bewahren imstande sei. Ganz einfach dadurch, daß sie die äußere vorgefundene Gelegenheit nicht als den wesentlichen Zweck und *sich* dagegen nur als ein Mittel betrachtet und hinstellt, sondern umgekehrt den Stoff jener Wirklichkeit in sich hineinzieht und mit dem Recht und der Freiheit der Phantasie gestaltet und ausbildet. Dann nämlich ist nicht die Poesie das Gelegentliche und Beiherlaufende, sondern jener Stoff ist die äußere Gelegenheit, auf deren Anstoß der Dichter sich seinem tieferen Eindringen und reineren Ausgestalten überläßt und dadurch das erst aus *sich* erschafft, was ohne ihn in dem unmittelbar wirklichen Falle nicht in dieser freien Weise zum Bewußtsein gekommen wäre." Auch dafür hat Keller eine eigene knappe Formel geprägt, wenn er eine Erzählung Storms rühmt als „schönes aber seltenes Beispiel, daß ein Faktisches so leicht und harmonisch in ein so rein Poetisches aufgelöst wird". Aber wie geschieht dies in seiner eigenen Erzählkunst? Und inwiefern vermochte die Freiheit der Phantasie im „Grünen Heinrich" etwas zu erschaffen, was in einem unmittelbar wirklichen Falle nicht so zum Bewußtsein gekommen wäre?

Im letzten der Gotthelf-Aufsätze — ihre Bedeutung für den gleichzeitig entstehenden Roman hat W. Muschg erwiesen — will Keller durch „ein paar empirische Aphorismen" klarmachen, was er eigentlich unter epischem Talent oder Genie verstehe: „Zu den ersten äußeren Kennzeichen des wahren Epos gehört, daß wir alles Sinnliche, Sicht- und Greifbare in vollkommen gesättigter Empfindung mitgenießen, ohne zwischen der registrierten Schilderung und der Geschichte hin- und hergerissen zu werden, das heißt, daß die Erscheinung und das Geschehende ineinander aufgehen." Dies findet er bei Gotthelf, vermißt er bei Stifter, dessen Erzählstruktur er dabei gewiß verkennt. Aber vor allem kann uns dieser Aphorismus auf die Spur seiner eigenen Weise, das Faktische in das Poetische aufzulösen, bringen.

Wir haben Heinrichs gebrochenes Verhältnis zu Judith angedeutet,
sein hochmütiges und sprödes Festhalten an einem Bild der Liebe,
in das nur Anna paßt, und sein Hinüberschielen auf das Frauenhafte,
Sichere Judiths, auf die Fülle ihres Wesens. Wie er sie in der Nacht
nach dem Tellspiel heimgeleitet, sind noch Leute auf der Dorfstraße.
„Judith wünschte ihnen aus dem Wege zu gehen, und obgleich ich
nun füglich meine Straße hätte ziehen können, leistete ich doch keinen
Widerstand und folgte ihr unwillkürlich, als sie mich bei der Hand
nahm und zwischen Hecken und Mauern durch ein dunkles Wirrsal
führte, um ungesehen in ihr Haus zu gelangen." Der Wunsch, ungesehen zu bleiben, und Heinrichs Bereitschaft gehören zum Geschehen, aber die Lage des Hauses und die Beschaffenheit des Weges
dorthin haben mit Heinrichs Verhältnis zu Judith überhaupt und zur
gegenwärtigen Situation gar nichts zu tun. Und doch wird das
Labyrinthische dieses Weges, wird seine Umschlossenheit von Mauern
und Hecken, werden Nacht und Nebel beständig zur sicht- und greifbaren Erscheinung dieses Verhältnisses, des menschlichen Geschehens, obwohl sie „eigentlich" nichts damit zu tun haben. Denn
wie könnte es einen objektiven Zusammenhang zwischen einem
topographischen Faktum und Heinrichs innerer „Irrgänglichkeit"
geben? Trotzdem wird ein solcher Zusammenhang noch viel offen-
kundiger als an dieser Stelle. Wie es mit Anna zu Ende geht, will
Heinrich nach seiner Nachtwache rasch ins Dorf und dabei auf keinen
Fall mit Judith zusammentreffen.

„Als ich in den dichten Nebel hinausging, war ich sehr guter
Dinge und mußte lachen über meine seltsame List, zumal das verborgene Wandeln in der grau verhüllten Natur meinen Gang einem
Schleichwege noch völlig ähnlich machte. Ich ging über den Berg
und gelangte bald zum Dorfe; doch verfehlte ich hier des Nebels
wegen die Richtung und sah mich in ein Netz von schmalen Garten-
und Wiesenpfaden versetzt, welche bald zu einem entlegenen Hause,
bald wieder gänzlich zum Dorfe hinausführten. Ich konnte nicht vier
Schritte weit sehen; Leute hörte ich immer, ohne sie zu erblicken,
aber zufälliger Weise traf ich niemanden auf meinen Wegen. Da kam
ich zu einem offenstehenden Pförtchen und entschloß mich hindurch-
zugehen und alle Gehöfte gerade zu durchkreuzen, um endlich wieder
auf die Hauptstraße zu kommen. Ich geriet in einen prächtigen großen
Baumgarten, dessen Bäume alle voll der schönsten reifen Früchte
hingen. Man sah aber immer nur einen Baum ganz deutlich, die
nächsten standen schon halb verschleiert im Kreise umher, und dahinter schloß sich wieder die weiße Wand des Nebels. Plötzlich sah
ich Judith mir entgegenkommen, welche einen großen Korb mit

Äpfeln gefüllt in beiden Händen vor sich her trug, daß von der kräftigen Last die Korbweiden leise knarrten."

Erinnern wir uns des Liebesbriefes an Anna, der an der Brust der badenden Judith landet, so entdecken wir die völlige Korrespondenz der beiden Begebenheiten. Der Schleichweg um Judith herum führt genau auf sie zu, das Wort vom Verfehlen der Richtung wird tief zweideutig. Wie früher der Weg des Briefes, so widerlegt hier der Weg Heinrichs sein Verhältnis zu Judith, soweit er es übersieht und unter Kontrolle hat, und offenbart darunter eine tiefere Bestimmung, einen tieferen und verborgenen Willen, indem er ihn durch das „Pförtchen" in einen Garten „voll der schönsten reifen Früchte" bringt. Und zugleich verweist der Nebel, der nur das Nächste sehen läßt und der sich hinter jedem Gegenstand sofort wieder zur dichten Wand schließt, verweist das „Netz von schmalen Garten- und Wiesenpfaden" auf die Verstricktheit und Irrgänglichkeit seiner Beziehungen zu Judith, auf das Verschleiert- und Verhängtsein des inneren Horizontes. Aber weder der Nebelmorgen noch das Verfehlen des Weges noch die Einzelheiten von Weg und Ort haben objektiv etwas mit der Gebrochenheit und Mehrschichtigkeit dieser Beziehungen zu tun. Wetter und örtliche Verhältnisse bewirken lediglich kausal das ungewollte Zusammentreffen, aber sie stehen nach keiner „vernünftigen Maxime" (Jean Paul) in irgendwelchem inneren Zusammenhang mit dem menschlichen Geschehen, das gleichwohl an ihnen sicht- und greifbar ist; und sie werden auch von dem erlebenden Heinrich keineswegs als irgendwie bedeutsam aufgefaßt. Dem kommt erst viel später in den Sinn, wovon wir schon hier verständigt sind; erst in der Kunststadt erkennt er, daß das vermeintliche Verfehlen der Richtung genau an den rechten Ort führte: „. . . ich sah sie in ihrem Baumgarten aus dem Herbstdufte hervortreten . . . und es war mir, als ob ich das Beste, was ich je gehabt und noch haben könnte, gewaltsam und unwiederbringlich mit ihr verloren hätte." So ruft der „Lebenszuschauer" im Faktischen eine Wirklichkeit auf, die in gar keinem wesentlichen Bezug zu diesem Faktischen zu stehen scheint; Geschehendes und Erscheinung fallen für jede Richtung des prosaischen Verständnisses auseinander und sind doch auf eine eigentümliche Weise miteinander vermittelt.

Ein anderes Beispiel, wie Keller ein Faktisches ins Poetische auflöst, ist etwa das Bildnis Annas, das Heinrich aus dem Gedächtnis in Wasserfarben malt. „Es war in ganzer Figur und stand in einem Blumenbeete, dessen hohe Stengel und Kronen mit Annas Haupt in den tiefblauen Himmel ragten; der obere Teil der Zeichnung war bogenförmig abgerundet und mit Rankenwerk eingefaßt, in welchem glänzende Vögel und Schmetterlinge saßen, deren Farben ich noch mit Goldlichtern erhöhte." Komposition und dekorative Elemente des Bildnisses spiegeln Heinrichs Verhältnis zu der „verklärten Gestalt", und insofern stehen Geschehendes und Erscheinung noch in einem durchaus objektiv greifbaren Zusammenhang. Aber diesen übersteigt nun weit, was sonst noch von dem Bilde gesagt wird. „Ich konnte nicht erheblich zeichnen, daher fiel das Ganze etwas byzantinisch aus, was ihm bei der Fertigkeit und dem Glanz der Farben ein eigenes Ansehen gab . . . Das Gesicht war fast gar nicht modelliert und ganz licht, und dies gefiel ihnen nur um so mehr, obgleich dieser vermeintliche Vorzug in meinem Nichtkönnen seinen einzigen Grund hatte." Das „Byzantinische" und die geringe Modellierung des Gesichts resultieren also faktisch aus der mangelhaften Schulung; aber erscheint in beidem nicht wieder sein Verhältnis zu Anna, freilich auf ganz unvergleichbare Weise? Macht die kaum angedeutete Physiognomie das Bildnis nicht zu einem lichten Schemen und damit zum Sicht- und Greifbaren dessen, was vielleicht er allein Liebe nennt? Wir müssen ja nur daran denken, wie nach dem Tellspiel der einzige Augenblick leidenschaftlichen Anspruchs endet: „. . . es war mir, als ob ich einen urfremden, wesenlosen Gegenstand im Arme hielte, wir sahen uns fremd und erschreckt ins Gesicht . . ." Und weiter: „enthält" die faktisch allein vom Nichtkönnen bedingte Eigenart des Bildnisses nicht sogar etwas von der halben Entrücktheit und Jenseitigkeit der von jung auf vom Tod Gezeichneten, die nicht so sehr für Heinrich als für ihre übrige Umgebung eine Art Fremdling auf Erden ist, so daß die Leute den Gedanken an Annas Tod lange in sich großgezogen und sich „ein rechtes Fest der Klage und des Bedauerns aufgespart" haben? Dies alles wird ja nur noch unterstrichen, wenn Heinrich das Werk zu Anna schleppt, als ob er eine Altartafel über den Berg trüge, und wenn es sich dann über dem Sofa im Orgelsaal ausnimmt „wie das Bild einer märchenhaften Kirchenheiligen". Gewiß ergeben sich die Hauptmerkmale des Bildes allein aus Heinrichs zeichnerischer Unbeholfenheit; aber dennoch werden wir gleichsam hinter dem Rücken dieses Zusammenhangs verständigt über das Schemenhafte seiner Liebe, über die verklärenden Reflexe seines phantastischen Spiritualismus, über Annas Todesnähe und über ihre Sonderstellung unter den Leuten des Heimatdorfes. Die Spannung zwischen Eigengesetzlichkeit und poetischer Bedeutung des Erzählten ist so groß und deutlich, daß man auch dann nicht von Sinnbildlichkeit reden dürfte, wenn dieser Begriff nicht so schon überstrapaziert wäre. Wie aber sollen wir diejenige Form der Phantasie nennen, die die Spannung zwischen dem ganz selbständigen und abständigen „Eigensinn" eines Erzählgegenstandes und zwischen seiner menschlichen Bedeutsamkeit zugleich sichtbar macht und aufhebt? Im vierten Buch finden wir den gänzlich abgebrannten Helden als Gelegenheitsarbeiter in einem dunklen „Verließ, das ... sein Licht nur durch eine schmale Schießscharte empfing, die in der feuchten schimmligen Mauer sich auftat". Er bemalt anläßlich der bevorstehenden Prinzenhochzeit weißgrundierte Fahnenstangen mit der anderen Landesfarbe. „Draußen glänzte anhaltend der lieblichste Spätsommer; Sonnenschein lag auf der Stadt und dem ganzen Lande und das Volk trieb sich bewegter als sonst im Freien herum. Der Laden ... war fortwährend angefüllt mit Leuten ... der Alte regierte und lärmte in bester Laune dazwischen herum ... und ab und zu kam er in das Finsterloch, wo ich mutterseelenallein in dem blassen Lichtstrahl der Mauerritze stand, den weißen Stab drehte und die ewige Spirale zog." Ist die seltsame Innigkeit der Wortreihe „Finsterloch — im blassen Licht der Mauerritze — die ewige Spirale" zu überhören? Gewiß, sie bezieht sich auf ganz äußerliche und zufällige Umstände. Niemand wird eine Kritik an den sozialen Verhältnissen herauslesen, in Heinrich den Ausgebeuteten und in dem Trödler den Ausbeuter sehen wollen, dazu sind Art und Anlaß der Arbeit und die Beschaffenheit des Arbeitsplatzes viel zu ausgefallen und punktuell. Die Schilderung scheint sich im rein Illustrativen zu erschöpfen, was dann immer wieder vag von der „Wirklichkeitsnähe" realistischen Erzählens sprechen läßt. Und doch empfinden wir im scheinbar ganz Peripheren ein menschliches Geschehen mit, sehen wir in der ewigen Spirale die endlose Wiederkehr des immer Gleichen, die Unabsehbarkeit eines mechanischen Tuns, das der Steigerung und Vollendung weder bedürftig noch fähig ist, das dem Ausübenden nichts als Broterwerb bedeutet, weil der Sinn des Produkts, die Ehrung des Prinzenpaares, dem Schweizer Republikaner völlig gleichgültig ist. Aber zu dieser Spirale, dieser gleichgültigen und entfremdeten Arbeit gehört nun auch die menschliche Gesamtsituation, die das Finsterloch und der blasse Lichtstrahl der Mauerritze evozieren: die Enge, Dumpfheit und Dunkelheit einer Existenz, die beim ewigen Spiraledrehen abgeschlossen bleibt von allem, was sich „draußen", „im Freien" bewegt, deren Anteil am Weltlicht, deren Welterfahrung reduziert ist auf den schmalen Ausschnitt einer Scharte; einer Existenz, die im Kreislauf von Bedürfnis und gleichgültiger Arbeit aufgeht, ohne daß die Tätigkeit je ein Moment der Welterfahrung wäre und einen Blick in die Welt eröffnete. Messen wir damit dem Finsterloch zuviel Bedeutung zu? Wir brauchen nur an den Anfang des „Sinngedichts"

zu denken. Dort ist es zwar kein Akkordarbeiter, sondern ein ins
Moderne übersetzter Doktor Faust, und er sitzt nicht mehr in einem
verfluchten dumpfen Mauerloch, sondern in einem Laboratorium
des 19. Jahrhunderts. Aber ihn, der als Forscher „den unendlichen
Reichtum der Erscheinungen unaufhaltsam auf eine einfachste Formel
zurückzuführen" gewohnt ist, überfällt die Sehnsucht nach der
„Welt" dieser Erscheinungen, und diese Sehnsucht ist zunächst wieder in der Schilderung der Arbeit in einem Finsterloch enthalten:
„Als die Sonne einige Spannen hoch gestiegen, verschloß er wieder
die Fenster vor der schönen Welt mit allem, was draußen lebte und
webte, und ließ nur einen einzigen Lichtstrahl in den verdunkelten
Raum, durch ein kleines Löchlein, das er in den Laden gebohrt hatte.
Als dieser Strahl sorgfältig auf die Tortur gespannt war, wollte Rein-
hart ungesäumt sein Tagewerk beginnen, nahm Papier und Bleistift
zur Hand und guckte hinein, um da fortzufahren, wo er gestern
stehen geblieben. — Da fühlte er einen leise stechenden Schmerz im
Auge ... denn er hatte allbereits angefangen, durch das anhaltende
Treiben sich die Augen zu verderben ..."

Von Theodor Fontane bis zu Benno von Wiese hat man immer
wieder vom Märchenton, von der Märchenstimmung in Kellers
Erzählkunst gesprochen, Thomas Mann nannte ihn einen Erzähler
moderner Märchen. Hatten sie nicht alle diese poetische Vergleich-
barkeit des an sich Unvergleichbaren, nicht diese keineswegs romantische, aber genausowenig veristische, „wirklichkeitsnahe" Stimmigkeit zwischen Geschehendem und Erscheinung im Auge gehabt?
Meinten sie nicht die Heiterkeit dieses Erzählens, die durchaus nicht
auf einem ironischen Verhältnis zur Sache oder auf deren komischer
Beschaffenheit beruhen muß, sondern in der eigentümlichen Doppelsinnigkeit des Erzählten, in einem beständigen Spannungsverhältnis
zwischen Bezeichnetem und Gemeintem? Wir bekommen immer
wieder in einem Zug zwei Perspektiven angeboten, wir fassen die
Vorgänge und Situationen und Umstände in ihrer Eigengesetzlichkeit
auf, nehmen sie innerhalb der Ordnung wahr, die für das prosaische
Weltverständnis maßgeblich und gültig ist, und wir werden doch
gleichzeitig über eine Bedeutsamkeit verständigt, die sich nicht
innerhalb der prosaischen Ordnung herstellt. Wir sehen, mit Solger
zu sprechen, „zwar die zeitliche Welt ganz auf die gewöhnliche Art,
aber zugleich aus einem ganz anderen Lichte, ... weshalb uns denn
die Gegenstände überall ganz bekannt und gewohnt, aber zugleich
durchaus verschoben, seltsam und schief gegeneinander gerückt
erscheinen, wenn wir sie nach dem Maße der gemeinen Sinnlichkeit
betrachten". Dieses ganz andere Licht nennt Solger den Humor, und

zwar den Humor als ein Prinzip der Einbildungskraft und nicht als ethische oder weltanschauliche Haltung oder als Schutz gegen die Tyrannei der sogenannten Werte. Als „angewandte Phantasie", als Mittler zwischen poetischer Innerlichkeit und prosaischer Realität hat schon Friedrich Schlegel den Humor aufgefaßt, den er deshalb den dichterischen nennt. Denn alle Erörterungen des Humors in der romantischen Poetik und Ästhetik berühren sich in der einen Frage, ob nicht der Humor die als Bestimmung der Moderne empfundene Entfremdung zwischen dichterischer und gewöhnlicher Welterfahrung aufheben könne oder müsse. Vor allem dem Roman in seinem Drang nach Welthaltigkeit und empirischer Fülle stellte sich das Problem, wieweit sich denn die Wirklichkeit des modernen Menschen überhaupt noch durch die dichterische Imagination erschließen lasse, ohne daß diese dabei zum Vehikel anderweitiger Intentionen würde. Und da wurde der Humor wesentlich, denn als angewandte Phantasie wurde ihm sein eigenes Prinzip zum wahrhaften Wirklichkeitsbezug, die Brechungsverhältnisse zwischen Phantasie und Wirklichkeit, die Spannung zwischen subjektivem und objektivem Pol der dichterischen Mimesis wurden zum eigentlichen Spielraum der Poesie, indem der dichterische Humor die Fragwürdigkeit jedes absoluten Bezuges zur Wirklichkeit, die Bedingtheit jeder Welterfahrung, die Labilität jedes Standpunktes zum Vorschein brachte; dies aber war der Triumph der humoristischen Phantasie über jede „starre äußere Satzung", die sich dem prosaischen Bewußtsein gegenüber als Letztwirklichkeit aufspreizen wollte. In diesem Sinne ist wohl das zunächst rätselhafte Wort des Tragikers Hebbel zu verstehen, der Humor sei die einzige absolute Geburt des Lebens.

Gewiß, Kellers beharrliches Bestreben, die „Reichsunmittelbarkeit der Poesie" geltend zu machen, hat kaum etwas mit diesem romantischen Humor zu schaffen. Schon das, was im Erfahrungszusammenhang des „Grünen Heinrich" als Dialektik der Kulturbewegung verstanden werden muß, die Abkehr vom „Geiste träumerischer Willkür und Schrankenlosigkeit", schließt es aus. Auch für Hegel repräsentiert Jean Paul am deutlichsten das Prinzip des romantischen Humors, „alles, was sich objektiv machen und eine feste Gestalt der Wirklichkeit gewinnen will oder in der Außenwelt zu haben scheint, durch die Macht der subjektiven Einfälle, Gedankenblitze, frappanter Auffassungsweisen zerfallen zu lassen und aufzulösen". Diesem subjektiven Humor, dem Gipfel der mit der „äußeren Satzung" unversöhnten Subjektivität, stellt Hegel nun prognostisch einen „objektiven Humor" entgegen. Denn ähnlich wie die romantische Ästhetik selbst sieht Hegel das Dilemma der Dichtung, entweder in die bloße subjektive Nachahmung des Vorhandenen, in einen „empirischen Materialismus" zu verfallen oder den Weg der Verinnerlichung bis zu dem Punkt zu gehen, wo allein noch die „blanke Subjektivität" des Künstlers erscheint und es „deshalb nicht auf die Darstellung eines für sich fertigen und auf sich selbst beruhenden Werkes ankommt". Beides aber schließt die wahrhafte Vermittlung von freier Phantasie und Engagement aus, die Hegel dringlich ist. Die „Nachbildung des äußerlich Objektiven in der Zufälligkeit seiner Gestalt auf der einen Seite, auf der anderen dagegen im Humor das Freiwerden der Subjektivität ihrer inneren Zufälligkeit nach", ein stoffunmittelbarer Verismus und ein humoristischer Manierismus, dies sind für Hegel die Richtungen der Dichtung am Ausgang der Romantik; seine Auflösung dieses Gegensatzes aber ist mehr als ein spekulatives Kunststück unter der Peitsche des dialektischen Systemzwangs:

„Wenn sich nun aber diese Befriedigung an der Äußerlichkeit wie an der subjektiven Darstellung dem Prinzip des Romantischen gemäß zu einem Vertiefen des Gemüts in den Gegenstand steigert und es dem Humor andererseits auch auf das Objekt und dessen Gestaltung innerhalb seines subjektiven Reflexes ankommt, so erhalten wir dadurch eine Verinnigung in dem Gegenstande, einen gleichsam objektiven Humor." Damit sind wir nun wohl doch wieder bei der Erzählweise des „Grünen Heinrich", bei Kellers Art, das Faktische ins Poetische aufzulösen, bei der eigentümlichen Heiterkeit und Doppelsinnigkeit, bei der fast unmerklichen, aber doch unaufhörlichen Reflektiertheit alles Objektiven, die Fontane von einem monotonen, durchgängigen „Keller-Ton" sprechen ließ. Was Hegel meint und was wir im „Grünen Heinrich" finden, ist dies, daß die Phantasie ihren Spielraum auch dort noch erhält, wo es ihr ganz auf das „für sich Gesetzliche und Notwendige" ankommt, daß sie die Möglichkeit gewinnt, innerhalb des subjektiven Reflexes eine für sich freie gegenständliche Wirklichkeit zu gestalten, die doch, weil das Wesen dieses Reflexes der Humor ist, ihre prosaische Bewandtnis beständig in einer poetischen Bewandtnis spiegelt. Das offenbare Brechungsverhältnis zwischen dem Gegenständlichen und der dichterischen Subjektivität, das den subjektiven Humor kennzeichnet, tritt zurück oder verschwindet gänzlich; die subjektive Reflektiertheit des Objektiven wird gleichsam zu einer Dimension des Objektiven selbst.

Dies alles mag abstrakt und zu fernliegend erscheinen. Aber es mußte doch wohl zur Sprache kommen, wenn begriffen werden soll, daß der Humor im „Grünen Heinrich" nicht nur sporadisch dort zu entdecken ist, wo komische Dinge erzählt werden, sondern daß der Humor das Wesenselement dieses Romans ausmacht. Vor der Waffenübung der Züricher Buben braucht Heinrich weiße Handschuhe, weil am Ende des Manövers getanzt werden soll: „Zwar war ich einer der ersten, der die Handschuhe aufzuweisen hatte, indem die Mutter auf meine Klage aus den begrabenen Vorräten ihrer Jugend ein Paar lange Handschuhe von feinem weißem Leder hervorzog und unbedenklich die Hände vorn abschnitt, welche mir vortrefflich paßten." Scheinbar erfahren wir nur, wie der Junge zu seinen Handschuhen kam. Wenn wir aber genau hinhören, dann vergegenwärtigt das feine weiße Leder zusammen mit der Wendung „aus den begrabenen Vorräten ihrer Jugend" recht deutlich die Wandlung, die das Leben der Frau Lee durch den frühen Witwenstand erfuhr; der unbedenkliche Schnitt der Schere impliziert ihr klagloses und unsentimentales Verzichten; die befriedigte Feststellung „welche mir vortrefflich paßten" aber verkehrt sich in die Betroffenheit über die ganz andersgeartete Unbedenklichkeit dessen, dem die Mutter lange genug in erster Linie brauchbar war. Der banalste und beiläufigste Vorgang gewinnt durch die Gestaltung innerhalb des subjektiven Reflexes eine andere Bewandtnis, aber die Sprache hält sich so in der Schwebe zwischen Bezeichnetem und Gemeintem, daß die humoristische Vermittlung von Erscheinung und Sinn unverkennbar ist. Und genauso verhält es sich dort, wo es nach Abschluß der Übung zum Tanzen kommen soll: „Unsere tapfere Schar näherte sich in dichtem Haufen dem flüsternden Kreise der Schönen, keiner wollte recht der vorderste sein; unsere Sprödigkeit ließ uns fast feindlich düster aussehen, während das Anziehen der weißen Handschuhe ein weitgehendes Flimmern und Schimmern verursachte." Ist dieses „während" noch temporal oder schon adversativ? Das optische Phänomen scheint mit der inneren Verfassung der Tanzaspiranten in gar keinem Verhältnis zu stehen, das „düster" im Vordersatz und das „Flimmern und Schimmern" scheinen auf ganz verschiedenen, unvereinbaren Ebenen zu liegen. Aber macht das doppelsinnige „während" das optische Phänomen nicht doch zur Erscheinung der keineswegs düsteren Erwartung und der fiebernden Bereitschaft, die sich hinter der gleichsam kommentmäßigen Zurückhaltung verbergen?

Die autobiographische Form als Spielraum des Humors

Vielleicht ist schon bis dahin spürbar geworden, in welch hohem Maße die autobiographische Erzählstruktur, das Spannungsverhältnis zwischen erlebendem und erzählendem Ich zum Spielraum des

Humors wird. Der poetische Reiz dieser Erzählstruktur liegt in unserem Roman nicht dort, wo das erzählende Ich die Erlebnisse, Begegnungen und Erfahrungen des erlebenden Ich analysiert, kommentiert, glossiert, deutet oder wo es sie zum Anlaß von Betrachtungen und Exkursen über Gott, Mensch und Welt macht, also dort, wo die Perspektive des erlebenden Ich streckenweise gänzlich in der des erzählenden Ich verschwindet. Diese Stellen mögen an sich lehrreich oder für das Verständnis des dargestellten Erfahrungszusammenhangs wichtig und notwendig sein, sie mögen vor allem den vielen, die den Roman als phantasievoll ausgestaltete Ideologie nahmen und nehmen, das Substantielle sein. Aber gerade dort, wo der Erzähler seine Gedankenfracht unmittelbar ausbreitet, kommt es selten zu der „Durchdringung des Erzählerischen und Dichterischen", die für Walter Benjamin die wesentliche dichtungsgeschichtliche Leistung Kellers war. Der hohe Reiz des ganz unverwechselbaren „Keller-Tons" stellt sich aber sofort ein, wo wir die Dinge in doppelter Beleuchtung sehen müssen, wo die beiden Perspektiven, die des erzählenden und die des erlebenden Ich, nebeneinander in Kraft bleiben, wo dieser Dualismus der Perspektiven Spielraum humoristischer Vermittlung wird, wo das erzählende Ich durch die humoristische Verinnigung im erlebenden Ich zu fühlen gibt, wie es eins und doppelt sei.

Allerdings läßt sich ebendieses Phänomen nur schwer und umständlich analysieren. Im Kapitel „Das spielende Kind" kommt Heinrich beim Besuch einer großen Menagerie auf den Gedanken, eine eigene anzulegen und eine Menge von Käfigen und Zellen zu bauen. „Der erste Insasse war eine Maus, welche mit eben der Umständlichkeit, mit welcher ein Bär installiert wird, aus der Mausefalle in ihren Kerker hinübergeleitet wurde. Dann folgte ein junges Kaninchen; einige Sperlinge, eine Blindschleiche, eine größere Schlange, mehrere Eidechsen verschiedener Farbe und Größe; ein mächtiger Hirschkäfer mit vielen andern Käfern schmachteten bald in den Behältern, welche ordentlich aufeinandergetürmt waren. Mehrere große Spinnen versahen in Wahrheit die Stelle der wilden Tiger für mich, da ich sie entsetzlich fürchtete und nur mit großem Umschweife gefangen hatte. Mit schauerlichem Behagen betrachtete ich die Wehrlosen, bis eines Tages eine Kreuzspinne aus ihrem Käfig brach und mir rasend über Hand und Kleid lief. Der Schrecken vermehrte jedoch mein Interesse an der kleinen Menagerie und ich fütterte sie sehr regelmäßig, führte auch andere Kinder herbei und erklärte ihnen die Bestien mit großem Pomp. Ein junger Weih, welchen ich erwarb, war der große Königsadler, die Eidechsen, Krokodile und die

Schlangen wurden sorgsam aus ihren Tüchern hervorgehoben und einer Puppe um die Glieder gelegt. Dann saß ich wieder stundenlang allein vor den trauernden Tieren." Alles steht hier im Schnittpunkt zweier Perspektiven, eine ungemein subtile Diktion hält uns in der Schwebe zwischen erlebendem und erzählendem Ich. Wir werden in das Verhältnis des Kindes zu seiner Menagerie hineingezogen und doch zugleich davon distanziert; der Humor bewirkt ein beständiges Fluktuieren zwischen Mitvollzug des kindlichen Erlebens und Vorstellens und zwischen der nunmehrigen Ansicht der Dinge. Daß die Maus in den „Kerker" geleitet wird, daß die Käfer „schmachten", das deckt sich nicht mit der Erfahrung des Kindes; dem gilt das Behältnis als Raubtierkäfig. Wenn dagegen die Spinnen „die Wehrlosen" genannt werden, so stimmt dieser Begriff nur aus der Perspektive des Kindes, denn nur wo die Spinnen als Tiger und deshalb für gefährlich gelten, können die Harmlosen unter dem Aspekt der Wehrlosigkeit gesehen werden; und ebenso sind allein innerhalb des kindlichen Horizontes die gefangenen Tiere überhaupt „Bestien". Bei der Wendung „mit großem Pomp" aber ist gar nicht mehr zu unterscheiden, wo die Grenze verläuft zwischen Identifikation und Distanz. Daß es aber genau um diese Schwebelage geht, zeigt der Satz: „Mehrere große Spinnen versahen in Wahrheit die Stelle der wilden Tiger für mich . . ." Aus der einen Perspektive gilt das Als-ob, sind die Spinnen nur Stellvertreter der Tiger; aber für die entsetzliche Furcht des Kindes sind sie es in Wahrheit. Was von außen gesehen Schein ist, verkehrt sich in der inneren Erfahrung zur Wirklichkeit. Die humoristische Vermittlung läßt beides gelten: die Wahrheit des erlebenden und die des erzählenden Ich. Es liegt auf der Hand, daß dieser Humor nicht durch einen komischen Kontrast oder Konflikt bestimmt und nicht auf etwas Unangemessenes bezogen ist. Schon der letzte zitierte Satz beweist es. Belustigt sich Keller etwa über die komische Unangemessenheit, Unzulänglichkeit der kindlichen Menagerie im Hinblick auf eine richtige? Oder über die rührend-komische kindliche Befriedigung am Surrogat des Spiels? Hat er gar das Wesen, die Norm, die Idee „Menagerie" im inneren Blick und mißt nun mit „goldenem Humor" das Verhältnis zwischen Wesen und Erscheinung, Norm und Verwirklichung, Idee und Wirklichkeit aus? In diese Schablone paßt die Stelle einfach nicht. Was bleibt, ist wieder die Beweglichkeit des Standpunktes, der Verzicht auf einen einsinnigen Gegenstandsbezug, eine humoristische Innigkeit, die doch das Spannungsverhältnis zwischen subjektivem und objektivem Pol des Erzählens nie vermindert oder ausschaltet.

Wir sehen auch an diesem Beispiel, wie der Humor als Wesenselement des Erzählens die Freiheit der Phantasie und das Bewußtsein
einer für sich freien gegenständlichen Wirklichkeit zu vermitteln
vermag. Reduzieren wir die Menagerie-Episode auf den nackten unmittelbaren Sachverhalt, so bleibt nur Banales übrig. Weder als reine
Begebenheit noch als Beitrag zum Problem der kindlichen Spielwelt
fesselt uns das Erzählte. Zur Erzählkunst aber wird die Darbietung
eines an sich banalen Sachverhalts durch die Spiegelung des Faktischen im „Lebenszuschauer", durch die Gestaltung innerhalb des
subjektiven Reflexes; diese wiederum gewinnt ihren besonderen
Reiz durch die Art, wie der Dualismus zweier Perspektiven vergegenwärtigt ist, wie die Sprache zwischen der Identifikation mit dem
kindlichen Erleben und zwischen der relativierenden Abständigkeit
fluktuiert. Nicht der psychologische Aspekt und nicht das Eigengewicht des Faktischen allein machen also die Episode bedeutsam,
sondern erst der freilich nur in der Diktion offenbare Bezug des Erzählers zur dargestellten Wirklichkeit. Er erweitert das erzählend
Objektivierte gleichsam um eine Dimension, die außerhalb der
dichterischen Welterfahrung nicht so zur Geltung kommen könnte.
Zum humoristischen Erzählen gehört, daß der Bezug des Erzählers
zu den erzählbaren Werten, aber auch zum Leser als ein erschließen-
des Moment wahrnehmbar bleibt; darin liegt das Dichterische des
„Grünen Heinrich", das es uns verwehrt, den Roman wie die
historische Mitteilung eines Erfahrungszusammenhangs zu lesen.

Wie entscheidend das Spannungsverhältnis zwischen erzählendem
und erlebendem Ich für die Erzählweise dieses Romans ist, das geht
schon daraus hervor, daß die Unvermeidlichkeit der Ich-Form zum
Hauptaspekt der Umarbeitung wurde. Schon Hettner sah als erster
Leser in dem von Keller selbst eingestandenen Mißverhältnis zwischen „Jugendgeschichte" und „eigentlichem Roman" weniger
einen Kompositionsmangel als ein Verfehlen der angemessenen
Erzählstruktur im „eigentlichen Roman"; das Ganze trage doch einmal die Haltung autobiographischer Bekenntnisse, so schreibt er am
19. Februar 1854 dem Autor. Das heißt aber: auch nach der Jugendgeschichte kommt in der Erzählstruktur ein Brechungsverhältnis
zum Vorschein; aber es ist in der Er-Form seinem eigentlichen Sinn
entfremdet, es kommt nicht so zur Geltung, wie es gemeint ist. Denn
Hettner betont ja ausdrücklich, daß die einheitliche Erzählhaltung
und nicht primär die Einheit des Themas den anonymen Erzähler der
Er-Form nicht zulasse. Inwiefern er damit recht hatte, zeigt sich an
jeder beliebigen Stelle, an der bei der Umarbeitung lediglich das
Personalpronomen verändert wurde. Wie Heinrich Dortchen seine

entsagende Liebe gestehen will, erfährt er, daß das Mädchen für Wochen verreist ist. „Damit war alle meine Hoffnung zunichte und der blaue Himmel in meinen Augen schwarz wie die Nacht. Das erste, was ich tat, war, daß ich wohl zwanzigmal den Weg vom Gartenhaus nach dem Kirchhof hin und zurück ging und mich dabei auf die Seite drückte, an welcher Dortchen mit dem Saume ihrer Gewänder hinzustreifen pflegte. Aber auf diesen Stationen brachte ich nichts heraus, als daß das alte Elend mit verstärkter Gewalt wieder da war und die Vernunft wie weggeblasen. Das Gewicht im Herzen war auch wieder da und drückte fleißig darauf los." Vom ersten Satz und von der Vertauschung der Personalpronomen abgesehen, ist hier der Wortlaut der Urfassung unverändert geblieben. Aber man stelle die Er-Form wieder her, und man wird einsehen, daß das Erzählte in der Tat auf das Spannungsverhältnis zwischen erlebendem und erzählendem Ich angelegt und angewiesen ist. Zu der fetischistischen Promenade gehört gleichsam die Resonanz dessen, den es einst so arg umgetrieben hat, dann erst gewinnt sie den rechten Abstand von Sentimentalität oder Albernheit. Auch die Metapher „Stationen" gewinnt erst aus der Perspektive der Erinnerung an eine Via dolorosa das rechte Verhältnis von Melancholie und Heiterkeit; die Wendungen „das alte Elend" und „drückte fleißig darauf los" haben einen Stich ins Spöttische, der erst in der Ich-Form legitim ist. Solange der Erzähler nicht zugleich der dazumal Betroffene selbst ist, solange ist die Spannung zwischen Sachverhalt und Diktion ihrem eigentlichen Ursprung entfremdet, stehen Vorgang und Vortrag nicht in der eigentlichen Relation.

Aber oft begnügt sich Keller bei der Umarbeitung nicht damit, die der Urfassung schon verborgen innewohnende Ich-Form einfach herzustellen, sondern er profiliert diese spezifische Weise der Gestaltung innerhalb des subjektiven Reflexes besonders scharf. So etwa an dem Punkt des Romans, wo der schon halbverhungerte Held seiner Mutter gedenkt und jenes Gebet verrichtet, das das „Flötenwunder" im Gefolge hat:

„Wie er aber an die Geberin seines Lebens dachte, fiel ihm auch der höchste Schutzpatron und Oberviktualienmeister seiner Mutter, der liebe Gott ein, und da die Not beten lehrt, so betete er ohne weiteres Zögern, und zwar zum ersten Mal sozusagen in seinem Leben um das tägliche Brot. Denn bisher hatte er nur um Aushilfe in moralischen Dingen oder um Gerechtigkeit und gute Weltordnung gebeten in allerhand Angelegenheiten für andere Leute ... Jetzt aber widersetzte er sich nicht mehr, um seine Lebensnahrung zu beten; doch benahm er sich noch höchst manierlich und anständig dabei, indem

er trotz seines bedenklichen Zustandes erst bei der Bitte für die
Mutter anfing, dann einige andere edlere Punkte vorbrachte und
dann erst mit der Eßfrage hervorrückte ... Jedoch betete er nicht
etwa laut, sondern es war mehr ein stilles Zusammenfassen seiner
Gedanken und er dachte das Gebet nur, und trotzdem war es ihm
ganz seltsam zumute, sich wieder einmal persönlich an Gott zu wenden, welchen er zwar nicht vergessen oder aufgegeben, aber etwas
auf sich beruhen gelassen und unter ihm einstweilen alle ewige Weltordnung und Vorsehung gedacht hatte."

Nach der Umarbeitung lautet der entsprechende Passus so: „Wie
ich aber dieser Geberin meines Lebens gedachte, fiel mir auch ihr
höchster Schutzpatron und Oberproviantmeister, der liebe Gott
wieder ein, der mir zwar immer gegenwärtig war, jedoch nicht als
Kleinverwalter. Und da in der Christenheit das objektive Gebet
damals noch nicht eingeführt war, so hatte ich mich auf der glatten
See des Lebens aller solcher Anrufungen längst entwöhnt ... In
diesem Augenblicke der Not aber sammelten sich meine paar Lebens-
geister und hielten Ratsversammlung, gleich den Bürgern einer be-
lagerten Stadt, deren Anführer darniederliegt. Sie beschlossen, zu
einer außerordentlichen verjährten Maßregel zurückzukehren und
sich unmittelbar an die göttliche Vorsehung zu wenden. Ich hörte
aufmerksam zu und störte sie nicht, und so sah ich denn auf dem
dämmernden Grunde meiner Seele etwas wie ein Gebet sich entwickeln, wovon ich nicht erkennen konnte, ob es ein Krebslein oder
ein Fröschlein werden wollte. Mögen sies in Gottes Namen pro-
bieren, dachte ich, es wird jedenfalls nicht schaden, etwas Böses ist es
nie gewesen! Also ließ ich das zustande gekommene Seufzerwesen
unbehindert gen Himmel fahren, ohne daß ich mich seiner Gestalt
genauer zu erinnern vermöchte."

Was ist anders geworden? Zunächst einmal dies, daß sich der damals vor Hunger Halbohnmächtige nicht mehr an die Gestalt des
Seufzerwesens erinnern kann, während der allwissende Erzähler der
Urfassung die genaue Disposition des Gebets geben kann. Man mag
in dieser Änderung ein Bemühen um psychologische Wahrscheinlichkeit sehen, im ganzen liegt sie noch ganz bei den erzähltechnischen
Erfordernissen, die mit der Veränderung des Erzählerstandpunkts
gegeben waren. Wesentlicher ist es, zu beobachten, worin sich die
beiden Fassungen dort unterscheiden, wo die sachliche Substanz
dieselbe blieb. Denn in beiden Fassungen ist die Situation Heinrichs
bestimmt durch den Zwiespalt zwischen aufgeklärter Vernunft und
vitalem Selbsterhaltungstrieb; in beiden Fassungen kommt es zur
Emanzipation des Selbsterhaltungstriebs in einer Form, die dem zu-

schauenden Bewußtsein atavistisch erscheint und die es gleichwohl geschehen läßt. Und wieder ist es das Spannungsverhältnis zwischen erzählendem und erlebendem Ich, zwischen subjektivem und objektivem Pol des Erzählens, was die Neufassung viel stärker zur Geltung bringt. Denn obwohl doch der Erzähler in der Ich-Form viel enger und unmittelbarer mit der dargestellten Situation verbunden ist, offenbart die Sprache hier ein bedeutend distanzierteres Verhältnis zu dieser Situation als schon in der Urfassung. Der einfach konstatierende Satz „Jetzt aber widersetzte er sich nicht mehr, um seine Lebensnahrung zu beten" wird ersetzt durch die militärische Metaphorik, die mehr absichtlich verfremdender als erhellender Art ist. Ebenso distanzbetonend ist die Redensart vom Krebslein oder Fröschlein und das Wort „Seufzerwesen", das an Stelle der Wendung „und er dachte das Gebet nur" getreten ist. Und auch der Satz „Ich hörte aufmerksam zu und störte sie nicht, und so sah ich denn auf dem dämmernden Grunde meiner Seele etwas wie ein Gebet sich entwickeln" ist zwar viel näher am Vorgang, rückt diesen aber doch in eine viel größere Distanz vom Erzähler als das „war es ihm ganz seltsam zu Mute" der Urfassung. So entsteht gerade durch die Ich-Form nicht eine größere Unmittelbarkeit, sondern im Gegenteil eine noch größere Spannung zwischen Erzähler und Erzähltem. Keller bemüht sich, dieses Spannungsverhältnis als eine wesentliche Dimension der dargestellten Wirklichkeit sichtbar zu machen. „. . . der Seher ist erst das ganze Leben des Gesehenen . . .", heißt es einmal anläßlich der Goethe-Lektüre Heinrichs; das Verhältnis des „Lebenszuschauers" Heinrich zum grünen Heinrich ist eine Dimension der dargestellten Wirklichkeit, die diese erst vollkommen macht. Wir sollen in einem Zuge wahrnehmen, wie es gewesen ist und wie es sich nun ausnimmt, und diese Vermittlung leistet der Humor. Er verhindert, daß eine der beiden Perspektiven die andere ganz verdeckt, er ist die „angewandte Phantasie", die eine möglichst lebendige Dialektik zwischen erlebendem und erzählendem Ich zur Entfaltung kommen lassen kann. Deshalb imprägniert er noch die einzelne Faser der Sprache. In der ersten Fassung hieß es noch, Heinrich habe immer „nur um Aushilfe in moralischen Dingen oder um Gerechtigkeit und gute Weltordnung gebeten"; nun heißt es, Gott sei ihm zwar immer gegenwärtig gewesen, „jedoch nicht als Kleinverwalter". Das ist nicht satirisch, nicht ironisch, in keiner Weise komisch gemeint, denn es unterstreicht einen noblen Zug. Sondern was in der Urfassung nur konstatiert wurde, das wird nun durch die Metapher verfremdet; die Metapher bezieht sich auf den grünen Heinrich, aber sie verweist auf den distanzierten Lebenszuschauer zurück.

Es geht bei der doppelten Beleuchtung nicht nur darum, daß wir die erzählten Begebenheiten und Umstände deutlicher sehen, sondern darum, daß wir sie anders, daß wir sie komplexer sehen, als es bei jeder Art rein sachlichen Bezugs möglich wäre. Deshalb erschöpft sich die Darstellung des Gebets vor dem Flötenwunder nicht im Psychologischen. Der „Lebenszuschauer" entfaltet erzählend einen durchaus in sich bestehenden Erfahrungszusammenhang, eine in sich gegründete menschliche Wirklichkeit; aber die humoristische Verinnigung im Gegenstande verhindert doch, daß das Erzählen mit den Auffassungs- und Darstellungsweisen identisch wird, die das „Bewußtsein im prosaischen Leben" bestimmen. Wenn der grüne Heinrich auf dem Gipfel seines Liebeskummers um Dortchen in der dämmerigen Krypta der Gutskirche einem schwarzen Kalksteinsarkophag gegenübersitzt, auf dem ein burgundischer Ritter mit gefalteten Händen ausgestreckt liegt, wenn an dessen Harnisch mittels einer Bronzekette eine fest verschlossene und verlötete Bronzebüchse befestigt ist, die nach der Überlieferung das einbalsamierte und vertrocknete Herz des steinernen Mannes enthält, so hat all das mit Heinrichs Verfassung gar nichts zu tun. Aber „das Gefäß wie die Kette war gänzlich oxydiert und schillerte grünlich im Zwielicht": schon verweisen das grünliche Schillern und das Zwielicht, verweisen ganz okkasionelle und „eigensinnige" Umstände auf Heinrichs hoffendes Bangen im Chagrin d'amour. Und wenn dann, ohne an Heinrich zu denken und ohne seine Anwesenheit zu ahnen, Dortchen mit ihrer Zofe in die Dämmerung der Krypta getrippelt kommt, um den verliebten Ritter wieder einmal zu besehen, wenn sie das erzene Gefäß in die Hand nimmt und bedächtig wiegt, wenn sie es plötzlich so stark schüttelt, „daß das eingetrocknete Etwas, das seit vierhundert Jahren darin verschlossen lag, deutlich zu hören war und die Kette dazu klang", dann enthält der eigentlich beziehungslose Vorgang zusammen mit den nebensächlichen Umständen auf einmal alles, was über das Verhältnis zwischen Heinrich und Dortchen zu sagen ist.

Dennoch fallen die faktische Struktur des Erzählten und die poetische Bedeutsamkeit völlig auseinander, denn eigentlich hat die Krypta und hat Dortchens Auftritt nichts zu tun mit den mutwilligen Versuchen des Mädchens, den „gefrorenen Christen" nicht nur ideologisch aufzuwecken. Und genauso steht es mit der Episode vom Theaterspiel im alten Faß. Es wird „David und Goliath" gegeben, und die beiden Protagonisten geraten sich ernstlich in die Haare. „Die Zuschauer und die beiden Chöre klatschten Beifall und nahmen Partei; ich selbst saß rittlings oben auf dem Fasse, ein Lichtstümpfchen in der einen und eine tönerne Pfeife mit Kolophonium in der

andern Hand, und blies als Zeus gewaltige ununterbrochene Blitze
durch das Spundloch hinein, daß die Flammen durch das grüne Laub
züngelten und das Silberpapier auf Goliaths Helm magisch erglänzte.
Dann und wann guckte ich schnell durch das Loch hinunter, um
dann die tapfer Kämpfenden ferner wieder mit Blitzen anzufeuern,
und hatte kein Arges, als die Welt, welche ich zu beherrschen
wähnte, plötzlich auf ihrem Lager wankte, überschlug und mich aus
meinem Himmel schleuderte; denn Goliath hatte endlich den David
überwunden und mit Gewalt an die Wand geworfen." Die Welt, die
der grüne Heinrich zu beherrschen wähnt, wankt und überschlägt
sich viel zu oft, als daß es eines Hinweises auf die sich im subjektiven
Reflex herstellende Bedeutung der Szene bedürfte.

„Es kommt nun alles darauf an, ob es mir mehr oder weniger gelungen sei, das Gewöhnliche und jedem Naheliegende darzustellen,
ohne gewöhnlich und platt oder langweilig zu sein . . ." So stellt
Keller am 4. März 1851 Hettner das Hauptproblem seines Romans
dar. Und in der Tat, wenn wir den „Grünen Heinrich" den „klassischen Dokumenten", von denen Keller spricht, entgegenhalten, so
zeichnet er sich vor allem dadurch aus, daß sich der dargestellte Erfahrungszusammenhang aus den Elementen des Gewöhnlichen und
jedem Naheliegenden kristallisiert, daß die unscheinbarsten, alltäglichsten, simpelsten Begebenheiten, Situationen und Umstände der
menschlichen Wirklichkeit maßgebend und entscheidend werden.
Ganz anders als etwa im „Wilhelm Meister" ist hier das scheinbar
Unbedeutende und Unerhebliche, das Banale und Kommune, das
Beiläufige und Geringfügige als die eigentliche Struktur der menschlichen Wirklichkeit aufgefaßt und dargestellt. Aber sollte nicht gerade
dies das „Neue" sein, ist nicht dies der neue Erfahrungshorizont, der
darüber entscheidet, was das dichterische Streben nach Humanität
umfassen sollte und was die klassischen Werke nicht umfassen
konnten?

WALTHER KILLY

Raabe · Das Odfeld

Der Plan des Herzogs Ferdinand von Braunschweig, den gegen
Friedrich II. alliierten Armeen am 5. November 1761 rechts der
Weser eine empfindliche Schlappe zu bereiten, erwies sich am Abend
dieses Tages als mißlungen. Die im Herbstwetter grundlosen Wege
hielten den General von Hardenberg auf, welcher die Einschließung
der Franzosen vollenden sollte. Als die Nacht kam, galt es Quartiere
zu beziehen, und der getreue Biograph und Sekretär Ferdinands,
Westphalen, überliefert sogar den Wortlaut der Meldung des General-
adjutanten, die den Standort der englischen Verbündeten anzeigte:
„Monseigneur! C'est à Scharf-Oldendorf, où Mssrs. les Généraux
Anglois se trouvent en Quartier. Wickensen ce 5. de Nov. 1761.
D. Reden. Gen. Adj." Westphalen hat der Nachwelt eine ganze
Reihe anderer Details berichtet, den mühsamen Marsch des Generals
von Hardenberg betreffend; und aus des Hauptmann von Archenholz' Geschichte des Siebenjährigen Krieges wissen wir, daß das
dennoch auf dem Odfeld in der Nähe des Klosters Amelungsborn
zustande gekommene Treffen eine Menge Tote gefordert hat, „mit
deren Beerdigung 2000 Bauern drei Tage lang zu thun hatten". Es
war eine unruhige Zeit im Weserlande; das verlassene französische
Biwak bei Stadtoldendorf brannte so lichterloh, daß man anfänglich
„weder das Lager, noch das Defilee, in welchem dasselbe angelegt,
passiren konnte" (so erzählt der Herr von dem Knesebeck), und die
Bevölkerung hatte alle Unbill zu erdulden, die das Zivil zwischen
den kämpfenden Truppen zu treffen pflegt. Sie war es seit Jahren
gewohnt. Schon bei der Plünderung Halberstadts, so weiß wieder
Herr von Westphalen, blieb „kein Löffel . . . in den Haushaltungen,
und keine Dienstmagd ist sicher geblieben, ihre Schuhschnallen auf
den Füßen zu behalten". Das Heer der Verbündeten Friedrichs
unter dem General Luckner, dem Erbprinzen von Hildesheim, Lord
Granby und dem verspäteten Hardenberg verfuhr kaum sanfter als
seine Gegner unter dem Herzog von Broglio und dem Herrn von
Poyanne. Der Ausruf traf gewiß die Wahrheit, der sich den Lippen des
Herzogs Ferdinand in Raabes „Odfeld" entrang: „Quelle guerre!
welch ein Krieg! welch ein Krieg, welch eine Schlächterei ohne Ende!"

Dieser Ausruf ist Raabes Erfindung; aber die Einzelheiten, welche die Historiker des Siebenjährigen Krieges über den 5. November 1761 festhalten, sind in diesem Buch (wie andere Einzelheiten in anderen Büchern Raabes) so getreulich benutzt, daß die Literaturwissenschaftler eine beliebte These unterstützt finden könnten: „Seine Stärke lag in der Gestaltung der Charaktere, nicht der Handlung"; so schreibt etwa F. Martini in seiner Literaturgeschichte, und dem flüchtigen Blick könnte es scheinen, daß er recht hat. „C'est à Scharfoldendorf, où messieurs les généraux anglais se trouveront en quartier. Wollen Sie die Dispositionen treffen, Westphalen ..." befiehlt der Herzog im „Odfeld", ganz dem Adjutantentext folgend, den der hier in der Fiktion Angeredete später berichtet hat. Daß die Franzosen ihr „Lager bei Stadtoldendorf in Brand gesteckt haben, um uns die hohlen Wege durch Feuer und Qualm zu sperren", entspricht so wörtlich der Überlieferung, wie die Erinnerung der wackeren Magd Wieschen an den Marquis le Voyer d'Argenson, der „keinen Silberlöffel im Schrank" gelassen hat: „... ich habe ihm mit allen andern Mädchen in unserm Dorfe und in der Stadt Halberstadt meine Halsspange und Schuhschnallen hergeben müssen in seinen Raubsack." Sogar der Name des Mannes, der der eigentliche Held im „Odfeld" zu sein scheint, ist nicht erfunden. Der „überzählige Kollaborator" und ausgediente Schulmeister Noah Buchius führt sich auf den zweiten protestantischen Abt des ehrwürdigen Klosters Amelungsborn zurück, der wiederum auf bemerkenswerte Weise mit dem ersten, Andreas Steinhauerius, verknüpft ist: „Sein Ururgroßvater Veit Buchius folgte dem alten Andreas nicht nur auf den Abtstuhl, sondern auch im Ehebett." Raabes Quelle meldet das so: „Vit Buchius, der im J. 1608 starb, war Steinhauers Nachfolger in der Würde, wie in der Ehe, denn er heirathete dessen Wittwe."

Eine historische Erzählung also, wie sie das 19. Jahrhundert gerade zur Entstehungszeit des „Odfeld" (1886/87) in großen Mengen hervorbrachte? Raabe selbst spricht von seinem gründlichen Studium, „von den Folianten, Quartanten, Pergamenten und Aktenbündeln", und es ist deutlich, daß die Geschichte des 5. November 1761, wie sie das „Odfeld" beschreibt, sich auf solide Fakten gründet. Mehr als das: auf überkommene Einzelheiten aus dem großen Gewebe des Tatsächlichen, welche für dessen Zusammenhang an sich gleichgültig sind. Der Wortlaut einer Meldung, der Feuerqualm in einem Hohlweg, die Schuhschnallen einer armen Magd sind für den Gang der großen Historie unerheblich. Der Name Buchius ist es auch; aber Raabe hat es für nötig gehalten, seinen Magister Buchius zum Abkömmling eines Mannes zu machen, der das Kloster Amelungsborn in Wirklichkeit während böser Zeitläufte verwaltet hat. Der Ururenkel ist Fiktion und hat „nicht einmal den Namen mit dem seligen Ahnherrn gemein"; aber was der Enkel in der Erzählung erlebt, hätte den Ahnherrn wenig verwundert „im Elend der Zeit". Von vornherein verankert Raabe seine Erfindung in der Geschichte, so, als ob er sie durch deren einzelne Züge bewahrheitet wissen wollte. Aber es ist nicht allein die Geschichte des im November 1761 gegenwärtigen Augenblicks, der sich mit Hilfe der chronikalisch gesicherten Schuhschnallen einer armen Magd verifizieren ließe; der Augenblick selbst wird auf vergangene Geschichte zurückgeführt, der alte, aus dem Schuldienst gestoßene Magister leitet sich ab vom letzten katholischen, dann übergetretenen Abt von Amelungsborn. Seine Genealogie, wiewohl nicht die leibliche, reicht noch weiter zurück: „Methusala zeugete Lamech; und Lamech zeugete einen Sohn und hieß ihn Noah und sprach: Der wird uns trösten in unserer Mühe und Arbeit auf Erden, die der Herr verflucht hat." Raabe fährt fort: „Möge der Trost, den wir persönlich aus dem alten Schulmeister, dem Magister *Noah* Buchius gezogen haben, vielen anderen zuteil werden."

Es ist dies viel Anciennität für einen armen Teufel, den die praktische Behörde zum Schuldienst untauglich befand, und viel Geschichte für die Schilderung der vierundzwanzig Stunden, die das Buch darstellt. Am Abend des 4. November, so berichtet Raabe selbst ohne jede Bezüglichkeit auf historische Quellen, sahen der Klosteramtmann von Amelungsborn und der emeritierte Lehrer ein so seltenes wie gewaltiges Zeichen am Himmel, die „Schlacht der Raben, der Vögel Wodans über Wodans Felde". Die Anwendung des Zeichens auf „den eben vorhandenen Tag" liegt nahe und bestätigt sich schnell. Am nächsten Morgen haben die Franzosen das Kloster besetzt und bringen es in böse Gefahr. Heimlich in der Nacht war des Magisters vormaliger Lieblingsschüler Thedel von Münchhausen an seinem alten Schulort eingetroffen, nachdem man ihn von seinem neuen relegiert hat. Er rettet die von ihm angebetete Amtmannstochter Selinde, vielleicht gar nicht erwünschtermaßen, vor dem Zugriff der Soldaten, die ihr Mütchen an Magister und Amtmann kühlen wollen. Dieser, jähzornig und erschreckt, läßt den friedfertigen Lehrer die überstandene Angst entgelten und weist ihn aus dem Hause. Über das Odfeld, auf dem der Zusammenstoß der kriegführenden Völker bevorsteht, zieht ein Zug von Heimatlosen in den trüben Novembertag: der dimittierte Magister, sein froher, relegierter Schüler Thedel, der zu den Soldaten strebende Knecht Schelze, der sich vom Amtmann gekränkt fühlt, mit seiner treuen

Braut Wieschen, und nolens volens die Mamsell Selinde, verehrt von dem Primaner Münchhausen. Der Magister führt den seltsamen Zug aus der Unsicherheit des Schlachtfeldes in die Geborgenheit einer Berghöhle. Aber auch diese Zuflucht erweist sich als unsicher: die den Franzosen Entronnenen werden von den Schotten als Verdächtige aufgegriffen und gerieten in neue Lebensgefahr, wenn nicht der gute Herzog Ferdinand von Braunschweig, bei einem zufälligen Zusammentreffen von der Not Wieschens gerührt und vom alten Magister beeindruckt, für die Rückkehr sorgte. Am Abend sind alle bis auf einen wieder im Kloster. Der junge Münchhausen liegt unter den zahllosen Toten des Schlachtfeldes, weil er den Truppen des Herzogs durch seine Kenntnis des Ortes hatte nützen wollen. Im Kloster aber ist alles wie am Abend zuvor; sogar der verwundete Rabe, den der Magister von der wunderbaren Rabenschlacht heimgebracht, hockt noch in der Zelle und wird nun ins Weite gelassen, wie Noah einst die Taube entließ: „O Kreatur, ach Rab, Rab, wohl ist dein Zeichen Wahrheit geworden! Sie liegen bei deinen Kameraden in Campo Odini und weit rundum verstreut, meine Brüder und unter ihnen meiner Seele Sohn im jammerhaften Säkulo."

Wer das Buch kennt, wird bei solcher Zusammenfassung das Gefühl nicht unterdrücken können, daß sich das Eigentliche zwischen den festen Daten der Handlung verflüchtigt hat. So gleichgültig wie das von Raabe aufgegriffene historische Detail für den Verlauf der Geschichte, so inkommensurabel scheint der bloße Stoff im Verhältnis zum Ganzen des Buches. Das viele Reden über Raabes „Realismus" erweist seine ganze Fragwürdigkeit angesichts der Bemerkung, daß das Tatsächliche hier an sich nichts ist. Der Schauplatz ist dem Autor enge vertraut als heimatliche Landschaft und überdies genau bestimmt nach den topographischen Daten des Blatts Nr. 60 im „Topographischen Atlas des Königreichs Hannover und des Herzogthums Braunschweig". Aber selbst diese überdies an einem ganz bestimmten Tage vorgeführte Lokalität läßt die bestimmte Anschaulichkeit vermissen, die etwa Kellers oder Storms Landschaften haben, welche die Atmosphäre Niederdeutschlands oder das kräftige Leben der Schweiz wiedergeben. Wenn man vom „Odfeld" sagt, es bringe mit Raabes übrigen historischen Erzählungen „Menschen, Landschaft und Atmosphäre zu sinnenhafter und hintergründig bedeutsamer Anschaulichkeit", so läßt man sich von den Merkmalen literarhistorischer Periodisierung leiten, nicht aber von der Absicht des Autors. Sie ist den Tendenzen der Zeit genau entgegengesetzt und will weder „Atmosphäre" noch Realität, und wenn sie Geschichte zeigt, so nicht, um vorzuführen, wie es

am 5. November 1761 eigentlich gewesen sei, sondern um bewußt
zu machen, wie es immer war. Eben deshalb nimmt das „Odfeld"
in der Geschichte der deutschen Literatur einen bedeutenden Platz
ein: es ist gegen das positive geschichtliche Bewußtsein der eigenen
Zeit und gegen den herrschenden, auf „Realität" gerichteten „Kam-
merjungfer- und Ladenschwengel-Geschmack" geschrieben.

Man begreift das am besten, wenn man sich die Behandlung des
Lokals und der Geschichte genauer vergegenwärtigt. Der Autor
vermag das eine kaum zu nennen, ohne das andre zu bedenken,
Wenn die kleine Fluchtgesellschaft durch den „kalten, nassen.
magenleeren, frostigen, bellonaumdonnerten Novembermorgen"
zieht, so hat sie wenig Sinn für anschauendes Verweilen, und auch
das Gespräch bleibt nicht bei einem Gegenstande. Die vermutliche
Absicht der Soldaten, der Hunger des müden Gauls, welcher die
Mamsell Selinde trägt, und die Frage nach dem Wege kommen zur
Sprache. Dabei läuft auch der Vers unter „Morgen woll'n wir Hafer
dreschen, / Den soll unser Schimmel fressen" und zieht auf dem
Wege der Assoziation andre alte Verse nach sich: „Seinen Reim,
Herr von Münchhausen, haben sie schon zu andrer, früherer Zeit
gesungen. In meiner Stube steht auf einer Fensterscheibe einge-
graben:

> Fleuch, Tylli, fleuch,
> Aus Untersachsen nach Halle zu,
> Zum neuen Krieg kauf neue Schuh!
> Fleuch, Tylli, fleuch."

Die gegenwärtige Flucht wird in ein Verhältnis gesetzt — durch
das bloße Zitat — zur vergangenen, der gegenwärtige Krieg zum
Dreißigjährigen. Und das erste Wort über den schützenden Berg
verzichtet auf jede „sinnenhafte Anschaulichkeit"; es stellt die
Landschaft durch die bloßen Flurnamen in den Zusammenhang der
Geschichte, den die Kinderverse vorbereitet haben. „Und da sind
wir am Berg! Und da im Ost guckt der Till heraus aus dem
Gewölk. Hinter ihm ist der Pikkolominigrund. Da soll der Herr
Feldmarschall Tilly ja wohl auch vordem eine große Bataille gewonnen und dem Berg seinen Namen gegeben haben!" Allein der
Blick auf den Berg hält nicht an bei der noch naheliegenden Zeit
des dreißigjährigen Elends, auch nicht bei dem lange toten Vor-
gänger in des Magisters Zelle, dem Bruder Philemon, der „vielleicht
auch gewandert auf der Flucht, grade auf diesem Pfade der Wildnis".
Dem Magister kommt ein Vers aus dem Evangelium des Markus in
den Sinn: „Alsdann, wer in Judäa ist, der fliehe auf das Gebirge;

und wer mitten darinnen ist, der weiche heraus; und wer auf dem Lande ist, der komme nicht hinein." Thedel von Münchhausen hat eine kecke plattdeutsche Fassung, die den gleichen Sachverhalt trifft: „Krup unner, krup unner, / De Welt is di gram!"

Ununterbrochen bezieht Raabe die gegenwärtige Stunde auf vergangene Zeiten; die Einmaligkeit des Augenblicks wird relativiert, indem sie sich als bloße Wiederholung vergangener Augenblicke enthüllt. Vielleicht war schon der Bruder Philemon auf diesem Wege, den die verfolgten Juden hatten gehen müssen; gewiß war der Magister nicht der erste, der die schützende Höhle entdeckte und gebrauchte, „so des Herrn Hand in der Wildnis zum Unterschlupf für seine gejagte Kreatur wundervoll ausgehöhlet hat". An Anschaulichem erfahren wir fast nichts über den „Stein- und Waldwinkel". Um so mehr erhält die Zuflucht geschichtlichen Ort, die der Magister sich schon vordem zunutze gemacht, wenn ihm das Kloster zu unruhig war: „Heute — jetzt seid ihr alle — auch Er, lieber von Münchhausen, hier willkommen, wo ich mir bei den Tieren der Wildnis als Einsiedler ein Unterkommen ausgemachet hatte." Der Magister hat nicht mehr seine „thebaische Wüste ganz für sich allein" und hat sie, strenggenommen, nie für sich allein gehabt. Denn vorher hat schon der „Troglodyt" den „heimeligen Ort für sich eingerichtet", wie die Funde lehren, welche der geschichtskundige Buchius seinem Museum einverleibt. Der Name des Aeneas und der Dido fällt, und „mitten in dem wilden Wald des achtzehnten Säkulums" erinnert die Weisheit des Konversationslexikons an Zeiten vor aller Historie: „Dolomit-Rautenspat, Braunbitterspat, Bitterkalk, Mineral, farblos oder gefärbt ... ist als Braunspat eisenhaltig und bildet als Gestein groteske Felsbildungen und ist *höhlenreich*." Dem Leser wird an keiner Stelle dieses Buches gestattet, ganz bei der Gegenwart zu verweilen. Jeder Moment, jeder Ort ist mit Vergangenheit verbunden, Historie und Augenblick, mythische und gar geschichtslose Zeiten gehen ineinander auf. In der Höhle hatten sich schon die Cherusker, schon der „arme Sünder und diluvii testis, der Sündflut Zeuge", das Lager bereitet; indem der Magister das gleiche tut, erweist er sich als ein enger Verwandter, die Zeit als eine einzige Zeit. Wie sein Namensvetter Noah in die Arche, so steigt er in den Erdenschoß bei währender Sintflut.

Raabe behandelt also die Realität keineswegs um ihrer selbst willen. Sie erscheint ihm — wie jedem Erzähler von Rang — erwähnenswert nur, insofern sie mit dem Fortgang seiner Erzählung in unmittelbarem Zusammenhang steht. Auch dieser Fortgang ist nicht darauf angelegt, den Leser allein in Anspruch zu nehmen. Die Handlung eröffnet Einsichten, welche über sie hinausweisen, die Erscheinungen der Wirklichkeit haben einen uneigentlichen, den vom Dichter ermöglichten Kunstcharakter. Er ist allerdings nur im Hinblick auf die vereinzelte Erscheinung uneigentlich; insofern diese im Ganzen der Erzählung ihren Platz hat und aufgeht, macht der Kunstcharakter das eigentliche Wesen des Ganzen aus. Raabe ist an keinem anderen als solchem Kunstcharakter interessiert. Die Schilderung der Wirklichkeit erschien ihm „höchstens nur ein interessantes Lesewerk", und er war überzeugt, „es veraltet nichts leichter als die empirische Prosa". Mit solchen Überzeugungen stand er gegen seine Zeit, und wenn man den sehr vagen Begriff vom Realismus in herkömmlicher Weise als den einer Kunstrichtung versteht, die in der Wiedergabe empirisch-anschaulicher Wirklichkeit ihren Sinn findet, so war er ein entschiedener Antirealist. Es gibt wenig deutsche Dichter, welche die Wirkungen einer sinnfälligen Imagination weniger nützen; aber es gibt auch nicht viele, die mit größerem Kunstverstand vorgehen als der alte Raabe.

Allein die Behandlung der Höhle im Ith sollte das deutlich machen. Ihre Funktion im Ablauf der Handlung ist einfach: sie ist das Versteck, das dem Magister und seiner Schar schließlich keinen hinlänglichen Schutz zu bieten vermag. Ihr „empirischer Charakter" erfüllt eine Bedingung, auf welche die neuere Epik ungern verzichtet: er ist wahrscheinlich. Wahrscheinlich ist, daß der Magister die Höhle kennt (wie auch der waldkundige Knecht Schelze), wahrscheinlich ist, daß die Geologie des Ith solche Höhlen zuläßt: „. . . höhlenreich, sagt heute die Wissenschaft oder das Konversationslexikon." Aber schon am Anfang des Buchs, angesichts des ungeheuren Portentum am Himmel, zeigt sich, daß mit „den exakten, den empirischen Wissenschaften . . . des neunzehnten Jahrhunderts" kein Verstand der Sache zu gewinnen sei. Die „ornithologische Aufklärung" vermöchte den „Kampf des Gevögels" wohl wahrscheinlich zu machen oder zu erklären, aber sie begreift nichts von dem Charakter, den der Kampf zumindest im Ganzen der Erzählung erhalten hat: „wir lassen uns heute noch gern da an den Zeichen in der Welt genügen, wo besser Unterrichtete ganz genau das — Genauere wissen."

Das Genauere erweist sich als weniger genau. Die Funktion der Höhle, auf die es Raabe vorzüglich ankommt, wird erst ermöglicht, indem der Ort seine einmalige Position verliert. Aus der Höhle am 5. November 1761 wird eine Fluchtstätte zu aller Zeit; der Dolomit des Ith unweit der Weser wird zum Gebirge Judäas, der deutsche Wald zur thebaischen Wüste: überall und immer hat der Mensch

sich eine Zuflucht suchen und dem Rat des Magisters folgen müssen:
„. . . stehet oder sitzet und gewöhnet eure Augen an die Finsternis."
Raabe schafft sich diese Möglichkeit keineswegs mit den Mitteln
eines traditionellen Symbolismus. Auch hier unterscheidet er sich
von seinen Zeitgenossen wie von seinen Vorgängern, welche in der
immer äußerlicheren Nachfolge Goethes sich darauf beschränken,
den Sinngehalt an die Wahrscheinlichkeit der Erscheinung zu binden.
Das Gebirg in Stifters „Nachsommer" ist sehr genau geschildert,
und im Zusammenhang von Heinrich Drendorfs Bildungsgang die
Stufe der höchsten Einweihung in die sinnvolle Größe der Natur.
Die Wasserrose in „Immensee" lebt von der traditionellen Funk-
tionsweise des lyrischen Natursymbols, welches seine Glaubhaftig-
keit noch durch „Stimmung" zu erhöhen sucht: „. . . das Ufer lag,
wenn er sich umblickte, in immer ungewisserem Dufte hinter ihm."
— „Mir saß er schon lange", so schrieb Raabe in einem Brief über
Storm, „,in lauter Duft;' aber bloß in seinem eigenen." Der spätere
Raabe verschmähte einen Symbolismus, der von der bloßen Erscheinung ausgeht, vielleicht, weil er der Erscheinung nicht mehr
gewiß genug, vielleicht auch, weil ihm die Abnutzung dieses Mittels
bewußt war. An die Stelle des überlieferten Natursymbols tritt bei
ihm — außer der Metapher — das Kunstsymbol, welches seinen Sinngehalt nicht an sich durch die bloße Erscheinung hat, sondern durch
die dem Kunstganzen eigentümlichen inneren Relationen erhält.
Die topographischen Orte im „Odfeld" sind in dem Maße symbolische Orte, wie sie geschichtliche Orte sind. Das ewig Gültige wird
als in der Geschichte Dauerhaftes sichtbar und relativiert eben dadurch die einmalige Besonderheit, ohne sie aufzuheben. Um das
möglich zu machen, zitiert Raabe, und zwar nicht nur überlieferte
Texte, sondern auch die Fakten der Historie selbst.

Herman Meyer hat in einem schönen Buch Raabes außerordentliche Zitierkunst mit derjenigen von Autoren der Weltliteratur
auf eine Stufe gestellt. Dem poeta doctus — der freilich, um begriffen
zu werden, auch eines gebildeten Publikums bedarf — ist mit dem
Zitat ein wirksames Kunstinstrument gegeben. Der ganze Wirkungs-
kreis der vorgefundenen Formulierung steht ihm zur Verfügung,
und mit ihr der Zusammenhang, dem sie entstammt. Fast nach
Belieben kann er sich ihrer bedienen und sie als Abbreviatur, als
Kommentar, als Zeichen benutzen. Er kann das Zitat wiederkehren
lassen oder verwandeln und so im eigenen Werke Hinweise setzen,
Vor- und Rückbeziehungen schaffen und Winke geben, wie es die
mit Notwendigkeit gebrauchten Realien in den Werken des ersten
Ranges besser vermögen als etwa Storms Wasserrose. Das Zitat

erschließt, sei es, daß es die Einsicht erweitert, oder sei es, daß es
eine Folie abgibt, auf deren Grund das Gegenwärtige wesentlich
erkennbarer wird, sei es, daß es als bloßer Hinweis dem Leser zu
Hilfe kommt. Wie anders ist die Lage der Flüchtlinge in ihrer Höhle
als in derjenigen des „frommen Aeneas und der schönen Frau Dido",
mag auch der junge Herr von Münchhausen sich in die Rolle des
Helden und die schöne Selinde in die der Königin träumen. Wieviel
besser begreift man die einmalige, nun nicht mehr einmalige Situation
beim Eintritt in das Dunkel der Erde, wenn der Magister seinen
wohlvertrauten Propheten Jesaja zitiert: „Es sollen wohl Berge
weichen und Hügel einfallen; aber meine Gnade soll nicht von dir
weichen." Das ganze Elend der wechselnden Geschichte wird mit
dem „Fleuch, Tylli, fleuch" in seiner Beharrlichkeit hervorgerufen,
und das „Alsdann, wer in Judäa ist, der fliehe auf das Gebirge"
weist auf noch ältere Not, noch ältere Verheißung.

Aber das literarische Zitat ist nicht Raabes einzige, obwohl sehr
beliebte Zitatform, welche die Gegenwart mit vergangener Erfahrung verbindet, ja manchmal schon die Wiederkehr in der Zukunft
mit Versen vorwegnimmt, die zu Buchius' Zeiten noch gar nicht
geschrieben waren. Raabe zitiert außer der Bibel, Vergil, Horaz,
Hofmannswaldau, Lessing, Bürger, Boethius, Martial, Goethe und
Gleim auch die Geschichte selbst. Die gegenwärtige Person und das
gegenwärtige Faktum werden multipliziert mit vergangenen Personen und historischen Fakten. Als der Junker von Münchhausen
aus der Ithhöhle wieder ans Tageslicht steigt, wird ihm beiläufig
der Beiname eines „umgekehrten jungen Curtius" zuteil. Die Wendung, über die man leicht hinwegliest, setzt den noch harmlosen
Augenblick in eine schicksalsschwere Verbindung. Die Erdkluft,
welche sich nach der Sage auf dem römischen Forum erst schloß,
nachdem der edle junge Marcus Curtius zu Roß und im Schmuck
der Waffen als Opfer sich hineingestürzt, gibt hier den Junker frei,
der sich bald zu Roß und im jugendlich ersehnten Waffenschmuck
zu Tode opfern wird auf dem Odfeld. Mit einem einzigen Namen
wird so Vor- und Rückdeutung gegeben. Thedels Schicksal, so hart
es den Magister trifft, ist nicht mehr nur Thedels Schicksal — die
Geschichte hat es vorgebildet, wie fast alles, das sich im Augenblick
als Besonderes darstellt. „Wie ein richtiger alter Römer beim Einbruch der Gallier", so heißt es vom Magister, „wollte er auf alles
gerüstet und gefaßt sein. Es war auch nur ein Unterschied in der
Zeitenfolge und im Kostüm ..."

Durch das Zitat der sagenhaften oder historischen Vorgänge
bringt Raabe die consecutio temporum wohlunterschiedener und in

ihrem eigenen Werte begründeter Zeiten durcheinander. Im Getümmel des Morgens, als die Franzosen das Kloster besetzen, entwischt Thedel dem Magister: „Der gute Junge hatte schon sein möglichstes getan, daß er sich zuerst und so lange dem Vater Anchises gewidmet hatte; jetzt hörte er Crëusen schreien, und krachend schlug die Tür der Zelle des Bruders Philemon hinter ihm ins Schloß." Die Anspielung auf Vergil ist nicht nur ironisch, die Parallele nicht vollkommen; aber doch brennt Troja in Amelungsborn, das „vos agitate fugam" ist der gleiche Ratschlag wie das „Fleuch, Tylli", wie das „fliehe auf das Gebirge". Und wenn die Jungfer Selinde auch nie wie Crëusa entrückt wird, so vermag sie doch „vociferans gemitu tectum omne" zu erfüllen, und der römische Thedel eilt, ein zweiter Aeneas, herzu. Der Übergang aus dem gegenwärtigen in den sagenhaften Zeitraum geschieht ganz unvermittelt und bedarf für Raabe keiner Begründung. Sie liegt im Wesen der menschlichen Verhältnisse überhaupt und macht den Unterschied der Zeitenfolge zu einer bloßen Kostümfrage. Deshalb können im gleichen Satz drei historische Zeiten durcheinandergehen: der Aeneas Thedel, den Magister Anchises verlassend, schlägt die Türe „der Zelle des Bruders Philemon ... ins Schloß". Ob Philemon, ob Buchius — die Stätte stiller Betrachtung bleibt die gleiche und gewährt, wie das ganze Kloster, ehe eine aufgeklärte Behörde in der Stadt den Weltereignissen näher zu sein glaubte, einen nun gefährdeten Frieden.

Man würde sich irren, wollte man nur eine stilistische Eigentümlichkeit in der anhaltenden, oft witzigen Konfrontation der Zeiten erblicken. Sie entspringt keinem metaphorischen Spieltrieb und ist als Konfrontation bemerkenswert, insofern sie die Unterschiede der konfrontierten Erscheinungen aufhebt. Der „Herr von Belsunce" zieht zu Felde im Thiliti-Gau; der Abt von Amelungsborn Theodorus Berkelmann regt sich auf Patmos; der Magister blickt auf zu Zeus, dem Wolkenversammler; jeden Weg und Steg des heiligen Bernhard kennt Thedel; die Einsiedelei des Buchius liegt in der thebaischen Wüste; der Leser mag sich die zahlreichen Beispiele Raabescher Geschichtsmischung um weitere vermehren. Er wird finden, daß hier keineswegs nur ein „Humor" am Werke ist, der „im stillen wissenden Lächeln die Zwiespälte versöhnen will"; und schon gar nicht „geht es ihm in der Geschichte um ein dauerndes deutsches Schicksal und Wesen". Es geht um die Geschichte selbst, die das Bewußtsein des ausgehenden neunzehnten Jahrhunderts so mächtig beherrscht wie die neuentdeckte Natur dasjenige des späten achtzehnten. Raabe desillusioniert das historische Bewußtsein, so wie

Werther das Naturbewußtsein seiner idyllischen Züge radikal ent-
kleidete: „... der Schauplatz des unendlichen Lebens verwandelt
sich vor mir in den Abgrund des ewig offnen Grabs. Kannst du
sagen: *Das ist!* da alles vorüber geht? ... Ich sehe nichts, als ein
ewig verschlingendes, ewig wiederkäuendes Ungeheuer." Am
Himmel des Odfelds ziehen die Raben, „wohlgeatzet von den west-
fälischen und landgräflich hessischen Champs de bataille ... Aber
jetzt ist ihre Kost dorten minder geworden und nun ziehen sie auf
neuen Raub nordwärts, voran den assyrischen Feldobersten, den
Herren von Soubise und Broglio!" Wenig später, angesichts des
gewaltigen Portentum und Prodigium „wie bei Châlons sur Marne
— über den Katalaunischen Feldern", sagt der vom Wolfenbütteler
Konsistorium für überflüssig erachtete Magister: „... ist es nicht,
als ob die, so am Idistaviso schlugen, die, so dem Kaiser Karolus
Magnus und dem Herzog Wittekindus in die Bataille folgten, auf
dem alten Blutort wieder lebendig worden wären?"

Raabe hat über den „alten Blutort" gesagt, „daß der eigentliche
‚Held' des Buches das *Odfeld* selber und nicht der Mag. Buchius,
der Junker von Münchhausen oder der Herzog Ferdinand von
Braunschweig usw. ist". Es ist ein objektivierter „Held", ein bloßer
Schauplatz der Zeit von „Anbeginn", ein historischer τόπος. Als
solcher macht er den Zusammenhang der geschichtlichen Zeit als
einer einzigen darstellbar und konstituiert zugleich die Einheit der
Erzählung, deren strenge Form bewundernswert ist. Von vornherein ist das Odfeld als „Odins Kriegs-, Jagd- und Opferfeld", als
„Götter-, Geister- und Blutfeld" nicht nur die Stätte, wo soeben
die Völker des Herzogs Ferdinand mit denen der Herren von
Broglio, Poyanne und Rohan Chabot zusammenstoßen. Es ist
immer auch der Platz, wo Germanicus mit dem Cherusker Hermann
zusammenstieß. Die von Raabe dem Holzmindischen Wochenblatt
entnommene Identifikation wird nicht von der Wissenschaft, wohl
aber von der Schilderung des Ortes ermöglicht, welche Tacitus
gibt; „er liegt zwischen der Weser und den Anhöhen und wird
bald weiter, bald enger, so wie die Ufer sich abkrümmen oder die
hochragenden Berge sich einwärts sträuben. Zur Seiten erhebt sich
ein Wald von hochstämmigem Holz und — nacktem Boden zwischen
Baumstümpfen." Wie auf diesem „bösen Gehäge" Römer und
Germanen aufeinandertreffen, so treffen Karl und Widukind, Franzosen und Deutsche, Liga und Schwede aufeinander im Thiliti-Gau.
Warum nicht auch die „assyrischen Feldobersten", wenn schon jede
Schlacht eine „Rabenschlacht" ist? Der „alte Blutort" versammelt
Zeiten und Völker und wächst in Dimensionen, welche sich dem

nationalen Provinzialismus gänzlich entziehen, auf den man bis heute Raabe so gern festzulegen sucht. Die geschichtliche Welt selbst steht immer wieder auf dem Odfeld auf dem Spiel: „... wo gestern die schwarzen Vögel gestritten hatten, sammelten sich die luftigen, lustigen Geschwader in Gold und Rot und Blau, in Silber und Weiß und Grün und Gelb: Champagne und Limousin, Dragoner von Ferronays und du Roy, Freiwillige von Austrasien, Grenadiers von Beaufremont... Tote, Sterbende und Verwundete aus allen Völkerschaften vom Löwengolf bis zum Cap Wrath, von der Bai von Biscaya bis zum Steinhuder Meer und in die Lüneburger Heide." Und wenn Raabe in seinem Motto vom Schicksal Deutschlands spricht, daß, „wenn über die Grenzen am Oronoco Zwist entstand, er in Deutschland mußte ausgemacht, Kanada auf unserm Boden erobert werden", so tritt erst recht das Odfeld hervor als ein „Zeichen des großen Krieges aller gegen alle in Europa und Amerika" – ein Zeichen der Weltgeschichte. Mit der sorgfältig-kunstvollen Form der Entsprechung, welche die Erzählung auszeichnet, greift Raabe am Ende auf dem Odfeld nochmals die lebensvollbunten Farben auf, die er anfangs den lustigen Franzosen zugeschrieben hatte. Jetzt werden sie von allen getragen, „übereinander gestürzt Frankreich und England und – Deutschland dazwischen; Rot und Blau, Grün, Gelb und Weiß, silberne Litzen und goldene, Bajonett und Reitersäbel durcheinander geworfen: vieles dermaleinst des Ausgrabens und Aufbewahrens in Provinzialmuseen wert". Aus dem bunten Leben ist vergangene Geschichte geworden, über die das Gras des Odfelds wächst. Ein künftiger Buchius wird auch Thedels Waffen unter die historische Sammlung in seiner Zelle einreihen und mit einem Zettel von den anderen „risiblen Allotriis" unterscheiden: „... auf der Mäusebreite, Stadtoldendorfer Feldmark aufgegraben. Wie mir däucht, eines teutschen Offiziers Kaisers Karoli Magni Gewaffen. Doch lasse ich dieses besseren Gelehrten anheimgestellt sein."

Die so vom Schauplatz begründete innere Einheit der Erzählung stellt sich als Einheit der Form dar. Die Unendlichkeit zeitlichen und geschichtlichen Wesens wird für Raabe in der Beschränkung aussprechlich, welche Ort und Zeit der Handlung bedingen. In einem einzigen Tageslauf ist der Lauf der Welt sichtbar, ein einziger Schauplatz zeigt den Lauf der Zeit auf dem Odfeld, auf „dem alten Geschichts-, Geister- und Zauberboden". Er ist die Mitte der Geschichte, im übertragenen wie im wörtlichen Sinne. Das Buch hat mit 25 Kapiteln einen sehr symmetrischen Aufbau, der nicht ausgeklügelt sein, vielmehr die Imagination in ein einleuchtendes

Verhältnis zum Gegenstande setzen will. Zwei einleitende Kapitel geben in einer ersten Verschlingung der Zeiten die Vorgeschichte des Klosters; das dritte schildert mit unabweislicher Eindringlichkeit das große Portentum über dem Odfeld, vom Magister und dem Amtmann erlebt. Das drittletzte Kapitel zeigt die — diesmalige — Erfüllung des Vorzeichens: wieder auf dem Odfeld findet der Magister das frische Leben Thedels ausgelöscht, sinnlos für alle, nur nicht für das Opfer selbst. Die zwei Schlußkapitel leiten zum Ausgang zurück. Ein versöhnter Amtmann empfängt den ins Kloster heimkehrenden Magister, der seine Zelle geschunden, aber nicht zerstört antrifft. Der Kreis hat sich geschlossen, das Ganze scheint zurückgekehrt in seinen eigenen Anfang, und die mit der Entsprechung von Beginn und Ende von jeher verbundene ästhetische Befriedigung wäre ungetrübt, wenn ein solcher Zirkel nicht auch auf die Möglichkeit der Wiederholung deutete, die sich so mächtig auf diesem Schauplatz erwiesen hat. Der Rabe fliegt aus Noah Buchius' Zelle, keine Friedenstaube, sondern ein dunkler Gast, welcher ferner ausrichten wird, wozu er „mit uns andern in die Angst der Welt hineingerufen worden". In der Mitte des Zirkels liegt wieder das Odfeld: auch das dreizehnte, das zentrale Kapitel hat es zum allerdings undurchdringlichen Schauplatz. In tiefstem Nebel treffen die Exilierten auf dem Odfeld zusammen; der Magister, der arme Knecht, die treue Magd, und der muntere Junker mit seiner Selinde wird sogleich noch dazustoßen: „... und wir kennen unter unseren lebenden Bekannten nicht viele, mit denen wir lieber betäubt, verwirrt, unfähig zu begreifen, uns zu fassen im Kreise taumelten und — wieder fest auf die Füße gelangten."

Eine so greifbare Proportionierung ist alles andre als Spielerei. Sie hat innerhalb des Buches zahlreiche Entsprechungen, wie sie dem bedeutenden epischen Kunstwerk stets eigen sind. Abwandelnde Wiederkehr, die Grundlage eines jeden Stils, ist auch hier am Werke und mit großem Kunstverstand verwirklicht. Diese Verhältnisse sind nicht mit Zahlen zu fassen, alle entspringen einem ordnenden Bewußtsein und vermögen, erkennt man sie, dem Bewußtsein des Lesers angesichts eines so bedrängenden Ganzen zur Ordnung zu helfen. Das Netz der Entsprechungen, die Spiegelungen und Widerspiegelungen rechtfertigen Raabes stolzes Wort an seinen Verleger: „Es ist vom Titel bis zum Schlußwort keine Zeile in dem Werk, die nicht dreimal im Feuer und auf dem Ambos gewesen ist und — dies wird auch herausgefunden werden." Fast unerschöpflich ist das Werk, wenn man erst einmal zu finden beginnt: da sind die Gegenbilder, das Odfeld selbst an der alten Köln-Berliner Landstraße, der

„nächste Weg in das blutige Elend"; das Kloster an seinem Rande,
mit seiner durch den Nebel klingenden Uhr, „die allein richtig ging
am hiesigen Ort in diesen Zeiten der Unrichtigkeit"; die stille Zelle
und die stille Höhle, Arche und Berg, Taube und Rabe; der kleine
Magister und der große Heerführer, die „im Strudel dessen, was
man die Menschheit nennt", im Vorüberreiten einander erkennen:
„Durchlauchtiger Herr und Herzog von Braunschweig, Lüneburg
und Bevern, ich bin auch aus Bevern."

Neben solchen offenbaren Entsprechungen der Erscheinung ist
das Buch durchzogen von Motiven, die, zunächst beiläufig gebraucht, durch ihre Wiederkehr Sinn erhalten und am Zusammenhang des Kunstganzen mitwirken. Sie erscheinen als Metaphern, die
erst im Fortgang der Handlung sich mit ihrer eigentlichen Absicht
erklären. „Dreißig Jahre Schuldienst als der Sündenbock und
Komikus der Schule" ist nur eine Anfangsbetrachtung über des
Magisters mühsames Leben. „Du bist freilich jetzt zu Hause, mein
wilder, guter Sohn, und brauchst nicht mehr auf der Welt Schul-
bänken auf und ab zu rücken" — die traurigen Worte bei Thedels Tod
bringen mit der Metapher vita schola die ganze Klosterschule zu
Amelungsborn in ein bedeutenderes Licht. „Nun denn, signa canunt!
Wir können leider keine speculatores voraufschicken. Gradaus!" Die
schulmeisterlichen Zitate aus dem kriegerischen Vokabular der
lateinischen Grammatik — „Wer sein Testamente noch in procinctu
machen will, der tue es" — rücken die vita bellum vor Augen, nur
zu angemessen auf dem Blutfeld: „... wir treiben uns alle — einer
den andern in den Krieg." Musjeh Thedels heimliche Wilderei in
den Weserwäldern, sein kecker Ausruf „Die ganze Welt ein einzig
lustig Jagdrevier" und das erstarrte lustige Lachen auf dem Knaben-
gesicht bei der letzten „Franzosenjagd" machen die vita venatio
deutlich. Das Netz solcher Hinweise ist sehr dicht über das ganze
Buch gespannt, dem überhaupt mehr ein metaphorischer Charakter
als ein symbolischer eigentümlich ist. Die Raabesche Technik der
Übertragung eines Zeitraums in den andern (der Magister Anchises)
und die Verwendung sich zeichenhaft erklärender Motive haben mit
der Notwendigkeit des ursprünglichen Symbols nichts zu tun.
Raabes Technik entspringt der freien Verfügungskraft des Dichters
und wird nicht so sehr der allem Symbolischen zugrunde liegenden
Anschauung, sondern weitgehend der Tradition und der Bildung
verdankt. Zeichen und Metapher herrschen vor und stellen wiederum
die häufige Phrase vom Realisten Raabe in Frage. Man kann sich
kaum eine unangemessenere Wendung denken als die, mit welcher
Pongs ein mit so viel verantwortlichem Kunstbewußtsein entstan-

denes Werk einführt: „Erst jetzt drängt zur Gestalt, was der nach
innen gewendete Symboliker seit langem mit dem inneren Traum-
sinn über dem Geschichtsgrund halb schlafend und doch ganz
beteiligt herausgehört hat."

Aber das ist Raabes Geschick von jeher, daß er der deutschen
Literaturmisere zum Opfer fällt. „Das Volk ist ja völlig befriedigt
mit dem mir abgestandenen Jugendquark: Chronik und Hunger-
pastor und läßt mich mit allem Übrigen sitzen." Das bittere Wort
aus dem Jahr 1902 hat lange Geltung behalten und mußte es wohl;
je mehr Raabe seinen eigenen späteren Stil entwickelte, um so mehr
setzte er sich der Tendenz nicht nur der eigenen Zeit entgegen. Das
gemütvolle Gefühlswesen war ihm zuwider, welches jenen Jugend-
werken anhaftet und sie einem breiteren Publikum genießbar machte.
Nicht minder zuwider war ihm die Absicht des Realismus, die
getreue Abbildung zum vorzüglichen Zweck der Erzählung zu
machen. „... was die Welt heute will: Panoramen und Photo-
graphien. Das Genie widmet sich im letzten Viertel des neunzehnten Jahrhunderts den ersteren, das bescheidene Talent legt
sich auf die letzteren." Solche Diagnose entstammt der Einsicht des
Leichenphotographen Bogislaus Blech, welcher in der sogleich nach
dem „Odfeld" begonnenen Erzählung „Der Lar" an die Stelle einst
gehegter künstlerischen Illusionen die Realitäten gesetzt hat. Nach
seinem eigenen Zeugnis brachte er dazu nicht bloß „Hand- und
Handwerksfertigkeit, sondern auch Geist, Gemüt — Herz" mit.
„... ich kam nur einem längst gefühlten Bedürfnis nach, und was
das ethische Moment anbetraf, nun, so legte ich in meinem Schau-
kasten nur einen nackten Schädel neben das nackte Fleisch."

Die derart boshaft bezeichnete Richtung (die allerdings nicht bos-
hafter als diejenige Storms beurteilt wird) lenkte ihr Augenmerk ja
nicht allein auf die Gegenwart, sondern auch auf die Historie. In
beiden Fällen ging es ihr um die „Treue und Wahrheit", die etwa
W. Scherer an Gustav Freytags historischen Romanen lobte: „Aber
allerdings, der Culturhistoriker liefert ihm ein Material, so exact, so
zuverlässig und fein präpariert, wie es bisher vom historischen
Romane noch kaum verwerthet worden ist. Hierin waltet dasselbe
Streben nach Treue und Wahrheit, wie es von den Costümen unserer
Theater und von den historischen Genrebildern unserer Galerien
verlangt wird." Raabe hat einen vollkommen anderen Begriff von
Treue und Wahrheit und hätte wohl Scherers Lob für Freytag, daß
sein Roman die Historiker beschäme, nicht für sich in Anspruch
genommen. Er will kein Panorama, und er stellt die Geschichte
nicht dar, um zu zeigen, wie es eigentlich, sondern wie es immer

gewesen ist. Seine Erzählung ist ein Kunstwerk, kein Geschichts-
werk. Sein Zweck ist nicht die Vergegenwärtigung der Zeiten des
Siebenjährigen Krieges in Niedersachsen; vielmehr dient ihm das
wenige, was daraus mit Gewißheit überliefert ist, zur Vergegenwärtigung eines an sich unaussprechlichen, alle jeweilige Geschichte
übersteigenden Zusammenhangs. Von den silbernen Schuhschnallen
der armen Magd und vom brennenden Lager kann er mit Gewißheit
sprechen — aber welche Art von Gewißheit ist das: ein kleines
Detail aus unergründlichen Kombinationen, ein bißchen erreichbare
Wirklichkeit in einem unerreichbaren Zeitraum. Die Wahrheit der
Geschichte offenbart sich in den Träumen des Magisters und der
dummen Selinde; am Ende des Traumes stürzt der Träumende „aus
dem Sonnenschein, dem lichten Tage, hinab ins Dunkel und in die
Wirklichkeit hinunter und zurück".

Die Wirklichkeit ist das Dunkle („. . . stehet oder sitzet und
gewöhnet eure Augen an die Finsternis"), erfüllt vom „Getöse des
Tages, der immer morgen auch schon hinter uns liegt, als ob er vor
hunderttausend Jahren gewesen wäre". Es gibt kein „Material, so
exact, so zuverlässig und fein präpariert", daß es diese Kluft zu
überbrücken vermöchte. Der Optimismus historischen Erkennens,
welcher den üblichen historischen Roman begründet, ist Raabes
Betrachtungsweise vollkommen entgegengesetzt. Die Vergangenheit des Odfelds ist nicht abgeschlossen und präpariert, sondern
enthält alle Rätsel der Vergangenheit und alle Ungewißheit der
Zukunft. Auch diese kommt zur Sprache, wiederum mit Hilfe des
Zitats; die betrübliche Gegenwart, die man mit Augen sehen kann,
hat der Magister „so deutlich vor sich, als — ob er's beim Iburgischen
Schloßprediger Kampf gedruckt gelesen habe". In der Vergangenheit schon hat der wackere Theologe die Gegenwart als eine Zukunft
gesehen, indem er den Wegen nachging, „durch welche Menschen
zu einer Wissenschaft der Stunde ihres Todes zu gelangen pflegen".
Die barocke Lektüre des Magisters, „Der wunderbare Todes-Bote /
oder / Schrift- und Vernunftsmäßige Untersuchung / Was von den /
Leichen-Erscheinungen / Sarg-Zuklopfen, Hunde-Heulen / Eulen-
und Leichhüner-Schreyen, Lichter- / Sehen, und anderen Anzeigun-
gen des / Todes zu halten / Aus Anlaß / Einer sonderbaren Begebenheit / angestellet / und ans Licht gegeben / Von / Theodoro Kampf /
Schloß-Predigern zu Iburg / Lemgo, in der Meyerischen Buchhand-
lung / 1756" — solche barocke Lektüre ist kein antiquarisches
Kuriosum. Vielmehr rückt die gläubig-abergläubische Betrachtung
die Vergangenheit so vor Augen, als ob sie noch Zukunft wäre,
eine Zukunft zum Tode. Indem Raabe das alte Buch zitiert, zitiert

er die Geschichte als noch nicht geschehen und doch schon gewiß; des Magisters Wort bei der Lektüre erhält merkwürdigen Tiefsinn: „Wie doch das Studium dem Menschen über die Zeit hinweghilft — von Ewigkeit zu Ewigkeit, Amen." Die Zeichen, welche der Hofprediger berichtet, sind dem großen Praesagium über dem Odfeld verwandt. Zitat und Bericht, Gegenwart, Vergangenheit und Zukunft sind ineinandergefügt und lassen schließlich ein Faktum vor allen andern stehen: „Herr, lehre uns bedenken, daß wir sterben müssen, auf daß wir klug werden." Am Ende zerreißt der hungrige Rabe, dem in der versperrten Zelle der Fraß fehlt, das Büchlein des Hofpredigers Kampf. Die Omina des verflossenen Tages sind erfüllt, der „wilde schwarze Bote" fliegt aufs neue auf das Odfeld. „O Kreatur, ach Rab, Rab, wohl ist dein Zeichen Wahrheit geworden!"

Nicht die Wahrheit der Realien wird von Raabe vorgeführt, sondern die Wahrheit der Zeichen, als welche die Realien sich erweisen. Deshalb ist das „Odfeld" ganz anderer Natur als die historische Fiktion des späteren 19. Jahrhunderts. Das Studium der Geschichte legt die Zeichen bloß. Nur insofern das Gegenwärtige und das Vergangene den Charakter des Zeichens zu haben vermögen, werden sie von Raabe aufgenommen. Die Verspätung Hardenbergs und der silberne Knopf der Magd sind „Tatsachen", welche sich im Zusammenhang des Kunstganzen der Erzählung zu solchen Zeichen verwandeln. Eben das ist die Leistung der Kunst, eben dies unterscheidet die in der Erfindung des Dichters aufgegangenen Fakten von den bloßen Fakten der besser Unterrichteten, die ganz genau das Genauere wissen. „Wir aber halten uns mit dem letzten gelehrten Erben der Cistercienser von Amelungsborn einzig an das Prodigium, das Wunderzeichen, und danken für alle fachwissenschaftliche Belehrung..." Die Kargheit der späten Raabeschen Prosa mag mit ihrem zeichenhaften Charakter verbunden sein, der eine Art von Abstraktion erfordert. Erst wenn man vom Interesse am Gegenstand selbst abzusehen und ihn im Kunstzusammenhang wahrzunehmen vermag, erst wenn dieser Zusammenhang selbst bedeutend hervortritt, hat man die Eigentümlichkeit des „Odfelds" verstanden. Es enthält nur so viel „Wirklichkeit", als nötig ist, das Netz von Beziehungen auszuwerfen, in welchem eine Ahnung unbegreiflicher Zusammenhänge eingeholt werden kann. Die scheinbare Einfachheit der Mittel, mit welchen Raabe seinen Kunstzweck erreicht, ist den letzten Werken des Dichters vor allem eigen. Nicht im „Hunger pastor", nicht in „Schüdderump" und „Abu Telfan" ist der Gipfel seines Werkes zu sehen, sondern in den herben, späten Erzählungen: im „Odfeld", der „herzoglich braunschweigischen Ilias", in „Hastenbeck", der „herzoglich braunschweigischen Odyssee", und im „Stopfkuchen", den Raabe am höchsten schätzte. Freilich wußte er, daß das Publikum noch für geraume Zeit anders denken werde: „Dem Publikum im Großen und Ganzen gegenüber bleibt natürlich das Wort bestehen:

> Sie sagen: das muthet mich nicht an!
> Und meinen, sie hätten's abgethan."

WALTER MÜLLER-SEIDEL

Fontane · Der Stechlin

Von einer „Regression des Menschlichen" im letzten Halbjahrhundert hat Thomas Mann in seiner Rede über Schiller gesprochen. Der Historiker hat Anlaß, den Anfängen dieser Regression nachzugehen. Sie führen zweifellos ins neunzehnte Jahrhundert zurück. Wenigstens im letzten Drittel ist die Entwicklung deutlich, in Deutschland vor allem. Das Reich Bismarcks war von seinem Gründer sicher nicht als reines Machtgebilde gemeint. Doch wurden Geist und Menschlichkeit von der rücksichtslosen Repräsentanz dieser Macht zunehmend bedroht. Entwicklungen dieser Art müssen sich notwendigerweise in der Literatur einer Epoche spiegeln; sie sind auch an den literarischen Gattungen abzulesen, die das Zeitalter bevorzugt. Das ist nicht erst in der modernen Romantheorie bei Georg Lukácz, Robert Musil oder Thomas Mann so verstanden worden. Schon gegen Ende des 18. Jahrhunderts hat Christian Friedrich von Blankenburg in seinem „Versuch über den Roman" diesen Zusammenhang betont. Der Romandichter solle die möglichen Menschen der wirklichen Welt darstellen; er solle uns die Menschen, der Wahrheit nach, zeigen, führt er aus. Wenn sich der Dichter dieser Aufgaben bewußt werde, so könne der Roman noch durchaus „klassisch" werden[1]. Die Romantiker, Friedrich Schlegel oder Novalis, haben diese Hoffnung, wie alles, ins Unendliche gesteigert. Aber erfüllt haben sich im Grunde die Erwartungen nicht, die man sich erträumte. Der deutsche Roman des 19. Jahrhunderts stellt sich oft als ein recht umstrittenes Gebilde dar, wenn man über die Grenzen unserer Literatur hinausblickt. Weil sich indes die Bewahrung des Menschlichen so eng mit der Entwicklung dieser Gattung verbunden hat, konnte es geschehen, daß der deutsche Roman in jüngster Zeit mit Vorwürfen weitreichender Art belastet worden ist. Man hat ihm die weltgültige menschliche Bedeutung bestritten. Er bezeuge, wie gesagt worden ist, einen Mangel an Liebe zur Menschlichkeit. Das ist fraglos ein schwerer Vorwurf, der, mit Max Rychner zu sprechen, „wohl eher in Hitler und seinem Kriege den Grund hat als in der künstlerischen Erkenntnis der Romankunst"[2]. Er ist gleichwohl geeignet, die Diskussion zu beleben und uns zu vergegenwärtigen, daß die Frage des deutschen Romans auf eine nicht bloß akademische Erörterung hinausläuft, die vorzüglich von Gelehrten und für Gelehrte geführt wird. Die Schicksale dieser Kunstform gehen alle an, die sich mit unserer Geschichte beschäftigen. Romangeschichte ist Weltgeschichte[3]. Wenigstens seit dem Beginn des vergangenen Jahrhunderts ist es so.

Mangel an Liebe zur Menschlichkeit! Wenn wir uns in der Geschichte des deutschen Romans nach einer Gestalt umsehen, die geeignet sein könnte, solche Vorwürfe zu entkräften oder zu widerlegen, so fällt der Blick vermutlich sehr rasch auf Dubslav von Stechlin, den „Helden" in Fontanes letztem Roman. Manches mag diesem altmärkischen Junker vorzuwerfen sein — Mangel an Liebe zur Menschlichkeit gewiß nicht! Daß am Ausgang des an Problemen und Konflikten so reichen Jahrhunderts eine Gestalt vom Range dieses Edelmanns sich in den Reigen der Romangestalten mischt, stimmt versöhnlich gegenüber aller kritischen Schärfe, wo immer sie geübt wird. Es gibt darüber hinaus wenig Romane, die derart eindringlich wie Fontanes „Stechlin" die Probleme verdeutlichen, die in Deutschland die Geschichte dieser Gattung begleiten.

In Westeuropa und Rußland ist der Roman ohne Zweifel die beherrschende Kunstform des 19. Jahrhunderts. Bei uns gibt noch lange die Lyrik den Ton an, die im Traditionsraum der Romantik verweilt. Die ihr verwandte Ballade steht um die Mitte des Jahrhunderts als die allseits bevorzugte Form nachgerade im Zentrum unserer Literatur. Sie wird im Vorwort einer voluminösen Anthologie als „die beliebteste und nationalste Dichtungsart der Deutschen" bezeichnet[4]. Auch das Drama behauptet wenigstens bis zu Hebbel hin seine führende Stellung, und der deutsche Naturalismus knüpft vor allem auf diesem Gebiet wieder an. Im Epischen erweist sich die Novelle als eine der beliebtesten Gattungen der Zeit. Gewiß gibt es in diesem Jahrhundert auch den deutschen Roman. Doch nimmt die Geschichte seiner Spielarten einen sehr bezeichnenden Verlauf. Weder bei Arnim, Stifter oder Alexis, noch weniger bei Freytag, Dahn oder Meinhold erreicht der historische Roman den Rang von Flauberts „Salammbo", Tolstois „Krieg und Frieden" oder de Costers „Uilenspiegel". Im Zeitroman sind bei Immermann glückliche Ansätze erkennbar. Aber zu überragenden Leistungen dringen in dieser Richtung weder die Jungdeutschen noch die Naturalisten vor. Was sich als Leistung eindrucksvoll darbietet, bleibt mittelbar oder unmittelbar der Romanform des Goetheschen „Wilhelm Meister" verpflichtet. Das gilt vom „Heinrich von Ofterdingen" des Novalis wie von Kellers „Grünem Heinrich" wie dem „Nachsommer"

Stifters. Die Geschichte des deutschen Romans ist weithin identisch
mit derjenigen des deutschen Bildungsromans — bis Theodor Fontane
am entschiedensten neue Wege erprobt. Fontanes schriftstellerische
Laufbahn bis zu seinem letzten Werk ist eines der aufschlußreichsten
Kapitel in der Geschichte dieser Gattung. Daß einer der bedeutendsten Romanciers deutscher Sprache jahrzehntelang gänzlich andere
Formen bevorzugt, ist offensichtlich kein Zufall.

Fontanes Weg zu seinem Altersroman

Es entspricht im Grunde der deutschen Tradition, wenn der angehende Schriftsteller sein Glück auf dem Felde der Lyrik sucht. Er
muß dabei sehr bald die Grenzen seiner Begabung erfahren: „Das
Lyrische hab' ich aufgegeben, ich möchte sagen blutenden Herzens.
Ich liebe eigentlich nichts so sehr und innig wie ein schönes Lied
und doch ward mir gerade die Gabe für das Lied versagt", schreibt
er 1847 an den Freund Wilhelm Wolfsohn. Der junge Fontane wendet
sich statt dessen der Ballade zu und gilt rasch als einer der Ange-
sehensten im „Tunnel über der Spree". So weit verläuft die Entwicklung durchaus in den traditionellen Bahnen, die im 19. Jahrhundert
unsere Literatur einschlägt. Auch die Anfänge seines epischen
Schaffens stehen in mehrfacher Hinsicht im Zeichen dieser Tradition.
„Grete Minde", „Ellernklipp" und der meisterhafte „Schach von
Wuthenow" sind als Novellen gemeint, auch wenn man sie in der
Geschichte der deutschen Novelle gern zu übersehen pflegt. Deutlicher weicht die Hinwendung zum Roman von den vorgezeichneten
Wegen ab. Der Bildungsroman wird umgangen, und die Rudimente
dieser Gattung, die man in sein Werk hineingedeutet hat, behalten
das Zeichen der Spekulation. Die Tradition des „Wilhelm Meister"
setzt Fontane nicht fort. Weder Lewin in „Vor dem Sturm" noch
Woldemar im „Stechlin" sind von dorther zu deuten. Allenfalls eine
späte Tradition der „Wahlverwandtschaften" Goethes wird aufgenommen, in „L'Adultera" zum Beispiel[5]. Mit „Vor dem Sturm"
beginnt Fontane als Romanschriftsteller seinen Weg. Das mag von
Scott und Alexis her vorgezeichnet erscheinen. Aber es ist mit Deutlichkeit zu sagen, daß sein erstes episches Werk alles hinter sich läßt,
was im Bereich des historischen Romans bis dahin in Deutschland erschienen war. Fontane war sich darüber nicht im Zweifel, und mit
einigem Selbstbewußtsein spricht er es aus: „Ich darf sagen ... daß
ich etwas in diesem Buche niedergelegt habe, das sich weit über das
herkömmliche Romanblech, und nicht bloß in Deutschland, erhebt ..." Der historische Roman „Vor dem Sturm", obgleich ohne
fühlbare Resonanz in der deutschen Bildungsgeschichte, ist eine

Ausnahme unter den historischen Romanen unserer Literatur. Aber etwas Ausnahmehaftes ist überhaupt dem Roman Fontanes eigen. Ihm vor allem gelingt der Anschluß an die europäische Entwicklung; denn als die beherrschende Form hatte sich längst der Gesellschaftsroman durchgesetzt, wie er bei Balzac oder Flaubert, bei Thackeray oder Meredith, Tolstoi oder Dostojewski begegnet. Aber erst spät vollzieht Fontane den Anschluß an diese Entwicklung. Er ist nahezu sechzig Jahre alt, als es geschieht. Im Jahre 1896 erscheinen die ersten Erzählungen von Marcel Proust. Im Erscheinungsjahr des „Stechlin" beginnt Thomas Mann seinen schriftstellerischen Weg. Das Geburtsjahr des modernen Romans fällt mit dem Todesjahr Fontanes fast zusammen. Man muß sich die Entwicklung vergegenwärtigen, um zu ermessen, was seine Romankunst am Ende eines Zeitalters bedeutet. Der schon fast alt gewordene Roman mit seiner Vorliebe für gesellschaftskritische Akzente wird von Theodor Fontane erneuert. Aber dem neuen, dem modernen Roman des 20. Jahrhunderts, steht sein „Stechlin" nicht völlig fern. Dieses bedeutende Buch darf nicht nur als Abschluß einer Epoche verstanden werden, wie es gern oder ausschließlich getan wird. Vielmehr weisen bemerkenswerte Züge des „Stechlin" durchaus in die Zukunft. Altes versinkt, und Neues kündigt sich an. Das ist zugleich eines der zentralen Themen in Fontanes Roman „Der Stechlin". Wir haben Anlaß, das Thema zugleich auf die Geschichte des deutschen Romans zu beziehen.

Die Andeutungen mögen genügen, um der Redensart von der Alterskunst des „Stechlin" zu mißtrauen. Daß der Roman von einem alt gewordenen Schriftsteller verfaßt wurde, ist sinnlos zu bestreiten. Aber das trifft für alle erzählerischen Werke Fontanes zu; es gilt für den ersten Roman wie für den letzten. Sinnvollerweise meint man mit Alterskunst bestimmte Züge im Stil der Darstellung, die man erst in zweiter Linie mit dem Lebensalter in Verbindung bringt. An die eigene Stilform der Spätzeit ist gedacht, wenn vom Altersstil bei Rembrandt oder Tizian, bei Goethe oder Beethoven gesprochen wird. Vor allem die Kunstgeschichte hat Probleme dieser Art aufgegriffen[6]. Man wird sie nicht unbesehen auf die Wortkunst übertragen dürfen. Ist Goethes „West-östlicher Divan" der deutliche Ausdruck seiner Alterslyrik? Oder ist nicht vielmehr das zentrale Thema dieser Lyrik die Verjüngung, die uns zugleich von einer Verjüngung der deutschen Lyrik sprechen läßt? Es könnte, so betrachtet, wohl leicht geschehen, daß uns die romantische Lyrik des jungen Uhland älter erscheint als die sich kräftig erneuernden Divan-Verse des alten Goethe, so wie es denkbar wäre, daß uns am Ende des

19. Jahrhunderts der Roman des alten Fontane eigentümlich jugendlich berührt. So haben es die Jüngeren seiner Zeitgenossen empfunden und bei Gelegenheit begeistert zum Ausdruck gebracht. Daß man
es vorzüglich dem Lebensalter zuschreibt, wenn man sich, wie im
Falle Fontanes, am Glück seiner Lebensweisheit freut, ist verständlich, und was Thomas Mann in diesem Zusammenhang über den alten
Fontane bemerkt hat, behält seine Richtigkeit: „daß er alt, sehr alt
werden mußte, um ganz er selbst zu werden". Doch hat man zumeist
bestimmte Wertungen im Auge, wenn von der Alterskunst des
„Stechlin" die Rede ist. Von verschwimmenden Konturen und von
der mangelnden Plastik des Gegenständlichen wird da gesprochen —
als wäre das Gegenständliche ein fragloser Wert, eine conditio sine
qua non. Solche und andere Symptome werden für das Versagen der
Gestaltungskraft geltend gemacht. Aber die Stichhaltigkeit der Be-
weisführung läßt viel zu wünschen übrig.

Man spricht vom Fehlen einer fortschreitenden Wandlung und
meint damit mehr oder weniger deutlich — etwas Mangelhaftes, einen
Defekt, ein Symptom. Fontane selbst bestätigt den Sachverhalt in
dem oft zitierten Brief an Paul von Szczepanski vom Spätsommer
1897: „Der Stoff, soweit von einem solchen die Rede sein kann —
denn es ist eigentlich blos eine Idee, die sich einkleidet — dieser Stoff
wird sehr wahrscheinlich mit einer Art Sicherheit Ihre Zustimmung
erfahren. Aber die Geschichte, das was erzählt wird. Die Mache!
Zum Schluß stirbt ein Alter und zwei Junge heiraten sich; — das ist
so ziemlich alles, was auf 500 Seiten geschieht. Von Verwicklungen
und Lösungen, von Herzenskonflikten oder Konflikten überhaupt,
von Spannungen und Überraschungen findet sich nichts." So wenig
also der Mangel an fortschreitender Handlung zu leugnen ist, so sehr
sind zwei Gesichtspunkte unterschiedlicher Art demgegenüber geltend zu machen. Der erste betrifft den modernen Roman und die
Handlungsarmut, die fast zu seinem Wesen zu gehören scheint. Der
Romancier und Kritiker E. M. Forster hat den Sachverhalt zum reizvollen Aperçu zugespitzt: „Ich weiß, mein Lieber, der Roman muß
eine Handlung haben. Aber ich wünschte, es wäre nicht so. Ich
wünschte, er wäre Musik, oder Erkenntnis der Wahrheit — alles, nur
nicht diese atavistische Form." Den zweiten Gesichtspunkt, der uns
berechtigt, den Mangel an fortschreitender Handlung als Symptom
einer Alterskunst zurückzuweisen, entnehmen wir dem „Jugend-
werk" Fontanes, seinem ersten Roman „Vor dem Sturm". Auch hier
kommt uns der Dichter mit einer eigenen Äußerung zu Hilfe, wenn
er an seinen Verleger, noch vor der Veröffentlichung, schreibt:
„Ohne Mord und Brand und große Leidenschaftsgeschichten, hab

ich mir einfach vorgesetzt, eine große Anzahl märkischer ... Figuren aus dem Winter 1812 auf 1813 vorzuführen, Figuren, wie sie sich damals fanden und im wesentlichen auch jetzt noch finden. Es war mir nicht um Konflikte zu tun, sondern um Schilderung davon, wie das große Fühlen, das damals geboren wurde, die verschiedenartigsten Menschen vorfand, und wie es auf sie wirkte ..." Die Nebensächlichkeit des Konflikts ist für den ersten Roman ebenso bezeugt wie für den letzten. Sie ist nicht ausschließlich ein Charakteristikum des „Stechlin", sondern gehört als ein Darstellungselement untrennbar zur Erzählweise Fontanes. Auch für den kleinen Roman „Die Poggenpuhls", der dem „Stechlin" unmittelbar vorausgeht, trifft sie zu, wie Fontane wiederum selbst bestätigt: „Das Buch ist kein Roman und hat keinen Inhalt. Das ‚Wie' muß für das ‚Was' eintreten ..." Im Zurücktreten des Konflikts gewahrt man Gemeinsamkeiten zwischen Fontanes erstem Roman und seinen letzten Werken. Und Gemeinsamkeiten dieser Art, solche der Erzählweise also, sind möglicherweise wichtiger als die Verwandtschaft der Figuren untereinander, die öfters betont worden ist. Die Beobachtung führt auf ein wesentliches Problem, das uns noch beschäftigen muß. Nicht so sehr der „Stechlin" in seiner Handlungsarmut erregt Erstaunen. Ein Roman wie „Effi Briest" kennt den Konflikt, den Ehekonflikt, den Fontane auch sonst gestaltet. Welche Bedeutung aber kommt dem Wechsel von Konfliktlosigkeit und Konflikt zu? Vor allem: welche Stellung im Verhältnis der Romane gebührt den Konflikten, wenn sie nicht nur im „Stechlin" derart nebensächlich werden? Die Fragen sind nicht schon hier zu beantworten. Aber sie beleuchten zugleich die Entstehungsgeschichte des „Stechlin", die bezüglich der konfliktlosen Welt, die hier gestaltet ist, nur an Interesse gewinnt.

Die Entstehung des „Stechlin"

Fontane hatte im Mai 1894 „Effi Briest" zur Veröffentlichung an Rodenberg übersandt, im Juli die „Poggenpuhls" überarbeitet und sich im Dezember desselben Jahres dem zweiten Band seiner Lebenserinnerungen zugewandt. Seit Ende 1894 beschäftigt ihn erneut der Stoff eines historischen Romans. Der Plan nimmt ihn für einige Wochen ganz in Anspruch[7]. Er berichtet darüber in einem Brief vom 16. März 1895: „Der Stoff in seiner alten mittelalterlichen Seeromantik und seiner sozialdemokratischen Modernität — ‚alles schon dagewesen' — reizt mich ganz ungeheuer ..." Wir sprechen von dem Fragment „Die Likedeeler", von dem Thomas Mann gesagt hat, daß wir in ihm den historischen Roman von höchstem poetischem Rang besäßen, wenn er geschrieben worden wäre. Nach des Dichters eigenen Worten war an eine phantastische und groteske Tragödie gedacht, in deren Mittelpunkt Klaus Störtebeker und die Vitalienbrüder stehen sollten. Die Entwürfe sind von erregender Aktualität. Fast lassen die Beziehungen dieser Seeräuber zur Kirche und zur christlichen Lehre das Seeräuberhafte vergessen: „Die Likedeeler in der Marienhafner Kirche. Die Predigt des Bischofs. Über die Likedeeler, das richtige und falsche Evangelium, die richtige Bergpredigt und die falsche." Und sie lassen, wie es echter Dichtung eigen ist, das bloß Historische vergessen, wenn es mit Beziehung auf die Gegenwart des Erzählers in einer der Notizen heißt: „In der Kirche geht das Gespenst Störtebekers um, aber das Gespenst der Likedeeler geht durch die ganze Welt." Noch im Juli 1895 ist Fontane mit seinem Kommunistenroman beschäftigt. Aber schon im Frühjahr war Ernst von Wolzogens Broschüre „Linksum kehrt, schwenkt— Trab!" als ernstes „Mahnwort an die herrschenden Klassen und den deutschen Adel insbesondere" im Verlage von Friedrich Fontane, dem Sohn des Dichters, erschienen. Die Schrift ist polemischer Natur und gegen die vom Bundestag im Dezember 1894 eingebrachte Umsturzvorlage gerichtet, die eine Verschärfung im Kampf gegen alle umstürzlerischen Bestrebungen verlangt hatte. Fontane hatte sich an einer Petition beteiligt, die zur Ablehnung aufforderte. Wolzogens Schrift und die darin ausgesprochenen Warnungen an den Adel, das Alte nicht um jeden Preis zu verteidigen, fanden seine uneingeschränkte Zustimmung. Die Gesellschaftskritik in Wolzogens Roman „Ecce ego" zielt in dieselbe Richtung. Fontane hat ihn im Herbst 1895 gelesen und schreibt an den Verfasser: „Als Roman in seinem letzten Drittel hier und da vielleicht anfechtbar, als berlinischpriegnitzische Gesellschaftsschilderung aus dem Jahre 1895 wundervoll. Das Ganze ist wie der Beleg zu Ihrer Broschüre: ‚Linksum kehrt, schwenkt usw.' "

Ob die Anregungen von hier oder das rege Interesse am politischen Geschehen der Zeit die Arbeit am historischen Roman der „Likedeeler" überschattete und verdrängte, ist nicht verbürgt, aber wahrscheinlich. Jedenfalls werden die „Likedeeler" beiseite gelegt, und Fontane wendet sich dem „Stechlin" zu. Er bezeichnet ihn als politischen Roman: „Ich bin bei zwei letzten Kapiteln eines kleinen politischen Romans, den ich noch vor Weihnachten beenden möchte", heißt es in einem Brief vom 21. Dezember 1895. Auch im Brief an Heilborn vom 12. Mai 1897 findet sich die Wendung vom „politischen Roman": „Ich stecke so drin im Abschluß eines großen, noch dazu politischen (!!) und natürlich märkischen Romans." Vom Oktober bis Dezember 1897 erfolgt der Abdruck in der Zeitschrift

„Über Land und Meer". Die Buchfassung vom Ende des Jahres 1898 hat Fontane nicht mehr erlebt. Seine letzte Dichtung ist in mehrfacher Hinsicht eine Dichtung des Todes geworden. Die verwandten Züge zwischen dem „Stechlin" und dem ersten seiner Romane, die eigentümlich konfliktlose Welt hier wie dort ist eines der entstehungsgeschichtlichen „Stechlin"-Probleme; die zeitliche Nähe zum Fragment der „Likedeeler" und die Verwandtschaft des politischen und religiösen, des gleichsam christlich-sozialen Ideengehalts deutet auf ein anderes. In der Erzählung vom Schicksal der Vitalienbrüder hätte es, nach den Entwürfen zu urteilen, an fortschreitender Handlung nicht gefehlt. In diesem Punkt entfernt sich der „Stechlin" von dem Fragment und erinnert an den ersten seiner Romane. Andererseits wird der Zeitroman des „Stechlin" abgeschlossen, und der Stoff des historischen Romans bleibt Fragment. In diesem Punkt weisen eher „Die Likedeeler" auf die Anfänge der Fontaneschen Erzählkunst zurück. Was sie alle verbindet, ist die Bedeutung der politischen Ideen und Motive. Was aber macht den „Stechlin" zum politischen Roman?

Der politische Roman

Wir greifen die Bezeichnung nicht auf, um einer thematischen Ordnung zu huldigen, über die E. M. Forster überlegen spottet: „Thematische Ordnung — noch alberner! Die Literatur der Kneipen, beginnend mit Tom Jones, die Literatur der Frauenbewegung …" usw. Dennoch hat das Wort vom politischen Roman seinen Sinn, zumal im Blick auf die deutschen Verhältnisse und ihre Spiegelung im Roman des 19. Jahrhunderts. Nun ist das Politische gewiß kein fragloser Wert. Die Weltgültigkeit des deutschen Romans ist nicht schon durch das Attribut des Politischen verbürgt. Dennoch drängt die dichterische Bewältigung der Wirklichkeit, die jedem Künstler aufgegeben ist, notwendigerweise in eine Richtung, die den Roman mehr und mehr zum politischen Roman machen muß. Diese Aufgabe wird von den Jungdeutschen erkannt, aber künstlerisch nur unvollkommen erfüllt. Im Grunde ist die künstlerische Bewältigung erst Fontane gelungen. Alle seine Romane sind zugleich auch politische Romane. Historischer Roman, Zeitroman, Gesellschaftsroman, politischer Roman — das sind zuletzt nur Varianten desselben Phänomens, dem wir uns gegenüber sehen: daß sich die Darstellung weniger um eine individuelle Gestalt gruppiert, deren Entwicklung, Bildung und Lebensweg erzählt wird; daß vielmehr und zumeist überindividuelle Zusammenhänge im Mittelpunkt stehen. Das trifft für den deutschen Bildungsroman in gleichem Maße nicht zu. Er berührt das Überindividuelle, das politische und gesellschaftliche

Leben, immer nur in Beziehung auf die Entwicklung seines Helden. Der Bildungsroman ist seinem Wesen und seiner Herkunft nach unpolitisch. Die Umschichtung des gesellschaftlichen Lebens, die sich im 19. Jahrhundert vollzieht, drängt ihn daher mehr und mehr ins Abseitige, Unzeitgemäße und Provinzielle.

Aber die Wendung vom politischen Roman fällt nicht sonderlich ins Gewicht, wenn wir dabei nur an die Gesprächsinhalte denken, an die Themen und Motive, die das Handlungsgeflecht bilden. Wir werden mit Berechtigung einen Roman erst politisch nennen dürfen, wenn die Bezeichnung nicht in erster Linie einer thematischen Ordnung dient, sondern die Romanform betrifft. Es müßte sich dann zugleich um Darstellungsmittel handeln, die so etwas wie einen politischen Roman konstituieren. Und da der Gesellschaftsroman des 19. Jahrhunderts in seiner unmittelbaren Bezogenheit auf die Gesellschaft und ihre Ordnungen es in jedem Fall auch mit politischen Themen und Motiven zu tun hat, stellt sich die Frage nach der Romanform des Gesellschaftsromans, der immer zugleich als ein politischer zu bezeichnen ist. Sie stellt sich für den Roman Fontanes im ganzen. Wenden wir uns den Darstellungsformen des Gesellschaftsromans zu, so werden wir vorab Art und Umfang der Gesellschaftskritik zu bestimmen haben. Sie ist ein wesentliches Element seiner Briefkunst und gewinnt zumal in den Briefen an Georg Friedlaender an Schärfe. Im ersten Roman, in „Vor dem Sturm", ist sie verhältnismäßig schwach entwickelt; in keiner seiner Erzählungen aber fehlt sie ganz. Vor allem die Konfliktsromane sind von ihr geprägt. Konflikt und Gesellschaftskritik sind aufeinander bezogen, und zwar so, daß die Kritik auf eine Gesellschaftsordnung zielt, die menschliche Konflikte aus sich entläßt. Die Kritik an der Gesellschaft enthüllt die jederzeit möglichen Konflikte in der Gesellschaft. Aber auch Gesellschaftskritik hat noch nicht unmittelbar mit Kunst zu tun. Sie regt sich im Gegenteil oft außerhalb der Kunst und entfaltet sich dort. Im Roman geht es um ihre künstlerische Integration, um ihre Übersetzung in die Sprache der Kunst. Die Verwandlung der Gesellschaftskritik in die Formen der Kunst hat Fontane geleistet. Die menschliche Komik, in den Figuren wie in den Situationen, ist das bevorzugte Stilelement seines Erzählens; und menschliche Komik treffen wir in jeder seiner Erzählungen an. Wir erinnern uns der etwas gemischten Gesellschaft in „Vor dem Sturm", die sich dort bei Frau Hulen versammelt. Schon ein Name wie Nuntius Schimmelpenning ist dabei um seiner Komik willen gewählt. Auch die Berufe haben etwas Komisches, wie im Falle des Pfandverleihers Ziebold. Der Erzähler Fontane unterläßt es nicht, die Personen mit Witz, Esprit und Pointen vorzustellen, um den Eindruck des Komischen zu erhöhen. Die Demoiselle Laacke tritt ein. Sie wird wie folgt beschrieben: „Die jetzt Erscheinende war Demoiselle Laacke, Musik- und Gesanglehrerin . . . ein Mädchen von vierzig, groß, hager, mit langem Hals und dünnem rotblonden Haar. Ihre wasserblauen Augen, beinahe wimperlos, hatten keine selbständige Bewegung, folgten vielmehr immer nur den Bewegungen ihres Kopfes und lächelten dabei horizontal in die Welt hinein, als ob sie sagen wollten: ‚Ich bin die Laacke; ihr wißt schon, die Laacke, mit reinem Ruf und unbescholtener Stimme.'" Alles an dieser sonderbaren Gesellschaft wirkt komisch, und vorzüglich von dieser Komik her erhält das Kapitel seine Funktion im Aufbau des Ganzen. In den Erzählungen aus kleinbürgerlichem Hause wie „Irrungen, Wirrungen" ergibt sich die Komik aus dem Kontrast der verschiedenen Gesellschaftskreise, vorzüglich wenn sie aufeinandertreffen, wenn man im Kleinbürgertum große Gesellschaft imitiert. Die Gärtnersleute tragen nicht wenig zur Komik der Situation bei. Man unterhält sich darüber, wie man in Gesellschaft ein Gespräch beginnt, und verliert sich dabei ins Fiktive der Gesellschaft. Lene Nimptsch wird zur Komtesse Lene und die Gärtnersfrau zur Baronin Dörr. Das erheitert sie über die Maßen; sie „schlug vor Entzücken mit der Hand aufs Knie, daß es einen lauten Puff gab . . ." Später ergeht die Aufforderung zum Tanz, wobei Vater Dörr zum Takt mit dem Knöchel ans Kaffeebrett schlägt. In „Frau Jenny Treibel" wird die Komik der „Hamburgerei" aufs köstlichste charakterisiert und karikiert. Die kleine Lizzi der vornehmen Munks „hätte sofort als symbolische Figur auf den Wäscheschrank ihrer Mutter gestellt werden können, so sehr war sie der Ausdruck von Weißzeug mit einem roten Bändchen drum . . . Die Wäsche, die sie trug, führte durch den Monat hin die genau korrespondierende Tageszahl, so daß man ihr, wie der Großvater sagte, das jedesmalige Datum vom Strumpf lesen konnte." Die verlogene Bourgeoisie wird der Lächerlichkeit preisgegeben; wiederholt geht dabei die Darstellung des Komischen ins Satirische über, wie es ähnlich in dem Fragment „Allerlei Glück" geschieht. In einem höchst reizvollen Kapitel, das an Musil erinnern könnte, werden die regierenden Klassen geschildert: „Sie sind alle gebildet, und ihre Bildung wird nur noch von ihrer Einbildung übertroffen . . . Diese Leute machen alles. Das Linienblatt kuckt überall heraus. Sie thuen liberal; sind aber die unreifsten Menschen von der Welt. Bourgeois. Sie kommen zur rechten Zeit auf das Gymnasium und gehen zur rechten Zeit vom Gymnasium ab, sie studiren die richtige Zeit und sind mit $28^{1}/_{4}$ bis $28^{3}/_{4}$ Assessor. Höchstens daß ihnen ein Spielraum von sechs

Monaten gestattet wird. Ein Monat früher ist Anmaßung, ein Monat
später ist Lodderei. Sie sind Reserve-Offizier. Sie heirathen immer
ein wohlhabendes Mädchen und stellen bei Ministers die lebenden
Bilder. Sie erhalten zu bestimmter Zeit einen Adlerorden und
zu noch bestimmterer Zeit den zweiten und dritten, sie sind immer in
Sitzungen und sitzen immer am Webstuhl der Zeit."

Auch im „Stechlin" versagt sich Fontane die Darstellung menschlicher Komik nicht. Doch bleibt sie, gemäß der Anlage des Romans,
weithin auf die Nebenpersonen beschränkt. Im Lichte der Komik
erscheinen die Stiftsdamen einschließlich der Domina allesamt, aber
Czakos Tischdame, das Fräulein von Schmargendorf, doch in besonderer Weise. Sie war klein und rundlich — „von kurzem Hals und
wenig Taille". Ihre vornehm verhaltene Verliebtheit ungeachtet
ihrer wenig vorteilhaften Figur macht die Schmargendorf vollends
zur komischen Figur; und als schließlich der Kaffee unterm Holunder-
baum eingenommen wird, liegt für den Hauptmann von Czako nichts
näher, als sich „die Schmargendorf auf einen kurzen, aber großen
Augenblick als ‚Käthchen' vorstellen zu können". Der Offizier selbst,
der sich darüber amüsiert, ist nicht komisch gemeint, aber einen
„Beigeschmack, einen Stich ins Komische" hat sein Name. Die
Komik des Regierungsassessors von Rex hängt mit seinem Konven-
tiklertum zusammen. Seine Beschäftigung mit sozialen Fragen ist
dafür bezeichnend: wenn er beispielsweise mit Vorliebe an das Zahlen-
verhältnis der in und außer der Ehe geborenen Kinder seine Betrachtungen knüpft, von denen nicht ohne Ironie gesagt wird, daß sie teils
dem Gemeinwohl und teils der Sittlichkeit zugute kamen. Unter den
Parteifreunden, die Dubslav von Stechlin auf den Schild ihres konservativen Glaubens erheben, ist der Freiherr von der Nonne die
komische Figur par excellence. Die Beschreibung seiner Person fällt
nicht sonderlich schmeichelhaft aus: „Er trug eine hohe schwarze
Krawatte, darauf ein kleiner vermickerter Kopf saß, und wenn er
sprach, war es, wie wenn die Mäuse pfeifen. Er war die komische
Figur des Kreises . . ." Eine mildere Form liegt in der Personen-
beschreibung des Gendarmen Uncke vor. Wir erhalten sie in der
Perspektive seines Kollegen Pyterke: „Uncke war ihm der Inbegriff
des Komischen, und wenn ihn schon das rote, verkupferte Gesicht
an und für sich amüsierte, so doch viel, viel mehr noch der gefärbte
Schuhbürstenbackenbart, vor allem aber das Augenspiel, mit dem er
den Verhandlungen zu folgen pflegte. Pyterke hatte recht: Uncke
war wirklich eine komische Figur . . ." Selbst Major von Stechlin ist
zeitweise im Begriff, in den Bannkreis der Komik zu geraten. Sein
Sohn Woldemar macht sich darüber seine Gedanken: „Der Alte war

durchaus kein Politiker, er konnte sich also stark in die Nesseln setzen, ja vielleicht zur komischen Figur werden . . ."

Die Gesellschaftskritik Fontanes in der Form solcher Komik ist zumeist der Ausdruck einer widersprüchlichen Lage, in der sich seine Figuren befinden. Im Widerspiel des Natürlichen und des Gesellschaftlichen entsteht die Komik des Widerspruchs, die immer zugleich eine konflikthafte Lage impliziert. In dem historischen Roman „Vor dem Sturm" ist die französisierende Tante Amelie dem Widerspruch verhaftet. Sie ist auf Grund ihres wachen Intellekts zur Gesellschaftskritik prädestiniert. Aber die Standesvorurteile hat sie darum nicht überwunden. Sie hat sich, wie von ihr gesagt wird, „zu dem Widerspruchsvollen, das in ihrer Haltung liegt, bekannt". Aber vom Widerspruch des Lebens sind nahezu alle Mitglieder ihres Zirkels gezeichnet, am auffälligsten der schöngeistige Doktor Faulstich, der für die neue Richtung der Romantik schwärmt. Er ist sich gelegentlich der Daseinslüge bewußt, die sich in solchen Widersprüchen verbirgt; er spricht es gegenüber seinem Besucher unverhüllt aus: „Die Bücher sind nicht das Leben, und Dichtung und Muße, wieviel glückliche Stunden sie schaffen mögen, sie schaffen nicht das Glück. Das Glück ist der Frieden, und Frieden ist nur da, wo Gleichklang ist. In dieser meiner Einsamkeit aber, deren friedlicher Schein Sie bestrickt, ist alles Widerspruch und Gegensatz. Was Ihnen Freiheit dünkt, ist Abhängigkeit; wohin ich blicke, Disharmonie: gesucht und nur geduldet, ein Klippschullehrer und ein Champion der Romantik, Frau Griepe und Novalis . . . Beneiden Sie mich nicht . . . und vor allem hüten Sie sich vor jener Lüge des Daseins, die überall da, wo unser Leben mit unserem Glauben in Widerspruch steht, stumm und laut zum Himmel schreit . . ."

Im „Stechlin" ist der neureiche, aber erzkonservative Mühlenbesitzer Gundermann eine beispielhafte Verkörperung der Widersprüchlichkeit des Lebens, die zur Daseinslüge entartet. Man spricht über die Errungenschaften der Technik, über die Telegraphie. Dubslav, der sich daran gewöhnt hat, das Für und Wider gegeneinander abzuwägen, bemerkt in diesem Zusammenhang, daß manches besser wird, aber manches auch schlechter. „Kürze soll eine Tugend sein, aber sich kurz fassen, heißt meistens auch, sich grob fassen. Jede Spur von Verbindlichkeit fällt fort, und das Wort ‚Herr' ist beispielsweise gar nicht mehr anzutreffen." Das sind nachdenkliche Plaudereien eines wirklichen Edelmannes, der sich einige Verfallserscheinungen vornimmt, ohne das Lied von der guten alten Zeit ins Sentimentale zu verfälschen. Alles ist ein wenig schwebend gesagt, wie es im Plauderstil geschieht. Die Bereitschaft schwingt mit, es

halb und halb wieder zurückzunehmen. Der Inhalt dieser leichten
und lässigen Causerie darf nicht festgelegt, nicht weltanschaulich
verfestigt werden. Das tut auch Gundermann nicht, wenn er darauf
antwortet, aber seine Antwort kleidet sich ins Gewand der Phrase, in
die Redensart von den „Zeichen der Zeit". Die Diskrepanz von
Rede und Person ist unverkennbar. Gundermann führt Klage über
den Verfall echten Herrentums, aber diese Klage kommt ihm am
wenigsten zu. Sie wird vollends durch ihn selbst widerlegt, wenn er
nun, trotz anfänglicher Zustimmung, zu bedenken gibt, daß es denn
ohne Telegraphie nicht mehr recht geht — „Und dabei das beständige
Schwanken der Kurse. Namentlich auch in der Mühlen- und Brett-
schneidebranche . . ." Damit ist Gundermann unversehens bei sich
selbst und seinen Geschäften angelangt. Und Geschäfte, an die Dubslav nicht dachte, sind nicht ein Zeichen alten Adels. Der Adel
Gundermanns — wie er ist — ist der Audsruck des Widerspruchs, der
gesellschaftlichen Lüge des Daseins; und der echte Adel — wie er
sein sollte — kann sich kaum überzeugender äußern als in dieser
gänzlich unpretenziösen Plauderei des alten Stechlin[8].

Alle diese von Komik und Widerspruch gezeichneten Figuren bewegen sich im Umkreis möglicher Konflikte, und die Konflikte
ihrerseits haben die Richtung zum tragischen Ende, zur Katastrophe.
Die Konfliktsmöglichkeiten bleiben bezeichnenderweise auf die
Nebenpersonen beschränkt — sei es, daß sie mühelos in einen Konflikt geraten könnten oder daß sie jederzeit in der Lage wären, andere
in Konflikte zu treiben. Die Rücksichtslosigkeit, die dabei voraus-
zusetzen wäre, würden wir dem neureichen Mühlenbesitzer Gundermann ohne weiteres zutrauen. Aber wir sprechen im Konjunktiv;
denn Konflikte zeichnen sich hier nur als Möglichkeit ab. Die Komik
der Figuren wirkt in die Handlung nicht hinein. Was die Personen
tun, wenn sie etwas tun, hat keine Folgen. In den Konfliktsromanen
stellt sich indessen die Komik des Menschlichen anders dar. Innstetten fürchtet die Lächerlichkeit; er wird von der Angst vor dem
Ridikülen verfolgt — einer Angst, an der Schach von Wuthenow zerbricht. Aber derselbe Innstetten, der dem Lächerlichen entgehen
möchte, verfällt ihm gerade deshalb. Er wird sich der eigenen Komik
bewußt: „Treibt man etwas auf die Spitze, so übertreibt man und hat
die Lächerlichkeit . . . So aber war alles einer Vorstellung, einem
Begriff zuliebe, war eine gemachte Geschichte, halbe Komödie. Und
diese Komödie muß ich nun fortsetzen und muß Effi wegschicken
und sie ruinieren und mich mit . . ." Aber von Komik kann im Zusammenhang solcher Konflikte nur noch mit Vorbehalt gesprochen
werden. Innstettens Übertreibung, ein Prinzip der Komik, hat tra-

gische Folgen. Nicht nur eine Ehe findet ihr Ende, sondern mit ihr ein Menschenleben. Der Eheroman wird zum tragischen Roman, ungeachtet aller komischen Züge oder gerade ihretwegen. Und hier sind es die Hauptpersonen, die in den Umkreis des Konflikts geraten: Effi, indem sie von ihm erfaßt wird, und Innstetten, indem er ihn vertieft.

Aber zur Komik gehört das Bewußtsein von ihr. In der Komödie wird es im Zuschauer rege; im Roman teilt es sich dem Leser mit. Die Figuren, die der Darstellung des Komischen dienen, haben dieses Bewußtsein nicht. Sie handeln im Gesellschaftsroman so, wie es die Konvention vorschreibt, und sie tun es, dem Gesellschaftsgötzen zuliebe, bis zur Übertreibung. Immer wird die Komik erhöht in dem Maße, in dem sich das Bewußtsein verdunkelt. Wird es zeitweise oder gradweise lebendig, dann gilt die Komik nicht mehr unbedingt. Die Abstufungen deuten auf unterschiedliche Bewußtseinsstufen hin. Eine höhere Bewußtseinsstufe — jenseits der Komik — liegt vor, wenn dem Konflikt die Einsicht folgt. Innstetten wird einer solchen Einsicht teilhaftig: „im Zusammenleben mit den Menschen hat sich ein Etwas ausgebildet, das nun mal da ist ... jenes, wenn Sie wollen, uns tyrannisierende Gesellschafts-Etwas, das fragt nicht nach Charme und nicht nach Liebe und nicht nach Verjährung ..." Der Gesellschaftsgötze, dem wir uns willig unterwerfen, wird von Innstetten erkannt. Aber der Verfügungsgewalt dieses Götzen entzieht er sich trotzdem nicht. Dennoch bedeutet die Einsicht einen Schritt über die Komik hinaus; sie ist ein erster Schritt des Menschen auf dem Wege zu sich selbst. Die Abhängigkeit gilt nicht mehr unbedingt. Sie gilt, wie hier, mit schlechtem Gewissen. Daß wir es im Zusammenhang menschlicher Komik mit bestimmten Bewußtseinsstufen zu tun haben, bestätigt in „Vor dem Sturm" die vom Widerspruch des Lebens gezeichnete Tante Amelie, die sich zu dem Widerspruchsvollen, das in ihrer Haltung liegt, bekennt. Ähnlich geht es aus einer gelegentlichen Äußerung Czakos hervor. Er erwähnt die Komik seines Namens und fügt hinzu: „Ich werde wohl an der Majorsecke scheitern, wegen verschiedener Mankos. Aber sehn Sie, daß ich das einsehe, das könnte das Schicksal doch auch wieder mit mir versöhnen." Die Art, nicht eben tragisch von sich selbst und seinem Scheitern zu sprechen, erinnert an die Selbstironie des Majors außer Diensten von Stechlin; und auch die Selbstironie deutet auf Bewußtseinsstufen jenseits von Komik und Lächerlichkeit hin. Die Fähigkeit zur Einsicht, Distanz und Selbstironie rückt Woldemars Freund in die Nähe seines Vaters, während es dem Mühlenbesitzer Gundermann an solchen Fähigkeiten gebricht. Er erkennt nur die Notwendigkeit der Telegraphie für seine Börsengeschäfte, ohne darum des Widerspruchs zwischen Börsengeschäft und echtem Adel inne zu werden.

Von solchen Überlegungen her erhält auch der Kritiker Wrschowitz seinen festen Ort im Gefüge des Romans. Zum Kreis der Geschäftemacher gehört er nicht. Er darf daher eine höhere „Einstufung" beanspruchen, wie es auch dadurch zum Ausdruck kommt, daß er im Salon Armgards aus- und eingeht. Sein Eintreten für Kritik — fast um jeden Preis — gibt seiner Existenz im Ganzen der Gesellschaft etwas schlechterdings Notwendiges; denn unbestritten wäre es um die Gesellschaft geschehen, die sich der Kritik verschließt, erst recht aber um eine solche, in der Personen von der Art der Tante Adelheid noch ein Wort mitreden. Von der bornierten Stiftsdame, die dafür hält, daß es echten Adel nur in der Mark geben könne, von dieser altmodischen und petrefakten Welt unterscheidet sich unser Musikus durch sein Eintreten für das Neue. Auch vor dem Revolutionären schreckt er nicht zurück. Aber in welch positivem Lichte Kritik und Revolution in diesem Roman gelegentlich auch erscheinen mögen — im Munde dieses Slawen, der die deutsche Sprache nicht vollkommen beherrscht, hört sich alles etwas komisch an. Das sonst Positive wird fragwürdig durch die Einseitigkeit, mit der es vertreten wird. Das Prinzip der Übertreibung hat die Richtung zur Komik und Lächerlichkeit auch hier; und auf eine Übertreibung läuft es hinaus, wenn Wrschowitz alle Menschen nach ihrer Fähigkeit zur Kritik beurteilt. Sein Tun wird zum Tic. Abermals läßt sich Fontane die Möglichkeit nicht entgehen, die Komik schon mit dem Namen zu verbinden. Sie beruht im vorliegenden Fall in der Diskrepanz zwischen dem Skandinavischen und dem Slawischen, zwischen dem sanft klingenden Niels und dem schwer aussprechbaren Wrschowitz. Das unfreundliche Urteil über die Musik Niels Gades durch unseren Musiker ist geeignet, den Eindruck des Komischen noch zu erhöhen; denn die Ablehnung hat in erster Linie in der Gemeinsamkeit des verhaßten Vornamens ihren Grund. Sie führt zu gelegentlichen Wutausbrüchen, wo immer sich das Skandinavische in Erinnerung bringt. So wird denn Woldemar sogleich ermahnt, in diesem Punkte vorsichtig zu sein und die Reizbarkeit des Doktors nicht auf die Probe zu stellen: „Wenn irgend möglich, vermeiden Sie Beziehungen auf die ganze skandinavische Welt, besonders aber auf Dänemark direkt. Er wittert überall Verrat..." Dieser durchaus einseitig geratenen Menschengestalt, die Fontane so und nicht anders gemeint hat, sind gewisse Vorzüge nicht abzusprechen. Verglichen mit den prähistorischen Vorstellungen der Tante Adelheid, wirkt er wie ein belebendes Element. Aber er begegnet dem Veralteten und Überlebten nicht mit der Menschlichkeit des alten Dubslav, sondern mit einem Zug ins Unmenschliche, den man ungeachtet der Komik seines Redeflusses nicht völlig überhören darf: „Frondeur ist Krittikk, und wo Guttes sein will, muß sein Krittikk. Deutsche Kunst viel Krittikk. Erst muß sein Kunst, gewiß, gewiß, aber gleich danach muß sein Krittikk. Krittikk ist wie große Revolution. Kopf ab aus Prinzipp. Kunst muß haben ein Prinzipp." Die Diskrepanz des Namens hat Wrschowitz mit Dubslav gemeinsam, wie Woldemar beiläufig bemerkt: „Das kenn ich von meinem Vater her, der Dubslav heißt, was ihm auch immer höchst unbequem war ..." Aber weiter reicht die Gemeinsamkeit doch kaum; und wichtiger ist überdies, was beide Figuren voneinander trennt. Dubslav von Stechlin hat die Fähigkeit zur Selbstironie. Er kann von sich absehen und Distanz gewinnen. Dazu ist der Musiker Wrschowitz nicht in der Lage. Ihm fehlt die Überlegenheit, die nötig wäre, um die Banalität in der Widersprüchlichkeit des Namens auf sich beruhen zu lassen. „Er litt, glaub ich, unter diesem Gegensatz", wird ausdrücklich gesagt. Sein Leiden ist keine Einbildung; er leidet wirklich. Gleichwohl fehlen die Züge des Komischen in diesen Leiden nicht ganz. Dieser auf Kritik versessene Intellekt, der schon auf Grund seines Eintretens für das Prinzip der Kritik eine höhere Bewußtseinsstufe repräsentiert als beispielsweise die geistig weniger ergiebigen Damen im Stift der Tante Adelheid, ist dennoch unvermögend, sich selbst in diese Kritik einzubeziehen. Er hat Geist, um andere zu kritisieren. Aber das Bewußtsein der eigenen Komik infolge der Übertreibung eines Prinzips fehlt ihm durchaus. So ermangelt er auch des Abstands zu den Gegensätzen, die ihn beherrschen. Die gewisse Komik seiner Leiden enthüllt aber zugleich die Möglichkeiten des Konflikts, in den er mühelos geraten könnte, wenn es der Erzähler des „Stechlin" darauf abgesehen hätte; und der Kritiker Wrschowitz wäre als einer, der überall Verrat wittert, sicher auch in der Lage, andere in Konflikte zu stürzen. Er ist ein notwendiges Prinzip, aber nur im Zusammenhang anderer Geisteskräfte. In der Isolierung, die mit Einseitigkeit und Übertreibung verbunden ist, wird er notwendigerweise zu der komischen Figur, die er ist.

Der grimmige Kritiker mit dem sanften skandinavischen Vornamen gehört im „Stechlin" zu den weniger beachteten Figuren. Man nimmt nur flüchtig von ihnen Kenntnis und vergißt sie leicht über den Gestalten, die uns näher stehen und in ihrer Menschlichkeit ansprechen. Ob Personen wie diese vorhanden sind oder nicht, erscheint belanglos. Für den Fortgang der Handlung, für die man sie in erster Linie benötigt, sind sie entbehrlich, weil der Erzähler die

Handlung selbst für weithin entbehrlich erachtet. So ist man womöglich abermals geneigt, für die vermeintliche Überflüssigkeit solcher Figuren die „Alterskunst", will sagen: den Verfall der Gestaltungskräfte verantwortlich zu machen. Aber die Komposition des Romans ist sorgfältig durchdacht. Auch die Nebenfiguren haben ihren festen Ort im Zusammenspiel des Ganzen. Der Musiker Wrschowitz bleibt Nebenfigur in jeder Hinsicht. Er bringt uns damit zugleich die Nebensächlichkeit des Konflikts zum Bewußtsein. Aber er macht nicht minder deutlich, daß das Individuelle in diesem Roman nicht ausschließlich gilt, daß der psychologische Realismus der „Charaktere" offensichtlich nicht oberstes Gestaltungsprinzip ist; denn die Komik ihrerseits ist im Roman wie in der Komödie nicht zuerst als Ausdruck individuellen Seelentums gemeint. Die Psychologie der Verschrobenheit behält etwas Zufälliges, wenn sie selbstgenügsam verstanden wird, statt von sich ein Allgemein-Menschliches sichtbar zu machen. In der Tat ist die Komik in den Formen der Dichtung vorzüglich der Ausdruck eines gesellschaftlichen Seins. Es wird verständlich, warum Fontane — wie ähnlich die englischen Erzähler des 19. Jahrhunderts — die Stilelemente des Komischen bevorzugt. Die Richtung zum Allgemeinen ist damit gegeben. Die dichterische Umsetzung gesellschaftskritischer Faktoren in die Formen der Komik, der Satire und der Karikatur macht jeden Roman zum politischen Roman. Es ist aber kaum zweifelhaft, daß Fontane mit der Bezeichnung des „Stechlin" als eines politischen Romans besondere Vorstellungen verbindet. Er würde das Politische so deutlich nicht apostrophieren, wenn es sich für alle seine Romane und damit von selbst verstünde. Es hat damit im „Stechlin" vermutlich eine besondere Bewandtnis. Auch das wird an einer scheinbar so entbehrlichen Figur wie diesem Kritiker sichtbar. Das Politische bezieht sich hier, über die gesellschaftskritischen Momente hinaus, auf bestimmte Themen und Motive, die nunmehr um vieles unmittelbarer angeschlagen werden und die Erzählung selbst wie Leitmotive begleiten. Es handelt sich in erster Linie um die Thematik des Alten und Neuen. Das Prinzip der Kritik, dem Wrschowitz so einseitig das Wort redet, ist nur eine Variation dieser Thematik.

Die Thematik des Alten und Neuen

Altes und Neues begegnet uns im Roman Fontanes in vielerlei Gestalt. Vor allem auf die Ordnungen des gesellschaftlichen Lebens beziehen sich die damit zusammenhängenden Motive. Die Berührung mit der gesellschaftskritischen Darstellungsweise liegt auf der Hand. Die Thematik des Alten und Neuen steht in Frage, weil sich die politischen und gesellschaftlichen Ordnungen fortwährend abnutzen und erstarren. Alles Unlebendige, Veraltete und Überlebte bedarf der Erneuerung und gelegentlich wohl der revolutionären Tat. Erneuerung dessen, was veraltete, ist im Grunde schon das zentrale Thema des ersten Romans. Es ist zugleich, wie in Arnims „Kronenwächtern", ein zentrales Thema des historischen Romans überhaupt. Das Thema wird in „Vor dem Sturm" im Motiv des Heimischen, des Märkischen und von alters her Überlieferten angeschlagen. Aber die Treue zur märkischen Heimat kann in unfruchtbare Enge und Intoleranz führen. Die Beschränkung im Heimatlichen stimmt bedenklich, wenn damit ein Sich-Abschließen gegenüber dem Fremden verbunden ist. Dagegen bewahrt die Offenheit für das Fremde und Andere die eigenen Ordnungen des Lebens immer wieder vor Enge und Tod, und die Erneuerung geht mit der Aufnahme des Fremden einher. Die Gestalt der Marie in „Vor dem Sturm" ist das Symbol einer fast märchenhaft fremden Welt, in der sich die Erneuerung des gesellschaftlichen Lebens andeutet. Erneuerung des staatlich-politischen Lebens nach dem Zusammenbruch Preußens um 1806 also ist das große Thema dieses bedeutenden Romans. Aber die Erneuerung überindividueller Ordnungen muß scheitern, wenn sie nicht zuerst im Individuum versucht wird. Der Fehlschlag des von Berndt angeführten Unternehmens ist der deutliche Beweis dafür, daß es am rechten Sinn für das Ganze noch fehlt. Selbstsucht, Ruhmbegierde oder persönliche Eitelkeit mögen diesem Sinn im Wege stehen; und was es mit solchen Regungen auf sich hat, ist Berndt in jenem eindrucksvollen Selbstgericht zu erforschen im Begriff, das dem gescheiterten Unternehmen folgt:

„‚Dies ist keine Welt der Glattheiten. Alles hat seinen Preis, und wir müssen ihn freudig zahlen, wenn er für die rechte Sache gefordert wird.' So sprach er zu sich selbst. Aber inmitten dieses Zuspruchs, an dem er sich aufzurichten gedachte, ergriff es ihn mit neuer und immer tieferer Herzensangst, und sich vor die Stirn schlagend, rief er jetzt: ‚Berndt, täusche dich nicht, belüge dich nicht selbst. Was war es? War es Vaterland und heilige Rache, oder war es Ehrgeiz und Eitelkeit? Lag bei *dir* die Entscheidung? Oder wolltest du glänzen? Wolltest du der erste sein? Stehe mir Rede, ich will es wissen; ich will die Wahrheit wissen.' Er schwieg eine Weile; dann ließ er den Zweig los, an dem er sich gehalten hatte, und sagte: ‚Ich weiß es nicht. Bah, es wird gewesen sein, wie es immer war und immer ist, ein bißchen gut, ein bißchen böse. Arme, kleine Menschennatur!'"

Die Erneuerung auch im staatlich-politischen Bereich setzt die Erkenntnis der eigenen Schwäche voraus. Wie der erste Roman spielt auch die Novelle „Schach von Wuthenow" in der Epoche des preußischen Zusammenbruchs. Die Erzählung selbst entwickelt das Symptomatische des Falles, der den Niedergang des Staates am Beispiel dieses Offiziers demonstriert. Der Prozeß der Erstarrung in Staat und Gesellschaft korrespondiert mit der Erstarrung der lutherischen Kirche. Sie hat sich in dürren Dogmen verengt. Die Gestalt Luthers erhält von dieser Thematik her ihre Bedeutung. Wie er ehedem eine religiöse Erneuerung einleitete, so bedarf der reformierte Glaube seinerseits der Erneuerung, weil auch die Formen des Glaubens dem Prozeß der Abnutzung ausgesetzt sind. Die zahlreichen Konventikler, Tante Schorlemmer, Gideon Franke oder der Regierungsassessor von Rex, sind im Grunde nur Variationen dieses Prozesses. Aber Altes und Neues bleibt im Roman Fontanes auf die Vorgänge im geschichtlichen und politischen Leben nicht beschränkt. Auch die scheinbar ganz individuellen Daseinsformen im persönlichen Bereich wie im Eheroman werden davon berührt. Der Altersunterschied zwischen Effi und Innstetten deutet in einem tieferen Sinne auf einen Unterschied zwischen dem Natürlich-Jugendlichen und den Prinzipien einer Gesellschaftsordnung hin, die Innstetten selbst als veraltet erkennt. Nur sofern dieser Altersunterschied für die Motivation des Konflikts eine derart allgemeine Bedeutung erlangt, weitet sich der individuelle Konflikt ins Menschlich-Allgemeine, wird der Eheroman zum Gesellschaftsroman, den Fontane erstrebt. Das geschieht in „Cécile", „Graf Petöfy", „Unwiederbringlich" oder „Effi Briest" zumeist in der Weise, daß die bezeichneten Motive den Gang der Handlung begleiten. Aber sie treten deutlich zurück. So sind wir denn geneigt, weit mehr auf die „fortschreitende Handlung" zu achten als auf die sie begleitenden Motive. Im „Stechlin" ist das anders. Eine Umkehrung der gewohnten Verhältnisse hat stattgefunden. Nicht die fortschreitende Handlung steht im Mittelpunkt, sondern das begleitende Thema. Was in den voraufgegangenen Erzählungen als eine Art von Begleitmusik verstanden werden konnte, stellt sich jetzt als die eigentliche Mitte dar. Die Zunahme an Gesprächen, die eine Handlung gar nicht aufkommen lassen, hängt damit zusammen.

Das Thema selbst bringt sich im „Stechlin" von sehr unterschiedlichen Figuren her in Erinnerung. Da ist der Mühlenbesitzer Gundermann, der innerhalb des Adels ein Neuling ist, aber vom Alten erwartet er sich besseren Profit. Die Kritik am Alten, die Wrschowitz übt, haben wir erwähnt. Neulinge in der Gesellschaft sind auch die Teilhaber der Firma Hirschfeld. Der Sohn ist ein leidenschaftlicher Verfechter des Neuen, aber der Vater äußert auf liebenswürdige

Weise seine Bedenken: „Gott, Isidor, ich weiß, du bist fürs Neue. Aber was ist das Neue? Das Neue versammelt sich immer auf unserm Markt, und mal stürmt es uns den Laden und nimmt uns die Hüte, Stück für Stück . . . Ich bin fürs Alte und für den guten, alten Herrn von Stechlin." Eine ähnlich liebenswürdige Vertreterin des Alten ist Dubslavs Schwester nicht. Sie verkörpert im Gegenteil das Überlebte und Erstarrte bis zur Karikatur. Sie hat sich mit den gutbürgerlichen Sprüchen ihres Jahrhunderts behängt, und sie lebt in der längst veränderten Welt noch immer in der Vorstellung, die Mark sei die Mitte. Alles an ihr ist Enge, Unduldsamkeit, ist abgelebter Adel. Als petrefakt bezeichnet sie der eigene Bruder. Auch die Parteifreunde Dubslavs verteidigen die alte Welt, aber zumeist verteidigen sie dabei nur die alten Privilegien, wann und wie immer sie erworben wurden. Jede der Figuren erhält ihren Ort im Ganzen des Romans durch die Zugehörigkeit zum Alten oder zum Neuen. Aber nur in der Gedankenwelt der Nebenpersonen erfolgt die Zuordnung in eindeutiger Weise: bei Wrschowitz, dem jungen Hirschfeld oder dem Feilenhauer Torgelow zugunsten des Neuen; bei dem Regierungsassessor von Rex, bei Gundermann oder Adelheid zugunsten des Alten. Die Menschen um Dubslav von Stechlin versagen sich in bezeichnender Weise der eindeutigen Zuordnung. Sie hängen am Alten wie Dubslav, der dem Neuen hin und wieder völlig absichtslos das Wort redet; oder wie Lorenzen, der das Feuer für das Neue in seinem Schüler Woldemar ein wenig dämpft: „,Also mit dem Neuen', sagte Woldemar und reichte seinem alten Lehrer die Hand. Aber dieser antwortete: ‚Nicht so ganz unbedingt mit dem Neuen. Lieber mit dem Alten, soweit es irgend geht, und mit dem Neuen nur, soweit es muß.'" Oder sie neigen wie Melusine in stärkerem Maße dem Neuen zu, ohne dem Alten gegenüber ungerecht zu sein: „Ich respektiere das Gegebene. Daneben aber freilich auch das Werdende, denn eben dies Werdende wird über kurz oder lang abermals ein Gegebenes sein. Alles Alte, soweit es Anspruch darauf hat, sollen wir lieben, aber für das Neue sollen wir recht eigentlich leben." Auch Woldemars Freund Czako — „ein ganz moderner, politisch stark angekränkelter Mensch" — ist vorzüglich dem Neuen zugetan, ohne darum das Alte zu hassen, wenn es ihm gar in einer Gestalt wie dem alten Stechlin begegnet.

Solche Äußerungen, die scheinbar beiläufig in die nie abreißenden Gespräche einfließen, variieren das leitmotivische Thema im Allgemeinen geschichtlichen Wandels. Es erfährt seine konkrete Gestaltung im Zeitbild der gesellschaftlichen Verhältnisse und mehr noch in der Konstellation der politischen Parteien. Dadurch erneut

und in besonderer Weise wird der Zeitroman zum politischen Roman,
von dem Fontane mehrfach spricht. Die wichtigste Erscheinungsform
des Neuen innerhalb der politischen Ideenwelt des Romans ist die
Sozialdemokratie. Fontane hat Entwicklung, Kampf und Aufstieg
dieser Partei wie des vierten Standes überhaupt mit regem Inteıesse
verfolgt. Solche Aufmerksamkeit ist früh bezeugt: „Ich kann es
weniger beweisen, als ich es fühle, daß in breiten Volksschichten, berechtigt und unberechtigt, eine tiefe Unzufriedenheit gärt. Das Sozial-
demokratentum wächst, reiht sich bereits in die standesgemäßen
politischen Parteien ein." Der Brief an Mathilde von Rohr, der diese
Sätze enthält, stammt aus dem Jahre 1872. Das Interesse am vierten
Stand und der ihn repräsentierenden Partei ist von seinem Weg als
Romanschriftsteller nicht zu trennen. Dieser Weg beginnt nicht zufällig im neuen Reich. Auch Bismarck gehört ebenso wie die auf-
strebende Sozialdemokratie zu den Gegenständen unablässiger
Beobachtung. Gelegentlich werden sie auf höchst überraschende
Weise zusammengebracht — wie stilistische Hyperbeln, die benutzt
werden, um den Ärger über die regierenden Klassen zum Ausdruck
zu bringen: „dieser beschränkte, selbstsüchtige, rappschige Adel,
diese verlogene oder bornierte Kirchlichkeit, dieser ewige Reserve-
Offizier, dieser greuliche Byzantinismus. Ein bestimmtes Maß von
Genugtuung verschafft einem nur Bismarck und die Sozialdemokratie, die beide auch nichts taugen, aber wenigstens nicht kriechen."
Solche Äußerungen bestätigen zugleich, daß sich der Beobachter,
der Fontane ist, nach keiner Seite hin festlegt, ungeachtet so mancher
Äußerungen, die rückhaltlos die Bestrebungen der neuen Partei an-
erkennen, wie es in einem Brief vom 5. Juni 1878 deutlich geschieht: „Millionen von Arbeitern sind gerade so gescheit, so gebildet, so ehrenhaft wie Adel und Bürgerstand; vielfach sind sie
ihnen überlegen ... Alle diese Leute sind uns vollkommen ebenbürtig, und deshalb ist ihnen weder der Beweis zu führen, ‚daß es mit
ihnen nichts sei‘, noch ist ihnen mit der Waffe in der Hand beizukommen. Sie vertreten nicht bloß Unordnung und Aufstand, sie vertreten auch *Ideen*, die zum Teil ihre Berechtigung haben und die man
nicht totschlagen oder durch Einkerkerung aus der Welt schaffen
kann." Vor allem in den letzten Lebensjahren Fontanes verstärkt sich
die Beschäftigung mit der politischen Linken und mit dem Schicksal
des vierten Standes. Im März 1884 arbeitete Fontane im Zusammenhang seines Buches über Christian Friedrich Scherenberg an einem
Lassalle-Kapitel, das ihn mit der Ideenwelt der damaligen Sozialistischen Partei in Berührung brachte. Im September 1894 findet die
Aufführung von Hauptmanns Drama „Die Weber" statt, der Fontane

beiwohnt. Er ist tief beeindruckt von diesem Stück. Ende desselben Jahres nimmt er sich den Stoff der „Likedeeler" erneut vor, und die Arbeit an diesem Kommunistenroman wird in den folgenden Monaten unablässig gefördert. Er beteiligt sich im Frühjahr 1895 an der Petition, die zur Ablehnung der Umsturzvorlage auffordert. Mit der Aufgabe des historischen Romans zugunsten des „Stechlin" wird daher das Gespenst der Likedeeler nicht völlig verdrängt; und wenn die Sozialdemokratie erst in den späteren Entwürfen deutlichere Konturen gewinnt, so handelt es sich, was die Konzeption seines politischen Romans angeht, gewiß nicht um eine neue „Problemstellung". Nur die Thematik des Alten und Neuen wird auf diese Weise schärfer akzentuiert.

Die „sozialdemokratische Modernität" darf indessen nicht mißverstanden werden. Es handelt sich dabei nicht um die naturalistische Wiedergabe zeitgenössischer Wirklichkeit. Sie lag Fontane fern. Die Umwandlung der Sozialistischen in die Sozialdemokratische Partei, Bismarcks Gesetzgebung einschließlich der umstrittenen Umsturzvorlage nach seiner Entlassung, die Frage des allgemeinen Wahlrechts und Bebels 1895 erschienene Schrift hierzu, dessen Person und Wirksamkeit überhaupt — all das bleibt unbestimmt im Hintergrund. „Ein Gespenst geht um in Europa — das Gespenst des Kommunismus", so wurde 1848 das Manifest der Kommunistischen Partei eingeleitet. Vom Gespenst der Likedeeler hätte der historische Roman gehandelt, der überraschend beiseite gelegt wird. Im „Stechlin" ist die neue Bewegung der Arbeiterpartei als Gespenst, als welches es vom Adel wie vom Bürgertum gefürchtet war, auffällig verblaßt. Nur gelegentlich werden wir daran erinnert, wenn Schulze Kluckhuhn das Ungetüm des schwarzen Schiffes Rolf Krake mit ebendiesem Gespenst vergleicht. Vom vierten Stand ist in den Briefen der letzten Lebensjahre wiederholt die Rede, im „Stechlin" nur am Rande. Nur als gelegentlicher Gesprächsgegenstand spielen die wirklichen Verhältnisse der kleinen Leute hinein. Für den Fortgang der „Handlung" ist völlig belanglos, was über die Schlafstellen der Dienstboten gesagt wird. Realistisch ist dabei am wenigsten die Darstellung, die uns unmittelbar zeigt, wie es ist, wie es hier und dort noch zugeht; realistisch ist die Rede, die Redeweise, das Mundartliche. Von den Schlafstätten der Dienstboten plaudert eine der Nebenpersonen des Romans. Aber ihre Sprache ist nicht die Sprache Dubslavs: „Immer sind sie in der Küche, mitunter dicht am Herd oder auch gerade gegenüber. Und nun steigt man auf eine Leiter, und wenn man müde is, kann man auch runterfallen. Aber meistens geht es ... Das is, was sie ne Schlafgelegenheit nennen. Und ich

kann Ihnen bloß sagen: auf einem Heuboden is es besser, auch wenn
Mäuse da sind . . ." Fontane ging über derartige Nuancen des „poetischen Realismus" in der Redeweise nicht ganz hinweg. Die Spiegelung dieser und anderer Fragen der zeitgenössischen Wirklichkeit
vorwiegend im Gespräch gibt seinem Roman etwas eigentümlich
Geistiges, Symbolisches, in mancher Hinsicht Abstraktes.

Fontane geht es im Zeitbild der Sozialdemokratischen Partei nicht
um diese selbst, sondern um Grundformen des Menschlichen. Die
Aufzeichnung des geschichtlich Faktischen ist nicht sein Ziel. So
werden wir denn auch von weltanschaulichen Traktaten und ideologischen Exkursen zum Vorteil der Dichtung verschont. Die
soziale Frage und die „sozialdemokratische Modernität" verlagern
sich ins Gespräch. Gewiß sind wir durch den modernen Roman darauf vorbereitet, selbst wissenschaftliche Abhandlungen und Dis-
kussionen sachlicher Probleme in der Form des Essays integriert zu
sehen. Fontane geht so weit nicht. Er stellt die Probleme nicht zur
Erörterung, sondern deutet sie an. Der Kunst des Andeutens und
Anspielens aber kommt das Gespräch entgegen. Da unterhält sich
Dubslav von Stechlin mit dem ihm gleichgesinnten Pastor über die
Globsower, die da gemütlich die Werkzeuge für die große Welt-
anbrennung liefern. Das ist nicht im Sinne des märkischen Edelmanns. Dennoch ist ihm die Lage dieser Kleinbürger nicht gleichgültig. Er macht sich seine Gedanken über ihr Ergehen, er nimmt
Anteil an ihrer Lage und will, daß sie ein menschenwürdiges Dasein
führen: „Und ich muß Ihnen sagen, ich wollte, jeder kriegte lieber
einen halben Morgen Land von Staats wegen und kaufte sich zu
Ostern ein Ferkelchen, und zu Martini schlachteten sie ein Schwein
und hätten den Winter über zwei Speckseiten, jeden Sonntag eine
ordentliche Scheibe, und alltags Kartoffeln und Grieben." Worauf
Lorenzen repliziert: „Aber Herr von Stechlin . . . das ist ja die
reinste Neulandtheorie. Das wollen ja die Sozialdemokraten auch."
Das letzte Wort in diesem unversehens eingeleiteten Gespräch über
das „Problem" der Neulandtheorie hat der Humor, derjenige des
alten Dubslav: „Ach was, Lorenzen, mit Ihnen ist nicht zu reden . . .",
und er weiß genau, daß es sich mit keinem besser redet als mit dieser
prachtvollen Theologengestalt. Die „sozialdemokratische Modernität" erweist sich dabei als etwas nicht durchaus nur Modernes. Es ist
nicht nur Neues in dieser Neulandtheorie enthalten, sondern etwas,
das nicht veralten kann: die Sorge des Menschen für den Menschen.
Das Sozialdemokratische wird dem Geist der Humanität angenähert,
so daß uns Aussagen wie die folgenden nicht überraschen: „Und der
alte Dubslav, nun, der hat dafür das im Leibe, was die richtigen

Junker alle haben: ein Stück Sozialdemokratie. Wenn sie gereizt werden, bekennen sie sich selber dazu." Die Kunst der Darstellung beruht in der Kunst der Anspielung, darin, das in der Schwebe zu lassen, was nicht festgelegt werden darf — wie der Plauderstil, dessen Verbindlichkeit in einer gewissen Unverbindlichkeit liegt. Die Hörer solcher Plaudereien bleiben im Zweifel, ob es ernsthaft oder scherzhaft gemeint war, wie es wiederum der Art des alten Stechlin entspricht. Auch Lorenzen wird gelegentlich von Woldemar mit der Sozialdemokratie zusammengebracht. Auch hier geschieht es im Stil der Plauderei, in der Kunst der Anspielung, die sich der Festlegung versagt. Woldemar spricht von der Bescheidenheit des Stechliner Erdenwinkels, in dem es nicht viel Sehenswürdigkeiten gibt — „von einem Pastor abgesehen, der beinahe ein Sozialdemokrat ist". Wo immer in der Stechlin-Welt von der Sozialdemokratie die Rede ist, geht es um dieses „Beinahe", um Richtungen, nicht um Identitäten. Die eindeutige Parteinahme des Erzählers und seiner Hauptfiguren bleibt aus — zum Ärger derer, die sie fordern. Das sei ein Ausdruck des Schwankens und der politischen Unsicherheit, sagen diejenigen, die mit solchen Unbestimmtheiten aus weltanschaulichen Gründen nicht einverstanden sind, die mit anderen Worten die mangelnde Eindeutigkeit für eine Partei aus der eigenen Parteilichkeit heraus verwerfen[9]. Es gehört zum Wesen dieses Menschentums, wie es sich im Stechlin-Kreis bezeugt, daß man jeder eindeutigen Stellungnahme aus dem Wege geht. Auch das Bekenntnis zu einer bestimmten Gesellschaftsordnung unterbleibt; denn wo Eindeutigkeit ist, da ist auch Einseitigkeit im Spiel; und die einseitig Neuen, wie Doktor Wrschowitz, haben mit den einseitig Alten, wie Tante Adelheid, den Stich ins Komische, aber auch ins Unmenschliche gemeinsam. Für Dubslav dagegen und für die, welche ihm nahestehen, hat alles zwei Seiten. Es ist nur folgerichtig, daß er als Parteigänger der Konservativen unterliegt, aber in seiner Niederlage menschlich gewinnt. Der Sieg kommt andererseits den Siegern nicht auch menschlich zustatten. Es ist überhaupt im Kreis der „Neuen" nicht alles Gold, was glänzt. Der betrunkene Tuxen, der für den Feilenhauer Torgelow optiert hat, bringt es in Erinnerung; und die eindeutige Entscheidung des jungen Hirschfeld für das Neue der Sozialdemokratie wird gerade deshalb eigentümlich zweideutig, weil sie unverkennbar von den Interessen des eigenen Ich mitbestimmt worden ist. Dahin deuten Dubslavs Fragen an den alten Baruch: „Und nun sagen Sie mir vor allem, was macht Ihr Isidor, der große Volksfreund? Ist er mit Torgelow noch zufrieden? Oder sieht er, daß sie auch da mit Wasser kochen? Ich wundere mich bloß, daß ein Sohn von Baruch Hirschfeld, Sohn und Firmateilhaber, so sehr für den Umsturz ist." Es sind die mannigfachen Ambivalenzen, die hier der „sozialdemokratischen Modernität" das Gepräge geben. Bebels revolutionäre Partei enthält das Menschliche als Möglichkeit ebenso wie die Entartung zum bloß Materiellen, zum Geschäftlichen und zum Profit. Die dichterische Überhöhung dieser Ambivalenz findet ihren Ausdruck im Großen Stechlin, dem See, der den Zusammenhang herstellt, den sonst die fortschreitende Handlung knüpfen würde. Er wird zum bestimmenden Symbol. Das eindeutig nicht Bestimmbare der Phänomene wird an ihm transparent. Der Stechlin wird zum Sinnbild der Gegensätze, die sich in ihm vereinen. Er ist ein Bild der Natur, das zugleich als Ausdruck geschichtlichen Wandels dient. Das Werdende wird von ihm als einem Sinnbild des Seins umgriffen.

Die Symbolik des Großen Stechlin

Vom Stechlin als einem der Seen, die in der Grafschaft Ruppin eine lange Seenkette bilden, handelt das erste Kapitel des Romans. Derselbe See, der sagenumwobene, wird auch in den „Wanderungen durch die Mark Brandenburg" erwähnt. Die ausführlichen Schilderungen sind erst in den späteren Auflagen des ersten Bandes enthalten; dort heißt es: „Da lag er vor uns, der buchtenreiche See, geheimnisvoll, einem Stummen gleich, den es zu sprechen drängt. Aber die ungelöste Zunge weigert ihm den Dienst ... Und nun setzten wir uns an den Rand eines Vorsprunges und horchten auf die Stille. Die blieb, wie sie war: kein Boot, kein Vogel; auch kein Gewölk. Nur Grün und Blau und Sonne." Die Beschreibung erinnert im Wortlaut an das Eingangskapitel des Romans: „Hie und da wächst ein weniges von Schilf und Binsen auf, aber kein Kahn zieht seine Furchen, kein Vogel singt, und nur selten, daß ein Habicht drüber hinfliegt und seinen Schatten auf die Spiegelfläche wirft. Alles still hier." Beide Schilderungen betonen die Stille. Beide heben sie das Abseits der großen Welt hervor, das den Großen Stechlin auszeichnet. Aber der ruhende See ist doch nur die eine Seite im Bild der Natur. Das sonst so ruhige Gewässer gerät von Zeit zu Zeit in Bewegung. Auch davon berichten bereits die „Wanderungen", wenn es heißt: „Als das Lissaboner Erdbeben war, waren hier Strudel und Trichter, und stäubende Wasserhosen tanzten zwischen den Ufern hin." Entsprechend lesen wir es im Eingangskapitel des Romans: „Und doch, von Zeit zu Zeit wird es an eben diesem See lebendig. Das ist, wenn es weit draußen in der Welt, sei's auf Island, sei's auf Java, zu rollen und zu grollen beginnt oder gar der Aschenregen der hawaiischen Vulkane bis weit auf die Südsee hinausgetrieben wird. Dann regt sich's auch hier . . ." Auch das Erdbeben von Lissabon wird in diesem Zusammenhang genannt, und zwar in Verbindung mit dem roten Hahn der Sage: „Wenn's draußen aber was Großes gibt, wie vor hundert Jahren in Lissabon, dann brodelt's hier nicht bloß und sprudelt und strudelt, dann steigt statt des Wasserstrahls ein roter Hahn auf und kräht laut in die Lande hinein." Es sind die großen Beziehungen, es sind die Weltbeziehungen dieses „Vornehmen", die aus der Sage ins Symbol übernommen werden.

Daß große Erderschütterungen sich in die entlegenen Weltgegenden fortpflanzen und sich durch ungewöhnliche Bewegung auch im Großen Stechlin bemerkbar machen, fand Fontane vor allem in der naturwissenschaftlichen Literatur seiner Zeit bestätigt. Auf die Verbindung mit dem Erdbeben von Lissabon verweist schon eine Schrift über die Grafschaft Ruppin vom Ende des 18. Jahrhunderts[10]. Das ist der geologisch-naturwissenschaftliche Befund, wie er sich Fontane darstellt. Seine Erhöhung zum Symbol, das auch geschichtliche Vorgänge umfaßt, war von den Sagen- und Märchenmotiven her geboten. Die Beziehungen, die der Stechlin unterhält, bleiben daher im Roman nicht mehr auf die Geologie beschränkt; sie gelten nunmehr auch im geschichtlichen Bereich. In der Symbolik des Romans steht der See nicht nur mit den von Naturgewalten hervorgerufenen Erschütterungen im Bunde; er zeigt gleichermaßen die Unruhen an, für die der Mensch verantwortlich ist. Erschütterungen dieser Art sind Revolutionen in jeder Gestalt, und die Revolution ist zugleich ein Ziel der Sozialdemokratischen Partei. Der Zusammenhang des Stechlin mit der revolutionären Bewegung klingt mehrfach an, wie in dem rasch sich entwickelnden Gespräch zwischen Dubslav und Czako: „Dieser merkwürdige See, dieser Stechlin! . . . welche Revolutionen sind an diesem hervorragenden Exemplar seiner Gattung wohl schon vorübergegangen?" Vom aufsteigenden Hahn wird in diesem Zusammenhang gesprochen, und Czako fragt, wie sich denn der Stechlinkarpfen ihm gegenüber „bei dem Anpochen derartiger Wetterereignisse" verhalte. Pastor Lorenzen seinerseits erklärt ihn für einen richtigen Revolutionär, „der gleich mitrumort, wenn irgendwo was los ist". Der See wird dergestalt zum Leitmotiv, zur bestimmenden Mitte, indem er das Kernthema des Alten und Neuen im Symbol vereint. Es entspricht völlig der Bedeutung dieses zentralen Symbols, wenn vorzüglich die Angehörigen des Stechlinkreises ihm gegenüber ihre uneingeschränkte Verehrung bezeugen. Woldemar bereitet die Gräfin Melusine auf die große Sehenswürdigkeit des Ruppiner Winkels vor. Er spricht von den vornehmen, geheimnisvollen Beziehungen und erwähnt den aufspringenden Wasserstrahl,

„wenn es in Java oder auf Island rumort". Später präsentiert Dubslav
seinen Gästen den See. Aber Melusine wehrt sich, die Eisdecke auf-
zubrechen. Die undinenhafte Gestalt ist dem Elementaren zugeneigt
und will die Elemente des Revolutionären nicht unnötig heraufbeschwören. Sie verehrt, was still in sich beruht, und will die gewalt-
samen Störungen vermeiden. Die geschichtliche Seite im Bild der
Revolution ist dem Neuen zugekehrt. Der geologische Aspekt, das
Naturhafte gilt dem unveränderlich Seienden, dem Alten, das von
Ewigkeit zu Ewigkeit ist. Derselbe See, dessen Stille betont wird,
zeigt zugleich die revolutionären Erschütterungen an. Altes und
Neues werden eins im Symbol. Dieser See ist ambivalent wie die
Sozialdemokratie in der Möglichkeit des Menschlichen oder des
Materiellen. Der Stechlin ist ein Bewahrer und ein Revolutionär zugleich. Im Grunde bewahrt er, indem er von Zeit zu Zeit revolutio-
niert. Zu bewahren ist das Menschliche, das, was unveränderlich ist
und sich dennoch in immer neuen Veränderungen darbietet. Damit
sind die Grundformen des Menschlichen bezeichnet, um deren
dichterische Darstellung es geht.

Aber die Deutung geschichtlicher Vorgänge im Symbol des
Stechlin bezieht sich nicht nur auf das Politische im engeren Sinn.
Sie umfaßt gleichermaßen die religiösen Themen und Motive. Die
christlich-soziale Bewegung ist der sichtbare Ausdruck dieser Thematik. In ihr treffen zugleich die religiösen und politischen Ideen
aufeinander. Repräsentant dieser Motive ist der ganz aus Fontane-
schem Geist erschaffene Pastor Lorenzen, Woldemars Erzieher. Mit
Dubslav von Stechlin steht er auf vertrautestem Fuß, aber ungetrübt
in jeder Hinsicht ist auch sein Verhältnis zu den Töchtern des Bot-
schaftsrats, besonders zur Gräfin Melusine. Den Freunden Woldemars, die sich über ihn unterhalten, erscheint er als einer der aller-
jüngsten. Zu den streng Kirchlichen gehört er keinesfalls. Ebendeshalb ist ihm der konventikelhafte Regierungsassessor nicht recht
gewogen. Er hält mit seinen Befürchtungen nicht zurück und bemerkt mit Beziehung auf den alten Stechlin: „Und zu verwundern
bleibt nur, daß der Alte so gut mit ihm steht . . . Der Alte liebt ihn
und sieht nicht, daß ihm sein geliebter Pastor den Ast absägt, auf
dem er sitzt. Ja, diese von der neuesten Schule, das sind die aller-
schlimmsten. Immer Volk und wieder Volk, und mal auch etwas
Christus dazwischen." Mit dieser Charakteristik ist sein Gesprächspartner, der Hauptmann von Czako, nicht einverstanden. Er hält
entschieden zu Lorenzen und verteidigt ihn im Burschikosen seiner
Ausdrucksweise: „Das Überlieferte, was einem da so vor die Klinge
kommt, namentlich wenn Sie sich die Menschen ansehen, wie sie nun

mal sind, ist doch sehr reparaturbedürftig, und auf solche Reparatur ist ein Mann wie dieser Lorenzen eben aus . . ." Wegen seiner sozialen Gesinnung wird der Pastor von Woldemar gelegentlich mit den Sozialdemokraten verglichen. Aber Lorenzens politische Heimat ist das Christlich-Soziale — weniger als organisierte Partei, sondern als Gesinnung. Er war es gewohnt, „sich mit dem ebenso gefeierten wie befehdeten Hofprediger in Parallele gestellt zu sehen", und damit ist Stöcker gemeint, der Berliner Hofprediger, Agitator und Antisemit. Fontane selbst war von gewissen Seiten seiner Wirksamkeit berührt. Der Person gegenüber hatte er seine Reserven. Und sie sind auch weithin diejenigen unseres Theologen. Lorenzen empfand „regelmäßig den tiefen Unterschied, der zwischen dem großen Agitator und seiner stillen Weise lag". Agitation wie eindeutige Parteinahme ist auch seine Sache nicht. Die christlich-soziale Bewegung Stöckers wird in der Person Lorenzens ebensowenig zum allseits gültigen Ideal erhoben wie die Sozialdemokratische Partei Bebels. Beide Parteien sind nicht als unbestrittene Vorbilder gemeint; noch weniger trifft das für deren Führer zu. Was Fontane in diesem Punkt der Wirklichkeit entnimmt, ist weit mehr die Idee der wirklichen Verhältnisse als diese selbst. Er hat das Veredelte dieser Parteien im Auge, wie es ein Brief an Friedrich Paulsen bezeugt: „In Jahresfrist hoffe ich Ihnen einen Roman von beinah gleicher Dicke . . . überreichen zu können. Er ist auch patriotisch, aber schneidet die Wurst von der andern Seite her an und neigt sich mehr einem veredelten Bebel- und Stöckertum, als einem alten Zieten- und Blüchertum zu . . ." Weder Stöcker noch Bebel sind Lorenzens Ideal — das ist der portugiesische Dichter João de Deus, dem seine Liebe und Verehrung gehört.

Über den 1830 geborenen Lyriker João de Deus Nogeira de Ramos war gegen Ende des Jahrhunderts mancherlei zu lesen[11]. Eine Sammlung seiner Poesien war 1893 auch in deutscher Sprache erschienen. Fontane hat sie vermutlich nicht gekannt. Doch ist ihm eine Lebensbeschreibung im „Magazin für Litteratur" offenbar nicht entgangen. Sie erschien kurz nach dem Tode des Portugiesen, der am 11. Januar 1896 verstorben war; und sie vermittelt ein Bild seiner Wirksamkeit, das sich mühelos in die christlich-soziale Gedankenwelt einfügt, wie sie im Roman vorzüglich Lorenzen vertritt. In dem Gedenkartikel heißt es: „Arm ist er gestorben, wie er gelebt hat, und eine Begräbnisfeier ist ihm zuteil geworden, die nicht nur den Dichter, sondern auch das Volk ehrte, das er durch sein Leben und sein Schaffen so hoch geehrt hat. An dem Tage der Beisetzung . . . waren alle Schulen des Landes, alle Fabriken und Läden Lissabons geschlossen. Der Minister, der Staatsmann, der Gelehrte, der Handwerker und der

Arbeiter gingen schmerzerfüllt hinter dem Sarg her. Schluchzend suchte die arme Fabrikarbeiterin ihrem Kinde zu erklären, daß es dem Toten alles zu verdanken habe." Aus dem Abschnitt erhellt, daß die Ehrung nicht in erster Linie dem Dichter gilt. Wichtiger als der Poet ist der Pädagoge, der Menschenfreund, der tätige Nächstenliebe übt. Dieser Mensch, der von seinen Zeitgenossen fast zur Heiligengestalt verklärt wurde, ist gerade um seiner sozialen Ideen willen ein Geistesverwandter unseres Stechliner Theologen. Daß sein Bild an die Ufer der märkischen Seen gelangen konnte, fügt sich sehr reizvoll in die Erzählung von den Weltbeziehungen dieses „Vornehmen" ein. Auch hier reichen die Verbindungslinien bis nach Portugal hin, wie ähnlich im Falle des Erdbebens von Lissabon. Von diesem João de Deus also, von dem Vorbild Lorenzens, erzählt Woldemar im Kreis der Barbys und verweilt eingehender bei einer Schrift des Portugiesen, die Lorenzen besonders wichtig sei. Die Grundgedanken dieser Schrift gibt Woldemar sinngemäß wieder: daß unsere Gesellschaft auf dem Ich aufgebaut sei und sie daran zugrunde gehen müsse: „Die zehn Gebote, das war der Alte Bund, der Neue Bund aber hat ein andres, ein einziges Gebot, und das klingt aus in: Und du hättest der Liebe nicht . . ." Woldemar fügt hinzu: „In dieser Geschichte haben Sie nicht bloß den João de Deus, sondern auch meinen Freund Lorenzen. Er ist vielleicht nicht ganz wie sein Ideal. Aber Liebe gibt Ebenbürtigkeit." Die Erneuerung tätiger Nächstenliebe im Sinne der Bergpredigt und im Sinne des portugiesischen Dichters, der „für die Armen gelebt hatte und nicht für sich", bestimmt die Wirksamkeit und das Denken des Stechliner Theologen. Die Angehörigen des Stechlin-Kreises nehmen seine Gedanken auf. Melusine versteht sie im Sinne eines Bundes, von dem sie weiß, daß er ohne Pastor Lorenzen nicht existiert. Die alte Wahrheit der christlichen Demut wird dabei zum Leitbild des Neuen, von dem Melusine spricht: „Wer demütig ist, der ist duldsam, weil er weiß, wie er selbst der Duldsamkeit bedarf; wer demütig ist, der sieht die Scheidewände fallen und erblickt den Menschen im Menschen." In solchen Auffassungen unterscheidet sich Armgard nicht im geringsten von ihrer Schwester. Wie Dubslav und Barby gelegentlich fast Zwillingsbrüder genannt werden, so muten Melusine und Armgard in diesem Punkt wie Zwillingsschwestern an. Auf Woldemars Entscheidung für die eine oder die andere verwendet der Erzähler deshalb nicht viel Zeit. Vor allem in ihrem Denken sind sie beide den Ideen Lorenzens verpflichtet. Melusines Bekenntnis zur Demut wird von Armgard im Grunde nur in anderen Worten zum Ausdruck gebracht: „Elisabeth von Thüringen ist mir lieber als Elisabeth von England. Andern leben und der

Armut das Brot geben — darin allein ruht das Glück. Ich möchte, daß ich mir *das* erringen könnte. Aber man erringt sich nichts. Alles ist Gnade."

Fast bekenntnishaft werden die alten Wahrheiten formuliert, die sich so unmittelbar mit der Wendung zum Neuen verbinden: „Ich respektiere das Gegebene, daneben aber freilich auch das Werdende ... Alles Alte, soweit es Anspruch darauf hat, sollen wir lieben, aber für das Neue sollen wir recht eigentlich leben", so sagt Melusine. Das Bekenntnis zur Demut in Verbindung mit dem Neuen ist bezeichnend für die Ambivalenz auch im religiösen Bereich. Der Geist der Menschlichkeit soll in diesem Bund anwesend sein, der in Lorenzen seine geistige Mitte erhält. Aber der Geist dieses Bundes, der sich in Demut und tätiger Nächstenliebe bezeugt, existiert von altersher wie die Natur selbst. Er mag sich im Wandel geschichtlichen Lebens verbrauchen; daher bleibt er wie alles Geschichtliche auf Erneuerung angewiesen. Auch das Christentum unterliegt als Institution dem bezeichneten Prozeß. Aber das echte Neue ist in gewisser Weise das unvergänglich Alte. Davon handelt eines der letzten Gespräche zwischen Dubslav und seinem Pastor. Man unterhält sich über Woldemar, und Lorenzen vermutet, daß ihn sehr bald die Lust anwandeln werde, so halb und halb wieder ins Alte einzulenken. Dubslav nimmt an, daß Lorenzen diese Neigung zu verhindern gedenkt, weil er seinem Sohn nun einmal in den Kopf gesetzt habe, „daß etwas durchaus Neues kommen müsse. Sogar im Christentum". Aber Lorenzen bestätigt nur abermals die Ambivalenz im Thema des Alten und des Neuen, wenn er entgegnet: „Ich weiß nicht, ob ich so gesprochen habe; aber wenn ich so sprach, dies neue Christentum ist gerade das alte ..." Dies ist immer wieder — am Beispiel der Sozialdemokratie im Politischen und der christlich-sozialen Bewegung nach der religiösen Seite hin — das zentrale Thema des Romans, und zwar gebunden an die Gestalt des Pastors. Was sich an Zweifel regen könnte, richtet sich notwendigerweise auch gegen sie; und von theologischer Seite mag manches gegenüber diesem Pastor einzuwenden sein. Er ist nicht übermäßig kirchlich gesinnt, und das Dogma ist nicht das oberste Leitbild seines religiösen Verhaltens. Eine unter den Entwürfen überlieferte Notiz besagt ausdrücklich, daß ihm solche Strenggläubigkeit nicht zugedacht war: „Gespräch über Lorenzen. Sein Sozialismus. Bergpredigt. Dogma ist nichts." Auch die Äußerungen Dubslavs im Roman bestätigen das Unkonventionelle und Undogmatische seiner Denkweise: „Ich bin ja, wie du weißt, eigentlich kirchlich, wenigstens kirchlicher als mein guter Pastor (es wird immer schlimmer mit ihm) ..." Lorenzen ist in der Tat ein sehr liberaler Geist und hat mancherlei von der Theologie seiner Zeit in sich aufgenommen.

Vom theologischen, nicht vom künstlerischen Standpunkt ist es wohl denkbar, daß man Fontane die „Weltfrömmigkeit" seines Theologen verdenkt in der Überzeugung, daß das Christliche noch anderes meint als Humanität. Aber gerade dieses andere darzustellen war niemals Fontanes Absicht. Die weltlichen Erscheinungen im Christentum seiner Zeit waren ihm wichtig, nicht die Erläuterung des geistlichen Gehalts. Nicht von außen her und nicht mit fremden Maßstäben ist diese wohl interessanteste Pastorenpersönlichkeit Theodor Fontanes zu beurteilen. Was Lorenzen literarisch, im Blick auf den Roman, und was er geschichtlich, im Blick auf die zeitgenössische Wirklichkeit des Romans, bedeutet, wird sichtbar, wenn man ihn mit seinem Kollegen, dem Superintendenten Koseleger, vergleicht, den die traurige Gegenwart wenig angeht, weil ihn vornehmlich die Zukunft beschäftigt; und wenn Lorenzen in sie hineinsah, „so sah er einen langen, langen Korridor mit Oberlicht und am Ausgang ein Klingelschild mit der Aufschrift: Doktor Koseleger, Generalsuperintendent". Es ist der gesellschaftliche Ehrgeiz, der diesen Theologen beherrscht. Seine Strenggläubigkeit im „Bekehrungsversuch" an Dubslavs Krankenbett enthüllt sich aus diesem Grunde um so deutlicher als Lüge. Von der Halbheit dieses Ehrgeizigen aus ist das in sich wahre Christentum Lorenzens zu beurteilen, wie es in der Predigt am Sarge Dubslavs noch einmal zum Ausdruck kommt: „Alles, was einst unser Herr und Heiland gepredigt und gerühmt und an das er die Segensverheißung geknüpft hat, all das war sein: Friedfertigkeit, Barmherzigkeit und die Lauterkeit des Herzens." Daß Fontane in einer Zeit der Lippenbekenntnisse und der unlebendig gewordenen Strenggläubigkeiten mit seinem Pastor Lorenzen die alte Wahrheit des Christentums eher unter den Außenseitern der Gesellschaft entdeckt, bestätigt die künstlerische Wahrheit seines Romans; denn die Aufgabe des Künstlers ist es zu jeder Zeit, der Regression des Menschlichen zu wehren und dort zu sein, wo sich — in diesem Punkt — das „Fortschrittliche" regt. Aus diesem Grunde ist im „Stechlin" von Bebel und Göhre, dem portugiesischen Dichter und dem Wörishofener Pfarrer die Rede.

Religiöse Themen und Motive klingen in allen Erzählungen Fontanes an. Im „Stechlin" haben sie eine Bedeutung erlangt, die dem Werk den Charakter eines weltanschaulichen Romans zu geben scheint — dann vor allem, wenn man das Ethos der Demut und der Nächstenliebe isoliert und in ihnen die Quintessenz des Romans erkennen möchte. Solche Betrachtungen verdecken indes gerade das, was den Roman als Kunstwerk auszeichnet. Gegen jede Überschätzung der Gesprächsinhalte, nach der politischen oder nach der religiösen Seite hin, spricht ihre Form. Was Fontane von seinen „Poggenpuhls" gesagt hat, gilt auch hier: Das Wie muß für das Was eintreten. Das Wie der Gespräche ist von dem Sprechenden nicht zu trennen. Vor allem aber sind die religiösen Themen und Motive von der Gestalt des alten Stechlin nicht zu lösen. Er am wenigsten kann sich für irgendeine Form der Strenggläubigkeit erwärmen und hält mit seiner Skepsis auch in Glaubensdingen nicht zurück. Dieser märkische Edelmann mit der Neigung zum Original gibt den Plauderton nicht auf, auch wenn es sich um letzte Dinge des Glaubens handelt. Er sagt von sich selbst: „Aber ich bin so im Ausdruck mitunter ungenierter, als man vielleicht sein soll, und bei ‚niedergefahren zur Hölle' kann mir's passieren, daß ich nolens volens ein bißchen tolles Zeug rede." Unanfechtbare Wahrheiten gibt es für ihn nicht. Hinter alles pflegt er ein Fragezeichen zu setzen. Das ist der Ausdruck seiner im Grunde allseitigen Skepsis. Sie wird unmittelbar einer anderen Seite seines Wesens zugeordnet. Dubslavs Skepsis ist nur eine andere Form seiner Humanität, wie sogleich aus der Beschreibung seiner Person hervorgeht: „Er hatte noch ganz das eigentümlich sympathisch berührende Selbstgefühl all derer, die ‚schon vor den Hohenzollern da waren', aber er hegte dieses Selbstgefühl nur ganz im stillen, und wenn es dennoch zum Ausdruck kam, so kleidete sich's in Humor, auch wohl in Selbstironie, weil er seinem ganzen Wesen nach überhaupt hinter alles ein Fragezeichen machte. Sein schönster Zug war eine tiefe, so recht aus dem Herzen kommende Humanität . . ." Auch das Christentum, wie es Lorenzen versteht, wird vom Geist der Humanität bestimmt. Aber sofern es sich dabei um lehrbare Inhalte handelt, muß Dubslav von Stechlin, „seinem ganzen Wesen nach", auch hier sein Fragezeichen anbringen. Keine Weltanschauung wird von der humanen Skepsis des alten Stechlin verschont. Seine aus dem Herzen kommende Humanität ist nicht faßbar als formulierbare Lehre, sie ist nicht vergleichbar mit irgendeinem Humanismus als Programm. Humanität, die aus dem Herzen kommt: damit sind in erster Linie die Äußerungsformen des Geistes gemeint. Sie heißen: Distanz und Skepsis, Selbstironie und Humor. So ist es durchaus denkbar, daß im Verständnis des Romans aus der humanen Gesinnung der Hauptgestalt heraus auch die „Philosophie der Nächstenliebe" mit einem Fragezeichen versehen wird, wenn sie nicht mehr der Ausdruck des lebendigen Geistes ist, sondern im Gewohnten verflacht. Die vorwiegend an die Gestalt Stechlins gebundene Skepsis behält ihren Wert über seinen Tod hinaus. Sie gehört nicht zum ster-

benden Adel. Es wäre andernfalls wenig sinnvoll, innerhalb des
Romans sein Andenken mit der Predigt zu ehren, die ihm Lorenzen
hält. Er habe vom Bekenntnis weniger das Wort als das Tun gehabt,
wird ihm nachgerühmt. So wird denn durch die Vermittlung des
Pastors neben anderen Eigenschaften auch die humane Skepsis des
alten Stechlin in der jüngeren Generation fortleben.

Die relativierende Skepsis

Demut, Nächstenliebe, soziale Wirksamkeit: das alles sind große
und edle Dinge. Aber sie sind nicht eigentlich der letzte Aspekt der
Dichtung. Sie enthalten noch nicht die Summe der Weisheit, die der
Roman birgt. Es geht um das spezifisch Dichterische dieser Skepsis
und damit noch einmal um die Vorzüge dieses altmärkischen Junkers.

Daß Stechlin hinter alles ein Fragezeichen zu setzen pflegte, daß
er nicht geneigt war, unanfechtbare Wahrheiten anzuerkennen, entnehmen wir nicht allein der Beschreibung seiner Person, wie sie im
Eingangskapitel gegeben wird. Die Formen seiner Skepsis sind durch
den ganzen Roman hin zu verfolgen. Sie ist vor allem der Redeweise,
dem Ton der Gespräche immanent. Dubslav ist es gewohnt, die
Dinge nicht ins Absolute zu erhöhen. Er achtet auf ihre mannig-
faltigen Bedingtheiten. Das je und je Relative ist sein Fall. Das bewahrt vor Einseitigkeiten, die zumeist der Komik anheimfallen. Vom
Standpunkt einer derart allgemeinen Relativität erscheint jede Form
der Feierlichkeit ein wenig deplaciert. Ein vorwiegend unfeierlicher
Ton wird daher bevorzugt, und die Übertreibungen werden nicht
eben geschätzt. Mit der Sprache pflegt Dubslav etwas leicht umzugehen, ohne sie darum zu vernachlässigen. Er ist im Gegenteil skeptisch, wo die Redeweise im Redensartlichen verflacht, wo die Phrase
regiert und ein Ausdruck die Sache nicht mehr trifft, sondern allenfalls die Gedankenlosigkeit des Sprechenden enthüllt. Da kommt der
heiratsfähige Sohn nach Hause, und der Vater erkundigt sich unauffällig nach seiner Zukunft. Aber er tut es in einem Ton, der verrät,
daß die Dinge wiederum nicht zu wichtig genommen werden. Er
fragt: „Liegst du mit was im Anschlag, hast du was auf dem Korn?"
Worauf Woldemar in einer etwas steifen und konventionellen Gesell-
schaftssprache erwidert: „Mich beschäftigen diese Dinge." Solchen
Redensarten gegenüber ist Dubslav empfindlich: „Wenn es sich um
Dinge wie Liebe handelt, so darf man nicht sagen, ‚ich habe mich damit beschäftigt!' Liebe ist doch schließlich immer was Forsches, sonst
kann sie sich ganz und gar begraben lassen..." Eine gewisse
Sprachskepsis sich selbst und anderen gegenüber gehört zu seiner
Wesensart. Sie ist mit derjenigen Hans Karls in Hofmannsthals

„Schwierigem" nicht zu verwechseln, wiewohl nicht völlig verschieden von ihr. Zum Plauderton steht sie scheinbar im Widerspruch. Aber Plauderei ist hier noch anders gemeint als die Konversationen dort, die „alles Wirkliche verflachen und im Geschwätz beruhigen", wie Helene sagt. Auch die Causerie ist wohl, wie die Konversation, dem Unverbindlichen zugeneigt, aber sie ist es aus einem gleichsam anderen Aggregatzustand des Menschlichen heraus. Die Humanität der Causerie beruht im Fließenden, in den Nuancen des Übergangs, die Trennungen vergessen lassen; sie liegt abermals in dem, was man nicht fixieren darf. Insofern eignet dem Plauderton ein Wahrheitsgehalt eigentümlicher Art, eine Verbindlichkeit im scheinbar Unverbindlichen. Dieser Wahrheitsgehalt ist auch in der Skepsis Stechlins gemeint, wenn er bestimmten Redensarten mißtraut. Skepsis in Dingen des Glaubens und der Ideologie, vor allem die Skepsis gegenüber der Sprache bei gleichzeitig vorhandener Hochschätzung der Sprache, sind wohl überhaupt ein Zeichen des Übergangs, ein Zeichen spätzeitlichen Daseins, in dem Altes versinkt und Neues sich bildet. Man denkt an Jakob Burckhardt. Auch er ist auf seine Weise der Skepsis verhaftet, und um so mehr, als er den Gang der Weltgeschichte mit den Augen des Geschichtskundigen überblickt. Mit irgendeiner Form des Nihilismus hat solche Skepsis nicht das mindeste zu tun: weder im Falle Stechlins noch im Falle jenes Hans Karl in Hofmannsthals Lustspiel. In Zeiten des Übergangs ist die Skepsis im Gegenteil eine Voraussetzung des Humanen — dann vor allem, wenn sich das Neue durch seine Unfehlbarkeit empfiehlt, wenn es sich als unanfechtbare Wahrheit gibt und ebendeshalb leicht ins Unmenschliche entartet.

Wie sehr man die Skepsis Stechlins verkennt, wenn man sie in die Nähe eines weltanschaulichen Nihilismus verweist, bezeugt die Redeweise in ihrer Richtung zum Humor. Zur Skepsis Stechlins aber gehört der Humor so gut wie das Humane. Eine spezifisch Fontanesche Erscheinungsform dieses Humors, oder wenigstens eine seiner Vorstufen, ist die geistreiche Rede. Sie bezeugt sich immer wieder in der Art und Weise des Zitierens. Für Festreden sind Zitate oft begehrt, um die Wirkung des Abgangs zu erhöhen. Von den Dichtern erfunden und zumeist unschuldig gemeint, werden sie im Munde der Rhetoren bisweilen in Münzen der Eitelkeit umgeprägt. Bei Fontane sind Zitate der Ausdruck einer geistreich-geselligen Redekunst. Aber sie sind nicht Zeugnisse philologischer Genauigkeit. Im Ungenauen der geistreichen Veränderung beruht ihr Reiz. Wenn sich Dubslav daher eines Zitats bedient, so fließt es zumeist unauffällig ein. Es wird nicht umständlich vorbereitet, damit es sich

wirkungsvoll präsentiert, sondern lässig eingestreut; daher die
humorvolle Wirkung: „Sehen Sie meine Herren verhaßt sind mir
alle langen Hälse; das hier aber, das nenn ich eine gefällige Form.
Heißt es nicht irgendwo: ‚Laßt mich dicke Leute sehn', oder so ähnlich ...'" In Fontane selbst wie in Dubslav von Stechlin ist der Hang
zum Geistreich-Aphoristischen ausgeprägt. Aber unanfechtbare
Wahrheiten sollen damit nicht formuliert werden. Daher vermißt man
denn auch hier jeden Hang zum Pathos der Rede. Der Aphorismus
Stechlins, wenn man ihn so bezeichnen darf, ist humorvoll getönt.
Man spricht über die Krammetsvögel, die sich die Jungen des Ortes
merkwürdigerweise nicht angeeignet haben. Dubslav meint, das
müsse doch seine Gründe haben: „Der natürliche Zug ist doch, daß
die Jungens nehmen, was sie kriegen können. Der Mensch stiehlt
wie'n Rabe." Solche Kernsprüche enthüllen eine gleichsam doppelte
Skepsis: der Sache nach wie im Ton. Daß der Diebstahl zur Natur
des Menschen gehört, das ist eine pessimistische, eine menschen-
feindliche Auffassung. Aber so ist es nicht gemeint. Auch eine unanfechtbare Wahrheit wird nicht prätendiert. Der scheinbar feierliche
Ton „der Mensch ..." wird durch die Banalität des Diebstahls
humorvoll gebrochen; und der umgangssprachliche Vergleich „wie'n
Rabe" vermittelt erst recht den Eindruck des humorvoll Hingesagten.
Das Böse wird nicht zum Kern des Menschen gemacht. Gegen solche
Verallgemeinerung spricht der humorvolle Ton. Aber die Behauptung „Der Mensch ist gut" ist ebensowenig gemeint; dagegen spricht
trotz der humoristischen Redeweise der sachliche Gehalt in der Form
der Anspielung auf den stehlenden Menschen. Solche Ungeniertheiten
finden sich selbst dort, wo es um ernste Dinge geht. Von Dubslavs
verstorbener Frau ist die Rede und von seinem Widerstreben, sich
eine neue zu nehmen: „Wir glauben doch alle mehr oder weniger an
eine Auferstehung ... und wenn ich dann oben ankomme mit einer
rechts und einer links, so ist es doch immer eine genierliche Sache."
Daran Anstoß zu nehmen liefe auf eine Mißachtung des Humors
hinaus; denn was dergleichen Wendungen nun auszeichnet, ist das
Indirekte der Rede, ist die Art, das Gemeinte gerade dadurch besser
zum Ausdruck zu bringen, als es je in der Direktheit des „Korrekten"
geschehen kann. Vom Ewigen wird dabei in Bildern des Endlichen
gesprochen, aber es wird deshalb nicht erniedrigt. Mehr aber noch
wird das Endliche im Bild des Ewigen betrachtet; und das bevorzugte
Bild solcher Betrachtungen ist der Tod.

„Der Inhalt des Romans wird zu einer Apotheose des Sterbens",
so hat man die Bedeutung dieses Motivs umschrieben[12]. Aber das ist
eine Redeweise, die sich mit Bezug auf Fontane ein wenig im Ton

vergreift. Nirgends wird die Unfeierlichkeit aufgegeben; nirgends gibt es, selbst im Zusammenhang solcher Dinge, das Pathos der Rede. Die leichten Wendungen werden auch hier bevorzugt; an ihnen liegt es, Distanz zu schaffen, wie sie erstrebt wird: Distanz zu den Eitelkeiten des Lebens, aber Distanz auch gegenüber dem Tod. Als Hippenmann wird er gelegentlich bezeichnet, und es ist die humoristische Umspielung, auf die es Fontane ankommt. Ausführlich wird vom Sterben und vom Tod des Hagelversicherungssekretärs Schickedanz erzählt — einer Figur, die der Leser lebend gar nicht mehr kennengelernt hat. Nur als Verstorbener agiert er unter den Figuren des Romans. Die nötigen Kenntnisse über die Vorbildlichkeit seines Daseins vermittelt seine Witwe. Frau Schickedanz spricht unaufhörlich vom Prachtexemplar ihres verstorbenen Mannes — so eindringlich, daß der Eindruck des Komischen entsteht. Das Endliche gerät mit dem Unendlichen in Konflikt, aber der Konflikt ist ein solcher des Humors. Es geht um den Zeitpunkt des Todes — drei Tage vor Weihnachten, und damit angesichts des Ewigen um die Endlichkeit der irdisch verstandenen Feste. Über diesen Zeitpunkt ist die Witwe Schickedanz nie recht hinweggekommen; es war dies auch der Umstand, „auf den der Hilfsprediger, ein junger Kandidat, in seiner Leichenrede beständig hingewiesen und die gewollte Wirkung auch richtig erzielt hatte". Der Portier Hartwig, von dem gesagt wird, daß er humoristisch angeflogen war, hat für diese Hervorhebung kein Verständnis. Er quittiert solche Reden gern mit der Bemerkung: „Ich weiß nicht, Mutter, was du dir eigentlich denkst? Ein Tag ist wie der andre; mal muß man ran . . ." Er steht schon in dieser Ausdrucksweise dem Herrn von Stechlin und seinem Kreis näher als beispielsweise die Witwe Schickedanz, die es ehrlich meint, ohne die Klippen der Komik und der Sentimentalität zu vermeiden.

Aber in der Spiegelung Dubslavs erscheint das Bild des Todes doch vor allem. Wie er sich vorbereitet, wie er sich mit ihm zu stellen sucht, wie er ihm mit etwas Aberglauben vielleicht doch noch beizukommen glaubt: das alles wird in den letzten Kapiteln ausführlich beschrieben. Eines dieser Kapitel erzählt den Besuch der Domina von Kloster Wutz. Die ältere Schwester weilt am Krankenbett des Bruders, dessen Leben sich dem Ende deutlich zuneigt. Anfangs scheint es, als würde alles gut verlaufen. Aber die Nörgeleien, Vorwürfe und Rechthabereien der Schwester lassen nicht lange auf sich warten. Vor allem hält sie mit ihrer Rechtgläubigkeit nicht zurück. Der Unglaube Dubslavs, seine abergläubischen Anwandlungen sind ihr ein Dorn im Auge. So verwendet sie allen Eifer darauf, ihn auf den Weg des rechten Glaubens zurückzubringen — bis Dubslav sich zu einer köstlichen Intrige entschließt. Er bestellt sich die Enkelin der alten Buschen als Nachtwache ins Haus und erreicht damit, was beabsichtigt war: daß die rechtgläubige und standesbewußte Domina unverzüglich das Feld räumt. Sie wird vom eigenen Bruder, kurz vor dessen Tode, überlistet, der sich auf eine denkbar humorvolle Art von ihr befreit, um sich den bescheidenen Rest seiner Erdentage nicht durch ihre Anwesenheit zu verderben. Wenn der Erzähler eines Romans an das Lebensende seines Helden gelangt, so wird er sich gern die heiteren Töne versagen. Wie leicht, wenn die epische Distanz unbekümmert vertan wird, kann die Schilderung ins Sentimentale absinken. Fontane scheut sich nicht, mit einem humoristisch erzählten Kapitel auf den Tod seines „Helden" vorzubereiten. Er selbst als Erzähler ist fähig, den Tod humoristisch zu nehmen — ohne dabei leichtfertig mit Dingen umzugehen, die jeden Spott verbieten. Und mit Humor nehmen wir vor allem die Bemühung der Rechtgläubigen auf, eine schon fast verlorene Seele vielleicht doch noch der Hölle zu entreißen.

Der „Stechlin" ist nicht der Roman vom sterbenden Adel. Er zeichnet nicht das Bild einer sterbenden Welt, weil er ausführlich den Tod des alten Dubslav schildert. Der Tod ist, recht verstanden, eine Möglichkeit des Lebens, sofern es jederzeit der Distanz bedarf, um sich die Dinge erträglich vom Leibe zu halten, die uns zu überwältigen drohen. Die Erinnerung an den Tod relativiert die Werte, wo immer sie absolut gesetzt werden. Auch der Tod setzt seine Fragezeichen; er setzt sie hinter alles — wie Dubslav von Stechlin. Auch er ist eine Form der humanen Skepsis, die so untrennbar zu Stechlin gehört. Die Gestalt Dubslavs gewinnt durch den vertrauten Umgang mit dem Hippenmann an Bedeutung im Ganzen des Romans. Wir hüten uns dennoch, Fontanes letzte Dichtung ausschließlich von dieser Figur her zu deuten; erst von der Ganzheit des Romans her ist eine genauere Erläuterung der Romanform möglich.

Dubslav von Stechlin, Sproß eines alten Adelsgeschlechtes, ist keine schlechterdings ideale Figur. Er hat seine Schwächen, die wir von ihm nicht wegdenken möchten, und die Sympathie, deren er sich bei seinen Lesern erfreut, hängt unter anderem auch damit zusammen. Im Politischen ist er aufgeschlossen. Alles Bornierte, Überhebliche, Überlebte liegt ihm fern. Aber er vor anderen seines Kreises ist dem Alten zugetan. Er hält noch immer an der Überzeugung fest, daß Adel und Armee die Werkzeuge der Regierung sind, und am liebsten wäre ihm, wenn die ganze Geschichte noch vom Verstand des Alten Fritzen reguliert werden könnte. Das sind überlebte Vorstellungen, die einen modernen Menschen wie Czako ein wenig in Verlegenheit setzen. Gewiß unterscheidet sich Dubslav von der petrefakten Erscheinung der Schwester beträchtlich. Aber der „Sinn" des Romans erschöpft sich nicht im Verständnis dieser Figur. Nicht alle Sinnbezüge laufen in ihr zusammen. Die märkische Welt soll sein; aber sie soll sich nicht überheben. Sie soll nicht ausschließlich gelten. Im Roman wird sie deshalb durch das Haus des Botschaftsrates ergänzt. Enge und Weite, der stille Erdenwinkel und die Weltläufigkeit der europäischen Hauptstädte stehen sich gegenüber — aber nicht als Gegensätze, die sich ausschließen, sondern ergänzen. Mit Dubslav hat der Botschaftsrat überdies vieles gemeinsam. Die Beschreibung seiner Person, die Woldemar gibt, fällt ähnlich aus wie diejenige Stechlins: „Und dazu der alte Graf! Wie ein Zwillingsbruder von Papa; derselbe Bismarckkopf, dasselbe humane Wesen . . ." Als ehemaliger Botschftsrat im Politischen erfahrener als der Major außer Diensten, neigt er stärker dem Neuen zu als jener. Nicht zufällig wird ihm die hellsichtige Beurteilung der Weltlage in den Mund gelegt: „Das moderne Leben räumt erbarmungslos mit all dem Überkommenen auf. Ob es glückt, ein Nilreich aufzurichten, ob Japan ein England im Stillen Ozean wird, ob China mit seinen vierhundert Millionen aus dem Schlaf aufwacht und, seine Hand erhebend, uns und der Welt zuruft: ‚Hier bin ich', allem vorauf aber, ob sich der vierte Stand etabliert und stabilisiert . . . das alles fällt ganz anders ins Gewicht als die Frage ‚Quirinal oder Vatikan'."

Aber auch der Botschaftsrat von Barby ist um solcher Auffassungen willen nicht aus dem Zusammenhang herauszulösen. Erst innerhalb des ganzen Kreises realisiert sich die Gesinnung, deren erzählerische Darstellung Fontane erstrebt. Der Zusammenhalt und Zusammenhang dieses Kreises ist aber für die Erkenntnis der Romanform von entscheidender Bedeutung. Ein oft erhobener Vorwurf ist von hier aus zu entkräften[13]. Wir meinen die Sprache der Personen und den „Realismus" ihrer Nuancen. Fontane selbst hatte an Gottfried Keller die mangelhafte Differenzierung in der Sprache seiner Figuren beanstandet und ausgeführt: „Er gibt eben all und jedem einen ganz bestimmten, allerpersönlichsten Ton, der mal paßt und mal nicht paßt, je nachdem . . . Erbarmungslos überliefert er die ganze Gotteswelt seinem Keller-Ton." Aber der Vorwurf Fontanes scheint sich gegen ihn selbst zu kehren, wie Thomas Mann seinerzeit zu bedenken gab; denn auch Fontane habe doch wohl die ganze Gotteswelt seinem Fontane-Ton überliefert. Andere haben für den durchgängigen Fontane-Ton den Altersstil verantwortlich gemacht und ihre kritischen Wertungen damit verbunden. Die charakterisierende Abtönung der individuellen Redeweise sei in den früheren

Romanen meisterhaft gehandhabt worden, aber im „Stechlin" sei es
damit vorbei. Ist es wirklich so? Wer sich durch die geläufig gewordenen Urteile nicht den Blick verstellen läßt, wird gewahren, daß die
charakterisierende Abtönung nicht völlig fehlt. Personen wie der
Kritiker Wrschowitz sprechen ein charakteristisches Deutsch, nämlich ein gebrochenes. Die Kutscher der Adelsfamilien reden anders
als ihre Herrschaften. Engelke spricht, wie Diener sprechen, auch
der Lehrer Krippenstapel fällt nicht eigentlich in den Dubslav-Ton,
der weithin der Fontane-Ton ist. Der Regierungsassessor von Rex
gehört zu den aufgesteiften Individuen und kann es in seiner Redeweise nicht völlig verbergen. Dagegen nähert sich der Hauptmann
von Czako schon eher dem Stechlin-Ton an, wiewohl mit einer Neigung zum Burschikosen, gelegentlich auch zum Sarkasmus. Zwar
herrscht der Fontane-Ton im Roman weithin vor; er ist nicht auf
eine individuelle Gestalt beschränkt. So wie Dubslav spricht, so
sprechen ähnlich der Botschaftsrat und seine Töchter, so sprechen im
Grunde auch Woldemar und Lorenzen. Aber diese Gemeinsamkeit
ist von der Romanform her bedingt. Es ist die Sprache eines bestimmten Menschenkreises, des Stechlinkreises, der als Ganzes die beherrschende Mitte bildet. Das bestätigt das sorgsam erwogene und mehrfach veränderte Schlußwort: „Es ist nicht nötig, daß die Stechline
weiterleben, aber es lebe der Stechlin." Erst aus der Einsicht in diese
Ganzheit werden die Einzelheiten verständlich: daß Stechlin und
Barby sich nicht ausschließen, sondern ergänzen; daß das Humane im
deutlich ausgesprochenen Ideengehalt der Demut und Nächstenliebe
ebenso da ist wie als nicht fixierbare Gesinnung. Wir beobachten, wie
das Neue ununterscheidbar in das Alte übergeht, und erkennen, daß
solche Übergänge nur dem Stechlinkreis vorbehalten sind. Woldemar
ist eingangs bereit, bedingungslos für das Neue einzutreten. Zum
Schluß kehrt er in die alte Heimat zurück und übernimmt das Alte
in der Form des Schlosses Stechlin. Anders verhält es sich mit den
Nebenfiguren. Hier geht das Alte nicht gleichermaßen ohne Unterscheidung in das Neue über. Es wird im Gegenteil deutlich unterschieden. Die Domina ist ohne weiteres eine veraltete Erscheinung
und von jeder Verbindung mit dem Neuen abgeschnitten, Wrschowitz vertritt das Neue bis zur Übertreibung; daher das Licht der
Komik, das auf seine Person fällt. Der unbedingte Kritiker des Alten
hat nicht die Einsicht des Stechlinkreises. Ihm fehlt die Überschau
derer, die hierhin und dorthin blicken, daher alles von zwei Seiten
betrachten. Sein Bewußtsein ist getrübt. Darauf beruht seine Komik
und jede Komik überhaupt. Keine bestimmte Figur des Stechlinkreises besitzt das gleichsam ideale Bewußtsein, das vor Komik be-

wahrt. Auch Dubslav ist zeitweise nahe daran, in den Umkreis des Komischen zu geraten. Er hat nicht die Überschau über die Weltverhältnisse von der Art des Botschaftsrates. Keine der Figuren kann das für sich beanspruchen. Keine ist um ihrer selbst willen da. Das Ganze ist wichtiger als die Glieder. Der Stechlinkreis als dieser Kreis ist die Idee, die sich nach einer Äußerung Fontanes „einkleidet". Erst in ihm vereint sich alles Fontanesche zu jener Gesinnung, die sich in der Perspektive des Romans als die höchste Bewußtseinsstufe versteht. Und Gesinnung ist in der Optik dieses Romans nicht nur das Höchste, sondern auch das Beste, wie es Lorenzen am Sarge Dubslavs bekräftigt: „Er war kein Programmedelmann, kein Edelmann nach der Schablone, wohl aber ein Edelmann nach jenem alles Beste umschließenden Etwas, das Gesinnung heißt."

Die Gesinnung und der Zusammenhang des Ganzen

Die Frage der Gesinnung ist in besonderer Weise eine Frage des Romans. Davon handelt Goethe im „Wilhelm Meister": „Im Roman sollen vorzüglich Gesinnungen und Begebenheiten vorgestellt werden. Der Roman muß langsam gehen, und die Gesinnungen der Hauptfiguren müssen ... das Vordringen des Ganzen zur Entwicklung aufhalten." Aber Goethe bezieht in der Praxis seines Erzählens die Gesinnung doch in erster Linie auf die Hauptgestalt, auf den Helden seines Bildungsromans. Das tut Fontane nicht oder nicht mehr. Schon in „Vor dem Sturm" geht es nicht in erster Linie um die Entwicklung einer Hauptperson. Schon dort geht es um die Gesinnung im ganzen, wie es ein Brief Fontanes erläutert: „Der Schwerpunkt des Buches liegt nicht im ‚Landschaftlichen' ... der Schwerpunkt liegt vielmehr in der *Gesinnung*, aus der das Buch erwuchs." Nicht mehr die erzählte Figur, sondern der Erzähler selbst wird zum eigentlichen Brennpunkt, in dem alles zusammenläuft. Aus seiner Gesinnung geht die Erzählung hervor. Das ist in Fontanes letztem Roman im gesteigerten Maße der Fall. Auch von hier aus ist es angezeigt, die stark autobiographischen Züge zu betonen; und weil sich die Gesinnung von der erzählten Figur so auffällig auf den Erzähler verlagert, wird die altmodische Frage wieder wichtig, wer denn dieser Erzähler sei. Die Darstellung des Humanen bei Fontane weist auf Fontanes Humanität zurück; denn menschliche Wahrheit vermag zuletzt überzeugend nur darzustellen, wer selbst als Mensch etwas bedeutet. Aber sowenig diese autobiographischen Züge zu leugnen sind, sosehr ist vor jeder voreiligen Identität des Erzählers mit einer seiner Figuren zu warnen. Dubslav von Stechlin ist nicht das Selbstporträt Theodor Fontanes. Wesenszüge des Dichters sind in Dubslav und Lorenzen ebenso zu finden wie im Botschaftsrat und seinen Töchtern. Deren Gesinnung ist als die Gesinnung zu verstehen, aus der Fontanes „Stechlin" entstand. Sie ist das gleichsam epische Bewußtsein, das sich dem Leser mitteilt, der das Ganze des Kreises überblickt. Nicht ausschließlich durch Stechlin oder Barby, durch Lorenzen oder Melusine werden Altes und Neues im Wesen ihrer Ambivalenz dargestellt. Nicht Dubslav allein vertritt die „Philosophie der zwei Seiten". Nicht von einer Person wird die Unentschiedenheit verkörpert, die das Ja so wichtig oder unwichtig nimmt wie das Nein. Im Blick auf das Ganze des Romans bleibt der stille Erdenwinkel im Recht, aber die weltläufige Weite nicht minder. Der ruhende See verwandelt sich in Zeiten der Revolution ins bewegte Gewässer. Das Eindringen des Gegensätzlichen im Stechlinkreis, für den der See zum bestimmenden Symbol wird, macht das Ja und Nein verständlich. Das höhere Bewußtsein vom Ganzen her steht in Frage, das sich nicht festlegt, weil in gewisser Weise beides gilt. Daher die Hinnahme des Gegebenen bei gleichzeitiger Schärfe in der Gesellschaftskritik. Wer das weltanschaulich nimmt, wer es ins Ideologische übersetzt, ist blind für das Poetische dieser Ambivalenz. Die Entscheidung für eine Sache behält ihr gutes Recht, besonders im Drama. Aber die Unentschiedenheit — nicht als „Weltanschauung", sondern als Idee! — fordert ihr Recht nicht minder. Sie ist vorzüglich eine Sache der epischen Kunst, der größeren Distanz. Auch aus der so beglückenden Distanz des „Stechlin" versteht sich das eigentümlich Schwebende, das Geistige und Ungegenständliche einer Welt, die der Roman sich erschafft. Sein Eigenstes ist die Atmosphäre. Nicht daß wir uns vornehmlich an einprägsamen und unverwechselbaren Gestalten erfreuen — Woldemar wie Armgard sind durchaus schemenhaft gezeichnet — nicht daß sie wirken und handeln: daß sie irren und leiden, macht den Roman zum Roman. Ohne die Atmosphäre des Stechlinkreises wäre er indessen nicht das, was er ist.

Von der Ganzheit des Stechlinkreises erscheint die Wendung vom politischen Roman in einem neuen Licht. Dabei ist nicht das Thema der Parteien entscheidend. Das Politische in solcher Gestalt ist ähnlich in den gesellschaftskritischen Romanen dargestellt, wenngleich mit anderen Akzenten. Romane wie „Irrungen, Wirrungen", „Stine" oder „Effi Briest" sind in ihrem Inhalt womöglich „politischer" als der „Stechlin", weil der Konflikt die Brüchigkeit der Verhältnisse nur noch deutlicher demonstriert. Im „Stechlin" verliert das Inhaltlich-Konkrete, in der Konstellation der politischen Parteien zum Beispiel, in dem Maße an Bedeutung, in dem es in die Romanwelt ein-

bezogen wird. Nicht die Festlegung auf eine der neuen Parteien wird
vom Ganzen dieser Gesinnung her vorgenommen, nur die Formen
der Annäherung werden beschrieben — eine Annäherung, die von
sich aus auf Abstand hält. Daß Dubslav als Kandidat der Konservativen unterliegt, wird vom Ganzen dieser Gesinnung her völlig verständlich. Wer sich so wenig engagiert, muß als Politiker scheitern.
Aber Fontanes Thema im „Stechlin" ist nicht die erfolgreiche Politik.
Weit eher ist es diese zum Scheitern verurteilte Gesinnung. Die Bewahrung des Menschlichen ist in bestimmten Zeiten bei den Unter-
liegenden besser verbürgt. Aus diesem Grunde ist auch die Gesinnung
wichtiger als die Agitation, die Bewußtseinswelt des Stechlinkreises
wichtiger als das, was draußen in der Welt geschieht. Dort wird es
weiterhin Konflikte geben. Sie werden nicht aus der Welt zu schaffen
sein, weil bestimmte Eigenschaften des Menschen nicht zu ändern
sind. „Die Menschen waren damals so wie heut", weiß die alte
Nimptsch. Auch im Stechlinkreis ist das Bewußtsein solcher Wiederkehr vorhanden. Weil sich die Konflikte aus der unveränderlichen
Natur des Menschen ergeben, werden die Gesinnungen, die ihnen
antworten, wichtiger als diese selbst. Weil es sich so verhält, verlagert sich das Interesse des Erzählers Fontane zunehmend von den
Konfliktromanen auf die Darstellung fast konfliktloser Welten.
Dabei kann von einer Entwicklung des Erzählers nicht einmal die
Rede sein; denn auch der erste Roman ist, wie der letzte, in jener
eigentümlich konfliktlosen Welt angesiedelt, die freilich nicht als
Darstellung einer Utopie verstanden sein will. Nicht die Konflikte
der Wirklichkeit, nicht die Utopie einer konfliktlosen Welt, sondern
die Wirklichkeit der Gesinnung wird im „Stechlin" thematisch.
Aber die Bedeutung des Politischen wird dadurch nicht gemindert,
sondern erhöht. Das Politische bezeugt sich in den Themen und
Motiven, vor allem aber ist es anwesend als Gegenstand des Bewußtseins. Die Erweiterung des Bewußtseins zur Bewußtseinswelt
dieses Kreises rückt Fontanes letztes Werk an die Entwicklung des
modernen Romans heran. Das wird deutlich auch in dem, was hier
Zusammenhang bedeutet.

Er betrifft in jedem Fall das Wesen der Dichtung. Aber er
stellt sich für jede Dichtungsart anders dar: dem Zusammenhang
der Handlung im episch-dramatischen Bereich entspricht der Zusammenhang der Bilder und Klänge im Gedicht. In geordneten
Zeiten wird die Dichtung zum Spiegel einer geordneten Welt.
Mit der Auflösung gewohnter Ordnungen geraten auch Dichtung
und Kunst in die Gefahrenzone der Auflösung hinein. Der Zusammenhang, der die Dichtung zur Dichtung macht, versteht sich

nicht mehr von selbst. Es spricht für Fontane, daß ihn das Problem auf seine Weise beschäftigt, schon im ersten Roman; hier bereits ist die Frage der Einheit nicht mehr selbstverständlich im bisher vertrauten Handlungsgefüge gegeben: sie wird zum begleitenden Thema des Romans. In scherzhaften Plaudereien klingt es an, wenn Lewin bemerkt: „Ihr wollt Guckkastenbilder: Brand in Moskau, Rostopschin, Kreml, Übergang über die Beresina, alles in drei Minuten. Die Erzählung, die euch und euer Interesse tragen soll, soll bequem wie eine gepolsterte Staatsbarke, aber doch auch handlich wie eine Nußschale sein. Ich weiß wohl, wo die Wurzel des Übels steckt: der Zusammenhang ist euch gleichgültig . . ." Wie das Große mit dem Kleinen verknüpft erscheint, das Individuelle mit dem Allgemeinen, wie das eine ins andere hineinwirkt; wie sich das Geschichtliche im Alltäglichen bezeugt und das Alltägliche zum Geschichtlichen erweitert, dies und anderes ist der Gegenstand des Romans. Genauer gesagt, ist es der Zusammenhang dieser Dinge, wie es noch einmal am Ende des Romans bestätigt wird: „Eine Welt von Dingen: Krieg und Frieden und zuletzt auch Hochzeit . . ." Das Handlungsgefüge tritt zurück zugunsten einer epischen Form, die das Ganze bewußt macht. Bewußtsein ist wichtiger als Geschehen. Im „Stechlin" ist die höchste Stufe mit dem Bewußtsein des Zusammenhangs gegeben. Melusine spricht es aus: „Alles Alte, soweit es Anspruch darauf hat, sollen wir lieben, aber für das Neue sollen wir recht eigentlich leben. Und vor allem sollen wir, wie der Stechlin uns lehrt, den großen Zusammenhang der Dinge nie vergessen. Sich abschließen heißt sich einmauern, und einmauern ist der Tod."

Im Bewußtmachen dessen, was in unserer auseinanderfallenden Menschenwelt zusammengehört, bezeugt sich zuletzt das Selbstbewußtsein des Romans, der es schon auf Grund seiner Geschichte am schwersten hatte, zur Dichtung und damit zur Einheit zu gelangen. Das Thema der Einheit und Ganzheit ist ein zentrales schon in Goethes „Wilhelm Meister". Aber dort ist es bezogen in erster Linie auf die individuelle Gestalt. Fontanes Idee des Ganzen, im Symbol des Großen Stechlin sich repräsentierend, meint vorzüglich die überindividuellen, die geschichtlichen und politischen Bezüge, die von einem höheren Standort her ein Ganzes werden sollen. Indem er nicht mehr die um Handlungen, Konflikte und Charaktere gruppierten Zusammenhänge zum Zielpunkt der Dichtung macht, sondern im Großen Stechlin das Ganze selbst, läßt er den uns vertrauten Roman des 19. Jahrhunderts hinter sich. Gemessen an der Höhe des künstlerischen Bewußtseins, ist die „Alterskunst" des

„Stechlin" die reinste Neulandtheorie, um mit Pastor Lorenzen zu sprechen. Mit diesem Werk leitet der Neunundsiebzigjährige eine Verjüngung der Romanform in Deutschland ein, die weiterzuführen ihm der Tod verwehrte.

Thomas Mann · Buddenbrooks

Eingangsfragen

„Anfang
,Was ist das. — Was — ist das . . .'
,Je, den Düwel ook, c'est la question,
ma très chère demoiselle!' "

Diese Notiz findet sich unter den ersten Stichworten und Charakteristiken, die Thomas Mann seit dem Sommer 1897 zu einer Erzählung über Hanno Buddenbrook in einem Merkheft sammelte. Schon
nach wenigen Monaten begann er mit diesen Sätzen die Niederschrift einer auf zweihundertfünfzig Seiten veranschlagten „Kaufmannsgeschichte". Vier Jahre später forderte ein Roman von elf-
hundert Seiten mit jener hartnäckigen Eingangsfrage seine Leser
zur Teilnahme am generationenlangen „Verfall einer Familie" heraus.

Der Erzähler, der mit rhetorisch durchtriebenem Dreitakt den
einfachsten aller Fragesätze zu einer Kernfrage erhebt und dabei
ihren Ernst in einem Atem mit einer saloppen Redewendung durch-
kreuzt, läßt den Leser über die konkrete Bewandtnis der Frage nur
einige Augenblicke lang im ungewissen. Es ist eine Katechismus-
frage, und sie gilt, wie alsbald deutlich wird, dem ersten Satz des
Glaubensbekenntnisses. Die Sprecherin, die gleich bei dieser ersten
Frage zu stocken beginnt, ist die achtjährige Tony Buddenbrook,
und der Zuhörer, der mit seinem bündigen „c'est la question" ein-
fällt, ist ihr Großvater Johann Buddenbrook, der Älteste in der
Reihe der Familienhäupter, die der Roman vorführt.

Nachdem Tony mit behutsamer Hilfe und einigem Nachdenken
den Faden gefunden hat, schnurrt sie die Erklärung herunter, die
der Katechismus vorschreibt; einmal im Gange, „war es ein Gefühl,
wie wenn man im Winter auf dem kleinen Handschlitten mit den
Brüdern den Jerusalemsberg hinunterfuhr: es vergingen einem
geradezu die Gedanken dabei, und man konnte nicht einhalten,
wenn man auch wollte." Die Szenerie gewinnt Farbe, die Figuren
erhalten Leben. Im Gleichlauf mit dem Katechismustext ist unversehens der Faden der Erzählung angesponnen.

Die letzte Frage des Romans wird zweiundvierzig Jahre später

wiederum von Tony Buddenbrook gestellt: „Hanno, kleiner Hanno
... Tom, Vater, Großvater und die anderen alle! Wo sind sie hin?
Man sieht sie nicht mehr ..."; und einen Einwurf ihrer Cousine
aufnehmend, setzt sie stockend hinzu: „... Das Leben, wißt ihr,
zerbricht so manches in uns, es läßt so manchen Glauben zuschanden
werden ... Ein Wiedersehen ... Wenn es so wäre ..."

Auch die Schlußsätze des Romans halten eine Antwort bereit,
und diese letzte Antwort ist ebenfalls schon in jenem frühen Notizbuch als „Schlußwort" vorgesehen. Die winzige, verwachsene
Lehrerin Sesemi Weichbrodt, deren Prophetien jahrzehntelang mit
tödlicher Sicherheit *nicht* eintrafen, reckt sich zu möglicher Höhe
auf und verkündet „bebend vor Überzeugung": „Es ist so!"[1]

Woher diese Antwort, und was besagt sie? Sie gründet auf dem
letzten Satz des Glaubensbekenntnisses, der die Auferstehung und
das ewige Leben verheißt, und variiert die Schlußversicherung des
Katechismus: „Das ist gewißlich wahr." Der Roman, der mit der
Erläuterungsfrage zum ersten Satz des Glaubensbekenntnisses einsetzt, mündet aus in eine Affirmation, wie sie der Katechismus für
den letzten Satz des Bekenntnisses bereithält.

Wie am Anfang, so hat auch hier der Erzähler alles getan, um die
ernsthafte katechetische Formel durch Situationskomik in ironischer
Schwebe zu halten. Aber zu feinsinnig sind die Situationen aufeinander abgestimmt, und zu schlüssig korrespondieren die Eckpfeiler
der Bekenntnislehre als erstes und letztes im Roman gesprochenes
Wort, als daß sie vom Erzähler nur um des szenischen Effektes
willen gewählt sein könnten. Was ist das für ein Roman, der elf-
hundert Seiten „Verfall einer Familie", kulminierend in dem abscheulichen Tod des Thomas und dem verzehrenden Hinsterben
Hannos, einfaßt in zwei Sätze, die das ehrwürdigste aller Bekenntnisse paraphrasieren? Vermißt sich der Erzähler, durch den Gang
seiner Geschichte der Verbindlichkeit jener Bekenntnisformel zu
spotten? Oder trägt sich, aller ironischen Verhüllung zum Trotz,
diese Familienchronik ihren Lesern an als ein Unterweisungsbuch,
als eine literarisch ausgebreitete Konfession ihres Autors?

Thomas Mann sah den Eintritt des deutschen Romans in den
Kreis geachteter Literaturgattungen und seine Etablierung als
„moderne Epopöe" im späten 18. Jahrhundert eng verknüpft mit
seinem Aufschwung zum „Bildungs-, Erziehungs- und Entwick-
lungsroman"[2]. Diese „geistige und hochmenschliche Kunstgattung",
zu deren Kennzeichen es gehört, daß sie „immer zugleich auch
Autobiographie, Bekenntnis ist", hält er überdies für den haupt-

sächlichen und nahezu einzigen Beitrag der deutschen Literatur zur europäischen Romankunst. Als früh erreichter Gipfel dieser Romanform, ja als „der Urtyp des deutschen Bildungs- und Entwicklungsromans", erscheint ihm der „Wilhelm Meister", als größte spätere Leistung der „Grüne Heinrich", und er wird nicht müde, an diesen beiden Werken vor allem anderen die „organische und unfehlbare Zusammengehörigkeit von Bekenntnis und Erziehung, von Selbst- und Menschenbildung" zu rühmen.

Größe und Niedergang der deutschen Romankunst im 19. Jahrhundert liegen für Thomas Mann in dieser Verbindung von Erziehungsidee und Bekenntnisfreude beschlossen, und folgerichtig sieht er einen direkten Zusammenhang zwischen der Wirkungsgeschichte der deutschen Romanliteratur und der Weltläufigkeit ihrer Bildungsideale. Während ihm der „Wilhelm Meister" mit seinem Fortschreiten „von der Innerlichkeit zum Objektiven, zum Politischen, zum Republikanertum" als ein Werk von umfassender abendländischer Humanität erscheint, findet er in der zunehmenden Abschnürung des deutschen „Bildungs-, Kultur- und Humanitätsbegriffs" von der politisch-sozialen Sphäre den Grund für den Abstieg der deutschen Romanliteratur: ihre Provinzialisierung und ihr Resonanzverlust jenseits der deutschen Grenzen seien die notwendige Folge dieser fehlgeleiteten Verinnerlichung des deutschen Humanitätsideals. Nicht ein spezifisch künstlerisches Versagen also, sondern die Verengung eines ehemals umfassenderen Bildungsbegriffs habe den deutschen Romancier daran gehindert, der Entwicklung der französischen, englischen und russischen Romankunst zum großen Gesellschaftsroman zu folgen[3].

Man muß die Hochschätzung, die Thomas Mann der deutschen Romantradition entgegenbringt, und seine Kritik an ihrer Entwicklung mit gleicher Aufmerksamkeit verfolgen, um die verschiedenen, einander widerstreitenden Bezeichnungen, mit denen er seine „Buddenbrooks" charakterisiert, richtig einzuschätzen. Mit derselben Hartnäckigkeit nämlich, mit der er seinen Jugendroman als Bekenntniswerk und als „deutsches Hausbuch" bezeichnet, das, aus persönlichen Erinnerungen schöpfend, „ein Stück Seelengeschichte des europäischen Bürgertums" habe geben können, nennt er ihn den für Deutschland „vielleicht ersten und einzigen naturalistischen Roman", der dem gesellschaftskritischen und politisch-satirischen Erzählstil der angrenzenden Literaturen weit mehr verpflichtet sei als dem deutschen Erbe. Deutlich genug enthüllt diese Kombination traditioneller und zeitgenössischer Bestimmungen seine Zuversicht, mit diesem Roman sei der Brückenschlag vom individuellen Bekenntnis- und Bildungsroman zum Zeitroman und zur politischen Satire vollzogen und damit eine ferngerückte deutsche Tradition in Einklang mit der europäischen Entwicklung gebracht worden.

Tatsächlich ist dieser „als Familien-Saga verkleidete Gesellschaftsroman" der erste deutsche Roman des Jahrhunderts nach dem „Wilhelm Meister", der in Goethes Sinne Weltliteratur wurde. In einer Millionenauflage verbreitet und in mehr als zwanzig Kultursprachen übersetzt, ist er als „sehr deutsches Buch" im wörtlichen Sinne weltläufig geworden. Es liegt nahe, mit dem Autor selbst den Erfolg seines Jugendwerkes darin zu sehen, daß es ihm wie dem jungen Goethe mit seinem „Werther" gelang, persönliche Erfahrungen „zur günstigen Stunde öffentlich aufzustellen". Die Prägnanz, mit der Thomas Mann seine eigenen Umwelterfahrungen literarisch ausmünzte, hat man ihm schon bald nach dem Erscheinen des Romans gerichtlich bescheinigt. Beginnt man indes mit der Prüfung des Bekenntnischarakters und des Bildungsgehaltes der Familienchronik, die jene Berufung auf die große deutsche Tradition rechtfertigen sollen, so scheint auf den ersten Blick der Gedanke an eine Erneuerung dieser Tradition absurd. Schlägt der Anfang des Romans mit seiner frommen Frage ein Leitthema des persönlichen Bildungsganges an wie die „Lehrjahre" mit ihrem ersten Satz „Das Schauspiel dauerte sehr lange"? Eröffnet er mit einem persönlichen „Lob des Herkommens" wie der „Grüne Heinrich"? Bekennt der Autor sich zum Reifeprozeß seiner Helden und gibt er zugleich Zeugnis von *seinem* inneren Lebensgang? „Je, den Düwel ook, c'est la question ..."

Der alte Buddenbrook, der mit diesem mokanten Einwurf in das angestrengte Nachdenken des Schulmädchens hineinplatzt, ist „kein beschränkter Kopf" und hält wenig von „idées". Der Verächter erbaulicher Gefühle und moralischer Skrupel ist jedoch keineswegs der Gegenspieler, sondern eine der vier Hauptpersonen der Familienchronik. Sein Wort wiegt in Familienangelegenheiten, seine Urteile sind treffend, seine Maßnahmen achtbar. Gleichwohl spielt schon sein erstes Wort im Roman die ernsthafte Bekenntnisformel hart an den Rand der Blasphemie, und alsbald unterbricht er seine Enkelin zum zweitenmal an der Stelle, da im Katechismus von „Acker und Vieh" die Rede ist, um sich nach Tonys Acker und Vieh zu erkundigen und zu fragen, wieviel sie für den Sack Weizen nähme, und er „hatte wahrscheinlich nur zu diesem Zwecke das kleine Examen vorgenommen". Überhebt sich der Erzähler mit seiner Hauptfigur gleich zu Anfang über den Ernst der Bekenntnis-

frage? Oder überträgt er *Tony* den Part des Selbstbekenntnisses?
Tony, das Organ des Erzählers für die Rahmenfragen des Buches,
ist *keine* Hauptfigur des Romans, obwohl sie als einzige Person vom
Anfang bis zum Ende der Geschichte dabei ist und selbst mannig-
fache, persönliche Schicksale hat. Sie ist vielmehr, soviel ist hier
vorwegzunehmen, eine der perfektesten Chargenfiguren, die ein
deutscher Romanautor ersonnen hat.

Diese *Charge* nun belastet der Erzähler mit der gewichtigen Ein-
gangs- und Schlußkatechese. Aber er läßt sie diese Last leicht
tragen. Die achtjährige Tony beherrscht ihren Katechismus, wenn
man ihr nur einhilft; sie schnurrt ihn daher, getreu nach der eben
revidierten Fassung von Anno 1835, und sie schießt über das Ende
hinaus mit der eilfertigen Versicherung: „Amen, . . . ich weiß was,
Großvater!" Aber sie weiß wenig, wenig vom Himmel und wenig
vom Leben, und das wenige scheint trotz aller Lebenserfahrungen
nicht gemehrt, als die alte, bucklige Lehrerin ihr — im Gegensatz
zu ihrem Großvater — eine ernsthafte Antwort gibt. Eines jedoch
hat sie von früh auf gelehrig aufgenommen und verstanden — in
zunehmendem Gegensatz zu den späteren Hauptpersonen des
Romans: sie weiß, daß sie eine „Buddenbrook" ist, und sie wahrt,
im buchstäblichen Sinne, die Tradition der Firma. Ist sie damit im
Sinne des Erzählers am Ende die verkappte Lehrmeisterin dieser
Familiengeschichte, und ist ihre Katechese am Eingang auf diese
Weise doch erster Vorklang eines Kernmotivs, dargeboten auf die
unschuldig-anspruchsvollste Weise?

Immerhin ist dieses kindliche Geschöpf, das sich über die eigenen
verunglückten Ehen und über den Verfall der Familie hinweg so
bewahrt wie „Gott sie geschaffen hat", vom Erzähler dazu ausersehen, als einzige die Familientradition in die Zukunft hinüber-
zuretten: Sie wird zeitlebens den Kopf hoch tragen können, weil
sie trotz ihrer anderen Namen eine wirkliche Buddenbrook geblieben
ist. Aber ist angesichts der Wandlung aller Verhältnisse binnen vier
Jahrzehnten ihr unbeirrter Familiensinn nicht ein blanker Anachronismus, ein Zeugnis ihrer Ahnungslosigkeit, und rückt nicht der
Erzähler, indem er ausgerechnet ihr den ausgiebigsten Part in der
Anfangs- und Schlußkatechese zuweist, diese selbst in ein höchst
zweideutiges Licht?

Ernst und gradsinnig erscheint die Schlußantwort Sesemi Weich-
brodts, ein persönliches Bekenntnis, das sie als „Siegerin in dem
guten Streite" wider alle Anfechtungen ihres Lebens vorbringt.
Sesemi, die unentwegte Prophetin, die den Verfall der Familie mit
ihren Glückwünschen begleitete, ist ausersehen, das letzte Fazit des

Romans zu verkünden. Aber widerstreben nicht alle erzählten Fakten, widerstreitet nicht der gesamte Auflösungsprozeß und das bösartig-unerbittliche Auslöschen einer zur geistigen und seelischen Sublimierung tendierenden Generationenreihe der Tröstung, die die unerschrockene Sesemi Weichbrodt bereithält? Vollendet das letzte Bekenntnis des Romans die Charakteristik der stets irrenden Lehrerin? Läßt der Autor durchblicken, daß eindeutig vorgebrachte Lehren stets irrig sind?

Das ist die Frage, auf die alle einander aufhebenden Fragen, die der katechetische Rahmen der „Buddenbrooks" aufwirft, schließlich hinauslaufen, eine Frage, die kaum geeignet ist, den Roman der Tradition des deutschen Bekenntnis- und Bildungsromans näher-zurücken.

Löst sich der Versuch einer sachlichen Auslegung des Roman-anfangs und des Schlusses in vorerst unlösbare Widersprüche auf, so sind andere, eindeutige Feststellungen möglich. Der Roman beginnt und endet mit einer Familienzusammenkunft. Am ersten und am letzten Tage sind selbst die Nichtanwesenden durch Briefe (Gottholds Familie I, 3) oder durch die Familienpapiere (Schluß-szene) dokumentarisch gegenwärtig und werden ausdrücklich zitiert. Das erste Buddenbrook-Haus wird eingangs eingeweiht, das letzte ausgangs aufgegeben. Von der Rolle Tonys als Klammerfigur war schon die Rede. Vor allem aber zahnen jene beiden dreisilbigen Formeln „Was ist das?" — „Es ist so!" unabhängig vom Gesprächs-gegenstand und unabhängig selbst vom Anfangs- und Schlußwort des lutherschen Katechismus als rhetorische Figuren so exakt inein-ander, daß sich ein Ringschluß von nahezu mathematischer Präzision ergibt. Das Ende der Erzählung antwortet — bei aller sachlichen Offenheit — mit einem Akkord von Motiven *einhellig* auf den Anfang. Nimmt man die beiden dreisilbigen Sätze isoliert als Frage und Antwort, so tritt diese sachunabhängige und doch ästhetisch strenge Bezogenheit schier überdeutlich zutage. Ihr situationsübergreifendes Widerspiel aber wird dadurch noch besonders akzentuiert, daß die Anfangsfrage ausgesprochen wird, ohne daß die Sprecher schon identifiziert sind[4], während am Ende nicht ein Mitglied der Familie, sondern die immer schon alte und nie alternde Lehrerin die Formel findet.

So vieldeutig also die sachlichen Auskünfte am Eingang und am Ausgang des Romans sind — als ästhetische Gebilde sind sie von durchsichtiger Bestimmung. Wie aber verhält sich diese ästhetische Ökonomie zur fragwürdigen Unbestimmtheit der belehrenden Aus-sage? Die Interpretation muß auf diese Frage eine Antwort finden.

Erst im Besitze dieser Frage aber ist sie zur Analyse der „Kaufmannsgeschichte" gerüstet[5].

Die Familienchronik

Als der zweiundzwanzigjährige Autor sein Unternehmen vorbereitete, hatte er sich dieser Frage noch ebensowenig vergewissert wie der Tradition deutscher Romanliteratur. Beschäftigt mit kleinen Erzählungen, die ziemlich unverhüllt die eigenen Künstlerprobleme variieren, schwebte ihm der Leidensweg des kleinen Hanno als Vorwurf für eine psychologisch-musikalische „Knabennovelle" vor. Für die Vorgeschichte entwarf er Stammbäume, denen die eigene Familienchronik zur Vorlage diente, stellte chronikalische Tabellen auf, erweiterte sein Material unablässig durch mündlich und brieflich erfragte Einzelheiten lübeckischer Lebensverhältnisse und entschied sich dann, geleitet von einem vorerst unbestimmten epischen Instinkt, die Familiengeschichte „ab ovo" zu erzählen.

Die Kunst der detaillierten Beschreibung und des chronikalischen Erzählstils zog er als ein im besten Sinne verarbeitender Leser ohne falsche Skrupel aus der Modeliteratur des späten 19. Jahrhunderts. Handlungsschemata, die sich seinen Entwürfen leicht einverleibten, fand er etwa in dem Familienroman „Garman & Worse" des Norwegers Alexander Kielland, in dem der Aufstieg und Niedergang einer Handelsfirma in einer Hafenstadt, die kaufmännische Umsicht eines alten und eines jungen Konsuls, das Problem abirrender Geschwister den Kernstrang innerhalb eines ausgebreiteten Gesellschaftspanoramas bilden. Die nach Selbstzeugnissen entscheidende Lektüre des Romans „Renée Mauperin" der Brüder Goncourt schärfte sein Interesse für die psychologische Motivierung des Gesamtverlaufs wie der einzelnen Handlungsschritte und ließ ihn zur Technik der sorgfältig verschlüsselten Eingänge und der kurztaktigen Kapitelfügung finden. Von der Aufmunterung, die ihm bei der differenzierten Darstellung der Seelengeschichte der beiden letzten Buddenbrooks die Beschäftigung mit Tolstois „Anna Karenina" bereitete, zeugt nicht zuletzt der sonderbare Einfall, dem anschwellenden Manuskript einen altarähnlichen Aufbewahrungsort unter einem Bilde Tolstois zu bereiten[6].

Schon früh zeigt Thomas Mann ein bemerkenswertes Geschick, Selbsterfahrenes in literarisch vorgegebene Motive so eingehen zu lassen, daß der fremde Gegenstand die eigenen Erfahrungen zu bestätigen scheint. Diese besondere Fähigkeit entwickelt er später als Essayist in gleich hohem Maße, wenn er in Goethe und in Tolstoi, in Wagner und selbst in „Bruder Hitler" die ihm zugewandten Züge als die Eigentümlichkeit der Geschilderten beschreibt. Gewiß ist diese Fähigkeit auch eine der Vorbedingungen für die Übereinkunft persönlicher Erfahrungen mit der allgemeinen Bewußtseinslage der Zeit, die den Erfolg des Romans tatsächlich mit dem des „Werther" in manchem Sinne vergleichen läßt.

Jedenfalls bestimmen die im persönlichen Umkreis gesammelten Fakten bei aller Einvernahme und Anverwandlung literarischen Gemeingutes weithin das Gerüst der Romanhandlung. Nirgends greift diese Geschichte des europäischen Bürgertums über den Familienhorizont ernstlich hinaus. Wollte man die äußeren Ereignisse aufzählen, die das Geschick von vier Generationen gliedern, so würde man wenig mehr als Taufen und Todesfälle, Hauseinweihungen und Jubiläen, Hochzeiten und Vermögensbilanzen nennen können. Von den großen politischen Ereignissen jener Zeit zwischen 1835 und 1877 treten einzig die Revolutionswirren von 1848 in ihrer wohlanständig reduzierten hanseatischen Form ins Blickfeld des Lesers; diese Szenen aber geben den Anlaß zum Tode des alten Leberecht Kröger und zur öffentlichen Bewährung seines Schwiegersohnes Jean Buddenbrook. Dem Kriegsgeschehen von 1864—66 ist das kürzeste Kapitel des ganzen Romans gewidmet; diese eine Buchseite aber gibt Gelegenheit zur ersten intensiven Charakteristik Hannos. Die Ereignisse von 1870/71 erfahren in wenigen Sätzen ihre Würdigung, in denen gesprächsweise der erfreuliche Aufschwung des Getreidehandels mit Rußland und die Steigerung des „Haferimports zum Zwecke der Armeelieferung" mitgeteilt werden. Die Kriegszeit selbst bleibt im übrigen unerwähnt; denn die einzigen bedeutsamen Familienereignisse dieser Jahre, Weinschenks Verurteilung und der Tod der Konsulin, fallen in den Januar 1870[7] und den Herbst 1871. Von den innerstädtischen Entwicklungen politischer Art wird lediglich der Ablauf einer Senatorwahl einläßiger dargeboten; aber es ist die Wahl des Thomas Buddenbrook. Wo ansonsten Zeitereignisse zur Sprache kommen, da haben sie anekdotischen Zuschnitt und dienen der Konversation bei Tische oder der Kontaktnahme zu Friseur- und Liebesgesprächen.

Daß die zeitliche Gliederung der Chronik trotz dieser geringen Bindung an historische Ereignisse gleichwohl exakt und durchsichtig bleibt, liegt an der stets genauen Datierung wichtiger Familienereignisse und der häufigen Information des Lesers über das Alter der einzelnen Familienangehörigen. Der Erzähler tut ein übriges, den Charakter der Chronik zu unterstreichen, indem er streng sukzessiv erzählt und diese Anordnung auch dort wahrt, wo

räumlich auseinanderliegende Ereignisse zu einer alternierenden
Berichterstattung zwingen. Um die Abfolge nicht zu stören, werden
auch Fakten aus der Vorvergangenheit der Erzählung an Hand von
Familienpapieren oder im Dialog beigebracht — ein durchaus konventionelles Verfahren, das die realistischen Erzähler des 19. Jahrhunderts mit besonderer Erfindungsgabe variiert haben und das
gerade in den späten Fontane-Romanen mit unübertrefflicher Leich-
tigkeit gehandhabt wird. Zu dieser Praxis gehört es auch, daß die
gründliche Fundierung der Chronik durch den Familienstammbaum
nach dem „In medias res"-Einsatz des Ersten Teils korrekt am Anfang des Zweiten Teils vorgenommen wird, wiederum allerdings
bei einer psychologisch sorgfältig motivierten Gelegenheit: Die
Geburt eines Kindes läßt den Konsul Johann Buddenbrook an
Hand des Familienbuches unter frommen Zukunftsgedanken die
Vergangenheit memorieren. In wohlgeordneter Folge entwickelt der
Zweite Teil dann die Geschichte der Familienmitglieder während
des folgenden Jahrzehnts.

Der junge Erzähler achtet die Regeln, und so scheint Edwin
Muirs Definition des „Chronicle"-Romans, dessen „pattern" lediglich von einem „cycle of birth and growth, death and birth again"
bestimmt wird und dessen Begebenheiten im übrigen „a loose
concatenation of episodes bound within a rigid external progression"
darstellen, auf die „Buddenbrooks" genau zuzutreffen.

Um so erstaunlicher ist es, daß diesem Autor das konventionell-
chronikalische Erzählen unter der Hand zu einer Arithmetik höchst
eigentümlicher Art gedeiht. Mit einer Folgerichtigkeit, die für den
Betrachter ebenso etwas Abenteuerliches hat, wie sie für den Autor
hier und später unverhofft eintritt, wächst die gradsinnig und knapp
begonnene Erzählung in zugleich ausladende und künstlich geregelte
Proportionen. Am Ende des Zweiten Teils steht der Erzähler vor
Ereignissen, die sich ein Jahrzehnt nach dem Einsatz der Geschichte
abspielen. Das bisher Berichtete macht ein Zehntel vom Gesamt-
umfang des Romans aus. Am Ende des Vierten Teils, mit dem Tode
des zweiten Familienhauptes, ist das zweite Jahrzehnt beschlossen,
und für diesen Abschnitt zwischen 1845 und 1855 hat der Erzähler
etwa den doppelten Anteil des Gesamtumfangs aufgewandt. Dem
dritten Jahrzehnt — es reicht bis zu jenem unscheinbaren Kapitel um
1865/66, da Hanno zum erstenmal selbständig in Szene tritt — sind
dreißig Prozent des Textes gewidmet, und die Darstellung der letzten
Spanne bis 1877 erreicht vierzig Prozent des Gesamtumfangs[8].
Der Befund ist um so sprechender, als der Gesellschaftsroman,

ganz besonders bei Fontane, durchweg zur umgekehrten Form
breiter Einlässigkeit am Anfang und allmählicher Ausdünnung der
Ereignisfolge gegen das Ende zu neigt. Die konsequente Verlagerung
auf die „Spätzeit" der Geschichte hat jedoch in den „Buddenbrooks" — wie später im „Zauberberg", wo sich dieses Prinzip in
einer weit komplizierteren Verschränkung von gegenläufigen, äußeren und inneren Zeitmaßen wiederholt — ihren Grund keineswegs
in einer größeren Ereignisdichte der Schlußpartien. Die äußeren
Wendungen der Familiengeschicke sind bemerkenswert regelmäßig
über alle vier Jahrzehnte verteilt; nicht einmal die von uns herausgehobenen Gelenkstellen sind durch eine Konzentration entscheidender Vorgänge markiert. Um den Beweggründen zu jener vier-
taktigen und gleichzeitig progressiven Erzählextensität auf die Spur
zu kommen, muß man vielmehr aus der Fülle der großen und
kleinen Begebenheiten, ja selbst aus der reich verzweigten Sippe
der Buddenbrooks die eine, zentrale Achse isolieren, die die Gliederung des Romans bestimmt: die Geschichte der vier Erstgeborenen
des Hauses — Johann, Jean, Thomas und Hanno Buddenbrook.

Die beiden ersten Teile des Romans beschreiben das Familienleben
unter der Ära des alten Johann Buddenbrook, und sie legen mit der
Geschäftsübernahme des Sohnes und dem frühen Geschäftseintritt
des Enkels die Richtung der Entwicklung fest. Das zweite Jahrzehnt
der Handlung und damit der Vierte Teil endet mit dem Tod des
Konsuls Jean Buddenbrook. Das dritte Jahrzehnt ist das Jahrzehnt
des Thomas Buddenbrook. Nicht ein äußeres Ereignis, sondern ein
Abschnitt, in dem der Erzähler das Spiel des kleinen Hanno in den
Blick rückt, beschließt am Ende des Siebenten Teils die äußerliche
Vorherrschaft des Thomas Buddenbrook in der Geschichte. Auf die
innere Entwicklung der beiden letzten Namensträger der Familie
konzentriert sich zunehmend der umfangreiche, letzte Abschnitt der
Erzählung, und schon das vierte Kapitel des Achten Teils stellt die
Gelenkfrage für die endgültige Richtungnahme des „Kaufmanns-
romans":

„War Thomas Buddenbrook ein Geschäftsmann, ein Mann der
unbefangenen Tat oder ein skrupulöser Nachdenker?

O ja, das war die Frage; das war von jeher, solange er denken
konnte, seine Frage gewesen!"

Die ernstere Wiederaufnahme jenes zu Anfang des Romans hin-
geworfenen „c'est la question" bildet den Auftakt zu der nun immer
eingehender und eindringlicher ausgebreiteten Seelengeschichte der
beiden letzten Buddenbrooks. Sie gipfelt im vorletzten Teil in der
Darstellung der Schopenhauer-Lektüre des Thomas und im letzten

Teil in der minutiösen Beschreibung der musikalischen Phantasie
Hannos. Das eine Kapitel, das mit dieser Phantasie die Schilderung
eines Tages aus dem Leben des jüngsten Buddenbrook abschließt,
überschreitet an Umfang allein den ganzen Ersten Teil des Romans
mit seiner umfassenden Familienrevue.

Die Geschichte also, die sich zunächst als eine Gesellschafts-
chronik im Stile ihrer Zeit anließ, entwächst nicht nur formal,
sondern auch thematisch dem vorgesetzten Rahmen. Ließ schon der
geringe Anteil des öffentlichen Zeitgeschehens an der Ordnung der
erzählten Begebenheiten erkennen, daß der Erzähler bei aller Breite
der Umweltdarstellung nicht so sehr auf eine Wiedererweckung
Lübecks, „wie es gewesen ist", hinaus will, so zeigt sich nun, daß
auch innerhalb der breit angelegten „Familien-Saga" eine Kernzone
existiert, die den Roman in die Nähe des traditionellen deutschen
Entwicklungsromans rückt, ohne daß er darum im geringsten seine
Zeit verleugnete. Die Stufen und Einzelphasen der seelischen Entwicklung seiner Helden gewinnen im Laufe des Romans zunehmend
das Interesse des Erzählers und drängen ihn zu immer detaillierterer
psychologischer Analyse. Alle Einzelschilderungen sind jedoch darauf
angelegt, die überpersönliche Folgerichtigkeit dieser Entwicklungsstufen ins Licht zu rücken und sie zu *einem* die Generationen übergreifenden Reifeprozeß zu verbinden. Deszendenztheorie, Soziologie
und Psychologie des 19. Jahrhunderts haben vermocht, den Persön-
lichkeitsroman weitgehend zu paralysieren: Hier entsteht er in einer
gebrochenen und zugleich potenzierten Form am Beginn des 20. Jahrhunderts durch einen Autor aufs neue, der sich zehn Jahre später
rühmen kann, die perfekte Parodie des Entwicklungsromans mit
seinem „Felix Krull' entworfen zu haben, und der in allen seinen
späteren Romanen bis zum „Erwählten" hin die möglichen Höhen
und Abgründe dieser Erzählform auszuschreiten unternimmt.

Die Zentralfigur dieses ersten Entwicklungsromans ist nicht ein
ausgezeichneter Einzelner; der „Held" des individuellen Entwick-
lungsganges, den der Roman beschreibt, ist die Generationenreihe
selbst. In ihrem letzten Sproß, Hanno, gelangen nur jene Anlagen
zur Reife, die schon früh der Geschichte des Hauses Buddenbrook
die Richtung geben und ihren besonderen Ausgang bestimmen. Der
Chronologie dieses überpersönlichen Reifeprozesses gilt es nachzugehen.

Der Aufbau des Verfalls

Monsieur Johann Buddenbrook versteht zu leben. Er ist der erste
Nachfolger des Firmengründers, und er nutzt den Niedergang des

ehemals reputierlichen Handelshauses Ratenkamp & Comp., um
Firma und Familie in einem weitläufigen festen Hause zu etablieren.
Er selbst verkörpert innerhalb der erkannten und gehüteten Grenzen
seinen Kaufmannsstand in vollkommener Weise. Als besonnener
Praktiker wehrt er Erwägungen metaphysischer oder auch nur
gefühlsbetonter Art mit einem raschen „assez" ab. Er versteht sich
auf gesellige Konversation wie aufs gefällige Flötenspiel und weiß
seine eigenen Angelegenheiten mit den Erfordernissen des Tages in
Einklang zu bringen. Zu gegebener Zeit übergibt er in gelassener
Korrektheit die Geschäfte an seinen Sohn, legt sich nieder und stirbt—
ein einziges Wort: „Kurios!" auf den Lippen, das er in seinem letzten,
siebenundsiebzigsten Lebensjahr sich zugelegt hatte. Er hinterläßt
der Firma neben dem Grundbesitz 900 000 Mark Kurant.

Gemessen an seinem Vater ist der Konsul Johann Buddenbrook
der umsichtigere Kopf. Für seine Handlungen macht er Gründe
geltend, Rechtfertigungen religiöser und moralischer Art, und die
Sorge für Firma und Familie, die seinem Vater eingewurzelte Natur
war, wird ihm zur aufgegebenen Pflicht. Dabei ist er feinspürig
genug, bei wichtigen Entscheidungen die Divergenz zwischen persönlicher Neigung und geschäftlicher Notwendigkeit wahrzunehmen.
Unversehens überfallen ihn „Träume und Gefühle", Gedanken an
Musik oder an die freie Natur, religiöse Besinnung gleitet ihm aus
zu frommer Schwärmerei, geschäftswidriges Mitleid erfaßt ihn angesichts des betrüblichen Ehedebakels seiner Tochter Tony und selbst
während der Bankerotterklärung seines betrügerischen Schwiegersohnes Grünlich. Der Rührung nachzugeben, hieße jedoch der Firma
Verluste beibringen — und der Konsul wendet die Kraft auf, sich
zu fassen. Solch stetiger Kraftaufwand kostet Nerven, und Nervo-
sität und schwankende Gesundheit prägen sein letztes Lebensjahr-
zehnt, in dem er gleichwohl den Ruhm davonträgt, durch seine feste
und gelassene Haltung die Stadt vor den Umtrieben der Revolution
bewahrt zu haben. Es gelingt ihm, finanzielle Rückschläge einzu-
dämmen; doch Sorge und Wachsamkeit zeichnen um seine kleinen,
runden tiefliegenden Augen rote Ränder, und Schwindelanfälle
kündigen an, was der arbeitsbesessene Mittfünfziger nicht wahrhaben will: daß der Scheitelpunkt einer spätsommerlichen Gewitter-
schwüle genügen wird, sein pflichtbeladenes Leben zu enden. Er
hinterläßt der Firma neben dem Grundbesitz 750 000 Mark Kurant.

Thomas Buddenbrook übertrifft seinen Vater an Unternehmungs-
geist und an öffentlicher Wirksamkeit. Während die bedenklichen

Symptome momentaner Abirrung und Willensschwäche sich auf
seinen Bruder Christian vererbt zu haben scheinen, der dem Vater
wie aus dem Gesicht geschnitten ist, ähnelt er seinem Großvater in
Aussehen und Haltung, und was dieser in zwei Ehen unternahm
— eine Liebes- und eine Geschäftsheirat —, verbindet er kurzerhand
in der Wahl der fremdartig schönen, holländischen Millionärstochter
Gerda Arolsen. Er übertrifft den Vater auch an Eleganz des Auf-
tretens und Geschmeidigkeit der Rede, und er übertrifft ihn an Rang:
er baut ein prächtigeres Haus, er wird Senator. Zöge nicht die ins
Krasse sich steigernde, abartige Entwicklung seines Bruders Christian
Risse in den Zusammenhalt der Familie, so könnte die Zeit seines
Regiments bis zum Familienjubiläum der würdigste Abschnitt der
Familiengeschichte genannt werden.

Aber längst vor den finanziellen Rückschlägen, deren heftigster
sich im Augenblick des Jubiläums ereignet, hat sich in Thomas
selbst das Bewußtsein eingewurzelt, daß er Fassaden baut — die
glänzenden Fassaden seines Hauses, die peinliche Akkuratesse seiner
Kleidung, den gesellschaftlichen Rang —, nur um die „dehors zu
wahren". Früh kündigen sich körperliche Unbilden an: Zahnleiden
befallen den Knaben, Lungenblutungen den Jüngling. Was der
Vater als Pflicht empfand und trug, ist ihm zur Last geworden, die
es verbissen auszuhalten gilt. Stimmungen lenken und hemmen sein
Handeln, mangelnder Glaube an den Erfolg setzt sich in äußere
Mißhelligkeiten um und befördert die Unlust an den Geschäften.
Während der Vater mit zunehmendem Alter seinen „unalltäglichen,
unbürgerlichen und differenzierten Gefühlen" immer williger folgte,
drängt Thomas die ihn anwandelnde Empfindsamkeit mit wachsender Anstrengung zurück. Sein überwach auf die eigene Besonderheit gerichtetes Bewußtsein warnt und hindert ihn, jenen „unbürgerlichen" Anlagen nachzugeben, deren hemmungslose Entfaltung er
im Bruder Christian zu nichtswürdigen Exzessen treiben sieht. Aber
weit ist seine krampfhafte Haltung von jenem Gleichgewicht entfernt, das er dem Bruder selbst anempfiehlt und das sein Großvater
tatsächlich besaß.

Thomas leidet unter dem Bewußtsein seiner Besonderheit und
befördert gleichwohl die Umstände, die die Mauern um sein Ich
befestigen. Seine unverwandelt kindliche Schwester Tony bleibt
schließlich die einzige, die offenen Zugang zu ihm behält. Von seiner
fremdartigen Frau trennen ihn in dem prächtigen neuen Hause
alsbald quälendes Mißtrauen und die unüberwindliche Hemmung,
sich über ihre musikalische Liaison mit einem Fremden Klarheit zu
verschaffen. Seiner Mutter tritt er bei einer von ihrer Tochterliebe

diktierten Testamentsverfügung schroff entgegen. Allen Zwang und alle kalte Entschlossenheit, die er gegen sich selbst richtet, forciert er in seinem letzten Jahrzehnt bei den Versuchen, seinen Sohn zu dem Leben zu ertüchtigen, dem er zu erliegen droht.

Des Senators Leben, das längst nicht mehr das Leben eines Geschäftsmannes war, endet vor dem neunundvierzigsten Geburtstag durch einen jähen, dumpfen und unreinlichen Tod. Ein halbes Jahr zuvor aber wird ihm ein literarisches Erlebnis zuteil, das diesem Tod den Charakter eines nachträglichen Satyrspiels gibt. Im Gartenpavillon findet er ein Buch, durch dessen Lektüre „sein ganzes Wesen auf eine ungeheuerliche Art geweitet und von einer schweren, dunklen Trunkenheit erfüllt" wird. Er liest „Über den Tod und sein Verhältnis zur Unzerstörbarkeit des Wesens an sich" und fühlt die Einsamkeit seines bürgerlichen Ich aufgelöst in ein Ewigkeitsgefühl, das alle Formen und Gehäuse der Individuation ephemer und armselig erscheinen läßt. Und stammelnd, weinend flüstert er für sich die Antwort voraus, die der Roman noch einmal als überpersönliche Sentenz am Schluß formulieren wird: „Ich werde leben!"

Thomas Buddenbrook hinterläßt der Familie neben den verbliebenen Grundstücken ein Kapital von 650 000 Mark Kurant; aber die Höhe der Summe legt dem Nachfolger keine Verpflichtung mehr auf, denn er verfügt gleichzeitig die Liquidation der Firma.

Die Züge des kleinen Hanno Buddenbrook haben auffallende Ähnlichkeit mit denen seines Urgroßvaters. Allein die großen, goldbraunen, umschatteten Augen verraten die Herkunft von jener fremdartig-zauberischen Frau, die Thomas zur „Mutter zukünftiger Buddenbrooks" erwählte. Er bleibt ihr einziges Kind. Eine schwere Zahnentzündung gefährdet sein Leben schon in den ersten Monaten, Krankheiten begleiten ihn. Seine Spiele sind voller Phantasie, und er spielt von vorneherein allein, später einzig mit einem abenteuerlich verwahrlosten Freunde. Obwohl die früh erlittenen und anhaltenden körperlichen Unbilden ihm das „ernsthafte Gefühl einer vorzeitigen Erfahrenheit" verleihen, das nur von „einer überwiegenden Begabung mit gutem Geschmack niedergehalten" wird, beweist er vor öffentlichen Auftritten eine bemerkenswerte Scheu. Aus jeder Berührung mit der Umwelt erwächst ihm Leiden. Im Gegensatz zu seinem Vater leidet er aber nicht am *Bewußtsein* seiner Besonderheit; sein Leiden hat stets objektive Anlässe. In dieser ungesuchten Übereinstimmung seines Lebensgefühls mit seinen konkreten Lebensverhältnissen nähert er sich tatsächlich der Ausgewogenheit seines Urgroßvaters. Und wie sich dessen intaktes Verhältnis zur Umwelt

in einer fraglos-zielstrebigen Geschäftstätigkeit äußerte, so schafft
sich auch die Leidensfähigkeit des kleinen Hanno frühzeitig ein
Organ freizügiger Äußerung: er musiziert mit Geschick und mit
Passion. Anfangs mit einem Lehrer und mit seiner Mutter, zuneh-
mend aber auch für sich allein und in steigendem Maße nach eigenen
Einfällen und selbstgegebenen Motiven.

Schon früh hat er Träume, die der vorzeitigen Todeseuphorie
seines Vaters ähneln. Erwachend stammelt er, und seine weit-
geöffneten Augen blicken, „ohne etwas von der Wirklichkeit wahrzunehmen, starr in eine gänzlich andere Welt hinein". Aber es ist
keine Welt der Glückseligkeit, er erschaut nur intensiver jenes
Leiden und Grauen, das ihm das Leben am Tage bereitet. Eupho-
risch äußert sich dieses Daseinsgefühl nur am Musikinstrument, und
dort allein geraten ihm Lösungen, Auflösungen, Erfüllungen, „die
vollkommene Befriedigung". Hanno kann „die beseligende Kehrseite des Leides" erleben, weil seine Wünsche und Sehnsüchte dem
Tode zugewandt sind. Auf ein dreißig- oder vierzigjähres Leben
hegt er schon als Knabe „keine Hoffnung".

Die letzte Beschreibung, die der Roman von ihm gibt, zeigt ihn
am Klavier, bei der ausschweifenden Variation eines „ganz einfachen Motivs", deren Schlußfigur, ein leises Arpeggio, „in Moll
hinrieselte, um einen Ton emporstieg, sich in Dur auflöste und mit
einem wehmütigen Zögern erstarb".

Hanno stirbt fünfzehnjährig am Typhus.

Man ist versucht zu sagen, daß das Gebäude dieser Deszendenz
von vier Generationen in Sichtbeton aufgeführt ist. Mit schier
zudringlichen Fingerzeigen macht der Autor auf die tragenden
Fundamente, auf die Verstrebungen und die Fluchtlinien der Entwicklung aufmerksam. Richtet man den Blick auf die Geschichte
der Firma, so wird der geradezu rechnerisch stetige Abstieg kenntlich. Lenkt man ihn auf das erreichte Lebensalter der vier Namensträger, so spiegeln die Zahlen eine analoge Reihe. Die Disposition
zu Krankheit und seelischer Sensibilität nimmt in abgemessener
Stufung zu. Die Wandlung von gesellschaftlicher Umgänglichkeit
zu ichbezogener Absonderung macht stetige Fortschritte. Von dem
„Kurios!" des alten Buddenbrook über die religiöse Schwärmerei
des Konsuls und den metaphysischen Rausch des Senators bis zur
ästhetischen Selbstentäußerung des kleinen Hanno steigert sich die
Todeserfahrung der Helden ins Ungemessene, während die Art ihres
Sterbens in gleichem Rhythmus ungeheuerlicher und quälender wird.
Vom „assez!" des Urgroßvaters über die Bedächtigkeit des Groß-

vaters und die differenzierte Nachdenklichkeit des Vaters bis zur beseligenden Kunstausübung führt ein schier unabsehbarer Weg, und doch wird zu diesem Weg schon mit jenem harmlosen Flötenspiel des Alten die Richtung genommen. Der Name der Buddenbrooks hingegen wird auf kunstvoll natürliche Weise dem Aussterben entgegengeführt.

Man könnte so fortfahren. Der Gesamtvorgang ist von zwingender Folgerichtigkeit. Jeder Handlungsschritt ergibt sich notwendig und ist vorbereitet durch Symptome, deren vorausweisender Charakter im Weiterschreiten offenkundig wird. Die Erzählabfolge scheint von einem allwaltenden kausalen Nexus beherrscht, wie ihn ein professioneller Deszendenztheoretiker kaum schlüssiger ersinnen könnte. — Aber es scheint nur so.

Sucht man für irgendeinen jener Entwicklungsstränge die auslösende Ursache, so gerät man alsbald in Verlegenheit. Sie alle bedingen einander, aber keines der unzähligen Einzelereignisse besitzt wirklich initiatorischen Charakter und begründet den Fortgang des Geschehens. Erste Anzeichen möglicher Richtungnahme erscheinen, und dann tritt alsbald an die Stelle ursächlicher Wirkung eine Wechselwirkung, die nurmehr komplex faßbar ist. So gehen körperliche Anfälligkeit und Vergeistigung, äußeres Ansehen und innere Entbürgerlichung, abnehmender Geschäftssinn und erhöhte Empfindsamkeit, schwindende Sicherheit des Handelns und gesteigertes Ausdrucksvermögen in eins, ohne daß sich der Vorrang eines Motivstranges ausmachen ließe.

Wer den Roman auf *ein* Leitthema festlegen möchte — und an solchen Interpretationsversuchen herrscht kein Mangel —, verflacht seinen Gehalt und mißachtet die Ausgewogenheit dieses Zusammenspiels. Freilich scheint der Autor selbst solcher Interpretation mit dem Untertitel seiner Chronik Vorschub zu leisten. Es gereicht der Thomas-Mann-Forschung immerhin zur Ehre, daß von früh an die Zwiespältigkeit dieser Themenangabe aufgefaßt und die ihr innewohnende Ironie berücksichtigt wurde. Von Bertrams psychologischer Studie (1907) bis zu Petriconis motivgeschichtlicher Untersuchung (1957) ist das Phänomen des Verfalls in den „Buddenbrooks" immer wieder als die eine Seite eines dialektischen Vorgangs gewürdigt worden, bei dem die Unerbittlichkeit des sozialen und biologischen Abstiegs der Familie durch die seelische Differenzierung und die ästhetische Verfeinerung ihrer Namensträger auf jeder Generationsstufe aufgewogen wird. Tatsächlich braucht man nur die zuvor gegebene Charakteristik der vier Buddenbrooks Satz für Satz durchzugehen, um festzustellen, daß jede noch so unscheinbare

Einzelheit mit dem entsprechenden Detail auf früherer oder späterer Stufe korrespondiert und daß jeder dieser Einzelzüge in der gegenläufigen Entwicklung des Gesamtvorgangs selbst eine wohlbemessene Stufe darstellt. Zieht man indes die Summe aus allen Einzelsymptomen, so zeigt sich, daß eine einhellige thematische Bezeichnung dieses Gesamtvorgangs ebenso unzulänglich bleibt wie eine einsinnige Auslegung der Eingangsfrage und der Schlußsentenz des Romans. Ob man das Thema der Entbürgerlichung oder das Verhältnis von Lebenstüchtigkeit und Dekadenz oder den Widerstreit von Tradition und Individualität als den Grundtenor des Vorgangs bezeichnet, stets ist man im Recht und hat doch nur ein verkürztes und zurechtgestutztes Resultat. Verfällt man gar auf den Ausweg, im äußeren Niedergang das vordergründige, in der geistigen Sublimierung das eigentliche, positive Thema des Romans zu sehen — ein Einfall, der wegen seiner Erbaulichkeit manchem Interpreten willkommen ist —, so setzt man sich nicht nur über die peinlich genaue Ausgewogenheit der Romankomposition kurzerhand hinweg, sondern verfehlt auch den pädagogischen Kern des Werkes gründlich.

Bleibt aber überhaupt eine Möglichkeit, die Bekenntnis- und Belehrungsabsicht des Autors auszumachen, wenn er nicht nur die Rahmenformeln, sondern den Roman im ganzen kunstvoll so arrangiert hat, daß seine Einzelthemen und Motive sich gegenseitig einschränken?

Die Fülle der Parallel- und Kontrastbeziehungen, die der aufmerksame Leser in der Abfolge der äußerlich streng chronikalischen Ereignis- und Charakterschilderungen auf Schritt und Tritt entdecken kann, verdient in diesem Zusammenhang besondere Aufmerksamkeit. Wo immer ein ernstes Ereignis unheilvolle Zukunftserwartungen erweckt, fängt der Erzähler alsbald solche Erwartungen mit einer heiteren Szene oder einer verheißungsvollen Nachricht ab. Wie sorgfältig sind bereits die Kapitelübergänge mit Rücksicht auf diesen Ausgleich abgestimmt! Man vergleiche etwa die Herbststimmung im letzten Satz des Ersten mit der Frühlingsnachricht im Eingangssatz des Zweiten Teils, die fatalistische Schlußbemerkung über Tonys zweite Ehe am Ende des Sechsten mit der frohen Verkündigung der Taufe Hannos im ersten Satz des Siebenten Teils! Das betuliche „Geht es dir gut?", mit dem die Konsulin Buddenbrook ihren Bruder Justus eingangs des Fünften Teils empfängt, korrespondiert der lapidaren Mitteilung vom Tode ihres Mannes, die den Vierten Teil beschließt. Wenige Sätze später mündet dann die behäbige Charakteristik des lebenslustigen Konsuls aus in die ironisch ausgewogene Bemerkung: „Ein breiter Trauerflor saß an dem Ärmel seines eleganten Leibrockes." Aber noch auf derselben Seite ist von ersten Häuserverkäufen die Rede, die den Grundbesitz der Familie schmälern, bevor man zur Musterung der doch erfreulich umfangreichen Hinterlassenschaft des Verstorbenen schreitet. — Noch das letzte Kapitel des Buches leitet aus der ins einzelne gehenden Umschreibung von Hannos trostlosem Ende in eine melancholisch-befriedete Stimmung über.

Nicht weniger sorgfältig werden glückliche Ereignisse durch unmittelbare Gegenzüge kontrapunktiert. Ein paar Hagelkörner auf das „einfallende Licht" des neuen Hauses künden just auf dem Höhepunkt der Einweihungsfeierlichkeiten den Ruin des Pöppenrader Geschäftes an (Kap. VIII, 5). Auf das Kapitel, das die Senatorwahl des Thomas schildert, folgt sogleich die trüb vorauskündende Betrachtung über den Niedergang seiner körperlichen wie seelichen Spannkraft (Kap. VII, 4/5). Ein Bündel von Nebenhandlungen dient schließlich dazu, die Gesamtentwicklung des Hauses Buddenbrook fortwährender Gegenbeleuchtung auszusetzen: der Aufstieg der unbekümmerten Hagenströms, die sich nach und nach in allen Ehrenämtern und Geschäftsverbindungen der Buddenbrooks und schließlich in deren Haus einnisten; das redliche Avancement des Morton Schwarzkopf, der einer Ehe mit Tony nicht würdig schien; das von Kindersegen schier überschwemmte Eheglück des Blumenmädchens Anna, der Thomas den Abschied gegeben hatte.

Selbst unscheinbare Details erhalten auf diese Weise ihren genau berechneten Stellenwert. Erfüllt von Zukunftssorgen, denkt Thomas darüber nach, daß er einen zweiten Sohn studieren lassen könnte; Hanno — wenn auch schwach und ungeeignet — müsse der Firma vorbehalten bleiben. Schon zwei Seiten später werden die *beiden* Söhne des Hermann Hagenström vorgeführt, „dick, stark und übermütig" und „die besten Turner der Schule", und sofort danach die *beiden* Söhne des Moritz Hagenström, „Musterschüler, ehrgeizig ... und bienenfleißig" — ein gezielter Doppelkontrast zur Situation des Thomas, auf dessen Schultern allein die Buddenbrooksche Familienreputation ruht und dessen einziger Erbe zur Wahrung dieser Reputation in jeder Hinsicht ungeeignet ist. Zwei gesunde Kinder hat übrigens auch Aline Puvogel, die bedenkliche Geliebte von Thomas' intimstem Widerpart Christian.

So läßt sich auch die Ökonomie der Teil- und Kapitelgliederung vom äußeren Vorgang her überhaupt nicht ausmachen. Allein der Erste Teil faßt *eine* Ereignisfolge zusammen; aber er inszeniert dabei zwischen Nachmittag und Abend eine komplette Familienrevue.

Nur der letzte hat *eine* Person zum Hauptgegenstand; aber in Hannos Leidensweg erfüllt sich schließlich die gesamte Familiengeschichte. Alle anderen Teile und großenteils auch die Kapitel sind durch die Variation und Kontrastierung verschiedener Begebenheiten und Schicksale in Umfang und Anordnung bestimmt. Am ehesten wahrt noch der Dritte Teil die Einheit der Hauptfiguren und den Zusammenhang der Ereignisse. Er bietet die Werbung Grünlichs um Tony, freilich auch als Gegenspiel ihr einziges Liebeserlebnis mit Morton Schwarzkopf. Anstatt aber diesen Teil mit der Hochzeit von Grünlich und Tony wirkungsvoll zu runden, heftet der Autor den vierzehn Kapiteln ein fünfzehntes an, in dem die Trennung des jungen Thomas von Anna beschrieben wird. Thomas gebraucht dabei wortgetreu jenes Vernunftargument, mit dem er Tony nach ihrem Erlebnis mit Morton zur Familienraison angehalten hatte, und später werden beide Erlebnisse von ihm noch ausdrücklich miteinander verglichen. Solcherart erscheint der Appendix des Dritten Teils als vollgültige Variante zu dessen Hauptthema, eine Variante, die zugleich Tonys Erlebnisse relativiert und verallgemeinert.

Selbst auf kleinstem Raum bestimmen solche Gegenzüge den Modus procedendi des Erzählens. Das kurze Kapitel, in dem Hanno zum ersten Male vorgestellt wird (Kap. VII, 8), beginnt mit einer bewegten Schilderung der Kriegsereignisse in den sechziger Jahren: „Krieg und Kriegsgeschrei, Einquartierung und Geschäftigkeit!" Mit dem Ausruf: „Friede. Der kurze, ereignisschwangere Friede von 65" schließt diese Satzperiode ab.

Den Mittelteil des Kapitels bildet sodann, eingeleitet mit der Ankündigung: „Und zwischen zwei Kriegen . . .", die Beschreibung des „unberührt und ruhevoll" im Garten spielenden Kindes. Der Erzähler akzentuiert Absonderung und Übergänglichkeit dieses Kinderglücks allein durch die Anordnung innerhalb des Kapitels in aller möglichen Schärfe. Den Rahmen um die Schilderung des friedvollen Kinderspiels schließen zwei Abschnitte über den zweiten Krieg und die Kriegsfolgen, soweit sie die Vaterstadt und die Firma der Buddenbrooks selbst betreffen.

In diesen beiden Schlußabschnitten ist nun, abgesehen von ihrer wohlberechneten Stellung in der Gesamtanlage des Kapitels, noch einmal jeder einzelne Satz so eingerichtet, daß er den voraufgehenden oder folgenden kontrapunktiert. Das beginnt schon mit der ironisch-satirischen Überleitung und setzt sich bis in den Schlußsatz fort, der obendrein noch das Zahlenspiel in den letzten Sätzen des voraufgegangenen Kapitels VII, 7 wieder aufnimmt:

„Große Dinge geschahen, während Hanno spielte. Der Krieg

entbrannte, der Sieg schwankte und entschied sich, und Hanno Buddenbrooks Vaterstadt, die klug zu Preußen gestanden hatte, blickte nicht ohne Genugtuung auf das reiche Frankfurt, das seinen Glauben an Österreich bezahlen mußte, indem es aufhörte, eine freie Stadt zu sein.

Bei dem Fallissement einer Frankfurter Großfirma aber, im Juli, unmittelbar vor Eintritt des Waffenstillstandes, verlor das Haus ‚Johann Buddenbrook' mit einem Schlage die runde Summe von zwanzigtausend Talern Kurant."

Jede Einzelmitteilung ist von unverdächtiger Sachlichkeit. Daß aber ausgerechnet eine Frankfurter Firma den Buddenbrooks ernsten Schaden zufügt, wiegt für den teilnehmenden Leser die Genugtuung über das günstige Abschneiden ihrer Vaterstadt gegenüber der konkurrierenden Reichsstadt sofort wieder auf. Die Geschichte läßt eine einsinnige Bewertung der Ereignisse nicht zu. Zugleich deutet die unmittelbare Gegenüberstellung der unterschiedlichen Kriegsfolgen voraus auf die zunehmende Entzweiung zwischen der allgemeinen Prosperität Lübecks und der wirtschaftlichen Entwicklung des Hauses Buddenbrook. Wie aber die Schlußsätze das Geschick des Hauses Buddenbrook von dem Gesamtgeschick der Stadt absondern, so hat das ganze Kapitel durch sein klügliches Arrangement die frühzeitige Trennung des letzten Buddenbrook von den „großen" Ereignissen seiner Umwelt, ja sogar das Hinweggehen der Geschichte über sein kurzes, dem Spiele hingegebenes Leben vorwegnehmend in Szene gesetzt. Und dennoch läßt der Erzähler jene großen und zwingenden Ereignisse insgesamt gering erscheinen vor dem kostbaren Geschenk einer kurzen Spanne unverstörter Spielseligkeit, die das Leben einem Kinde einräumt, ehe es sich anschickt, „mit plumper Übermacht ... uns (!) zu vergewaltigen, zu exerzieren, zu strecken, zu kürzen, zu verderben".

An dieser Stelle scheint der Erzähler tatsächlich aus seiner Reserve herauszutreten: seine wertende Stellungnahme ist offenkundig, und wer stilistische Besonderheiten zu würdigen weiß, wird es nicht für zufällig halten, daß dieser Abschnitt über das selbstvergessene Spiel des kleinen Hanno der erste des ganzen Buches ist, der eine Kette von zeitlos-sententiösen Reflexionen bietet — nach Spielhagens Theorie das Kapitalvergehen des Erzählers gegen die Objektivität der Darstellung. Wo aber nimmt der Autor diesen Ton wieder auf und erhebt ihn zum beherrschenden Redestil? Ausgerechnet in dem Kapitel, das Hannos Versagen gegenüber dem Leben besiegelt, im Typhustraktat hart vor dem Ende des ganzen Romans. Und dort vollzieht er, wie noch zu erläutern ist, die schärfste Abrechnung mit

der Lebensabgewandtheit und Lebensuntüchtigkeit seines „Lieblingsgeschöpfes". Auch jene erste, offenkundige Parteinahme bei der
Vorstellung Hannos verliert also durch die nicht minder teilnahms-
volle Reflexion bei seiner Verabschiedung ihren Anspruch auf
Allgemeingültigkeit. Sein Leben hat in der Geschichte an „Tiefsinn
und Reiz" nicht seinesgleichen; darum ist seine Lebensart zu verteidigen. Seine Spiele und Träume, seine Fähigkeiten und Neigungen
sind dem Leben abgewandt; darum ist er dem Tode billigerweise
verfallen.

Ob man den gesamten Roman überblickt oder kleinste Erzähl-
schritte und Satzgefüge ins Auge faßt, stets rücken vermeintlich
einhellige Vorgänge alsbald in gegenteilige Beleuchtung. Dabei
vermeidet der Autor dieses „Bekenntnis- und Bildungsromans"
nicht schlechthin eine richtungweisende Bewertung von Ereignissen
und Charakteren. Er wartet vielmehr — im Gegensatz zu einer Reihe
von poetischen Doktrinen des späten 19. Jahrhunderts — mit einer
Fülle versteckter Fingerzeige und in einzelnen wichtigen Fällen
sogar mit offener Stellungnahme auf. Aber er verwehrt es dem
Leser immer wieder, eine einmal getroffene Bewertung für die
schlechthin gültige zu halten.

So sehr diese Befunde eine einhellige Deutung des Erzählten in
Frage stellen, so eröffnen sie doch die Möglichkeit, auf die schon
eingangs gestellte Frage nach der so augenfällig bekundeten kate-
chetischen Absicht des Romans eine positive Antwort zu finden —
eine Antwort, die zugleich die Schwierigkeiten bei der Bezeichnung
seines Grundthemas verständlich macht. Die Mühe, die der Autor
darauf verwendet, die in sich konsequenten Motivstränge des
Romans in ein Beziehungsnetz zu bringen, in dem sie nach verschiedenen Richtungen verknüpfbar sind und einander stellvertretend
ablösen können, die Beflissenheit, mit der er Einzelthemen kontrapunktiert, seine Sorge, zwischen Verfalls- und Sublimierungs-
erscheinungen in jedem Stadium seiner Geschichte Balance zu
halten — die ganze Equilibristik dieser Kunstgriffe entspringt dem
Wunsche, den Leser zu derselben kritischen Distanz gegenüber
jeder Einzelwahrnehmung zu erziehen, die er sich selbst von früh
an auferlegt hat, weil er in ihr die vornehmste Tugend des objektiven Weltbetrachters erkannt zu haben glaubt.

Bereits als Achtzehnjähriger redet er anläßlich einer Heine-
Würdigung forsch von seinem „sonstigen philosophischen Standpunkt", der ihn dazu anhält, Begriffen wie „gut" und „schlecht"
oder „wahr" und „unwahr" jeglichen absoluten Rang abzusprechen,

und er wartet gleich mit einer Reihe von Argumenten auf, die den
Schriftsteller Heine vor Mißdeutungen schützen sollen. Scharf pole-
misiert er gegen die Festlegung Heines auf einzelne, in seinen
Schriften vorgebrachte Bekenntnisse. „Weil Heine mit Begeisterung
von Martin Luther spricht, ist er Protestant! Mit demselben Rechte
könnte Dr. S. sagen: Weil Heine ... so eifrig die Bibel las und
dies Buch sehr schön fand, war er ein Pietist! — Heinrich Heine,
mein lieber Herr Doktor, bewunderte Napoleon, trotzdem er ein
geborener Deutscher war, und er bewunderte Luther, trotzdem er
kein Protestant war."

Der kleine Schüleraufsatz ist nicht nur eine Verteidigung des
„großen" gegen den „guten" Heine, er ist zugleich eine Prokla-
mation des eigenen Rechtes auf Unabhängigkeit von allen vor-
geprägten Ideologien und Wertmaßstäben.

Mit dieser steten Neigung zu kritischem Vorbehalt begegnet der
angehende Literat von früh an auch jenen großen Lehrmeistern, die
nach seiner eigenen wiederholten Versicherung den Charakter seiner
Erzählkunst mitbestimmt haben. In den Berichten über seine passio-
nierte Beschäftigung mit Wagnerscher Musik, von deren suggestiver
Sinnenhaftigkeit seine Prosa ebenso Nutzen zog wie von der Artistik
ihrer Motivverschränkungen, halten hingegebene Begeisterung und
analytische Kritik einander die Waage. Er zeigt tiefes Verständnis
für Nietzsches antithetische Beurteilung Wagners. Die „doppelte
Optik", mit der Nietzsche dem Phänomen des Wagnerschen Klang-
zaubers beizukommen suchte, macht er sich ausdrücklich zu eigen;
zugleich aber überträgt er sie auf die Bestimmung seines eigenen
Verhältnisses zu Nietzsche: „... ich nahm nichts wörtlich bei ihm,
ich *glaubte* ihm fast nichts, und gerade dies gab meiner Liebe zu
ihm das Doppelschichtig-Passionierte, gab ihr die Tiefe." Schopenhauers Todesmetaphysik, die ihm gerade zurecht kam, als sein Roman
„bis zu dem Punkte gediehen war, daß es galt, Thomas Buddenbrook zu Tode zu bringen", scheint in der großen Schopenhauer-
Szene des Zehnten Teils in emphatischer Unmittelbarkeit wieder-
erstanden zu sein; und doch versichert der Autor bei der Würdigung
dieser Abhängigkeit, was der aufmerksame Leser des Romans bestätigen wird: „daß man im Sinn eines Philosophen denken kann,
ohne im geringsten *nach* seinem Sinn zu denken, will sagen: daß
man sich seiner Gedanken bedienen — und dabei denken kann, wie
er durchaus nicht gedacht haben will"[9].

Deutlicher noch als die jugendliche Selbstrechtfertigung offenbart
der Umgang des angehenden Schriftstellers mit seinen bewunderten
Vorbildern, daß seinen eigenen Versuchen, der Wirklichkeit durch

Relativierung und gegenseitige Aufhebung der Einzelwahrheiten
Herr zu werden, ein prinzipieller Denkzwang zugrunde liegt — ein
Denkzwang, der seinerseits allerdings in einem leidenschaftlichen
Drang zu intellektueller Redlichkeit seinen Antrieb hat. Henry
Hatfield hat in seiner Thomas-Mann-Studie für diese erkenntnistheoretische wie ethische Haltung die glückliche Formel des „divided
mind" geprägt, der „the universe into a glittering series of polar
opposites" zerlegt. So erscheint für Hatfield selbst jener Gegensatz,
den so gut wie keine Abhandlung über Thomas Mann als das Leitthema seines Frühwerks anzuführen unterläßt, der Gegensatz
„artist-Bürger", lediglich als „a corollary" — eine Folgeerscheinung
jenes allgemeinen Dualismus, der die Denkweise und den Dar-
stellungsstil des Autors beherrscht[10]. Er gesteht in diesem Zusammenhang allein der Entgegensetzung von Geist und Leben, die
allerdings schon bei Nietzsche die allgemeinste Basis für alle anti-
thetischen Auffächerungen bildet, eine initiatorische Bedeutung zu,
und tatsächlich hat Thomas Mann gerade im Rückblick auf die
„Buddenbrooks" von diesem Grundgegensatz als seinem wichtigsten
Nietzsche-Erbe gesprochen.

Schon im „Tonio Kröger" aber, jenem „Lied . . . gespielt auf dem
selbstgebauten Instrumente des großen Romans", wird offenbar, daß
es sich mit der Entgegensetzung von Geist und Leben im Werke
Thomas Manns anders verhält als mit den übrigen, beliebig aufzu-
reihenden Antagonismen: In der schriftstellerischen „Vergeistigung"
des Lebens findet der allwaltende Antagonismus selbst seine Grenze.

Bezahlten die Buddenbrooks oder zumindest ihr Spätling Hanno
ihre „Vergeistigung" noch mit einer Abnahme an Lebenswillen
und einem gemeinen leiblichen Tode, so besteht der Literat Tonio
Kröger in einer ironisch zurückgewandten Wehmut, aber gefaßt
und schaffenswillig seine Lebenskrise. In dieser selbstbekennerischen
Novelle ist der *Schriftsteller* dazu ausersehen, als *Mittler* zwischen
Geist und Leben die Gegensätze zur Versöhnung zu zwingen. Das
wird ihm möglich, weil der zum Künstlertum befähigende Geist
nicht allein dem Leben Widerpart bieten, sondern sich zugleich
kritisch — und das heißt ironisch — gegen sich selbst richten kann.
Die Bereitschaft zu Kritik und Ironie, zur Selbsteinschränkung also,
ist es letzten Endes, die den zum Schriftsteller herangereiften Tonio
zum Leben geeignet und zum Schreiben tauglich macht. Freilich
fordert eben diese Selbstkritik vom Künstler das äußerste Maß an
Wachsamkeit gegenüber vorschneller Parteinahme und eindeutiger
Festlegung.

Damit liefert der achtundzwanzigjährige Autor selbst für seine zweideutig-ironische Erzählart die moralische Begründung. Und indem er den Literaten Tonio jenseits der Gegensätze Fuß fassen und sich ihre Versöhnung zur Lebensaufgabe setzen läßt, enthüllt er zugleich den didaktischen Impuls, der seinem eigenen Drang zur „Mittelstellung zwischen Gesundheit und Raffinement, Anständigkeit und Abenteurertum, Gemüt und Artistik" innewohnt. Gerade kraft dieser Mittelstellung wird der Erzähler zur einzigen festen Instanz, die über die Antagonismen des Daseins frei und unverblendet richten kann. Unter diesem Gesichtspunkt ist es schließlich zu verstehen, daß Ironie und Objektivität für Thomas Mann schlechthin dasselbe bedeuten, und daß er dem ironischen Künstler die Fähigkeit zuspricht, der „Menschheit und Gesellschaft" die wichtigsten Dienste zu leisten.

Es muß hier nicht dargelegt werden, wieviel Abhängigkeit von Nietzsche selbst noch in dieser kritischen Wendung gegen dessen unversöhnliche Entgegensetzung von Geist und gewöhnlichem Leben erkennbar bleibt. Jedenfalls hindert diese Wendung den Nietzsche-Erben jetzt und später daran, sich dessen selbstzerstörerisches Postulat einer puren Lebensgerechtigkeit zu eigen zu machen. Von größerem Interesse ist es für uns, daß Thomas Mann in seinen späteren Jahren den Gewinn dieses positiv-kritischen Standortes bereits als „Erfahrung des kleinen Verfallsprinzen Hanno" beschreibt. Während die „Betrachtungen eines Unpolitischen" gerade in diesem für die Interpretation des Romans entscheidenden Punkte den „Tonio Kröger" von den „Buddenbrooks" absetzen, stellt sich dem Vierundsiebzigjährigen Hannos Leiden an seiner Umwelt dar als „Kritik des Lebens, der Wirklichkeit und auch der menschlichen Gesellschaft durch die Kunst". Und schon diese passive Form der Daseinskritik, die doch wesentlich in einer selbstzugewandten Sublimierung der künstlerischen Ausdrucksmöglichkeiten besteht und die Hannos eigene Lebensbereitschaft nicht erhöht, nennt er einen Dienst am Leben und an der menschlichen Gesellschaft, die ohne solche Revolten des einzelnen „seit diluvialen Zeiten um keinen Schritt vorwärts gekommen" wäre. Hannos Dasein spiegele also nicht etwa den unabänderlichen Riß zwischen Geist und Leben, in seiner Bereitschaft zur Lebenskritik verberge sich vielmehr bereits „die Quelle aller Ironie, die der Geist gegen sich selber richtet".

Danach wäre die Figur Hannos im Roman jener durchwaltenden Dialektik von Vergeistigung und Lebenskraft enthoben und hätte ihren Ort nicht am Ende, sondern schon jenseits des Prozesses von Verfall und Steigerung: Hanno wäre, wie später der Schriftsteller

Tonio Kröger, zum *Mittler* ausersehen, der kraft seines Künstlertums die Gegensätze zur Versöhnung zwingt.

Dürfen wir dem Autor trauen, wenn er sich mit der „zarten Menschlichkeit" Hannos so identifiziert, daß er ihm die Rolle des Lehrmeisters zumißt, an den sich der Leser als „festen Punkt" halten kann? Und lehrt dieser kleine Künstler tatsächlich, wie die Flucht widerstreitender Erscheinungen, wie das ganze Gewoge von Verfall und Steigerung kritisch zu meistern sei?

Es wird sich zeigen, daß die Rechnung mit der festen Instanz im Roman selbst so glatt nicht aufgeht, wie sie sich dem Vierundsiebzigjährigen darstellte, dem die Lieblingsgeschöpfe seiner Jugendwerke, Hanno und Tonio, im Fernblick zusammenrückten. Die Mittleraufgabe, zu der der Held der Novelle heranreift, wahrt im Roman allein der *Erzähler*, und zwar, wie bei der Erörterung seiner Reflexionen über Hanno schon angedeutet wurde, sogar über den Kopf seines letzten Helden hinweg. Zwar ist seine weitgehende Selbstbespiegelung in der Gestalt des Hanno nicht wegzudiskutieren. Nicht weniger ernsthaft aber betreibt er seine Selbstidentifizierung mit dem skrupulösen „Leistungsethiker" Thomas Buddenbrook. Gerade diesen „Moralisten und ‚Militaristen'", der den Neigungen Hannos tiefes Mißtrauen entgegenbringt, nennt er eine als „Vater, Sprößling, Doppelgänger" ihm selbst „mystisch-dreifach verwandte Gestalt". Wieviel Sympathiebekundung und welches Maß an versteckter Selbstbezichtigung enthält seine Charakteristik des ausschweifend-vagierenden Abenteurers Christian? Und wie weit reicht seine humorvoll-warmherzige Parteinahme für die alle Widerfahrnisse traditionsbewußt überdauernde Tony?

Die einzige Instanz, in der alle diese vielverzweigten und widerstreitenden Teilidentifikationen ihren Fluchtpunkt haben, ist tatsächlich die Person des Erzählers. Indem er alle diese Einzelbekenntnisse in steter Selbstkritik gegeneinander ausspielt, setzt er sich in den Stand, die rauschhafte Seligkeit höchster Daseinssteigerung und die trostlose Unabänderlichkeit des Verfalls als Fazit *eines* Entwicklungsromans zu vermitteln. Er lehrt darüber hinaus, daß der Geist, der sich selbstkritisch im Zaume hält, nicht zwangsläufig den Eigenschaften und Neigungen verfallen muß, zu denen er sich bekennt.

Diese Bereitschaft zur Selbstkritik, von deren Auswirkung auf die Romanform insbesondere die Analyse der Schlußkapitel noch Aufschluß geben soll, hat es schließlich vermocht, daß der Autor selbst, der in seinen todverfallenen Helden Thomas und Hanno so offenkundig den eigenen, jugendlichen Bildungsgang spiegelte, nachmals „in der Welt weiter ausgegriffen, dem Leben mehr geschenkt" hat, als seinen „biederen Vorvätern in ihren Mauern je gegönnt war".

Das treffende Wort

Der Widerhall, den der Roman in den Mauern Lübecks hervorrief, ließ zunächst nicht erhoffen, daß die letztgenannte, zuversichtliche Behauptung des Autors sich erfüllen würde. Die Diskussion entzündete sich keineswegs an der vergleichsweise esoterischen Problematik des bürgerlichen Verfalls und der geistigen Sublimierung einer Generationenreihe. Protest erhob sich vielmehr, weil man in den sachlichen Beschreibungen und Charakteristiken des Romans die realen Lübecker Verhältnisse allzu unverhüllt ins Wort gefaßt sah. Wir sind heute, da die Zeit und die Gegenstände dieser Abschilderung ferngerückt sind, geneigt, über jene entrüsteten Reaktionen nachsichtig hinwegzusehen. Der tiefwurzelnde moralische Grimm aber und der jahrzehntelange Mißmut, den die Familienchronik ihrem Autor von seiten seiner Mitbürger eintrug, geben triftigen Anlaß zu der Frage, ob nicht der ätzende *Naturalismus* des Romans am Ende seine didaktischen Tendenzen gründlicher überdeckt als die vermeintliche Unverbindlichkeit seiner thematischen Aussagen. Thomas Mann selbst hat nie ein Hehl daraus gemacht, daß der Roman seine eigene Familie aller Welt unter die Augen brachte. Tatsächlich lassen sich nicht nur für die vier Hauptpersonen, sondern auch für die übrigen Familienmitglieder und ihren Umkreis bis hinab zur Dienstmagd Ida und zur alten Lehrerin Weichbrodt die realen Vorbilder benennen. Äußerlichkeiten und Redewendungen, ja so bedenkliche Charaktereigenschaften wie die hypochondrische Arbeitsscheu des „schwarzen Schafes" Christian sind unmittelbar von der Wirklichkeit „abgeschrieben", und bereits die Zeugnisse über den Vortrag fertiger Passagen im Familienkreise bestätigen, daß die Akribie der Wirklichkeitsabschilderung bei den Seinen ihre Wirkung tat. Man faßte Vorlesung und Lektüre als eine Art Gesellschaftsspiel auf, bei dem man Verstorbene wie Lebende unter notdürftiger literarischer Verkleidung lachend und schadenfroh wiedererkannte. Viktor Mann quittiert noch die Sorge des Verlegers S. Fischer über den ungebührlichen und verkaufswidrigen Umfang, den das Manuskript angenommen habe, mit der ganz „historienbewußten" Bemerkung: „... wenn wir eben eine so dicke Vergangenheit hatten, dann durfte er auch nichts von ihr wegnehmen." „Wir Buddenbrooks", so nennt Thomas Mann selbst noch spät und nicht ohne Stolz seine eigene Sippe.

Der junge Autor aber zog mit der Veröffentlichung der eigenen

Familienangelegenheiten seinem Mitteilungseifer noch keineswegs eine Grenze. Was an eigener Erinnerung, an Dokumenten, Berichten und Auskünften vom Leben seiner Vaterstadt irgend erreichbar war, ging über Motivlisten und Stichwortsammlungen abbildgetreu in den Roman ein, und so erfuhren Lübecks Senatoren und Suitiers, seine Krämer und Kontoristen und vor allem jene aufstrebenden Familien, die den Stand allgemeiner Achtbarkeit noch nicht lange genug erreicht hatten, um gegenüber ihrer eigenen Geschichte unempfindlich zu sein, im „Mummenschanz" einer epischen Fabel ihre literarische Wiederbelebung.

Wer die Wirkung solcher Porträtzeichnung auf die Familie Mann im Auge hält, wird es verständlich finden, daß die Lübecker Gesellschaft mit gleicher Anteilnahme, wenn auch weniger heiter reagierte, als sie ihr höchst unverblümtes Konterfei im Roman wiederentdeckte. Thomas Mann hat ihre Entrüstung in streitbaren Artikeln zurückgewiesen und mit rhetorischen Peitschenhieben die „Dummheit" und „Philisterei" solcher Identifikation gegeißelt. „Wenn ich aus einer Sache einen Satz gemacht habe — was hat die Sache noch mit dem Satz zu tun?"

Man könnte den Verdacht hegen, daß erst die leidige Verquickung des Romans mit dem Bilse-Prozeß den Autor zu solch schroffen Unterscheidungen provoziert hätte. Bereits das „Urmanuskript" des Romans trägt jedoch ein vorgesetztes und erst später getilgtes Geleitwort, das diese Grenzlinie entschieden markieren soll. Die Strophe aus August von Platens „Vision", die dort notiert ist, schließt mit den Versen, die das „Herz" des Dichters apostrophieren:

> Ihm werde die gewaltige Natur
> Zum Mittel nur,
> Aus eigner Kraft sich eine Welt zu baun.[11]

Dem Biographen mag dieses frühe Bekenntnis eine willkommene Handhabe bieten, um die wahren künstlerischen Absichten des Autors gegen die Kritik seines Publikums in Schutz zu nehmen. Für den Interpreten des Romans wiegt jedoch die historische Evidenz einer unmittelbar realistischen Wirkung nicht leichter als der nachweisliche Wunsch des Autors, die Fakten der nachgezeichneten Wirklichkeit möglichst restlos in artistisch gehandhabte Materie zu verwandeln. Und taten etwa die Leute unrecht, als sie die „Welt der Realität", die der Dichter „seinen Zwecken dienstbar" gemacht hatte, als ihr Eigentum reklamierten, weil sie auch im Buch aufs Haar die ihre geblieben war? Der pedantische Kalligraph, der ein Festgedicht des Familienpoeten Hoffstede eigenhändig auf ein

Gratulationskärtchen schnörkelt, um zu sehen, wie es wirkt; der Skrupulant, der um der getreulichen Darstellung einer Mahlzeit willen seiner Mutter die Kochrezepte abfordert, der Erznachahmer, der sich ein Simplicissimus-Bild ausschneidet, um danach seinen Münchner Rentier Permaneder zu entwerfen — trifft und verhöhnt er nicht zugleich mit der „kalten und unerbittlichen Genauigkeit der Bezeichnung" die Objekte seiner Darstellung in unzweideutiger Weise? Ändern sich die Sachen dadurch, daß der Erzähler einen Satz aus ihnen macht? Prüfen wir an konkreten Beispielen, wie der Erzähler mit den Details der realen Umwelt verfährt, wenn er sie seiner Geschichte einverleibt.

Die zweite Ehe Tony Buddenbrooks zerbricht an einem Wort. „Geh zum Deifi, Saulud'r dreckats!" lautet der nicht sehr bös gemeinte Gutenachtgruß ihres Gatten, und dieser bajuwarische Ratschlag treibt sie unverzüglich in den Schoß ihrer Lübecker Familie zurück. Über die Herkunft des Wortes hat sich ein kleines Geplänkel zwischen Thomas Mann und seinem Bruder Viktor angesponnen. Der kaum zehnjährige Viktor will es aus seiner intimen Kenntnis des Schwabinger Umgangsdeutsch dem Bruder zur Verfügung gestellt haben, als dieser ihn nach dem passenden Ausdruck zur Endigung eines Ehezwistes ausgefragt habe. Mit Rücksicht auf die damalige Jugend des Befragten hat Thomas Mann diese Darstellung dementiert; aber er führt zu seiner Rechtfertigung ausdrücklich die eigene Vertrautheit mit dem Münchner Dialekt an. Gleichviel, von wo es ihm zukam: aus dem Leben gegriffen — das leuchtet auch dem Nichtmünchner ein — ist das Wort auf jeden Fall.

Wir erfahren von der etwas heiklen Szene, die zu jenem Kraftausdruck führte, nur durch die erregte Schilderung Tonys bei ihrer Heimkehr (Kap. IX, 6). Aber eine Buddenbrook wird dieses Wort niemals über ihre Lippen bringen, und so verschweigt auch der Erzähler das Wort, getreu der naturalistischen Maxime, daß dem Leser die Vorgänge so dargeboten werden sollen, wie er sie unmittelbar wahrnehmen würde, wenn er ihnen nicht in der Literatur, sondern im Leben begegnete. Dennoch weiß der Erzähler sein Spiel mit dem unaussprechlichen Wort zu treiben. Er kostet das Faktum des Verschweigens voll aus, indem er selbst auf das „Wort" hartnäckig zurückkommt, die Vokabel vielfach repetiert[12], und zwar geschickterweise so, daß ihre Verwendung im Erzählerbericht stets als Zitat der Rede Tonys gelten kann.

Wie aber erfährt der Leser das Wort, und vor allem, wann erfährt er es? Über mehrere Kapitel hin ist der Vorfall Tonys ständig wiederkehrendes Hauptargument bei der Verteidigung ihres Entschlusses, in Lübeck zu bleiben und die Scheidung in die Wege zu leiten. Begreiflich, daß der Leser das Wort auch *hören* möchte. Er ist jedoch in keiner besseren Lage als Tonys Gesprächspartner, denen selbst bei der Diskussion der Ehescheidung die Substanz des „Wortes" aus Gründen der Etikette verborgen bleibt. Der Erzähler steigert ohne andere als rein naturalistische Mittel die Spannung des Lesers bis zu dem Punkte, da er selbst den Bericht von der Ehe Tonys mit Herrn Permaneder abzuschließen gedenkt. Noch seine pointierte Eröffnung — sie erfolgt als Schlußwort des Sechsten Teiles — ist sorgfältig als Tatsachenbericht kaschiert: „Später, auf eine niemals geklärte Weise, ist einzelnen Familienmitgliedern das ‚Wort' bekanntgeworden ..."

Die nahezu metrisch regelmäßigen Abstände, in denen der Erzähler das „Wort" in Erinnerung bringt, der wohlberechnete Ort der Mitteilung, nicht zuletzt auch die suggestive Verdoppelung oder Verdreifachung der Vokabel bei jeder Wiederaufnahme schließen den Verdacht aus, daß dieser Realiensammler sich von den gegebenen Fakten leiten ließe. Er veranstaltet ein förmliches Rondo mit einem einsilbigen Thema, dessen Auflösung zugleich den kecken Schluß-akkord der ganzen Erzählung von Tonys Ehe bildet. Aber — und darin liegt die abgefeimte Mimesis der Wirklichkeit — er verhält sich damit als Erzähler nicht anders als Herr Permaneder, der mit diesem Wort seiner Gattin tatsächlich den Abschied gab.

Den gleichen „Exaktheitshang" verrät die psychologische Motivierung, mit der das erzählerische Kabinettstück in die Wege geleitet wird: Nur weil Tony ein ausgeprägtes Standesbewußtsein besitzt, hat dieses einzige Wort überhaupt solche Wirkung zeitigen können. Nur weil sie — und zwar aus dem gleichen Grunde — nicht imstande ist, das Wort zu wiederholen, kann das Spiel fortgesetzt werden. Das „Wort" ist das eindeutige und psychologisch-glaubhafte Agens der Handlung, und noch sein Verschweigen wird zum psychologischen Indiz für das unbeirrt „Buddenbrooksche" im Charakter Tonys. Dies dokumentiert der Erzähler ohne jede subjektive Einrede, und noch bei der schließlichen Enthüllung des Wortes ist er um die empirische „Richtigkeit" der nachträglichen Bekanntgabe peinlich bemüht. Der Sachverhalt ist sprechend genug: Der Autor heckt mit einer Silbe über drei Kapitel hin ein raffiniertes Wortspiel aus. Aber kein noch so verführerischer formalästhetischer Einfall kann ihn davon abbringen, der Wirklichkeit hörig zu bleiben und die Regeln sachgetreuer Berichterstattung zu wahren. Noch der Schlußrapport des Erzählers gibt das Idiom des Alois Permaneder lautgetreu wieder.

Eine Reihe wichtiger und für den gesamten Roman bestimmender Eigentümlichkeiten des Mannschen Erzählstils treten bereits in diesem übermütig-präzisen Wortspiel zutage. Die Genauigkeit, mit der jeder einzelne Satz die empirische Wirklichkeit nachbilden will, zugleich aber die Arithmetik in der Wiederholung und Variation symptomatischer Einzelmotive, die wohlberechnete Steigerung und Pointierung der dargebotenen Vorgänge und zugleich die sorgfältige psychologische Begründung jedes Handlungsschrittes – die allenthalben hervorstechende *Mehr*zweckhaftigkeit jedes einzelnen Erzählelements läßt sich bei nahezu beliebigem Zugriff neuerlich unter Beweis stellen.

Man hat viel Mühe darauf verwandt, nachzuweisen, daß Thomas Manns Erzählstil zwar vordergründig realistisch oder naturalistisch erscheine, daß er aber „eigentlich" symbolisch-musikalisch sei, und man kann sich dabei für die „Buddenbrooks" unmittelbar auf die erwähnte Bilse-Polemik und auf zahlreiche spätere Äußerungen berufen[13]. Aber solche Versuche, die Symbolik des Erzählstils gegen seinen Realismus auszuspielen, erinnern an die interpretatorischen Versuche, den Verfallsprozeß der Generationenfolge zugunsten ihrer geistigen und seelischen Sublimierung als bloße Folie des Geschehens zu werten. Der junge Autor – und nicht nur der junge! – *will* in der Darbietung der empirischen Außenwelt so genau, so naturalistisch wie möglich verfahren, und es wird sich, gerade auch unter Beiziehung der Bilse-Polemik, zeigen, daß sich in der ätzenden Zudringlichkeit seiner Naturalistik und schließlich auch in der bohrendausschweifenden Verfallspsychologie das schriftstellerische Ethos dieses Bekenntnisromans nicht weniger ausspricht als in der lichten und mathematischen Kompositionsstrenge seines Erzählstils. Vorerst aber müssen die Eigentümlichkeiten dieser Naturalistik selbst gekennzeichnet werden.

In der Neigung, die Redeweise der abgeschilderten Figuren bis ins idiomatische Detail genau zu reproduzieren, wetteifert Thomas Mann mit den besten wie mit den durchschnittlichen Erzählern seiner Zeit. Aber schon indem er die idiomatischen Besonderheiten als Erzähler repetierend unterstreicht oder sie gar erst hinzufügt, während die gesprochenen Sätze zunächst hochsprachlich formuliert werden, überbietet er seine Zeitgenossen auf eigensinnige Weise. Nicht von ungefähr wendet der Erzähler von Anfang an auf die exakte Nachahmung *sprachlicher* Eigentümlichkeiten sein besonderes Augenmerk: Hier übt er seine Fähigkeit, mit dem Worte genau „ins Schwarze" zu treffen, gewissermaßen am lebenden

Objekt. Gleich auf den ersten vierzig Seiten des Romans finden sich zehn Fälle solcher Erzähler-Einhilfe, die dem Leser in naturalistischer Enthaltsamkeit nichts anderes als das schon Dargestellte mitteilen, aber zugleich kenntlich machen, daß man ihm, dem Erzähler, die Genauigkeit der Mitteilung dankt und daß ihm an dieser Genauigkeit ausdrücklich gelegen ist.

Nicht weniger eigenwillig verfährt er bei der Milieubeschreibung, der Domäne der „situationsgetreu" darstellenden Naturalisten. Man konnte sich bis zum zweiten Weltkrieg davon überzeugen, daß die Häuser und Straßen Lübecks, der Markt und die Getreideschuppen von einem Lokalhistoriker kaum treffender beschrieben werden könnten, als der Roman sie vergegenwärtigt, und man kann die dargestellten Partien des Travemünder Strandes noch heute nach der Anleitung des Romans wiederfinden. Aber der Erzähler verfährt bei seiner Reproduktion nicht nur peinlich genau, sondern treibt mit dieser Genauigkeit auch ein höchst artistisches Spiel.

Rund dreißig Jahre nach Tony besucht Hanno den Travemünder Strand. Er sieht die See, die sich vor Tony „in grünlichen und blauen Streifen" erstreckte, „in flaschengrünen und blauen, glatten und gekrausten Streifen" vor sich liegen, und ihr Wogengang, der frische Salzwind und später der strömende Regen, der die Fensterscheiben undurchsichtig macht, werden nicht nur als jeweilige Beobachtung des einen und des anderen, sondern über lange Sätze hin auch im gleichen Wortlaut wiedergegeben. In den Abschiedsszenen und bei der Beschreibung der Heimfahrt sind schließlich ganze Abschnitte so identisch, daß lediglich ein Name den anderen ersetzt.

Natürlich ist die gleiche Grundstimmung beider Travemünder Episoden, insbesondere ihres Endes, für das Gesamtgeschehen bedeutsam. Doch muß man einrechnen, daß jene gleichlautenden Sätze kein zusammenhängendes Erlebnis, sondern in beiden Fällen über viele Tage hin verteilte Einzelbeobachtungen beschreiben und daß sie sich überdies — in ganz unterschiedlicher Reihenfolge — im Kapitel X, 3 auf sieben Seiten, im Dritten Teil dagegen auf acht Kapitel verteilen. Ihre stückweise Wiederaufnahme nach vielen hundert Seiten bezeugt vorab das hartnäckige Festhalten des Erzählers an selbstbeobachteten Tatbeständen, über die hinauszugehen er seiner Schriftstellerphantasie nicht erlaubt. Souverän ist diese Phantasie nicht im *Erfinden* neuer Fakten, sondern in der zweckmäßigen *Anordnung* des Gegebenen.

Um so mehr aber kommt es dem Erzähler darauf an, daß die so gehandhabten Erzählelemente dem einmal beobachteten Sachverhalt Genüge tun. So sind in zahlreichen Fällen die episch-musikalischen

Reprisen von Versuchen begleitet, dasselbe nicht verändert — das wäre Verfehlung —, wohl aber noch präziser und differenzierter vorzubringen. Innerhalb eines vierzeiligen, sonst völlig wortgleichen Satzes, der das Ausrollen der Meereswogen beschreibt, stürzen die Wellen an der früheren Stelle „lärmend", an der späteren „tosend, krachend, zischend, donnernd" über den Sand. Über das ganze Buch hin ziehen sich solche Bemühungen, das schon Beschriebene noch exakter und zugleich einlässiger zu sagen, Bemühungen, die nicht zuletzt auch das Anschwellen des Romans gegen das Ende zu mit bewirken. Zugleich aber ist diese auffallende Wiederholung von Fakten und Begebenheiten doch nur ein anderer Modus jenes Erläuterungseifers, der den Erzähler schon zu Beginn dazu anhielt, die Redeweise seiner Figuren durch eigene Einreden noch zu verdeutlichen. Und so weicht er auch mit allen Praktiken der Motivwiederholung um kein Haar breit von der Tendenz ab, im einzelnen so genau, so wirklichkeitsgerecht wie möglich zu sein.

Diese Feststellung setzt in den Stand, auch die vielberufenen, stehenden Redewendungen und Charakteristiken, mit denen der Erzähler seine Figuren auf ihrem ganzen Wege durch den Roman begleitet, richtig zu beurteilen. Man hat — im Verein mit dem rückschauenden Autor selbst — die stereotype Wiederkehr äußerer Merkzeichen bei der Personen- und Sachschilderung in den „Buddenbrooks" gerügt und von einer noch allzu groben Imitation Wagnerscher Leitmotivik gesprochen. Die Gepflogenheit, Nebenpersonen mit wenigen, unverwechselbaren Eigenschaften auszustatten, die ihnen wie Etiketten anhaften, ist mindestens seit Dickens in der westeuropäischen Romanliteratur so ausgebildet, daß man noch nicht das Wagnersche Vorbild zitieren muß, um Thomas Manns ausgiebigen Gebrauch solch stereotyper Formeln verständlich zu machen. Allerdings heftet er nicht nur seinen „flat charakters", sondern auch den Hauptpersonen seines Romans solche stehenden Merkmale an, und er versäumt selbst bei Thomas und Hanno Buddenbrook kaum eine Gelegenheit, die längst bekannten Eigenheiten ihrer äußeren Erscheinung neu und mit den gleichen Formeln zu zitieren. Aber nur weil man den Blick allzu willfährig auf das formalästhetische Phänomen der Leitmotivik und Symbolik gerichtet hielt, hat man übersehen können, daß auch diese Erzählformen zu den Waffen gehören, mit denen der Erzähler die außerliterarische Wirklichkeit treffen und bannen will[14].

Auf die Spitze getrieben scheint die Typisierung der äußeren Erscheinung bei einer Figur, die zwischen Haupt- und Nebenpersonen die Mitte hält, bei Gerda Buddenbrook. Gerda tritt etwa

zwölfmal szenisch in Erscheinung, und jedesmal — mit Ausnahme
des Schlußkapitels, wo es lakonisch von ihr heißt, daß sie fortging,
wie sie gekommen war — stellt der Erzähler sie vor mit ihrer Blässe,
ihrem schweren roten Haar, den weißen breiten Zähnen und vor
allem den fremdartigen, nahe beieinanderliegenden und bläulich
umschatteten Augen. Fast immer wird ihr Auftritt begleitet von
Anspielungen auf die Musik, und es wiederholen sich die Hinweise
auf ihren Kopfschmerz und auf ihre kühle Aversion gegen familiären
und geselligen Umgang. Das ist aber — außer ihrer Herkunft — auch
schon beinahe alles, was wir überhaupt von ihr erfahren.

Auch in dieser nachgerade monotonen Motivaufreihung liegt
indessen eine raffiniert naturalistische Darstellungstendenz: Sie ahmt
genau das Vorstellungsbild nach, das sich den übrigen Personen
des Romans von Gerda einprägt. Wenn Thomas über Gerda reflektiert — und das geschieht zweimal an wichtigen Stellen, bei den
inneren Auseinandersetzungen mit Hanno und mit seiner Ehe —, sind
ihm eben nur diese Eindrücke verfügbar: ihr fremdartiges Äußeres,
Haare, Augen, Zähne, ihre Musik und ihre unbezwingbare Distanz.
Und gerade die Kargheit seiner Beziehung zu Gerda ist mitbestimmend für sein Schicksal. Die gleichen wenigen Äußerlichkeiten und
Charaktersymptome genügen andererseits, um Gerda für Christian,
für den Makler Gosch und für den Leutnant Throta zu einer faszinierenden Erscheinung zu machen.

Dem Leser wird also die Person Gerdas mit peinlicher Akkuratesse
so vorgestellt, wie sie im Roman selbst als „Fremde" den sie umgebenden Personen und der gesamten Lübecker Gesellschaft erscheint.
Das entspricht der naturalistischen Theorie, die den Erzähler dazu
verpflichtet, bei seinen Charakteristiken keinen Schritt über die
Empfindungswirklichkeit seiner Figuren hinauszugehen.

Für Thomas Mann gehört überdies die Formelhaftigkeit der
Wahrnehmung durchaus zur Erlebniswirklichkeit „nicht nur des
Künstlers, sondern des Menschen überhaupt". Wenn also der Erzähler mit der komisch verzweifelten Rekapitulation des Permaneder-
Wortes, mit der genauen Wiederaufnahme der Eindrücke vom
Travemünder Strand oder mit der monotonen Wiederholung charak-
teristischer Körpermerkmale — die übrigens im Falle Gerdas so abgestimmt sind, daß sie mit entsprechenden Merkmalen des Thomas
und Hanno exakt korrespondieren — ein anscheinend souverän
artistisches Spiel treibt, so faßt er mit diesen Spielfiguren doch
gleichzeitig menschliche Verhaltensweisen, auf deren Bedeutung in
den gleichen Jahren die empirische Psychologie ihr Augenmerk
gerichtet hatte, in angemessene epische Darbietungsform.

Dieser Sachverhalt ist für die spätere Hinneigung Thomas Manns zu mythologischem Erzählen von hoher Bedeutung. In den ersten Jahren seiner Beschäftigung mit dem Joseph-Roman beschreibt er den Mythos als die Vergegenwärtigung des sich Wiederholenden, Immerwahren, das unbewußt auch in das individuelle Leben „bildend" eingeht, es „beziehungsreich" und damit allein über seine Subjektivität hinaus „bedeutend", das heißt *erzählenswert*, macht. „Denn dem Menschen ist am Wiedererkennen gelegen; er möchte das Alte im Neuen wiederfinden und das Typische im Individuellen." Ohne dieses Wiedererkennen böte das Leben nur Erschreckendes und Verwirrendes. Eine „mythische Kunstoptik auf das Leben" erlaubt es dem Erzähler indessen, in heiterer Gelassenheit mit feststehenden Zügen und Vorgängen, mit biographischem Formelgut aufzuwarten, um dem Leser das Wiedererkennen zu erleichtern. Gleichzeitig beglaubigt er die Geschichte seiner Helden eben durch die Zitathaftigkeit ihrer Einzelzüge „als echt, als richtig . . . als richtig im Sinne des ‚Wie es immer war' und ‚Wie es geschrieben steht' ".

Diese Äußerungen finden sich ausgerechnet in einem Vortrag über Freud, und sie sollen dazu beitragen, die spät erkannte Geistesverwandtschaft des Schriftstellers mit den psychoanalytischen Bestrebungen Freuds und seiner Schule zu belegen. Sie haben für uns ihr besonderes Interesse, weil sie die Hinwendung zum mythischen Erzählen mit der frühen Neigung zu exakter Analyse in Einklag bringen. Die Kennzeichnung des Typischen im Leben des Individuums nämlich wird als der Punkt bezeichnet, an dem für den Erzähler „das psychologische Interesse ins mythische Interesse übergeht". Das beginnt mit der formelhaften Wahrnehmung von Äußerlichkeiten und Charakterzügen und endet bei der Darstellung lebensbestimmender Bindungen des einzelnen an generationenübergreifende, ja menschheitsgeschichtliche Daseinsregeln. So werden schon solche penetrant wiederkehrenden Anspielungen wie die Beschreibung der Zähne und der Zahnleiden der Buddenbrooks nicht nur zu exemplarischen Symptomen der Generationendeszendenz, sondern darüber hinaus zu Formeln, in die sich die gesamte Lebensbefindlichkeit der einzelnen Familienmitglieder bildlich fassen läßt. Der Leser, der Sinn für das Typische im exakt analysierten menschlichen Verhalten hat, der das Musterhafte im vermeintlich ganz Individuellen erkennt, gewinnt freien Blick für „die höhere Wahrheit, die sich im Wirklichen darstellt". Der Erzähler aber, der gleichzeitig kenntlich macht, daß „diese Optik in die Subjektivität der handelnden Personnagen selbst eingeht" und sie veranlaßt — wie im geschilderten Verhältnis des Thomas zu Gerda —, ihre Umwelteindrücke selbst auf zitathafte Formeln zu bringen, vermittelt diese höhere Wahrheit nicht auf dem Wege theoretischer Erörterung, sondern stellt sie unvermittelt als *Erlebniswirklichkeit* dar.

So hat also der „Realismus" der „Buddenbrooks" zwei verschiedene Ebenen, die nur scheinbar durch das Widerspiel photographischer Faktentreue und artistischer Motivkombination voneinander abgetrennt sind. Auch die artistische Erhebung der Einzelheiten zum wiederholbaren und variierbaren Zitat spiegelt eine Form der Erlebniswirklichkeit, an deren Mimesis dem Erzähler gelegen ist. Und für beide Ebenen gilt: Die Möglichkeit zum „Wiedererkennen", die der Erzähler seinen Lübecker Lesern so gut wie dem Lesepublikum des bürgerlichen Abendlandes eröffnet, kann genutzt werden zur Selbstbespiegelung wie zur Erkenntnis der geheimen „Vorgeschriebenheit" des Dargestellten. Ohne daß man darum den Jugendroman schon als eine mythische Erzählung bezeichnen müßte, läßt sich an seinen Ansätzen zur Typisierung der so peinlich genau geschilderten Vorgänge und Charaktere doch die Richtung erkennen, die Thomas Manns Erzählkunst nimmt: die Richtung auf den Ausgleich und die heitere Durchdringung von Psychologie und Mythos. Und ist nicht schon das ironisch-sichere „Es ist so!" am Ende des Romans eine Antwort, die bekräftigen soll, daß in dieser einmalig-ungeheuerlichen Geschichte alles so vor sich ging, „wie es geschrieben steht"?

Der eindeutige Erzähler

Der Autor des Bilse-Aufsatzes ist also doppelt im Recht, wenn er seinen Willen zur genauen Wirklichkeitsabschilderung hervorkehrt. Aber sein jugendlicher Ästhetizismus läßt ihn dabei noch eine Kluft zwischen Wirklichkeit und Kunst konstruieren, die der Erzähler selbst schon zu widerlegen begonnen hat. Wenn er sich darauf versteift, daß „die Welt der Realität von derjenigen der Kunst auf immer" geschieden sei, und wenn er beteuert, daß „alle Objektivität, alle Aneignung und Kolportage" sich allein auf dargestellte Äußerlichkeiten beziehe, während es im Reiche der Kunst nicht objektive, sondern nur intuitive Erkenntnis gebe, so ist er in seinem Roman doch bereits *intuitiv* auf dem Wege, mit der ästhetischen Stilisierung der kolportierten Fakten situationsunabhängige Musterbilder menschlichen Verhaltens „objektiv" nachzubilden. Schon die beigebrachten Einzelbeispiele, insbesondere die erzählerisch unscheinbare Typisierung der Travemünde-Eindrücke Tonys und Hannos, ließen diese Tendenz erkennen. Der feste Vorsatz des Autors, nicht zu erfinden, sondern nur Vorgegebenes nachzubilden, erfüllt sich auch bei der ästhetischen Umwandlung der Sachen in Sätze und „reine" Erzähl-figuren. Seine „Sätze" über das wirkliche Lübeck und über seine eigenen Jugenderfahrungen haben, entgegen seiner unmutigen Ver-wahrung, sehr wohl noch mit der Wirklichkeit zu tun.

Das zeigt sich vollends, wenn wir die speziellen Lebensbereiche ins Auge fassen, von denen im Roman zunehmend und am Schluß nahezu ausschließlich die Rede ist. Das umfangreichste Kapitel des Romans, das drittletzte, gipfelt in einer bravourösen Darstellung des einsam musizierenden Hanno. Die Klavierphantasie, zu der er ansetzt, nachdem er mit einem Vorhang das Tageslicht abgeschirmt hat, beginnt mit einem „ganz einfachen Motiv", dem „Bruchstück einer noch nicht vorhandenen Melodie", und entfaltet sich in vor-tastenden Anläufen, gewichtigen Verzögerungen und jähen Um-kehrungen, in schweifenden Modulationen und überraschend reinen Reprisen zu einem bizarr-schockierenden Stimmengewirr peinigen-der und zugleich wollüstig in eins schmelzender Dissonanzen, denen sich schließlich in überwältigendem Wohlklang die Auflösung ent-bindet: das erste Motiv. In einer triumphalen und schließlich erschöpfend-unersättlichen Orgie der Rhythmen und Klangfarben wird das Motiv „genossen und ausgekostet", bis es „nach allen Ausschweifungen" matt in sich zurücksinkt. Hanno schließt den Flügel.

Die Beschreibung ist eine infam-groteske Wortimitation Wagner-scher Musik. An Präzision und Einfallsreichtum läßt sie alle Kolpor-tage der Lübecker Gesellschaft noch hinter sich. Aber sie treibt auch die Charakteristik Hannos auf den Gipfelpunkt, spiegelt seinen Lebensgang vom ersten kindlichen Spiel im Gartengehege bis zur virtuosen und schließlich leidenschaftlichen Hingegebenheit an seine Kunst, und sie nimmt die Erschöpfung seines Lebenswillens durch die Ausschweifungen dieser Leidenschaft vorweg.

Schreitet man Hannos Weg rückwärts ab, so findet man an den Gelenkstellen dieser Entwicklung musikalische Auftritte, Exerzitien und schließlich unschuldige Fingerübungen, bei denen sich schon früh die Neigung zeigt, „gewisse Klangverbindungen ... zu wieder-holen" und jenes „einfache Motiv" zu variieren. Blickt man über sein Leben hinaus nach vorn, so findet man im Fünften Teil die exzentrisch-virtuose Klavierparodie Christians und schon in den ersten Kapiteln das einfache Motiv, das von fern her den Anstoß zu Hannos strahlender und verzehrender Entwicklung gab: eine „kleine, helle, graziöse Melodie, die sinnig durch die weiten Räume schwebte". Mit dem Anwachsen der Geschichte aber nehmen nicht nur die Anlässe des Musizierens an Zahl und an Bedeutung zu, auch ihre Schilderung wird immer umschweifiger und andringlicher in der Ausmalung der Details und der Kühnheit des Sprachbaus. Das „einfache Motiv" entfaltet sich über den ganzen Roman hin in abgemessener Steigerung zu eben dem erzählerischen Exzeß, der schließlich die Überwältigung des letzten Buddenbrook durch den Geist der Musik in Sprache faßt.

Dieser letzte, peinlich abbildtreue Erzählakt ist jedoch nur scheinbar eine konkrete Situationsbeschreibung. Das Kapitel, das mit chronikalisch-sukzessiven Handlungsschritten einen Tagesablauf darstellt, hebt mit seinem letzten Satz alles Geschilderte ins Iterativ-Typische: „Dies war ein Tag aus dem Leben des kleinen Johann." Aus dem Schlußstück des Motivgewölbes, in das der Erzähler das Leben Hannos faßte, wird so ein erzählerisches Paradigma, das den regelhaften und für ein solches Dasein gültigen Ablauf der Dinge dokumentiert. —

Hat man sich einmal des werkübergreifenden Motivgebäudes vergewissert, das den Verfall Hannos an die Musik „verbindlich" macht, so entdeckt man eine Fülle analoger Verhältnisse. Mit einem ganz einfachen Satz wird beispielsweise im zweiten Kapitel die erste Charakteristik Christians gegeben: „'n Aap is hei!" wiederholt der alte Buddenbrook zweimal, und die Konversation gleitet sogleich über die harmlose Bemerkung hinweg. Aber der winzige Satz präludiert jene Eigenschaften Christians, von denen wir bei jedem seiner Auftritte neue und kunstvollere Demonstrationen erhalten: Seine Arbeitsscheu, sein Nachahmungstalent, seine hypochondrische Selbstbeobachtung werden im Laufe der Erzählung nicht nur wiederholt aufgetischt, sondern immer drastischer und in immer aufdringlicheren Erzählfiguren entfaltet.

Der ganze Erzählvorgang beruht schließlich auf der Intensivierung eines Themas von der einfachen Formel bis zum Exzeß der rationalen Aussagemöglichkeiten. Die „Komplizierung der Griffe" durch Variation, Kontrastierung und Wiederkehr entspricht der zunehmenden seelischen Differenzierung der vier Helden des Romans, die mähliche Verlagerung des erzählerischen Schwerpunktes auf die Innensicht-Darstellung der Helden entspricht ihrer wachsenden Introversion, die immer reichere Instrumentierung des chronikalischen Erzählerberichtes durch die Mit- und Gegenläufigkeit anderer Familiengeschichten entspricht der immer offenkundigeren Anfälligkeit der letzten Buddenbrooks gegenüber den Zumutungen des sozialen Lebens und gibt gleichzeitig den Blick frei für die zeitgeschichtlich-exemplarische Bedeutung ihres Einzelschicksals, die der Erzähler überdies durch die Erzählweise der letzten Hanno-Kapitel noch eigens hervorkehrt. Die ästhetische Form selbst ist Mimesis der abzuschildernden Sache. Selbst die abenteuerliche Wucherung des äußeren Romanumfangs spiegelt noch die historische Entwicklung des Vorwurfs selbst, der sich binnen zweier Jahre von einer „musikalischen Knabennovelle" zur generationenlangen und vielverzweigten Gesellschaftsrevue ausfächerte. Jenes Ursprungsmotiv aber, das todessüchtige Musizieren des kleinen Hanno, dringt wie die immer neuen und zudringlicheren Gestaltungen von geistiger Verfeinerung und Todesverfallenheit in die späteren Novellen und Romane Thomas Manns als situationsunabhängige Großfigur des Erzählens ein bis hin zur grandiosen Vereinigung von Musik, Krankheit und Tod in der „Apokalipsis cum figuris" des Adrian Leverkühn.

Das letzte Kapitel vor dem Ausklang des Jugendromans handelt ausschließlich von Krankheit und Tod. Ohne von einer bestimmten Person zu berichten — das voraufgehende Kapitel endete noch mit dem Namen des kleinen Johann —, verzeichnet es nach der Art eines medizinischen Rapports den Verlauf von Typhuserkrankungen durch alle Einzelstadien des psychischen und biologischen Verfalls bis zur Krisis der dritten Woche, die über Genesung oder Exitus entscheidet. Die krasse Unmittelbarkeit, mit der die körperlichen und seelischen Vorboten der Agonie registriert werden, steht der phonetisch-rhythmischen Mimesis der Klavierphantasie nicht nach. Aber der Erzähler verzichtet hier auf jegliche Illusionierung eines einmalig-besonderen Geschehens: Er traktiert, in eigener Person zum Leser gewandt, einen *Musterfall des Lebens*. Nur noch vom „Menschen" als Spezies ist die Rede, und am Ende auch nicht einmal mehr vom Typhus, der „in diesem Fall ein im Grunde belangloses Unglück bedeutet", sondern vom Tode selbst, „der ebensogut in einer anderen Maske erscheinen könnte und gegen den kein Kraut gewachsen ist".

Wie die musikalischen, so haben auch die Krankheits- und Todesszenen im Laufe des Romans an Ausdehnung und Gewicht stetig zugenommen. Die Übelkeit, die den kleinen Christian beim ersten Familienschmaus inmitten allgemeiner Munterkeit befällt, ist „eine kleine Indigestion ... nichts von Bedeutung". Aber schon mit der ersten Krankheit im Hause kündigt sich das Bedeutende an, das nun die Geschichte begleiten und schließlich durchsetzen wird bis zur ihrer Auflösung: „Etwas Neues, Fremdes, Außerordentliches schien eingekehrt, ein Geheimnis, das einer in des anderen Augen las; der Gedanke an den Tod hatte sich Einlaß geschafft und herrschte stumm in den weiten Räumen."

Die aufrechte Madame Buddenbrook stirbt mit einem „ganz kurzen und kampflosen Seufzer", aber das „Kurios, kurios", das ihr Sterben dem alten Johann entlockt und das ihn in den eigenen Tod begleitet, kündigt Krankheits- und Todeserfahrungen an, die im Laufe der Geschichte immer bedrohlichere und zugleich nichtswürdigere Formen annehmen. Schwer stirbt schon der erste Einzelgänger der Familie, Gotthold (Kap. V, 4). Ein häßliches Intermezzo ist der Tod des Diabetikers James Möllendorpff (Kap. VII, 3); aber gerade die „widerlichen Einzelheiten dieses Todesfalles ... verbreiteten sich rasch in der Stadt und bildeten den Gesprächsstoff an der Börse, im Klub, in der „Harmonie", in den Comptoirs, in der Bürgerschaft und auf den Bällen, Diners und Abendgesellschaften..." Am schwersten stirbt die gottesfürchtige Konsulin — ein langes Kapitel (IX, 1) schildert ihre Todeskämpfe; am unreinlichsten stirbt ihr Sohn Thomas, dessen Leben ein einziges Ringen um die Wahrung bürgerlicher Wohlanständigkeit war. Der Tod erscheint ihm nicht, wie er zuvor erträumt hatte, als ein Erlöser aus beengter Individuation, er verhöhnt mit der Stunde und dem Ort seines Zutritts die miserable Gebundenheit des Träumers an die Unbilden seines Körperzustandes.

Das Sterben der Konsulin veranlaßt den Erzähler erstmals zu einer direkten Bemerkung über die geheimnisvolle Entrückung des Kranken aus dem Leben; dem Sterben des Senators geht ein Erzählerbericht voraf, der die nackte und kreatürliche Todesqual auf offenem Markte, an den Fischständen unter den Rathausarkaden, zur Schau stellt. Das Todesthema zieht seine Kreise vom persönlichen Schicksal, dem der Erzähler immer näher auf den Leib rückt, zum allgemeinen Gesetz, das er als Bildner wie als Redner ansichtig macht.

Sein Lieblingsgeschöpf Hanno aber umgibt der Autor von Anfang an mit Todeszeichen. Die Vorboten, die er später im „Tod in Venedig" personifizieren wird, sind in Hannos Lebensgang die zur Leichenrede ausartende Glückwunschansprache bei seiner Taufe, der Strich unter die letzte Eintragung der Familienchronik, ein schleichender Moderduft, ein geschlossener Vorhang. Früh ist der Leser darauf vorbereitet, daß der Tod auf Hanno wartet und daß die Geschichte der Familie mit seinem Tode enden wird.

Das Typhuskapitel krönt mit seiner Beschreibung einer Seuchenkrankheit, die alle menschlichen Besonderheiten einebnet, die Reihe der individuellen Krankheits- und Todeserscheinungen, die der Roman in abgemessener Steigerung darbot. Schon im Laufe der Geschichte ließ der Erzähler es sich angelegen sein, die wachsende Todessehnsucht seiner Helden mit der unverhofften Widrigkeit und

Banalität ihres tatsächlichen Todes zu kontrastrieren. Der Tod, wie
er realiter erscheint, ist nicht der Läuterer und Erlöser, er ist gerade
dort, wo er schon im Leben Macht gewann, zuletzt der gemeine
und niedrige Zerstörer; dem vom Geiste Ausgezeichneten schneidet
er am Ende die gröbste Fratze. Thomas stirbt in einer Pfütze ohne
jede Gelegenheit, sein erträumtes Todeserlebnis auszukosten. Von
Hannos letzter Krankheit hört man nurmehr, daß sie „in außerordentlich schrecklicher Weise vor sich gegangen sein mußte"; dabei
erlitt er nur einen Tod, wie ihn tausend Typhusbefallene sterben.
Der Erzähler verschont den Leser mit einer Darstellung von Hannos
Sterben. Mit seinem Traktat über den Typhus stellt er vielmehr der
Sache wie der Form nach die Erkenntnis von der abscheulichen
Macht des Todes zur allgemeinen Diskussion. Daß dabei auch die
besondere Todesart Hannos zur Rede steht, läßt erst das Schlußkapitel des Romans durchblicken. Die höchste Kunstbeseligung zu
demonstrieren hatte der Erzähler noch seinem Geschöpf, Hanno,
überlassen. Das Geschäft, den gräßlichsten Verfall zu erzählen,
übernimmt er in eigener Person — *redend*, ohne jegliche Verkleidung
in eines seiner Geschöpfe.

Im letzten Abschnitt des Kapitels gibt der Redner den referie-
renden Ton auf. Scheute er als Erzähler der Geschichte keine Mühe,
seine Meinung zu verbergen und nur die widerstreitenden Fakten
sprechen zu lassen, so stellt er sich hier dem Leser mit der unzwei-
deutigen Behauptung: Wer in der Krisis zwischen Tod und Leben,
sei es aus Scham vor der Pflichtversäumnis, sei es aus Liebe zu dem
„spöttischen, bunten und brutalen Getriebe" des Lebens den Willen
zur Rückkehr faßt, der wird dem Rufe des Todes widerstehen; wer
den Weg, der sich ihm zum Entrinnen aus dem Leiden geöffnet hat,
der Mahnung zur Umkehr vorzieht — der ist des Todes.

Mit dieser Stellungnahme hat der Chronist nicht nur seinen
Beobachterstand verlassen, er hat sich auch ausdrücklich von seiner
Geschichte und von seinem letzten Helden distanziert. Als räsonie-
render Moralist spricht er plötzlich sein Urteil über den Vollzug
dieses Einzelschicksals und leugnet die Zwangsläufigkeit des Ge-
samtprozesses, den er zuvor hingegeben und mit stets wachsender
Anteilnahme geschildert hat: Dem einzelnen bleibt noch unter dem
Andringen des Todes bis zuletzt eine Möglichkeit, sich dem Leben
zu versöhnen, und dann wird er leben.

Man wird nicht die Zwiespältigkeiten in dieser Apostrophierung
des Lebens verkennen. In ihr schießen das Bekenntnis zu dem
spöttisch herabgeminderten biologischen Dasein und zu einem
aktiven geistigen Behauptungswillen gegenüber der Todeseuphorie

bis zur Unkenntlichkeit zusammen. Gleichwohl nimmt der Roman mit diesem Bekenntnis zu einer Lebenskraft, die möglicherweise dem Tode wehren kann, noch zuletzt eine unverhoffte Wendung.

Wenn die Lübecker Familiengeschichte und wenn insbesondere die Lebensumstände des kleinen Hanno in fast jedem Punkte ein Stück kaum verhüllter Selbstdarstellung enthielten, wenn das Ethos der Genauigkeit dem Erzähler solche strikte Beschränkung auf den eigenen Lebensbereich geradezu auferlegte, dann ist diese in der Sache wie im Erzählstil gleich eindeutige Abstandnahme von seiner Geschichte die schärfste Form der Selbstkritik, die der Autor eines Bekenntnisromans im Werk selbst anzubringen imstande ist. An der Schwelle des 20. Jahrhunderts ist es dem Romanautor verwehrt, in direktem Umgang mit dem Leser, sei es in Vorrede oder unverblümter Einrede, über die wünschenswerte Einschätzung der Geschichte und ihrer Hauptpersonen zu befinden. Der Autor des „Werther" konnte, eineinviertel Jahrhunderte zuvor, seinen Lesern noch eine Selbstmordgeschichte zum Trost in eigenem Leiden anempfehlen, und er konnte dem Schlußteil in der zweiten Auflage — nach mancherlei Erfahrungen mit der Aufnahme des Buches — die Aufforderung beifügen: „Sei ein Mann und folge mir nicht nach." Der junge Schriftsteller, der um 1900 mit der Darstellung der Musikverfallenheit und der Todeseuphorie seines Lieblingsgeschöpfes Hanno der eigenen Werther-Versuchung den Abschied gab, mußte die Geschichte für sich sprechen lassen. Aber er unternahm es, mit der nüchternen Analyse eines allgemeinen Sachverhalts im Werk selbst unter den Augen des Lesers für sich die Lebenslehre zu ziehen, die, getreu der großen deutschen Tradition, aus einem autobiographischen Entwicklungs- und Bildungsroman zu ziehen war. Und schon hier, um 1900, ist es in der Hülle reiner Deskription die gleiche Lehre, die der Zauberberg-Roman fünfundzwanzig Jahre später im Sperrdruck als Sentenz verkünden wird: „Der Mensch soll um der Güte und Liebe willen dem Tode keine Herrschaft einräumen über seine Gedanken." —

Ist es ein ungebührlicher Übergriff, den Fünfzigjährigen mit einem Satze, den jener Roman wiederum mit irisierenden Lichtern umspielt, als Kronzeugen für seine eigene, jugendliche Moralisation aufzubieten? „Noch jedes gute Buch, das gegen das Leben geschrieben wird, ist eine Verführung zum Leben . . .", so läßt sich der Dreißigjährige in einem Brief an seinen Freund Kurt Martens über die „Buddenbrooks" vernehmen, um dem Kritiker des „zersetzenden Buches" vorzustellen, daß die Sache „weniger simpel" sei, als er sie sehe. Und im Februar 1901, noch vor der Drucklegung des

Romans, erklärt er geradezu leidenschaftlich dem älteren Bruder:
„Ach, die Litteratur ist der Tod! Ich werde niemals begreifen, wie
man von ihr beherrscht sein kann, *ohne* sie bitterlich zu hassen! Das
Letzte und Beste, was sie mich zu lehren vermag, ist dies: den Tod
als eine Möglichkeit aufzufassen, zu ihrem Gegentheil, zum *Leben*
zu gelangen."

Die Macht, die in dieser frühen Äußerung der Literatur zugemessen
wird, gleicht genau der Macht, die die Musik im Roman über Hanno
gewinnt. Hanno liebt die Musik und die Todessehnsucht, die sie ihm
eingibt. Die Lehre hingegen, die der junge Schriftsteller aus seiner
Verzweiflung zu ziehen versucht, hat er in seinem erzählerischen
Abschied von Hanno bereits an seine künftigen Leser weitergegeben.

Thomas Manns Bericht über die Entstehung des Doktor Faustus
wie auch der Rapport des Erzählers Zeitblom im Roman selbst geben
darüber Auskunft, welche Mühsal und innere Bedrängnis es den
schon greisen Autor kostete, den zärtlich geliebten Knaben Echo
dem Tod zu überantworten. Noch beim Vorlesen jenes Kapitels
teilt sich seine Bewegung dem Familien- und Freundeskreise mit.
Man wird danach den Grad der Selbstüberwindung ermessen, die
es für den jungen Autor bedeutete, sich nach aller liebenden Identifizierung mit der Kunstseligkeit und der sensiblen Lebenskritik des
kleinen Hanno als Erzähler von ihm zu distanzieren, und man wird
den Weg nicht geringachten, den er einschlug, um seinen Lesern
den Abschied von Hanno zu erleichtern.

Eine letzte Frage bleibt angesichts der fünfundneunzig Kapitel,
die diesem Traktat voraufgehen, erlaubt. Ist nicht der Weg zu diesem
Schlußbekenntnis ungebührlich ausschweifend? Verweilt der Cice-
rone nicht mit verdächtiger Gemächlichkeit, ja mit anstößigem Eifer
bei der Entfaltung der Künstlereuphorie und des Todesrausches;
und enthüllt sich sein eigentliches Erzählinteresse nicht in der
karikierenden und verhöhnenden Überschärfe seiner Porträtzeich-
nungen von den Honoratioren seiner Heimatstadt, von Lehrern,
Freunden und Angehörigen, und in der passionierten Abschilderung
banaler und nichtswürdiger Details des täglichen Lebens?

Die Antwort darauf erteilt im Roman nicht der Erzähler selbst,
wohl aber eine seiner Figuren, die — wie der Erzähler — von Hanno
zuletzt in tiefer Liebe Abschied nimmt, um ihn zu überdauern. Es
ist der kleine Märchenerzähler Kai Graf Mölln, der beste und einzig
ebenbürtige Freund Hannos, in seiner Lebensführung als „verirrter
Aristokrat" eine jugendlich-romantische Vorwegnahme des verirrten
Bürgers Tonio Kröger. Kai versucht zuweilen, „es dem Buche

gleichzutun" und eigene Geschichten zu erzählen. „Kais Geschichten
waren anfangs kurz und einfach, wurden dann aber kühner und
komplizierter und gewannen an Interesse dadurch, daß sie nicht
gänzlich in der Luft standen, sondern von der Wirklichkeit ausgingen und diese in ein seltsames und geheimnisvolles Licht rück-
ten..." Er weiß Zaubergeschichten, in denen Armeen von vielerlei
Getier und zuletzt ein von fern herziehender „Auserwählter" die Erlösung herbeiführen und ein verzauberter Prinz „Josephus" sein
Königreich wiedergewinnt. Kais wuchernde Erzählweise, ebenso
aber der Zaubercharakter seiner Geschichten sind nicht von ungefähr
erwähnt. Die Armeen von elementaren Details und auch die erlösende
Zauberkraft des Erzählerwortes bietet der Autor der „Buddenbrooks" selbst auf, um die Verwirrungen und Unerlöstheiten der
realen Welt herauszufordern und durch ihre Besprechung zu tilgen.

Schon der Autor des Bilse-Aufsatzes bekennt sich ausdrücklich zu
diesem Besprechungseifer, weil er „von dem Glauben nicht lassen
mag, daß böse und stumme Dinge erlöst und gut gemacht werden,
indem man sie ausspricht". Und Tonio Kröger erfährt nach manchen
Anfechtungen und Leiden zuletzt, daß die Welt, wie sie ist, voll
unentwirrbarer Gegensätze und Widersprüche, vom Künstler „geordnet und gebildet sein will". Vor seinem inneren Auge erscheint
„ein Gewimmel von Schatten menschlicher Gestalten, die mir
winken, daß ich sie banne und erlöse..." Die Häufung und wiederholte Besprechung zahlloser Details, die zu einer fortwährenden
Aufschwellung der Geschichte führt, erfährt in der Spiegelung durch
die Zaubergeschichte Kais ihre früheste Deutung. Noch ist, freilich,
die Erlösung des „Josephus" fern. Aber ein „ganz einfaches Motiv"
ist erstmals erzählerisch vorgeführt. Es kündigt an, daß dieser
Schriftsteller sich unterfangen wird, die bizarre Widersprüchlichkeit
der Welt Zug um Zug ins Wort zu fassen, damit sie — vom Geiste der
Erzählung gelichtet — dem Zuhörer nach allen ausgestandenen Wirr-
nissen bereinigt überantwortet werden kann. Dann werden — so
schließt Kais Zaubermärchen — „Hanno sowohl wie Kai zu sehr
hohen Würden emporsteigen".

Dasselbe ist durch einen jugendlich-satirischen Gesellschaftsroman
nicht nur dem Chronisten selbst, sondern, nach mancherlei Wirr-
nissen, auch seinen Lübecker Mitbürgern widerfahren. In aller Welt
und auch dort, wo man von Hannos Musik kaum etwas und von
Schopenhauer weniger als Thomas verstand, hat man sich oder die
Nachbarn im Porträt der hanseatischen Bürgerfamilien wiederent-
deckt. Das Haus der Familie Mann in der Mengstraße zählte wenige
Jahrzehnte später als „Buddenbrook-Haus" zu den Sehenswürdig-

keiten Lübecks. Indem die Hansestadt dem Autor der „Buddenbrooks" den Professortitel verlieh und ihn zu ihrem Ehrenbürger
machte, hat sie ihm schließlich zuerkannt, daß er in ihren Mauern
einiges mehr fürs Leben gelernt hat, als seine Schulzeugnisse erhoffen
ließen — unter anderem mit ziemlicher Sicherheit auch den Katechismus nach einer vom hohen und wohlweisen Senat genehmigten
Fassung. Wenn er, wie die familientreue Tony, über diesen Katechismus mit einem vorwitzigen „Ich weiß was" ein wenig hinaus-
schoß, so mögen heute gewiß auch die Lübecker Leser an dieser un-
botmäßig-ernsthaften Ausschweifung ihr Vergnügen haben.

BEDA ALLEMANN

Kafka · Der Prozeß

> Wäre nur einer imstande, ein Wort vor der
> Wahrheit zurückzubleiben, jeder (auch in
> diesem Spruch) überrennt sie mit hunderten.

Franz Kafkas Roman „Der Prozeß" beginnt mit dem an sich
nicht ungewöhnlichen Satz: „Jemand mußte Josef K. verleumdet
haben, denn ohne daß er etwas Böses getan hätte, wurde er eines
Morgens verhaftet." Ungewöhnlich wird dieser Satz erst, wenn man
ihn vor den Hintergrund des Romangeschehens hält, das er einleitet.
Es stellt sich dann nämlich heraus, daß das in diesem Satz Erzählte
so gut wie völlig aus unbewiesenen Hypothesen besteht. Es stimmt
zwar, daß Josef K. verhaftet wurde, aber die „Verhaftung" hat
einen ganz andern Sinn als den gewöhnlichen, den ihr auch Josef K.
zunächst beilegte. Sie bedeutet keine polizeiliche Beschränkung in
Josef K.s Bewegungsfreiheit. Es ist denn auch unwahrscheinlich,
daß eine Verleumdung die Ursache dieser Verhaftung war. Die
genaue Ursache wird auch am Ende des Romans niemand kennen,
und ebenso ungewiß bleibt, ob Josef K. „etwas Böses getan" hat
oder nicht. Eine Anklage wird nicht erhoben, ein Urteil wird nicht
gefällt. Der „Prozeß", der als Prozeß im üblichen Sinn gar nicht
erst in Gang kommt, spielt sich vor einem unsichtbaren Gericht ab.

Schon unter dem Datum des 20. Dezember 1910 findet sich in
Kafkas Tagebüchern die Aufzeichnung, die als eine ihn verfolgende
Anrufung bezeichnet wird: „Kämest du, unsichtbares Gericht!"
Man darf in dieser Notiz einen ersten unmittelbaren Hinweis auf
das Grundthema des Prozeß-Romans sehen. Zwar vergehen noch
beinahe vier Jahre bis zum Beginn der Niederschrift des „Prozeß"-
Manuskriptes, und Kafka wird sich inzwischen durch die Arbeit am
„Verschollenen" (bekannter unter dem nicht vom Autor stammenden
Titel „Amerika") erst über seine spezifischen Forderungen an sich
selbst im Bereich des Romans klarwerden müssen.

Immerhin lassen Kafkas Aufzeichnungen aus dieser Periode, in
der er seine eigene Erzählersprache findet und die reich an knappen,
fragmentarischen Erzählansätzen ist, mit zunehmender Deutlichkeit
mehrfache Vorausgriffe in Richtung auf den „Prozeß" erkennen.

Der Gedanke eines unsichtbaren, außerhalb des bekannten Justiz-apparates wirkenden Gerichtes erfährt eine erste, noch sehr stark autobiographisch eingefärbte Durchgestaltung in der Erzählung „Das Urteil" (Herbst 1912). Gleichzeitig mit dem eigentlichen Arbeitsbeginn am „Prozeß", in den letzten Monaten des Jahres 1914, ist Kafka mit dem Fragment „Unterstaatsanwalt" beschäftigt, in welchem das Thema eines unsichtbaren Gerichtes wieder auf ganz andere Weise variiert wird — es handelt sich hier um ein scheinbar ordentliches Gericht, aber die Richterbank bleibt leer, die Richter selbst sind zu Angeklagten geworden. Gültige künstlerische Form gewinnt der Gedanke des unsichtbaren Gerichtes mit der Erzählung „In der Strafkolonie", die in denselben, für Kafka ungemein frucht-baren Monaten entsteht, und natürlich mit dem Prozeß-Roman selbst.

Dieser Roman zeichnet sich durch den paradoxen Sachverhalt aus, daß in ihm unablässig vom Gericht die Rede ist und dieses Gericht dennoch in der ihm wesentlichen Unsichtbarkeit verharrt, so daß die Hauptperson Josef K. bei ihren fortgesetzten Versuchen, das Gericht zur Stellungnahme zu zwingen und seinem geheimnisvollen Apparat einen festen Angriffspunkt abzugewinnen, auf eigentüm-liche Weise ins Leere stößt.

Es läßt sich auf Grund der heute zugänglichen Materialien nicht feststellen, wann die Arbeit am Prozeß-Roman abgebrochen wurde. Nichts weist darauf hin, daß sich Kafka nach dem Jahre 1915 noch mit dem Roman beschäftigt hätte. Aber diese Möglichkeit läßt sich nicht ausschließen; sogar die Erzählung „In der Strafkolonie", die einzige fertig gewordene Arbeit des Herbstes 1914, wird noch drei Jahre später, in den Aufzeichnungen von 1917, unversehens wieder zum Ausgangspunkt neuer Varianten gewählt.

Im Juni 1920 hat Max Brod, dem Kafka das erste Kapitel schon gleich nach der Entstehung im September 1914 vorgelesen hatte, die Handschriftenmasse an sich genommen und 1925, im Jahre nach Kafkas Tod, den Roman zum erstenmal und unter dem Titel „Der Prozeß" veröffentlicht. Im Jahre 1933 erschienen die ersten Über-setzungen. Seither ist der Prozeß-Roman zu einem Hauptpfeiler von Kafkas Weltruhm geworden. Eine Ausgabe, die den philologischen Ansprüchen genügt, fehlt indes heute noch. Die Interpretation wird dadurch behindert, zumal die Kapitelfolge des Romans nicht mit Sicherheit feststeht und eine Reihe von unvollendeten Kapiteln vor-liegt, über deren handschriftliche Situation man Bescheid wissen müßte. Außerdem weist der heute zugängliche Text Retuschen von der Hand des Herausgebers auf, die als solche nicht kenntlich gemacht sind.

Neben diesen Unzulänglichkeiten editionstechnischer Natur ist jede Kafka-Interpretation gewissen Versuchungen ausgesetzt, die sich aus der Thematik dieses Werkes ergeben. Es hat deshalb seinen guten Sinn, eine Interpretation des Prozeß-Romans mit dem Hinweis auf die wesentliche Unsichtbarkeit des Gerichtes zu eröffnen. Es wird dadurch der Anspruch abgewehrt, die Interpretation habe aufzudecken, was dieses Gericht nun „in Wirklichkeit" sei. Die spezifische Unfaßlichkeit des Gerichtes und der mit ihm verbundenen begrifflichen Komplexe wie Schuld, Anklage, Verhaftung, Prozeß, Urteil und Strafe ist kein künstlerischer Mangel, dem durch Ausdeutung abgeholfen werden müßte, sondern ein Wesenszug der Prozeßwelt, von dem aus ihre künstlerische Gestalt erst in den Blick kommen kann. Die resignierte Feststellung des Mannes aus dem Prosastück „Von den Gleichnissen", wonach eben „das Unfaßbare unfaßbar ist, und das haben wir gewußt", bildet keinen stichhaltigen Einwand gegen einen solchen Interpretationsansatz. Es gilt vielmehr, die von der Unfaßbarkeit des Unfaßlichen dem Roman aufgezwungenen Strukturgesetze zu erkennen.

Diese Gesetze leiten sich ab aus dem erzählerischen Versuch, das unsichtbare Gericht zu vergegenwärtigen, ohne es durch eine romanhafte Beschreibung der vertrauten Art darzustellen, was ja die Vernichtung seiner Unsichtbarkeit zur Folge hätte. Dieses für den naiven Realismus paradoxe Vorhaben Kafkas gilt es nach den Bedingungen seiner Möglichkeit zu befragen.

Die Erzählweise

Die erste und umfassendste dieser Bedingungen besteht in dem, was man Kafkas hypothetischen Erzählstil nennen könnte. Mit diesem Terminus soll nicht gesagt sein, daß Kafka sich damit begnügte, Hypothesen zu erzählen. Der Sachverhalt ist wesentlicher komplexer, geht aber aus dem angeführten Einleitungssatz des Prozeß-Romans bereits mit hinreichender Deutlichkeit hervor. „Jemand mußte Josef K. verleumdet haben . . .": das „mußte" dieses Satzes ist, wörtlich genommen, Ausdruck einer absoluten Notwendigkeit. Sie ergibt sich aus dem Faktum der Verhaftung bei gleichzeitiger Schuldlosigkeit des Verhafteten. Allerdings macht uns gerade die ausdrückliche Begründung darauf aufmerksam, daß es sich bei dieser Verleumdung eben doch nur um eine, sei es auch streng logisch begründete, Annahme handelt. Das geradezu überaffirmative „mußte" enthält in Wirklichkeit die formale Anzeige einer Ungewißheit. Mit rein grammatischen Kategorien sind solche stilistischen Nuancen, die den Wortsinn in sein Gegenteil zu wenden vermögen, schwer eindeutig festzulegen. Man könnte hier allenfalls, mit einem entsprechend umgedeuteten grammatikalischen Ausdruck, von einem hypothetischen Indikativ sprechen. Damit stehen wir bereits mitten in der wesentlichen Ambivalenz der Kafkaschen Stilmittel. Sie geht keineswegs aus einer verschwommenen oder vagen Ausdrucksweise hervor, sondern vielmehr aus einer raffinierten Ausnützung der Mehrdeutigkeiten, die in der Sprache selber liegen. Die scheinbare Notwendigkeit der Verleumdung zerfällt in nichts, ohne daß Kafka noch einmal darauf zurückzukommen braucht, sobald sichtbar wird, daß die Verhaftung einen andern als den unterstellten Charakter aufweist. Damit wird aber von selbst auch die andere Voraussetzung des Einleitungssatzes ins Wanken gebracht: daß Josef K. nichts Böses getan habe. Das mag wieder in einem ganz wörtlichen Sinne stimmen, insofern K. nicht ein Bösewicht im geläufigen Sinne ist, aber es heißt bei näherem Zusehen noch lange nicht, daß er schuldlos sei. Gerade in jenem hintergründigen Sinn, in welchem auch die Verhaftung des Josef K. verstanden sein will, könnte er schuldig sein, ohne „etwas Böses getan" zu haben.

Mit diesem kleinen Modellfall, der sich gleich schon am Beginn des Romans findet, soll lediglich darauf hingewiesen werden, daß das Erzählen Kafkas hier die ständige Tendenz hat, die eigenen „Aussagen" ihrer als selbstverständlich erscheinenden Grundlagen zu berauben. Durch einen fortschreitenden Verfremdungsprozeß wird das zunächst scheinbar Eindeutige auf seine Bodenlosigkeit hin enthüllt. Es bedarf dazu keiner ausdrücklichen „Enthüllungen", sondern lediglich des Abbaus der Voraussetzungen.

Es gibt denn auch im ganzen Roman bei genauer Betrachtung nur sehr wenige wirklich unumstößliche Voraussetzungen, und die sind relativ belanglos: während alle zentralen Motive, vor allem das Hohe Gericht selbst, in einem rein hypothetischen Zustand beharren. Dieses eigentümliche Beharren in der Hypothese ist die erzählerische Bedingung für die Präsenz des Unsichtbaren im Roman. Am Schluß dieses Romanes ist die Natur des Prozesses selbst ungewisser denn je. Das gilt nicht nur subjektiv für die Hauptfigur Josef K., sondern auch für den Leser, sofern er nicht bereits seine eigene Deutung, sei sie psychologischer, metaphysischer, theologischer oder sozialkritischer Art, in den erzählten Vorgang hineingetragen hat.

Aus einer bloßen Inhaltsangabe des Romans würde jemand, der den Text selbst nicht kennte, vermutlich ableiten, daß es sich beim Ganzen um eine Art geschickt arrangierter Mystifikation durch den Autor handle, um einen höhern Kriminalroman, dessen Knoten am Schluß aufzulösen versäumt wurde. Daß eine solche Kennzeichnung zwar auf die meisten Kafka-Nachahmungen zutrifft, nicht aber auf den Prozeß-Roman selbst, läßt sich aus dem Handlungsverlauf im bloß inhaltlichen Sinne nicht begründen. Es kann nur aus künstlerischen und stilistischen Gründen erklärt werden, daß das unsichtbare Gericht bei Kafka mehr ist als ein bloß ungelöstes Rätsel.

Die Analyse dieser Gründe führt zunächst naturgemäß auf eine erzähltechnische Frage. Wie gelingt es Kafka, die strukturelle Spannung auf die leere Hypothetik seines erzählerischen Gegenstandes hin aufrechtzuerhalten? Um eine rein inhaltliche Spannung kann es sich von vornherein nicht handeln: die würde unter der fehlenden Entschlüsselung des Geschehens ohne weiteres in sich zusammenbrechen. Die Spannung, die den Roman zusammenhält, muß von anderer Art sein. Sie muß ein erzählerisches Ausharren vor der inhaltlichen Unbestimmtheit des Gegenstandes möglich machen.

Ein mit Recht schon oft hervorgehobenes Mittel zu diesem Zwecke ist bei Kafka die strenge Beschränkung der Erzählperspektive auf den Gesichtskreis der Hauptfigur. Nur will diese Beschränkung richtig verstanden sein. Sie läßt sich nicht psychologisch begründen, als ob der nirgends thematisch hervortretende Erzähler sich einfach in die Hauptfigur „hineinversetzte" und gleichsam aus ihrem Innern spräche. Der Leser erfährt zwar in der Regel nur, was Josef K. selber hört, sieht, wahrnimmt, selber behauptet oder denkt, und er wird dadurch in eine Identifizierung mit dieser Hauptfigur gezwungen, die sonst nur schwer erklärbar wäre. Mit dieser Feststellung über die Blickbahn des Erzählens wird indes keine definitive Antwort auf die Erzählperspektive gegeben, sondern lediglich eine neue Frage aufgeworfen. Es ist die Frage, weshalb sich der Erzähler selber nicht eindeutiger mit Josef K. identifiziert, als es der Fall ist. Warum läßt er nicht deutlicher seine Vertrautheit mit dem Innenleben seines Helden durchblicken? Warum verliert er kein Wort über den Gemütszustand oder die Stimmung des Josef K., wenn man von den fast stereotypen Hinweisen auf K.s zunehmende Ermüdung absieht? Der Leser erfährt so gut wie nichts über das Innenleben einer Figur, mit deren Augen und Ohren er doch scheinbar die Welt dieses Romanes wahrnimmt. Der unbefangene Leser wird gar nicht bemerken, wie sehr er diese Figur ständig mit seinen eigenen Empfindungen und Regungen „auffüllt". Er muß so verfahren, weil der Text selbst zwar die sachbezogenen Argumentationen und Reaktionen des Josef K. erzählt, aber gerade dadurch nie *über* Josef K. spricht, es sei denn in der ganz indirekten und unsicheren Form dessen, was Josef K. über sich selbst aus dem Munde anderer Personen zu hören bekommt.

Josef K. ist nicht mehr als eine Hohlform, vielleicht buchstäblich ein Perspektiv, durch das hindurch der Leser immer sehr eng begrenzte, fast stur auf das gerade Vorliegende konzentrierte Blicke werfen darf. Der eigentümliche Scheuklappenblick des Josef K. kommt diesem selbst gelegentlich, aber natürlich immer erst nachträglich, zum Bewußtsein (besonders auffallend: sein Nichterkennen der drei Bankbeamten während der Verhaftungsszene oder der Umstand, daß er nicht bemerkt, wie Fräulein Montag und Hauptmann Lanz seine Nachforschung im Zimmer Fräulein Bürstners beobachten). Diese charakteristische Verengung des Gesichtsfeldes ist konstitutiv für die Erzählperspektive.

Man hat wohl versucht, den Sachverhalt zu verdeutlichen, indem man als die charakteristische Erzählhaltung im „Prozeß" und „Schloß" die sogenannte erlebte Rede hervorhob. Die Stilform der erlebten Rede (style indirect libre) läßt sich tatsächlich schon im angeführten Einleitungssatz nachweisen. Es ist bereits die Perspektive der Hauptperson selbst, aus der in diesem Satz argumentiert wird, auch wenn Josef K. in der dritten Person erscheint. Ein bekanntes und noch deutlicheres Beispiel dafür ist die Stelle am Schluß des Prozeß-Romans: „Wer war es? Ein Freund? Ein guter Mensch? Einer, der teilnahm? Einer, der helfen wollte? War es ein einzelner? Waren es alle? War noch Hilfe? Gab es Einwände, die man vergessen hatte?"

Hier spricht der Erzähler zweifellos nichts anderes aus als die Gedanken der Hauptperson. Im Entwurf zu dieser Stelle ließ Kafka sogar schließlich die erlebte Rede in die reine Ichform umspringen: „... gab es Einwände, die man vergessen hatte? Gewiß gab es solche. Die Logik ist zwar unerschütterlich, aber einem Menschen, der leben will, widersteht sie nicht. Wo war der Richter? Wo war das Hohe Gericht? Ich habe zu reden. Ich hebe die Hände."

Hier zeigt sich, wie klein der Schritt von der erlebten zur direkten Rede ist und wie zwanglos der Übergang stattfinden kann. Aber es ist auch kein Zufall, daß Kafka später dieses „Ich" wieder getilgt hat, das die Identifizierung des Erzählers mit der Hauptfigur besiegeln würde. Die Kunst der erlebten Rede ist es ja gerade, die Mitte zwischen dem objektiven Erzählen und der persönlichen Perspektive der erzählten Figur zu halten.

Auf die Wahrung dieser schwebenden Mitte versteht sich Kafka wie kein anderer Schriftsteller, und insofern hat man ihn mit Recht als den Meister der erlebten Rede bezeichnet. Dem läßt sich freilich die Tatsache entgegensetzen, daß die erlebte Rede in ihrer reinen Form bei Kafka eben doch nur sporadisch nachgewiesen werden

kann und keineswegs die durchgehende Stilform seiner Romane
bildet, in denen vielmehr das Gespräch, der Bericht und andere
Formen der erzählerischen Darstellung eine ebenso große Rolle
spielen. Man wird aus diesem Dilemma der Interpretation schließen
dürfen, daß das eigentümliche Schweben der Darstellungsweise in
den Romanen Kafkas zwischen objektiver Vorgangsschilderung und
subjektiver Perspektive sich nicht auf eine der konventionellen
Erzählformen festlegen läßt, sondern einer umfassenderen Erklärung
bedarf.

Vorderhand läßt sich festhalten, was durch das eben zitierte Beispiel bestätigt wird: der Erzähler versetzt sich nicht bedingungslos
in die Hauptperson, und die Folge davon ist, daß der Leser nur
sehr selten wirklich direkte und eindeutige Aufschlüsse über ein
Innenleben des Josef K. erhält. Die zitierte Stelle enthält bereits
ein Maximum von Anteilnahme des Erzählers an der Hauptfigur;
nicht zufällig gestattet sich Kafka dieses relative Maximum erst am
Schluß des Romans.

Die Perspektive des Erzählens selbst ist bei Kafka im Grunde rein
funktional bestimmt, durch die eigentümliche Sehweise des verborgenen Erzählers. Diese Sehweise besitzt die Eigenschaft, daß aus
ihr gleichsam alles Primäre ausgefiltert ist. Sie ist punktuell-gegen-
wärtig, die „Voraussetzungen" des Gesehenen vermag sie gerade
nicht zu erfassen, weshalb diese Voraussetzungen, wie im Einleitungssatz, ausdrücklich nachkonstruiert werden müssen, wobei
dann in der Regel eine Täuschung mit unterläuft. Dieses voraus-
setzungs- und zusammenhangsfremde Sehen schließt von vornherein
jeden erzählerischen „Überblick" im konventionellen Sinne aus.

Es führt nicht weiter, wenn man erklärt, daß diese eigentümliche
Sehweise durch die Bindung der Perspektive an die Hauptfigur zustande komme. Eher läßt sich sagen, daß diese Hauptfigur ihrerseits
durch das punktuell-gegenwärtige Sehen in ihrer Erscheinungsweise
bestimmt ist. Ihre Subjektivität wird nicht in der Art eines Persön-
lichkeitsbildes von außen oder innen sichtbar, sondern lediglich
durch die jeweils einzelne von ihr vollzogene Wahrnehmung, Handlung, Argumentation oder Reaktion. Das erzählerisch Gesagte erfaßt
weder das Gericht „an sich" noch die Hauptfigur als in sich selbst
gegründete und volle Persönlichkeit, sondern stets nur sekundäre
und in ihrem Kausalnexus undurchsichtige Aktionen des Gerichts,
genauer: seiner durch nichts legitimierten Ausläufer, und demgegenüber ebenso sekundäre Reaktionen des Josef K., der als Figur auf
ein Funktionenbündel von Argumenten und Gestikulationen reduziert ist. Dieser Vorrang des für das naiv-realistische Weltverständnis

Sekundären bringt jenen oft als „labyrinthisch" bezeichneten Gesamtaspekt von Kafkas Werkwelt zustande.

Aber das gemeinhin Sekundäre gewinnt hier auch seine eigene Unmittelbarkeit, seinen eigenen Realismus, es ist der Realismus, die Eindringlichkeit, ja manchmal Kraßheit des präzis gezeigten Details, der einzelnen Gestikulation, der punktuell fixierten Situation, von denen eine Faszinationskraft ausgeht, die nur durch die strenge und innere Konsequenz der Sehweise zu erklären ist, also durch ein stilistisches, kein inhaltliches Prinzip.

Die erzählerische Sehweise Kafkas bringt das scheinbar Unmögliche zustande, das Unsichtbare dichterisch zu vergegenwärtigen, indem sie es affirmativ-hypothetisch als unbewiesene Voraussetzung handhabt, über welcher das Sekundäre, das Augenblickliche und die eindringlich gesehene Situation in um so schärferer Ausprägung erzählt werden können.

Schon rein handlungsmäßig läßt sich sagen, daß der Prozeß-Roman mit einem absoluten Anfang einsetzt. Es gibt keine nennenswerte Vorgeschichte, weder auf der Seite des Helden noch der des Gerichtes, das „eines Morgens" — es ist der Morgen von Josef K.s dreißigstem Geburtstag — einfach und in seiner ganzen Befremdlichkeit unvermittelt da ist, wobei dieses unvermittelte Da-Sein eigentlich ein Immer-schon-dagewesen-Sein voraussetzt. Es besteht zwar, wie der Einleitungssatz zeigt, durchaus die erzählerische Tendenz, die Voraussetzungen abzuklären, unter denen das Gericht unversehens aufgetaucht ist — aber eben diese Tendenz, die auch der natürlichen Erwartung des Lesers entspricht und die der Leser deshalb nur zu gern übernimmt, führt unter den skizzierten stilistischen Bedingungen zwangsläufig auf eine Täuschung hinaus. Diese Täuschung ist im ersten Satz noch relativ harmlos, insofern sie lediglich eine unbegründeterweise vorausgesetzte „Verleumdung" durch „jemand" betrifft. Aber aus solchen Mosaiksteinchen setzt sich schließlich die fundamentale Täuschung über die Natur des Gerichtes zusammen, in der Josef K. bis in die Domszene hinein befangen bleibt, ja in die er sich immer nur tiefer verstrickt.

Sein ganzes Verhalten gegenüber dem Gericht ist bestimmt durch Voreiligkeit und nachträgliche Einsicht in die Unangemessenheit seiner Handlungsweise. Am deutlichsten tritt das bei seinem ersten, noch in voller Vehemenz geführten Angriff auf das Gericht zutage, wo er mit seiner juridisch einwandfreien Argumentation gegen die Zuständigkeit des Gerichtes auf besonders auffallende Weise ins Leere stößt und überhaupt nichts erreicht, als daß später die Wächter bestraft werden für ihr unkorrektes Benehmen während der Verhaftung; und gerade dies für ihn Nebensächliche hat er eigentlich nicht gewollt; es erschreckt ihn, als er es wahrnimmt. Das Gericht aber bleibt unangreifbar, weil es sich gar nicht erst zum Kampf stellt und sich auch für Rechtfertigungsversuche des Angeklagten nicht interessiert, vielmehr seine Schuld voraussetzt, wie es der Geistliche im Dom dann erläutern wird.

Andererseits scheinen aber auch die Hypothesen des Josef K. die Wirklichkeit des Gerichtes, soweit sie überhaupt sichtbar wird, mitbestimmen zu können. In einer ganz unmittelbaren und verblüffenden Weise wird dieser Sachverhalt thematisiert durch den ersten Besuch beim Gericht. Eine genaue Zeitangabe wurde bei der telefonischen Aufforderung, die Josef K. erhielt, unterlassen. Er vermutet, man werde ihn um neun Uhr erwarten. Beim Suchen in den Treppenhäusern verspätet er sich, aber schließlich wird im fünften Stockwerk seine aus der Luft gegriffene Frage nach einem „Tischler Lanz" (der Name ist derselbe wie der des Neffen der Frau Grubach in der Pension) unerwarteterweise positiv beantwortet und öffnet sich der Zugang zum Versammlungssaal. Es ist inzwischen zehn Uhr geworden; und nun wird ihm seine Verspätung auch bereits vorgeworfen, die ja eigentlich nur in seinen Gedanken existieren konnte. Das Gegenstück zu diesem Vorgang findet sich im Schlußkapitel, wo Josef K. im schwarzen Anzug die Exekutoren erwartet und wo diese Erwartung wirklich genügt, um das Auftreten der beiden Abgesandten des Gerichtes herbeizuführen.

Man wäre versucht, hier von einer reinen Traumlogik des Geschehens zu sprechen, durch welche jeder Gedanke und jede Erwartung des Josef K. auch schon gleich eine reale Entsprechung finde — wenn nicht diese Entsprechung dann eben doch wieder anders aussehen würde, als Josef K. es sich vorgestellt hat. So enttäuscht ihn auch die Erscheinung der beiden Abgesandten, sie kommen ihm wie alte, untergeordnete Schauspieler vor, und er sagt: „Man sucht auf billige Weise mit mir fertig zu werden."

So sind die Hypothesen des Josef K. über das Gericht stark genug, um die Realität des Gerichtes im Roman zu prägen; die auf solche Weise zur Romanwirklichkeit gewordene Hypothese kann sich dann aber auf überraschende Weise gegen Josef K. wenden und ihn enttäuschen oder gar ins Unrecht versetzen. Josef K. gerät mit seinen Mutmaßungen über das Gericht in ein eigentümliches Spannungsfeld zwischen überraschender Bestätigung und zugleich Widerlegung durch die Wirklichkeit. Das gilt nicht nur für die begrenzte Einzelszene von der Art der beiden Beispiele, sondern auch für die größeren Zusammenhänge innerhalb des Romans. Es spiegelt sich darin die hypothetisch-affirmative Ambivalenz der Erzählweise als solcher.

Wie sehr Kafka die Kunst beherrscht, zwischen Affirmation und reiner Hypothese die Mitte zu halten, geht nicht nur aus dem Gebrauch des hypothetischen Indikativs und der erlebten Rede hervor, sondern läßt sich ebenso unmittelbar an der Art ablesen, wie der Bericht über die Gespräche mit dem Advokaten (am Beginn des siebten Kapitels) ständig und über ein Dutzend Druckseiten hinweg zwischen Indikativ und Konjunktiv wechselt, oft mitten im Satz, ohne daß der Wechsel als solcher dem nicht gerade stilkritisch orientierten Leser überhaupt aufzufallen braucht. Das einzige Ergebnis dieser Gespräche mit dem Advokaten besteht denn auch darin, daß Josef K. am Schluß, trotz aller scheinbar positiven Aussagen des Advokaten über das Gerichtswesen, mehr denn je im ungewissen tappt und nicht einmal über die Absichten des Advokaten selbst ins klare kommt. Dennoch sind nicht einfach leeres Geschwätz und eine Reihe von Selbstwidersprüchen referiert worden, sondern eine Sequenz von Hypothesen, deren jede zunächst einen Zugang zum Gericht zu öffnen scheint. Auch hier werden nicht die Schlußfolgerungen, deren Stichhaltigkeit an sich unberührt bleibt, sondern die Voraussetzungen zurückgenommen, auf denen sie aufgebaut waren.

Die Täuschung auf Grund falscher Voraussetzungen kommt im Prozeß-Roman oft in einem ganz einfachen gestischen Ablauf zum Vorschein und hat dann eine besonders stark verfremdende Wirkung. K. „vergreift" sich buchstäblich in den Mitteln und sieht das immer zu spät ein.

Mit dem „Aufseher", der ihm die Verhaftung bekanntgibt, versucht er in geschäftstüchtiger Manier zu einer raschen Übereinstimmung zu kommen und streckt ihm zur Bekräftigung die Hand hin — aber der Aufseher ergreift sie nicht. Am Abend wiederholt sich dieselbe Szene mit Frau Grubach, auch sie glaubt er zu einer oberflächlichen Anerkennung ihrer Übereinstimmung mit seinem Bagatellisierungsversuch zu bringen, indem er sie zum Handschlag auffordert, aber sie reagiert ganz anders als erwartet: „‚Nehmen Sie es doch nicht so schwer, Herr K.', sagte sie, hatte Tränen in der Stimme und vergaß natürlich auch den Handschlag." Die Umkehrung des Motivs stellt sich ein, als K. in den Kanzleien die Bekanntschaft des Gerichtsdieners macht, der ihm, obwohl er es gar nicht erwartet hat, die Hand reicht. Kafka hat keinerlei „Gesellschaftskritik" nötig, um das Befremdliche und Brüchige in der Welt der Konventionen, wo man sich ohne weiteres die Hände reicht,

aufzuzeigen. Aus dem fast unscheinbaren Detail des zwischenmenschlichen Verkehrs heraus weiß er die zwingende Atmosphäre
des Unvertrauten und Unheimlichen zu schaffen, das zugleich ein
bißchen grotesk ist. Die Täuschungen, denen K. auf Schritt und
Tritt verfällt, scheinen einzeln genommen nie sehr schwer zu wiegen.
In ihrer Gesamtheit ergeben sie, gerade weil K. selber alles immer
so rasch als möglich „in Ordnung" bringen möchte, das Bild des
vollkommen aus den Fugen geratenen Daseins.

Die Notwendigkeit der Täuschung ist ein Grundgesetz der
Prozeßwelt. Josef K. selber wird auf diesen Umstand beim Anhören
der Türhütergeschichte im Dom aufmerksam, die ja nach den
Worten des Geistlichen, der sie erzählt, von nichts anderem handelt
als von der „Täuschung". Der abschließende Kommentar des Geistlichen über die Geschichte lautet: „man muß nicht alles für wahr
halten, man muß es nur für notwendig halten." Josef K. antwortet
darauf in seiner voreiligen Art: „Die Lüge wird zur Weltordnung
gemacht." Er selbst sieht sogleich ein, daß das nicht sein Endurteil
über die Geschichte sein kann; aber er ist nun schon „zu müde, um
alle Folgerungen der Geschichte übersehen zu können".

Auf die Erzählform des Romans bezogen, kann es scheinen, die
Täuschung werde zum Erzählprinzip erhoben; aber damit ist auch
hier kein Endurteil über den unsichtbaren Kern des Erzählten ausgesprochen, weil die Notwendigkeit der Täuschung, wenn es eine
wirkliche Notwendigkeit ist, auf die Existenz einer verborgenen
Wahrheit vorausweist.

Aufgabe der Interpretation ist es, den Mechanismus und die
Struktur der Täuschungen in ihrer Notwendigkeit darzulegen. Nur so
kann sie hoffen, der immanenten Wahrheit von Kafkas Werk gerecht
zu werden.

Anfang und Schluß des Romans

Zu den Bedingungen der punktuell gegenwärtigen Erzählweise
gehört es, daß der Erzähler sich vom ersten Satz an eines Kommen-
tars enthält, der von irgendeinem verborgenen „Überblick" über
das Geschehen zeugen würde.

So ist denn auch die einzige Stelle, die einen allgemeinern und
vom faktischen Einzelfall gelösten Blick auf die Ereignisse am
Morgen der Verhaftung erkennen läßt, aus dem Manuskript gestrichen. Es handelt sich um die Erinnerung K.s an den Ausspruch
eines Mannes, dessen Person er sich nicht mehr zu vergegenwärtigen
vermag, dessen Bemerkung über die Gefährlichkeit des Augenblickes
des Erwachens nun aber durch die aktuellen Ereignisse wieder in

sein Bewußtsein gerufen wird. Danach ist man „im Schlaf und im Traum wenigstens scheinbar in einem vom Wachen wesentlich verschiedenen Zustand gewesen", weshalb denn auch „eine unendliche Geistesgegenwart oder besser Schlagfertigkeit" dazugehört, um beim Erwachen alles „an der gleichen Stelle zu fassen, an der man es am Abend losgelassen hat". Hier glaubt man tatsächlich die kommentierende Stimme Kafkas selber zu hören; dieser Eindruck wird dadurch befestigt, daß Jahre später eine ganz ähnliche Reflexion in den Briefen an Milena auftaucht. Aber so aufschlußreich diese Aussage über den riskantesten Augenblick des Tages ist, noch bezeichnender ist, daß Kafka sie gerade wegen ihrer Allgemeinheit und ihres Kommentarcharakters im Romanmanuskript wieder unterdrückt hat.

Um so sorgfältiger werden wir den Romantext daraufhin zu befragen haben, was hier eigentlich geschieht.

Es ließe sich freilich ein anderer Verlauf der ersten Szene denken. Josef K. selbst äußert sich am Abend nach der Verhaftung gegenüber Frau Grubach in diesem Sinn. „Ich wurde überrumpelt, das war es. Wäre ich gleich nach dem Erwachen, ohne mich durch das Ausbleiben der Anna beirren zu lassen, aufgestanden und ohne Rücksicht auf irgend jemand, der mir in den Weg getreten wäre, zu Ihnen gegangen, hätte ich diesmal ausnahmsweise etwa in der Küche gefrühstückt, hätte mir von Ihnen die Kleidungsstücke aus meinem Zimmer bringen lassen, kurz, hätte ich vernünftig gehandelt, so wäre nichts weiter geschehen, es wäre alles, was werden wollte, erstickt worden. Man ist aber so wenig vorbereitet." In der Bank, inmitten seines vertrauten Arbeitsapparates, hätte ihm dergleichen unmöglich geschehen können, denn dort ist er stets geistesgegenwärtig. Weil Josef K. beim Erwachen aber unvorbereitet war, kann die plötzliche Präsenz der Gerichtswelt in ihrer Unmittelbarkeit zur Geltung kommen, unbehelligt durch die Zusammenhänge und das dichte, abschirmende Geflecht der vertrauten täglichen Verhaltensweisen. Auf dieses ganz unvermittelte und uneingeleitete Da-Sein des Prozesses aber kommt es dem Erzähler offenbar an, so wenig sich das aus den Gepflogenheiten des neueren europäischen Romans erklären läßt. Zwar konstruiert sich Josef K., wie wir bereits sahen, selber sogleich seine kleine Vorgeschichte zur Erklärung der Verhaftung, indem er an eine vorausgegangene Verleumdung denkt — aber gerade das ist eine hypothetische Konstruktion, durch die nur die absolute Ungewißheit der Vorgeschichte belegt wird. Das unvermittelte Dastehen der Abgesandten aus der Gerichtswelt ist ebenso unerklärlich wie unwiderlegbar.

Indes darf nicht übersehen werden, daß auch K. in seiner Weise
unwiderlegbar ist. Ein Aphorismus Kafkas läßt sich auf ihn beziehen:
„... alle Gegner besiegen ihn sofort, aber nicht dadurch, daß sie
ihn widerlegen (er ist unwiderlegbar), sondern dadurch, daß sie sich
beweisen." „Sich beweisen" heißt dabei nicht etwa, die stärkeren
Argumente besitzen, sondern ganz elementar soviel wie: mehr Stand-
kraft besitzen, und in der letzten, für Kafka entscheidenden Reduktion einfach noch: dasein und sich nicht wegdiskutieren lassen. Dadurch ist die Form der Auseinandersetzung zwischen K. und dem
Gericht exakt bestimmt.

Die Gerichtsorgane können es sich leisten, auf das Klingelzeichen
K.s zu warten, bevor sie eingreifen. Sie schieben damit auf ihre
sophistische Weise die Verantwortung für ihr Erscheinen auf K.
selbst ab. Indem der wegen des Ausbleibens des Frühstücks unge-
duldig gewordene K. klingelt, läutet er vermutlich selbst den Prozeß
ein, gemäß jenem Ritus, den später der Advokat beschreibt. (Daß
das bedeutsame Glockenzeichen ein stehendes Motiv Kafkas weit
über den „Prozeß" hinaus ist, können wir hier nur eben vermerken.)
Dann allerdings tritt der fremdartig gekleidete Wächter sogleich ein
und fragt: „Was wünschen Sie?" Die ganze Verfahrensweise des
Gerichtes ist durch diese kurze Szene unübertrefflich dargelegt. Und
hier setzt nun auch gleich der stumme, diesseits der Argumente
geführte Kampf ein.

Nach den Regeln dieses Kampfes ist es nur folgerichtig, daß K.
auf seine naheliegende Frage an den Wächter „Wer sind Sie?" keine
Antwort erhält. Der Wächter richtet vielmehr die Gegenfrage an K.:
„Sie haben geläutet?", als wäre er immer schon hier gewesen und
als „müsse man seine Erscheinung hinnehmen". Und nun geschieht
das eigentlich Unwiderrufliche, daß K. tatsächlich auf die Frage
eingeht und nach seinem Frühstück verlangt. Er redet sich ein, daß
er damit nur Zeit gewinnen will, um „zunächst stillschweigend,
durch Aufmerksamkeit und Überlegung festzustellen, wer der Mann
eigentlich" ist. Aber inzwischen läßt er das Dasein des Wächters
auf sich beruhen, das heißt, in einem elementareren Sinn als dem
der Zustimmung oder Ablehnung hat er seine Erscheinung tatsächlich schon hingenommen. Daran werden alle Verbalproteste wegen
unerhörter Behandlung, die K. erheben wird, nichts mehr ändern
können.

Der Wunsch K.s, endlich sein Frühstück zu bekommen, wird
weder abgelehnt noch erfüllt, sondern ins Nebenzimmer weitergegeben, aber offensichtlich nicht als Befehl, sondern als Kuriosum,
das mit Gelächter quittiert wird. Und dann erst, auf diesem für K.

unverständlichen Umweg, kommt die Rückmeldung: „Es ist unmöglich." Der Umweg besagt nichts anderes, als daß der Wächter aus einem fremden, aber feststehenden Horizont spricht, in welchem das Verhalten K.s lächerlich erscheint.

Später versucht K., den Wächter zu ignorieren, als dieser ihn fragt, ob er nicht lieber hierbleiben wolle: „Ich will weder hierbleiben, noch von Ihnen angesprochen werden, solange Sie sich mir nicht vorstellen." Das ist ein schon etwas verzweifelter Versuch, mit Hilfe der gesellschaftlichen Konvention die Existenz des Wächters aus dem eigenen Gesichtsfeld wieder wegzuschieben.

Weshalb das unmöglich ist, geht aus einem Fragment Kafkas hervor, das von der Begegnung mit dem „Prüfer" handelt und auch die Situation K.s genau umschreibt. Es findet sich in ihm folgender Dialog: „,Sie wollen mich prüfen, haben aber noch keine Berechtigung hiezu nachgewiesen.' Nun lachte er laut: ,Meine Berechtigung ist meine Existenz, meine Berechtigung ist mein Dasitzen, meine Berechtigung ist meine Frage, meine Berechtigung ist, daß Sie mich verstehn.'" Tatsächlich bedarf auch im Prozeß-Roman das Gericht als Ganzes keiner andern Rechtfertigung. Seine Instanzen beziehen ihr Selbstbewußtsein aus dem Umstand ihrer bloßen Existenz und aus dem Wissen, daß der Angeklagte sie besser versteht, als er wahrhaben will. Im angeführten Fragment fügt der Prüfer bei: „Vielleicht ist es mir wichtiger, Sie zu sehn, als Ihre Antworten zu hören." In genauer Entsprechung dazu sagt der Aufseher am Schluß der Verhaftungsszene zu Josef K., er habe ihm lediglich die Tatsache der Verhaftung mitzuteilen gehabt, und er „habe auch gesehen, wie Sie es aufgenommen haben". Das Gericht nimmt, zum großen Erstaunen K.s, gar keine Verhaftung im üblichen Sinne vor, sondern es begnügt sich damit, von einer Verhaftung zu sprechen und die Reaktion des auf diese seltsame Weise „Verhafteten" abzuwarten. Es kann sich darauf verlassen, daß es durch diese gewaltlose Methode sein Opfer nur um so unfehlbarer in seine Gewalt bekommt. Der hintergründige Sinn des Wortes „Verhaftung" wird sichtbar. Josef K. ist dem Gericht verhaftet allein auf Grund des Sachverhalts, daß es sich ihm gezeigt hat. Er selbst unterschätzt ein solches Verhaftetsein zunächst und findet es „nicht sehr schlimm". Der Fortgang des Prozesses wird lehren, daß er sich in Wirklichkeit aus dieser Verhaftung nicht mehr lösen kann. Zwar waren es nur ganz untergeordnete Gerichtsorgane, die sich ihm gezeigt haben — aber gerade, indem das Gericht in seiner Ganzheit und seinem Kern unsichtbar bleibt, wird es für Josef K. zu einem Faszinosum, das ihn nicht mehr freiläßt.

Wie rasch der „Prozeß" in der einmal eingeschlagenen Richtung weitertreibt, zeigt sich, wenn K. schon bald nach der ersten Konfrontation, noch bevor die Verhaftung ausgesprochen ist, „sich irgendwie in die Gedanken der Wächter einschleichen, sie zu seinen Gunsten wenden oder sich dort einbürgern" will, was ihm denn auch gelingt, so daß er sich „aus dem Gedankengang der Wächter" heraus darüber wundern kann, daß sie ihn eine Weile allein lassen. Ja, er treibt die magische Identifikation so weit, es seinem eignen Einfluß zuzuschreiben, wenn die Wächter vergessen, ihn zum Bad zu zwingen. Das ist ein ziemlich verwickelter Bewußtseinsakt, der zudem auf einer Täuschung über die Absicht der Wächter beruht. Aber er zeigt, bis zu welchem Grade Josef K. bereits das Dasein der Gerichtsinstanzen als eine nicht mehr auf ihre Gründe hin zu befragende Tatsache akzeptiert hat.

Zwar behauptet einer der Wächter, daß das Gericht von der Schuld angezogen werde und die Wächter ausschicken müsse, aber das kann ebensogut eine freche Lüge sein wie die vorausgehende Behauptung, sie müßten täglich zehn Stunden bei K. Wache halten. Im übrigen geben die Wächter ihre Inkompetenz ja ohne weiteres zu, so daß K. geradezu erleichtert ist, als der Aufseher eingreift, der dann auch seinen Erklärungen über den Charakter der Verhaftung den Satz beifügt: „Vielleicht haben die Wächter etwas anderes geschwätzt, dann ist es eben nur Geschwätz gewesen."

Deshalb besteht die Behauptung des Geistlichen im Domkapitel zu Recht: „Das Gericht will nichts von dir." Es ist in paradoxer Umkehrung tatsächlich Josef K., der etwas vom Gericht will, nachdem es sich ihm nur erst überhaupt einmal gezeigt hat.

In diesem Sich-gezeigt-Haben liegt die fundamentale Veränderung begründet, die sich im Lauf der halbstündigen Verhaftungsszene vollzieht. Es ist leicht nachzuweisen, daß zahlreiche Prosastücke Kafkas mit diesem plötzlichen Anderssein der Welt einsetzen. Die deutlichste Parallele zum „Prozeß"-Beginn bildet der Anfang der „Verwandlung", wo die Hauptfigur, Gregor Samsa, ebenfalls beim Erwachen und ohne weitere Begründung mit einer entscheidenden Veränderung seiner Existenz konfrontiert wird. An andern Stellen sind es nur harmlose Fehlleistungen, die den Umschlag zutage fördern. All diesen Ereignissen aber, so unscheinbar sie an sich sein mögen, ist das eine gemeinsam, daß sie etwas Unwiderrufliches einleiten, dessen Vorgeschichte ungewiß bleibt.

K.s eigenes Denken ist bereits in einen andern Horizont geraten, unbeschadet der Tatsache, daß er vor den Gerichtsinstanzen aus den gewohnten Bezügen heraus argumentiert. Diese Verschiebung ist der eigentliche Sinn der Verfremdung, die mit dem Erwachen K.s eintritt und die durch sein eignes „Befremden" über die ungewohnten Umstände nur sichtbar gemacht, keineswegs aber ergründet wird. K.s spontane Reaktion ist das Anklammern an die gewohnte Ordnung, aber sein uneingestandenes Ziel ist die Erkenntnis des Gerichtes. „Wer sind Sie" — diese ersten Worte K.s bilden seine Schicksalsfrage, und er wird auch am Schluß des Romans noch keine Antwort darauf erhalten haben.

Inzwischen versucht er, die gewohnte Welt und die Prozeßwelt wenigstens säuberlich auseinanderzuhalten, aber das gelingt ihm ebensowenig wie die Einordnung der Prozeßwelt ins Alltägliche. Die Verzahnung ist nicht zu erkennen, und das hat seinen tiefern Sinn. Der Prozeß ist etwas, das schon immer im Hintergrund des Alltäglichen auf K. gewartet hat. Weder durch Einbezug noch durch scharfe Gegenüberstellung ist dieses Verhältnis adäquat zu erfassen.

Das Gericht selbst erklärt ausdrücklich, K.s Alltag nicht stören zu wollen, und es hält sich äußerlich an diese Zusicherung. Die halbstündige Verspätung, mit der K. am Morgen seiner Verhaftung in die Bank kommt, hat nichts zu besagen; um alles unauffälliger zu machen, sind sogar die drei Beamten mitgekommen. Sie repräsentieren von vornherein die Untrennbarkeit von Prozeß- und Arbeitswelt. Später wird Titorelli sagen: „Es gehört ja alles zum Gericht"; und der Onkel vom Land weiß zu K.s uneingestandenem Erstaunen ein Sprichwort, als sei das Gericht jedem bekannt: „Einen solchen Prozeß haben, heißt ihn schon verloren haben." Daß K. selber sich zunächst an der Unterscheidung festklammert, ist kein Einwand; denn er täuscht sich offensichtlich, wenn er versucht, das Unerhörte als eine bloße Unordnung, als ein Nichts abzutun, das rasch vergessen sein wird.

Wir wenden uns dem andern Eckpfeiler der Romankonstruktion, dem Schlußkapitel zu. Seine konstruktive Bedeutung ergibt sich nicht nur daraus, daß es, wie das erste Kapitel, chronologisch genau fixiert ist, nämlich auf den Vorabend von K.s einunddreißigstem Geburtstag; seine Besonderheit gewinnt dieses Kapitel dadurch, daß an seinem Ende zum erstenmal im Handlungsablauf des Romans etwas wirklich ganz Eindeutiges geschieht. Dieses Eindeutige ist Josef K.s Tod.

Als latente Möglichkeit schwebt dieser Tod von Anfang an im Hintergrund, wenn auch überdeckt durch K.s Gegenmaßnahmen und Unschuldsbeteuerungen. Kennzeichnend dafür ist eine Episode der Anfangsszene, jene paar Augenblicke, da K. von den Wächtern allein gelassen wird und wo er sogleich „aus dem Gedankengang

der Wächter" an die „zehnfache Möglichkeit" eines Selbstmordes
denkt, allerdings nur, um diesen Einfall sogleich als sinnlos zu verwerfen. Der Todesgedanke läßt sich in Wirklichkeit von da an nicht
mehr verdrängen, auch wenn er kein einziges Mal mehr ausgesprochen wird. Am Beginn des Schlußkapitels ist der Punkt erreicht,
wo der Tod ohne weitere Begründung oder gar Gegenargumentation
als das Selbstverständliche erwartet wird.

Nun ist K. nicht mehr überrascht oder befremdet. Er hat auch
keinen Anlaß dazu, denn in diesem Schlußkapitel zeigt sich besonders deutlich, daß das Gericht nichts gegen den Willen K.s unternimmt, gerade weil er ihm völlig verhaftet ist. Die Exekutoren, die
seiner Erwartung gemäß auftauchen, sind höflicher als die Wächter
ein Jahr zuvor, aber die Präsenz der Gerichtsorgane hat sich nun
zu dem Klammergriff verdichtet, mit dem sie K. in ihre Mitte
nehmen und der so stark ist, „daß, wenn man einen von ihnen
zerschlagen hätte, alle zerschlagen gewesen wären". Der Versuch
K.s vom Beginn, sich mit den Gerichtsorganen zu identifizieren,
hat Erfolg gehabt.

Es zeigt sich jetzt auch, inwiefern K. sich getäuscht hat, wenn er
am Anfang „aus dem Gedankengang der Wächter" sich darüber
wunderte, daß ihm Gelegenheit zum Selbstmord gegeben wurde.
Denn als er nun beim Gang über die Brücke sich gegen das Geländer
wendet, folgen die Exekutoren dieser Wendung mit übertriebener
Bereitwilligkeit. Aber K. hat die Kraft zu dem von ihm erwarteten
Freitod nicht und bleibt auf die Exekutoren angewiesen. Deshalb
zieht er sie selbst so schnell wie möglich aus dem Bereich der patrouil-
lierenden Polizisten, die einzugreifen drohen. Aber noch zuletzt, als
alle Vorbereitungen zur Exekution im Steinbruch bereits getroffen
sind, wird K. Gelegenheit gegeben, seinen nun schon ein Jahr alten
Selbstmordgedanken zu verwirklichen. „K. wußte jetzt genau, daß
es seine Pflicht gewesen wäre, das Messer, als es von Hand zu Hand
über ihm schwebte, selbst zu fassen und sich einzubohren." Er ist
dazu nicht imstande und muß sich in einen unvollkommenen Tod
schicken, für den er allerdings in einer letzten Trotzaufwallung die
Verantwortung ablehnt: „Vollständig konnte er sich nicht bewähren,
alle Arbeit den Behörden nicht abnehmen, die Verantwortung für
diesen letzten Fehler trug der, der ihm den Rest der dazu nötigen
Kraft versagt hatte."

Muß man deshalb das Ende K.s als ein Unglück, seinen Tod als
mißlungen bezeichnen? Der Schlußsatz des Romans scheint tatsächlich in diese Richtung zu weisen: „,Wie ein Hund!' sagte er, es war
als sollte die Scham ihn überleben."

Die Scham ist das Bewußtsein, seine Pflicht nicht getan zu haben. Im berühmten Brief an den Vater vom November 1919 sagt Kafka: „Ich hatte vor Dir das Selbstvertrauen verloren, dafür ein grenzenloses Schuldbewußtsein eingetauscht. (In Erinnerung an diese Grenzenlosigkeit schrieb ich von jemandem einmal richtig: „Er fürchtet, die Scham werde ihn noch überleben.")"

Andrerseits darf man die Negativität dieses Endes nicht überschätzen. Der Tod ist nicht nur schrecklich, sondern zugleich auch der einzige Weg in die Freiheit. Die Vorstellung des eindringenden Messers taucht im Tagebuch Kafkas mehrfach auf. Am 2. November 1911, also bereits drei Jahre vor dem Beginn der Niederschrift des Prozeß-Romans, notiert er sich: „Heute früh zum erstenmal seit langer Zeit wieder die Freude an der Vorstellung eines in meinem Herzen gedrehten Messers." Man wird auch, um den Prozeß-Schluß richtig zu verstehen, die auf den ersten Blick überraschende Interpretation beiziehen müssen, die Kafka selbst dem vergleichbaren Schluß der Erzählung „Das Urteil" gegeben hat. Diese Erzählung schließt, nachdem Georg Bendemann das Todesurteil aus dem Munde seines Vaters vollzogen hat und in den Fluß gesprungen ist, mit dem Satz: „In diesem Augenblick ging über die Brücke ein geradezu unendlicher Verkehr." Nach Brods Bericht gab Kafka dazu mündlich die Erklärung: „Weißt du, was der Schlußsatz bedeutet? — Ich habe dabei an eine starke Ejakulation gedacht." Auch aus der Erzählung „In der Strafkolonie" läßt sich der wollüstige und befreiende Aspekt des Todes ablesen, wenn dort auch als milderndes Medium die Präsenz des „Reisenden" zwischen das Geschehen und den Leser geschoben ist, wobei der Reisende keine andere Funktion hat, als das Kopfschütteln zu personifizieren über die Theorien und Handlungen des Offiziers. Ein solches Distanzhalten ist wohl nötig, um innerhalb der Voraussetzungen Kafkas eine Tötung überhaupt noch erträglich und, von der andern Seite, darstellbar zu machen.

Die ausdrückliche Distanzierung vor dem, was geschieht, fehlt auch, trotz der großen atmosphärischen Dichte der Todesszene, im „Prozeß" nicht. Sie setzt schon damit ein, daß K. selbst die Exekutoren als schlechte Schauspieler taxiert, mit denen er vorliebzunehmen hat. Er fragt sie geradezu: „An welchem Theater spielen Sie?" Damit ist von vornherein jede unmittelbar pathetische Auffassung dieses Todes unterbunden. Die großartige Gebärdensprache, die das endgültige Verstummen im Angesicht des Todes begleitet, wird auf eine sublime Weise in der Schwebe gehalten. Sie kann nicht theatralisch wirken, gerade weil von vornherein der Verdacht des bloßen

Theaters in der Luft liegt. Die beiden Exekutoren verstummen ratlos vor diesem Gedanken: „‚Theater?' fragte der eine Herr mit zuckenden Mundwinkeln den anderen um Rat. Der andere gebärdete sich wie ein Stummer, der mit dem widerspenstigsten Organismus kämpft."

Damit ist nur K.s eigenes Schweigen und die unheimliche Stummheit der ganzen letzten Szene vorweggenommen. Ihre Lautlosigkeit beruht darauf, daß jeder mögliche Einwand bereits vorgebracht ist. Dennoch wirkt sie wie ein Schrei, aber eben wie ein Schrei, der in der Kehle erstickt ist. Ihre Intensität wird noch gesteigert dadurch, daß im letzten Augenblick über dem Steinbruch ein Gegenbild „aufzuckt", „ein Mensch, schwach und dünn in der Ferne und Höhe", dessen weitausgestreckten Armen K. mit erhobenen Händen und dem Spreizen seiner Finger antwortet. Jene schon angeführte Reihe von Fragen durchstürmt ihn, aber sie sind sinnlos geworden, sie zeigen nur den endgültigen Zusammenbruch seiner ganzen Argumentation und seiner eitlen Hoffnungen auf fremde Hilfe an.

Dieser Zusammenbruch der logischen Argumentation wird sogar mitten in der Fragesequenz angezeigt: „Die Logik ist zwar unerschütterlich, aber einem Menschen, der leben will, widersteht sie nicht." Nun hat sich aber K. die ganze Zeit über ja auf die Seite der Logik und des Versuches, seine Unschuld zu beweisen, nicht auf die Seite des alogischen und unbeweisbaren Lebens gestellt. Der Lebenswille, von dem hier die Rede ist, war in K. von seinem ersten Todesgedanken an untergraben, und seine Unfähigkeit zum Selbstmord ist nur ein letzter Reflex dieser Schwäche.

Es geht von der Gestikulation der Schlußszene eine zugleich befreiende und beklemmende Wirkung aus. Befreiend nicht, weil irgendeine der Hoffnungen, die K. daran knüpft, gerechtfertigt wäre, sondern aus dem künstlerischen Grund, daß hier die ganze Auswegslosigkeit des Prozesses nochmals vollendete Gestalt annimmt — und zugleich auch beklemmend in Entsprechung zur Grundstimmung des Romans.

Darüber hinaus ist mit der Schlußszene eine absolute Situation Kafkas getroffen. Noch 1921 wird ein vergleichbares Traumgeschehen im Tagebuch notiert: „Ein Traum, kurz, in einem krampfhaften, kurzen Schlaf, krampfhaft mich festgehalten, in maßlosem Glück." In diesen Satz ist die ganze Spannung, aus der Kafkas Werk hervorgeht, ausgesprochen. Auch in dieser Traumszene versagt die Sprache, nur noch Ausrufe sind möglich, „ich mußte die Wangen aufblasen und dabei den Mund verdrehen, wie unter Zahnschmerzen, ehe ich ein Wort hervorbekam. Das Glück bestand darin, daß die Strafe kam und ich sie so frei, überzeugt und glücklich will-kommen hieß, ein Anblick, der die Götter rühren mußte, auch diese Rührung der Götter empfand ich fast bis zu Tränen."

Es wird durch die Schlußszene des Prozeß-Romans hindurch eine Grundstruktur der Kafkaschen Dichtung sichtbar, die er selbst schon 1911 klar erkannt hat: „daß ich ebenso schreiben muß, wie man sich bei äußerer, durch Äußeres erzwungener Aufregung nur durch Fuchteln mit den Armen helfen kann". So gesehen, ist die Schluß-szene des Prozeß-Romans die Thematisierung seiner stilistischen Verfassung. Der Stummheit des Fuchtelns entspricht das Ver-schweigen der grundlegenden Bezüge von Schuld und Sühne, von denen man angesichts der Gerichts- und Prozeßthematik des Romans doch erwarten möchte, daß sie ausführlich dargelegt würden. Die durch die Stummheit nur gesteigerte Expressivität des Fuchtelns findet ihre Entsprechung in der unübertrefflichen Dichte einer auf die elementarsten Vorgänge reduzierten Welt, die durch keine meta-physische Reflexion durchbrochen wird und dadurch an Tiefe nur gewinnt.

Kafkas Kunst der stummen Szene, die allein durch das scharf gesehene Detail, die zwischenmenschliche Konstellation, das Un-gesagte in ihr und die zwanghafte, aus großer Tiefe steigende Richtigkeit der Gestik aufgebaut wird, hat im Prozeßschluß ihren Höhepunkt erreicht. Was wir schon an der Eröffnungsszene beob-achten konnten, daß die eigentliche Auseinandersetzung vor und unter den Worten des Dialogs stattfindet, weil sie durch die reine Gegenwart der Gestalten und ihre Bewegungen bestimmt ist, wird durch die Schlußszene bestätigt. Es ist im ganzen Schlußkapitel kein Wortwechsel mehr nötig, die Argumentation ist erschöpft, aber um so eindrücklicher kommt das eigentliche Geschehen in den Vorder-grund, das K. selbst so lange mit seinen Protesten und Beteuerungen zu verdecken suchte.

Dieselbe Stummheit kennzeichnet schon die Episode auf K.s letztem Gang, die wir bisher außer acht gelassen haben: das Auf-tauchen Fräulein Bürstners in seinem Blickfeld (oder nur in seiner Einbildung?) in dem entscheidenden Moment, da K. zu einem letzten Widerstandsversuch ansetzt.

Dieses Auftauchen genügt, um ihm die Wertlosigkeit seines Widerstandes gleich zum Bewußtsein zu bringen. Wertlos ist dieser Widerstand nicht aus äußeren Gründen, sondern auf Grund besserer Einsicht: „Ich wollte immer mit zwanzig Händen in die Welt hinein-fahren und überdies zu einem nicht zu billigenden Zweck. Das war unrichtig. Soll ich nun zeigen, daß nicht einmal der einjährige

Prozeß mich belehren konnte? Soll ich als begriffsstütziger Mensch
abgehen? Soll man mir nachsagen dürfen, daß ich am Anfang des
Prozesses ihn beenden wollte und jetzt, an seinem Ende, ihn wieder
beginnen will? Ich will nicht, daß man das sagt." Zwar kann K.
nicht erreichen, was ihm hier offenbar vorschwebt, nämlich sozusagen unbescholten in den Tod zu gehen, denn mindestens die
eigene Scham wird ihn überleben. Aber die Überlegung zeigt doch
an, daß sich der Blick K.s auf den Prozeß wesentlich verändert hat.
Es geht ihm jetzt nicht mehr um den Beweis seiner Unschuld.
Andrerseits kann aus der Andeutung über den „nicht zu billigenden
Zweck" auch keine fundamentale Schuld, die ein Todesurteil rechtfertigen würde, konstruiert werden. Aber gerade um diese „Rechtfertigung" des Todes geht es jetzt, um das Problem des richtigen
und dem Prozeß-Stand gemäßen Todes. Das Problem Schuld-
Unschuld ist damit überholt und offenbar stillschweigend im Sinn
eines Schuldspruchs entschieden.

So wird denn auch in einer Tagebuchnotiz K. ohne weiteres „der
Schuldige" genannt. Und im selben Zusammenhang heißt es, daß
er „strafweise umgebracht" wird. Damit ist aber wohlverstanden
kein Kausalzusammenhang zwischen Schuld und Strafe postuliert,
denn „der Schuldlose" (Karl Roßmann im „Verschollenen") wird
nach derselben Notiz genauso „umgebracht", nur „mit leichterer
Hand". Das Adverb „strafweise" ist wörtlich zu nehmen, auch vom
Offizier in der „Strafkolonie" könnte man sagen, daß er „strafweise"
umgebracht wird, nach einem Modus, der dem der Todesstrafe entspricht, ohne daß es dazu einer Schuld und eines Todesurteils im
üblichen Sinn bedarf.

Der Zusammenhang von Schuld und Strafe, so wichtig er sein
mag, wird im Prozeß-Roman nicht erörtert, obwohl K. am Beginn
selber nur darauf wartet, endlich eine juridisch saubere Darlegung
dieses Verhältnisses zu erreichen, die nach seiner anfänglichen Überzeugung zur Erkenntnis seiner Unschuld und zum Freispruch führen
müßte. Aber gerade dazu kommt es nicht[1].

Um so mehr Bedeutung kommt dem Motiv der Rechtfertigung zu.
K.s bessere Einsicht, die mit der Erinnerung an Fräulein Bürstner
in ihm aufsteigt, daß er nämlich wenigstens seinen Tod auf eine zu
rechtfertigende Weise durchzustehen habe, ist nur eine Facette dieser
gesamten Thematik. Gelingt es K., richtig zu sterben, so ist auch
sein Leben gerechtfertigt. Aber diese Möglichkeit kann sich erst
jetzt eröffnen, am Schluß, wo der Tod angenommen ist; jetzt kann
sie aber auch an die Stelle der alten und unzulänglichen Versuche
treten, K.s Unschuld zu beweisen.

Die Rechtfertigung als Grundthema

Es gilt also genau zu unterscheiden zwischen Unschuldsbeteuerung und Rechtfertigung oder, wenn man so will, zwischen zwei Formen der „Rechtfertigung", einer sozusagen juridischen, die auf den Beweis der Unschuld aus ist, und einer ganz andern, für den Prozeß aber entscheidenden Rechtfertigung, von der aus gesehen jener Versuch unzulänglich, ja lächerlich ist. Der zweiten und eigentlichen Form der Rechtfertigung nähert sich K. erst am Ende des Romans. Vorher versucht er um so erfolgloser und trotz seiner Ungewißheit über Anklage und zuständige Instanz, sich juridisch zu rechtfertigen. Im Dom sagt der Geistliche zu K., daß sein Prozeß schlecht stehe, und er fügt bei, daß er vielleicht über ein „niedriges Gericht" gar nicht hinauskommen werde. Es deutet sich hier schon die Möglichkeit an, daß K.s Schuld darin bestehen könnte, daß er sich nicht auf die richtige Weise zu rechtfertigen weiß. Das klingt sophistisch, aber es entspricht der Struktur der Prozeßwelt. Auf K.s erneute Unschuldsbeteuerung erwidert der Geistliche: „So pflegen die Schuldigen zu sprechen." Das ist zwar eine diabolische Argumentation, weil sie von vornherein die Möglichkeit der Unschuld ausschließt; aber sie weist zugleich darauf hin, daß K., solange er sich im Zirkel der juridischen Schuldfrage dreht, gar nicht zu den höheren Instanzen durchdringen kann.

Er sucht sich zu „rechtfertigen", so gut er es eben versteht, und er tut es zuerst nach dem allzu klugen Rezept, daß die beste Verteidigung im Angriff liegt. Er richtet seinen Angriff, juridisch einwandfrei, zunächst gegen die Zuständigkeit des Gerichtes. Das ist der Inhalt des zweiten Kapitels. Es zeigt sich dabei, daß das Gericht nicht widerlegbar ist, mindestens nicht durch juridische Argumentation, weshalb K. mit seiner Anklage ins Leere stoßen muß. Das Publikum, das er schon auf seiner Seite zu haben glaubte, besteht aus Gerichtsbeamten, und seine Argumentation wird nicht einmal einer Replik gewürdigt.

Nachdem K. am folgenden Sonntag (drittes Kapitel) seine „Neugier" befriedigt, auch das vermeintliche Gesetzbuch des Untersuchungsrichters und die Kanzleien kennengelernt und das alles mit einem Schwindelanfall bezahlt hat, greift er wieder auf eine seiner ersten Aushilfen zurück und versucht, das Gericht zu ignorieren. Er kann ja ohnehin, und der weitere Romanverlauf bestätigt es, nicht aus eigener Kraft tiefer in das Gerichtswesen eindringen, fremde Hilfe lehnt er vorläufig noch ab. Die letzte Etappe hat ihn bis zum „Auskunftgeber" des Gerichtes geführt, der ihm mit den Worten vorgestellt wird: „Er gibt den wartenden Parteien alle Auskunft, die sie brauchen, und da unser Gerichtswesen in der Bevölkerung nicht sehr bekannt ist, werden viele Auskünfte verlangt. Er weiß auf alle Fragen eine Antwort, Sie können ihn, wenn Sie einmal Lust dazu haben, daraufhin erproben." Aber gerade hier, wo er vielleicht unmittelbar vor der Erfüllung seiner Wünsche steht, versagen die Kräfte K.s, und er hat nur noch das Bedürfnis, so rasch als möglich die Kanzleien zu verlassen. Die Parallele mit der breiter ausgeführten Szene im Schloß-Roman ist nicht zu übersehen, wo K. im Augenblick, da er von Bürgel alles erlangen kann, wonach er strebt, vom Schlaf übermannt wird. Auf der andern Seite erinnert die Gestalt des Auskunftgebers an jene ebenfalls breiter ausgeführte, groteske Szene aus dem „Verschollenen", in der die Auskunftstelle des großen Hotels vorgeführt wird und sich als ein überdimensionierter Leerlauf enthüllt.

Wie steht es aber unter solchen Umständen mit K.s Rechtfertigung? Sie scheitert nicht daran, daß es K. am Willen zur Rechtfertigung fehlen würde, etwa aus Mangel an Schuldgefühl, sondern daran, daß er die Kraft nicht hat und vielleicht nicht haben kann, dorthin durchzudringen, wo diese Rechtfertigung die ihr gemäße Form annehmen und auf Gehör stoßen würde. Mit diesem Versagen ist sein Fall indes noch keineswegs erledigt. In einem der Oktavhefte findet sich der Satz Kafkas: „Allerdings muß jeder Mensch sein Leben rechtfertigen können (oder seinen Tod, was dasselbe ist), dieser Aufgabe kann er nicht ausweichen." Und unmittelbar davor: „Es hat den Anschein, als unterbaue er seine Existenz mit nachträglichen Rechtfertigungen, das ist aber nur psychologische Spiegelschrift, tatsächlich errichtet er sein Leben auf seinen Rechtfertigungen." Nun trägt gewiß auch alles, was K. im „Prozeß" (und im „Schloß") unternimmt, den Charakter der „nachträglichen Rechtfertigung" oder, mit Nietzsche und Ibsen zu sprechen, der „Lebenslüge"[2]. Das geht im „Prozeß" so weit, daß K. lange gar nicht wahrzunehmen scheint oder es nicht wahrhaben will, daß seine Existenz als Ganzes auf dem Spiel steht. Er glaubt durch ein paar einfache und „nachträgliche" Maßnahmen alles wieder in Ordnung bringen, den Stein des Anstoßes aus dem Wege räumen zu können.

Diese fundamentale Täuschung über das Wesen des Gerichtes ist die Folge davon, daß er seine eigne Existenz nur von den nachträglichen Rechtfertigungen her, also in „Spiegelschrift", begreift. Das Gericht muß durch sein bloßes Dasein vor K. als befremdende Übermacht erscheinen, weil es sich nicht vereinen läßt mit dem, was er unter einem Gericht zu verstehen gewohnt ist, und weil seine nachträglichen Rechtfertigungen vor ihm nicht verfangen. Der

Charakter seiner Täuschungen geht sehr klar aus der Darstellung hervor, mit welcher der Kaufmann Block im achten Kapitel K.s Besuch in den Kanzleien rekapituliert. Es stellt sich dabei heraus, daß beispielsweise die Verwirrung, die K. damals an einem Angeklagten bemerkte (und die er darauf zurückführte, daß er ihn unvermittelt angesprochen hatte), im Grunde dem Entsetzen vor den Zeichen einer nahen Verurteilung entsprang, die dieser Angeklagte an K. wahrzunehmen glaubte. Die Täuschungen ergeben sich daraus, daß K. die Bedrohung nicht fundamental genug versteht. Auch seine Entrüstung über die obszöne Darstellung in dem vermeintlichen Gesetzbuch ist eine Täuschung dieser Art; den Hinweis auf die „nackte" Existenz und die elementaren zwischenmenschlichen Situationen mißversteht K. als bloße Ungehörigkeit. Alle Täuschungen beruhen darauf, daß er seine Lage und seine Aufgabe noch nicht erkannt hat.

Damit soll freilich nicht gesagt sein, daß es in der Macht K.s stünde, seine Argumentation, die bloß nachträgliche Rechtfertigung ist, fahrenzulassen und sich jener eigentlichen Rechtfertigung zuzuwenden, welche nach Kafkas Bemerkung die unausweichliche Aufgabe des Menschen ist. Es ist nicht einmal gesagt, daß es eine vom Menschen überhaupt durchführbare Aufgabe ist. Im Schlußkapitel erst findet sich der Hinweis, daß K. sich hat „belehren" lassen und nun einsieht, daß es die ganze Zeit über schon um eine Rechtfertigung seines Daseins im ganzen (seines Lebens wie seines Todes) gegangen ist. Um zu dieser Einsicht zu gelangen, war das Prozeß-Jahr erforderlich.

Aber in Wirklichkeit ist es nicht anders denkbar, als daß auch K.s Leben und Tod von vornherein auf seinen Rechtfertigungen errichtet war, obwohl es ihm selbst nicht gelang, zu ihnen durchzudringen. Auf ihn trifft der Satz zu: „Nicht jeder kann die Wahrheit sehn, aber sein." Dieser Satz hat um so mehr Gewicht, als er im dritten Oktavheft unmittelbar auf die grundlegende Bestimmung des Kunstwerks folgt: „Unsere Kunst ist ein von der Wahrheit Geblendet-Sein: Das Licht auf dem zurückweichenden Fratzengesicht ist wahr, sonst nichts." Auch K. weicht gleichsam geblendet zurück bis in die tiefste Nacht, die ihn am Mittag im Dom überfällt; er kann das Licht auf seinem eigenen Fratzengesicht so wenig sehen wie auf dem der niederen Gerichtsinstanzen. Aber der alte Mann vom Land in der Türhütergeschichte sieht den Lichtschimmer, nachdem er schon fast erblindet ist; und vermutlich hat es seine Bedeutung, wenn von der letzten Gestikulation, die K. vor dem Tod wahrnimmt, gesagt wird, daß sie wie „ein Licht aufzuckt". Bis dahin

kann K. das Licht nicht sehen; aber er *ist*, und so lang er ist, muß
er auf der Suche nach der Rechtfertigung sein, die dem Sein-Können
schon vorausliegt und die, wenn auch auf eine noch zu explizierende
Weise, nirgends anders gefunden werden kann als in diesem Sein-
Können selbst.

Das Ringen um die Rechtfertigung des eigenen Daseins ist der
thematische Grundzug der Prozeßwelt. Auch die formalen und
erzähltechnischen Strukturen und die Eigentümlichkeiten des Romanaufbaus sind aus diesem Grundzug abzuleiten. Ihre Spannung
gewinnt die Rechtfertigungsthematik aus dem existenziellen Widerspruch, daß die Aufgabe der Rechtfertigung nach Kafkas eigner
Einsicht unausweichlich ist und daß diese Rechtfertigung, wie das
Beispiel des Josef K. zeigt, zugleich nie völlig und fundamental
genug geleistet werden kann; so verliert sich das Dasein ins Laby-
rinth der bloß nachträglichen Rechtfertigungen, bis es auf sich selber
zurückgeworfen wird. Die Dinge liegen nicht so einfach, daß die
Existenz des Josef K. schlechthin ungerechtfertigt wäre. Ungerechtfertigt ist nach seiner eignen Einsicht im Schlußkapitel bloß das
In-die-Welt-Hineinfahren zu einem nicht zu billigenden Zweck.
Diese falsche Richtung führt das Dasein von der eigentlichen Aufgabe weg, die darin besteht, jenen Grund zu erreichen, aus dem es
immer schon gerechtfertigt ist, unabhängig von den nachträglichen
Rechtfertigungen, die es erfindet, ja im Widerspruch zu ihnen. Der
Rechtfertigungsgrund des Daseins, ohne den es gar nicht sein könnte,
ist kein so oder anders geartetes Argument, er ist vielmehr ein Grund
in der eigentlichen Bedeutung des Wortes, ein Boden, auf dem das
Dasein steht, ohne ihn aber als solchen erfassen zu können. Deshalb
die scheinbar und in mehrfacher Hinsicht paradoxe Forderung, die
Kafka im Tagebuch erhebt: „Standfestigkeit. Ich will mich nicht
auf bestimmte Weise entwickeln, ich will auf einen andern Platz,
... es würde mir genügen, knapp neben mir zu stehn, es würde
mir genügen, den Platz auf dem ich stehe, als einen andern erfassen
zu können." Darin dürfen wir, bei allen Unterschieden, die zwischen
Kafka und Josef K. bestehen, auch die Lebensproblematik der Hauptfigur der beiden großen Romane erblicken. Sie ist dazu heraus-
gefordert, die Standfestigkeit, die sie verloren hat, wiederzugewinnen,
und zwar nicht durch eine Ortsveränderung oder gar durch ein
unkontrolliertes In-die-Welt-Hineinfahren, sondern durch die Erfassung ihres Standpunktes als eines gerechtfertigten, das heißt durch
die Erkenntnis des Rechtfertigungsgrundes, auf dem sie existierend
immer schon steht.

Innerhalb der Thematik des Prozeß-Romans läßt sich überdies

sagen, daß der Rechtfertigungsgrund identisch ist mit dem unsichtbaren Gericht. Von ihm erwartet Josef K. mit Recht in letzter
Instanz den Freispruch, wenn er sich auch in den Mitteln, die dahin
führen, ständig vergreift. Wenn Titorelli ihm suggeriert, daß der
Freispruch schlechthin unerreichbar sei, so heißt das nur, daß die
höchste Instanz unerreichbar ist, die ihn aussprechen könnte, und
daß es deshalb nach den Regeln des gesunden Menschenverstandes
besser ist, sich mit den niedrigen Instanzen zu arrangieren und die
Verschleppung des Verfahrens zu erstreben.

Das Paradoxon, dem Josef K. wie jeder Angeklagte der Prozeßwelt sich preisgegeben sieht, ist die Unerreichbarkeit dessen, was zu
seiner Rettung offensteht. In der Türhütergeschichte ist dieses
Paradoxon auf seine nicht mehr weiter reduzierbare Formel gebracht.

Durch die Unerreichbarkeit der Voraussetzungen, aus denen er
lebt, wird Josef K. in jene Folge von Hypothesen über die Natur
des Gerichtes getrieben, die den Roman bis in die Erzählweise
hinein bestimmt. Jede erzählerische Verfestigung des Gerichtes von
einem „objektiven" Erzählerstandpunkt aus zu einer ebenso „objektiven" Gegebenheit, die lediglich das beschränkte Subjekt Josef K.
nicht in ihrem Wesen zu erkennen vermöchte und deshalb verfehlen
müßte, würde die Prozeßwelt um ihre wesentliche Dimension
bringen. Josef K. verfehlt das Gericht und damit seine eigne Rechtfertigung, aber dies auf Grund nicht einer persönlichen Schwäche,
sondern einer existenziellen Bedingung, die stilistisch und erzähl-
technisch unmittelbar im Fehlen eines Überblicks über die Hintergründe des Geschehens ausgeprägt ist. Die übrigen Figuren des
Romans dürfen nicht nur keinen prinzipiell weitergehenden Überblick über das Gericht haben als Josef K. selbst — was eine noch
rein inhaltliche Bestimmung ist —, sondern auch das Erzählen selbst
darf diesen Überblick nicht beanspruchen, wenn die grundlegende
Problematik der Rechtfertigung des Daseins in ihrer vollen Schärfe
zur Darstellung kommen soll. Erst indem das Erzählen selbst sich
in den auf das „Sekundäre" begrenzten Gesichtskreis der Prozeßwelt hineingibt, kann diese Welt in dichterischer Autonomie zur
Entfaltung kommen. Als von „außen" beschriebene würde sie nicht
über den Rang eines Raritätenkabinetts hinausgelangen. Die Beschränkung auf das „Sekundäre" im einleitend bestimmten Sinn ist
die genaue formale Entsprechung zu einem Existenzentwurf, der
seiner eignen Grundlage und Voraussetzung nicht habhaft zu werden
und die Rechtfertigung, auf der er errichtet ist, nicht zu erkennen
vermag, weil ihm jeder Versuch dazu in „nachträgliche" Rechtfertigung und Spiegelschrift umschlägt.

Weil Josef K. seinen eignen Standort nicht als gerechtfertigten erfassen kann, kommt er dazu, auf ungerechtfertigte Weise in die Prozeßwelt „hineinzufahren", wofür das deutlichste Beispiel eben seine Anklagerede bei der ersten Untersuchung ist. Aber auch die Scheinerfolge K.s bei den Frauen, die er in Zusammenhang mit seinem Prozeß bringt, veranschaulichen denselben Mechanismus. Josef K. glaubt, ohne auf Widerstand rechnen zu müssen, vorprellen zu können, und in einem vordergründigen Sinn bekommt er sogar recht, aber hinterher erweisen sich die Voraussetzungen des Hinein- fahrens als mangelhaft, so daß die eigentliche Instanz unzugänglich bleibt. Mit einem Ausdruck aus Kafkas Tagebüchern könnte man dieses erfolgreich-erfolglose Hineinfahren als „stehenden Sturmlauf" bezeichnen. Josef K. agiert vehement in einer Weise, die ihn keinen Schritt weiterbringt, trotz aller Anstrengung. Nur manchmal im Zustand der Erschöpfung scheint er der Wahrheit etwas näher zu kommen.

Ein von Anfang an auffallender Zug der Prozeßwelt, der eng mit dem Zwang zur Rechtfertigung zusammenhängt, ist das ständige Beobachtetsein. K.s erste optische Wahrnehmung beim Erwachen ist es, daß die alte Frau, die gegenüber wohnt, „ihn mit einer an ihr ganz ungewöhnlichen Neugierde" beobachtet. Das Motiv durch- zieht die ganze Verhaftungsszene. „Durch das offene Fenster er- blickte man wieder die alte Frau, die mit wahrhaft greisenhafter Neugierde zu dem jetzt gegenüberliegenden Fenster getreten war, um auch weiterhin alles zu sehen." „. . . drüben sah er die alte Frau, die einen noch viel ältern Greis zum Fenster gezerrt hatte, den sie umschlungen hielt." „Im gegenüberliegenden Fenster lagen wieder die zwei Alten, doch hatte sich ihre Gesellschaft vergrößert, denn hinter ihnen, sie weit überragend, stand ein Mann mit einem auf der Brust offenen Hemd, der seinen rötlichen Spitzbart mit den Fingern drückte und drehte." Dieser dritte Zuschauer scheint vom Gericht abgeordnet. Die beiden Alten verbergen sich hinter ihm, als K. sie schließlich durch einen Zuruf vertreibt. Er zeigt sich, wenn K. mit den drei Bankbeamten das Haus verläßt, unter der gegenüberliegenden Haustür. Die Reaktion K.s darauf ist: „Schauen Sie nicht hin!"

Es wäre eine Reihe analoger Szenen aus dem ganzen Roman an- zuführen, bis hin zu den halbwüchsigen Mädchen, die K.s Gespräch mit Titorelli belauschen und kommentieren, und zu der Tatsache, daß das Motiv am Schluß und in unverkennbarer Symmetrie mit dem Beginn des Romans noch einmal auftaucht: „Mit brechenden Augen sah noch K., wie die Herren, nahe vor seinem Gesicht,

Wange an Wange aneinandergelehnt, die Entscheidung beobachteten."

Der Zwang zur Rechtfertigung führt aber auch zur extremen Selbstbeobachtung. Im Tagebuch notiert Kafka: „Unentrinnbare Verpflichtung zur Selbstbeobachtung: Werde ich von jemandem andern beobachtet, muß ich mich natürlich auch beobachten, werde ich von niemandem sonst beobachtet, muß ich mich um so genauer beobachten." Auch über K. läßt sich sagen, daß das Beobachtetwerden nur Gegenstück seiner Selbstbeobachtung ist, wobei es allerdings Kafkas Erzählprinzip entspricht, daß diese Selbstbeobachtung der Hauptfigur eben nicht als Reflexion im „Innern" der Hauptfigur thematisiert wird, sondern nur in der eigentümlichen Projektion als Beobachtetsein durch die andern erscheint. Das ist für Kafka als Erzähler so selbstverständlich, daß es ihm, wie aus einer Äußerung gegen Milena hervorgeht, sofort auffällt, wenn ein Schriftsteller so erzählt, als habe eine Szene sich im Verborgenen abgespielt. In Kafkas Erzählweise ist der Zuschauer immer schon präsent; und wenn dann Nebenfiguren eigens die Aufgabe des Beobachtens übernehmen, so verdeutlicht das nur diesen Grundzug.

Nach Janouchs Bericht hat sich ihm Kafka schon bei der ersten Begegnung als „Gerichteter und Zuschauer" vorgestellt. Diese Doppelung kann nicht fundamental genug aufgefaßt werden. Sie ist entscheidend für die Konzeption der Rechtfertigung im tiefern Sinn. Von ihr aus wird auch das Verhältnis zwischen dem Türhüter und dem Mann vom Land begreiflich. Das bloße Dastehen und Zuschauen des Türhüters genügt tatsächlich, um dem Mann vom Land den Eingang zu verlegen. Daß der Mann selbst während all der Jahre den Türhüter „fast ununterbrochen" beobachtet und sich schließlich an die Flöhe in seinem Pelzkragen wendet, ist nur die dialektische Umkehrung des Beobachtetseins ins Beobachten, wie sie aus der angeführten Notiz über die Selbstbeobachtung hervorgeht. Und auf Grund dieser Notiz dürfen wir sogar sagen, daß der Mann, gerade wenn er vom Türhüter abzusehen, sich über ihn hinwegzusetzen suchte, nur um so tiefer in der Haltung des Beobachtetseins und des Zögerns vor der Schwelle getrieben würde. Erst indem er erblindet, geht das Licht des Gesetzes ihm auf.

Nach dem Inhalt der Türhütergeschichte könnte es scheinen, als bedeute das Beobachtetsein lediglich eine Hemmung. In Wirklichkeit begründet es Kafkas Erzähltechnik. Mindestens seit dem Durchbruch, der 1912 mit dem „Urteil" gelingt, ist das Zuschauen eine Funktion der Rechtfertigung vor dem unsichtbaren Gericht; das Beobachten unter dem Druck eines radikalen Beobachtet-

seins zeitigt die für Kafka so kennzeichnende Kompaktheit des
Stils. Kafka hat schon verhältnismäßig früh als sein stilistisches
Ideal die Lückenlosigkeit des Erzählens bezeichnet und sich gegen
die bloßen Konstruktionen im Roman erklärt. Aufschlußreich dafür
ist seine Kritik an Dickens. Was wir am realistischen Roman be-
wundern, das souveräne Disponieren über große Erzählmassen, die
Kunst der raschen und zielsicheren Charakterisierung, die einer Fülle
von Nebenfiguren zum Leben verhilft, mußte Kafka verdächtig sein.
Sein Erzählwille strebt nach Intensität der überscharf beobachteten
Einzelszene, nicht nach dem extensiv-flächigen Historien- oder Zeit-
gemälde. Er bedient sich kaum der zur Zeit der Entstehung des
Prozeß-Romans immerhin schon reich ausgebildeten Kunstgriffe der
Rückblendung und der andern erzähltechnischen Montagemittel.
Wenn Kafka vom realistischen Roman etwas übernehmen konnte,
so war es die Schärfe der Beobachtung, und hier kann man tatsäch-
lich von einem fast naturalistischen Zug seines Erzählens sprechen.
Aber die naturalistische Schärfe der Beobachtung dient nicht, wie
noch bei Thomas Mann, der Charakterisierung der Figuren und des
Milieus, sondern kann nur aus dem Zwang zur Rechtfertigung hin-
länglich verstanden werden.

Nun hat dieser Zwang natürlich noch eine ganz andere Seite. Er
führt, zumal wo er sich mit jener „Scham" darüber verbindet, die
Rechtfertigung doch nicht leisten zu können, auf geradem Weg in
die Kafkasche Grundstimmung der Angst. Der Zuschauer steigert
sich unversehens zum „Prüfer", zum „Aufseher"; und umgekehrt
ist die Funktion des Gerichtsapparates im Prozeß-Roman, soweit
sie überhaupt in Erscheinung tritt — gerade am Beispiel des „Aufsehers" bei der Verhaftung konnten wir sie feststellen —, im wesentlichen darauf beschränkt, die Reaktionen des Verhafteten zu beobachten. Das genügt, um ihn zur Rechtfertigung zu zwingen. Von
diesem Motiv her muß die Grundstimmung der Angst in der Prozeßwelt begriffen werden. Die Angst ist hier, dem ursprünglichen Wortsinn gemäß, die Stimmung des in die Enge getriebenen Daseins.

Diese Beengung in einem geradezu physischen Sinn erfährt
Josef K. bei seinem Besuch auf den Dachböden, und hier wird man
auch am ehesten von einer unmittelbar beängstigenden Atmosphäre
innerhalb des Romans sprechen können. Aber man würde Kafka
unterschätzen, wenn man die Angst als Grundzug der Prozeßwelt
ausschließlich auf diese Requisiten zurückführen wollte; sie können
ja nur so beklemmend auf den Leser wirken, weil die Erzählweise
des Romans im ganzen, durch die Fixierung auf das peinlich genau
beobachtete Detail und das Streben nach Lückenlosigkeit bei voller

Ungesichertheit aller Voraussetzungen, mit der Grundstimmung der Verfremdung und der Angst von vornherein verbunden ist. Ihre schärfste stilistische Konsequenz erreicht diese Grundstimmung in jenem Fuchteln mit gleichsam zugeschnürter Kehle, das Kafka selbst als zutreffende Umschreibung seiner Darstellungsweise empfunden hat.

Aber dieses Fuchteln, das die Schreibweise Kafkas metaphorisch vergegenwärtigt, kann nicht nur beklemmend und beängstigend, sondern zugleich grotesk wirken. Der groteske Humor Kafkas geht unmittelbar aus der Grundstimmung der Angst hervor. Diese Nachbarschaft ergibt sich schon daraus, daß das Groteske dem überraschend und überscharf gesehenen Detail entspringt, auch dem sinnlos gewordenen Detail, und deshalb dem angstvoll (aber nicht ängstlich) auf Lückenlosigkeit bedachten Blick als latente Möglichkeit immer schon innewohnt. Ein gutes Beispiel dafür bietet jene Erzählung des Advokaten vom Kampf seiner Standesgenossen gegen einen Dachbodenbeamten, der in gereizter Stimmung einen Advokaten die Treppe hinunterwarf, worauf sich seine Kollegen der Reihe nach hinunterwerfen ließen, bis der Beamte endlich ermüdete. Diese Episode ist zugleich ein Beleg dafür, daß die Advokaten längst eingesehen haben, daß mit Argumenten beim Gericht nichts zu erreichen ist.

Probleme des Romanaufbaus

Das Ideal des lückenlosen Erzählens ist in einem Gebilde vom Ausmaß des Prozeß-Romans nur in Annäherung zu erreichen. Hier ist wohl auch der eigentliche Grund für Kafkas Verurteilung der drei Romane zu suchen. Lückenlosigkeit ist unter dem Zwang zur Rechtfertigung um so unerläßlicher, je weniger „Überblick" prätendiert wird; zugleich löste der Verzicht auf die konventionelle Fiktion des allwissenden Erzählers und die damit verbundene neue Erzählperspektive notwendigerweise eine Revolution der Romanform aus, die auch Kafka nur schrittweise vollziehen konnte. Der fragmentarische Charakter der drei Romane ist das Opfer, das er dieser Revolution gebracht hat. Im „Prozeß" wird die Lückenlosigkeit der sich folgenden Details innerhalb der einzelnen Episoden in bewundernswerter Weise realisiert, und zugleich dichtet der absolute Anfang, den Kafka setzt, den Roman genügend ab, um diese Lückenlosigkeit zu gewährleisten. Aber das eigentliche Gestaltproblem bleibt gerade von diesem absoluten Anfang her gesehen die Frage des Fortgangs, der Entwicklung der Romanhandlung, des Wegs von diesem Anfang zu dem in seiner Weise ebenso absoluten Ende.

Für den konventionellen Roman ist dergleichen gar kein Problem, vielmehr eine reizvolle Aufgabe, und wir sind ohne weiteres versucht, auch in den „Prozeß" eine fortlaufende Entwicklung des Helden vom Anfang zum Ende hineinzulesen oder für den Romanverlauf das Bild einer sinkenden und einer steigenden Waagschale zu gebrauchen.

Wer sich auf diese selbstverständlich scheinende Annahme einläßt, übersieht aber, daß der Prozeßwelt die Begriffe „Weg" und „Entwicklung" fremd sind, in dem genauen Sinn, daß sie in ihr eine ganz andere Bedeutung erhalten. „Es gibt ein Ziel, aber keinen Weg; was wir Weg nennen, ist Zögern." „Der wahre Weg geht über ein Seil, das nicht in der Höhe gespannt ist, sondern knapp über dem Boden. Es scheint mehr bestimmt stolpern zu machen, als begangen zu werden." Auf das Problem des Romanaufbaus übertragen, heißt das: es kommt nicht darauf an, eine Entwicklung zu zeigen, sondern das „Zögern" und „Stolpern" auf die angemessene Weise zu formalisieren.

Der eigentliche Sinn des „absoluten Anfangs" wird durch den Aphorismus erläutert: „Zwei Aufgaben des Lebensanfangs: Deinen Kreis immer mehr einschränken und immer wieder nachprüfen, ob du dich nicht irgendwo außerhalb deines Kreises versteckt hältst." Es ist leicht einzusehen, daß damit nicht nur Aufgaben des Anfangs bezeichnet sind oder daß, anders gewendet, dieser Anfang eigentlich nie überschritten werden kann. So kann denn auch Kafka im Tagebuch sagen, und er beschreibt damit nicht nur die Folgen des Rechtfertigungszwanges, sondern zugleich auch den von hier aus allein möglichen Romanaufbau: „Es war so, als wäre mir wie jedem andern Menschen der Kreismittelpunkt gegeben, als hätte ich dann wie jeder andere Mensch den entscheidenden Radius zu gehn und dann den schönen Kreis zu ziehn. Statt dessen habe ich immerfort einen Anlauf zum Radius genommen, aber immer wieder gleich ihn abbrechen müssen ... Es starrt im Mittelpunkt des imaginären Kreises von beginnenden Radien ... Habe ich einmal den Radius ein Stückchen weitergeführt als sonst ..., war alles eben um dieses Stück ärger statt besser." Man darf sich auch hier durch den scheinbar rein negativen Sinn der Aussage nicht über den konstruktiven Aspekt von Kafkas Position hinwegtäuschen lassen.

Allerdings hat es beim Blick auf den Romanaufbau zunächst den Anschein, als habe der Rechtfertigungszwang nur negative Folgen. Die wichtigste davon ist die Unangemessenheit der „fortschreitenden" Handlung. Jedes Kapitel hat die Tendenz, wieder vorne anzufangen. Nur selten werden thematische Bezüge hergestellt. Die

Titorelli-Handlung ist eine Repetition der Advokat-Handlung bis in die Aufbaueigentümlichkeit hinein, daß es eines eigenen Vermittlers bedarf, um die Verbindung zu diesen Fürsprechern herzustellen, und daß beide Vermittler nur gerade zu diesem Zweck im Roman aufzutauchen scheinen, was doch immerhin gegen alle Regeln eines durchkomponierten Romans im konventionellen Sinn verstoßen würde.

Welche Entwicklungsmöglichkeiten hätte die Dachboden-Folge (zweites und drittes Kapitel) für eine konsequent fortschreitende Romanhandlung geboten! Sie scheint ja dazu vorausbestimmt, immer tiefer in die Prozeßwelt hineinzuführen, und wie „überzeugend" hätte sich K.s allmähliche Verwandlung in einen Stammgast der Dachböden darstellen lassen! Es geschieht nicht; sondern dieser Handlungsstrang bricht mit dem Schwindelanfall K.s ab; von einer zunächst so wichtig erscheinenden Nebenfigur wie der Gerichtsdienerfrau hören wir kein Wort mehr.

Das nach Brods Anordnung vierte Kapitel („Die Freundin des Fräulein Bürstner") schließt mit seinen Zeitangaben („nächsten Sonntag", „zum erstenmal seit fünf Tagen") unmittelbar ans erste Kapitel an. Wenn man in diesem einen Punkt dem Umgruppierungsvorschlag Uyttersprots folgen darf, indem man das bisherige vierte zwischen das erste und zweite Kapitel einschiebt[3], so rückt noch deutlicher als bisher auch der in der Pension der Frau Grubach angesiedelte und in der Werbung um Fräulein Bürstner zentrierte Handlungsstrang zu einer geschlossenen Einheit zusammen. Sein Personal ist an den übrigen Handlungssträngen nicht beteiligt, die einzige Ausnahme bildet das halluzinatorische Wiederauftauchen Fräulein Bürstners im Schlußkapitel. Aber diese Reminiszenz hat lediglich die Aufgabe, Josef K. an einen erlittenen Mißerfolg beim In-die-Welt-Hineinfahren zu erinnern. Auch die Handlung um Fräulein Bürstner erweist sich somit deutlich als ein „abgebrochener Radius", der sich per definitionem nicht mit den andern Radien des Handlungsgefüges überschneiden oder verflechten kann.

Solche abgebrochenen Radien sind aber ihrer Struktur nach auch alle jene im wörtlichen Sinn abgebrochenen, von Kafka selber nicht vollendeten Kapitel, die sich (soweit es sich nicht einfach um Varianten vollendeter Kapitel handelt) an keiner bestimmten Stelle in den vermeintlichen „Verlauf" des Romans einfügen lassen. Sie führen jedesmal mit einem Neuansatz in eine neue Richtung (zur bisherigen Geliebten, zur Mutter, zur Stammtischrunde des Staatsanwalts, zum angeblichen Ausgangspunkt des Prozesses).

Der „schöne Kreis", den Josef K. sucht mit seinen radialen

Vorstößen, ist ein normales, freigesprochenes, vom Rechtfertigungszwang befreites Leben. Aber er stößt dabei stets auf eine charakteristische Weise ins Leere oder bestenfalls in eine bloß traumhafte
Vision der Erlösung, und fällt damit von selbst in den „Mittelpunkt"
zurück, von dem er ausging, in die reine Faktizität seines Daseins,
dessen Rechtfertigungsgrund er erst noch finden muß.

Das notwendige Abbrechen aller Vorstöße ist kein formaler
Mangel im Aufbau des Prozeß-Romans, sondern lediglich ein unge-
wohntes und allerdings in sich selbst „fragmentarisches" Aufbauprinzip. „Es starrt im Mittelpunkt des imaginären Kreises von
beginnenden Radien." Der imaginäre Kreis selbst ist im allgemein-
sten Sinn, wie wir eben darlegten, das Leben in Freiheit. Innerhalb
des Prozeßhorizontes ist diese Feststellung aber sogleich einzu-
schränken. Hier ist der imaginäre Kreis zur Idee des unsichtbaren
Gerichtes thematisiert, von dem der Freispruch auszugehen hätte.
Dieses unsichtbare Gericht ist seinerseits dann allerdings so umfassend angelegt, daß es — und hier versagt die geometrische Metapher — nicht nur die unerreichbare Peripherie, sondern auch den
Mittelpunkt bildet, auf den K. zurückgeworfen wird. Das Gericht
ist tatsächlich, wie Titorelli sagt, „überall". Diese Allgegenwart des
an sich Unsichtbaren hält die divergierenden Handlungsradien zusammen in einer Einheit, die ihrem Wesen nach inhaltlich-gegen-
ständlich nicht zu fassen ist.

Diese verborgene Einheit der Prozeßwelt läßt sich naturgemäß
dort am ehesten nachweisen, wo die inhaltlich-handlungsmäßige
Einheit des Romans am stärksten gefährdet zu sein scheint — in der
Episode mit Fräulein Bürstner. Josef K. selbst hält noch am Anfang
des sechsten Kapitels daran fest, daß Fräulein Bürstner „mit dem
Prozeß in keiner Verbindung" stehe. Schon am Ende desselben
Kapitels kommt er dann allerdings auf den Gedanken, daß auch
Fräulein Bürstner zu seinen Helferinnen gegen das Gericht gehöre;
und im nächsten Kapitel sagt er sich, daß das Verhältnis zu ihr „ent-
sprechend dem Prozeß zu schwanken" scheine.

Solche Bemerkungen gehören in den Bereich jener beiläufig ge-
äußerten Hypothesen über die Grundlagen und Voraussetzungen
des Prozesses, die nicht als positive Aussagen über seine wahre
Natur, sondern als Hinweise auf seine selbst vollkommen hypothetische Verfassung zu interpretieren sind. Als „objektive", aus
dem bloßen Inhalt des Romans hervorgehende Einheit ist der
Prozeß unergründlich. Begrenzt und dadurch zu einer Einheit gebracht wird die Prozeßwelt lediglich durch das absolute Dunkel, in
das alle ihre Handlungslinien führen. Das Dunkel des unsichtbaren

Gerichtes als die gemeinsame Richtung, in welche alle Bewegungen der Hauptfigur ausmünden, hält die verschiedenen Handlungskomplexe trotz ihrer inhaltlichen Unverbundenheit zusammen. Dieser Zusammenhalt, der inhaltlich gesehen rein negativer Art ist, insofern das Dunkel des unsichtbaren Gerichtes im Fehlen jedes objektiv erzählbaren Inhaltes besteht, kann nur deshalb zu einer legitimen künstlerischen Einheit werden, weil das Dunkel bis in die letzte Einzelheit des Romans hinein gegenwärtig ist, und zwar gerade nicht in der simplen Form bloß inhaltlicher Hinweise auf die Ungewißheit, in der Josef K. schwebt, sondern in der raffinierteren und stilistisch durchintegrierten Form eines hypothetischen Erzählens, das sich geradezu realistisch und keineswegs vage oder schummerig anhört, weil das hypothetische Element in die beiläufigen oder unausgesprochenen Voraussetzungen verlegt ist, die sich immer erst nachträglich und meistens auch nur unausdrücklich als unhaltbar erweisen.

Auf Grund dieser verborgenen Einheit, die mit der Erzählperspektive verbunden ist, gewinnen selbst die erotischen Exkursionen der Hauptfigur einen hintergründigen Zusammenhang mit der Gerichtsthematik. Aus dem unvollendeten Kapitel „Zu Elsa" könnte man den Eindruck gewinnen, daß Josef K. bei einer Frau lediglich Zerstreuung sucht, um den Prozeß so rasch als möglich zu vergessen. Noch die Beziehung zu Leni, der Pflegerin des Advokaten, scheint unter diesem Vorzeichen zu stehen; denn handlungsmäßig gesehen läßt sich Josef K. durch sie ja zweifellos von den für seine Prozeßführung wichtigen Gesprächen mit dem Advokaten und mit dem beim Advokaten anwesenden Kanzleidirektor ablenken, was ihm sein Onkel denn auch hinterher mit entsprechendem Nachdruck vorwirft. Aber Josef K. scheint es besser zu wissen. Gerade in der Unterhaltung mit Leni kommt ihm zum Bewußtsein, daß er die eigentliche Hilfe in seinem Prozeß von den Frauen erwartet, nicht nur von Leni selbst, sondern zuvor schon von Fräulein Bürstner und der Gerichtsdienerfrau. Diese Erwartung ist rein hypothetischer Natur, aber dadurch bestätigt sich nur an einem Einzelzug, was wir soeben schon feststellten: daß es das hypothetische Dunkel der Voraussetzungen ist, das die scheinbar divergierenden Handlungskomplexe zusammenhält.

Diesen hintergründigen Zusammenhang gilt es im Auge zu behalten, wenn die Prozeßwelt in ihrer inneren Struktur erkannt werden soll. In ihr ist alles und jedes auf eine nie voll explizierte Weise miteinander verbunden. Die Art dieser Verbindung läßt sich nicht aus einem „Handlungsablauf" im konventionellen Sinn er-

schließen. Unter diesem auf den Prozeß-Roman nicht anwendbaren
Gesichtspunkt müßte etwa der „Kampf mit dem Direktor-Stellvertreter" als eine bloße Nebenhandlung erscheinen, die mit dem
Gerichtswesen unmittelbar nichts zu tun hat, da sie sich ja in der
altvertrauten Geschäftssphäre der Bank abwickelt, so daß sie lediglich eine Folge des Prozesses, nämlich das allmähliche Ermatten der
Hauptfigur auch in seinem Beruf, zur Darstellung bringen könnte.
In Wirklichkeit lassen sich Bank- und Prozeßsphäre von vornherein
nicht prinzipiell trennen, wie das Prügler-Kapitel und die Vorbereitungen zur Domszene, die von der Bank ausgehen, deutlich genug
zeigen. So kann denn auch der Direktor-Stellvertreter unversehens
in einer wichtigen Szene, auf die wir noch eingehen werden, das
Hohe Gericht selbst symbolisieren, dem Josef K. seine Eingabe
einreicht. Das ist ein weiteres Beispiel dafür, wie in diesem Roman,
was handlungsmäßig auf ganz verschiedenen „Radien" zu liegen
scheint, übergangslos zu einer auch thematischen Verbindung gelangt
durch den allgegenwärtigen Bezug auf das unsichtbare Gericht.

Das Zwischenreich der Helfer

Auf Grund der Feststellungen über das Aufbauprinzip des Prozeß-
Romans läßt sich, was in diesem Roman sichtbar vor sich geht,
besser verstehen. Unbeschadet der grundsätzlichen Unsichtbarkeit des
Hauptthemas entfaltet sich eine Fülle von durchaus sichtbaren Vorgängen und Motiven vor dem Leser. Die wichtigsten unter ihnen
sollen im folgenden analysiert werden. Sie stehen von vornherein
im Spannungsfeld zwischen der Notwendigkeit und der Unmöglichkeit einer Rechtfertigung des Daseins. Von der Prozeßthematik her
gesehen heißt das, daß sie alle auf das unsichtbare Gericht verweisen, an sich aber in seinem Vorfeld stehenbleiben. Es eröffnet
sich ein eigentümliches Zwischenreich, bedrohlich durch seinen ver-
fremdeten Charakter, noch bedrohlicher aber im Grunde durch den
Sachverhalt, daß es selber undurchdringlich ist und keinen beschreit-
baren Ausweg in Richtung auf die zuständige Instanz, das unsichtbare Gericht kennt, auf das doch sein ganzes Wesen sich bezieht.
Diese paradoxe Verfassung der Gerichtswelt im engern Sinn, des
sichtbar werdenden Gerichtsapparates, schlägt sich nieder in der
streng hierarchischen Gliederung dieses Apparates, auf die immer
wieder verwiesen wird, ohne daß sich eine Möglichkeit zeigt, zu
den höhern Stufen aufzusteigen. Wer sich wie Josef K. mit dem
Gericht einläßt, stößt immer nur auf Vermittler und Zwischenpersonen. Die angeblichen Vermittler und Fürsprecher ihrerseits
werden nur über Zwischenpersonen zugänglich, der Armenadvokat

Huld über den Onkel, der Gerichtsmaler Titorelli über den Fabrikanten. Das Prinzip der Vermittlung ist so tief in der Prozeßwelt verwurzelt, daß sich sogar Fräulein Bürstner, nach einem scheinbaren Anfangserfolg Josef K.s, hinter einer Vermittlerin, dem Fräulein Montag, dem Zugriff wieder entzieht.

Um K. mit dem Geistlichen im Dom in Kontakt zu bringen, bedarf es eines ganzen undurchsichtigen Apparates, an dem der Direktor der Bank, ein fremder Besucher, Leni und ein Sakristan beteiligt sind.

Indes erfährt K. in der mit dem Besuch des Onkels einsetzenden geschlossenen Handlungsfolge, die vom Advokaten über den Fabrikanten zum Maler Titorelli führt und die dem äußeren Umfang nach fast die Hälfte des Romans einnimmt, doch eine Menge von Einzelheiten über den Gerichtsapparat, an dem er zuerst nur die Verbesserungsbedürftigkeit erkannt hatte. Freilich sind alle diese Aufschlüsse aus der Perspektive niedriger Instanzen geschöpft, die an eine Verbesserung des Gerichtsapparates schon deshalb gar nicht denken können, weil sie sich mit seiner Undurchdringlichkeit längst abgefunden haben und mit der Vorspiegelung geheimer Beziehungen und Kenntnisse lediglich ihre Unwissenheit zu kaschieren suchen. Was sie wirklich zu geben vermögen, sind denn auch nicht eigentliche Aufschlüsse, wie K. sie sucht, sondern praktische Anweisungen für das Verhalten eines Angeklagten, und diese Anweisungen lassen sich in Kürze so zusammenfassen: man soll nicht den Freispruch zu erzwingen trachten, sondern den Prozeß solange wie möglich hinauszuzögern suchen. Am deutlichsten spricht das Titorelli mit seiner Theorie des absoluten und des relativen Freispruchs und der Verschleppung aus. Aber auch der Advokat, der immer seine erste Eingabe noch nicht eingereicht hat und welchem K. deshalb das Mandat entziehen will, handelt nach keinem andern Prinzip.

Was alle diese Vermittler von Josef K. wollen, ist nicht, daß er mit ihrer Hilfe den Prozeß gewinnt — denn das halten sie, gemäß dem Sprichwort des Onkels, für ausgeschlossen —, sondern daß er sich in ihre eigne beschränkte Welt einordne und ein folgsamer Angeklagter werde, dessen einziges Ziel es sein kann, den Prozeß zu verzögern. Wenn man Josef K.s eigne Anstrengung, vor die zuständigen Instanzen zu gelangen, als einen stehenden Sturmlauf bezeichnen kann, der sich allmählich in sich selber erschöpft, so darf man die Verfahrensweise der Vermittler bestenfalls noch, mit einer wiederum den Tagebüchern Kafkas entnommenen Formel, ein „stehendes Marschieren" nennen. Die Vermittler sind die längst Erschöpften, die vor der Unzulänglichkeit des Gerichtes resigniert

haben und nun aus dieser Resignation ihren Beruf machen. Der
Advokat liegt scheinbar todkrank im Bett, der Maler Titorelli
bekennt, daß vor dem Gericht der „künstlerische Schwung" ver-
lorengeht. Der Advokat spricht ständig von den Eingaben, die
auszuarbeiten sind, aber auf das Drängen seines Klienten setzt er
diesem schließlich auseinander, wie vorteilhaft es ist, daß noch nichts
dergleichen unternommen wurde. Titorelli malt die Richter, aber
nicht wie sie sind, sondern wie es eine von jeher bestehende Konvention von ihm verlangt. Die ganze Sphäre der Vermittler kann
sich nur hemmend auf Josef K.s Absicht auswirken. Diese Leute
haben längst ihren Modus vivendi gefunden und ihren Frieden mit
der Unsichtbarkeit der höhern Instanzen gemacht. Ihr einziges
Streben ist, auch den Verhafteten dem Leerlauf ihrer Existenz zu
unterwerfen.

Nirgends wird das deutlicher als in der Szene mit dem Kaufmann
Block, die der Advokat zur Belehrung seinem neuen Klienten vorführt. „K. hatte das Gefühl, als höre er ein einstudiertes Gespräch,
das sich schon oft wiederholt hatte, das sich noch oft wiederholen
würde und das nur für Block seine Neuheit nicht verlieren konnte."
Diese eigenartige Reaktion Blocks kann nur daraus erklärt werden,
daß er selbst dem Prinzip der in sich selber kreisenden Verschleppung
und der Hoffnung, die sich auf eben diese Verschleppung des Prozesses gründet, bedingungslos verfallen ist. Josef K. indes begreift
nicht, wie der Advokat ihn durch die Dressurvorführung eines
Angeklagten hatte gewinnen wollen. „Hätte er ihn nicht schon
früher verjagt, er hätte es durch diese Szene erreicht."

Nun hängt die tiefere Wahrheit einer solchen Szene gewiß nicht
davon ab, wie sie auf K. wirkt. Was diesen so abstößt, daß der
Kaufmann Block sich nämlich zum „Hund des Advokaten" erniedrigt, findet seine Parallelen im Verhalten Josef K.s selbst in jener
Traumvision von der Erlösung durch Titorelli, von der noch zu
sprechen sein wird, und vor allem in dem Umstand, daß er selbst
schließlich „wie ein Hund" stirbt. Man kann daraus schließen, daß
seine Weigerung, sich dem Armenadvokaten zu unterwerfen, letztlich auf eine noch viel peinlichere Unterwerfung unter die an sich
ebenso untergeordneten Exekutoren hinausläuft. Es wird damit
sichtbar, daß diese Unterwerfung unter die Zwischenpersonen eine
Zwangsläufigkeit der Prozeßwelt darstellt, der niemand entgeht.
Ihre gültige parabolische Gestaltung findet sie in dem Verhalten des
Mannes vom Lande gegenüber dem Türhüter. Diese Unterwerfung
entspricht unmittelbar der Unerreichbarkeit des eigentlichen Gerichtes und damit der Wahrheit, die aus dem großen Gesetz hervor-

bricht. Deshalb ist der Wiederholungszwang, der im Tun des
Advokaten und Titorellis sichtbar wird, mehr als eine Eigentümlichkeit der Vermittler. Er spiegelt die Grundverfassung des Daseins
„vor dem Gesetz", der Existenz im Zwischenreich der untergeordneten Instanzen, an denen der Weg zum unsichtbaren Gericht vorbeigeht und die diesen Weg durch ihr stehendes Marschieren
verlegen.

Im Hinblick auf die dichterische Vertiefung, die dieses Verhalten
in den beiden letzten Kapiteln erfährt, ist es allerdings wesentlich,
daß Josef K. die Vermittler abschüttelt oder, anders gewendet, daß
Kafka auch diesen umfangreichen Handlungskomplex, der durch
die Namen Huld und Titorelli bezeichnet ist, als einen abgebrochenen
Radius im Sinn der beschriebenen Aufbaustruktur stehenläßt.

Nach der immanenten Vermittlerlogik gibt es keine Befreiung aus
diesem paradoxen Zustand des zielgerichteten Innehaltens an der
Schwelle. Das in sich unwiderlegbare Argument der Vermittler ist,
daß nichts „unterlassen" werden dürfe. Mit dieser Begründung wird
Josef K. bereits vom Onkel zum Advokaten gebracht, obwohl er
selbst offenbar schon im Begriff war, den Prozeß zu vergessen. Der
Fabrikant, der später Josef K. auf den Maler Titorelli hinweist, ist
bereits großzügiger; er überläßt es Josef K., zu entscheiden, ob er
von dem Hinweis Gebrauch machen will. Aber Josef K. ist nun
bereits in die falsche Richtung gewiesen. Genau wie der Mann vom
Lande seinen Blick nicht mehr auf das Ziel richtet, sondern auf den
Türhüter und zuletzt auf die Flöhe in dessen Pelzkragen, die er um
Hilfe anfleht, beginnt auch Josef K. im Verlauf der Advokat-
Titorelli-Handlung immer intensiver nach „Hilfen" Ausschau zu
halten. Aber diese Hilfen können ihm zuletzt nur sagen, was Titorelli ausspricht: „Der Prozeß muß eben immerfort in dem kleinen
Kreis, auf den er künstlich eingeschränkt worden ist, gedreht
werden." Dieser Rat ist aus dem Gesichtspunkt des Vermittlers
völlig zutreffend; er hat nur den Fehler, daß der Begriff der Hilfe
selbst, durch die der Prozeß eingeschränkt werden soll, den Begriff
der immer besseren Hilfe nach sich zieht, oder nach der Auskunft
des Kaufmanns Block: hinter den gewöhnlichen Advokaten stehen
die „großen" und völlig unerreichbaren Advokaten, von denen die
Angeklagten träumen. Aus dieser diabolischen Mechanik gibt es
kein Entrinnen; in ihrem Horizont ist, wie Josef K. am Schluß des
Gesprächs mit Titorelli einsieht, jeder Gedanke an „wirkliche Freisprechung" illusorisch. Die Prozeßwelt ist das reine und mit großer
Konsequenz ausgebaute Modell der Ausweglosigkeit. Seine Grundform ist der Circulus vitiosus.

Die Vermittlerwelt selbst ist so beschaffen, daß Josef K., gerade wenn er „vernünftig" handelt, sich nur immer tiefer in sie hinein-verlieren kann. Diesen Zwang hat Kafka in dem Prosastück „Für-sprecher" beschrieben, das nicht unmittelbar zum Prozeß-Roman gehört, aber ihm thematisch eng verwandt ist. Danach ist es un-bedingt nötig, einen Fürsprecher zu finden, welcher der Anklage gewachsen ist; aber der wahre Fürsprecher ist unauffindbar. So bleibt nur das Suchen selbst übrig; denn solange gesucht wird, geschieht nichts Schlimmeres. „Hast du also einen Weg begonnen, setze ihn fort, unter allen Umständen, du kannst nur gewinnen, du läufst keine Gefahr, vielleicht wirst du am Ende abstürzen, hättest du aber schon nach den ersten Schritten dich zurückgewendet und wärest die Treppe hinuntergelaufen, wärst du gleich am Anfang abgestürzt und nicht vielleicht, sondern ganz gewiß." Kafka läßt zwar im achten Kapitel seinen Helden dazu ansetzen, dem Advo-katen zu kündigen; aber dieses Kapitel bricht ab, bevor Josef K. seine Absicht verwirklichen kann. Das ist gewiß kein Zufall. Die innere Problematik des Aufbauprinzips der abgebrochenen Radien kommt hier sehr deutlich zum Vorschein. In bezug auf die Fräulein-Bürstner-Handlung und den Besuch auf den Dachböden war es gelungen, das Abbrechen wenigstens vorläufig zu motivieren. Die Suche nach dem wahren Advokaten aber unterliegt einem in der ganzen Prozeßwelt so tief verwurzelten Zwang, daß ihr offenbar keine Gegenmotivierung mehr gewachsen ist. Man könnte geradezu sagen, daß das Strukturgesetz der Prozeßwelt als einer Romanwelt sich gegen sich selbst kehrt, indem es einen Umschwung der Hand-lung in der Richtung auf einen motivierten Abschluß vereitelt.

Immerhin gibt es einen interessanten Versuch Kafkas, die Sphäre der Vermittler und Helfer unmittelbar zu transzendieren durch den Übergang ins Traumhafte.

Im Halbschlaf gaukelt der völlig erschöpfte Josef K. in dem unvollendeten Kapitel „Das Haus" sich eine Szene vor, in der es ihm gelingt, den „Durchbruch" zu erzwingen oder eher zu er-schleichen, indem er vor Titorelli kniet und ihn umschmeichelt — genauso wie der Kaufmann Block vor dem Advokaten gekniet hatte im achten Kapitel, was K. dort mit Abscheu erfüllte. Und Titorelli erhört ihn, „als gehorche er einem Naturgesetz". Die nun folgende Traumvision ist aufschlußreich als Gegenstück zum eben zitierten „Fürsprecher"-Text: „Titorelli ... umfaßte K. und zog ihn im Laufe mit sich fort. Gleich waren sie im Gerichtsgebäude und eilten über die Treppen, aber nicht nur aufwärts, sondern auf und ab, ohne jeden Aufwand von Mühe, leicht wie ein leichtes Boot im

Wasser. Und gerade, als K. seine Füße beobachtete und zu dem Schlusse kam, daß diese schöne Art der Bewegung seinem bisherigen niedrigen Leben nicht mehr angehören könne, gerade jetzt, über seinem gesenkten Kopf, erfolgte die Verwandlung. Das Licht, das bisher von hinten eingefallen war, wechselte und strömte plötzlich blendend von vorn." Die Gerichtswelt ist eine andere geworden, „alles war ruhiger und einfacher". Der Überblick ist möglich, keine auffallenden Einzelheiten springen mehr ins Auge, mit andern Worten: der Rechtfertigungszwang ist durchbrochen, das Licht der absoluten Wahrheit ist aufgegangen. K. braucht keinen Helfer mehr und löst sich von Titorelli.

Kafka hat diese Vision im Manuskript gestrichen. Das läßt sich verstehen. Denn sie erscheint zwar als traumhaftes Aufbrechen der Wahrheit; in Wirklichkeit hebt aber die Traumerlösung das Prinzip der notwendig-unmöglichen Rechtfertigung und damit die thematische Grundlage des Romans auf.

Ein weiterer Traum Josef K.s ist wohl aus dem gleichen Zusammenhang hervorgegangen. Kafka hat ihn unter dem Titel „Ein Traum" in die Landarzt-Sammlung von 1919 aufgenommen. Auch dieser Traum ist ein Erlösungstraum, der zudem mit der Prozeß-thematik dadurch eng verbunden ist, daß Josef K. hier erlöst wird, indem er freiwillig in sein Grab steigt, also im Traum vorwegnehmend jene Pflicht erfüllt, der er im Schlußkapitel des Romans nur unvollkommen gerecht wird, weil seine Kräfte nicht ausreichen. Im Traum gelingt es ihm, den entscheidenden Umschwung zu vollziehen und sich gleichsam selbst das Todesurteil zu sprechen: in einem für Kafkas Gestaltungsweise höchst charakteristischen stummen Dialog mit dem „Künstler", dessen Absicht K. zunächst nicht versteht, bis er, durch die eigentümliche Hemmung des Schriftkünstlers und den zögernd begonnenen Buchstaben „J" aufmerksam geworden, erkennt, was von ihm erwartet wird, und sich ins Grab stürzt, während oben „sein Name mit mächtigen Zieraten über den Stein" jagt. „Entzückt von diesem Anblick erwachte er."

Auch dieser Traum konnte, trotz seiner innern Verwandtschaft mit dem Schlußkapitel, keinen angemessenen Abschluß für den Roman ergeben, weil ihm das entscheidende Moment jener Schwäche fehlt, die Josef K. verhindert, das zu tun, was man von ihm erwartet und was er selbst tun möchte. So aufschlußreich die beiden Träume für die heimliche Sehnsucht des Josef K. sind, gerade als Träume überspringen sie die Unmöglichkeit der Rechtfertigung des Todes, durch die auch das Leben gerechtfertigt wäre. (Es gilt zu beachten, daß auch der Traum mit Titorelli vermutlich eine geheime Todesvision ist, was sich der anders nicht erklärbaren Zwischenbemerkung entnehmen läßt: „Er wußte, was mit ihm geschehen war, aber er war so glücklich darüber, daß er es sich noch nicht eingestehen wollte.")

Man darf in diesem Zusammenhang an die bekannte Bemerkung Kafkas erinnern: „Unsere Rettung ist der Tod, aber nicht dieser." Die beiden Träume nehmen den rettenden Tod vorweg, aber sie weichen dadurch gerade der Problematik des faktischen Todes, der immer nur „dieser Tod" ist, aus. Dieser faktische Tod in seiner ganzen Ambivalenz zwischen Rettung und Mißlingen ist, wie wir bereits gesehen haben, im Schlußkapitel des Romans mit voller Schärfe durchgeführt.

Aber das Thema der vermeintlichen Hilfen, die K. sucht, ist durch die Begegnungen mit dem Advokaten und Titorelli keineswegs erschöpft. Scheinbar instinktiv hat K. von Anfang an, lange bevor er einen Advokaten akzeptiert hätte, nach der Hilfe der Frauen gesucht. Zwar glaubt K. in diesem frühen Stadium, den Kampf allein führen zu können; ja er ist in diesem Punkt so skrupulös, daß er für seinen ersten Gang zum Gericht nicht einmal die Straßenbahn benutzen will. Man kann sich aber fragen, ob er nicht schon am Abend nach der Verhaftung von diesem Prinzip abgewichen ist, als er den Vorfall mit Frau Grubach und Fräulein Bürstner besprach, ja eigentlich schon unmittelbar nach der Verhaftung selbst, als er sich eingestand, daß „er gerade jetzt Zuspruch nötig gehabt" hätte. In der Domszene wird ihm dann der Geistliche vorhalten: „Du suchst zuviel fremde Hilfe ... und besonders bei Frauen. Merkst du denn nicht, daß es nicht die wahre Hilfe ist?" Aber K. besteht darauf: „Die Frauen haben eine große Macht. Wenn ich einige Frauen, die ich kenne, dazu bewegen könnte, gemeinschaftlich für mich zu arbeiten, müßte ich durchdringen. Besonders bei diesem Gericht, das fast nur aus Frauenjägern besteht."

Von Frau Grubach und Fräulein Bürstner verlangt K. zunächst allerdings keine Hilfe, er will ausdrücklich nur ihr „Urteil" über die Verhaftung hören. Aber läßt sich das in Wirklichkeit unterscheiden? Gerade zu einem abschließenden Urteil über das Gericht kommt ja K. nie, sowenig er umgekehrt vom Gericht einen Urteilsspruch über sich selbst erlangen kann. Zu beidem aber scheinen die Frauen, die er kennt, tatsächlich den Weg zu weisen. Ihnen „folgt" er in einem ganz wörtlichen Sinn: der Frau des Gerichtsdieners, als sie vom Studenten zum Untersuchungsrichter getragen wird, und im Schlußkapitel dann der Erscheinung Fräulein Bürstners. Die eine führt ihn tiefer in den Gerichtsapparat, die andere auf den

Richtplatz. In beiden Szenen setzt diese Führung an einem bestimmten Punkt aus: „Die zwei waren schon verschwunden, K. aber stand noch immer in der Tür", und: „Das Fräulein war inzwischen in eine Seitengasse eingebogen, aber K. konnte sie schon entbehren und überließ sich seinen Begleitern." Dennoch waren es die Frauen, welche die Richtung angegeben haben; es ist, als ob sie den unsichtbaren Weg von der Verhaftung zum Urteil für K. jalonierten, und das nicht nur in dem unmittelbar evidenten Sinn der beiden Szenen.

Der Gedanke K.s, daß er sie „gemeinsam" zu seinen Gunsten wirken lassen könnte, ist natürlich utopisch. Das Mißtrauen Frau Grubachs gegen Fräulein Bürstner (worüber K. sich so ereifert, daß er ihr tagelang böse ist), die besorgt-resignierte Frage Lenis, ob er keine andere Geliebte habe, sprechen für sich. Diese Eifersucht entspringt offenbar dem Umstand, daß auch die Frauen auf K. eine geheime Hoffnung setzen. Dies Motiv ist im „Prozeß" noch nicht so deutlich entfaltet wie dann im „Schloß", aber es ist bereits vorhanden, so im Gespräch mit der Frau des Gerichtsdieners: „‚Es ist ja so widerlich hier', sagte sie nach einer Pause und faßte K.s Hand. ‚Glauben Sie, daß es Ihnen gelingen wird, eine Besserung zu erreichen?'" Die erotischen Kontakte ergeben sich rasch und nach der geläufigen Auffassung widerstandslos (daher der „obszöne" Aspekt der Gerichts- wie der Schloßwelt), aber sie stehen auch unter einer tiefern Bedrohung. Die Gerichtsdienerfrau weiß das und zögert erst, bevor sie sich auf K. einläßt: „‚Sie wollen hier wohl einiges verbessern?', fragte die Frau langsam und prüfend, als sage sie etwas, was sowohl für sie als für K. gefährlich war."

Die Drohung besteht darin, daß jede Hoffnung, welche der erotische Kontakt erweckt, sogleich tiefer in die Verstrickung führt. Das will nicht besagen, daß sich eine unauflösbare Bindung an den Mitmenschen ergibt, K. wird die Gerichtsdienerfrau ja sehr rasch wieder los, sie wird einfach davongetragen und verschwindet. Dieser Entzug ist das erotische Grundphänomen der Prozeßwelt. Er bezeichnet die Unerreichbarkeit des im erotischen Kontakt eigentlich Gesuchten. Auch Fräulein Bürstner ist nach der ersten Umarmung einfach nicht mehr da, und ihr Auftreten im Schlußkapitel wiederholt lediglich dieses Schema des flüchtigen, aber an die Grenze führenden Kontakts und Entzugs. In der Leere hinter der verschwundenen Frau aber öffnet sich das Gericht, die unausweichliche Aufgabe der Rechtfertigung, und zwar nicht etwa der moralischen Rechtfertigung des eben Geschehenen, sondern der fundamentaleren Rechtfertigung des eigenen Daseins als solchen.

Dem Advokaten, zu dem Josef K. durch seinen Onkel geführt

wird, mißtraut er von vornherein; instinktiv erwartet er auch hier
mehr Hilfe von einer Frau, von Leni. Im Grundsätzlichen hat auch
diese dritte intime Begegnung dieselbe Struktur wie die voraus-
gegangenen. Höchstens, daß Leni mehr Einblick in das Wesen des
Gerichtes zu haben scheint und K. Ratschläge gibt: „seien Sie nicht
mehr so unnachgiebig, gegen dieses Gericht kann man sich ja nicht
wehren, man muß das Geständnis machen. Machen Sie doch bei
nächster Gelegenheit das Geständnis. Erst dann ist die Möglichkeit
zu entschlüpfen gegeben, erst dann."

Die Aufforderung hat einen erotisch-juridischen Doppelsinn, und
vor allem ist das Geständnis, wie Kafka in einem wichtigen Aphorismus sagt, nur mit Hilfe einer Lüge möglich. Was Leni als Möglichkeit des Entschlüpfens bezeichnet, bedeutet den Verzicht auf die
wahre Rechtfertigung und ist identisch mit der Möglichkeit der Verschleppung und des Im-Kreise-Drehens, die Titorelli vorträgt.

Dennoch darf die Hilfe, die von den Frauen kommt, nicht ohne
weiteres der Hilfe an die Seite gestellt werden, welche der Advokat
und Titorelli zu bieten haben und deren Wesenszug die Vermittlung
ist. Was Josef K. von den Frauen erwartet, ist offenbar ein ganz
unmittelbarer Zugang zum Gericht und zu seiner Rechtfertigung,
auch wenn er das nur mit dem vordergründigen Argument plausibel
machen kann, das Gericht bestünde aus Frauenjägern — wozu mindestens anzumerken wäre, daß Josef K. selbst ein Frauenjäger ist.
Tatsächlich scheint — ganz deutlich im „Schloß", so auch schon
im „Prozeß" — eine Art Brücke zwischen Josef K. und der unzu-
gänglichen Behörde durch das Phänomen der Frau, die sich preisgibt, geschaffen zu sein. Nur ist gleich hinzuzufügen, daß diese
Preisgabe eine andere Form des Entzugs ist. Strukturell entsprechen
deshalb die erotischen Kontakte des Josef K. genau seinen Beziehungen zum unsichtbaren Gericht. Wie das Gericht selbst bieten
die Frauen keinen eigentlichen Widerstand; aber was K. im Grunde
sucht, die „Hilfe" und letztlich die Rechtfertigung seiner Existenz,
wird dadurch nicht greifbarer. Es ist aufschlußreich, unter diesem
Aspekt die erste Begegnung mit Fräulein Bürstner genauer zu betrachten. Josef K. hat diese Mitbewohnerin seiner Pension früher
so wenig wahrgenommen, wie er das Gericht zu sehen vermochte.

Die Begegnung selbst ist auf wenige Elemente reduziert: zuerst
ein mehr oder minder konventionelles Gespräch (wenn auch mit
Hintergründen: „. . . und gerade Gerichtssachen interessieren mich
ungemein. Das Gericht hat eine eigentümliche Anziehungskraft,
nicht?"), dann plötzlich ein Schrei, den K. im Eifer seiner anschaulichen Rekonstruktion der Verhaftungsszene ausstößt, dann eine

lange Erörterung über den Hauptmann nebenan, der aufmerksam geworden ist, und schließlich eine wilde Umarmung. Auch hier scheint das Eigentliche unerzählt zu bleiben. Sichtbar werden nur die Hemmung, weil auch diese Szene ihren „Beobachter" hat, und unmittelbar daneben, übergangslos, die reine Gier der Umarmung: „‚Nun kommen Sie doch, bitte. Sehen Sie' — sie zeigte auf die Tür des Hauptmanns, unter der ein Lichtschein hervorkam — ‚er hat angezündet und unterhält sich über uns.' ‚Ich komme schon', sagte K., lief vor, faßte sie, küßte sie auf den Mund und dann über das ganze Gesicht, wie ein durstiges Tier mit der Zunge über das endlich gefundene Quellwasser hinjagt. Schließlich küßte er sie auf den Hals, wo die Gurgel ist, und dort ließ er die Lippen lange liegen." Ein Mißverständnis schließt das Unvereinbare aneinander: K. versteht (absichtlich oder nicht) Fräulein Bürstners Aufforderung zum „Kommen" falsch. Aber auch die Umarmung selber ist gegensätzlich strukturiert; in ihr ist die Erfahrung des unersättlichen Hinjagens und zugleich der absoluten Ruhe mit einem geradezu tödlichen Aspekt. Schon im frühern Verlauf des Besuches bei Fräulein Bürstner will K. einmal „Bewegung machen und doch nicht weggehen". Das erste Mittel dazu ist die szenische Darstellung der Verhaftung, wobei er selber die Rolle des Aufsehers spielt und „Josef K." ruft. Aber das eigentliche Ziel dieses Bedürfnisses nach ruhender Bewegung ist die Liebesszene. Auch in ihr ist eine Art von „stehendem Sturmlauf" wahrzunehmen, die charakteristische Bewegungsform dieser Werkwelt. So lakonisch, wie die Szene eingesetzt hat („Ich komme schon"), schließt sie auch wieder: „Jetzt werde ich gehen", den Vornamen Fräulein Bürstners weiß K. nicht.

Es gibt im Werk Kafkas keine Liebesszene, die wesentlich anders verliefe. Im „Schloß" finden sich wörtliche Anklänge an dies Modell, das seinerseits durch die so eindrücklich knapp erzählte Verführungsszene im „Heizer" schon vorbereitet ist. Der Vergleich mit den Szenen zwischen Frieda und K. im „Schloß" kann aufschlußreich sein. „Sie suchte etwas und er suchte etwas, wütend, Grimassen schneidend, sich mit dem Kopf einbohrend in der Brust des anderen, suchten sie, und ihre Umarmungen und ihre sich aufwerfenden Körper machten sie nicht vergessen, sondern erinnerten sie an die Pflicht, zu suchen; wie Hunde verzweifelt im Boden scharren, so scharrten sie an ihren Körpern; und hilflos, enttäuscht, um noch letztes Glück zu holen, fuhren manchmal ihre Zungen breit über des anderen Gesicht." In der ersten Vereinigung zwischen K. und Frieda wird dieses Suchen als ein Sichverirren in die absolute Fremdheit beschrieben.

Auch in der Umarmung mit Fräulein Bürstner geht die innere
Richtung über das zufällige Opfer hinaus in jene Leere, in der die
nicht zu leistende Rechtfertigung des eigenen Daseins und das
unsichtbare Gericht stehen. Die Parallele zwischen dem Gericht und
der Frau ist überaus eng; beide, Fräulein Bürstner und die Abgesandten des Gerichts am Morgen der Verhaftung üben die gleiche
Faszination auf Josef K. aus. Am Beginn der Begegnung erkundigt
Fräulein Bürstner sich lachend und ganz allgemein nach dem Hergang
der Verhaftung: „,Wie war es denn?' fragte sie. ‚Schrecklich', sagte
K., aber er dachte jetzt gar nicht daran, sondern war ganz vom
Anblick des Fräulein Bürstner ergriffen . . .“ Entsprechend hatte K.
sich schon in der Verhaftungsszene vergessen und deshalb die drei
Beamten aus seiner Bank gar nicht erkannt: „Wie hatte er doch
hingenommen sein müssen von dem Aufseher und den Wächtern,
um diese drei nicht zu erkennen!“ Die Faszination geht vom bloßen
Anblick aus, wie wir schon bei der Analyse des Erwachens K.s feststellten, aber dabei bleibt es auch. Es tut sich nichts Konkretes
„hinter“ dem bloßen Dasein der Figuren auf; sie haben, um es aus
dem Horizont der üblichen Erwartungen eines Romanlesers zu
formulieren, keine „seelische Dimension“. Aber das ist natürlich
kein Mangel der Erzählkunst Kafkas, sondern beruht darauf, daß
in seinem Werk nur eine einzige Frage, diese aber so fundamental
wie möglich gestellt wird: die Existenzfrage, die sich thematisch im
Problem der Rechtfertigung des Daseins niederschlägt.

Josef K. ist den Frauen genauso „verhaftet“ wie dem Gericht
und vermag von ihnen so wenig seine Rechtfertigung zu erreichen
wie von diesem den Freispruch.

„Menschliche Vereinigungen beruhen darauf, daß einer durch sein
starkes Dasein andere an sich unwiderlegbare Einzelne widerlegt zu
haben scheint. Das ist für diese Einzelnen süß und trostreich, aber
es fehlt an Wahrheit und daher immer an Dauer.“ Dieser Aphorismus
Kafkas aus den Aufzeichnungen „Er“ von 1920 bezeichnet genau
den Kernpunkt. Das fremde Dasein kann wohl durch seine bloße
Gegenwart faszinieren und Vergessen schenken, aber die Grundfrage bleibt ungelöst. Es ist die Frage nach der dauerhaften Rechtfertigung.

Wir sind auf den Zwang aufmerksam geworden, der die Welt der
Vermittler beherrscht; er geht auf die Anweisung hinaus, den Prozeß
solang wie möglich im Kreise zu drehen, um Schlimmeres zu ver-
hüten. Daneben steht die Flüchtigkeit, der Mangel an Dauer in den
erotischen Beziehungen Josef K.s, von denen er sich gerade Hilfe
verspricht. Nun ist das vermutlich kein absoluter Gegensatz. Leere

Wiederholung und Mangel an Dauer sind lediglich polare Entsprechungen innerhalb einer Welt, die ohne wirklichen Bezug zu Vergangenheit und Zukunft ist und in einer eigentümlichen Zeitlosigkeit befangen bleibt.

Die Temporalstruktur der Prozeßwelt

Unter diesem Aspekt erhält es einen besondern Sinn, daß wir aus Josef K.s Vorgeschichte so gut wie nichts erfahren und daß der Roman mit einem „absoluten Anfang" einsetzt. Das kann nicht lediglich daraus erklärt werden, daß die Dauer der Romanhandlung eben streng auf ein Jahr, Josef K.s einunddreißigstes Lebensjahr, beschränkt ist. Es gibt andere Romane mit prägnant abgegrenztem Handlungszeitraum — „Der Zauberberg", „Der Mann ohne Eigenschaften" —, in deren Romangeschehen dennoch oder eben deswegen eine reiche Vergangenheit hineinragt, vermittelt durch Herkunft und Bildungserlebnis der Hauptfigur. Davon findet sich nichts im Prozeß-Roman, der die ganze Vorgeschichte in hypothetischem Dunkel beläßt.

Es ist kein persönliches Versagen des Josef K., wenn er nicht zum unsichtbaren Gericht durchzudringen vermag; ebensowenig ist es lediglich seiner Ermüdung zuzuschreiben, daß er selbst die Eingabe, die sein bisheriges Leben darstellen soll, nie zustande bringt. Die sichtbaren Gerichtsorgane und das sichtbare Leben der Hauptfigur sind im selben in sich geschlossenen Leerlauf befangen, aus dem es einen Ausweg weder in die Vergangenheit noch in eine wirkliche Zukunft gibt. Auch Josef K. gründet sein Weltverständnis von vornherein auf den gewohnten Gang der Dinge und steht damit geradezu unter einem Wiederholungszwang, der sich in seiner auf wenige feste Gewohnheiten reduzierten Lebensweise äußert. Unter diesem Gesichtspunkt ist der Leerlauf des Gerichtsapparates nur eine verfremdete Spiegelung von Josef K.s eigner Existenzweise.

Die eigentümliche temporale Verfassung, in der die ganze Prozeßwelt sich befindet, erhält ihre besonders anschauliche, geradezu modellhafte Darstellung im Kapitel „Der Prügler", das in seiner auffallendsten Einzelheit, der puren Fortsetzung des in ihm gezeigten Vorgangs, nur durch den Grundzug der Prozeßwelt, den Wiederholungszwang, zu erklären ist.

Das Prügler-Kapitel bildet die einzige Episode des Romans, in der das Gericht einen deutlich terroristischen Anblick bietet. Aber nicht K. selber ist der Strafmaßnahme ausgesetzt, sondern die beiden Wächter, die er unerlaubter Übergriffe bezichtigt hat. Allerdings ist er nun selber betroffen angesichts der Folgen, die das für die Wächter hat. Er hatte die Beschuldigung nur allgemein als Beispiel für die Mißstände beim Gericht gemeint. Die Bestrafung der Wächter muß für ihn um so peinlicher sein, als das Gericht damit gerade die Allgemeingültigkeit seiner Anklage widerlegt und ihm den universellen Angriffspunkt, den er zu haben glaubte, wieder entzieht. Deshalb ist es nur konsequent, daß er die Bestrafung zu verhindern sucht, allerdings erfolglos: indem er die Anklage gegen die Wächter ausgesprochen hat, ist sie seinem Einfluß auch schon entrückt.

Ihre wirkliche Tragweite enthüllt die Szene indes erst, als K. am folgenden Tag nochmals den zur Folterkammer gewordenen Abstellraum aufsucht und zu seinem Entsetzen feststellt, daß sich überhaupt nichts verändert hat, weil die Auspeitschung der Wächter offenbar die temporale Form eines reinen Fortsetzungsvorgangs aufweist. Das ist der einzige Moment im Verlauf des Romans, da K. seine Fassung völlig verliert, die Tür zuschmettert und von außen mit den Fäusten gegen sie schlägt, „als sei sie dann fester verschlossen".

Man ist versucht, das eigentliche Erschrecken des Josef K. auf die Folterung als solche zurückzuführen. Aber das in einem tieferen Sinn Unheimliche an der Folterszene ist ihre unaufhörliche, nie mehr abbrechende Wiederholung. Sie ist die eigentliche „Folter", der man in der Prozeßwelt ausgesetzt ist. So kann Josef K. in dieser Strafe eine unmittelbare Spiegelung seines eignen Zustandes sehen; das verrät sich in seinem merkwürdigen und, aus dem bloßen Handlungsverlauf betrachtet, höchst unvernünftigen Gedanken, es wäre fast einfacher gewesen, er „hätte sich selbst ausgezogen und dem Prügler als Ersatz für die Wächter angeboten".

Josef K. selbst ist längst im Zirkel der sinnlosen Wiederholung gefangen. Seinen thematischen Grund findet dieser allesbeherrschende Zwang in der notwendigen, aber unmöglichen Rechtfertigung. Vor diesem Paradoxon des Daseins ist das In-sich-selber-Kreisen, wie es im Prügler-Kapitel eindrücklich dargestellt ist, die einzige noch mögliche Bewegungsform. Im unvollendeten Kapitel „Kampf mit dem Direktor-Stellvertreter" wird von K. gesagt: „die unglücklichsten Erfahrungen belehrten ihn nicht; was ihm bei zehn Versuchen nicht gelungen war, glaubte er mit dem elften durchsetzen zu können, obwohl alles immer ganz einförmig zu seinen Ungunsten abgelaufen war."

Unter den Wiederholungsmotiven des Prozeß-Romans, die seine temporale Verfassung unmittelbar wiedergeben, finden sich so unscheinbare Einzelzüge wie die Art der Übersiedlung des Fräulein Montag in das Zimmer ihrer Freundin oder die Weise, in der Josef K.

im unvollendeten Kapitel „Das Haus" den Ausländer immerfort umkreist, in einer kennzeichnenden Mischung aus unersättlicher Neugier und Überdruß.

Aufschlußreich sind die Bilder, die Titorelli von den Richtern malt. In ihnen wird die eigentümliche Temporalstruktur der Prozeßwelt nochmals auf andere Weise anschaulich. Die Gerechtigkeit ist hier als Göttin der Jagd dargestellt, und der Richter selbst sitzt „nicht in Ruhe und Würde" auf dem angemaßten Thronsessel, sondern so, „als wolle er im nächsten Augenblick mit einer heftigen und vielleicht empörten Wendung aufspringen, um etwas Entscheidendes zu sagen oder gar das Urteil zu verkünden". Das letzte ist natürlich eine Täuschung, das Urteil wird nie verkündet werden. Nicht das Dargestellte, sondern das Bild selbst in seiner die höchste Bewegung vortäuschenden Unbewegtheit weist die Temporalstruktur des Gerichtes auf. Das ist noch einmal und sehr anschaulich „stehender Sturmlauf" als Grundprinzip der Prozeßwelt. Ähnliches gilt für die immer gleiche Heidelandschaft, die Titorelli malt. Nicht die Heidelandschaft ist charakteristisch für das Gericht, wohl aber der Leerlauf ihrer immerwährenden Wiederholung.

Im Dom, beim Warten auf den Italiener, fällt K. an einem Altargemälde, das er mit der Taschenlampe ableuchtet, die Gestalt eines Ritters auf: „Er schien aufmerksam einen Vorgang zu beobachten, der sich vor ihm abspielte. Es war erstaunlich, daß er so stehenblieb und sich nicht näherte." Das wäre eine ziemlich merkwürdige Feststellung, wenn sie nicht ihren Hintergrund hätte. „Erstaunlich" ist die Temporalverfassung der Prozeßwelt, in welcher sich tatsächlich, wie in den Richterbildern, stärkste Intentionalität und Stillstand unmittelbar vereinigen. Vom Ritter wird dann vermutet: „Vielleicht war er dazu bestimmt, Wache zu stehen." Es zeigt sich, daß das Gemälde als Ganzes eine Grablegung darstellt „in gewöhnlicher Auffassung, es war übrigens ein neueres Bild".

Trotz dieser beruhigenden Erklärung läßt uns die Gestalt des wachehaltenden Ritters bereits an die Türhütergeschichte denken. Ist auch sie ein „Bild", in dem die Unendlichkeit der Aufgabe und zugleich der absolute Stillstand in der Ausführung dargestellt werden? Diese Bilder geben nur wirkliche Hinweise auf das Wesen des Gerichtes, wenn man sie nicht als „Bild", nicht als Darstellung von etwas anderem nimmt. Solange man das tut, kann man sich wie K. höchstens darüber entrüsten, daß die Gerechtigkeit in höchster Bewegung dargestellt ist und ihre Aufgabe des gerechten Abwägens nicht erfüllen kann, oder man kann das „Bild" kunsthistorisch einordnen und beiseite schieben wie das Altarbild. Es wird die ungewohnte Anstrengung von uns gefordert, das Bild als das zu sehen, was es ist, nicht was es inhaltlich oder formal darstellt.

Genauso verhält es sich mit dem Türhütergleichnis selbst. Um seine Struktur, die wieder aus dem Wesen der Rechtfertigung hervorgeht, ganz zu verstehen, müßten wir uns ausführlicher mit dem Prosastück „Von den Gleichnissen" auseinandersetzen. Die Meinung dieses kurzen, aber rätselvollen Textes scheint, vorsichtig formuliert, zu sein: Lästigerweise müssen wir uns mit Gleichnissen zufriedengeben, und alle diese Gleichnisse „wollen eigentlich nur sagen, daß das Unfaßbare unfaßbar ist, und das haben wir gewußt". Wirklich „gewinnen" aber kann im Umgang mit Gleichnissen nur, wer sie nicht als Gleichnisse nimmt. Kafka spricht im „Prozeß" denn auch von einer „Geschichte", obwohl die Erzählung des Geistlichen schon dadurch als Gleichnis gekennzeichnet zu sein scheint, daß sie einer endlosen Exegese bedarf, die ihren Gehalt doch nicht zu erschöpfen vermag. Zweifellos hat der Bericht, den der Geistliche selbst über die hauptsächlichsten der bisherigen Interpretationen gibt, keinen andern Sinn, als die Unzulänglichkeit jeder Exegese darzulegen. Das „Gleichnis" selbst scheint geradezu mit der Absicht erfunden worden zu sein, es der schlüssigen Ausdeutung zu entziehen.

In Wirklichkeit ist die „Geschichte" die auch von Kafka nie übertroffene Gestaltung seines Rechtfertigungsschemas, die der Auslegung spottet, nicht weil sie „unfaßbar" ist, sondern weil sie aus einem ganz andern Horizont als dem der Ausdeutbarkeit geschöpft ist. K. selbst scheint dies einzusehen, wenn er auf eine endgültige Meinung „über" die Geschichte verzichtet. Was ihre Auswirkung auf K. ist, wird uns nicht gesagt; aber wenn wir ihm wieder begegnen, am Beginn des letzten Kapitels, ist er zum Tod bereit. Der Prozeß, der mit der Verhaftung eingesetzt hat, ist an sein Ende gelangt, in der „Geschichte" hat er die größte Tiefe erreicht. Die Geschichte selbst ist die reinste Ausbildung des „stehenden Marschierens". Sie hat die Temporalstruktur der Prozeßwelt, und zugleich ist sie das „Bild" von K.s eigner temporaler Verfassung.

Sie ist die absolute Metapher, in die sich das Romangeschehen als Ganzes aufhebt. Sie setzt wie der Roman selbst einen absoluten Anfang, und sie zeigt, daß dieser Anfang nicht überschreitbar ist. Zugleich aber trägt die Geschichte als solche die Zeichen sehr alter Herkunft, eines fast mythischen Ursprungs, der schon aus den zahlreichen Kommentaren hervorgeht, die der Geistliche zitiert. Es ist eine „jener alten, doch eigentlich einfältigen Geschichten", deren Faszinationskraft in den „Forschungen eines Hundes" beschrieben wird. Ihre Ursprünglichkeit hat unmittelbaren Zusammenhang mit der stilistischen Struktur von Kafkas Werk, die aus der Anstrengung hervorgeht, das richtige Wort zu finden; denn „das wahre Wort hätte damals noch eingreifen, den Bau bestimmen, umstimmen, nach jedem Wunsche ändern, in sein Gegenteil verkehren können und jenes Wort war da, war zumindest nahe, schwebte auf der Zungenspitze, jeder konnte es erfahren . . .". Die Türhütergeschichte trägt tiefe Spuren dieser einstigen Entscheidungsgewalt des Wortes. Deshalb hat sie die Macht, den Umschwung in K. zu provozieren. In ihr wird Vergangenheit aufgerissen, das Schicksal eines Menschen vor dem Gesetz geschichtlich begriffen und das bloße Immerschongewesensein des Gerichtes ebenso durchbrochen wie die Jagd K.s nach dem Freispruch.

Unter diesem Aspekt muß eine genauere Analyse von K.s eigenen Bemühungen, seine Vergangenheit zu begreifen, besonders aufschlußreich sein. Ein solcher Versuch wird geschildert in dem unvollendeten Kapitel „Das Haus", wenn hier auch zunächst nur der Ursprung des Prozesses aufgedeckt werden soll. Das Haus, nach dem K. sucht, ist nämlich der Sitz des Amtes, „von welchem aus die erste Anzeige in seiner Sache erfolgt war". Titorelli versichert sogleich, „gerade dieses Amt habe nicht die geringste Bedeutung". Im weitern Verlauf entwickelt dann K. den wichtigen Plan, selber unter die Leute in der Umgebung des Gerichtes einzurücken, in ihre Reihen zu schlüpfen; hatten sie ihm „nicht helfen können, so konnten sie ihn doch aufnehmen und verstecken". Damit ist der Weg bereits angedeutet, den Josef K. im Schloß-Roman nehmen wird; denn dort entspricht der „Verhaftung" des Prozeß-Romans ja die „Aufnahme" in die Dorfgemeinschaft. Im Prozeß-Roman spielt diese Möglichkeit nach dem Abbruch der Advokat-Titorelli-Handlung keine Rolle mehr, aber sie wirft ein weiteres Licht auf den Charakter und die innere Tendenz der „Verhaftung": die Aufnahme in die Gerichtswelt und schließlich die Identifizierung mit dem Prozeß. Aus dem Horizont dieser Welt selbst nach dem „Anfang" zu suchen ist sinnlos; darin hat Titorelli gewiß recht. Ihrer Temporalstruktur nach ist ihr der Begriff Anfang und Ursprung wesentlich fremd. Es ist kein Zufall, daß beim Gericht selbst, wie der Advokat erläutert, Meinungsverschiedenheiten darüber bestehen, ob ein Prozeß überhaupt schon begonnen habe oder nicht.

Einen aussichtsreicheren Versuch, in die Dimension der Vergangenheit zu gelangen, scheint K. im ebenfalls unvollendeten Kapitel „Fahrt zur Mutter" unternehmen zu wollen. Aber dieses Kapitel bricht ab, bevor seine Thematik nur einigermaßen entfaltet ist. Die Vermutung drängt sich auf, daß die Schwierigkeiten, auf die Kafka bei der Niederschrift dieses Kapitels gestoßen ist, engen Zusammenhang mit der Temporalstruktur der Prozeßwelt überhaupt haben, die einen Rückgriff ins Vergangene tatsächlich zu einem fast unmöglichen Abenteuer machen. Das stehende Motiv jenes „Vergessens", das K. befällt, weist bereits darauf hin. Damit ist natürlich nicht gesagt, daß Kafkas Werk „geschichtslos" konzipiert ist, sondern nur, daß Kafka die Problematik der menschlichen Geschichtlichkeit tiefer eingesehen hat. Im Tagebuch sagt er darüber: „ein wie unbegreifliches Genie wird hier verlangt, das neu seine Wurzeln in die alten Jahrhunderte treibt oder die alten Jahrhunderte neu erschafft und mit all dem sich nicht ausgibt, sondern jetzt erst sich auszugeben beginnt." Was hier über die Jahrhunderte gesagt wird, gilt auf K. bezogen offenbar schon für den kleinsten Schritt in die Vergangenheit.

Immerhin ist aus dem unvollendeten Mutterkapitel doch einiges deutlich geworden, vor allem daß K. seiner Mutter versprochen hat, sie immer an seinem Geburtstag zu besuchen, und daß er dies Versprechen jetzt schon zweimal (zum zweitenmal am Tag seiner Verhaftung) nicht gehalten hat. Obwohl Kafka selbst mit keinem Wort darauf hinweist, läge die Kombination nahe, hier einen sehr konkreten Anhaltspunkt für K.s „Schuld" zu sehen. Auch die neugierige alte Frau gegenüber, die K. beim Erwachen wahrnimmt, rückte dann in ein neues Licht, und dasselbe gilt für die beiläufige Äußerung K.s zu Frau Grubach am Abend, daß man über die Verhaftung „nur mit einer alten Frau" sprechen könne. K.s Mutter erblindet langsam, das Augenübel ist seit seinem letzten Besuch weiter fortgeschritten. Die Welt der Vergangenheit, welche die Mutter repräsentiert (vom Vater ist nicht die Rede), versinkt in der Dunkelheit.

Nun wissen wir aber aus der Türhütergeschichte, daß gerade in dieser Dunkelheit die eigentliche Erleuchtung aufgehen kann. Doch K. sucht die Rechtfertigung seines Daseins — wie der Mann vom Land die Rechtfertigung zum Eintritt in das Gesetz — an der falschen Stelle.

Wie sehr K.s „Schuld" tatsächlich im Verfehlen der angemessenen Rechtfertigung liegt, geht aus dem umfassenden Versuch hervor, seine Vergangenheit zu heben, nämlich dem Plan einer „Eingabe", deren Schwierigkeit K. zunächst unterschätzt und der er dann nicht gewachsen ist. Diese Eingabe, die K. ganz ohne Hilfe eines Advokaten ausarbeiten will, soll nichts anderes enthalten als seine kurzgefaßte Lebensgeschichte. „Er wollte ... bei jedem irgendwie wichtigeren Ereignis erklären, aus welchen Gründen er so gehandelt hatte, ob diese Handlungsweise nach seinem gegenwärtigen Urteil zu verwerfen oder zu billigen war und welche Gründe er für dieses oder jedes anführen konnte." Das ist also die restlose „Rechtfertigung" der gesamten Vergangenheit, aber als solche eben immer noch eine „nachträgliche" Rechtfertigung. Bald muß K. einsehen, daß „die Schwierigkeit der Abfassung der Eingabe . . . überwältigend" ist. Nur mit „einem Gefühl der Scham" kann er überhaupt an die Eingabe denken, und wenn er diese Scham dann auch überwindet, so fällt uns doch gleich der Schlußsatz des Romans ein: „. . . es war, als sollte die Scham ihn überleben." Tatsächlich vermag er seine Vergangenheit nicht zu bewältigen, seine Eingabe nicht fertigzustellen, mindestens hören wir nichts mehr von ihr. Aber die groteske Szene, in der er sie sozusagen probeweise einreicht, sagt genug. Der Direktor-Stellvertreter und der Fabrikant besprechen in der Bank, buchstäblich über K.s Kopf hinweg, ein Geschäft, dem K. nicht mehr gewachsen ist. Es kommt ihm vor, als werde über ihn selbst verhandelt. „Langsam suchte er mit vorsichtig aufwärts gedrehten Augen zu erfahren, was sich oben ereignete, nahm vom Schreibtisch, ohne hinzusehen, eines der Papiere, legte es auf die flache Hand und hob es allmählich, während er selbst aufstand, zu den Herren hinauf. Er dachte hierbei an nichts Bestimmtes, sondern handelte nur in dem Gefühl, daß er sich so verhalten müßte, wenn er einmal die große Eingabe fertiggestellt hätte, die ihn gänzlich entlasten sollte. Der Direktor-Stellvertreter, der sich an dem Gespräch mit aller Aufmerksamkeit beteiligte, sah nur flüchtig auf das Papier, überlas gar nicht, was dort stand, denn was dem Prokuristen wichtig war, war ihm unwichtig, nahm es aus K.s Hand, sagte: ‚Danke, ich weiß schon alles' und legte es ruhig wieder auf den Tisch zurück." Womit indirekt angedeutet ist, daß das Gericht selbst sich für die Eingabe, so wie K. sie versteht, überhaupt nicht interessiert. Es „weiß schon alles", weil die geplante Eingabe K.s, auch wenn sie zustande käme, nur eine nachträgliche Rechtfertigung enthielte, nicht jene fundamentale, aber unzugängliche Rechtfertigung, die seinem Dasein zugrunde liegen muß.

Damit wird nochmals die temporale Verfassung des Gerichtes verdeutlicht. Es war immer schon da und hat alles registriert, wie später im „Schloß" die Behörden alles aufnehmen und speichern. Es liegt darin die letzte Konsequenz der „Beobachtung", welche die Prozeßwelt erfüllt. Aber dies Beobachten und Registrieren ergibt noch keine Geschichte, weil es kein wirkliches Geschehen zum Gegenstand hat. Es stellen sich nur die chaotischen Aktenstapel ein, die im „Prozeß" angedeutet und im „Schloß" dann eigens vorgeführt werden. Um so verbissener wartet die Prozeßwelt auf ein wirkliches Geschehen, um so größer ist ihre Neugier und Hoffnung gegenüber einem neuen „Angeklagten".

K. darf schließlich Hilfe weder von den Frauen noch von seiner „Eingabe" erwarten, die ja lediglich auf Selbstbeobachtung und nachträglicher Rechtfertigung aufgebaut sein sollte. Auch mit dieser Maßnahme also verstrickt sich K. nur tiefer in den „stehenden Sturmlauf", in den Zirkel von Frauenjagd, Beobachtetsein, ausweg-loser Wiederholung und Unmöglichkeit der Rechtfertigung, dessen höchste Weisheit die der Verschleppung und des Im-Kreise-Dre-hens ist.

Was ihn aus diesem Hexenkreis erlösen kann, ist allein die Einsicht in seine Struktur, wie sie ihm durch die Türhütergeschichte ver-mittelt wird.

Erst wenn uns die Aporie der Rechtfertigung durch Rückgriff ins Vergangene — das heißt durch den Versuch, die Ganzheit des Da-seins in seinem historischen Ablauf zu erfassen — klargeworden ist, können wir die Türhütergeschichte voll erschließen.

Ihre Bedeutung liegt darin, daß hier — trotz des rätselhaften Aspektes, den sie für den räsonierenden Verstand hat — erstmals ein Dasein als Ganzes aus der Perspektive der Sammlung vor dem Tod und der zusammengefaßten Lebenserfahrung gesehen wird, wie sie in der letzten Frage des Mannes vom Lande zutagetritt. Des-halb kann die „Geschichte" ohne weiteres die „Eingabe" K.s ersetzen, ja sie überbietet sie. Nicht weil sie etwas Neues bringt — auch von ihr ließe sich sagen, daß wir das alles im Prinzip schon wußten —, aber weil sie in einer aufs äußerste verkürzten Metapher das Wesen der Prozeßwelt zusammenfaßt. Die Erfahrung des Mannes vom Lande kann nur in diesem einen Augenblick vor dem Tode gemacht werden. Nur als letzte Frage gewinnt die Frage nach der Bestimmung des Eingangs ihren Sinn; denn nur so wird sichtbar, daß sie die Verfassung des Daseins als Ganzes betrifft und sie dem Rückschlag aus der Antwort des Türhüters in dieser Ganzheit preisgibt.

Hier ist dieses Dasein endlich gerechtfertigt, wenn auch in einer ganz andern als der von K. angestrebten Weise. Es ist gerechtfertigt durch die fundamentale Einsicht in seine eigene Verfassung, gegen die K. solange gekämpft hat. Die hier gewonnene Erkenntnis ist von nichts abzuleiten (deshalb auch nicht „auslegbar"); denn sie bildet die Prozeßwelt nicht nur ab, sondern verkörpert sie selbst in ihrem stehenden Ansturm gegen die Schwelle zum Unsichtbaren und Unsehbaren. Hat der Mann vom Land sich täuschen lassen?

Ist der Betrug zur Weltordnung erhoben? Erst wenn diese Fragen schweigen und K. selber einsieht, daß sein eigener Kampf stehender Sturmlauf vor einem für ihn bestimmten, aber von ihm nicht durchschreitbaren Eingang war, ist das Gleichnis nicht mehr als Gleichnis genommen und entfaltet es seine Wirksamkeit.

Diese scheint freilich tödlicher Art zu sein. Doch hat das nichts Negatives an sich. „Ein erstes Zeichen beginnender Erkenntnis ist der Wunsch zu sterben." Diese Bemerkung ist zu verstehen aus Kafkas Reflexion über den Sündenfall, durch den ja Erkenntnisvermögen und Tod ein für allemal miteinander verbunden wurden. Ob man in dem Umstand, daß Josef K. bei der Verhaftung einen Apfel ißt, eine bewußte mythologische Anspielung sehen will oder nicht, fest steht, daß seine „Erkenntnis" der Prozeßwelt nur tödliche Folgen haben kann. Aber in der entscheidenden Dimension der grundlegenden, nicht bloß nachträglichen Rechtfertigung stimmen Leben und Tod, wie wir gesehen haben, überein. Der Tod erscheint hier nicht als Strafe für ein ungerechtfertigtes Leben, sondern als seine innere Bestimmung und Rechtfertigung.

Daß K. schließlich die Kraft zu einem wirklich eigenen Tod nicht hat, beeinträchtigt diesen Zusammenhang und die Tiefe der Erkenntnis nicht. In den Aphorismen über den Sündenfall heißt es: „Niemand kann sich mit der Erkenntnis allein begnügen, sondern muß sich bestreben, ihr gemäß zu handeln. Dazu aber ist ihm die Kraft nicht mitgegeben, er muß daher sich zerstören, selbst auf die Gefahr hin, sogar dadurch die notwendige Kraft nicht zu erhalten, aber es bleibt ihm nichts anderes übrig, als dieser letzte Versuch." Der letzte Versuch K.s wird im Schlußkapitel vorgeführt. Vor diesem Versuch aber fürchtet er sich, wie es weiter in derselben Notiz heißt, und um ihm zu entgehen, probiert er „die Tatsache der Erkenntnis zu fälschen, die Erkenntnis erst zum Ziel zu machen".

Genauso hat auch K. gehandelt, hat an die „Peripherie" der Prozeßwelt vorzudringen versucht, um sie in den Griff zu bekommen und seinen Freispruch zu erzwingen. Jeder Kampf muß sich auf diese Weise sein Ziel vorauswerfen. Aber mit der Türhütergeschichte ist K. die Möglichkeit endgültig abgeschnitten, die Erkenntnis als Ziel vorzustellen und sich ihr zu nähern, indem er „mit zwanzig Händen in die Welt" hineinfährt und kämpft. „Siehst du denn nicht zwei Schritte weit?" schreit der Geistliche, als K. ihm von der Unfaßbarkeit des Gerichtes und der Hilfe der Frauen spricht. Tatsächlich liegt die Erkenntnis zu seinen Füßen und nicht dort, wo K. sie immer aus geheimer Furcht vor ihr hinprojiziert hat und von wo sie ihm notwendigerweise ein labyrinthisches Antlitz zeigen mußte.

Den Prozeß kann K. nur zu Ende führen, indem er ihn dem Gericht aus der Hand nimmt oder, noch pointierter formuliert, indem er auf die Fiktion verzichtet, das Gericht habe ihn je in der Hand gehabt. Aus der Gerichtswelt heraus ist weder der Ursprung zu erfahren noch eine Ende des Prozesses zu gewinnen. Wenn K. in seiner letzten, den Tod besiegelnden Reflexion sich entschließt, dem Prozeßstand entsprechend zu handeln, so kommen die Begriffe von Anfang und Ende des Prozesses nicht aus der zeitlosen Gerichtswelt, sondern aus der tiefern Einsicht in die Geschichtlichkeit des Daseins, die K. aus der Türhütergeschichte entgegengetreten ist. Geschichtlich wird das Dasein, indem es seine Lage erkennt, die Bedingung der Möglichkeit dieser Erkenntnis ist seine Endlichkeit und der Tod.

Die im Bereich der Romanliteratur fast einzigartige Dichte von Kafkas Erzählen bringt es mit sich, daß jeder Nebensatz unvermutet ganz neue Perspektiven eröffnen kann, wenn er aus bestimmten Zusammenhängen gesehen wird. Wir haben lediglich jene Motive und Stellen herausgehoben, die von besonderer struktureller Bedeutung für den Romanaufbau und die Prozeßwelt im ganzen sind.

Das Gesamtwerk Kafkas konnten wir hier nur heranziehen, soweit es ganz unmittelbare und aufschlußreiche Parallelen betraf. Über das besonders wichtige Verhältnis zum „Schloß" sei nur noch angemerkt, daß dieser letzte Romantorso Kafkas, wenn möglich, noch radikaler nach einem absoluten Anfang strebt und manche Motive, die im Prozeß angelegt sind, reicher und deutlicher ausarbeitet, so daß von da ein Licht auf den „Prozeß" zurückfällt. Auch ist die Handlung im „Schloß" nicht nur kapitelweise, sondern als Ganzes dem Gesetz der Lückenlosigkeit unterworfen und der Aufbau deshalb geschlossener. Schon die Äußerlichkeit, daß die Handlung im „Prozeß" ein Jahr, im umfangreicheren „Schloß" nur eine Woche dauert, weist darauf hin. Dem steht aber gegenüber, daß das „Schloß" im Gegensatz zum „Prozeß", der nicht nur auf einen absoluten Anfang, sondern auch auf ein absolutes Ende hin angelegt ist, aus innern Gründen an kein Ende kommen kann. Der Roman löst sich in drei Endvarianten auf und bricht ab. Im „Prozeß" dagegen ist das Fragmentarische ins Romaninnere verlegt, und das macht diesen Roman in struktureller Hinsicht so aufschlußreich. Es gibt im „Schloß" auch keinen so kühnen Versuch, die Romanhandlung über sich selbst hinauszuheben und zu potenzieren, wie er mit der Türhütergeschichte im „Prozeß" gelingt.

Es bleibt die Aufgabe einer historischen Einordnung. Aus den gelegentlichen Bemerkungen darüber mußte schon, negativ und positiv, die eigentliche Unvergleichbarkeit von Kafkas Romanunternehmen hervorgehen. Es ist tatsächlich aus der historischen Kontinuität des Romans nicht zu begründen und enthält sogar ein ausgesprochen romanfeindliches Element, durch das es in den komplexen Bereich des modernen Antiromans[4] gerät, der sich seinerseits allerdings eines Tages als die konsequente „Weiterentwicklung" der konventionellen Romanform erweisen mag. Daß Kafka seine eignen Versuche als fehlgeschlagen betrachtete, ändert an ihrer historischen Bedeutung nichts.

Gewiß lassen sich unmittelbare Einflüsse auf Kafka nachweisen. Die naturalistische Komponente wurde erwähnt. Unter den eigentlichen Zeitgenossen ist vor allem Robert Walser für Kafka wichtig geworden. (Darauf hat schon Musil unmittelbar nach Erscheinen der „Betrachtung" und des „Heizer" aufmerksam gemacht.) Wenn sich einige Spuren auch bis in den „Prozeß" hinein verfolgen lassen, so ist doch zu sagen, daß die mit dem „Urteil" von 1912 durchbrechende Rechtfertigungsthematik alles Spaziergängerische und leicht Verkauzte Walsers für Kafka fernerhin ausschließt.

Wichtiger ist für Kafkas Erzählen das Vorbild von Goethe, Kleist und Hebel geworden, von denen jeder mit gewissen Zügen in Kafkas Stil aufgenommen ist. Aber hinter dem klassischen Zug von Kafkas Erzählstil verbirgt sich ein um so grundsätzlicherer Positionswechsel, der nicht nur etwa inhaltliche Folgen hat, sondern, wie wir zu zeigen suchten, das Werk Kafkas in Struktur und Stil völlig beherrscht.

Gerade durch den Versuch einer radikalen Neubegründung der Romanform rückt Kafkas Werk immer deutlicher in den großen Zusammenhang, der durch den Umschwung auf allen künstlerischen Gebieten am Beginn des 20. Jahrhunderts gegeben ist. Eine Äußerung Kafkas über den zwei Jahre älteren Picasso könnte hier als Fingerzeig dienen: „Er notiert bloß die Verunstaltungen, die noch nicht in unser Bewußtsein eingedrungen sind." Obwohl uns die methodischen Mittel kaum schon zur Verfügung stehen, um solche Parallelen zu verfolgen, und die Kategorie der Beeinflussung hier natürlich versagt, ist deutlich, daß die Prozeßwelt-Struktur, die wir beschrieben haben, ihre tiefen Verbindungen mit der gesamten Kunst- und Geistesgeschichte des Zeitalters hat.

Die Faszination, die von Kafkas Romanen ausgeht, wird zwar heute noch meist auf die Tatsache zurückgeführt, daß in ihnen rein inhaltlich Neuland erschlossen wurde, daß das Schicksal und die Ängste des modernen Menschen in ihnen vorausgenommen sind.

Die so verstandene Aktualität Kafkas hat ihre literarhistorischen
Auswirkungen gehabt, aber eine wirkliche Auseinandersetzung mit
seinen künstlerischen Errungenschaften wird tiefer gehen und sich
auf die Strukturprobleme richten müssen, die ein Roman wie der
„Prozeß" stellt. Diese Fragen haben wenig oder nichts zu tun mit
den überreichen Montagemitteln, die dem Roman heute zur Verfügung stehen und die oft als das eigentliche Kennzeichen des
modernen Romans angesehen werden. Sie werden vielmehr dort
fruchtbar, wo der Roman sich auf einen strengen und sparsamen
Gebrauch seiner formal fast unbeschränkten Freiheit zurückzieht.
Das ist heute am ehesten im „Nouveau roman" Frankreichs der
Fall, der denn auch starke Anstöße von Kafka empfangen hat. Es
bestätigt sich damit nur, daß Kafka eine der unerbittlichsten „Ex-
peditionen nach der Wahrheit" — so umschrieb er gesprächsweise
das Wesen der Dichtung — unternommen hat, welche die Geschichte
des Romans kennt.

Diese Wahrheit ist so radikal aufgefaßt, daß sie von den geläufigen
metaphysischen Wahrheitsbegriffen her gar nicht mehr erkannt
werden kann. Auf sie selbst läßt sich das geheimnisvolle letzte
Wort des Geistlichen über die Türhütergeschichte anwenden: „Man
muß nicht alles für wahr halten, man muß es nur für notwendig
halten." Es ist geboten, sich an Hegels Satz zu erinnern, daß das
Vernünftige das Wirkliche und das Wirkliche das Vernünftige sei,
damit die Tragweite der Verschiebung erkennbar wird. Im Werke
Kafkas geht es nicht mehr um eine idealistische Synthese von Wahrheit und Wirklichkeit. Es wird auch nicht „die Lüge zur Weltordnung" gemacht, sondern was auf dem Gipfel der Metaphysik
„Wahrheit" hieß und zugänglich war, wird bei Kafka auf eine
abgründige Notwendigkeit zurückgeführt, der das menschliche Dasein unterworfen ist, weil sie in seiner Endlichkeit gründet.

Döblin · Berlin Alexanderplatz

Als am 10. 5. 1933 mit der Bücherverbrennung der Nationalsozialisten jene Exekution vollzogen wurde, durch die die Werke der dem Regime unerwünschten Autoren aus dem Bestand unserer Literatur getilgt und ihre Einwirkungen auf die Fortentwicklung der deutschen Poesie ausgeschlossen werden sollten, da gingen auch die Bücher Alfred Döblins, des 1878 in Stettin geborenen Sohns eines jüdischen Schneiders, des in Berlin aufgewachsenen und dort als Kassenarzt praktizierenden Sozialisten, in Flammen auf: „Die Ermordung einer Butterblume" (1913), „Die drei Sprünge des Wang-lun" (1915), „Wallenstein" (1920), „Berge, Meere und Giganten" (1924), „Manas" (1927). Da verbrannte vor allem das Buch, das unter seinen Werken am würdigsten schien, dem Scheiterhaufen überantwortet zu werden, ein Musterstück entarteter Kunst und wurzelloser Asphaltliteratur[1], das 1929 erschienen war und inzwischen, Döblins erster großer Bucherfolg, in 45 000 Exemplaren den Namen seines Autors verbreitet hatte, der Roman „Berlin Alexanderplatz".

1924 hatte Döblin erklärt: „Es gehört eine gewisse innere Verdunkelung (sagt einer Verblödung) dazu, Kunstwerke in die Welt zu setzen. Nur so ist es verständlich, daß Deutschland schon 1890 ein stark industrialisiertes Land war, die Künstler aber, Maler und Literaten, noch immer bei Sonnenaufgängen und Gänsehirten verweilten." Als er 1945, aus der Emigration zurückgekehrt, noch einmal den Bestand der deutschen Literatur im Jahr der Bücherverbrennung musterte, ordnete er die Autoren in eine „feudalistische", eine „humanistisch-bürgerliche" und eine „progressive Gruppe", der er selber sich zurechnete. Sie „ist eine große Gruppe", schrieb er, „welche rabiat entschlossen ist, ihre eigene Sprache zu reden und zu eigenen Formen zu gelangen. Sie versucht. Sie experimentiert. Es kommt ihr nicht darauf an, Fertiges und Gebilligtes hinzustellen, denn das Heute ist nicht fertig. Sie will traditionslos echt, und zwar ich- und zeitgerecht sein. Sie meidet alle vorbereiteten Themen, aber wenn sie welche anfaßt, nähert sie sich ihnen mit rigoros moderner Fragestellung. Sie vermeidet oder persifliert den

Schreibstil. Sie imitiert in keinem Fall. Geistige Revolution steckt
ihr im Leib ... So ist die progressive Gruppe stadt-, ja großstadt-
geboren. Sie ist der Technik und Industrie verbunden und leidenschaftlich an sozialen Fragen interessiert." — Wirklich hatte ja schon
Döblins große Utopie der „Berge, Meere und Giganten" in ihren
Schreckensvisionen die Industrialisierung und Technisierung und
ihre Todesentelechie dargestellt, hatte er im Konzept für diesen
Roman notiert: „Die große Stadt. Aufbau ihrer Industrie und
Technik. Sie ist gewaltig. Gewaltiger als die Natur. Zuerst kamen
die Könige. Gesang von den Rittern. Die Geschichte dieser Erde.
Die Kriege. Die Wissenschaften. Dann kamen die Arbeiter. Die
Große Stadt. Berlin. Was in ihnen lebt. Der Kampf der Natur mit
der Technik. Die erotischen Typen. Wie zum Schluß ein Vulkan
sich öffnet." So wurde schon im Dritten und Vierten Buch der
Utopie ein visionär überformtes und verschlüsseltes Bild der Stadt
entworfen, die dann in „Berlin Alexanderplatz" erscheint. Und
dieser Großstadt-, dieser Weltstadtroman vollends, dieses deutsche
Gegenstück zu den großen Erzählexperimenten der James Joyce,
Dos Passos, Jules Romains läßt jene „Verdunklung", die bei den
provinziellen „Sonnenaufgängen" verweilte, entschlossen hinter
sich. Es trägt den Untertitel „Die Geschichte vom Franz Biberkopf",
und sein Held ist durchaus kein „Gänsehirt" mehr, sondern ein
Mörder und Einbrecher, Hehler und Zuhälter aus der Berliner
Unterwelt, ein früherer Möbeltransportarbeiter, der wegen Körper-
verletzung mit tödlichem Ausgang vier Jahre lang in Tegel gesessen hat.

Seine „Geschichte", die man hier wenigstens stichwortweise wird
rekapitulieren müssen, um die Orientierung für weitergehende Beobachtungen zu sichern, setzt ein, als Biberkopf das Gefängnis verläßt, zurückkehrt nach Berlin und wieder Fuß zu fassen sucht in
der großen Stadt. Jetzt erst beginnt eigentlich seine Strafe: der
Freigelassene, Ausgesetzte irrt durch den wilden Lärm und Trubel
der Straßen, von der Furcht gepeinigt, daß die Dächer abrutschen
könnten von den „irrsinnigen Häusern", von einer Entlassungs-
psychose heimgesucht, die ihm die Wahrnehmungswelt ins schrek-
kensvoll Groteske entfremdet. An das Geborgenheit und Verläßlichkeit gebende Reglement der Gefängnishaft gewöhnt, nach ihm
zurückverlangend, verkriecht er sich in die Gänge dunkler Straßen,
die Zellen enger Hausflure und brüllt in einem finsteren Hof: „Es
braust ein Ruf wie Donnerhall", um sich selber Mut zuzusingen.
Juden nehmen sich des Haftentlassenen an und richten ihn auf. Zu
der verheirateten Schwester jenes Mädchens Ida, das er umgebracht

hatte in seiner wütenden Eifersucht, geht Biberkopf — mit der
gleichen Absicht, derentwegen er zuvor mit einem Straßenmädchen
sich einläßt. Jetzt gewinnt er in der Bestätigung männlicher Potenz
triumphierend sein primitives Selbstvertrauen zurück und schwört
sich, „anständig zu bleiben in Berlin, mit Geld und ohne". Wie er
als ambulanter Gewerbetreibender sich durchbringt, wird dann im
Zweiten Buch erzählt. Schlipshalter schreit er aus am Rosenthaler
Platz. Später beginnt er, völkische Zeitungen zu vertreiben, gerät
in die Politik, so wie sie in den Kneipen des Berliner Ostens gemacht
wird, zwischen Faschisten, Kommunisten, Anarchisten und in entsprechende Schlägereien. Das Dritte Buch dann berichtet, wie er
zusammen mit dem kleinen Lüders an den Haustüren Schnürsenkel
verkauft. Von einer jungen Witwe hat Biberkopf dabei 20 Mark
bekommen (hat bei ihr „Kaffee getrunken, sie mit. Und dann noch
'n bißchen mehr"), und Lüders, vor dem er mit dieser Geschichte
prahlte, benutzt sie, um die Frau zu erpressen. Er holt sich das
Schnürsenkelpaket, das Biberkopf bei ihr hatte liegenlassen, nimmt
ihr Geld, rafft zusammen, was er an Brauchbarem sonst noch er-
wischen kann, und macht sich davon. Als der ahnungslose Biberkopf
mit einem Blumenstrauß bei seiner Gönnerin erscheint, läßt sie ihn
nicht herein. Als er schriftlich die Rückgabe seines Schnürsenkel-
paketes erbittet, klärt ein Brief von ihr ihn auf. Der Schlag trifft
ihn schwer. Der Gutwillige, der auf die Anständigkeit baute, begegnet der Gemeinheit, der menschlichen Boshaftigkeit. Er zieht
sich zurück, verläßt sein Zimmer und wechselt den Standort, er
rührt — das wird im Vierten Buch erzählt — keinen Finger mehr,
liegt auf seiner neuen Bude herum und versäuft, was er hat, bis er
sich langsam wieder fängt. Noch einmal, wie im Wiederholungszwang, geht er den Weg, den er ging, als er aus Tegel kam, zu Idas
Schwester. Diesmal setzt ihr Mann ihn auf die Straße.

Aber das Fünfte Buch berichtet von rascher Erholung des Ange-
schlagenen, der jetzt in einer Kneipe dem Obsthändler Pums und
seinen „Angestellten" begegnet und in ihrem Kreis auf Reinhold
trifft, seinen eigentlichen Gegenspieler. Was die beiden zusammen-
bringt, nennt die Kapitelüberschrift einen „schwunghaften Mädchenhandel". Reinhold nämlich pflegt seiner jeweiligen Freundin nach
jeweils vierwöchiger Bekanntschaft überdrüssig zu werden und für
eine neue sich zu begeistern, ohne daß er doch imstande wäre, die
alte fortzuschicken. Dafür nun springt Biberkopf ein. Er nimmt sie
ihm ab, um sie an einen Dritten weiterzugeben, sobald er die nächste
Freundin von Reinhold übernehmen muß. Eines Tages ist ihm dieser
Kettenhandel leid. Aber dem Reinhold will er zu geordneten Ver-

hältnissen helfen, deshalb nimmt er ihm das nächste Mädchen nicht mehr ab, sondern weiht es ein in die Praxis dieses Mädchenhandels und redet ihm zu, bei Reinhold auszuhalten. Auch die Neue, auf die der gerade sein Auge geworfen hat, wird durch Biberkopf aufgeklärt und veranlaßt, dem Bewerber Widerstand zu leisten. Pums und seine Angestellten versuchen inzwischen, den Zeitungshändler anzuwerben für ihre undurchsichtigen Geschäfte, und am Ende verspricht Biberkopf, sich die Sache zu überlegen. Halb gegen seinen Willen noch, unter dem Vorwand, er müsse einspringen für einen anderen, nehmen die Obsthändler ihn mit auf ihre nächtliche Geschäftsreise, die als handfeste Einbruchstour sich entpuppt. Sie zwingen ihn, „Schmiere zu stehen". Aber als sie dann auf ihrem Wagen mit dem Einbruchsgut das Weite suchen und ein Auto in rasender Fahrt sie verfolgt, sieht Reinhold, wie der geprellte Biberkopf mit lachendem Gesicht neben ihm sitzt. „Und plötzlich blitzt es durch Reinhold, woran er die ganze Fahrt nicht gedacht hatte: das ist der Biberkopf, der ihn hat sitzenlassen, der ihm die Weiber abtreibt, das ist ja bewiesen, dieses freche, dicke Schwein". Reinhold stößt die Tür auf, aus dem fahrenden Wagen wirft man Biberkopf, das verfolgende Auto rast über ihn hinweg.

Sein alter Freund, der Zuhälter Herbert Wischow, und dessen Freundin Eva bringen, das wird im Sechsten Buch erzählt, den Schwerverletzten in eine Magdeburger Klinik, wo ihm der rechte Arm im Schulterknochen abgenommen wird. Einen Verkehrsunfall gibt man vor. Auch die Freunde erfahren nicht, wer es gewesen war, der ihn aus dem Wagen stieß. Biberkopf klammert sich ans Leben; den Ausgeheilten nehmen Herbert und Eva in ihrer Berliner Wohnung auf — „So ist zum drittenmal Franz Biberkopf nach Berlin gekommen. Das erstemal wollten die Dächer abrutschen, die Juden kamen, er wurde gerettet. Das zweitemal betrog ihn Lüders, er soff sich durch. Jetzt, das drittemal, der Arm ist ihm ab, aber er wagt sich kühn in die Stadt." Anständig zu sein, das freilich hat er aufgegeben nach diesen Erlebnissen. Schwindel und Betrug, so meint er, regieren die Welt — er gleicht sich an. Mit Diebstahls- und Einbruchsgut betreibt er jetzt sein Geschäft; dann zieht ein Straßenmädchen zu ihm, Emilie Parsunke aus Bernau, „sein Miezeken". Und unwiderstehlich angezogen von Reinhold, seinem Widerpart, sucht der Hehler und Zuhälter Biberkopf wieder die Verbindung mit den Pums-Leuten. Allmählich überwindet er ihren Verdacht, daß er Eingang in die Bande nur suche, um sie anzuzeigen oder einfach dazwischenzuschießen und sich zu rächen; man nimmt ihn auf.

Als im Siebenten Buch die Kolonne zu neuen Einbrüchen startet, ist Biberkopf dabei. Reinhold aber denkt: „Der setzt sich uff die Hinterbeene. Dem muß man die Knochen knacken. Der eene Arm genügt noch nicht bei dem. Und sie fangen von Weibern an und Franz erzählt von Mieze, die hieß früher Sonja, die verdient gut und ist ein braves Mädel. Da denkt Reinhold: Das ist schön, die nehme ick ihm weg und dann schmeiß ick ihn ganz und gar in den Dreck." Biberkopf selbst stellt die Verbindung her zwischen Reinhold und dem Mädchen. Mieze, die auf Evas Zureden ihren Franz überwachen und beschützen will, nachdem er sich der Pums-Kolonne wieder angeschlossen hat, läßt sich auf gemeinsame Ausflüge mit Reinhold ein, um dabei auszukundschaften, was damals geschah, als Biberkopf seinen Arm verlor, und was er jetzt vorhat. Sie merkt, daß sie doch nichts von ihm erfahren kann, was ihrem Freunde nützlich wäre, leistet ihm, als er sie nehmen will auf einem Waldspaziergang in Freienwalde, verzweifelten Widerstand, und Reinhold erwürgt sie, verscharrt sie mit Hilfe eines Dritten in einer Waldkuhle.

Biberkopf, das wird im Achten Buch erzählt, glaubt zunächst, seine Mieze sei mit ihrem „Gönner" verreist, fürchtet dann, sie habe ihn verlassen. Am Ende gibt es Streit in der Pums-Bande. Der Mitwisser führt die Polizei zur Mordstelle. Aus der Zeitung erfährt Biberkopf, was in Wahrheit geschehen ist: „Mord an einer Prostituierten bei Freienwalde", daneben Biberkopfs und Reinholds Photographie, beide werden verdächtigt und gesucht. Herbert und Biberkopf, der sich mit künstlichem Arm und einer Perücke unkenntlich macht, durchstreifen die Stadt nach dem flüchtigen Mörder. Sie finden ihn nicht. Und immer tiefer sinkt Biberkopf in die Abgründe der Verzweiflung. Bei der polizeilichen Aushebung eines anrüchigen Lokals leistet er Widerstand mit der Schußwaffe, wird verhaftet, identifiziert und eingeliefert in das feste Haus der Irrenanstalt Buch.

Reinhold, das wird im Neunten Buch zunächst berichtet, hat einen Handtaschenraub unternommen, um auf diese Weise ins Gefängnis zu kommen; dort glaubt er sich sicher. Einem Mitgefangenen aber erzählt er seine Geschichte, der wird entlassen und gibt einem Dritten weiter, was er weiß. Den lockt die Belohnung, die man ausgesetzt hat für die Ergreifung des Prostituiertenmörders. Für Totschlag im Affekt wird Reinhold am Ende zu zehnjähriger Zuchthausstrafe verurteilt. Franz Biberkopf, in einen Stupor, ein psychisches Trauma verkrampft, halb bewußtlos und alle Nahrungsaufnahme verweigernd, geht in der Irrenanstalt langsam zugrunde. Er will sterben. Aber als der Grund erreicht ist, da kehrt sein Lebenswille zurück. Am Ende wird er freigesprochen und entlassen. Nach

dem Prozeß gegen Reinhold („Der einarmige Mann erweckt allgemein Interesse, großes Aufsehen, Mord an seiner Geliebten, das
Liebesleben in der Unterwelt, er war nach ihrem Tode geistig
erkrankt, stand im Verdacht der Mittäterschaft, tragisches Schicksal")
wird ihm „eine Stelle als Hilfsportier in einer mittleren Fabrik
angeboten. Er nimmt an. Weiter ist hier von seinem Leben nichts
zu berichten. Wir sind am Ende dieser Geschichte."

Aber Döblin hat mehr erzählt, als es nach solchen aus dem Roman
herausgelesenen äußeren Daten der Biberkopfschen Lebensgeschichte
scheinen muß, mehr und im Grunde etwas ganz anderes als jenen
milieutheoretisch interessierten, sozial engagierten Bericht aus der
Unterwelt des Großstadtproletariats, dessen anrüchiges Sujet „allgemein Interesse, großes Aufsehen" erregte im breiten Lesepublikum
der Zeit. Von diesem „Einbrecher, Ludewig, Totschläger" wird
nicht um seiner selbst willen erzählt, sondern des Beispiels wegen,
das er gibt. „Dies zu betrachten und zu hören", schließt die Vorrede des Romans, „wird sich für viele lohnen, die wie Franz Biberkopf in einer Menschenhaut wohnen und denen es passiert wie
diesem Franz Biberkopf, nämlich vom Leben mehr zu verlangen
als das Butterbrot." Nun hat Döblin hier gewiß nicht für Einbrecher
und Zuhälter geschrieben. Daß die beispielgebende Romanfigur so
tief unter dem Niveau jenes Lesers rangiert, den der Roman voraussetzt, den er in direkten Anreden apostrophiert, den er praktisch
erreicht hat, gerade das hängt offenbar zusammen mit dem Willen
des Autors, ihr jene Beispielkraft und Stellvertretungsfähigkeit zu
geben, die es erst lohnend macht für viele, Biberkopfs Geschichte
zu hören und zu betrachten. Für ein Lesepublikum, das aus der
modernen, pluralistischen Gesellschaft sich rekrutiert, das durch
soziale und ideologische Gegensätze zerspalten ist, dem keinerlei
Übereinstimmung von Bildungsstand und Wertordnung geblieben
ist und also keinerlei Vorbildverbindlichkeit mehr, hat jeder vereinzelte, private Fall, hat vor allem der eines übergeordneten und
außerordentlichen Individuums an stellvertretender Überzeugungskraft und Orientierungswert verloren. Das vielerorts bemerkbare
Einrücken der gewöhnlichen Figur, der uninteressanten, unprofi-
lierten und also austauschbaren, insofern denn kaum mehr einen
Privatfall vorstellenden Figur in die Rolle einer Mittelpunktsgestalt
des modernen Romans trägt diesem Tatbestand offensichtlich Rechnung. Döblin freilich erklärt zu Beginn des Sechsten Buches ganz
zu Recht, sein Romanheld sei „kein gewöhnlicher Mann" — was
sich nun aber vom abfallenden Niveauunterschied her versteht
zwischen dem Bürgersteig, auf dem die Leser ihren Weg nehmen,

und der Gosse, in der Biberkopf sich bewegt. Der Generalnenner für die „Vielen" wird im niedrigsten Wert gefunden, Verbindlichkeit wiedergewonnen mit der Reduktion auf die primitivsten Gemeinsamkeiten: in einer Menschenhaut zu wohnen und vom Leben mehr zu verlangen als das Butterbrot. So kann Döblin denn fortfahren, sein Held sei „aber doch insofern ein gewöhnlicher Mann, als wir ihn genau verstehen und manchmal sagen: Wir könnten Schritt um Schritt dasselbe getan haben wie er und dasselbe erlebt haben wie er". So kann er für seinen Roman, in seinem Roman einen Erzähler dichten, der verspricht, „obwohl es nicht üblich ist, zu dieser Geschichte nicht stille zu sein", der die große Moritat vom Biberkopf nicht nur vorführt, sondern sie für den Zuschauer auch kommentiert und ihr jene Moral gibt, die sie zur Parabel erhebt. Vorliebe für deiktische Adverbien („Ihr werdet den Mann hier saufen sehen und sich fast verloren geben") und die Neigung zum Reim zeichnen diesen Bänkelsänger aus. Ohne das im Druckbild kenntlich zu machen, überführt er an zahllosen Stellen seine Prosa in primitive, oft ganz ungehobelte Versformationen („... fünf Kinder, die könnens auch bezeugen: ‚Finke ist er, Fischhändler'. Otto Finke, das weiß ja jeder im Dorf. Das weiß ja nu ein jeder, Herr Finke heißt der Mann, der andere, der gestorben ist, der heißet Bornemann.") Häufig zielt das auf einprägsame Zusammenfassung. Und vor allem die Vorreden des Erzählers zu den einzelnen Büchern werden auf solche Weise zu holzschnitthaft groben Merkversen geformt. Sie nehmen die Fabel der Biberkopf-Geschichte, den Inhalt des Geschehens voraus. Wenn am Ende gesagt wird: „Es war ein Enthüllungsprozeß besonderer Art", dann meint das keineswegs, daß es um Verhüllung, Spannung, Rätselstellung und um Enthüllung, Aufklärung, Rätsellösung ginge in Biberkopfs Geschichte. Soviel Kriminelles sie enthält, ein Kriminalroman wird hier nicht erzählt. Nicht im äußeren Geschehen vollzieht sich der Enthüllungsprozeß, er betrifft die innere Absicht dessen, was dem Helden geschieht, und den tieferen Sinn der Parabel. Mit der Einsicht in diese Hintergründe ist der Erzähler seinem Helden wie seinem Leser voraus („es war noch nicht so hart, Franz Biberkopf ist für schlimmere Dinge aufbewahrt"); schon in der Vorrede zum Roman bemerkt er, daß Biberkopf „in einen regelrechten Kampf verwickelt" werde „mit etwas, das von außen kommt, das unberechenbar ist und wie ein Schicksal aussieht". Und gegen Ende: „Eben werden die Würfel über ihn geworfen. Er weiß, wie sie fallen werden. Alles wird seinen Sinn bekommen, einen unerwarteten schrecklichen Sinn. Das Versteckspiel dauert nicht mehr lange, lieber Junge."

Erst am Ende seines Weges freilich und mit einem Schlage wird auch Biberkopf wissend. Was vorangeht, ist angstvolle Ahnung mitunter, nicht aber zunehmende Einsicht. Den Enthüllungsprozeß begleitet kein Erkenntnisprozeß; erst als die Enthüllung vollzogen ist, schlägt sie in Erkenntnis um. Insofern ist Döblins Biberkopf-Geschichte keineswegs eine Variante des großen alten Erziehungs- und Entwicklungsromans, sondern Geschichte dessen, der sich gerade nicht erziehen läßt, der sein Ziel gerade nicht auf dem Weg organischer Entfaltung erreicht, sondern im Zusammenbruch. Denn allen Erziehungsmaßnahmen und Entwicklungshilfen dessen, der an ihm handelt, leistet er Widerstand: er verschließt sich der Stimme, die zu ihm spricht.

Schon auf den ersten Seiten des Romans beginnt diese Stimme zu sprechen. Uneingeführte, in Klammern gesetzte Texte werden eingeschoben in den Bericht des Erzählers; unklar bleibt, aus wessen Mund sie kommen. Ein Glück sei es doch, im Gefängnis zu wohnen, denkt etwa der Entlassene, der sich nicht zurechtfindet in der großen Stadt, und dem folgt, unvermittelt: „[Franz, du möchtest dich doch nicht verstecken, du hast dich schon die vier Jahre versteckt, habe Mut, blick um dich, einmal hat das Verstecken doch ein Ende.]" Man könnte meinen, es sei die Stimme des eignen Gewissens, der verdrängten besseren Einsicht Biberkopfs selbst, die solche Gegenposition zu seinem Denken und Handeln vertritt. Aber rasch zeigt sich, das es weit hinausgeht über seine eigenen Einsichtsmöglichkeiten, was sie ihm zuspricht: „[Bereuen sollst du; erkennen, was geschehen ist; erkennen, was nottut!]" Diese merkwürdigen Texte in den Klammern sind Signaturen nicht eines psychologisierenden, sondern eines heilsgeschichtlichen Romans. Das wird deutlich an dem im Vierten Buche eingeschobenen Gespräch, welches Hiob führt mit einer „Stimme", deren Sprecher ihm unerkannt bleibt: „‚Wer fragt?' ‚Ich bin nur eine Stimme.' ‚Eine Stimme kommt aus einem Hals.' ‚Du meinst, ich muß ein Mensch sein.' ‚Ja, und darum will ich dich nicht sehen. Geh weg.' ‚Ich bin nur eine Stimme, Hiob, mach die Augen auf, so weit du kannst, du wirst mich nicht sehen.' ‚Ach, ich phantasiere. Mein Kopf, mein Gehirn, jetzt werde ich noch verrückt gemacht, jetzt nehmen sie mir noch meine Gedanken.'" Am Ende aber: „Er suchte die Stimme zu ersticken, sie steigerte sich, steigerte sich immer mehr, sie war ihm immer um einen Grad voraus. Die ganze Nacht. Gegen Morgen fiel Hiob auf das Gesicht. Stumm lag Hiob. An diesem Tag heilten seine ersten Geschwüre." Wenig später, als der Schlag ihn getroffen hat, den die Begegnung mit dem Betrug und der Gemeinheit des kleinen Lüders bedeutet

für den, der auf Anständigkeit baute, führt die „Stimme" auch mit
Biberkopf ein solches Gespräch. Auch er entgegnet: „‚Wer spricht?'
‚Ich sag es nicht. Du wirst es sehen. Du wirst es fühlen. Wappne
dein Herz. Zu dir spreche ich dann. Du wirst mich dann sehen.
Deine Augen werden nichts hergeben als Tränen.' ‚Du kannst noch
hundert Jahre so sprechen. Ich lach ja nur drüber.' ‚Lach nicht.
Lach nicht.'" Erst als der Lachende, der Widerstandleistende zerbrochen ist, als er in der Irrenanstalt liegt, im Dämmerzustand, und
sein Leben erlischt, ist der Augenblick gekommen, wo er zu hören
willig wird, wo die „Stimme" sich offenbart. Und jetzt heißt es:
„Der Tod singt sein langsames, langsames Lied." „Wir sind am
Ende dieser Geschichte", bemerkt der Erzähler. „Sie ist lang geworden, aber sie mußte sich dehnen und immer mehr dehnen, bis
sie jenen Höhepunkt erreichte, den Umschlagspunkt, von dem erst
Licht auf das Ganze fällt." Es war vom Anfang an die Stimme des
Todes, die zu dem Tauben gesprochen hat („Als Lüders dich betrog,
hab ich zum erstenmal mit dir gesprochen . . ."); es waren seine
Abgesandten, seine Werkzeuge („Als ick dir Lüders schickte . . ."),
die den Widerstrebenden und sich Behauptenden am Ende zer-
brachen. Denn indem er versagt in diesen Bewährungsproben, die
ihm auferlegt werden, wirkt jede von ihnen als ein Schlag, der ihn
zu fällen trachtet, bis er dem letzten, furchtbarsten erliegt. Jetzt,
als er endlich das langsame Lied vernimmt, das der Tod ihm singt,
wird ihm Einsicht zuteil. Er erkennt seine Schuld, er bereut sein
Leben. Jetzt endlich schmilzt im Todesschmerz sein Widerstand
dahin; „Franz hält nicht stand, er gibt sich hin, er wirft sich zum
Opfer hin an den Schmerz. In die brennende Flamme legt er sich
hinein, damit er getötet, vernichtet und eingeäschert wird."

Als der Tod noch einmal die Reihe der Abgesandten vor dem
Auge des Sterbenden vorüberführt, da erkennt Biberkopf, wie er
sich richtig hätte verhalten müssen. Lüders kommt zuerst, der
kleine, erbärmliche Betrüger, und jetzt weiß Biberkopf, wie er mit
dem hätte umgehen sollen: „Muß ihn mal fragen, muß ihn mal
anreden. Hör mal, Lüders, guten Morgen, Lüders, wie gehts dir,
nich gut, mir ooch nich, komm doch mal her, setz dir mal auf den
Stuhl, nu geh doch nich, wat hab ich dir denn groß getan, nu geh
doch nich." Und Reinhold dann, der Gegenspieler, an dem er seine
Kraft zu messen und zu beweisen suchte, der Unheimliche, Kalte,
Böse, zu dem es Biberkopf in jener abgründigen Haßliebe hinzog,
die beinahe schon dem geheimen Willen nach Selbstvernichtung zu
entspringen scheint: „Ich hätte mit ihm nichts machen sollen, ich
hätte nicht kämpfen sollen mit dem. Warum hab ick mir in den ver-

bissen ... Er triezt mir, er reizt mir noch immer, oh, das ist ein Verfluchter, ich hätt es nicht gesollt. Gegen den komm ich nicht auf, ich hätt es nicht gesollt ... Ich hätte keine Kraft haben müssen, gegen den nicht. Ick seh es, es war ja falsch." Ida steht vor den Augen des Sterbenden, das Mädchen, das er in seiner rasenden Eifersucht schlug und tödlich verletzte: „Als ob sie einer haut, in die Seite. Hau doch nicht, Mensch, das ist ja unmenschlich, nicht doch, Mensch, laß doch das sein, laß doch das Mädel, oh zu, oh ja, wer haut denn die, die kann ja nicht stehen, steh doch grade, Mädel, dreh dir um, kuck mir doch an, wer haut dir denn so furchtbar." Und Mieze am Ende: „Wat hab ich gemacht. Warum hab ich sie nicht mehr. Hätt ich sie nicht Reinholden gezeigt, hätt ich mich nicht mit dem eingelassen. Wat hab ich gemacht." So gibt der endlich Erkennende und Bereuende alle Rechtfertigungsversuche, Vorbehalte, Widerstände auf, er läßt sein Leben fahren, liefert dem Tode sich aus. „Gestorben ist in dieser Abendstunde Franz Biberkopf, ehemals Transportarbeiter, Einbrecher, Ludewig, Totschläger."

Aber der Sterbende ist in eine Dimension getreten, in der nicht mehr nur das Personal aus dem Milieu der Berliner Unterwelt ihn umgibt, Händler, Dirnen, Zuhälter, Verbrecher. Schon als er mit seinem künstlichen Arm und der Perücke auf die Suche geht nach dem Mörder seines Mädchens, da begleiten ihn als einen zweiten, freilich sehr veränderten Tobias die beiden Engel, die den Blick von ihm ablenken im Gedränge der Stadt und, während er die Auslagen im Warenhaus Tietz betrachtet, darüber sprechen, daß sie hoffen, er werde nicht nur einsichtig werden, sondern dieser Einsicht auch standhalten können. Als er im Irrenhaus liegt, da kommen in der Nacht die „Gewaltigen des Sturms" zusammen, halten Ratschlag, wie man es anstelle, daß dem Mann, der da im Krampf- und Dämmerzustand liegt, das Herz aufgehe und das Gewissen erwache. Da reitet auf dem scharlachfarbenen Tier leibhaftig die große Hure Babylon heran, die trunken ist vom Blute der Heiligen; „sie lauert auf Franz" und schreit: „Ich hab auch schon sein Blut" — bis im Kampf um ihn am Ende jener „Tod" den Sieg behält, der von sich sagt: „Ich bin das Leben und die wahre Kraft". So hat Döblin mit seiner Geschichte vom Franz Biberkopf, dem Berliner Proletarier, dem ganz „gewöhnlichen Mann", noch einmal die alte Parabel vom Jedermann erzählt, vom Weg des schuldbeladenen, sündigen Menschen durch die Welt, der aus dem Dunkel ins Licht der Erkenntnis tritt. „Wir sind eine dunkle Allee gegangen, keine Laterne brannte zuerst, man wußte nur, hier geht es lang, allmählich wird es heller und heller, zuletzt hängt da die Laterne, und dann liest man endlich unter ihr das Straßenschild." Und dann stehen um sein Sterbelager die himmlischen und die höllischen Mächte, die um seine Seele ringen, und in der Todesstunde fällt die Entscheidung über Leben und Tod. Biberkopf erweist sich als der Läuterungsfähige. Wenn von Reinhold, der Gegenfigur, gesagt wird, daß er „die kalte Gewalt ist, an der sich nichts in diesem Dasein verändert", hart und steinern bis zuletzt, so heißt es von ihm, daß er sich „beugt und zuletzt wie ein Element, das von gewissen Strahlen getroffen wird, in ein anderes Element übergeht". Döblin setzt ein Gleichnis aus der modernen Naturwissenschaft für das, was die christliche Parabel mit den Begriffen der Gnade, der Erlösung faßte, was sie das Absterben des alten und die Geburt eines neuen Menschen nannte. Er formuliert noch immer: „Gestorben ist in dieser Abendstunde Franz Biberkopf, ehemals Transportarbeiter, Einbrecher, Ludewig, Totschläger. Ein anderer ist in dem Bett gelegen. Der andere hat dieselben Papiere wie Franz, sieht aus wie Franz, aber in einer anderen Welt trägt er einen neuen Namen." So offensichtlich in der Geschichte vom Franz Biberkopf die Züge der alten heilsgeschichtlichen Konzeption durchschlagen, so spürbar ist freilich der Schwund der christlichen Substanz. An die Stelle Gottes und seines Handelns am Menschen tritt die Figur eines aus eigener Machtvollkommenheit in Biberkopfs Leben eingreifenden Todes („ich schickte dir alles, aber du erkanntest mich nicht"), dessen „Zuständigkeit" doch zumindest in jenen Schickungen zweifelhaft erscheinen muß, die wie die Lüders-Episode mit dem Tode an sich durchaus keinen Zusammenhang zeigen. An die Stelle einer Wendung des gewandelten Menschen zum Glauben, die ihn der Gnade und Erlösung teilhaftig macht, tritt eine innerweltliche Läuterung, ein Entschluß zu einsichtsvollerem Verhalten. Und ob der Hilfsportier in einer mittleren Fabrik, der aus dem Fegefeuer des Biberkopfschen Zusammenbruchs hervorgegangen ist, im Grunde noch immer das alte Stehaufmännchen, „in einer anderen Welt" tatsächlich „einen neuen Namen" trägt, das könnte man in Frage stellen.

Aus der Sphäre der Zuhälter, Einbrecher und Hehler hat der neue Biberkopf sich gelöst. Aber der Erzähler hatte über diese Welt berichtet ohne jeden Bezug auf die Ebene bürgerlicher Moral, ohne daß er den ersten Stein aufhöbe. Was er verurteilt, ist im Gegenteil gerade die selbstgerechte oder die selbstbemitleidende Isolierung dieses gutwillig naiven Mannes, der sich geschworen hat, „anständig" zu bleiben in einer Welt des Betrugs, des Schwindels und der Brutalität, ist sein prahlerisches Beharren auf der eigenen Stärke, sein sich versteifender Selbstbehauptungswille. Nicht zu widerstreben und sich zu bewahren, lehrt ihn sein Ende, sich aufzugeben, sich hinzuwerfen, sich zu fügen; „herankommen lassen" lautet der leitmotivisch wiederholte kategorische Imperativ in dem Kapitel, in dem „Franz das langsame Lied des Todes" hört. Aber nicht nur dem über ihn Verhängten sich zu fügen, dem Schmerz sich hinzugeben, ins Sterben einzuwilligen, lernt er so. Die Lehre östlicher Weisheit vom wahrhaften Schwachsein, von der willenlosen Ergebung und Einfügung, die Döblins „Wang-lun" verkündete, die noch der Kaiser Ferdinand in seinem „Wallenstein"-Roman, der große Nichtwiderstrebende, verkörpert hatte, schlägt im „Berlin Alexanderplatz" am Ende um in das Programm, das Postulat einer kämpferischen Solidarität des einzelnen mit der sozialen Gemeinschaft. „Es geht in die Freiheit, die Freiheit hinein, die alte Welt muß stürzen, wach auf, die Morgenluft", so lautet der Schlußabsatz des Romans. „Und Schritt gefaßt und rechts und links und rechts und links, marschieren, marschieren, wir ziehen in den Krieg, es ziehen mit uns hundert Spielleute mit, sie trommeln und pfeifen, widebum widebum, dem einen gehts grade, dem andern gehts krumm, der eine bleibt stehen, der andere fällt um, der eine rennt weiter, der andere liegt stumm, widebum widebum."

Biberkopfs Erfahrungen freilich lassen mit solchem Programm sich schwerlich vereinbaren. „Was ist denn das Schicksal?" heißt es im Schlußkapitel. „Eins ist stärker als ich. Wenn wir zwei sind, ist es schon schwerer, stärker zu sein als ich." Aber als er mit Lüders auf den Schnürsenkelhandel ging, da waren sie ja zu zweit, und der Schlag, den das „Schicksal" gegen ihn führte, ging eben von diesem Nebenmann aus. „Viel Unglück kommt davon, wenn man allein geht. Wenn mehrere sind, ist es schon anders. Man muß sich gewöhnen, auf andere zu hören, denn was andere sagen, geht mich auch an. Da merke ich, wer ich bin und was ich mir vornehmen kann." Aber als er mit den Pums-Leuten auf die Einbruchstour zog, da war man doch eben zu mehreren, und da hatte er auf das gehört, was die anderen sagten. Widersprüchlich bleiben die Maximen des „neuen Lebens"; auf der einen Seite: „Man muß sich gewöhnen, auf andere zu hören", auf der anderen das Zitat aus dem 17. Kapitel des Propheten Jeremia: „Verflucht ist der Mann, der sich auf Menschen verläßt". Zwiespältige, doppelzüngige Losungen gibt der Romanschluß aus. Denn im Grunde haben Leben und Tod dem Helden ganz unterschiedliche Lehren erteilt. Neben dem Tod, dem Erzieher und Belehrer Biberkopfs, diesem „Opferer, Trommler und Beilschwinger", hinter dem die Massen einherziehen zum blutigen

Opfer der Kriege und Revolutionen, neben dem Trommelwirbel
der hundert Spielleute, dem Rausch des großen Kollektivs, Massenaufgebot der marschierenden Kolonnen und Aufbruch in Freiheit
und Morgenrot stehen da merkwürdig unvereinbar die Überlegungen
eines aus Erfahrung klug gewordenen Mannes, der sich heraushält,
sich vorsieht, dem es keineswegs liegt, sich anzugleichen, zu fügen
und sich hinzuwerfen: „Ich bin schon einmal auf ein Wort rein-
gefallen, ich habe es bitter bezahlen müssen, nochmal passiert das
dem Biberkopf nicht. Da rollen die Worte auf einen an, man muß
sich vorsehen, daß man nicht überfahren wird ... Ich schwör
sobald auf nichts in der Welt. Lieb Vaterland, kannst ruhig sein, ich
hab die Augen auf und fall so bald nicht rein. Sie marschieren oft
mit Fahnen und Gesang an seinem Fenster vorbei, Biberkopf sieht
kühl zu seiner Türe raus und bleibt noch lange ruhig zu Haus. Halt
das Maul und fasse Schritt, marschiere mit uns andern mit. Wenn
ich marschieren soll, muß ich das nachher mit dem Kopf bezahlen,
was andere sich ausgedacht haben. Darum rechne ich erst alles nach,
und wenn es so weit ist und mir paßt, werde ich mich danach richten.
Dem Menschen ist gegeben die Vernunft, die Ochsen bilden statt
dessen eine Zunft." Diese Widersprüche werden nicht gelöst, und
das rauschhafte, brausende Finale des Romans wird für hellhörige
Ohren von den schneidenden Untertönen einer dämonischen Ironie
durchzogen. „Schritt gefaßt" — wohin sollte es gehen? Die „Geschichte vom Franz Biberkopf" gibt keine Antwort, weil sie wie
alle Erzählungen Döblins im Bereich des Lehrhaften ein Versuch
eigener Richtungssuche war, ein „Test", wie er es nannte, und
dieser Moralist, der es sich auch im Roman verbot, eine Lehre zu
geben, die für ihn selbst nicht verbindlich war, für sich selber eben
noch nicht wußte, wohin es gehen könnte und müßte[2].

Freilich ist die „Geschichte vom Franz Biberkopf" nicht das
einzige, was hier erzählt wird. Ich habe sie gleichsam herauspräpariert
aus dem sie umgebenden Erzählstoff, in den sie eingebettet ist und
der sie trägt. Möglicherweise hängt das Gewicht der Tatsache, daß
diese Biberkopf-Fabel und ihre Moral den Leser am Ende doch mit
unentschiedener Widersprüchlichkeit entläßt, gerade mit der eigentlich unstatthaften Reduzierung des Romans auf den bloßen Verlauf
des Handlungsgeschehens zusammen. „Der Roman hat mit Handlung
nichts zu tun", erklärte Döblin ausdrücklich in einer seiner Schriften
zur Theorie der Erzählkunst, und aus der zunehmenden Leseunfähig-
keit des Publikums leitete er die Neigung ab, den Roman gleichzusetzen mit einer fortschreitenden, einsträngigen Handlung. Was

die bloße Biberkopf-Handlung offenläßt, findet es Antwort durch den Roman als Ganzes?

Vieles wird da erzählt neben und außer der Fabel. Eingeschoben in diese Haupterzählung beispielsweise und auf sie bezogen ist eine Reihe kleiner, eigenbündiger Gleichniserzählungen. Als etwa der von Lüders Betrogene, der von Reinhold unter das Auto Geworfene von neuem Fuß zu fassen sucht, wird das Gleichnis von der in einen Blumentopf gesetzten, mit Sand überpusteten Fliege eingerückt, das zudem die Überschrift gibt für dieses Kapitel der Biberkopf-Geschichte: „Die Fliege krabbelt hoch, der Sand fällt von ihr ab, bald wird sie wieder brummen." Im ersten Kapitel des Achten Buches wird aus einem botanischen Lehrbuch zitiert, wie Pflanzen durch „Umwandlung der in den Zellen enthaltenen Stärke in Zucker" gegen die Kälte sich schützen und wie in manchen Fällen „der durch die Frostwirkung hervorgerufene Zuckergehalt einer Pflanze oder Frucht diese erst verwendungsfähig macht, wie zum Beispiel die Wildfrüchte. Läßt man diese Früchte solange am Strauch, bis leichte Fröste eintreten, so bilden sie alsbald so viel Zucker, daß ihr Geschmack verändert und wesentlich verbessert wird." Fast allzu deutlich springt hier die Analogie, der gleichnishafte Bezug zur Läuterung Biberkopfs ins Auge. Als der Zusammengebrochene dann im sturmumtobten Irrenhaus, im Fegefeuer der Todesnacht zu einem neuen Menschen gewandelt wird, erscheint dreimal hintereinander das Gleichnis vom Brotbacken; im Futurum der Verheißung steht es zu Anfang (in die glühende Hitze des Ofens schiebt man das Brot, „das Wasser wird verdunsten, der Teig wird sich bräunen"), im Präsens des Vollzuges am Ende („In der Hitze liegt der Teig, der Teig geht auf, die Hefe treibt ihn, Blasen bilden sich, das Brot geht hoch, es bräunt sich"). Wie die Fliege im Sand, die Pflanze im Frost, das Brot im Feuerofen, so verhält sich Biberkopf, so geschieht es an ihm, bedeuten diese Gleichnisse — wobei die harte Fügung der verbindungslos aneinandergereihten Texte das verbindende „wie" freilich der Einsicht des Lesers anheimstellt, ihm die Gleichsetzung der parabolischen Elementarsituationen mit Biberkopfs Privatgeschichte überläßt, die auf solche Weise selber etwas gewinnt von jener dem bloß Beliebigen und Vereinzelten mangelnden Beispiel- und Gleichniskraft des Immer-wieder-so-Geschehenden, die es lohnend macht, „dies zu betrachten und zu hören" für die vielen, „die wie Franz Biberkopf in einer Menschenhaut wohnen".

Zahlreiche Nebenerzählungen dann begleiten die Hauptgeschichte, geben Warnungen und Vorausdeutungen, zeigen Entsprechungen und Spiegelungen, stellen um sie eine Fülle anderer Gestalten und fremder Schicksale. Dem aus Tegel Entlassenen, der sich angstvoll auf den Hinterhöfen verkriecht, erzählen die Juden, die seiner sich annehmen, die Geschichte vom Stefan Zannowich, der sich zu helfen wußte und sein Glück machte („seht, er hat so wenig Angst vor der Welt gehabt"): „Belehrung durch das Beispiel des Zannowich." Freilich, die Warnung, die in dieser Erzählung vom Hochstapler, Schwindler, Betrüger liegt, mit dem es dann ein böses Ende nahm, schlägt Biberkopf in den Wind, und die „dadurch erzielte Kräftigung des Haftentlassenen" ist nicht unbedenklich. Als er später noch einmal zu den Juden kommt, um sich zu bedanken, selbstsicher und wieder voll prahlerischen Vertrauens in die eigene Kraft, da wird ihm die Fabel erzählt vom Mann, der den Ball warf. Ihre an Biberkopf gerichtete Moral aber lautet: „Der Ball, seht, der fliegt nicht, wie Ihr ihn werft und wie man will, er fliegt ungefähr so, aber er fliegt noch ein Stückchen weiter und vielleicht ein großes Stück, weiß man, und ein bißchen beiseite." Biberkopf lacht, aber der Leser ahnt, daß hier gewarnt und — vorausgedeutet wird.

Wie anfangs von den Juden und für Biberkopf erzählt wird, so werden solche Begleitgeschichten später vom Erzähler selbst für den Leser des Romans vorgetragen. Als der Schnürsenkelhändler die Lüders-Episode hinter sich hat, wird die Geschichte vom Zimmermann Gerner eingerückt, der gemeinsame Sache machte mit den Einbrechern, die ein Großhandelsgeschäft ausräuberten. Biberkopf hört die Geschichte nicht; über seinen Kopf hinweg berichtet der Erzähler sie dem Leser. Aber er steht dabei, als der Zimmermann abgeführt wird, und lernt doch für sich selber nichts aus dieser Sache. Wenig später wird er mit den Pums-Leuten auf Einbruchstour ziehen. Nicht nur die warnende, auch die den Maßstab eines vorbildlichen Verhaltens aufrichtende Nebenerzählung findet hier ihren Platz: die Geschichte vom Mann, dem sein Kind starb, weil der überbeschäftigte Arzt nicht rechtzeitig kam („Der Mann ist auch nicht der Jüngste und hat zu tun und muß sich schuften. Weiß ich alleine ... Er hat selbst zugegeben: Sagen muß ihm einer das. Er ist kein schlechter Kerl, aber muß ihm einer sagen.") Biberkopf, der erst in seiner Sterbestunde begreift, daß er selbst auf die Lüders-Episode in solcher Art hätte antworten müssen, hört diese Geschichte nicht. Wieder wird sie nur dem Leser mitgeteilt, der die Verbindung herstellen soll zwischen den verbindungslos nebeneinandergestellten Erzählungen. Später, im Siebenten Buch, erscheint „die Schicksalstragödie des Fliegers Beese-Arnim", der „auf die Bahn des Verbrechens geriet", früher im Zuchthaus gesessen und jetzt ein Straßenmädchen umgebracht hat, mit dem er befreundet war — wobei noch ein zweiter Mann eine etwas undurchsichtige Rolle spielte. Aus einem Polizeibericht entnimmt der Erzähler das, Biberkopf ist gänzlich unbeteiligt. Aber die Entsprechungen zu diesem ehemaligen Zuchthäusler und seinem Verhältnis zu Mieze und Reinhold deuten sich dunkel an. Auch als er dem Reinhold, mit dem er früher jenen „schwunghaften Mädchenhandel" betrieben hatte, jetzt die Bekanntschaft mit seinem eigenen Mädchen, der Mieze, vermittelt und so das Unheil heraufbeschwört, werden in den Bericht des Erzählers Abschnitte aus einer anderen Geschichte eingeschoben. Vom Zuchthäusler Bornemann erzählt sie („War auch solche Nummer"), der aus der Strafanstalt ausgebrochen war, unter fremdem Namen in Ruhe und Frieden lebte, bis er dann doch erkannt und zurückgebracht wurde ins Zuchthaus. Ineinandergeschachtelt laufen die Geschichten Biberkopfs und Bornemanns ein Stück weit nebeneinanderher. Diese beiden Männer wissen nichts voneinander, nur geringfügige inhaltliche Parallelen zeigen sich zwischen den parallel geführten Erzählabläufen. Aber Bornemanns Geschichte gibt der vom Biberkopf dennoch eine Art Vervollständigung. Sie zeigt Entsprechendes, Verwandtes, sie macht deutlich, daß hier nichts Einzigartiges und Isoliertes berichtet wird.

Deutlicher werden solche Entsprechungen zwischen Biberkopf, der nach dem Lüders-Erlebnis in einer elenden Kammer liegt, die Spinnweben anstarrt und sich mit aller Kraft gegen sein Schicksal stemmt, Widerstand leistet, sich zu behaupten sucht, und dem Hiob, der im Hundeschuppen liegt, die Regenwürmer beobachtet und mit der „Stimme" redet, die ihm sagt: „Du möchtest nicht schwach sein, du möchtest widerstreben können." Döblin hat den Akzent der alttestamentlichen Geschichte in seiner Nacherzählung auf diese Entsprechung zur Biberkopf-Fabel hin verschoben, hat die Geschwüre Hiobs heilen lassen an dem Tag, wo der Geschlagene seinen Widerstand aufgab, sich seine Hilflosigkeit eingestand und sich fügte. In gleicher Weise wird die Erzählung von Isaak überformt, der mit seinem Vater Abraham den weiten Weg ins Gebirge geht, „hinein, hinauf, hinunter, Berge, Täler. Wie lange gehts noch, Vater?", so wie jetzt eben Biberkopf den weiten Weg marschierte bis nach Tegel, wo sein Gefängnis steht. Auf einer Bank schläft er ein, der Schlaf aber „reißt ihm die Augen auf und Franz weiß alles." Was weiß er, was erfährt er im Schlaf? Er hört das große Hallelujah, das durch die Berge und Täler brach, als der widerstrebende Isaak zum Einverständnis gelangte, sich fügte und zu dem Opfer sich hingab, das der Herr befahl. Um des Bezuges auf Biberkopf willen steht hier nicht mehr Abrahams Gehorsam, sondern Isaaks Ein-

willigung im Vordergrund. Und eine andere Überformung des
biblischen Textes noch fällt ins Auge. Vom „Schlachtmesser" ist
da die Rede, „es ist ganz scharf, es soll an deinen Hals. Soll es durch
meine Kehle? Ja. Dann sprudelt das Blut? Ja." Das deutet zurück
auf die beiden Kapitel des Vierten Buches, die in einer Art Lokal-
reportage vom Berliner Viehhof, Schlachthof und Fleischmarkt
berichtet hatten, von der Lage und Einrichtung der Gebäude, von
der Technik des Schlachtens, von Auftrieb und Marktverlauf. Kurze
Absätze aus diesem Zusammenhang drängen von hier aus auch in
die späteren Biberkopf-Kapitel. Zu Beginn des Fünften Buches, in
dem „der erste schwere Streich auf ihn" fällt, und wieder im Sechsten
Buch, als Biberkopf in der Magdeburger Klinik liegt, steht mitten
im erzählenden Text ein Stück aus dem Schlachthofbericht. Zweimal
wird dort, wo von Miezes Ermordung erzählt wird, ein Absatz
eingeschoben, der beschreibt, wie man ein Kälbchen schlachtet.
Unvermittelt geschieht das, aber der jeweilige Augenblick, in dem
die Romanhandlung plötzlich den Blick freigibt auf den Schlachthof,
der Stellenwert dieser eingesprengten Passagen also ist aussagekräftig
genug, um überleitende und verbindende Texte entbehrlich zu
machen. Hier wird am Exempel vorgeführt, was die Zitate aus dem
3. Kapitel des Predigers Salomo zuvor behauptet hatten, die Döblin
als Kapitelüberschriften über seine Schlachthofreportagen setzte:
„Denn es geht dem Menschen wie dem Vieh; wie dies stirbt, so
stirbt er auch" — „Und haben alle einerlei Odem, und der Mensch
hat nichts mehr denn das Vieh". Freilich, die Parallelführung der
Biberkopf-Erzählung mit den Schlachthofberichten will mehr geben
als die alte Vergänglichkeitspredigt. Ein Stier wird da in den Schlachthof getrieben; „Das Tier steht, gibt nach, sonderbar leicht gibt es
nach, als wäre es einverstanden und willige nun ein, nachdem es
alles gesehn hat und weiß: das ist sein Schicksal, und es kann doch
nichts machen" — so wie Hiob nachgibt und einwilligt in jener
Erzählung, die Döblin übergangslos zwischen die beiden Schlacht-
hofkapitel schiebt. Dem Kälbchen, das auf die Schlachtbank gelegt
wird, spricht ein „alter einfacher Mann" mit sanfter Stimme zu:
„Ganz ruhig, wie er das Tier hergeführt hat und gesagt hat: nun
lieg still, legt er ihm den Schlag in den Nacken, ohne Zorn, ohne
große Aufregung, auch ohne Wehmut, nein so ist es, du bist ein
gutes Tier, du weißt ja, das muß so geschehen" — so wie der alte
Abraham dem Schlachtopfer zuspricht, das vor ihm liegt, es müsse
geschehen, was der Herr will, und Isaak antwortet: „Ich weiß."
Das alles aber weist auf Biberkopf, der sterbend lernt, nicht mehr
zu widerstreben, sondern sich zu fügen[3]. Weit mehr als Milieu-

bestimmung und Hintergrundszeichnung also gibt die Schilderung des Berliner Viehhofs, Schlachthofs, Fleischmarkts für Biberkopfs Geschichte. Das große Thema der Einwilligung dient einer Korrespondenz der Bereiche, die ohne jeden Erzählerkommentar aus der bloßen Anordnung der korrespondierenden Teile vernehmbar wird. Indem Franz Biberkopf am Ende so wie das Schlachtvieh, wie Isaak und Hiob einzuwilligen lernt, wird sein Einzelschicksal aufgenommen in einen weiteren Zusammenhang, geht seine Stimme auf in einem größeren Chor.

Was hier geschieht, hängt offenbar zusammen mit Döblins Begriff der Resonanz. Dieses physikalische Phänomen schien ihm universalen Geltungsbereich zu besitzen. Ähnlichkeiten, Analogien, partielle Identitäten zwischen Ich und Welt, meinte er, seien seine Voraussetzungen, zugleich aber stifteten seine Bewirkungen neue Bindung und verknüpften das Einzelne mit dem Kollektiven. Ebenso die menschlichen Aktionen, das Erkennen etwa und Nachahmen, die Gruppenbildung und das Kollektivleben, wie die Passionen der Impulsempfängnis, Beeinflussung, Formung des Individuums durch das Umgebende führte er so auf das Urphänomen der Resonanz zurück. Alles Handeln des Menschen, erklärte er, reiche „in die sichtbare und in die unsichtbare Welt, wie seine Kraft auch daher kam. Es gibt eine Resonanzwirkung, der wir folgen, es gibt aber auch eine Rückresonanz, die von unserm Dasein und Erleben ausgeht und in die große Tiefe reicht. Wir können davon nichts Einzelnes wissen, aber das Faktum ist sicher und selbstverständlich." „Rumm rumm", so schlägt am Alexanderplatz die große Dampframme auf die Stange nieder, die in den Boden soll; „wumm", fährt im Schlachthaus der Hammer auf den Stier herab, und mit dem gleichen „Wumm-wumm" rast dann der Wind in die Bäume, unter denen Mieze erschlagen wurde; mit „wumm wumm" hört Biberkopf die Gewaltigen des Sturms um das Irrenhaus toben, die sein Gewissen wachrufen wollen, und mit „wumm" und „rumm" spürt er am Ende den Tod nahen, der ihn niederwirft und zerbricht. Da wird die Resonanz selbst dem Ohr vernehmlich. Aber solche Lautidentität ist für das Phänomen ebensowenig konstitutiv wie etwa die thematische Analogie zwischen dem Schlachtvieh, Isaak und Biberkopf; „das meiste", schrieb Döblin, „klingt als dunkle Resonanz in uns an, bewegt uns, aber wir wissen nicht, was es ist". Eben diese Vorstellung vom Verhältnis des Menschen zur wirklichen Welt bestimmt die Erzählprinzipien seines Romans. Eben darauf beruht es, daß im „Berlin Alexanderplatz" das einander Zugeordnete, aufeinander Bezogene häufig doch ohne logischen Sinnzusammenhang bleibt, als bloß formale Koordinierung und sinnlose Assoziation erscheint: dunkle Resonanz, die der Einsicht sich entzieht und mit dem Reiz des Verborgenen wirkt.

Als Biberkopf im Zimmer des alten Rebbe sitzt, wo er die „Belehrung durch das Beispiel des Zannowich" erfährt, zieht ein einziger, in die Schilderung des alten Juden unvermittelt eingeschobener Satz den Blick des Lesers in die Ferne der biblischen Erzählung von der Esther zurück: „In der Stadt Susan lebte einmal ein Mann namens Mordechai, der erzog die Esther, die Tochter seines Oheims, das Mädchen aber war schön von Gestalt und schön von Ansehn." Über das Kapitel, in dem es dem Haftentlassenen mißlingt, seine männliche Potenz zu beweisen und so sein Selbstvertrauen zurückzugewinnen, rückt eine auf die Vorgänge an den Börsen verweisende Überschrift: „Tendenz lustlos, später starke Kursrückgänge, Hamburg verstimmt, London schwächer". Als dann die Schwester der Ida sich ihm hingibt, heißt es: „Zauber, Zucken. Der Goldfisch im Becken blitzt. Das Zimmer blinkt, es ist nicht Ackerstraße, kein Haus, keine Schwerkraft, Zentrifugalkraft. Es ist verschwunden, versunken, ausgelöscht die Rotablenkung der Strahlungen im Kraftfeld der Sonne, die kinetische Gastheorie, die Verwandlung von Wärme in Arbeit, die elektrischen Schwingungen, die Induktionserscheinungen, die Dichtigkeit der Metalle, Flüssigkeiten, der nichtmetallischen festen Körper." Oder am Beginn des Zweiten Buches („Franz Biberkopf betritt Berlin") erscheint eine Schilderung des Paradieses, in dem Adam und Eva in Herrlichkeit und Freuden leben. Sie wiederholt sich, ein Gegenbild, an dem die Wirklichkeit gemessen und verworfen wird, als später das Stichwort fällt: „Es ist etwas nicht in Ordnung in der Welt", wird, jetzt setzt die Analogieführung ein, um die Schlangenepisode ergänzt, als die Lüders-Geschichte beginnt, und schließt mit ihr, als Biberkopf diesen ersten Schlag empfangen hat: „Die Schlange war vom Baum geraschelt. Verflucht sollst du sein mit allem Vieh, auf dem Bauch sollst du kriechen, Staub fressen zeitlebens." „Seist du verflucht *vor* allem Vieh", heißt es in Luthers Übersetzung; Döblin schreibt *„mit* allem Vieh" und lenkt so den Fluch, der der Schlange gilt, auf den Menschen. Die Gleichung will er. Wenn der Zimmermann Gerner nach der Flasche greift, die ihm nicht gehört, die die Einbrecher haben stehenlassen und die ihn verlocken wird zur Teilnahme an ihren Unternehmungen, heißt es ausdrücklich: „so hat Eva dem Adam den Apfel gegeben." Biberkopfs Freundin Lina „besorgt es den schwulen Buben": sie macht „einen selbständigen Vorstoß à la Prinz von Homburg: Mein edler Oheim Friedrich von der Mark!

Natalie! Laß, laß! O Gott der Welt, jetzt ists um ihn geschehn, gleichviel, gleichviel!" Und wenn in die Berliner Kneipe, die Biberkopf besucht, der Sonnenschein fällt, dann kommt er „über x Meilen her, am Stern y ist er vorbeigeschossen, die Sonne scheint seit Jahrmillionen, lange vor Nebukadnezar, vor Adam und Eva, vor dem Ichthyosaurus, und jetzt scheint sie in das kleine Bierlokal durch das Fensterglas".

Im Einzelfalle, dort vor allem, wo auf diese Weise das Bedeutungsvolle mit Belanglosem oder Banalem kombiniert wird, ergeben sich aus solcher Stilmischung nicht selten die Reizwirkungen einer schnoddrigen, spaßig frechen, mitunter ironisch gefärbten Diktion (Reinhold liest in der Zeitung „von den Olympischen Spielen, eins zwei, und daß Kürbiskerne ein Bandwurmmittel sind"). Darüber hinaus aber, das ist entscheidend, legt die Fülle solcher Koordinationen um die Privatgeschichte Biberkopfs ein Netz von Korrespondenzen, umgibt sie die Einzelfigur mit einer Fülle von Vergleichspersonen, den Einzelvorgang mit einer Fülle von Parallelgeschehnissen: löst die isolierende Kontur des Individuums und stellt es in eine universale Kommunikation. Was auf solche Weise im „Berlin Alexanderplatz" Gestalt gewinnt, hat Döblin zwei Jahre zuvor in dem Buch „Das Ich über der Natur", hat er vier Jahre danach in der Schrift „Unser Dasein" theoretisch zu bestimmen versucht als „die ständige Durchtränkung der ‚Person' mit ‚Welt'". Durch seinen Aufbau aus den Elementen der Natur, durch Nahrungsaufnahme und Atmung, durch seine Sinnesorgane, erklärte er da, ist der menschliche Organismus auf das Umgebende angewiesen und ihm unlösbar verbunden, ist der Mensch zugleich Tier, Pflanze, Mineral, hat er Anteil an der Natur der Gestirne. „Was in ihm Tier war", heißt es denn auch vom sterbenden Biberkopf, „läuft auf dem Felde. Jetzt schleicht etwas aus ihm fort und tastet und sucht und macht sich frei, was er sonst nur selten und dämmernd in sich gefühlt hat ... Franzens Seele gibt ihre Pflanzenkeime zurück." Das aus wogendem, flutendem Gewimmel einzelner Elemente, Zellen, Teile bestehende Einzelwesen Mensch wird als „Massenwesen" bestimmt, das seinerseits nun darauf angelegt ist, Element und Teil eines ihn Umgebenden und Umgreifenden zu werden, Glied einer größeren Gemeinschaft, die keineswegs als bloßes Additionsergebnis erscheint, sondern als lebendiger Organismus. „Das Kollektivwesen Mensch, die Gruppe Mensch bewegt sich, reagiert und produziert in vieler Hinsicht wie ein mächtiger Einzelmensch", zugleich aber ist sie ihm überlegen — an Kraft und Lebensdauer, an Wahrheit. „Das Wahre kommt nur massenhaft vor ... Wenn ich nach dem Wahren suche, gehe ich in den Sonnenschein, auf die Kinderspielplätze, an einen Tümpel, in die Gebärsäle, in Warenhäuser, Krankenhäuser." Denn das Vereinzelte ist unwahr. Das gilt für den menschlichen Bereich nicht weniger als für die Natur, für das Wasser vor allem, die „Völkermassen" der Meere, die Döblin in den theoretischen Schriften ebenso wie in seinen Erzählungen als riesenhafte, ziellos flutende und wogende, lebendig-beseelte Organismen dargestellt hat. Menschen wie Wellen „sind keine Einzelwesen. Ich treffe im Wasser nie auf Einzelwesen. Es ist so biegsam, ineinander geschmolzen, ineinandergehend. Ich komme auf keinen Teil, den ich isolieren kann." Wie die Welle aber der Flut sich hingibt und aufgeht in der „Völkermasse" des Meeres, so ist deshalb auch dem Menschen die Kommunikation mit dem Umgebenden aufgegeben und die Einfügung ins Kollektive. Was den Lehrgehalt der Romanfabel bestimmt, erweist sich zugleich als beherrschendes Erzählprinzip; und die universale Kommunikation, in die der Erzähler seinen Helden bringt, folgt den Maximen jenes „neuen Lebens", zu denen der sterbende Biberkopf bekehrt wird, führt in der Bauform des Romans eben das vor, was im Bereich bewußten menschlichen Verhaltens als Solidarität mit der sozialen Gemeinschaft, als Ergebung ins Kollektiv erscheint.

Auch die Zwiespältigkeit jener Losungen freilich, die der Romanschluß ausgibt, äußert sich in den Theorien Döblins, die das menschliche Dasein und die Position des Ich im Ganzen der Natur zu bestimmen suchen. Auch hier läuft es keineswegs auf die völlige Auflösung des Individuums ins Umgebende der Natur, auf sein gleichsam bedingungsloses Aufgehen im Kollektiven hinaus. Das Prinzip der „Kommunion" tritt in dialektische Spannung zu dem der „Individuation", der Mensch erscheint gleichermaßen als „Stück der Natur und ihr Gegenstück". Döblin konstatiert, „daß die Verschlingung uns nicht völlig erfaßt. Was als Beseeltheit in der Natur erscheint, wirkt sich allgemein lebendig mit Ordnung, Zahl, mathematischen Gesetzen, mit Zweck, Gliederung aus und erweist so seine Herkunft von einem Ur-sinn, Ur-geist, seine Lagerung in solchem Geist. Der aber ist auch in uns fühlenden, planenden Wesen tätig. Mit dieser Bindung sind wir vor dem Aufgehen in der Natur bewahrt." Den Forderungen eines strengen, systematischen Denkens zwar genügen diese Thesen nicht, es charakterisiert den Autor, wenn er die Antinomie von Selbstbewahrung und Auflösung des Ich im Weltganzen nicht einer philosophischen Klärung zuführt, sondern sie selbst hier, im Zusammenhang theoretischer Erörterung, im Bilde faßt: „Das Ich ist darin. Es wiegt sich darin!" oder: „Es ist ein Strom mit riesigen Wellen da, und da sind Schwimmer drin, sie werden geworfen, aber es kann nichts ertrinken, der Strom trägt alle." Nicht diskursive Bestimmung, sondern dichterische Gestaltung ist Döblins Sache; so hebt er den logisch unbewältigten Widerspruch auf im Bildhaften und Anschaulichen, in der Erzählweise und Bauform seines Romans.

„Das Wahre kommt nur massenhaft vor." Wie der Mückenschwarm im Sonnenschein, die Herde der Wassertierchen im Tümpel, so sammelt die Masse der Menschen sich auf den Spielplätzen, in Krankenanstalten, in Warenhäusern, drängt sie in den großen Städten sich zusammen. Die Stadt, dieser „Korallenstock für das Kollektivwesen Mensch", wird für Döblin zum lebendigen Organismus, sie „schickt Eisenbahnschienen nach allen Seiten aus und läßt Züge, Menschen und Waren von allen Seiten in ihren weiten Körper eintreten. Es arbeiten, um den Stoffwechsel in ihr zu unterhalten, in der Reichseisenbahndirektion Berlin 20 Fernbahnhöfe, 121 Vorortbahnhöfe, 27 Ringbahnhöfe, 14 Stadtbahnhöfe, 7 Rangierbahnhöfe, 7 Werkstätten." Wohl hatte er noch 1924 erklärt: „Ich bin ein Feind des Persönlichen. Es ist nichts als Schwindel und Lyrik damit. Zum Epischen taugen Einzelpersonen und ihre sogenannten Schicksale nicht. Hier werden sie Stimmen der Masse, die die eigentliche wie natürliche so epische Person ist." Aber mit dem „Wanglun", dem „Wallenstein", dem „Giganten"-Roman, so meinte er später, sei er „den Weg der Massen und großen Kollektivkräfte zu Ende gegangen", danach habe er dem Einzelmenschen sich zugewandt und Bücher geschrieben, „welche sich drehen um den Menschen und die Art seiner Existenz". Nur ist die Frage nach der Existenz des Menschen, nach dem rechten Leben des einzelnen nach wie vor für Döblin nicht im Bereich des isolierten Einzelschicksals, sondern allein im Hinblick auf sein Verhältnis zum umgebenden Ganzen zu beantworten. Noch von dem 1937 begonnenen Erzählwerk „November 1918" sagte er später: „Ich dachte an Berlin ... Die alte Landschaft wollte ich hinstellen und einen Menschen, eine Art Manas und Franz Biberkopf (die Sonde) in diese Landschaft ziehen lassen, damit er sich (mich) prüfe und erfahre."

So ist das Umgebende, das kollektive Ganze, die große Stadt auch für das Biberkopf-Drama keineswegs bloße Kulisse und weit mehr auch als ein naturalistisch gefaßtes Milieu, das den Charakter und die Verhaltensweise des Helden bestimmte und erklärte. „Franz Biberkopf betritt Berlin" steht über dem ersten Kapitel des Zweiten Buches. Doch nicht etwa vom Einzelschicksal des Helden wird da berichtet, sondern ein bebildertes Schild, auf dem die verschiedenen öffentlichen Ressorts angegeben sind („Handel & Gewerbe", „Stadtreinigungs- und Fuhrwesen", „Gesundheitswesen" usf.), wird ganz so wiedergegeben, wie es am Eingang eines Stadtverwaltungsgebäudes hängen könnte; Mitteilungen des Gemeindebezirksamtes, des Oberbürgermeisters, der Wohlfahrtspflege werden so abgedruckt, wie sie in den Fluren dieses Gebäudes zu lesen sein könnten; Wettervoraussage, Anschläge der Straßenbahnverwaltung, Reklametexte folgen; dann wird aus der wogenden Menschenmasse wie wahllos eine Reihe von Einzelfiguren erfaßt, deren im Grunde gleichgültigalltägliches Schicksal jeweils für die Dauer einer kurzen Szene im Blick des Erzählers steht, bis sie wieder zurückfallen ins wogende Kollektiv. Erst als das alles vorgegeben ist, wird „die Sonde", das Untersuchungsinstrument und Prüfungsgerät eingeführt, wird, mit dem folgenden Kapitel, Biberkopf in diese „Landschaft" gestellt. Erst „Berlin Alexanderplatz", dann „Die Geschichte vom Franz Biberkopf"; bezeichnenderweise hat Döblin die Biberkopf-Geschichte ursprünglich nicht einmal in den Romantitel aufnehmen wollen, aber „Berlin Alexanderplatz", so erinnerte er sich später, war „ein Titel, den mein Verleger absolut nicht akzeptieren wollte, es sei doch einfach eine Bahnstation, und ich mußte als Untertitel dazusetzen ‚Die Geschichte vom Franz Biberkopf'".

Döblin hat die Landschaft der großen Stadt, in die er seinen Biberkopf ziehen ließ, „damit er sich (mich) prüfe und erfahre", nicht mit abstandhaltender, breit überschauender Beschreibung aufgebaut, sondern mit Vorliebe durch direkte Erfassung szenischer Vorgänge zwischen den Romanfiguren, die den Leser dicht heranzieht an das Geschehen und ihm die Illusion gibt, gleichsam aus erster Hand zu erleben. Mit der Heftigkeit des Unvermittelten schlagen aus dem dunkel brodelnden Meer des kollektiven Lebens dieser Stadt solche Szenen, solche Kurzkapitel herauf. Wellenartig folgen sie einander in parataktischer Reihung; keine scheint um ihrer selbst willen da, jede um des Ganzen willen, dessen Teil sie ist, aus dem sie kommt und in das sie zurückfällt. „Man nehme ein Stück dieser Natur, und man hat die ganze Natur."

Breiten Raum aber nehmen auch die Texte ein, die vom Leben des Massenwesens Großstadt selber berichten, in dem die Menschen nur noch als Statistenherden agieren: seitenlange Lokalreportagen vom Rosenthaler Platz oder von der Hasenheide, dem Schlachthof und Fleischmarkt, vom Alexanderplatz vor allem. „Berlin Alexanderplatz" — das ist „doch einfach eine Bahnstation". Der Erzähler zitiert, wie hier im Titel, so überall im Text des Romans, und die

Stadt selber nimmt er so beim Wort. Von der Straßenbahn berichtet er — und zitiert die Benutzungsordnung, den Fahrplan, die Angaben, die auf den Billets gedruckt sind. Eine Straße beschreibt er — Firmenschilder, Preisangaben, Plakataufschriften und Anschläge werden mitgeteilt, Ausrufe der Zeitungsverkäufer und fliegenden Händler. Die Welt der großen Stadt strömt als eine Flut von Texten in den Roman. Das Zitat, das tatsächliche wie das fiktive, das wörtliche wie das entstellte, ist sein Erkennungszeichen. Kaum übersehbar sind seine Quellen: Soldatenlieder und Kinderreime werden zitiert, Heilsarmeegesänge und Schlager, Telephonbücher und Bibeltexte, sexualwissenschaftliche Literatur und erbauliche Gedichte, Briefe von Häftlingen und Reisebeilagen, Volkslieder und Wettervoraussagen, Wahlreden und die Gefängnisordnung, Moritaten und Gerichtsakten, amtliche Bekanntmachungen und Brehms Tierleben, Marktberichte und Bevölkerungsstatistiken, Zeitungsartikel, Reklametexte in unendlicher Zahl. Döblin zeichnet seine Gegenstände nicht ab. Sprache ist ihm hier nicht mehr Mittel, die Welt darzustellen, Gegenstände wiederzugeben, die durch sie erst darstellungsfähig, zugleich aber doch schon überformt und also entstellt würden. Sprache ist hier vielmehr durchaus identisch mit dem von ihr Gemeinten, sie selbst ist die Welt. Und so reißt er das vorgeformte Sprachmaterial, das die Realität ihm anbot, das noch das zudringlichgrelle Lokalkolorit primärer Wirklichkeit an sich trägt, als einen brüllenden Katarakt von Gegenständlichkeit in den Roman hinein. Die Reize des charakteristisch vorgeformten Textes, seine unmittelbare Welthaltigkeit und seine Resonanzkraft entzücken, ja begeistern ihn. Auf Schritt und Tritt noch spürt das der Leser seines Romans, teilt er diese Lust. „Marktverlauf: Rinder in guter Ware glatt, sonst ruhig. Kälber glatt, Schafe ruhig, Schweine anfangs fest, nachher schwach, fette vernachlässigt" (und selbst hier, „Schweine anfangs fest, nachher schwach", scheint eine dunkle Resonanz zur Biberkopf-Fabel zu führen). Immer hat für den Anstoß zum Schreiben, für die Auslösung des Produktionsprozesses Döblins Faszination durch den vorgegebenen Text eine entscheidende Rolle gespielt. „Ich gebe zu", erklärte er 1929, „daß mich noch heute Mitteilungen von Fakta, Dokumente beglücken, aber Dokumente, Fakta, wissen Sie, warum? Da spricht der große Epiker, die Natur, zu mir, und ich, der kleine, stehe davor und freue mich, wie mein großer Bruder das kann. Und es ist mir so gegangen, als ich dies oder jenes historische Buch schrieb, daß ich mich kaum enthalten konnte, ganze Aktenstücke glatt abzuschreiben, ja ich sank manchmal zwischen den Akten bewundernd zusammen und sagte mir: besser kann ich es ja doch nicht machen ... das ist alles so herrlich und seine Mitteilung so episch, daß ich gänzlich überflüssig dabei bin."

Ganz so überflüssig bleibt freilich auch hier der Autor nicht. Was er auswählt aus dem angebotenen Rohmaterial, wie er es überformt und integriert, was er ihm zusetzt, wohin er es rückt, das Arrangement der vorgegebenen Daten, das assoziierende Spiel der dichterischen Einbildungskraft mit diesen Bällen, die „der große Bruder" ihr zuwirft, das alles entfremdet das Zitat nicht nur der Wirklichkeit, aus der es stammt, sondern bestimmt zugleich erst über die Wirkungen, die es entfaltet im Zusammenhang des Romans. Wohl aber erscheint der Roman so über weite Strecken hin als eine Komposition aus vorfabrizierten Fertigteilen. Er führt im sprachlichen Bereich mit diesen Montagen genau das vor, was schon ein Jahrzehnt zuvor im Bereich der bildenden Kunst die in Berlin ausgestellten, im „Sturm" abgebildeten dadaistischen Collagen und Schwitters'schen MERZbilder ihm gezeigt hatten, diese Kleb- und Nagelarbeiten, die die Realität als vorgebildetes Material unmittelbar ins Bild nehmen und Kinderwagenräder, Spielkarten, Bindfäden, Streichholzschachteln, Zeitungsausschnitte, Straßenbahnbillets, Bruchstücke der wirklichen Welt durch Zerteilung, Übermalung, bestimmte Anordnung auf der Bildfläche zu einem neuen, der Wirklichkeit entfremdeten Gebilde arrangieren — so wie dann Döblin die fremden Texte gleichsam ausgeschnitten hat aus der Zeitung, dem Gesetzbuch, der Gefängnisordnung, wie er sie aufgesammelt hat in den Straßenbahnen, den Kneipen, auf dem Alexanderplatz und eingeklebt in sein Romanmanuskript. Auf diese Anregung durch die Dadaisten hat Döblin später selbst hingewiesen[4].

Vom Einsetzen, Aufmontieren, vom Collage-Charakter seiner Zitattexte zu sprechen heißt freilich einen Eindruck des Statischen wecken, der dem Tatbestand durchaus zuwiderläuft. Denn die „Fakta" verwandeln sich im „Alexanderplatz" in wirbelnde Partikel, in Energien, Potenzen, Stimulantien eines rauschhaft flutenden Prozesses[5]. Das Einzelzitat verliert sich selbst und findet zum Ganzen, indem es einstimmt in einen vielhundertstimmigen Chor. Daran wirken ganz wesentlich die kaleidoskopische Fazettierung der Textteile und der blitzhafte Wechsel von Sprecher und Perspektive mit, die vier Jahre vor Döblins Roman schon John Dos Passos in „Manhattan Transfer", dem Roman der Stadt New York, vorgeführt hat. Daran ist entscheidend beteiligt, daß fast keines dieser Zitate als „Einzelwesen" gefaßt, also durch Anführungszeichen isoliert wird. Kaum einmal geben Absätze, Gedankenstriche, Abstand schaffende Überleitungen und Einführungen eine Spur von individueller Kon-

tur, selbst die Begrenzung durch Punkt und Satzschluß fehlt mitunter („Damenstrümpfe, echt Kunstseide, Sie haben hier einen
Füllfederhalter mit prima Goldfeder"), und so schmelzen die Texte
gleichsam ineinander.

Entsprechendes läßt in allen Schichten des Romans sich beobachten. In die Biberkopf-Fabel dringt die Fülle der Nebenerzählungen
und schieben die Lokalreportagen sich ein, die heterogensten Inhalte
und unterschiedlichsten Beobachtungsstandpunkte mischen, lyrische,
dramatische, reflektierende Passagen verbinden sich, äußere und
innere Vorgänge und verschiedenartige Temporalbezüge gleiten
ineinander, die Ordines successivorum und simultaneorum durchdringen sich: alles Vereinzelte taucht ins Kollektiv eines brodelnden
Sprachmeeres, in dessen Wogen selbst die regelgerecht gebauten Sätze
sich auflösen in Satzfetzen und Wortgüsse und ihre syntaktische
Regelform widerstandslos den Impulsen der rhythmischen Artiku-
lation nachgibt, die das Ganze durchziehen. Indem sie so auf alles
Beharren in der Isolierung, alles Abkapseln, Sich-sperren und Widerstreben verzichten, weich und nachgiebig werden statt dessen, sich
auflösen und einstimmen ins umgebende Ganze, gehorchen die
sprachlichen Bauformen des Romans ganz den gleichen Maximen,
zu denen im Bereich der Fabel der Mensch, dieser Franz Biberkopf
erzogen wird, erzogen werden muß.

Döblins Erzähltechnik zielt insofern keineswegs auf Zerstückelung
und Zusammenhanglosigkeit der Sprache und der durch sie und mit
ihr erfaßten Welt[6], sondern im Gegenteil auf universale Entsprechung, Korrespondenz und Resonanz. Zerbrochen wird gerade das
nur Vereinzelte (der in sich geschlossene Satz etwa, das Textstück,
die Biberkopf-Fabel), das in seiner starren Isolierung gegen das
Umgebende sich sperrte und nun durch die Auflösung seiner individuellen Kontur dem Kollektiv sich hingibt. „Für den, der bloß
anschaut, erscheint das Ganze leicht als ein Nebeneinander. Unter
den Dingen, im Handeln und in den Reaktionen aber tritt die Verflochtenheit hervor", notierte Döblin. Denn: „Nichts auf der Welt
hat einen wirren, zusammenhangslosen Charakter. Aber daß dies
alles, das von verschiedenen Seiten hergewachsen ist, diese Millionen
Sonderschicksale und Begebenheiten, die sich im Jetzt treffen, daß
sie zusammengehören, man kann es kaum ausdenken. Denn es
zwingt, an die Verbindung aller zu denken. Ein Dasein eint dies
alles. Das aber heißt: sie sind miteinander verbunden, sie haben
einen Kampf auszufechten und berühren sich darum. Das, was hier
und da in das Becken des Jetzt einsteigt, bald näher zu mir, bald
ferner von mir, steht in Beziehung zueinander. Diese Gleichzeitig-

keit im Jetzt ist eine einzige Wahrheit, eine sinnvolle Begebenheit."
Zitate setzen den Zitierenden voraus. In dieser Hinsicht nun
scheint die Aufnahme vorgeformter Sprachstücke in den Sprechtext
der Romanfiguren und den Eigenbericht des Erzählers auf sehr
unterschiedliche Weise legitimiert. Vielfach werden sie gesungen,
gesprochen, gedacht von den handelnden Personen. Immer wieder
drängen sich so die jahrelang eingepaukten Sätze aus der Gefängnisordnung in die Erinnerung des haftentlassenen, ausgesetzten Biberkopf, die den Schutz der dunklen Zelle und das Geborgenheit und
Verläßlichkeit zusichernde Zuchthausreglement zurückbeschwören:
„Er dachte, diese Straße ist dunkler, wo es dunkel ist, wird es
besser sein. Die Gefangenen werden in Einzelhaft, Zellenhaft und
Gemeinschaftshaft untergebracht. Bei Einzelhaft wird der Gefangene
bei Tag und Nacht unausgesetzt von andern Gefangenen gesondert
gehalten. Bei Zellenhaft wird der Gefangene in einer Zelle untergebracht, jedoch bei Bewegung im Freien, beim Unterricht, Gottes-
dienst mit andern zusammengebracht. Die Wagen tobten und
klingelten weiter, es rann Häuserfront neben Häuserfront ohne
Aufhören hin." Mitunter wird das Zitat zwar tatsächlich gesprochen
von der Romanfigur: „plötzlich irrt durch seinen Kopf ein Satz,
eine Zeile, das ist ein Gedicht, das hat er im Gefängnis gelernt, die
haben es öfter aufgesagt, es lief durch alle Zellen", und dann sagt
Biberkopf diese Verse auf in Henschkes Kneipe. Aber wie mühsam
sie zum sprachlichen Ausdruck finden, wird auch hier sehr deutlich.
Zumeist verbleibt der Zitattext im stimmungshaft Gefühlten, dunkel
Assoziierten, im Unartikulierten des Halbbewußtseins, und erst der
Erzähler kommt ihm gleichsam zu Hilfe, zieht ihn herauf und spricht
ihn aus. „Das schwammige Weib lachte aus vollem Hals. Sie knöpfte
sich oben die Bluse auf. Es waren zwei Königskinder, die hatten
einander so lieb. Wenn der Hund mit der Wurst übern Rinnstein
springt. Sie griff ihn, drückte ihn an sich. Putt, putt, putt, mein
Hühnchen, putt, putt, putt, mein Hahn." Oder: „so sitzt Franz da
dick vor seiner Molle, sitzt im Fett. Lobt froh, ihr Kehlen, ihr
jugendlichen Chöre, es geht ein Rundgesang an unserm Tisch
herum . . ." Doch gesungen wird hier wie dort keineswegs, und
welchen Anteil an diesen Zitaten Biberkopf, welchen der ihm zu
Hilfe kommende Erzähler hat, bleibt unbestimmt.

Die mangelnde Fähigkeit zu eigener, unabhängiger sprachlicher
Formulierung, und das heißt zugleich: zu bewußtem, eigenständigem
Denken, die hier zutage tritt, charakterisiert den Helden des Romans,
der weit eher von dumpfen, triebhaften Impulsen sich lenken läßt
als von klaren und formulierungsfähigen Einsichten. Weithin er-

scheint sein Sprechtext als „erlebte Rede", in jener Ausdrucksform
also, die ihn gleichsam in Gemeinschaft mit dem Erzähler zu Wort
kommen läßt, oder als „innerer Monolog", den doch der Erzähler
erst zur Sprache bringt. Aber diese Techniken der modernen Erzählkunst stehen hier keineswegs im Dienste jener psychologisierenden
Menschendarstellung, jener Erfassung des Stream of conciousness,
für die der oft als Döblins Anreger genannte James Joyce 1924 im
„Ulysses" den Monologue intérieur verwandt hat. Sie erscheinen
bei Döblin als Formen kollektiven Sprechens, verwischen die der
Einzelfigur charakteristische Diktion, die sie unterscheidet von
anderen Sprechern, und dienen so der Einbeziehung des Einzel-
wesens in die umgebende Sprachgemeinschaft, an der Erzähler und
Romanfiguren, Zeitungsschreiber und Verfasser von Reklametexten,
ja Plakate und Telephonbücher selbst in gleicher Weise und weithin
ununterscheidbar beteiligt sind. Gerade die im Zusammenhang des
inneren Monologes auftauchenden Zitate geben dieser Darstellungsform eine solche Wirkung, nicht nur durch ihre effektive Mehr-
stimmigkeit, sondern ebenso durch die potentielle Beteiligung aller
Stimmen an diesen Schlager- und Reklametexten, die durch jeden
Kopf gehen, aus jedem Munde kommen können, die ein gemeinsames Sprachgut des Großstadtkollektivs sind. Fast immer erscheint
das Zitat hier als eine Art frei verfügbaren Gebrauchsartikels, und
seinen Benutzungscharakter macht Döblin denn auch an vielen
Stellen, auf vielerlei Weise sichtbar. Etwa wenn er ein amtliches
Schreiben zitiert, mitsamt dem Kopfbogen, wie sich versteht, so
nimmt er nicht die Ziffern des Geschäftszeichens auf, die der Leser
doch überliest, sondern nur den tatsächlichen Leseeffekt und Be-
nutzungswert „Geschäftszeichen" selbst („Der Polizeipräsident, Ab-
teilung 5, Geschäftszeichen, es wird ersucht ..."). Wenn er aus
einem Kitschroman zitiert, so fügt er die Benutzerspuren mit-
gelesener Satzzeichen oder, in Klammern, beim Lesen rückerinnerter
vorangegangener Textteile und am Ende eine freie Assoziationsreihe
dem Zitat hinzu: „Schauer der Kälte durchbebten sie. Ihre Zähne
schlugen wie in tiefem Frost aufeinander, Punkt. Sie aber rührte
sich nicht, Komma, zog nicht die Decke fester über sich, Punkt.
Regungslos lagen ihre schlanken, eiskalten Hände [wie in tiefem
Frost, Schauer der Kälte, schlankes Weib mit geöffneten Augen,
berühmte Seidenbetten] darauf, Punkt. Ihre glänzenden Augen irrten
flackernd im Dunkeln umher, und ihre Lippen bebten, Doppelpunkt,
Gänsefüßchen, Lore, Gedankenstrich, Gedankenstrich, Lore, Gedankenstrich, Gänsefüßchen, Gänsebeinchen, Gänseleber mit Zwie-
bel." Texte aus dem Bereich der großen Poesie werden mit den

Gebrauchsspuren rücksichtsloser Zerstückelung und Entstellung, trivialisierender Verwendungsweise und radikaler Sinnentleerung versehen, die nirgends mehr den Eindruck einer an der literarischen Bildungswelt teilhabenden Zitierkunst aufkommen lassen, sondern das abgesunkene Kulturgut dieser Schiller-, Goethe- oder Kleist-Zitate als einen Massenartikel unter tausend anderen vorstellen. Biberkopf singt das Lied vom guten Kameraden, und nicht wie er gedruckt, sondern wie er wirklich gesungen wird, erscheint der Text, im Schriftbild ausgewiesen als ein Gegenstand des Gebrauchs: „Kann dir die Hand nicht geheben, bleib du im ewgen Leheben mein guter Kameherad, mein — guter Kameherad." Gleiches geschieht, wenn nicht Newtons, sondern „Njutens" Bewegungsgesetz genannt wird. Und selbst die in einen von ihr gesungenen Text eingeschobenen, durch den Wortlaut des Liedes sichtlich angeregten Gedanken der Emilie Parsunke vervollständigen das Zitat ja um seinen Gebrauchseffekt: „Ich hab mein Herz in Heidelberg verloren [det is eine falsche Gesellschaft, der hat recht, daß er die ausräuchert] in einer lauen Sommernacht [wann kommt er denn nach Hause, ich geh ihm entgegen über die Treppe]. Ich war verliebt bis über beide Ohren [ich sag ihm keen Wort, mit sone Schlechtigkeiten werd ich nicht kommen, keen Wort, keen Wort. Ich hab ihn so lieb. Na, meine Bluse werd ick mir anziehen]. Und wie ein Röslein hat ihr Mund gelacht. Und als wir Abschied nahmen vor den Toren, beim letzten Kuß, da hab ichs klar erkannt [Und det stimmt, wat Herbert und Eva sagt: die merken jetzt wat . . .]."

Ob die Romanfigur auf solche Weise den früher einmal ins Gedächtnis genommenen Text reproduziert oder ob sie im Augenblick ihn zur Kenntnis nimmt, immer stiftet das Zitat Verbindungen, ja, erscheint es selbst als Zeugnis für die Kommunikation des Zitierenden mit anderen Sprechern, mit der Sprachwelt der Großstadt überhaupt, die durch ihre von Zeitungsausrufern, Anschlägen, Plakaten oder Geschäftsauslagen gleichsam zur Übernahme, zum Zitat angebotenen Texte den einzelnen zum Eintritt in das große Sprachkollektiv lockt, als das sie im Roman erscheint. Höchst aufschlußreich dafür zeigt sich im ersten Kapitel des achten Buches die Angabe: „Das Kaufhaus Hahn ist ganz runter, sonst stecken alle Häuser voll Geschäfte, sieht aber bloß aus, als ob es Geschäfte sind, tatsächlich sind es lauter Rufe, Lockrufe, Gezwitscher, knick knack, Zwitschern ohne Wald." Von solchen Lockrufen umschwirrt, zieht der Romanheld durch die große Stadt, und ihre in der Fülle der Zitate sich äußernde Kollektivstimme korrespondiert der Stimme des Todes in der Biberkopf-Fabel, die den Widerstrebenden, in der

Isolierung sich Versteifenden zur Selbstaufgabe läutert und ihn die Solidarität mit der Gemeinschaft lehrt. Ja, was Biberkopf dort erst am Ende seines Weges, im Läuterungsfeuer der Sterbestunde als bewußte und in ihrer Bewußtheit zugleich schon fragwürdige, zwiespältige Maxime eines „neuen Lebens" erfaßt, wird von ihm, dem unaufhörlich Zitierenden, im Bereich der sprachlichen Formung des Romans auf unreflektierte und gleichsam naturwüchsige Weise schon von Anfang an praktiziert. In dieser Hinsicht erweist die Erziehung durch den Tod sich als ein Akt der Bewußtmachung.

Neben dieser bedeutungsvollsten Funktion erfüllen die Zitate mannigfaltige Nebenaufgaben im Wirkungsverband der Erzählmittel. Sie assoziieren sich etwa bestimmten Vorgängen im Handlungsverlauf, rufen daher bei ihrer Wiederholung im Gedächtnis der Romanfiguren ebenso wie in dem des Lesers Erinnerungen an Früheres auf und wirken so an der Verbindung des zeitlich Getrennten in der Gleichzeitigkeit des erlebten Augenblicks. Solch rückweisend und vorausdeutend koordinierende Leistung wiederholt zitierter Texte zeigt sich beispielsweise in der Verwendung der vom Erzähler leicht überformten und gebrauchsfähig gemachten Verse aus dem 3. Kapitel des Predigers Salomo. Sie erscheinen am Ende des Siebenten Buches, wenn Mieze mit Reinhold nach Freienwalde gefahren ist, als eine dunkle Vorbedeutung, von der man nicht weiß, wer eigentlich sie spricht, als eine Unheilsverkündigung, von der es fast scheint, als raunten die Bäume sie: „Sie lachen, sie gehen Arm in Arm, erster September. Die Bäume hören nicht auf zu singen. Es ist ein langes Predigen. Ein jegliches, ein jegliches hat seine Zeit und alles Vornehmen unter dem Himmel hat seine Stunde, ein jegliches hat sein Jahr, geboren werden und sterben, pflanzen und ausrotten, das gepflanzt ist ..." Von hier an ziehen die Predigerworte durch das ganze Kapitel. Alles Geschehen zwischen dem Mädchen und dem Mann begleiten sie und bestimmen es als ein Beispiel dessen, was sie verkündigen. Mit zunehmender Heftigkeit und Beschleunigung des Handlungsverlaufs verändern sie selbst ihre Form und ihr Sprechtempo, werden zu kurzen Fetzen, zu abgewürgten Schreien, als stieße das Opfer selber sie hervor, das unter dem Griff des Mörders sich windet: „Sie ist blau, zerrt an seiner Hand: ‚Mörder, Hilfe, Franz, Franzeken, komme.' Seine Zeit! Seine Zeit! Jegliches seine Zeit. Würgen und heilen, brechen und bauen, zerreißen und zunähen, seine Zeit. Sie wirft sich hin, um zu entweichen. Sie ringen in der Kute." Und als alles vorüber ist, weht von den schwankenden Bäumen her, die zuerst sie predigten, noch einmal ein letzter Nachklang der Verse, die ihre schreckliche Wahrheit bewiesen haben. „Die Bäume schaukeln, schwanken. Jegliches, jegliches."

Das augenfälligste und durchgeformteste Beispiel für solche Leistungen leitmotivisch wiederholter Zitate gibt das Lied vom Schnitter Tod, das von lang her den figürlich-leibhaftigen Auftritt des Todes im letzten Buche vorbereitet (so wie die Apokalypse-Zitate sich am Ende in der Gestalt der Hure Babylon selber gleichsam materialisieren), das zugleich aber als heimlich-unheimlicher Unterton die Erscheinung Reinholds begleitet, des Mannes mit dem gelbhäutigen Gesicht, mit den klaffenden Falten, die von der kurzen, stumpfen Nase zum Munde laufen, der stammelt und stottert, wenn er redet — wie es später von seinem Meister und Auftraggeber, vom Tode selber heißt: „Er singt wie ein Stammler." Als Biberkopf sich einläßt in die Verbindung mit diesem Abgesandten des Todes, auf ihren „schwunghaften Mädchenhandel", da schiebt zum erstenmal auch das Liedzitat sich in den berichtenden Text: „Franz beobachtet immer den Reinhold. Es ist ein Schnitter, der heißt Tod, hat Gewalt vom großen Gott. Heut wetzt er das Messer, es schneidet schon viel besser, bald wird er drein schneiden, wir müssens erleiden. Ein merkwürdiger Junge. Franz lächelt. Reinhold lächelt gar nicht. Es ist ein Schnitter . . .". An Biberkopfs Bett in der Magdeburger Klinik sitzen Herbert und Eva, und er erzählt, wie die Pums-Leute ihn aus dem fahrenden Auto geworfen hätten. Daß Reinhold es tat, verschweigt er ihnen, aber das Zitat, das jetzt plötzlich eingerückt wird, vertritt ihn gleichsam, und der Anhauch des Todes geht von ihm aus. „Es ist eine Mauer um sie eingerissen, eine andere Luft, eine Finsternis ist eingeströmt. Sie sitzen noch am Bette von Franz. Es geht ein Schauer von ihnen zum Bett von Franz. Es ist ein Schnitter, der heißt Tod . . .". Nun verstummt das Lied nicht mehr. Seine im Strom des Romantextes jäh auftauchenden Bruchstücke halten die Todesdrohung gegenwärtig, und als Mieze mit Reinhold durch den Wald geht, als der Mörder sich auf sie wirft, als Biberkopf dann den Mordbericht in der Zeitung liest, steigen sie herauf. Als er am Ende für den Prozeß gegen Reinhold vernommen wird von den Kriminalbeamten, da hat das Zitat seine Todesprophezeiung zwar erfüllt und seine Drohung verloren, aber als Mahnung bleibt es auch jetzt noch im Spiel, und so wird hier zum erstenmal nun auch der letzte Vers zitiert: „Hüt dich, blau Blümelein", der vorher nur verharmlosend hätte wirken können.

Wer hat ihn da zitiert, wer hat diese Zitate eigentlich gesprochen? In vielen Fällen ist es gewiß die Romanfigur, der dann mitunter die Stimme des Erzählers zu Hilfe kommt. Doch für eine Fülle von

Zitaten in Döblins Roman gilt diese Auskunft keineswegs, da scheint auch der Erzähler selbst und allein durchaus nicht mehr verantwortlich für den zitierten Text. Der Autor hat dieser im „Berlin Alexanderplatz" gleichsam mitgedichteten Figur dort, wo die Biberkopf-Fabel und ihre Moral zur Rede steht, den Anschein vorauswissender und ganz überlegen führender, uneingeschränkter Erzählervollmacht gegeben; „es ist die Frage", läßt er sie im Vorwort zum Zweiten Buche sagen, „ob wir nicht einfach aufhören sollen. Der Schluß scheint freundlich und ohne Verfänglichkeit, es scheint schon ein Ende, und das Ganze hat den großen Vorteil der Kürze. Aber es ist kein beliebiger Mann, dieser Franz Biberkopf. Ich habe ihn hergerufen zu keinem Spiel, sondern zum Erleben seines schweren, wahren und aufhellenden Daseins." Solch souveräne Verfügungskraft und Selbstsicherheit täuscht. Der Erzähler ist eine Figur, die allein durch ihr Erzählen sich aufbaut, kraft ihrer Sprache personale Kontur gewinnt. Wenn man daraufhin ihn beobachtet, so zeigt sich doch, daß er vor dem Gegenstande seines Erzählens, vor der herandrängenden Fülle von Figuren und Geschehnissen eine Abschweifungsbereitschaft erweist, in der nicht mehr die Souveränität des alten Epikers, sondern Nachgiebigkeit und Schwäche sich äußern. So zeigt sich, daß er auch auf die Sprache des Kollektivwesens Großstadt in einer Weise sich einläßt, die seinen Eigencharakter, seine Überlegenheit sehr in Frage stellt. Mit der sprachlich-formalen aber geht eine ideelle Angleichung Hand in Hand. Wie er auf ihren Jargon sich einläßt, so teilt der Erzähler im Grunde hier auch die moralische Ordnung mit der Diebes- und Dirnenwelt. Und Döblin hat sich diesen Vorgang in seinen theoretischen Schriften zu vollem Bewußtsein gebracht. Betritt der Autor die Ebene eines bestimmten Sprachstils, hat er erklärt, „so muß er sich den Gesetzen dieses Landes anpassen. Er wird geführt und gefangen. Er hat sich diesem Land verschrieben. Mit der Sprache und dem Tonfall muß er nun viele Vorstellungen und Urteile akzeptieren und sie in Kauf nehmen." Denn: „jedem Sprachstil wohnt eine Produktivkraft und ein Zwangscharakter inne, und zwar ein formaler und ein ideeller."

Lautstand und Formenbildung, Wortschatz und Redewendungen des Berliner Dialekts, ja des Gossen-Argots, des Verbrecherjargons bestimmen die Rede des agierenden Personals, und der szenisch gestaltende Erzähler gibt dem breiten Entfaltungsraum. Seine eigene Diktion zwar steht auf weit gehobenerer Stufe, unterscheidet sich an vielen Stellen ganz eindeutig von aller direkten Rede der Figuren. Aber schon in der erlebten Rede, im inneren Monolog zeigt er ein Entgegenkommen, das die distanzierenden Spezifika seiner Sprache

verwischt. Auch im Eigenbericht läßt er sich häufig auf den Primitiv-
stil und die Dialektsprache seiner Figuren ein, und bis in die ihm
ganz allein vorbehaltenen Kapitelüberschriften schlägt schließlich der
Zuchthausjargon herauf: „Es kommt zum Klappen, Klempnerkarl
geht verschütt und packt aus" — so reden sie alle, und die gesonderte
Einzelstimme des Erzählers verliert sich im Chor der Masse.

In seiner Theorie vom „Bau des epischen Werkes" hatte Döblin
gesagt, daß in bestimmten Stadien des Produktionsprozesses das Ich
des Autors durch die entstehende Dichtung so fasziniert und be-
zaubert werden könne, daß es die eigentliche Führung verliere; „es
erleidet sein Werk, es tanzt um sein Werk herum. Das Ich ist in die
Spielsituation des entstehenden Werkes einbezogen und hat wenigstens zum Teil die Kontrolle verloren." In diesem Zusammenhang
gehört ohne Zweifel die begeisterte Überwältigung des Autors
durch die vorgeformte Sprache, die ihn sich selber überflüssig erscheinen läßt: „Ich plantschte in Fakten. Ich war verliebt, begeistert
von diesen Akten und Berichten. Am liebsten wollte ich sie roh
verwenden." Wie der Produktionsprozeß im Lesevorgang sich spiegelt und wiederholt, so bestimmt auch diese Haltung des Autors
die Rolle des fiktiven Erzählers im Roman. Wenn aber der Autor
Döblin angesichts der „Fakten", die ihn überwältigten, zurück-
findet in die Überlegenheit dessen, der sie auswählt, überformt und
montiert, der „die Daten arrangiert", so gilt diese Auskunft doch
für seinen Erzähler nicht. Die Schwäche, die Nachgiebigkeit, mit
der er im stilistischen Bereich reagiert, auf den kollektiven Dialekt
und Jargon sich einläßt, zeigt sich deutlicher noch angesichts der
Zitate. Eben noch hat er selber gesprochen oder für eine Weile
seinen Romanfiguren das Wort erteilt, da schneidet mit den Montagen jäh und übergangslos ein anderer, autark gewordener Sprecher
das Wort ihm ab, ein anonym bleibender Für-Sprecher des großen
Kollektivs. Statistiker und Aktenschreiber, Reklametexter und
Schlagerdichter drängen sich an den Platz des Erzählers, und der
läßt sie „herankommen", läßt sich beiseite schieben, widerstrebt
nicht, gibt nach. Mit brutaler Gewalt bricht die Welt, die Wirklichkeit als Sprache über ihn hinweg, eine vom Erzähler nicht mehr
gemeisterte Fremd-Sprache überflutet ihn, reißt ihm die Erzähl-
führung aus der Hand, bis die Woge zurückfällt und er wieder zu
Worte kommt. Über weite Strecken hin will es scheinen, als erzähle
die große Stadt sich selbst, als träten die Texte in den Roman, ohne
daß sie noch des aufnehmenden und erzählend wiedergebenden
Vermittlers bedürften.

Von einem als Figur gefaßten, persönlichen Erzähler zu sprechen ist dennoch unerläßlich. Nicht nur weil er in der Moritat vom Biberkopf als zeigende und bewertende, mit aller Vollmacht des Erzählens und Verschweigens ausgestattete Person deutlich wird, sondern auch deshalb, weil erst unter der Voraussetzung eines persönlichen Erzählers der Einbruch vorgeprägter und vermittlungsfreier, autonomer Texte in den Roman erkennbar wird als Folge einer Verhaltensweise eben dieses Erzählers, die wiederum in das Zentrum des Erzählwerks weist. Wie das Schlachtvieh oder wie Isaak und Hiob nicht widerstreben, sich fügen und sich überwältigen lassen, so praktiziert auch dieser Erzähler im Verhältnis zu den herandrängenden Stimmen aus dem Kollektiv die Lehre vom Einverständnis, führt auch er die Haltung vor, zu der Biberkopf am Ende seines Weges gelangt. Wie das Prinzip der Ergebung, der Einfügung in ein umgebendes, kollektives Ganzes, das am Ende die Moral seiner Privatgeschichte verkündet, schon von Anbeginn den Bau der syntaktischen Formen und den Aufbau des ganzen Romans bestimmt, die Einbettung der „Geschichte vom Franz Biberkopf" in die Fülle der Gleichnisse und Nebenerzählungen, umgebenden Figuren und Geschehnisse, der Resonanzen und Korrespondenzen, wie es die Eigenarten der Sprachbehandlung prägt und die der Menschengestaltung, so regiert es das Verhältnis der Erzählerstimme zur Stimme des Sprachkollektivs, die weder isoliert sich behauptet noch sich gänzlich aufgibt und verliert im Sprachmeer der Großstadt: „Das Ich ist darin. Es wiegt sich darin!" In all seinen Zügen weist Döblins Roman so auf das gleiche, das strukturbestimmende Prinzip; und dieser gemeinsame Grundbezug der Gestaltungsformen und Darstellungsweisen stellt seinerseits eine Resonanz, eine Korrespondenz der Bereiche vor Augen, die das letzte, äußerste Beispiel universaler Kommunikation gibt und gleichsam den Schlußstein setzt in das großartig geschlossene Gefüge dieser Dichtung. Sie entläßt zwar mit Widersprüchlichkeit dort, wo — dem Modellzwang der christlichen Jedermann-Parabel folgend — ihre Lehre von der Einwilligung Anwendung finden soll auf das Verhalten des „neuen", geläuterten Menschen in der Wirklichkeit unserer Welt; wo Biberkopf, „(die Sonde)", in die Welt dieses Romans geführt wird, „damit er sich (mich) prüfe und erfahre", und sich nun in die Alternative von kriegsopferbereitem Gemeinschaftsaufbruch oder skeptischer Abkapselung des einzelnen verirrt. Das stellt freilich die Brauchbarkeit des Biberkopfschen Lehrbeispiels als einer praktikablen Verhaltensvorschrift in Frage — nicht aber den ästhetischen Rang des Romans. In ihm lebt jener experimentelle, revolutionäre Geist, den Döblin der „progressiven Gruppe" deutscher Autoren zusprach. Mit brutaler Rücksichtslosigkeit, unbekümmert um alle Verluste, dem Zeitalter der großen Industrien, der riesigen Städte, der anonymen Kollektive leidenschaftlich zugewandt, werden hier die überlieferten Wertvorstellungen aufgegeben, die mit der Behauptung einer individuellen Persönlichkeit gegenüber der Masse und ihren Nivellierungstendenzen zusammenhängen, werden die „vorbereiteten Themen", die gängigen Erzählweisen, die traditionellen Stilbegriffe beiseite geschoben. Kaum weniger als ein Kompendium moderner Erzähltechniken ist der „Alexanderplatz". Was aber seinen Rang bestimmt, ist eben dies: daß die Auflösung der Figur eines persönlichen Erzählers, wie er seit Rabelais und Cervantes, Fielding, Sterne und Wieland den Roman bestimmt hat –, daß die Reduktion der Mittelpunktsfigur auf die Verkörperung jenes niedrigsten Wertes, der ihre Verbindlichkeit für eine pluralistische Leserschaft verbürgt –, daß die Einbeziehung ihres Privatfalls, die Einbettung des Handlungsstranges in ein breitflächiges Erzählgewebe –, daß die expressionistischen, dadaistischen Formzüge, die Satzauflösung, die Perspektivenverwischung, das Ineinanderschieben heterogener Handlungs- und Textteile, die Auflösung zeitlicher Kontinuität, diese Montagetechnik und Simultaneitätsdarstellung, die Bevorzugung der erlebten Rede und des inneren Monologs –, daß dies alles nicht um seiner selbst willen, als ein bloß erzähltechnisches, formalistisches Experiment erscheint, sondern dem zentralen Vorwurf der Erzählung dienstbar gemacht, ja aus ihm abgeleitet und von ihm her als notwendig erwiesen wird.

In den vulkanischen, den zerstörerischen Ausbrüchen, die hier, den Impulsen eines außerordentlichen Kunstverstandes folgend, zu einem Werk von bewundernswerter Geschlossenheit sich türmen, kommt etwas von erzählerischer Urkraft, von barbarischer Sprachgewalt zu Worte. Ihr aber gelingt ein wilder Durchbruch zu jenem wahrhaft epischen Reichtum der Sprache, der Bilder und Formen, der Figuren, Räume und Geschehnisse, zu jener epischen Weltfülle, die zu beschränken, gegen die sich abzukapseln der Roman um so gefährdeter erscheint, je mehr er in veredelten, hochgezüchteten Formen erstarrt; ihr gelingt ein Durchbruch zu dem, was Döblin den „frischen Urkern des epischen Kunstwerks" nannte, und von dem her diese welthaltigste unter den poetischen Gattungen ihre lebendig sich wandelnden Erscheinungsformen bildet.

ALBERT FUCHS

Broch · Der Tod des Vergil

„Der Tod des Vergil" — „kein dokumentierter historischer
Roman, (sondern) aus sich selbst und in seiner eigenen Autonomie
geboren" — stellt sich als der Bericht über die letzten achtzehn
Stunden des „Aeneis"-Dichters dar, der mit der tödlichen Krankheit
ringt. Der Sterbende hat das Erlebnis einer großartigen Meditation,
die, oberflächlich betrachtet, der Erhaltung oder Vernichtung seines
Epos gilt. Aber die Wahl, die getroffen werden muß, ist nur der
Kristallisationspunkt für weittragende Fragen, wie sie sich in einer
Welt der Zersetzung der Persönlichkeit und des „Zerfalls der
Werte"[1] erheben; sie münden ein in das Problem der Größe und
der Knechtschaft des Menschen auf Erden und im Universum.

Zu den Schwierigkeiten, die in diesem Gehalt und in der Ver-
schränktheit seiner Komposition liegen, kommen andere hinzu. Sie
liegen in der vom Inhalt ablenkenden Diktion, die auf jener Grenzlinie steht, welche die Sprache in ihrer Bestimmtheit von der Musik
als dem Ausdruck des Schwebenden, Fließenden trennt. Man
kann sich darum diesem Werk nur nahen — um Hölderlins Begriffs-
bestimmung aufzunehmen — durch das „kalte, kühne, unbestech-
bare" Forschen, das geduldigen Ohres oder Auges eine große
Partitur oder einen großen Text Element nach Element ergründet
und begreift.

Das Ringen mit der Lebensangst

Im Gefolge des Augustus landet Vergil, aus Griechenland kom-
mend, in Brundisium. Während der Seefahrt hat er sich gefragt, was
er in seiner dreifachen Eigenschaft als Mensch, Dichter und Er-
kenntnissucher erreicht hat, und antworten müssen, daß er unter
dem Druck einer übermächtigen Gewalt stets versagt hat. „Den Tod
fliehend, den Tod suchend, das Werk suchend, das Werk fliehend",
ist er zu „einem Ruhelosen" geworden, der sein Inneres nicht zu
beherrschen weiß. In seinem Inneren waltet eine Antinomie, die ihn
bis zum Gefühl der Spaltung seines Ich führt. Dann: als Mensch
unter Menschen war er zu Einsamkeit und Unvermögen gezwungen,
hat er den Kontakt mit seinesgleichen nicht gefunden. Ferner: als

Dichter, und das heißt als Berater und Führer, hat er nichts erreicht, wie gerade sein Erfolg erkennen läßt; denn „der Dichter wird nur dann gehört, wenn er die Welt verherrlicht, nicht jedoch, wenn er sie darstellt, wie sie ist". Ruhm ist die Frucht der Lüge, nicht der Erkenntnis, und — letzte, schwerste Bedrückung — die Erkenntnis ist ihm nicht zuteil geworden; er hat versucht, den Sinn des Daseins der Einzelwesen, der Menschheit, der Schöpfung als eines Ganzen zu erfassen — es war vergeblich. So kam zur Unstimmigkeit des Innen die Unstimmigkeit im Verhältnis zum Außen hinzu. Die Lebensbilanz eines Besiegten inmitten eines zusammenhanglos erscheinenden Universums rückt einen psychologischen, ethischen, ästhetischen, intellektuellen, metaphysischen Bankrott ins Licht. „In das tiefsinkende westliche Gestirn blinzelnd", heißt es, „zog Vergil den Mantel bis unters Kinn; er fror."

Diese Grübelei ist jedoch nur ein Vorspiel, das Anschlagen von Motiven, die sich alsbald erweitern werden, wobei es sich zeigt, daß es Vergil nicht allein um sich selbst geht. Nachdem er erschüttert und entsetzt die Fahrtgenossen, von den Spitzen der Gesellschaft bis zu den erbarmungslos Entrechteten, beobachtet hat, sieht er, die Stadt durchquerend, die Menge, die ihn in ihrem „Absinken zum Großstadtpöbel" in gleicher Weise entmutigt. Überall „schwelt Begehrlichkeit", überall herrscht das „Gierleben der Oberfläche". Mann und Weib sind lediglich durch die „Geilheit in der Zufallsbrunst" verbunden. Auch außerhalb der Geschlechtlichkeit hat der Mensch für den Mitmenschen nichts als ausbeutende Roheit oder bestenfalls Gleichgültigkeit. Sogar Augustus, sagt sich Vergil rückblickend, kennt keine Freundschaft, sondern bloß „Freundlichkeit zu selbstischen Zwecken"; seine soziale Ordnung, der Augusteische Frieden, ist „gebändigt und mißbraucht zum Ehrgeiz, zum Nutzen, zur Hetzjagd, zur Außenweltlichkeit, zur Verknechtung, zum Unfrieden". Der Mensch hat die „Sehnsucht des Herzens und des Denkens" verlernt, ist nur noch „bewegte und gehetzte Kreatürlichkeit ... Das Unheil lärmte, und die Qual lärmte, und der Tod lärmte." Doch den ganzen grauenhaften Sinn dieser Feststellung ermißt Vergil erst in der „Elendsgasse", dem schauerlichen Proletarierviertel Brundisiums. Hier zeugen, vegetieren, verenden Wesen der Nurgeschöpflichkeit als menschliches „Ungeziefer", das neben dem Kampf um das bare physische Dasein von nichts weiß. Brutalste Beschimpfungen überfallen, überschütten den vornehmen Unbekannten, den „Sänftenlümmel", den „Geldsack auf dem Thron". Der Klassenhaß der Enterbten gegen den Bevorrechteten gellt auf. Aber noch etwas anderes wird herausgeschrien, herausgespien: das

Urteil über den Menschen, der das, was not tut — das Absolute als Rettendes — noch nicht erblickt und erfaßt hat. Die Speienden wissen nicht, was ihre Unflätigkeiten besagen. Der Fiebernde aber, der hellhöriger Gewordene, begreift. „Jede Schmähung riß ein Stück Überheblichkeit von Vergils Seele, so daß sie nackt wurde, so nackt wie die Säuglinge, so nackt wie die Greise auf ihren Lumpen, nackt vor Finsternis, nackt vor Erinnerungslosigkeit, nackt vor Schuld, eingegangen in die flutende Nacktheit des Ununterscheidbaren." ... „Finsternis": verworfen ist alle bloß intellektuelle Bildung, für die das Licht der wahren Erkenntnis noch nicht geleuchtet hat. „Erinnerungslosigkeit": die Erfahrungen, die auf diese Weise im Leben gemacht worden sind, versinken als bedeutungslos im Abgrund der Vergessenheit. Sie haben versäumt, das Wesentliche ins Auge zu fassen: daher „Schuld"; führten sie doch nicht dahin, die wahre Verbindung mit den Menschen auch nur zu suchen; und die Feindseligkeit, die ihn umgibt, schleudert dem Fremden, dem Eindringling den Vorwurf ins Gesicht. Aber noch anderes erfährt Vergil durch das Wort vom „Ununterscheidbaren" — dies: der Mensch solchen Zustandes ist ein namenloses Element des universalen Lebensdranges, dazu bestimmt, in der ungeheuren gestaltlosen Masse des Lebensmagmas zu verschwinden; das eröffnen ihm auch die Weiber, die ihm zuschreien: „Wenn du verreckt bist, stinkst du, wie jeder andere." Es ist noch nicht alles. Die Individuation, selber eine Täuschung, enthält und unterhält eine zweite Täuschung des Menschen über sein Wesen; denn der Mensch irrt, wenn er meint, in seiner autonomen Substanz erhalten zu bleiben, der Zersetzung zu entgehen, mit seiner Seele zur „Zeitlosigkeit" berufen zu sein. So kann nur ein verstockter Sünder oder ein Kind denken. Und: ‚„Bist schlimm gewesen, mußt heimgetragen werden ... Kriegst eine Spritze, aufs Töpfchen gesetzt', regnete das Lachen allenthalben aus den Fenstern." Weiter: wie das Symbol des Schiffs, das Vergil aus Griechenland nach Brundisium brachte, es besagt, ist der freie Willen des Menschen auch nur Trug inmitten einer Welt, aus der irreführende, die Helligkeit des Wesentlichen verbergende Schatten aufsteigen — die „Zeitdunkelheit". Eines allein ist für den nurgeschöpflichen Menschen wirklich: der Determinismus der Ereignisse, das „Unabänderliche", dem er in Ohnmacht ausgeliefert ist. So gleichen denn auch die Weiber der „Elendsgasse" immer mehr den Schicksalsgöttinnen, den Parzen, wenn sie drohen: „Wir holen dich schon, du Schwanz, du Hängeschwanz."

Mit marternderer Klarheit als zuvor fühlt Vergil sich in eine Schöpfung gestellt, die er nicht versteht. „Aus unerschließbaren

Tiefen", so sinnt er qualvoll, „sprießt das Leben empor, durch das Gestein zich zwängend, sterbend schon auf diesem Wege; ... aus unerschließbaren Höhen sinkt das Unabänderliche steinkühl herab ... erstarrend zum Gestein der Tiefe, oben wie unten das Steinerne." Aber nicht nur zwischen Erde und Himmel, im Kosmos, hat Vergil dieses „Unabänderliche" verspürt. „Zwangsläufig", hat er gesehen, bewegt sich auch die Menge wie er selbst. Wer er auch sei, wo er auch sei, hat der Mensch „die Unentrinnbarkeit und ... die unentrinnbaren Fänge des Schicksals" über sich. „Eine Sünde wird bestraft, ... die der Mensch nicht begangen hatte, ... und die ihm ewig auferlegt ist, damit er seine Aufgabe, damit er die Erfüllung nicht sehe." Der Mensch ist bindungslos, wehr- und hoffnungslos in eine zeitliche und räumliche Unendlichkeit geworfen, die von keiner sinn- und damit einheitgebenden Idee gelenkt wird. Wie dürfte er hoffen, anders als geschöpflich zu leben?

Vor dem Eintritt in das Kranken-, das Sterbezimmer wird einem doppelt und dreifach Aufnahmefähigen noch einmal zum Bewußtsein gebracht, was ihn seit eh und je bedrängt hat, um ihn jetzt antwortheischend mit letzter Gewalt zu bestürmen. Ein Drama setzt ein mit nihilistischem Auftakt.

Doch ein Stern bricht durch die Finsternis der Geschöpflichkeit und damit durch die Nacht Vergils. Auch die Furien der „Elendsgasse" kennen den Mutterinstinkt und wissen damit um Liebe; sie fühlen dunkel, daß eine Erkenntnis errungen werden muß. Die Menge, die vor dem Cäsarenpalast auf Freiwein und Geldspenden wartet, diese „Flut zusammengeballter Geschöpflichkeit", hat einen wenn auch niedrigen Begriff von Richtung und Ziel und erlaubt, auf „Rettung des Bewußtseins, ... der Seele" zu hoffen. Ihr Zorn über den Vergil gewährten sofortigen Eintritt in das Gebäude ist Zeichen eines „Bangens um Würde". In jedem Menschen lebt eine „unaustilgbare Sehnsucht" nach Aufstieg, die „sich niemals vernichten, höchstens ins Bösartige und Feindliche abbiegen" läßt. „Gottesverborgenheit ist, aufdeckungs- und erweckungsbereit, allüberall und selbst noch in der verworfensten Seele."

So besteht das Recht, zu fragen, ob das menschliche Los nicht auch eine „Herrlichkeit" bedeutet, die „furchtbare Herrlichkeit, ... in die irdische Verkerkerung, ins Böse, ins Sündige" geworfen zu sein, um danach zu Wahrheit, Freiheit, Dauer und allumfassender Gemeinschaft zu gelangen. Die Geburt dem Fleische nach, Ursprung alles Irrtums und aller Schuld, sollte sie nicht auf eine zweite Geburt im Geist hinzielen, die „Wiedergeburt" in der Vereinigung mit Gott, jenseits der irreführenden Zeitwelt und des zerstörerischen

Zeitablaufs? Sollte dafür „die Größe der Menschenvielfalt, die Weite der Menschensehnsucht" nicht Beweis sein?

Die inneren Kräfte können, von außen unterstützt, erhöht werden. Es gibt Lebensformen, die dem Menschen nicht allen tieferen Bezug zum Mitmenschen, nicht alle Entfaltung versagen. Das Beispiel gewisser Menschen, die dem Gebote tätiger Liebe gehorchen, hilft leben. Jeder Mensch ist umfangen von den Kräften des Lichts und ihrem Aufruf zum Suchen nach der Klarheit. Die Erde ist da und auf ihr, in ihr das „Sprießende" und seine „Wurzeldunkelheit"; sie gemahnen an ein Leben, wie es die Nacht kennt, die, in ihrem Schlaf dem Trug des irrtümlich als wahr erachteten Lebens entrückt, Aufforderung zur sündenlosen Allverbundenheit ist.

Trotz des Chaos, das jeder in sich trägt, kann der dunkle gute Auftrieb bei gewissen Persönlichkeiten zu klarem, festem Wollen werden.

Das unbestimmt erahnte, in verdämmernden Umrissen erschaute Ziel genau zu erkennen und den Weg dorthin zu finden ist die Aufgabe der Menschheit: „Der Mensch als Mensch existiert durch die Frage." Dieses Streben verkörpert sich in Gestalten, als deren eine Vergil sich erweist. Obgleich auch ihm „Brunst, ... Gier, ... Fleischlichkeit, ... habsüchtige Kälte, ... tierhaft körperliches Sein, ... als der chaotische Urhumus seines eigenen Seins ... einverleibt" sind, obgleich auch er sein Teil Geschöpflichkeit in sich trägt, ist er doch ein höherer Mensch und wird er ein hoher Mensch. Seine Richtungnahmen, Gaben und Erfahrungen sind ebensoviel Verheißungen und werden von ihm inmitten allen Zweifelns als Befehle zum Versuch des Aufstiegs, als Aussichten auf die Möglichkeit des Aufstiegs empfunden. —

Bis in die Knaben-, wenn nicht Kinderzeit verfolgbar lebt in Vergil die beängstigende und treibende Frage nach „Bestand und Nichtbestand des eigenen Selbst", nach der Stellung des Menschen in der Unendlichkeit von Raum und Zeit, nach dem Sinn des Todes. Seinem tiefsten Wesen nach ist er ein Mensch, der die Probleme vom horizontweitesten, die bloßen Erscheinungen überragenden, vom metaphysischen Standpunkt aus erfassen und durchdringen will und „wohl seit jeher" ahnt, daß dieses Forschen, „dieses Lauschen bereits einer Erkenntnis galt, für die sein ganzes Leben gelebt werden sollte".

Als ein Besessener des Erkenntnisdranges sucht er das erhellende, die Einheit und Ordnung offenbarende Gesetz, begehrt er — andere Grundtendenz — in dessen Geist nach Einfügung. Darum als Wunschbild seiner Lebensform das schlichte und gefestigte Dasein in ländlicher Gemeinschaft; darum, auftauchend aus den fiebernd sich kreuzenden Gesichten und Gedanken des Todgeweihten, die Sehnsucht nach einer „Heimstatt". Vergil, der metaphysische Mensch, sucht in der Weite und Verflechtung der Existenz und der Schöpfung den sichern, den sichernden Punkt, sucht Erkenntnis als Heil.

Solches Mühen könnte reiner Egoismus sein, ist es aber nicht bei Vergil; denn Vergil ist der Mensch der „Gemeinschaft". Wo er einen verwandten Geist, eine verwandte Seele entdeckt, muß er sorgende Hingabe betätigen. Aber sogar der fürchterlichen untermenschlichen Menge steht er nicht bindungslos fern. Mitleid und Verantwortungsgefühl treiben ihn immer wieder zu allmenschlicher brüderlicher Annäherung und Hilfeleistung. Der Erkenntnis- und Heilsuchende ist ein Liebender. Die Liebe soll bleiben „in der Verheißung ihrer Endgültigkeit".

So ist es keineswegs Geltungs- oder Herrschsucht, die bei ihm den Wunsch bestimmt, Führer zu sein, d. h. dem „Übel abzuhelfen". Dieser Zug reicht noch tiefer in Vergils Wesen als das Dichtertum des Schöpfers der „Eklogen" und der „Aeneis". Dichtung ist nur der „Weg"; das „Ziel ist jenseits der Dichtung". Auch als Dichter ist Vergil, seinem wahren Verlangen nach, der Wegeweisende, der Psychagog. Sogar der Künstler, dieser ichbesessene Menschentyp, ist, in Vergil verkörpert, nicht egozentrisch.

Dunkel spürt Vergil, daß eine Beziehung zwischen der Lösung des metaphysischen Rätsels und der Liebe besteht, daß die Liebe als das Absolute das „immer gewußte, trotzdem nie bewußte Ziel" gewesen ist, um dessentwillen er in seinem Leben, „von jeder Laufbahn unbefriedigt, jede vorzeitig abgebrochen hat".

Der Erkenntniswillen, der Vergil zum metaphysischen Problem hindrängt, ist der Ausdruck der Lebensangst und der Angst vor der sittlichen Verfehlung. Jene Beklemmung hat Teil an der Macht des Biologischen, diese an der des Gewissens. Beide sind primitiver, ungehemmter, fordernder als der reine Intellektualismus. Daher ist Vergil nicht nur der Suchende und Liebende, sondern auch der „Gehetzte". Er ist der Verdammte in der Gewalt seiner beherrschenden Grundtriebe.

Es fragt sich, ob er auch deren Gesegneter werden kann. Das Sinnenhafte wird von ihm mit Auge, Ohr, Geruchssinn, Gesamtkörpergefühl genau und in gedrängter Fülle erfaßt. Vergil ist feinnervig genug, Verborgenes zu erfühlen, im Leben des Menschenleibes, in der „Wurzeldunkelheit" der Pflanzenwelt, in geheimnisvollen Tönungen des Lichtes. Er erlebt Momente, in denen die Außenwelt ihm „aufgetan" erscheint und ihn an liebende Erwartung glauben läßt. Er kennt die Empfindung, das Atembare sei „fließend aus dem Diesseitigen ins Jenseitige, aus dem Jenseitigen ins Diesseitige", als „Ahnung um den Eingang, Ahnung um den Weg". Er weiß auch, daß er bereit sein muß, noch Höheres aufzunehmen. „Atmen, ruhen, warten, schweigen", heißt es einmal in solchem Zusammenhang. ... Atmen ist Systole und Diastole, Symbol des Zustandes des Menschen, der sich auf sich selbst zurückzieht, auf sich selbst besinnt, aber auch nach dem strebt, was um ihn, über ihm ist; Ruhen bedeutet Entspanntheit, Zurückweisung des Bedeutungslosen, damit das Bedeutungsvolle Raum finde; Warten, Wartenkönnen ist das Zeichen starker Seelen; im Schweigen wohnt die Ehrfurcht. Vergils Möglichkeiten steigern sich zur Gabe der „ewig erneuten Bereitschaft" angesichts des Absoluten, zum Offenstehen für das Absolute.

Ein derartiges „Aufgetan"sein ist für Vergil der Beweis, daß alles von außen Empfangene ihm selbst schon eingeboren ist; er hat die Überzeugung, „nichts sei dem Menschen erfaßbar, das ihm nicht von Anfang an beigegeben wäre". Er erlebt sich als integrierenden Bestandteil der Schöpfung, als Abbreviatur der Schöpfung, als Fragment des Schöpfungsrätsels und als vielleicht nicht ganz unbegründete Hoffnung auf die Lösung des Rätsels. Anders gesagt: Vergil fühlt sein eigenes Leben auf das engste mit dem Leben um ihn verknüpft und erahnt damit „die ... Ganzheit des unendlichen Innen und Außen".

Vergils Urtrieben gemäß kann eine derartige Verflochtenheit die Sehnsucht nach dem „Wissen um das All" nur verstärken. Dem Suchenden bieten sich zwei Wege, zwei Methoden, die er beide benutzt: einerseits das analytische, logische, deduktive Denken, die Fähigkeit zum intellektuellen Vorgehen, wie sie unter den Mitteln des Dichters der „Aeneis" nicht fehlen darf; anderseits die intuitive Schau, die Offenbarung mystischer Natur — „seltenste Augenblicke der Gnade, seltenste Augenblicke der vollkommenen Freiheit, den meisten unbekannt, von manchen angestrebt, von sehr wenigen erreicht". Dabei besagt der mystische, irrationale Einschlag keineswegs, daß Vergil sich in geistigen Dämmerungen gefällt, welcher Art sie auch seien; denn er ist der Mensch der Bewußtheit. Schon der Knabe beobachtete sich selbst; der reife Mann und der schaffende Künstler stand seinem Leben und Werk offenen Auges gegenüber; der Schwerkranke, Sterbende ist aufmerksam auf seine Umgebung wie auf seine Person.

Das stete Wachsein rührt von seinem Willen her; er verbietet Vergil, die entsetzlichsten Verzweiflungen als endgültig hinzuneh-

men. Mag ihm auch der Raum nur noch als „Unraum" voll „Hohl-
gedränge der Gestaltlosigkeit" erscheinen, das eigene Tun „tierhaft"
sein, er selbst „hineingedemütigt werden in die Zerknirschung des
leeren, des schieren Nicht-mehr-Bestehens", so bleibt doch „das
titanische Trotzdem des Menschentums" in Vergil lebendig. Der
Wille ist nicht die geringste unter den Begabungen, die ihm zu
hoffen erlauben, die ihn hoffen heißen. —

Von solchen Trieben gedrängt, von solchen Gaben unterstützt,
begegnet Vergil, der hohe, aber auch geschöpfliche Mensch, den
Erfahrungen der Existenz. Er hat die verschiedensten Lebensformen
gesehen. Er weiß, was ein Sklave und wer Octavianus Augustus ist.
Er hat politische Wirren kennengelernt, Bürgerkrieg, wirtschaftliche
Krisen, soziale Umschichtungen und, über die griechisch-römische
hinaus, eine orientalisch-okzidentale Kulturosmose. Als Summe ergab sich das Gefühl einer Zeitwende, die nichts unberührt ließ.

Mit dieser Last von innen und außen tritt Vergil in seine letzten
Stunden ein. Er ist krank, er fiebert, „und das Zeichen des Todes
steht auf seiner Stirn geschrieben". Aber er hört nicht auf, der
Träger des menschlichen Verbundenheits- und Verantwortungs-
gefühls, der „unaustilgbaren Sehnsucht des Menschen" zu sein. An
seiner Seite steht, in geistiger Verwandtschaft, Lysanias [2], der sich
unterwegs zu ihm gesellt hat, „der Knabe" zu dem Gealterten,
Erschöpften. In dem Unverbrauchten, zuversichtlich Lebensfrohen
und Lebensstarken, Hilfsbereiten lebt das Beste der dem Menschen
gewordenen Gaben. So ist in einem hohen Sinne Vergil nicht allein;
denn der Bauernjunge mit den „hellen Augen", dem „Sommer-
sprossenband an der Wurzel" der Nase und den „weiß-regelmäßigen,
sehr starken Zähnen" ist der Genius der Menschheit in seiner stets
erneuten Kraft. Er steht Vergil in der Selbst- und Weltbefragung
bei. So wird sich der Sterbende in quälendem, immer wieder auf-
genommenem Ringen auf den Weg der Erkenntnis tasten können.
Das rettende Absolute offenbart sich ihm, und in dessen tröstendem
Lichte vermag er alles neu zu beurteilen. Die erkenntnistreue Tat
schenkt ihm die „Wiedergeburt" im Geiste, der Tod die bestäti-
gende volle Weltschau und das Aufgehen im Absoluten. —

Das ringende Tasten geht zunächst um die Frage nach der Möglichkeit der Erkenntnis, um Erkenntnistheorie. Vergil vertraut den
Sinnen und dem Verstand. Die Gegebenheiten, die sie ihm liefern,
sind an sich unbezweifelbar; doch können sie lediglich die Objekte
jener rettenden Deutung sein, wie der Sensualismus und der Ratio-
nalismus sie innerhalb ihrer unüberschreitbaren Grenzen nicht zu

leisten vermögen. Zum Versuch, der Spaltung des Individuums, der Zerfallenheit der Gesellschaft, der Trennung zwischen Mensch und All, dem Rätsel des Schicksals zu begegnen und den heilbringenden Zusammenhang zu erfassen, bedarf es anderer Organe und anderer Wege.

Der Mensch darf sich zu dem großen Wagnis nicht nur deshalb berechtigt glauben, weil er sich als „zu ewig erneuter Bereitschaft aufgetan empfindet" oder weil ihm durch die Wirkung der Dichtung ein einziger Lebensaugenblick „als geweitet zur Ganzheit" erscheinen kann. Er darf es auch kraft einiger Tatsachen, die unabhängiger oder ganz unabhängig von ihm sind und am Wesen der Offenbarungen teilhaben. So die Sprache, die, den Wortausdruck verlassend, für aufzuckende Momente die „fließende Gleichzeitigkeit, in der das Ewige ruht", enthüllt. Der Tod faßt alles „zu einer einzigen Sekunde des Seins zusammen, zu jener Sekunde, die bereits die des Nicht-Seins ist"; er verwandelt „den Zeitenablauf zur Einheit des Gedächtnisses". .... Es ist dem Menschen gestattet, anzunehmen, daß die Allverbundenheit kein Wahntraum ist.

Doch allzusehr von der „kreatürlichen Angst" und Beschränktheit beherrscht und deshalb unfähig zur Tat, ist er außerstande, solche Hinweise fruchtbar zu benutzen. Solange er in der Geschöpflichkeit steht, ist die Allverbundenheit ihm versagt.

Sie ist für die Seele „die innerste irdische *Notwendigkeit* ... von Anbeginn an". Der Mensch erfährt es, wenn er die in ihn einströmende Zeit als ewig sich gleichbleibend, als „ablaufsentbunden" empfindet, als bloße Denkkategorie erkennt und damit die metaphysische Souveränität der menschlichen Seele gewahr wird, die in einer Gesamtschau das Ganze der Schöpfung zu erahnen vermag. Nach dem Gebot ihrer eigenen, nicht etwa einer äußeren Notwendigkeit hat die Seele, alles Sein in sich versammelnd, dieses vom geistigen Auge erblickte Universum zur „Wohnstatt" zu erwählen, zum Gegenstand ihres Forschens, zum Feld ihres Wirkens zu machen. Hier, in dieser Autonomie innerhalb des weitesten Horizontes, liegen die Wurzeln ihres Vertrauens zu sich selbst. Hier darf sie glauben, daß sie einem Weltgesetz gehorcht, wenn sie Verbundenheit sucht. Gegenüber der „menschenentrückten Notwendigkeit", der die Gestirne gehorchen, spürt der Mensch doch auch das gemäß menschheitseigenem Gesetz „in ihm webende Erkennen" und empfindet es als gottgewollt.

Auf diesem Wege wird er sich eines der ewigen Aspekte seines Zustandes, und zwar jenseits der Kreatürlichkeit bewußt. Er weiß um die Existenz eines Absoluten über den Erscheinungen, um die

Unmöglichkeit, die Frage nach diesem Absoluten zu beantworten, und um den nie zu stillenden metaphysischen Trieb, dennoch die Antwort zu suchen. Was ihn vorwärts drängt, ist das großartige Dennoch des „Eingekerkerten". Gerät er dabei in Irrtümer, so zeigen diese nur, daß er als ewig Fragender in die Schöpfung eingefügt ist. Die Fähigkeit zu irren ist ein Beweis mehr, daß der Mensch die Erkenntnisfrage zu stellen hat; denn diese ist mehr als ein Vorrecht, sie ist Pflicht des Menschen.

Die erkenntnistheoretische Forderung mündet schon nach der ersten kurzen Strecke in die Ethik ein.

Zum Gegenstand des Erkenntniswillens, zum Absoluten wird der Mensch durch Selbstbeobachtung geführt. (Der ganze Roman ist ja ein πρὸς ἑαυτόν.) Da ein metaphysisches Grundgesetz auch im Menschen beschlossen liegt, ist Selbstbeobachtung Weltbeobachtung und wird Selbsterkenntnis Welterkenntnis. Sich selbst erforschend und prüfend, sieht Vergil, daß er den Folgen gewisser Handlungen, den Auswirkungen gewisser Tatsachen nur ablehnend gegenüberstehen kann. Hierher gehört die Geschlechtlichkeit, insofern sie nur dunkle Lebensgier, ichbezogene Selbstsucht ist und damit der Schöpfung jeden geistigen Sinn nimmt; hierher gehört die Schönheit, ihrem Wesen nach zerstörende Grausamkeit als Frucht ihres Verzichtes auf die „Unterscheidung von Gut und Böse"; hierher auch das Lachen höhnisch triumphierender Verantwortungs- und Bindungslosigkeit, anarchistischer Selbstisolierung. All dies ruft in Vergil das Gefühl völliger Vernichtung hervor: ein Sittengesetz ist mißachtet worden. Vergils Reaktion ist ethischer Natur. Das Erkenntnisorgan letzter Instanz ist das Gewissen. Zum Objekt aber hat es den „Schöpfungseid",

„den Eid, mit dem Gott und Mensch sich gegenseitig verpflichtet haben,

verpflichtet zur Erkenntnis und wirklichkeitsschaffenden Ordnung,

verpflichtet zur Hilfe, welche die Pflicht zur Pflicht ist".

Das Ziel ist die Erkenntnis und Betätigung der Liebe, „jener menschlichsten aller Aufgaben, die allzeit und ausschließlich Schicksal-auf-sich-Nehmen heißt".

Das Gewissen hat seinen Feind im Intellektualismus; er läßt alles mit einer Klarheit sehen, die zum „Tode der lichtumflossenen Vereinzelung" wird. Im Menschlichen heißt das, daß die Kenntnis des Nächsten dessen Fehler aufdeckt und die Bindung mit ihm zerstört. Es bleibt nur die Wahl zwischen erkenntnisloser Bindung oder bindungsloser Erkenntnis. Auf der ethischen Ebene der Menschenliebe ist Erkenntnis vernichtend. Die Weltordnung, die doch will,

daß der Mensch erkenne und diesem zur „Sehnsucht des Herzens"
die „Sehnsucht des Denkens" als Erkenntnisorgan verliehen hat,
erscheint sinnlos. „Angst" ist alles, was dem Menschen bleibt.

Wo ist der Ausweg? Es gilt, das Gewissen derart zu erziehen und
zu verfeinern, daß es nur noch auf die ethische Forderung mit ihrem
Anspruch hört. Dazu muß der Mensch „seine eigene Gruft zerstören", indem er alles, „was dem Scheinleben gedient und es ausgemacht hatte", beseitigt, sich zur „Auslöschung und Selbstaus-
löschung um des Lebens willen" bezwingt. (Das wird für Vergil
die Vernichtung der „Aeneis" bedeuten.) Es geht um den Sieg über
alle Versuchungen aus der früheren Welt, um Zurückweisung des
Geschöpflichen mit seinen Verfinsterungen und Begrenztheiten, um
geistige Neuorientierung, um „Wiedergeburt". Wenn der Mensch
auf diese Weise Schale um Schale von seinem innersten Kern abgestreift hat, stößt er im „Abstieg" unter die „Oberfläche" auf das
Absolute, wie es sich im Irdischen erfassen läßt, entdeckt er die
reinste Form des unzerstörbaren Göttlichen im Menschen, begegnet
er dem Gebot der Liebe, vor der alles zu verstummen hat — auch
der Intellekt. In einer Offenbarung, der plötzlich gereiften Frucht
des „selbsterkennenden Wissens um die eigene Seele", der Er-
lösungsangst, der Willensstraffung und einer fast übermenschlich
angespannten ethischen Meditation, hört Vergil aus Engelsmund
die Botschaft: „Öffne die Augen zur Liebe!"

Die sinngebende Erkenntnis und heilbringende Tat

Im Lichte der Erkenntnis nimmt Vergil die Neubeurteilung der
Probleme seiner Existenz vor.

Das Naheliegendste und Bedrückendste für ihn, den Dichter, ist
die Dichtung. Daß Dichtung, wie er sie gepflegt hat, nicht der
Erkenntnis entsprungen ist und keine Erkenntnis vermitteln kann,
weiß er seit langem. Sonst hätte er nicht in den letzten Jahren „die
Hoffnung auf ein kunstabgewandtes, dichtungsfreies Leben der
Philosophie und der Wissenschaft" gehegt; aber er fühlte auch, daß
Dichtung auf ein zu Erkennendes hinweist, weil jedes wahre Lied,
„ruhend in sich selbst", mit Selbstgewißheit die Welt als ein Ganzes
darstellt und Ausdruck einer gesetzmäßigen Ordnung ist; weil es
einen Augenblick zur „zeitlosen Dauer" werden lassen kann; weil
es Versuch ist, eine Beziehung zu den fruchtbaren Kräften zu gewinnen und auf diese Weise im Menschen das Gefühl der Ver-
einsamung mildert. Darum ist Dichtung „das Ziel unserer Flucht",
Ausdruck des Wunsches, die Geschöpflichkeit zu überwinden, ist
„wartendes Schauen an der Schwelle, ... noch nicht Aufbruch,

aber immerwährender Abschied". Abschied wovon? Von einem
nicht vollwertigen Zustand der Vereinzelung, der Zusammenhanglosigkeit, in dem man den Tod als Erlösung denkt; denn nur der
Tod schenkt dem Menschen das sonst versagte Gefühl der Lebens-
totalität, und „nur wer im Zwischenreich des Abschiedes lebt, . . .
nur der ahnt den Tod". So wird Dichtung zur „seltsamsten aller
menschlichen Tätigkeiten, der einzigen, die der Todeserkenntnis
dient"; so ist der Dichter der Mensch, der „vorwärts träumend",
„dem Tod zuträumend", um „Augenblicke der klanggewordenen
Todlosigkeit" — des Gefühls besiegter Vergänglichkeit — weiß.
Doch sie klingen nur im „Ungesagten" auf, dort, wo die Sprache
„den atembeklemmenden, atemraubenden Sekundenabgrund zwischen den Worten aufreißt, um todesahnend und lebensumspannend,
. . . stummgeworden, die Ganzheit des Alls zu zeigen". „O Ziel
aller Dichtung", stöhnt Vergil, „über alle Mitteilung und über alles
Beschreiben hinweg." Der Dichtung in diesem Sinne, „der Schöpfung aus der Stärke des todeserkennenden Wortes" hat er sein
gesamtes Leben gewidmet. Es war vergebens. Die Aufgabe, sagt er
sich, war „für seine schwachen Kräfte eine übergroße gewesen";
„vielleicht eigneten sich die Mittel der Dichtkunst hierfür überhaupt
nicht". In diesen marternden Gedankengängen, die vor seiner Erleuchtung liegen, nennt er seine Existenz ein „Leben, das ohne
Widerstand gegen das Sterben, wohl aber voller Widerstand gegen
Gemeinschaft und Liebe gewesen war". Zur Zeit weiß er noch
nicht, daß er damit an die Wurzel seines Versagens gerührt hat,
daß sein „Lebensaufgebot zu keiner Hoffnungserfüllung geführt
hat", weil seine Dichtung, die seiner „Seele Freiheit gewinnen"
sollte, im letzten Grunde Egozentrik, Hedonismus bedeutet hat.
Darum sind in ihm auch Wunsch und Wille zur Führerschaft des
Dichters fruchtlos geblieben.

Der Grund dieses Bankrotts des Dichters liegt auch darin, daß
die Dichtung an der Schönheit teilhat. Diese kann, in dem nun allein
entscheidenden metaphysisch-ethischen Sinn, als Folge ihres Amora-
lismus keine Wirkung ausüben. Finden sich doch in ihr alle Werte
„in Gleichrangigkeit und Bedeutungslosigkeit aufgelöst". Eine Einheit erscheint, die aber nur Trug dieses „Vor-Göttlichen göttlichen
Anscheins" ist. Mit ihrem Verzicht auf die heilsuchende Fragestellung weist sie den Menschen in die Grenzen zurück, deren
Überschreiten sein höchstes Bemühen sein sollte und ihm Würde
und Größe sichern könnte. Die Schönheit ist „die Grenze des
Menschlichen, das noch nicht über sich hinausgelangt ist", „irdische
Scheinunendlichkeit und darum Spiel . . . um der Einsamkeits-

angst" — der Angst vor der Unverbundenheit, der Zusammenhanglosigkeit, der Verlorenheit im All — zu entgehen. Mag auch die
Schönheit, bei all ihrem Trug ein Abbild der Welteinheit, ihren Wert
als solche behalten, mag auch die Harmonie der Schönheit einem
Gesetze entsprechen, mag auch unangetastet bleiben „die Notwendigkeit ihres letzten Ebenmaßes" — das Endergebnis des auf-
gedeckten „Schönheitsrausches" heißt „Trauer, Verzweiflung, Er-
kenntnislosigkeit". Wer sich als Dichter, wie Vergil es getan hat,
der Schönheit hingibt, ist „Rauschbringer", nicht „Heilsbringer".
Darum muß die „Aeneis" verbrannt werden.

„Der heilsbringende Führer nämlich hat die Sprache der Schönheit
abgestreift, er ist unter ihre kalte Oberfläche, unter die Oberfläche
der Dichtung gelangt, er ist zu den schlichten Worten vorgedrungen,
die kraft ihrer Todesnähe und Todeserkenntnis die Fähigkeit gewonnen haben, an die Versperrtheit des Nebenmenschen zu pochen,
seine Angst und seine Grausamkeit zu beruhigen und ihn der echten
Hilfe zugänglich zu machen, er ist vorgedrungen zu der schlichten
Sprache unmittelbarer Güte, zur Sprache der unmittelbaren menschlichen Tugend, zur Sprache der Erweckung" aus dem geschöpflichen
Leben. Weil Vergil das nicht gewußt hat, ist er zum Literaten herab-
gesunken.

Was waren ihm die Menschen gewesen? „Nichts . . ., Fabelwesen
. . ., schönheitsumhüllte Schönheitsschauspieler, . . . an deren un-
wirklicher Gottähnlichkeit er selber gern teilgenommen hätte."
Denn so wenig wie der Dichter hat der Mensch Vergil den Anschluß
an die Gemeinschaft der Menschen gefunden. Auf dem Schiff, unter
der Menge, in der „Elendsgasse", Augustus gegenüber hatte er den
Abgrund aufgetan gefühlt. Ferne war auch zwischen ihm und Hieria
Plotia geblieben, obgleich in ihren Haaren die Nacht wohnte, „stern-
übersät, sehnsuchterahnend, lichtverheißend". Er hatte nicht gewußt, „daß Liebe, obwohl zur Schönheitserschaffung begnadet,
nimmermehr auf Schönheit, sondern einzig und allein auf ihre
ureigenste Aufgabe gerichtet" ist, die Lebenhelfen heißt. Denn eine
Lebensführung ist nur dann fruchtbar, leitet nur dann zum Mitmenschen, wenn sie „Eid und Erkenntnis enthält, . . . Menschenschicksal ist und Seinsbewältigung".

In seinen Meditationen ist Vergil mehr als einmal auf die Wirkungen des Schicksals, auf den Begriff Schicksal gestoßen. Anfangs
erblickte er nur sinnlosen Determinismus. Aber er hat sich zu sehr
von der Souveränität des sittlich sinnvollen Strebens und Lebens
durchdringen lassen, um eine derartig mechanistische Welterklärung
als endgültig hinnehmen zu können. Nun aber weiß er: die Macht,

die das „zufallsenthobene Wunder" der schicksalsbefreiten Welt bewirken wird, ist die Liebe; denn sie handelt auf Grund der dem Determinismus unbekannten Unterscheidung von Gut und Böse. Sie allein ist fähig, eine Welt umzugestalten, die sonst eine Bühne für das Spiel blinder Kräfte bliebe, ist fähig zur Schöpfung einer neuen Welt. Sie, nicht mehr der Determinismus, ist das, „was die Welt im Innersten zusammenhält". Sie gibt dem Menschen einen unerschütterlichen Mittelpunkt, dem er alle Kräfte zuordnen kann: die Zerspaltenheit des Individuums ist beschworen. Da die Liebe eine einigende Kraft ist, muß die Zerfallenheit der Gesellschaft nicht mehr als unheilbar betrachtet werden. Ein Zusammenhang zwischen Mensch und All, eine sinnvolle Einfügung in das All ist insofern gegeben, als der Mensch in sich ein metaphysisches Prinzip erfaßt hat, das er dem Prinzip der außermenschlichen Schöpfung entgegensetzen soll, um zu vergleichen, zu messen, einen Bezug herzustellen. Und da alle Widrigkeiten, die dem Menschen zustoßen und ihn aus seiner gesollten und schließlich von ihm selbst gewollten Bahn werfen können, für ihn eine Aufforderung, eine Möglichkeit werden, das Gesetz der Liebe zu befolgen, ist der Determinismus des äußeren Weltganges durchbrochen. Nicht nur entthront ist das Schicksal; es ist zur helfenden Macht geworden. Dank der Liebe mit dem Göttlichen vereinigt, erringt der Mensch über die kalte Form des Schicksals hinaus die Allverbundenheit.

Meditationen werden in ihrem Gewicht und ihrer Bedeutsamkeit erst durch die Tat bestätigt. Erst durch die Tat wird das Denken fruchtbar. Nur durch die erkenntnistreue Tat wird die Vollendung erreicht.

Das Liebesgesetz, bis hierher Gegenstand einer Spekulation und dann der Erkenntnis, hat der Gespaltenheit des Individuums ein Ende gesetzt. Es muß nunmehr Prinzip eines Handelns, Inhalt von Handlungen werden. Aus dem Abstrakten hat Vergil in das Konkrete zu gelangen. Probleme müssen durch Menschen abgelöst werden, damit man erfährt, ob die Tat die erfolggekrönte Erprobung des Liebesgesetzes, ein Beweis für dessen Wahrheit ist. Wird es stärker als das Trennende zwischen den Menschen sein? Wird es das Gefühl der Ohnmacht des Dichters aufheben? Wird es dem Schicksal obsiegen? Wird die „Liebestat reiner Gesinnung" von Vergil als Ausdruck des Absoluten erkannt werden? Wird Vergil die eigene „Wiedergeburt" erfahren und wenigstens den Beginn der Wiedergeburt der Welt erleben?

Plotius Tucca und Lucius Varius, langjährige Freunde, die den Kranken besuchen, bleiben verständnislos, wenn Vergil vom „Ge-

setz des Herzens" als der „letzten Wirklichkeit" spricht. Auch
beurteilen sie alles anders als er, und es ist symbolisch, daß sie
Vergil im Entschluß, sein Werk zu verbrennen, nicht folgen können.
Über einen solchen Abgrund führt die Brücke der Beziehungen nicht,
wie sie zwischen dem Dichter Lucius Varius und dem Schöpfer der
„Aeneis", zwischen Plotius Tucca, dem Landedelmann, und dem
landliebenden Autor der „Georgica" bestehen. Intellektuelle Kultur,
verwandte Lebensformen, gesellschaftliche Ebenbürtigkeit, nationale
Zusammengehörigkeit sind kein wahres Band von Mensch zu
Mensch. Doch über die Trennung, die im Spekulativen, im Theoretischen das Nichtwissen um das Liebesgesetz hervorruft, hilft die
praktische Befolgung des Liebesgesetzes hinweg. Die echte Freundschaft, die Plotius für Vergil an den Tag legt, schafft eine Bindung.

Entsprechend muß auch die Figur des Charondas betrachtet
werden. Er ist ein großer Arzt, Haupt einer medizinischen Schule,
wissenschaftliche Autorität höchsten Ranges — anachronistisch gesprochen, ein Nobelpreisträger in seiner Disziplin. Menschlich gesehen, ist er jedoch nur ein zwar glänzender, aber eitler Techniker
seines Faches — „ich, Charondas aus Kos" — und ein Weltmann der
glatten Formen. Der Zugang zu Vergil ist ihm versagt; schließlich
hält er ihn für nicht mehr ganz zurechnungsfähig. Vergil aber findet
wenigstens ein gewisses Verhältnis zu ihm; denn die Behandlung,
die Charondas ihm angedeihen läßt, ist „ein Abglanz der liebend
dienenden Tat".

Dem Kranken ist als hilfeleistende Maschine in Menschengestalt
ein Syrer zugewiesen. „Waise an Waise gefesselt", sagt er von sich
und seinen Mitsklaven, „sind wir die Schar aller Knechte, und
geschmiedet zu endloser Reihe hat uns, die wir schicksalsentblößt
sind, das Schicksal zur Gnade erkoren, den Bruder im Bruder zu
wissen." Und dann: „Jener ist erst ein Held, der die Entwaffnung
erträgt ... Waffen freilich besangst du, Vergil, doch nicht dem
grimmen Achill, dem frommen Äneas galt deine Liebe." Vergil
nimmt die zur Bruderschaft auffordernden Worte hin, da aus ihnen
der Geist der Wahrheit spricht; und er liebt dieses Wesen, das für
das Empfinden seiner Epoche nur Ungeziefer und Gewürm ist. Er,
der Civis Romanus, der Freund und Günstling des Cäsar, sagt ja
zu Prinzipien, die eine Leugnung der Gesellschaft und des Staates,
wie Rom sie erdacht und erbaut hat, darstellen. Er vollbringt eine
Liebestat jener reinen Gesinnung, vor welcher intellektuelle Bildung,
sozialer Rang, nationale Zugehörigkeit, Rasse nichtig werden.

Wert und Würde des Liebesgesetzes geben auch der Begegnung
zwischen Vergil und Augustus den geistigen Richtpunkt. Zu Beginn

scheint das Gespräch nur um die „Aeneis" zu gehen, die der Dichter vernichten, der Herrscher aber, berechnend und entschlossen, als Propagandamittel seiner Politik an sich bringen will. In schärferem Kontrast als im Gedankenaustausch mit Tucca und Varius und im Mittelpunkt eines unendlich erweiterten Horizontes treten sich zwei Menschentypen und mit ihnen zwei Welten gegenüber, um sich zu messen. Vergil ist durch die Erkenntnis des Absoluten befreit worden; Augustus bleibt der Gefangene der Empirie. Jener ist der Diener einer edel- und großmütigen Geistigkeit, in der die höchste Sittlichkeit den Rang des metaphysischen Prinzips hat und das Gesetz gibt, das Gesetz ist; dieser ist der Mann, Herr und Nutz-nießer der irdisch verhafteten politischen Gewalt. Der eine spricht kraft „ahnender Liebe, der es manchmal vergönnt ist, die Grenzen zu sprengen"; der andere im Namen des Staates, „der des Menschen oberste Pflicht ist von Anbeginn an". Vergil sagt zu Augustus: „Das Reich der Erkenntnis, zu dem dein Staat erblühen wird, das Reich der wahren Wirklichkeit, wird nicht ein Reich der Volks-massen sein, ja, nicht einmal ein Reich der Völker, sondern ein Reich der Menschengemeinschaft, getragen vom Menschen, der sich im Wissen befindet, getragen von der menschlichen Einzelseele, von ihrer Würde und von ihrer Freiheit, getragen von der göttlichen Ebenbildlichkeit." Sein Gesprächspartner, sein Gesprächsgegner ist der Ideologe der totalitären staatlichen Organisation, die das Recht beansprucht, das durch ihre Macht geschützte Einzelleben wieder zurückzunehmen und zu vernichten, sobald die Sicherheit und der Schutz der Gesamtheit es erheischt. „Unnachgiebig war der Augustus, und er wußte nichts von dem Eidesbefehl des unbekannten Gottes." Zuletzt sieht er in Vergil nur noch einen Neider und Sophisten, der selber die Rolle des Retters einer Welt spielen möchte, die er nur in dieser Absicht für unvollkommen erklärt. Er überhäuft ihn häßlich mit Vorwürfen: „Kein Zweifel, der Geheiligte zeterte." Eine lang-jährige Freundschaft droht zu zerfallen. Da spricht Vergil, „und da kam das Schwerste: ‚Nimm das Manuskript'". Aus Liebe zu Augustus verzichtet Vergil auf das, was für ihn das Wesentliche gewesen: das büßende, ihn rettende Opfer. Es ist eine Tat, die nur und ausschließ-lich den liebenden Bezug zum Nächsten, zum Mitmenschen im Auge hat, ist der Sieg der Liebe. Denn „wer liebt, ist jenseits seiner Grenze". Die Versöhnung ist so tief, daß sie den Cäsar, den Herrn Roms und der Welt, die Überlegenheit Vergils als des wahren Wissenden empfinden läßt, so daß er sich wenigstens für eine Zeit zu der Höhe des Wissenden erhebt. „An der Tür angelangt, wandte der Augustus sich nochmals um; noch einmal suchte der Freundes-

blick den Freundesblick, noch einmal trafen sich ihrer beider Blicke:
‚Mögen deine Augen stets auf mir ruhen, mein Vergil', sagte Octa-
vian, zwischen den breitaufgerissenen Türflügeln stehend, hier noch
Octavian, um sodann, schmal, stolz und gebieterisch zu entweichen."
Die Liebe hat ein Samenkorn in das Herz der Macht geworfen. Die
Liebestat ist fruchtbar geworden. Vergil hat die Seele des Augustus
mit einer Klarheit erfüllt, die aus seiner, Vergils, eigener Seele kam.
Damit hat er das Gebiet der Spekulation, der mehr oder weniger
lebensfernen Abstraktion verlassen; er hat dem Eid gehorcht, der
dazu verpflichtet, die wirklichkeitschaffende Ordnung zu stärken,
dem Eid, der zur Hilfe verpflichtet. Die Begegnung mit dem Cäsar
ist zu einer Begegnung im hohen, starken Sinne des Wortes geworden; hat sie doch die Erkenntnis des tiefsten Wesenskerns eines
Menschen und die Liebestat möglich gemacht. Und „allein in der
Begegnung ruht . . . die Sinnerfüllung der Welt". Sie stellt ein Versprechen dar, „das Künftige anmeldend, Mühelosigkeit, die nicht
Eidbruch sein wird, Teilhaftigwerden, das im echten Wissen sein
soll, Schönheit, die wieder im Gesetz leben darf, im Gesetz des
eidhütenden, unbekannten Gottes". Die Liebe, welche Tat wird,
erweitert die Erkenntnisse, die nur aus der Meditation hervorgingen.

Doch darf der Liebende nie ermatten, nie aufhören zu wachen,
soll der Mensch nicht wieder den Gefahren des geschöpflichen Seins
ausgesetzt werden. Sie darf sich nie über sich selbst täuschen. So
muß der Mensch die Augen besonders dann öffnen, wenn es sich
um die Liebe der Geschlechter handelt. Diese kann von allem
Schimmer der Gefühle, von allen Beschwingungen der Seele, von
aller Glut der Selbsthingabe durchdrungen sein, welche die bloße
Geschlechtlichkeit über sich hinausheben — sie bleibt Egoismus. In
einem Wachtraum fühlt Vergil Plotia, wie sie in seinen Armen ruht,
und hört sie sprechen: „Heimat bist du mir, Heimat ist mir dein
Schatten, der mich zur Ruhe umfängt." Vergil antwortet: „Heimat
bist du mir Plotia, und fühl' ich in dir mein Ruhen, ruh' ich für
immer in dir." Es sind Worte des tiefsten Ineinanderaufgehens, des
Sichaufgebens. Und doch: nur auf sich selbst bedacht, werden die
Liebenden allen Blicken ausgeliefert, dem Hohne preisgegeben, sind
sie „prostituiert". Sie kannten nur die Selbstsucht zu zweien.

Die Kraft, diesen Makel zu tilgen, findet der Mensch in seiner
eigenen Substanz, vorausgesetzt, daß er deren selbstloses Verlangen
erkennt und als Unterstützung herbeifleht. „Nur wer die Hilfe beim
Namen anruft", sagt der syrische Sklave, „wird ihrer teilhaftig."
Das Ziel, dem Vergil nunmehr zustrebt, ist jene Haltung, die er
einst in seinem Vater — „gütig stark noch im letzten Lächeln" —

verkörpert gesehen hat. „Vater", ruft er, „komme zu mir." Er macht damit einen Schritt mehr auf das Absolute zu, soweit es auf Erden sichtbar werden kann. Aber sogar diese Hingabe an das Göttliche darf den Menschen das Irdische, die Pflicht im Irdischen nicht vergessen lassen. Vergil dämmt den Überschwang auf das Jenseitige hin, die Freude, sich auf dem Weg des Heils zu befinden, zurück und flüstert fast ekstatisch: „Zur Pflicht gezähmt, ... noch einmal zur irdischen Pflicht." Auch die Liebe zum Göttlichen darf nicht mit Selbstsucht belastet sein. Vergil weiß, daß sein Gedicht, trotz der Mängel, doch Führung bedeutet; so unterdrückt er die Stimmen, die ihn auf die ethischen Gesetze seiner Künstlerschaft hinweisen — „zu strenge Forderung ist verborgner Stolz" — und ringt sich zu der Erkenntnis durch: „Ich darf die Aeneis nicht vernichten." Die Fürsorge um den Nächsten lehrt ihn, das Irdische mit seinen Unvollkommenheiten nicht mehr zu hassen. Indem er den Mitmenschen dient, dient er jener wirklichkeitschaffenden Ordnung, wie das Göttliche sie will. Der Mensch Vergil erhebt sich zu jenem Ziel, das dem Künstler, dem Dichter Vergil unerreichbar geblieben ist.

Von hier aus gelangt er noch weiter. Die Unvollkommenheiten in seinem Epos, so erkennt er, sind nicht nur Zeichen der menschlichen Schwäche. Daß sie als „Unstimmigkeiten" empfunden werden, weist auf eine Aufgabe und auf die emportragende Kraft im Menschen: „Erst in der Unstimmigkeit enthüllt sich die fruchtbare Herrlichkeit des menschlichen Loses, das ein Hinausgreifen ist über sich selbst." Die Schwächen des Menschen stellen sich nicht mehr als die bitteren Früchte eines blinden Determinismus dar, sie rufen ihn auf, die Kräfte des Guten zu üben. Das Fatum vernichtet die Menschheit nicht länger. „Die Götter", sagt Vergil, „Gnade wie Unwillen habe ich von ihnen erfahren, Gutes und Schweres habe ich empfangen ... für beides bin ich dankbar ... das Leben war reich."

Vergil war vor die Aufgabe gestellt, zu entdecken, wie durch das Gesetz der Liebe die irdische Existenz bereichert und sinnvoll gestaltet wird; er sollte damit ein Band zwischen dem Irdischen und dem Absoluten erkennen und es als das Symbol der Allverbundenheit begreifen; schließlich hatte er daraus das Prinzip für die tätige Führung des Lebens abzuleiten und ihm zu gehorchen. Er hat seine Sendung erfüllt. „Auf seiner Bettdecke, der Hand erreichbar, schimmerte es golden: der Lorbeerschößling", Symbol der erkämpften und zum Gesetz erhobenen Erkenntnis, der er nachlebte.

Nach diesem Gesetz handelt sein Testament; die „Aeneis" soll mit ihren Mängeln erhalten bleiben; die Sklaven werden freigelassen und reich bedacht. Aber noch ein schwieriger Punkt bleibt zu regeln.

Endlich findet Vergil die Lösung, er vermacht seinen Siegelring
dem Lysanias. Die Geste faßt alle Einsichten zusammen, die er vor
dem Angesicht des Todes gewonnen hat. Es ist Vergils Vermächtnis
Vermächtnis und ein Aufruf, auf jede Selbstsucht zu verzichten,
Diener der Hingabe und Liebe zu sein, nie das große Gesetz zu
vergessen und immer jene Kraft zu üben, deren Symbol der „Vater"
ist und mit der Vergil eins zu sein verlangt. Er sagt es mit seinem
allerletzten Wort; denn er vermacht seinen Ring nicht Lysanias als
dem „Knaben", der dieser bis jetzt gewesen ist, sondern „Lysanias
. . . dem Kinde".

Die Vaterschaft ist der reinste Abglanz des göttlichen Gesetzes;
denn sie ist Ausdruck der Selbstverleugnung, welche die Beziehungen
der Menschen untereinander regeln soll und die — zum Zustand geworden — die völlige innere Verwandlung des Menschen bezeichnet;
sie ist Neugeburt im Geiste, ist die heilbringende „Wiedergeburt".
Vaterschaft drückt symbolisch die Kräfte aus, welche, die Knechtschaft des Menschen beendend, die Größe des Menschen schaffen und
sichern. —

Was im Irdischen, der „ersten Unendlichkeit", der Welt der Erscheinungen, nur als getrübtes Symbol erfaßt werden konnte, das
erscheint rein nach dem Tode, in der „zweiten Unendlichkeit", der
zeitenthobenen Gegenwart aller Wesenheiten. Zu den Gestorbenen
gehören heißt Läuterung und Steigerung erfahren. Darauf beruht
die Art des Weiterlebens des toten Vergil.

So fällt von ihm sein Name ab, unter dem er ein irrtumbefangenes
Leben geführt hat. Aber Lysanias geht des seinen nicht verlustig;
denn der „Knabe" war auf Erden reine Liebe und leitete Vergil zur
höchsten menschlichen Liebe, der des Vaters für das Kind. Die
Erinnerung daran bleibt „hergehaucht wie beglückende Erinnerung
aus dem innersten Inneren des irdischen Vergessenheitsraumes",
aber auch das nur für eine Zeit. Denn auch Lysanias war das ver-
engende Ziel eines umgrenzten Liebeswillens.

Die Knabengestalt verschwindet und verdämmert immer mehr,
um „Grundwesenheit" zu werden, „Eigenschaft des funkelnden
Alls", „Eigenschaftsgrund aller Wesenheit", Liebe. Überall gegenwärtig als Ursprung alles echten, d. h. vor dem Absoluten stand-
haltenden Wesens, ermöglicht es die Liebe, daß alles „aneinander-
gebunden, miteinanderverwoben, ineinanderverspiegelt" ist, macht
sie die Allverbundenheit zur Wirklichkeit. Darum kann Lysanias in
Plotia übergehen, „einsgeworden" mit ihr in einer „verschimmernd
schwebenden Weisegeste": „die Geniengestalt, ursprünglich her-
gesandt aus der ersten Unendlichkeit als tröstende Erinnerung, nun

in der zweiten gewandelt zur weisenden Hoffnung". Wenn auch verfälschter Ausdruck des Strebens über die Geschöpflichkeit hinaus, war Vergils Liebe zu Plotia doch Hoffnung auf eine Möglichkeit der Erlösung. Darum kann Plotia hier erscheinen. Aber Vergil hat auch zu erfahren, was an dieser Hoffnung Makel und Schlacke gewesen ist. Im Ewigen soll ihm ein zweites Mal bestätigt werden, wie der blinde geschöpfliche Trieb des Menschen in echtes Teilnehmen und Teilhaben zu verwandeln ist.

Die Gefährdung, die für ihn in Plotia Gestalt gewonnen hatte, hieß Geschlechtlichkeit und Schönheit. Nun sieht er die Frau hier, im Reiche der Wesenheiten, „nackt in lieblich selbstverständlicher Nacktheit"; aber nichts Verwirrendes löst sie aus. Das Wesentliche offenbart sich „als das Lächeln, das alles Menschliche belebt, als das zum Lächeln geöffnete Menschenantlitz", als „ins Überklare der fernsten Sphäre hinaufgesandte Sehnsucht". Geschlechtlichkeit ist lediglich ein ins Unklare strebender Teil der Sehnsucht nach der nichts ausschließenden Allvereinigung; darum sind im Reich des Absoluten Mann und Weib „begnadigt mit unschuldiger Nacktheit". Die Schönheit aber ist wieder als etwas Erlaubtes ermöglicht, da im All der Wesenheiten jede Scheinharmonie aufgehört hat. Selbstschau, Selbsterkenntnis, wie sie im Reiche der zweiten Unendlichkeit möglich ist, zeigt Vergil, daß er, seinem tiefsten Wesen nach, im Verhältnis zu den Menschen nur dem Gesetze der Liebe gehorchen möchte. Er weiß: wie Plotia, in deren „Mutterlächeln" er sich geflüchtet hat, Mutter „eines ungeborenen Sohnes" ist, ist er „Vater".

Aber ihm wird noch die Offenbarung zuteil, daß die Erhöhungen des leiblichen und geistigen Wesens im Schöpfungsplan vorgesehen sind, den Absichten des leitenden Weltprinzips, dem Willen Gottes entsprechen. Vergil sieht, wie die Schöpfung vom „gebärenden Nichts" ausgegangen ist, um über die „willenlose Ungezügeltheit", das „Allwachstum" hinaus, über Pflanzen und Tiere hinaus das menschliche Antlitz zu gestalten. Alles Geschaffene drängt auf dieses letzte Ziel hin. Und es ward „erblickbar in unendlichster Tiefe, dort ward es erblickbar inmitten unendlich menschlichen Seins und Hausens, erblickbar zum letzten und doch auch zum ersten Male: der kampflose Friede, das menschliche Antlitz in kampflosem Frieden, erblickbar als das Bild des Knaben im Arme der Mutter, vereint mit ihr zu trauernd lächelnder Liebe ... Und es schien, als sei in diesem Lächeln bereits der ganze *Sinn* des unendlichen Geschehens enthalten, als werde das sinnvolle Gesetz in diesem Lächeln angekündigt — die mild-furchtbare Herrlichkeit des menschlichen Loses."

So hat es das „Wort" gewollt, der Logos, die souveräne Intelligenz, der absolute Geist als schaffende Kraft. Zwar ist der Mensch unzulänglich und nicht imstande, das Wort voll auszudrücken; aber er ist „doch allein noch zulänglich"; denn nur der Mensch mit seiner „Sehnsucht des Herzens und des Denkens" ist gleichen Wesens mit dem Wort und kann vom Wort „zu großer Gemeinschaft" in sich aufgenommen werden, auf daß der, welcher nur „Gast" auf der Erde war, „zum Sohne werde" dessen, der Erde und Himmel erschaffen hat — auf daß er ein Teil der göttlichen Erkenntnis und der göttlichen Liebe sei. (Den Sinn mancher Aspekte von Vergils Jenseitsfahrt dürfte wohl nur ein — wie Broch selbst — mit den Theorien der heutigen Mathematik und Physik vertrauter Interpret erfassen.) —

Mit dem „Tod des Vergil" liegt ein Werk vor, das das Motiv des geistigen Abenteuers aufnimmt, zu dem den Menschen der Adel seiner Beunruhigung treibt. Einmal mehr wird die Geschichte eines Ringens um das Heil dargestellt. Broch ist sich bewußt, daß er dabei einer Linie folgt, auf der er den griechischen Tragikern und Vergil begegnet, den Evangelien, dem Römerbrief, Dante, Goethe, Dostojewski und, unter seinen Zeitgenossen, Hofmannsthal, Thomas Mann, Kafka, Musil, vielleicht auch Karl Jaspers[3]. Was die Romantik anbelangt, so bestehen, wie Jean-Jacques Anstett es in gediegener Paralleluntersuchung feststellt, bedeutsame Analogien; ob Broch sich darüber klar gewesen ist, kann auch nach der Veröffentlichung der Briefe und Essays nicht entschieden werden, dürfte aber wahrscheinlich sein ... Antike Weltbefragung, Christlichkeit (im Ethischen[4], das hier allein in Betracht kommt), Geist Goethes, Humanismus in moderner Prägung, Jasperssche Existenzphilosophie — was ist ihnen gemeinsam? Dies: überall geht es um den Kampf gegen die geschöpfliche Verfallenheit, gegen die Knechtschaft des Menschen, um das Ringen für die Größe des Menschen im Geiste. Diese Größe ist dem Menschen schon gesichert durch das Ringen selbst. Hier liegt die Würde des Menschen, und diese Würde ist letzten Endes Brochs einziges Thema.

Die Gestaltungsprinzipien

Was der Psychologe und Philosoph Broch aussagt, gliedert der Künstler Broch in vier Bücher:

„Wasser — die Ankunft." Nach seiner Seefahrt landet Vergil, krank, dem Ende nahe. Die weite, bewegte Fläche seiner Lebenserfahrungen hat ihn an die Steilküste seiner Problemstellungen geführt. Wasser ist wogend ruhelos, wie die unsteten Gefühle und

Gedanken eines Fiebernden, der vergebens nach Halt sucht; es kann Annäherung, Zugang erlauben, bietet jedoch keinen Ort für festes Bauen.

„Feuer — der Abstieg." Über Vergils Ringen mit seinen Fragen steht symbolisch das vielgestaltigste Element; ist dieses doch nun breites Flammen aus der Hölle des Zweifels, die den Grabenden bedroht, nun schmaler Streif einer neuen Hoffnung, nun weites Licht der beseligenden Erkenntnis — wechselweise marternd und zerstörend, reinigend und erleuchtend.

„Erde — die Erwartung." Nach der Erleuchtung und durch sie findet das Handeln die Basis, die nicht mehr schwankt; sie gestattet, dem Kommen des Reiches entgegenzusehen, und verwandelt sich in einen „Luginsland, um ins Unendliche zu schauen".

„Äther — die Heimkehr." Über alle Fragestellungen, über alle Ängste hinaus erfolgt der Aufstieg in die Region des reinen Geistes und das Zurückfinden zu jenem höchsten Prinzip, das, die Welt und ihr Gefüge schaffend, einen Teil seiner selbst in den Menschen gelegt hat, damit er den Weg zum Ursprung suche und finde.

Als Broch sein Werk begann, dachte er an ein Buch „ohne Zwischentitel". Die dann doch vorgenommene Vierteilung hat einerseits musikalische Bedeutung und soll zeigen, „daß das ganze Buch durchaus nach dem Prinzip eines Quartettsatzes oder . . . einer Symphonie gebaut ist", und dadurch dazu beitragen, das Geschehen im Roman als „Einheitserlebnis" empfinden zu lassen. Anderseits gewährt die „wesentlich rationalere" Vierteilung dem Leser Klarheit und Sicherheit. Die Doppelbezeichnung der vier Teile gemahnt an Stationen auf einem Weg und verspricht einen geistig überzeugenden Zusammenhang der Darstellung; außerdem weist sie auf ein Formgesetz anderer als musikalischer Natur hin — die, trotz des Titels des zweiten Teiles, aufsteigende Spirale; und sie deutet durch die Nennung der vier Elemente auf Sinnenhaftigkeit der Lebensäußerungen. Ein musikalisch, ein logisch und ein metaphysisch bedingtes Gestaltungsprinzip bestimmt den Aufbau eines Werkes, in dem die Handhabung der Sprache Meditation und Spekulation nicht zu Blut- und Farblosigkeit werden läßt, sondern, die ordnenden Grundsätze ergänzend, zum Kunstwerk erhebt.

Broch folgt dem einfachsten der Kompositionsgesetze, chronologischer Sachlichkeit. Durch die Ereignisse vor dem Eintritt Vergils in sein Sterbezimmer führt er dem Grübelnden die ganze Thematik seiner Existenz vor Augen und gibt ihm Lysanias zum Begleiter, breitet alles zum Verständnis Nötige aus und kann den Dingen ihren Lauf lassen. Zunächst versagen dem reise- und problem-

erschöpften Kranken die Kräfte. „Das unmittelbar Irdische meldet
sich mit dem Bedürfnis nach Schlaf und Eindämmern, mit der
Sehnsucht, ins Bewußtlose versinken zu dürfen." Doch ein „wür-
gender Krampf am Rande des Abgrundes" stellte sich ein. Danach
wurde es „langsam besser — langsam zwar und sehr mühselig und
sehr bedrängt — es wurde wieder zu Atmen, zu Ruhen, zu Schweigen". Der Bericht schildert Vergils Körperlichkeit und Zustand
sowie das rein Sachliche. Analoges zeigt sich im zweiten Buch,
wenn Vergil, von der Außenwelt abgeschnitten, sich seinen ganz
persönlichen Fragen erkenntnissuchend stellt, sich überall von Ant-
wortlosigkeit umgeben findet; er ist nun nicht mehr, wie zuvor,
ein physisch todmüder, kräfteraubter Mensch, sondern wird in
seinem Geistigen geschwächt, weil in dessen Wurzeln getroffen
— „tierhaft in seinem Tun" —, und fühlt sich in das Reich des Ur-
schreckens, einen „Unraum", gestürzt. Doch wiederum kämpft sich
sein Geist empor, nur wissentlicher, willentlicher; denn gerade aus
der Tiefe des Falls erwächst ihm die Gegenkraft des „Trotzdem".
Die grausame Begegnung mit der Nurgeschöpflichkeit gewährt ihm
den Aufschwung über die Geburt im Fleische zur Wiedergeburt im
Geist. „Machtvoll vor Auslöschung" spürt er in sich „die Kraft
unendlichen Neubeginns". So will es das Gesetz der Persönlichkeit
Vergils. Im dritten Buch ist das Heraustreten aus der Innerlichkeit
und das Hineinwirken in die Welt ebenfalls nach seiner Zeitgebundenheit geschildert, mit dem Auftreten der Gesprächspartner und zwei
Zwischenspielen selbstprüferischer Meditation. Zweimal weicht,
wenn auch nur um ein geringes, Vergil vom gefundenen rechten
Wege ab. Das vierte und letzte Buch schildert Vergils Annäherung
an die Reine und Weite des Absoluten und schließlich die Vereinigung mit dem Absoluten. Brochs sachlich-objektive Darstellungsweise eines fiebernden, vorwärts-, todwärtsgehetzten Lebens bot die
einzige Möglichkeit, die komplexe Materie, dies Verschmelzen von
Physiologie und Psychologie, die Verschränkung von Gedanken
und Trieben, diese Verbindung von Meditation und Halluzination,
das Aufsaugen der Außenwelt durch eine Seele und einen Intellekt
wirklich durchsichtig werden zu lassen.

Das zweite, das Werk von den Grundelementen bis in seine
Gesamtheit beherrschende Kompositionsgesetz ist in der Formel:
„Ein Gedanke, ein Moment, ein Satz" enthalten. Jeder Satz hat den
Gedanken in seiner oft außerordentlichen Komplexheit, ja Disparat-
heit vollständig zu entwickeln, und jeder Gedanke hat Anspruch auf
nur einen Satz. Das ist der Ausdruck des Willens, die Inhaltsfülle
einer „einzigen flüchtigen Sekunde" spürbar zu machen. (Daher die

oft überraschend langen Perioden des „Vergil".) Das hierin liegende
Gebot, ein Problem immer bis zu seinem Abschluß zu führen, gilt
für alle die Gebilde, die der Autor „stilistische Einheiten" nennt,
die Sätze, Absätze, Kapitel, Bücher, das Ganze des Romans. Jede
derartige Einheit entspricht einer „Situation" — Handlung oder
Meditation —, für welche die vom Denken geforderte Entscheidung
zu finden ist. Anders gesagt, die Linie, die die stilistische Einheit
umschließt, kehrt mit ihrem Endpunkt zum Ausgang zurück, jedoch,
da sie eine Entscheidung bringt, auf einer höheren Ebene. Sie bildet
einen „stilistischen Zirkel". Ein solcher ist aber „nicht nur ein
ununterbrochener Bogen, er enthält in sich auch noch stilistische
Bewegungen und Verdichtungen, kurz, er umfaßt Anstieg und
Abstieg. Die Länge des Ansatzes ist nur eines der Mittel, das zum
Entstehen dieser inneren Bewegung beiträgt. Ohne den langen
Anstieg und den langen Abstieg würde der Übergang vom lyrischen
inneren Monolog in wirkliches Gedicht, wie etwa die Elegien (die
den stilistischen Kern des ganzen Buches bilden), nicht folgerichtig
durchgeführt sein."

Der erste Absatz des Romans, achtzehn Zeilen, gibt ein einfaches,
doch gutes Beispiel dieses Verfahrens. Eine einzige Periode bildend,
enthält er eine einzige Idee, die der eintretenden Stille, der sich aus-
breitenden Befriedung. Man bemerke die Wörter „leicht, leisen,
kaum merklichen, mählich sich ... ins friedvoll Freudige ... wandelte, sanft überglänzt, Schutzmolen, perlmuttern war ... geöffnet,
es wurde Abend". Aus der Gesamtheit des Textes ergibt sich, daß
die Idee der Befriedung am Anfang nur in der unbelebten Natur,
dem Meer, ihren Ausdruck findet, am Ende in der Menschenwelt,
wie sie unter dem Himmel lebt. Der Schluß kehrt zum Beginn
zurück, aber auf einem anderen, geistige Möglichkeiten einschlie-
ßenden Niveau. Die „Verdichtungen" finden sich an folgenden
Stellen: „und jetzt, da die sonnige, dennoch so todesahnende Einsamkeit der See sich ins friedlich Freudige menschlicher Tätigkeit
wandelte" und: „da war das Meer beinahe spiegelglatt geworden". —
Der Vergleich der vier Buchanfänge und -schlüsse zeigt die gleiche
Technik. Hier und dort kehren jedesmal die prinzipiell gleichen
Situationen wieder: Vergils Ansetzen zur Heilsuche durch die
rettende Verbundenheit einerseits, andererseits das Resultat solchen
Ansetzens. Gleich zu Beginn des ersten Buches sieht man Vergil angesichts der untergehenden Sonne grübeln: „In das tiefsinkende westliche Gestirn blinzelnd, zog er den Mantel bis unters Kinn; er fror."
Danach folgt als Verdichtung das beinahe vernichtende Erlebnis
der „Elendsgasse". Am Ende heißt es nach Vergils Meditationen:

„Lautlos, raumlos, zeitlos, . . . so klaffte die Nacht auf, zerbarst der
Schlaf des Seins . . . schuldbeladen und hoffnungsgebrochen . . .
versank des Lebens übergroßes Aufgebot zum schieren Nichts . . .
Es gab keine Zeit, keine Hoffnung mehr, weder für das Leben noch
für das Sterben." Anfangs geht es um Empirie und Menschenwelt,
am Schlusse um Metaphysik und Universum. Die Ursprungssituation
ist gesteigert. Ein Forschen hat seine wenn auch vernichtende Antwort gefunden, damit einen Kreis beschrieben und dabei an Sinn-
schwere gewonnen. Erneut wird der gleiche Prozeß aufgenommen;
aber nach unsäglichem Tasten, Zweifeln, nach der Versuchung aufzugeben ist die Erkenntnis erreicht, von der aus das Chaos sich zum
Kosmos ordnet. Die zirkelförmige Bewegung vom Problem zur
Lösung hat sich wiederholt mit dem Ergebnis, daß eine rettende
Antwort erfolgt; denn wenn am Anfang dieses Buches das Motiv
des Verlangens nach dem Absoluten steht — „Nichts war dring-
licher als allein zu bleiben, um nochmals alles Sein in sich zu ver-
sammeln, um lauschen zu können" —, so leuchtet am Ende das
Wort des Engels: „Tritt ein zur Schöpfung, die einstmals war und
wieder ist; du aber sei Vergil geheißen, deine Zeit ist da." Verdichtungen sind die Elegien mit den fundamentalen Motiven Suche,
Schönheit, Schöpfungseid, Schicksal und Schicksalsüberwindung.
Im dritten Buch, in dem es sich nicht mehr darum handelt, zu entdecken, sondern durch den Kontakt mit den Menschen das Gefundene in die Tat umzusetzen, wird menschliche Gegenwart von
Vergil zunächst als „Fremdheit" empfunden; dann erfolgt Annäherung in weiten und weiterer Bezügen, in immer größerer Ver-
tiefung. Sie wird gewonnen durch das Verhältnis zum syrischen
Sklaven, dem Boten des Liebesgesetzes, zu Octavian, dem absoluten
Herrscher, dessen Machtregeln dereinst hinfällig sein werden, zu
Lysanias, d. h. zur Vaterschaft, in der das Liebesgesetz Gestalt ge-
winnt; und sie zeigt, daß höchste menschliche Verbundenheit schon
jetzt unangreifbare, unzerstörbare Wirklichkeit zu werden vermag.
„Fremdheit" hat aufgehört, das Kennzeichen der Beziehung von
Mensch zu Mensch zu sein. Wieder ist Antwort gegeben, wieder
ein Kreis durchlaufen, wieder ein höherer Standpunkt erreicht. Ob-
gleich nicht zu Elegien ausgestaltet, wirken auch in ihrer erhöhten
Sprachform die Bekenntnis- und Offenbarungsworte des syrischen
Sklaven, die „Bloßstellung" Vergils und der geliebten Frau, der
Moment des „Freundesblicks" beim Abschied des Augustus und
das letzte Wort des Sterbenden als Verdichtung. Ein „stilistischer
Zirkel" liegt schließlich im vierten Buche vor, wenn die Frage nach
dem Tode die Antwort erhält, er sei kein Ende, wenn die Scheinbar-

keiten den Wesenheiten weichen, wenn die menschliche Verbundenheit durch die Vereinigung mit dem Kosmischen, dem Metaphysischen, dem Absoluten ersetzt wird.

Überblickt man von hier aus die Gesamtheit der vier Bücher, so
erkennt man, daß die Innenbewegung von deren jedem auch für
das Ganze gilt. Drei Motive mögen es belegen. Die Einfahrt in den
Hafen von Brundisium als Zeichen des Beginns der angstvollen
Selbst- und Weltbefragung hat ihr positives Gegenstück in der
„mächtigen Stärke ruhetragenden Fließens" beim Eintritt des gestorbenen Vergil in die helle Welt der „zweiten Unendlichkeit". Die
Geschöpflichkeit findet sich in der Vision des Schöpfungsvorganges
wieder. Der Begriff Vaterschaft, wie er sich für Vergil von Anfang
an im Erinnerungsbild des eigenen Vaters darstellt, wird für ihn
Trost und Mahnung und schließlich zum Inbild einer Liebe, die
sich als das Absolute offenbart. Suchen, Ringen und Finden in
immer erneutem Ansatz und Aufstieg — die Spirale —, das ist die
wahre Sendung des Menschen.

Mit den musikalischen, logisch-intellektuellen und symbolisch-
metaphysischen Aufbauprinzipien sind formale Faktoren gegeben,
die bereits für den Künstler Broch zeugen. Auch tragen sie, als
„Architektonik", zur „Plausibilität und Überzeugungskraft des
Kunstwerks" und zu dessen „architektonischer Vielstimmigkeit"
bei. Doch erst die Sprache verleiht dem Werk jene Fülle des Lebens,
ohne die es Traktat bliebe.

Wenn der Dichter der „Aeneis" ruht, steht, keucht, zusammenbricht, sich aufrafft oder entrückt wird, so geschieht es mit einer
Körperlichkeit, die für den Leser sichtbar, hörbar, beinahe betastbar
und greifbar wirkt. Die Individuen, die Vergil tatsächlich, im Rückblick der Erinnerung oder in Fiebergesichten umgeben, haben die
gleiche volle Gegenwart, seien sie etwa wie Mutter, Vater, Großvater, der Bauernjunge Lysanias, der Landedelmann Plotius, der
Cäsar Octavian ausführlicher gezeichnet oder nur knapp charakterisiert: an der Spitze der Dienerschaft auf dem Schiffe der „ewig
lächelnde Vorsteher mit dem kalten Blick in den Augenwinkeln",
eine „Hure" und ihr „Gänserich", der syrische Sklave, Hieria
Plotia, die „Sehnsuchtbegnadete". Menschentypen sind ebenso eindringlich gegenwärtig: „Freßbäuche, die Leute des Hofstaates";
„großartig, wild, viehisch, untermenschlich die gebändigte Ruder-
masse" der kaiserlichen Flotte; das „menschliche Ungeziefer" in der
„Elendsgasse"; „das dumpfbrütende Massentier" vor dem Palast
des Augustus. Anderes dann: „Stahlblau und leicht" breitet sich das
abendliche Meer aus, „perlmuttern ... darüber die Muschel des

Himmels". Man hört selber „das gleitende Schäumen des Kiel-
wassers", „den klatschenden Wasserschnitt" der Ruder, spürt deren
„dumpfdonnernden, silberumsprühten Rucktakt", ist mit dem eigenen Atem, mit allen Sinnen bei den „angeketteten stummen Knechts-
leibern im stickig-zugigen, stinkenden, donnernden Schiffsrumpf".
Brundisium und das ganze Reichsgebiet mit seiner Wirtschaft, seinen
Arbeitenden und Genießenden werden „durch die Nase zugemittelt",
bisweilen mit einer Synästhesien feststellenden und schaffenden
Intensität wie bei dem „glatten, glitzernd-fauligen Gestank der
Fischmarktstände". Dagegen spürt man gleichsam das ätherisch
Reine, wenn der Mittagswind sich erhebt, „der inbrünstige Atem-
kuß des Lebens, ... ein leise hinflutendes Gewoge, das Atemmeer
der Welt". Von Vergil und Plotia, den Liebenden, gesprochen,
wirken zwei kurze Sätze als Gesang aus den Sphären. Subjektive
Visionen der Auflösung, die Vergil heimsuchen, erscheinen als
eigenes Erleben, als „Erinnerung des versprengten Herdentieres",
„Fahrt durch den Unraum der stillstehenden Verirrtheit", wo das
Zimmer mitschwebt, „unverändert und dabei fahrtartig verformt,
zeiterstarrt und dabei fortwährend sich verändernd ... im Hohl-
gedränge der Gestaltlosigkeit". Das Gehetzte, Verkrampfte, Sich-
aufbäumende, Zerfließende der Psychologie Vergils teilt sich durch
das Medium der Sprache dem Leser spürbar mit. Unlösbar sind in
diesem Werk Gedanken und Gefühl mit Sichtbarkeit, Hörbarkeit,
Greifbarkeit, psychologische Analyse und philosophische Gedanken
verwoben. Die Gottheit ist da, aber auch, von der Sprache geschaffen,
„der Gottheit lebendiges Kleid".

Und doch ist bei erster, oft auch bei wiederholter Begegnung das
Deutsch des „Vergil" für manche derer, die Broch selbst seine
„unglücklichen Leser" genannt hat, ein Rätsel, ja ein Ärgernis. Mehr
als einer unter ihnen wird skeptisch bleiben, wenn Broch äußert,
„daß im ‚Vergil', trotz seiner scheinbaren Überladung, nicht ein
Wort steht, das nicht vom Erlebnis bestimmt ist". Aber ihre Größe
schließt sich dem auf, der ihr Gesetz begreift. Ein Vorwärts und ein
Zusammenhalt treten sehr schnell als zwei Merkmale des geschmeidig-
festen Sprachgefüges hervor. Die Spannweite des Wortschatzes reicht
von der kruden Vulgarität der Dirnenrede bis zur Hymnik des
Gebets und deutet damit auf eine Sphäre reinen Geistes. Die Richtigkeit in diesem Vokabular, die, als Durchsichtigkeit wirkend, zum
Ausblick nach anderem, höherem einlädt, und ihre Einfügung in die
Bewegung eines Drangs und Aufschwungs schaffen eine eigentümliche Ambivalenz zwischen Empirie und Idee.

Zunächst entsteht der Eindruck, die Sprache beruhe nur auf der

Psychologie Vergils, des von Fieber und Krankheit und Todesnähe
Gehetzten, der in seiner Verlorenheit sich keinem Zuhörer anzu-
passen braucht, dabei aber intellektuell klar und Herr seines Ausdrucks bleibt. Der Grübelnde darf allem Bohren und Schweifen
seiner Phantasie folgen und längste, genauer und immer genauer
definierende Perioden bauen, und er vermag sie richtig zu bauen.

Doch ist damit die „Vergil"-Prosa noch nicht in ihrem eigentlichen
Wesen erfaßt. Ihre nie ermattende, drängende Dynamik, für die
ebensosehr die Unflätigkeiten der „Elendsgasse" wie der reine Atem
des Mittagswindes zeugen, gibt einen weiteren Hinweis. Wie der
Denker im Dichter der „Aeneis" — und des „Vergil" — dem Wesentlichen des Lebensgehaltes zudrängt — „denn unverloren und unverlierbar bleibt die platonische Idee" —, so der Dichter in diesem
Denker dem Wesentlichen des Materials der Gestalt, dem „Sprachlichen an sich", der platonischen Idee der Sprache. Diese ersehnt
den Augenblick, „wo sie über ihre eigenen irdisch-sterblichen
Grenzen schlägt und ins Unaussprechliche dringt", den Wortausdruck
verläßt, um Abbild des Denkens und damit „Abbreviatur für die
Vieldimensionalität des Geschehens" zu sein.

Broch schuf eine Sprache, die trotz Reichtum und Glanz sich als
„erweckend" herzenswarm erweist. Dieser Leistung hoher Künstler-
kraft bleibt, wie den Kompositionsprinzipien, alle Künstlichkeit fern.
Sie drückt die Echtheit eines Willens zum Helfen aus, der die rettenden Zugänge zu ebnen strebt.

Wie in jedem Kunstwerk ist auch im „Tod des Vergil" die äußere
Form der Ausdruck der inneren. So ist der Zusammenhalt in der
Sprachfügung das Zeichen einer fast verzweifelten Reaktion Vergils
gegen eine Menschheit und eine Welt, die der Zerfall bedroht. In
seinen wechselnden Aspekten ist der dynamische Drang natürlicher
Ausdruck des geistigen Zustandes eines Menschen, der, dem Tode
nahe, keine Zeit mehr zwischen dem „Nicht mehr" und dem „Noch
nicht" der Kultur seiner Epoche verlieren darf und mit allen Kräften
nach dem rettenden transzendentalen Prinzip sucht, „jenem neuen
geistigen Zusammenschluß, von dem aus erst eindeutig und rational
wieder bestimmt werden kann, was Wert und was Unwert ist". Die
wissenschaftliche Genauigkeit und der Platonismus, die Logik und
die Musik der Sprache fließen aus der Persönlichkeit Vergils, des
Intellektuellen und Mystikers, des Darstellers der Wirklichkeit und
des Dichters, d. h. Sehers. Die zyklische Struktur, die mit ihrem
Kreis, ihrem Kreisen ein Problem einschließt, entspringt dem Bedürfnis nach klarer Schau und der Besessenheit durch ein Problem,

der Introversion. Der in der dritten Person erzählte Bericht ist in Wirklichkeit, wie Broch es in einem Kommentar sagt, „ein innerer Monolog", entspricht damit einer künstlerischen Forderung, aber auch der Sprechweise eines Sterbenden, der auf sich selbst zurückgeworfen und -verwiesen ist. Wenn, wiederum nach Broch, hinter dem Gehalt des Werkes der Tod steht, so auch hinter dessen Formgebung — und hinter dessen Entstehung.

Das offenbart sich in einer Einzelheit des Tatsachenkomplexes, der den „Vergil" weitgehend zu einer Autobiographie seines Schöpfers macht. Hermann Broch kannte, gleich seinem Vergil, die Beängstigung durch eine Kultur der zerfallenden Werte, wie Vergil suchte er den neuen, sinngebenden Wert, glaubte er an das Heil durch die Verwandlung seines Künstlertums in die (nach Hannah Arendt vielleicht allzu quietistisch charakterisierte) „einzig wahre Aktivität, ... die kontemplative Aktivität des Philosophierens", war er von der Sorge des Nichtfertigwerdens und des Zuspätkommens verfolgt, verzichtete er auf die vollendete ästhetische Leistung um der möglichen ethischen Wirkung willen, nahm er *dankbar* die Zeitkrise hin (wie sein Vergil den Göttern für „Gutes und Schweres" dankt), „denn Krise bedeutet Aufbruch, auch wenn es ein Abgrund ist, der aufbricht" — er sah sich auch als Opfer des Nationalsozialismus, der ihn einkerkerte, dem Tode gegenüber und konnte später schreiben: „Es war nicht mehr das Sterben des Vergil, es wurde die Imagination des eigenen Sterbens." Die bildenden Kräfte, die im Gegenstand des Werkes lagen, begegnen sich mit den Kräften des Dichters. So wird die innere Form des Romans gewonnen, die von einer drängenden, vom Todesgedanken eingegebenen metaphysischen Fragestellung bestimmt wird, anders gesagt, vom Bedürfnis, das Leben in seiner Komplexität zu erhellen.

Die Einsichten, die der „Vergil" als autonomes, nur in sich selbst ruhendes Kunstwerk darbietet, werden durch die Briefe und Essays des Theoretikers Broch bestätigt und erweitert. Man erlebt darin Brochs „Besessenheit" durch den „Begriff der Erkenntnis". Weder positive Religion noch Philosophie, „soweit sie nicht mathematisiert", können diese vermitteln. „Unverbindlich" im Subjektivismus „ihrer ‚ausdeutenden' Funktion" bekannter Gegebenheiten — z. B. der Geschichte — sind sie „überflüssig", weil sie nicht die Grundwahrheiten erfassen, deren die Not der Zeit bedarf. „‚Die Wissenschaft'" ihrerseits „ist kein Weltinhalt, kein Weltsymbol wie Gott es ist, sondern sie ist bloß eine bestimmte Denkmethode, unter deren Ägide niemals ein ethisch-metaphysisches Weltorganon nach der Art der christlich-platonischen Scholastik entstehen kann." Die „Einsicht in diesen Sachverhalt", schreibt Broch 1936, „hat mich aus der Ratio in die Irratio der Dichtung getrieben, die Hoffnung hier — wenigstens für mich — eine neue Fundierung zu finden." Der Künstler, „der die Welt in jedem Augenblick ,zum ersten Mal' als fluktuierendes Chaos erlebt", versucht — muß versuchen —, „mit einem Schlag zu neuen Wahrheitseinheiten zu gelangen", die ihn aus dem Chaos erretten. Geleitet wird er dabei von dem „außerwissenschaftlichen Weltwissen, das jedem von uns innewohnt", von den „Urideen alles Religiösen, der Opferung, der Selbstopferung zur Wiedererlangung des Standes der Unschuld in der Welt — diese religiöse Grundtendenz, die eigentlich das Philosophische an sich ist". Der Roman soll diese „sozusagen erkenntnistheoretischen Gründe aufzeigen, die aus dem Boden des Irrationalen (und in zweiter Linie erst Unbewußten) herauswachsen". Das Ziel ist „der *erkenntnistheoretische Roman* statt des psychologischen, d. h. der Roman, in dem hinter die psychologische Motivation auf erkenntnistheoretische Grundhaltungen und auf die eigentliche Wertlogik und Wertplausibilität zurückgegangen wird".

In einer Zeit des „Zerfalls der Werte", des Verlustes eines höchsten, sinngebenden Wertes infolge der „unbedingtesten Radikalisierung aller Werte" geht es Broch um das Ethische als oberstes Prinzip, das die gültigen Beziehungen und Bindungen schafft. Die „erste Ahnung" von einem solchen Absoluten ist zwar „geradezu lyrisch vor Irrationalität", aber die „Ausarbeitung ... sucht ein Maximum an Rationalität zu erreichen". Die Darstellung des „Metaphysischen in seinem Durchbruch aus dem Alltag (ist) das stärkste Element der Kunst überhaupt". Die Prävalenz des Metaphysischen besagt aber, daß der Roman eine „Totalitätsaufgabe" hat und nur dann ein Kunstwerk ist, wenn er „in sich die Welttotalität produziert (nicht als naturalistischer Weltabklatsch, sondern kraft seiner eigenen Weltautonomie)". Er muß Bildungs- und Kulturelemente in sich aufnehmen, muß „polyhistorisch" werden; da er aber Dichtung ist, also mit den „Ur-Moventien des Seins" zu tun hat, darf eine „gebildete" Gesellschaft nicht zum Handlungs- oder Gedankenträger erhoben werden. Vor allem aber hat er auf den Uranfang der Welt und die uranfänglichen und ewigen Probleme des Menschseins zu zielen, hat er Mythos zu sein. „Mythos nämlich ist Kosmogonie, ist Beschreibung der den Menschen bedrohenden Urkräfte und setzt deren Symbolfiguren nicht minder große, prometheische Heldensymbole entgegen, welche dartun, wie der Mensch das scheinbar Unüberwindliche überwindet und auf Erden zu wohnen vermag ...

Im Mythischen enthüllt sich der Menschenseele Grundbestand."
Der Mythos verbürgt damit „die Einheit des über die Zeiten hinaus-
erstreckten Menschengeschlechtes ... Es wird damit dem Menschen
auch das ahnende Wissen um die Zeitlosigkeit seines Ich ... gewährleistet, jenes Gefühl zeitenthobener Sicherheit, wovon Kant bewegt
wird, wenn er ‚vom gestirnten Himmel über mir und dem sittlichen
Gesetz in mir‘ spricht." Und da außerdem „der Mythos ... immer
noch die engste Annäherung des Menschen an die Todeserkenntnis
gewesen" ist, wird der Roman auf jenen Stoff verwiesen, „um den
sich *alle* Kunst seit jeher bemüht hat, nämlich auf den *Tod an sich*,
den großen Pacemaker aller metaphysischen Erkenntnis".

Trotz solcher auf das Letzte zielenden Problemstellungen fragt
sich Broch, ob nicht über der Erkenntnis die „schlicht-menschliche
Haltung und Gesinnung steht", die für sein persönliches Leben das
„eigentlich Positive" sei. Das Resultat ist die Überzeugung, daß
„alles Dichten, das nicht über das Dichten hinausgeht, heute keine
Geltung mehr haben kann, keine mehr haben darf". „Das Erkennt-
nisziel der Dichtung, ihr Wahrheitsziel ist nicht allein mehr das
Schöne in seiner Mitleidslosigkeit, ist nicht allein mehr die Realität
des Schicksals, nein, es ist darüber hinaus auch die Realität der
Seele und ihres Kampfes gegen das Schicksal, den sie zu führen hat,
wenn sie menschlich bleiben will." Vom Zentralwert des Ethischen
ausgehend, das in der Unendlichkeit seines Wollens als das Religiöse
zu verstehen ist, fordert der Roman, „wie alle Schriftstellerei, ...
vor allem menschliche Festigung und Festigkeit, d. h. eine uner-
schütterliche Gesinnung zur Herzensreinheit und sonst gar nichts".
Einzig gilt noch die „didaktisch-pädagogische Aufgabe des Dichterischen". Das heißt aber, wie Hannah Arendt unterstreicht, „daß es
Broch in all seinen wert- und erkenntnistheoretischen Bemühungen
letztlich um eine Theorie des Tuns, nicht der Kontemplation ging".

Glücklicherweise muß aber der Ethiker des metaphysischen und
sittlichen Verantwortungsbewußtseins zugeben, daß er „unablässig
... die Verführung zum Geschichten-Erzählen", anders gesagt, zur
sinnenhaften Darstellung konkreter Lebensfälle und -fülle, eines
naturalistischen „Untergrunds" verspürt und daß das „sogenannt
Künstlerische" ihn „einfach überwältigt". So geschieht es, daß er
oft „tagelang" sich um „architektonische Vielstimmigkeit" bemüht,
sie auch, wie er sagt, „zum Teil immerhin verwirklicht" hat und
daß er danach strebt, den Roman zur „Gesamtform aller dichterischen Ausdrucksmittel" zu erheben. Auch in seiner Gestaltung soll
der Roman „Totalität" sein. Es gilt, eine „Einheit von rationaler
Erkenntnis, Epik, Lyrik und noch vieler anderer Elemente des Aus-

drucks zu schaffen". So ist „der Brochsche Stil ... von folgenden Elementen bestimmt: er trachtet in jedem Darstellungsmoment das Kontradiktorische der Seele zur Einheit zu bringen, ... die gesamte (musikalische) Motivenfülle in Bewegung zu erhalten" und „eben hiedurch die Simultaneität des Geschehens allüberall festzuhalten". Dabei steht das Lyrische an erster Stelle; denn es „erfaßt die tiefsten seelischen Realitäten", in denen „die irrationalen Sphären des Gefühls und die rationalen des Verstandes gleichrangig eingeschlossen" sind; „nur das Lyrische vermag die Einheit der antinomischen Gegensätze herzustellen". Doch noch in anderer Weise muß der Roman Gehaltselemente formal verarbeiten und in sich aufnehmen. Um fühlen zu lassen, daß sie „gemeinsam innerhalb einer einzigen flüchtigen Sekunde durch das Bewußtsein huschen", werden „die verschiedensten emotionalen und auch philosophischen Inhalte, oftmals sogar höchst disparater Natur", in einem Satze zusammengefaßt. Dann die Eingliederung des „Polyhistorischen": es darf nicht als „Gesprächsfüllsel" verwendet werden, sondern soll als „oberste rationale Schicht" mitschwimmen und mitschwingen. Ein erster Versuch dazu lag in den theoretisierenden „Exkursen" des „Huguenau" vor, wie sie, reinlich geschieden vom epischen Bericht, dastehen. Aber Broch wurde sich „klar, daß dies ein einmaliger Weg war"; und schon 1935 erscheint der Gedanke an die Form des „inneren Monologs", die sich im „Vergil" verwirklichen wird. Sie erlaubt, die Gespräche zu vermeiden, durch die etwa der „Zauberberg" das Problem des „Polyhistorischen" zu bewältigen sucht, und entspricht der Forderung, „daß die vollkommene Erzählung ihren Sinn ausschließlich in den Gestalten und Situationen zu offenbaren hat"; sie schafft dem so bedeutsamen Lyrischen Raum und trägt dazu bei, daß der „Vergil", nach Brochs gewollt unpathetischer Formulierung, „ein ausgewalztes lyrisches Gedicht" werden kann. Der beste Beleg für Brochs Kunstwillen ist die Anfälligkeit gegenüber den Möglichkeiten der Sprache; denn sein Ziel ist jene absolut autonome Ausdrucksweise, die „das große Glück jedes Künstlertums" ist und die zuletzt in ihrer Größe zum Esoterismus, zur „Unverständlichkeit" führt. Die Versuchung wird prinzipiell abgelehnt im Namen des Kampfes gegen das Unheil der Zeit, im Dienste der „Pestbekämpfung", der „Dschungellichtung", in Befolgung des ethischen, sozialen Gesetzes, wie es auch für die Gehaltstheorie des Romans maßgebend ist: „Die ästhetische Forderung (muß) nach dem ethischen Wertziel orientiert (sein)" — was nicht heißt, daß Broch „Popularkunst" vertritt oder daß ihm „gute demokratische Gesinnung" genügt.

Die gattungsgeschichtliche Stellung des „Vergil"

Damit ist der Ort des „Vergil" in der Geschichte der Gattung näher bestimmt. Er liegt auf der von Goethe, dem Dichter der „Wanderjahre", dieses „Grundsteins" des neuen Romans, und des „Faust", ausgehenden Linie der Formsprengung und -erneuerung mit einer „Gesamtform" als Ziel, einem „Dichtwerk", das „die Entwicklung des Supranaturalen aus dem irrationalen Seelengrund beispielhaft an wirklichen Menschen" darstellt und „in seiner Einheit die gesamte Welt zu umfassen, ... die Kosmogonie der Welt zu spiegeln, ... in dem Wunschbild, das es gibt, die Unendlichkeit des ethischen Willens aufleuchten zu lassen" hat. Die Dichtung soll auch hierin Goethe folgen, dem Menschen der „Gesamterkenntnis", der in verantwortungsbewußtem, in religiösem Sinne „diese Aufgabe auf sich genommen". Aus einer solchen ethisch-erkenntnistheoretischen, durch das „tiefe Elend" unserer Epoche geforderten Sicht erklärt es sich, daß für Broch Stendhal, Flaubert, George weniger Gewicht haben als Zola, Dostojewski, Hofmannsthal und daß Joyce und Thomas Mann, insofern sie „künstlerische Schreiber" sind, ihm als „Atavismen" erscheinen. Musil, dessen „Mann ohne Eigenschaften" zu sehr „ins präzis Rationale gehoben" ist, weckt ebenfalls Vorbehalte. Nur Kafka ist der restlos Anerkannte und Gepriesene, weil er der einzige ist, der, im Gegensatz auch zu Joyce, „sich einen Pfifferling um das Ästhetisch-Technische kümmert, sondern das Ethische unmittelbar an der Wurzel anpackt"; seine „großartige, wahrhaft mythische Naivität" hat die Kraft, bis zum Mythos vorzudringen. Aber „in einer einzigen Generation gibt es keine zwei Kafkas". Doch „als Zeichen des Umbruchs im Dichterischen", als „Ahnung von der neuen Aufgabe, die eben in einer beinahe religiösen Totalität liegt", werden die „Geschichten Jaakobs" von den Möglichkeiten ihres Autors her als „absolut genial" begrüßt, wie ja Thomas Mann[5] und Broch auch in der Forderung einer „langsam infiltrierenden moralischen Wirkung" der Dichtung übereinstimmen. Musils letztlich ethische Einstellung[6] wird ebenfalls nicht verkannt.

Aufschlußreich ist das Verhältnis zu James Joyce. Es ist positiv insofern, als für beide Autoren die schöpferische und gestaltende Grundhaltung identisch ist. Man lese Carl J. Burckhardts am 10. September 1923 an Hofmannsthal gerichteten, den „Ulysses" und, zwanzig Jahre im voraus, auch den „Vergil" charakterisierenden Brief: „... ,Ulysses' ... Sucht, alles gleichzeitig zu sehn, Orte und Zeiten. Das Erinnern und wieder Heraufbeschwören, das Grundphänomen aller großen dichterischen Leistung seit Homer, wird

hier hineingerissen in einen Wirbel von Gegenwart und Zerstörungs-
vision, der ganze Inhalt eines denkenden, fühlenden Geistes wird,
wie in einer einzigen, unheimlichen Eruption ausgeschüttet ...
Äquinoctialstürme der menschlichen Denktragödie (brechen) ein ...
bei Joyce, ... dem Prototyp des von allen gesellschaftlichen Bindungen freien Intellektuellen ... und dabei hofft er doch, ... auf
Zusammenfluß, Zusammenfluß von Strömen, Flüssen, Bächen, er
hofft letzten Endes auf Vereinigung." Eine Verwandtschaft zwischen
Broch und Joyce besteht weiterhin insofern, als Joyce den „inneren
Monolog" anwendet, nichts mit dem „Bildungsunwesen" im Roman
zu tun hat, „architektonische Vielstimmigkeit" sucht, im Psychologischen die Wiedergabe der „Simultaneität" der verschiedenen
geistig-seelisch-physischen Reaktionen erstrebt, dazu die Einheit von
Darstellungsobjekt, -subjekt und -mittel will und infolgedessen im
Sprachlichen „einer neuen Ausdrucksmöglichkeit für das Unbe-
wußte, Unterbewußte" nachgeht. Trotz solcher Analogien zeigen
sich bei Joyce Aspekte, die ihn von Broch scheiden: ein teilweiser
„psychologischer Pointillismus", bei dem „die Seelenwirklichkeit
tatsächlich aus lauter unzusammenhängenden Einzelpunkten aufgebaut" wird; das Fehlen des Lyrischen und des Mythos; die psychologische statt der erkenntnistheoretischen Orientierung; schließlich
und entscheidend die Stellungnahme „im extrem Platonischen und
Subjektiven", d. h. eine ins Unverständliche, in „radikale Asoziabi-
lität" mündende Verabsolutierung des Willens zum Kunstwerk ...
Broch hat Joyce bewundert: 1930 nennt er ihn sein „schriftstelle-
risches Über-Ich"; er hat bei ihm manche Bestätigung gefunden und
darf sich „in gebührendem Abstand ... und mit ehrlicher Bescheidenheit" eine Stelle in der Nachfolge Joyces anweisen; die auf
den ersten Blick befremdende, weil zunächst als spielerisch empfundene Äußerung, die Ähnlichkeiten zwischen dem „Vergil" und dem
„Ulysses" seien „beiläufig so groß wie die zwischen einem Dackel
und einem Krokodil", lehnt nur für einen oberflächlichen Blick alle
Verwandtschaft ab.

In seiner metaphysisch-ethischen Grundhaltung ist der „Vergil"
das Zeugnis eines Suchens nach einem rettenden Weg, der Ausdruck
einer auch von anderen gefühlten Problematik. Hofmannsthal, Kafka
und Broch haben sie in unserer Zeit wohl am schmerzlichsten erlebt
in jenem goetheschen Sinn, auf den Broch hinweist. Wurde hier
das Judentum[7] einmal mehr zum Quell leidvoll tragischer Größe
und eines Leuchtens aus Umwölktheit? Wenn so „Der Tod des
Vergil" seinem Gehalt nach nicht ganz als erratischer Block in der
gattungsgeschichtlichen Landschaft steht, so ist er im Formalen für

das deutsche Sprachgebiet ein ἅπαξ λεγόμενον. Die Form ist nicht zu wiederholen. Jede Nachahmung wäre Künstlichkeit — Negierung der Kunst. So mag die Begriffs- und Ortsbestimmung gelten, die Egon Vietta gegeben hat: „‚Der Tod des Vergil' ... ist weder ein Roman noch hat das Buch mit der Technik unserer Historienschreiber und Romanciers zu tun. Es ist, künstlerisch gesehen, die Einbürgerung des rhapsodischen Monologs, die Verdeutschung der Joyceschen Stilmittel, die Selbstentleibung des Romans im Roman. Über Brochs ‚Tod des Vergil' gibt es keinen Weg hinaus, die Gattung Roman ist damit zu Ende geführt und zugleich durch ein Novum überwunden."

Brochs Urteil über den „Ulysses" dürfte auch für den „Tod des Vergil" gültig sein. Hier ist „kein Spiel ..., das sich verflüchtigt, sondern eine Wirklichkeit, bestehend und fest wie alle Wirklichkeiten, die eine Epoche hervorbringt, zeitgerecht gekommen und in ihr verwurzelt, eine Realität, eingesenkt und einsinkend vor eigenem Gewicht in die Fluten der Zeiten, von keiner mehr wegzuschwemmen und immer wieder aus ihrer Tiefe leuchtend".

WOLFDIETRICH RASCH

Musil · Der Mann ohne Eigenschaften

Das Erzählen des Unerzählbaren

Im vorletzten Kapitel des ersten Buches von Musils „Mann ohne Eigenschaften" geht Ulrich, die zentrale Figur des Romans, durch die nächtlichen Straßen der winterlichen Stadt und kommt sich „nur noch wie ein durch die Galerie des Lebens irrendes Gespenst vor, das voll Bestürzung den Rahmen nicht finden kann, in den es hineinschlüpfen soll". Er hat nicht das Bewußtsein „eines mit sich selbst einverstandenen Lebens", fühlt sich nicht imstande, Widersprüche „verschwinden zu machen, wie sich in einer langen Allee die Lücken schließen". Schließlich fällt ihm ein, „daß das Gesetz dieses Lebens, nach dem man sich, überlastet und von Einfalt träumend, sehnt, kein anderes sei als das der erzählerischen Ordnung! Jener einfachen Ordnung, die darin besteht, daß man sagen kann: ‚Als das geschehen war, hat sich jenes ereignet!' Es ist die einfache Reihenfolge, die Abbildung der überwältigenden Mannigfaltigkeit des Lebens in einer eindimensionalen, wie ein Mathematiker sagen würde, was uns beruhigt; die Aufreihung alles dessen, was im Raum und Zeit geschehen ist, auf einen Faden, eben jenen berühmten ‚Faden der Erzählung', aus dem nun also auch der Lebensfaden besteht. Wohl dem, der sagen kann ‚als', ‚ehe' und ‚nachdem'! Es mag ihm Schlechtes widerfahren sein, oder er mag sich in Schmerzen gewunden haben: sobald er imstande ist, die Ereignisse in der Reihenfolge ihres zeitlichen Ablaufes wiederzugeben, wird ihm so wohl, als schiene ihm die Sonne auf den Magen. Das ist es, was sich der Roman künstlich zunutze gemacht hat: der Wanderer mag bei strömendem Regen die Landstraße reiten oder bei zwanzig Grad Kälte mit den Füßen im Schnee knirschen, dem Leser wird behaglich zumute, und das wäre schwer zu begreifen, wenn dieser ewige Kunstgriff der Epik, mit dem schon die Kinderfrauen ihre Kleinen beruhigen, diese bewährteste ‚perspektivische Verkürzung des Verstandes' nicht schon zum Leben selbst gehörte. Die meisten Menschen sind im Grundverhältnis zu sich selbst Erzähler. Sie lieben nicht die Lyrik, oder nur für Augenblicke, und wenn in den Faden des Lebens auch ein wenig ‚weil' und ‚damit' hineingeknüpft wird, so verabscheuen sie doch alle Besinnung, die darüber hinausgreift:

sie lieben das ordentliche Nacheinander von Tatsachen, weil es einer Notwendigkeit gleichsieht, und fühlen sich durch den Eindruck, daß ihr Leben einen ‚Lauf' habe, irgendwie im Chaos geborgen. Und Ulrich bemerkte nun, daß ihm dieses primitiv Epische abhanden gekommen sei, woran das private Leben noch festhält, obgleich öffentlich alles schon unerzählerisch geworden ist und nicht einem ‚Faden' mehr folgt, sondern sich in einer unendlich verwobenen Fläche ausbreitet."

Die Absage an die traditionelle Erzählform ist hier begründet mit der zeitbestimmten Verfassung des Lebens selbst, das nicht mehr erzählbar ist. Seine Darstellung im „ordentlichen Nacheinander" würde eine bloße Scheinordnung erzeugen, die das Chaotische, Diffuse, Zwiespältige der Existenz verdecken und weglügen müßte. Die Dichtung wäre damit um ihre Wahrheit gebracht. Das Existenzproblem Ulrichs wird unmittelbar zum Formproblem des Romans. Gegenüber jener epischen Form, die in der Darstellung einer verknüpften Folge von Begebenheiten das zu sagen vermag, was gesagt werden soll, besteht im Bewußtsein des Romanciers Musil ein unbesiegbares Mißtrauen. Man muß fragen, ob und auf welche Weise dann ein Roman zustande kommen kann. Musil hat diese Frage überlegt und teilt nach dem Erscheinen des ersten Bandes (1930) in einem wichtigen Brief an G. mit, er habe in der Zeit „vor, spätestens bei Beginn der letzten Fassung des Manuskripts" eine zeitauflösende Anordnung geplant, eine experimentierende Form, die in einer Notiz aus dieser Zeit angedeutet wird: „So erzählen, wie sich die Probleme in Ulrich gradweise bilden: vor und zurück." Eine solche Durcheinanderschichtung der Zeitphasen hätte, schreibt Musil, „einen neuen Erzählungsstil gegeben, worin das äußerlich Kausale zu Gunsten phänomenaler und motivischer Zusammenhänge ganz aufgelöst worden wäre". Damit wäre er „irgendwie ein Erzvater der neuen Erzählungskunst geworden". Doch er gab diese Absichten auf. „Aber ich bin in Stilfragen konservativ . . ." In Musils Roman bleibt der erzählerische Gestus bewahrt: ein Erzähler, der alles überblickt, spricht ständig, färbt den Bericht, kommentiert zuweilen die Vorgänge, reflektiert. Die Form der „erlebten Rede" wird nur maßvoll verwendet. Wenn Musil so die Grundstruktur der überlieferten Erzählweise festhält, so bildet er um so entschiedener die Feinstruktur des Romans nach seinen künstlerischen Absichten um. Die Erzählung bewegt sich am Rande des Erzählbaren; es wird erzählt mit dem Bewußtsein, daß die Daseinssituation Ulrichs und seiner Zeitwelt eigentlich nicht mehr erzählt werden kann. In dieser Paradoxie steht der Roman. Hier liegt die eine Wurzel jener Ironie, die für den Stil des „Mann ohne Eigenschaften" konstitutiv ist.

Ein deutliches Kennzeichen für die Veränderung der überlieferten Erzählform ist das Zurücktreten der Zeitdimension. Das zeitliche Nacheinander wird nicht akzentuiert, nicht als gliederndes und ordnendes Moment verwendet, wie es im naiven Erzählen geschieht. „Der Inhalt breitet sich auf eine zeitlose Weise aus, es ist eigentlich immer alles auf ein Mal da" (Brief an G.). Das bedeutet, daß sich der Roman „nicht nur vom Epos entfernt, sondern sogar schon vom Epischen", wie Musil in einer Besprechung von Döblins Epos „Manas" sagt. „Das Eigentliche" des zeitgenössischen Romans, so heißt es dort, „die größere und zeitgemäßere geistige Begabtheit, welche den Roman vor den anderen Formen der Dichtung auszeichnet, ist in diesem Sinn unepisch."

Musils nicht naive, unepische Erzählweise, die sich im Verkümmern der Zeitdimension und noch anderen wichtigen Momenten zeigt, hat bei manchen Kritikern zu dem Fehlschluß geführt, es fehle Musil an erzählerischer Begabung. In Wahrheit liegt es jedoch so, daß dieses unepische, ironisch gebrochene Erzählen gerade eine sehr große und sichere Erzählbegabung voraussetzt. Sie wird bei Musil an manchen Stellen unmittelbar sichtbar. Wenn er z. B. Ulrich eine Geschichte aus dem 17. Jahrhundert vortragen läßt, die ihm im Gespräch mit Agathe als Exemplum für ein moralisches Phänomen dient, so entsteht ein ganz dichtes und starkes erzählerisches Gefüge etwa von der Art der Geschichten Hebels. „Es ist mir einmal vor Augen gekommen und wirklich soll es sich auch in der Zeit des Dreißigjährigen Kriegs zugetragen haben, als ohnegleichen Menschen und Völker durcheinander geworfen worden sind, begann er. Aus einer Gruppe einsam liegender Bauernhöfe waren die meisten Männer von den Kriegsdiensten entführt worden, keiner von ihnen kam wieder, und die Frauen führten allein die Wirtschaft, was ihnen mühevoll und verdrießlich war. Da geschah es, daß einer von den verschollenen Männern in die Heimat zurückkehrte und sich nach vielen Abenteuern bei seinem Weib meldete. Ich will aber lieber gleich sagen, daß es nicht der rechte Mann gewesen ist, sondern ein Landstreicher und Betrüger, der einige Monate lang mit dem Verschollenen und vielleicht Zugrundegegangenen Marsch und Lager geteilt und sich dessen Erzählungen, wenn ihm das Heimweh die Zunge lockerte, so gut eingeprägt hatte, daß er sich für ihn auszugeben vermochte. Er kannte den Kosenamen des Weibs und der Kuh und die Namen und Gewohnheiten der Nachbarn, die überdies nicht nahe wohnten[1]..."

In solcher Weise, als epische Reihung von Begebenheiten im sinn-

erfüllten Nacheinander, läßt sich Ulrichs Dasein in der sich auf-
lösenden Welt des frühen 20. Jahrhunderts nicht mehr erzählen.
„Das Problem: wie komme ich zum Erzählen, ist sowohl mein
stilistisches wie das Lebensproblem der Hauptfigur" (Brief an G.).
Musil hat in einer Notiz von 1932 diese Problematik in einer mit
der Paradoxie spielenden Formulierung festgehalten. „Die Geschichte dieses Romans kommt darauf hinaus, daß die Geschichte,
die in ihm erzählt werden sollte, nicht erzählt wird." Der Kontext
dieses Satzes verbietet es, den Terminus „Geschichte dieses Romans"
als Entstehungsgeschichte zu deuten, und gar die Geschichte, die
erzählt werden sollte, als die Geschichte der Geschwister[2]. Vielmehr
ist von der Fabel des Gesamtromans die Rede. Musil nennt z. B. im
Entwurf einer Vorrede seinen Roman „diese Geschichte". Die
Geschichte wird nicht im naiven, epischen Sinne erzählt und gerade
dies, daß die intendierte Erzählung nicht als solche verwirklicht
werden kann, ist die wahre Geschichte, der eigentliche Roman
selbst.

Die Krise der Romanform, die sich darin andeutet, ist nicht völlig
neu, sondern sie reicht ins 18. Jahrhundert zurück. Jene Formulierung würde auf Lawrence Sternes „Tristram Shandy" fast noch
besser passen als auf Musils Roman. Schon in dessen Titel deutet
sich die Problematik an. Ein Mann ohne Eigenschaften ist im traditionellen Sinne keine Romanfigur, er kann keine episch erzählbare
Geschichte haben. Ulrich wird denn auch nicht in einer aktiven,
tätigen oder doch in Tätigkeit sich versuchenden Lebensphase geschildert, sondern in einer genau entgegengesetzten Situation. Er
hat es mit drei Berufen probiert, war Offizier, Ingenieur, zuletzt mit
beträchtlichem Erfolg Mathematiker. Aber er hat auch die wissenschaftliche Tätigkeit verlassen, „mitten in einer großen und aus-
sichtsreichen Arbeit". „In wundervoller Schärfe sah er, mit Ausnahme des Geldverdienens, das er nicht nötig hatte, alle von seiner
Zeit begünstigten Fähigkeiten und Eigenschaften in sich, aber die
Möglichkeit ihrer Anwendung war ihm abhandengekommen." So
beschließt er, „sich ein Jahr Urlaub von seinem Leben zu nehmen,
um eine angemessene Anwendung seiner Fähigkeiten zu suchen".

Passivität und Möglichkeitssinn

Ulrich bleibt in diesem Urlaubsjahr, das zugleich das Jahr vor
dem Ausbruch des ersten Weltkrieges ist, in völliger Passivität. Mit
der gesellschaftlichen Umwelt ist er ohne inneren Anteil und nur
gerade so weit verknüpft, daß ihm Menschen und Vorgänge Anstöße zu seinen Reflexionen geben. Er wird zwar, ohne es im ge-

ringsten zu wollen, Sekretär einer Unternehmung, in der ein Kreis von Menschen der maßgeblichen Gesellschaftsschicht eine repräsentative Kundgebung zum 70. Regierungsjubiläum des österreichischen Kaisers vorbereiten soll. Aber diese ganze „Parallelaktion", das zentrale ironische Motiv des ersten Buches, bleibt für Ulrich „Gespenst", ein Leerlauf, „der ihn nichts angeht, wenn er ihn auch mitmacht" (Brief an G.). In unaufhebbarer Distanz benützt er die Kontakte, die ihm diese Scheintätigkeit vermittelt, nur als Beobachtungsmöglichkeiten. Ulrich führt ein radikal reflektierendes Dasein, seine Existenz besteht in Reflexion, in unaufhörlichen gedanklichen Experimenten. Die Darstellung eines solchen Menschen verändert sozusagen „von selbst" die Form des Romans, auch wenn seine erzählende Rahmenstruktur gewahrt bleibt. Die eigentümliche Form entsteht im Vollzug eines Experiments, das von der Frage ausgeht: Was wird aus dem Roman, wenn seine Hauptfigur ein passiver, nur in Denkspielen lebender Mann ist? Robert Musil, der selbst Ingenieur war und später durch das Studium der experimentellen Psychologie geschult wurde, ehe er zu schreiben begann, entwickelt als Romancier im ganzen wie in vielen Einzelheiten Formen, die sich — wie man oft gesehen hat — in Analogie zum Experiment verstehen lassen[3]. Dem entspricht es, daß Ulrich ein experimentierender Denker etwa im Bereich des Moralischen ist. Die Analogie der Romanstruktur zum Experiment ist zuletzt begründet in einer spezifischen Art der Verbindung von Phantasie und Kalkül.

Daß die passive, nur reflektierende Existenz Ulrichs die Romanform „von selbst" verändert, ist natürlich nicht wörtlich zu verstehen. Es ist in Wahrheit so, daß der Autor die formalen Konsequenzen dieser thematischen Situation begreift und gestaltend verwirklicht. „Ich darf also sagen", schreibt Musil im Brief an G., „daß ich auch im 1. Band die erzählerische Dimension Zeit nicht vergesse, sondern sie bewußt, durch den Kunstgriff der geschaffenen Situation, bloß ausschalte." Indem die Zeitdimension schrumpft, tritt — das ist die weitere Konsequenz — eine andere Dimension, die des gedanklichen Experiments, hervor und bestimmt die — vom Epischen sich entfernende — Struktur des Romans. Es ist der Roman des denkenden Menschen, der aber nicht bloß Sprachrohr von Ideen ist, sondern in der Formung seiner Denkspiele zur Figur wird. Dieses Denken hat zwar durch Gehalt und Bedeutsamkeit des Gedachten ein Eigengewicht[4], löst sich jedoch nicht von der Figur des reflektierenden Ulrich ab, sondern gestaltet, strukturiert die Figur. Es ist kein isoliertes, zum ausgrenzbaren Essay geformtes Denken, sondern erzähltes Denkexperiment.

Die Gedanken, sagt Musil in seinen Notizen zu einem Nachwort für den zweiten Fortsetzungsband, können im Roman, „was eine besondere Schwierigkeit ist, auch nicht so ausgeführt werden, wie es ein Denker täte; sie sind ‚Teile' einer Gestalt. Und wenn dieses Buch gelingt, wird es Gestalt sein . . .". In den vollendeten Teilen des Romans gelingt der Sprachkraft Musils in einer Prosa höchsten Ranges eine einheitliche Formung, bei der die Frage unwichtig wird, ob jeweils Begebenheiten, Zustände, seelische Vorgänge oder Gedankenbewegungen dargestellt werden. Die Reflexion ist so an die Figur Ulrichs gebunden, daß sie Moment seines Schicksals wird. Auch die anfangs zitierte Stelle über den Verlust der „erzählerischen Ordnung" zeigt diese Verknüpfung. Die Stelle erscheint nicht als eingesprengter Aphorismus, sondern es heißt: „Und als einer jener scheinbar abseitigen und abstrakten Gedanken, die in seinem Leben oft so unmittelbare Bedeutung gewannen, fiel ihm ein, daß das Gesetz dieses Lebens . . . kein anderes sei als das der erzählerischen Ordnung!"

Es ist für den inneren Aufbau der Figur Ulrichs entscheidend, daß seine Passivität, sein im ersten Band totaler Verzicht auf jegliches Engagement und jede verpflichtende menschliche Bindung nicht aus einer ursprünglich passiven Anlage stammt, sondern daß sie aus der bewußt angehaltenen und zurückgestellten Aktivität eines Menschen entsteht, der auf eine bedeutende Tätigkeit hin angelegt ist. Er sieht im gegenwärtigen Weltzustand keine sinnvolle Verwendungsmöglichkeit für seine Fähigkeiten. Seine Tatkraft stößt ins Leere. „Man kann tun, was man will; sagte sich der Mann ohne Eigenschaften achselzuckend, es kommt in diesem Gefilz von Kräften nicht im geringsten darauf an!" Ulrich sieht sich in einer Welt, in der sich das Gegebene fruchtlos reproduziert, in der nur „Seinesgleichen geschieht" — das ist die Überschrift des zweiten Teils, der nach dem kurzen Einleitungsteil „Eine Art Anfang" den ersten Band füllt. „Es ist so einfach, Tatkraft zu haben, und so schwierig, einen Tatsinn zu suchen!" Mit dieser einfachen Formel erklärt Ulrich seiner Schwester Agathe sein Verhältnis zur Wirklichkeit.

Ein Mann ohne Eigenschaften ist Ulrich, weil er seine sehr ausgesprochenen Fähigkeiten und Anlagen nicht „anwendet", nicht innerhalb der Wirklichkeit ins Spiel bringt. Als Eigenschaften gelten für Musil nur jene Anlagen und inneren Möglichkeiten, die sich in der Teilhabe am außerpersönlich-wirklichen Dasein realisieren. Ulrich hat keinen „Wirklichkeitssinn", auch sich selbst gegenüber nicht, und „da der Besitz von Eigenschaften eine gewisse Freude an ihrer Wirklichkeit voraussetzt", so widerfährt es diesem Ulrich,

„daß er sich eines Tages als ein Mann ohne Eigenschaften vorkommt".

Zuweilen mag Ulrich an jenen spezifisch österreichischen Typus
des mißmutigen und skeptischen Nörglers, dem „nichts dafürsteht",
erinnern, wie er sich in den Endphasen der Monarchie ausgebildet
und nach ihrem Ende, das seine Skepsis bestätigte, erhalten hat.
Musil ist auf den geistigen Gehalt seines Romans bedacht und hat
ihn in unvergleichlicher Spannweite ausgeformt, aber er ist Romancier genug, um seine Hauptfigur ans Konkrete zu binden und
in der Konstitution Ulrichs jenen Typus durchschimmern zu lassen.
Diese Komponente verschwindet freilich in der reichen und groß-
linigen Entfaltung der Figur, die repräsentativ für die Epoche wird
als ein Mann, der den Leerlauf der Zeitwelt durchschaut, ohne doch
seine Zeitgenossenschaft zu verleugnen. Er transponiert seine Aktivität nicht in eine resignierte, sondern eine innerlich gespannte
Passivität, um in ihr einen geistigen Aktivismus zu entwickeln.

In jedem Menschen der Umwelt, die das erste Buch schildert, ist
etwas von Ulrich enthalten, ein verwandter Zug, der zuweilen fast
identisch wirkt und doch unterschieden wird. Die Konfrontation
mit diesen Menschen dient Musil dazu, die Besonderheit Ulrichs
herauszumodellieren. An die Stelle des epischen Kontinuums tritt
ein breites, verzweigtes System vielfältiger Spiegelungen und Variationen[5]. Gerade die manchmal bis zum Anschein der Identität gesteigerte Ähnlichkeit bestimmter Züge in Ulrich und den Umweltfiguren macht es möglich, zarte und genaue Linien der Unterscheidung freizulegen und der Gestalt Ulrichs die eigene unverwechsel-
bare Kontur zu geben. Auch Ulrichs Jugendfreund Walter zum
Beispiel, der mit ihm in der gleichen geistigen Atmosphäre der
Jahrhundertwende aufgewachsen ist, fühlt sich „zu Besonderem
berufen", ebenso wie Ulrich selbst und wie Walters Frau Clarisse,
die in der Jugend überzeugt war, „daß sie berufen sei, etwas aus-
zurichten . . .". Auch Walter wechselt die Berufe, er arbeitet als
Maler, dann als Musiker, als Schriftsteller. Auch er steht in den
Jahren des Reifens der gegenwärtigen Welt mit scharfer Kritik
gegenüber und behauptet, „in einer derart in ihren geistigen Wurzeln
vergifteten Zeit . . . müsse sich eine reine Begabung der Schöpfung
überhaupt enthalten". Die Parallelität zu Ulrichs Passivität ist
deutlich. Aber sie ist nur die Basis zur Erhellung des Unterschiedes.
Walter ist nach Anfangserfolgen auf vielen Gebieten nie zu einem
bedeutenden Werk gelangt, er ist mit 34 Jahren bereits verbraucht,
hat sich in eine „bequeme Beamtenstellung" geflüchtet, seine Produktivität ist völlig gelähmt, und seine Verurteilung der Zeit dient

ihm als Rechtfertigung des eigenen Versagens. Er findet „eine wunderbare Hilfe" in dem Gedanken, „daß das Europa, in dem er zu leben gezwungen war, rettungslos entartet sei". „War bis dahin *er* arbeitsunfähig gewesen und hatte sich schlecht gefühlt, so war jetzt die *Zeit* unfähig und er gesund." Die Gefahren solcher Selbst-täuschung und eines müden Ausweichens sind auch in Ulrichs Anlage mitgegeben. Er benützt den Jugendfreund zur Selbst-korrektur, beide leisten sich gegenseitig „den Dienst unbestechlicher Zerrspiegel". Clarisse, die zur Tat drängende Schülerin Nietzsches, findet Ulrich zuweilen „ebenso passiv wie Walter", und sie läßt seine Formulierung eines „aktiven Passivismus" nicht gelten. Ulrich selbst sieht darin das „Warten eines Gefangenen auf die Gelegenheit des Ausbruchs". Was Ulrich unterscheidet, ist die latente Energie, die nur zurückgestellte Aktivität, die schon durch das tägliche sport-liche Training für Elastizität des Körpers sorgt. Die Mathematik betrachtet Ulrich als eine Vorbereitung, Abhärtung und eine „Art von Training", und er versucht durch unermüdliches Denkspiel die Voraussetzungen für Taten zu schaffen. Auch Clarisse spürt schließ-lich die verborgene, heimlich gespeicherte Energie, die Ulrich für alle Frauen überaus anziehend macht und der sie immer wieder erliegen. Clarisse, die vom Wahn umsponnen einen Erlöser gebären möchte, verweigert Walter ein Kind, begehrt es aber von Ulrich (Kap. I, 123). Durch Motive dieser Art konturiert sich die geistige Physiognomie Ulrichs. Clarisse weiß: „Ein Mann ohne Eigenschaften sagt nicht Nein zum Leben, er sagt Noch nicht! und spart sich auf; das hatte sie mit dem ganzen Körper verstanden."

Ulrichs latente Aktivität bekundet sich in der Festigkeit und Substanzialität seines „Möglichkeitssinnes". Der Mangel an Wirk-lichkeitssinn, der ihn kennzeichnet, ist nur die Kehrseite des höchst positiven Sinnes für das Mögliche. Das Kapitel, das diese Denk-weise beschreibt (I, 4), ist grundlegend für den ganzen Roman. Der Mensch mit Möglichkeitssinn ist gleichgültig gegenüber dem bloß Vor-handenen, Gegebenen, „und wenn man ihm von irgend etwas erklärt, daß es so sei, wie es sei, dann denkt er: Nun, es könnte wahrschein-lich auch anders sein. So ließe sich der Möglichkeitssinn geradezu als die Fähigkeit definieren, alles, was ebensogut sein könnte, zu denken und das, was ist, nicht wichtiger zu nehmen als das, was nicht ist." Diese Menschen leben „in einem Gespinst von Dunst, Einbildung, Träumerei und Konjunktiven". Es geht Musil darum, diese Sinnesart in ihrer positiven, produktiven Ausprägung scharf zu unterscheiden von ihrer „schwachen Spielart", welche „die Wirk-lichkeit nicht begreifen kann oder ihr wehleidig ausweicht . . ." —

„Das Mögliche umfaßt jedoch nicht nur die Träume nervenschwacher Personen, sondern auch die noch nicht erwachten Absichten Gottes." Die möglichen Wahrheiten „haben . . . etwas sehr Göttliches in sich, ein Feuer, einen Flug, einen Bauwillen und bewußten Utopismus, der die Wirklichkeit nicht scheut, wohl aber als Aufgabe und Erfindung behandelt".

Musils Roman gestaltet den Weltaspekt des Möglichkeitssinnes, unter dem alle Wirklichkeit als solche Verfestigung, Erstarrung, zufälliges Manifestwerden einer unter vielen anderen Möglichkeiten bedeutet. Schon in einem Schulaufsatz hatte Ulrich geschrieben, „daß wahrscheinlich auch Gott von seiner Welt am liebsten im Conjunctivus potentialis spreche . . ., denn Gott macht die Welt und denkt dabei, es könnte ebensogut anders sein". Der Potentialis ist der entscheidende Modus des Romans⁶. Das Wirkliche wird von Ulrich nicht verachtet, bloß weil es wirklich ist, sondern nur dort, wo es den Anspruch erhebt, in seinem Sosein das allein Vorhandene, unausweichlich Aufgenötigte und total zu Akzeptierende zu sein, und wo es in solcher starren Verfestigung nur sich selbst ständig wiederholen möchte — so wie es nach Ulrichs Meinung in der gegenwärtigen Welt geschieht. Ulrichs eigene Zielsetzung „verbietet ihm, an das Vollendete zu glauben; aber alles, was ihm entgegentritt, tut so, als ob es vollendet wäre". Dieser Anspruch des Bestehenden ist Ulrich verhaßt. „Er haßt heimlich wie den Tod alles, was so tut, als stünde es ein für allemal fest, die großen Ideale und Gesetze und ihren kleinen versteinten Abdruck, den gefriedeten Charakter. Er hält kein Ding für fest, kein Ich, keine Ordnung . . ." Doch Ulrich will nicht die Realität überspringen oder amputieren. Schon im vierten Kapitel heißt es: „Es ist die Wirklichkeit, welche die Möglichkeiten weckt, und nichts wäre so verkehrt, wie das zu leugnen."

Es ist Ulrichs Überzeugung, „daß die Welt, wie sie ist, allenthalben eine Welt durchscheinen läßt, die sein hätte können oder werden hätte sollen; so daß alles aus ihrem Treiben Hervorgehende mit Forderungen vermischt ist, die nur in einer anderen Welt verständlich wären". Dieser Möglichkeitssinn ist die Konstante in Ulrichs Weltverhältnis, ein immer wiederkehrendes geistiges Grundmotiv des Romans. Im Zusammenhang eines mit Agathe geführten Gesprächs über Moral formuliert es Ulrich als Glaubensbekenntnis. Die vorhandenen Vorschriften der Moral erscheinen ihm als bloße „Zugeständnisse an eine Gesellschaft von Wilden", sie scheinen ihm nicht „richtig". „Ein anderer Sinn schimmert dahinter. Ein Feuer, das sie umschmelzen sollte. Ich glaube, daß nichts zu Ende ist. Ich glaube, daß nichts im Gleichgewicht steht, sondern daß alles sich aneinander erst heben möchte. Das glaube ich; das ist mit mir geboren worden oder ich mit ihm."

Utopismus

„Gott meint die Welt keineswegs wörtlich; sie ist ein Bild, eine Analogie, eine Redewendung, deren er sich aus irgendwelchen Gründen bedienen muß, und natürlich immer unzureichend; wir dürfen ihn nicht beim Wort nehmen, wir selbst müssen die Lösung herausbekommen, die er uns aufgibt." Von dieser Überlegung aus wird eine Aufzeichnung Musils verständlich, die besagt: „Dieses Buch ist religiös unter den Voraussetzungen der Ungläubigen." An die Stelle des Glaubens ist die Utopie getreten. Sie trägt den Weltentwurf des Romans, und zwar als Prinzip, nicht als eine bestimmt umrissene, beschriebene oder beschreibbare Lebensordnung. Bilder dieser Art werden in einigen Zügen angedeutet, utopische Forderungen werden von Ulrich erwogen, aber auch widerrufen, sie verfestigen sich nirgends zu einer durchgebildeten Gesamtvorstellung. Utopie ist in diesem Roman das tragende Element als „bewußter Utopismus", als Prinzip des offenen Horizonts. Sie ist das lebendige Bewußtsein der Möglichkeiten, die sich an Stelle der vorhandenen, zufällig gegebenen Wirklichkeit realisieren können. „Utopien bedeuten ungefähr so viel wie Möglichkeiten; darin, daß eine Möglichkeit nicht Wirklichkeit ist, drückt sich nichts anderes aus, als daß die Umstände, mit denen sie gegenwärtig verflochten ist, sie daran hindern, denn andernfalls wäre sie ja nur eine Unmöglichkeit; löst man sie nun aus ihrer Bindung und gewährt ihr Entwicklung, so entsteht die Utopie." Die gegebene Wirklichkeit ist eine Verfestigung der virtuellen Kräfte und Potenzen nach dem „Prinzip des unzureichenden Grundes". Veränderung ist also jederzeit möglich. „Eine Utopie ist aber kein Ziel, sondern eine Richtung."

Die Zuversicht, die dieser Utopismus voraussetzt, das „Prinzip Hoffnung", das er einschließt, ist in zwei verschiedenen Bereichen begründet. Ulrich findet ein Fundament dafür in der mathematisch-naturwissenschaftlichen Denkform, die ihn geistig geprägt hat, in der Methodik des Experimentes. Diese Erfahrung steht als Modell hinter den utopischen Denkspielen. Die Entstehung von Utopie, so heißt es, „ist ein ähnlicher Vorgang, wie wenn ein Forscher die Veränderung eines Elements in einer zusammengesetzten Erscheinung betrachtet und daraus seine Folgerungen zieht . . .". Der Satz: „Es ist die Wirklichkeit, welche die Möglichkeiten weckt", enthält gleichfalls die Erfahrung des naturwissenschaftlichen Experiments in sich. Denn bei ihm geht man stets vom Gegebenen aus und erkennt oder erzeugt durch neue Kombination, Veränderung der Bedingungen und Mischungen, durch Freilegen ungenützter Kräfte und Prozesse das Neue, vorher Unbekannte, nur Mögliche. Der Erfolg dieses Verfahrens, das unsere gesamte Wirklichkeit verändert hat, stützt die Zuversicht der Utopien Ulrichs. Er steht der Wirklichkeit insgesamt gegenüber wie der Naturwissenschaftler den Phänomenen. „Er ahnt: diese Ordnung ist nicht so fest, wie sie sich gibt; kein Ding, kein Ich, keine Form, kein Grundsatz sind sicher, alles ist in einer unsichtbaren, aber niemals ruhenden Wandlung begriffen, im Unfesten liegt mehr von der Zukunft als im Festen, und die Gegenwart ist nichts als eine Hypothese, über die man noch nicht hinausgekommen ist. Was sollte er da Besseres tun können, als sich von der Welt freizuhalten, in jenem guten Sinn, den ein Forscher Tatsachen gegenüber bewahrt, die ihn verführen wollen, voreilig an sie zu glauben?!"

Die „Utopie des exakten Lebens", als die Ulrich diese Gesinnung formuliert, und das in ihr gegebene Verhalten „würde an der Heiligkeit des Augenblickszustandes der Welt zweifeln, aber nicht aus Skepsis, sondern in der Gesinnung des Steigens, wo der Fuß, der fest steht, jederzeit auch der tiefere ist." In diesem Bild vom Steigen ist das Spannungsverhältnis von fest Gegebenem und neu Entdecktem, von Wirklichkeit und Möglichkeit enthalten, zugleich auch die Vorstellung der Progression, die eine mathematisch-naturwissenschaftliche Forschungsarbeit impliziert. Die mathematische Denkschulung ist für Ulrich nur Vorbereitung, es geht ihm nicht um wissenschaftliche Erkenntnisse, sondern um „Lebensgestaltung", um das Auffinden der „richtigen" Lebensmöglichkeit auf jenen Wegen des Denkens, die er in der Wissenschaft zu gehen gelernt hat. „Wann immer man ihn bei der Abfassung mathematischer und mathematisch-logischer Abhandlungen oder bei der Beschäftigung mit den Naturwissenschaften gefragt hätte, welches Ziel ihm vorschwebe, so würde er geantwortet haben, daß nur eine Frage das Denken wirklich lohne, und das sei die des rechten Lebens." Es ist die Grundfrage des Romans, das offene oder verborgene Thema aller Reflexionen, der Richtpunkt der Utopien. Nach einem Gespräch mit Clarisse (I, 82) fällt Ulrich auf dem Heimweg ein, daß er noch etwas „auf der Zunge gehabt" hatte, „etwas von mathematischen Aufgaben, die keine allgemeine Lösung zulassen, wohl aber Einzellösungen, durch deren Kombination man sich der allgemeinen Lösung nähert. Er hätte hinzufügen können, daß er die Aufgabe des menschlichen Lebens für eine solche ansah." Ulrichs Meditation knüpft daran den Gedanken, daß alle diese von verschiedenen Menschen unternommenen „ungenügenden und einzeln genommen falschen Lösungsversuche" zusammengefaßt und kombiniert werden müßten, weil aus ihnen „erst wenn die Menschheit sie zusammenzufassen verstünde, die richtige und totale Lösung hervorgehen könnte". Ulrich plädiert des öfteren für eine solche Organisation, die als weltumspannende Instanz die Bestandsaufnahme und Verwertung der erdachten Möglichkeiten und sinnvollen Ansprüche realisieren sollte. Er spricht von diesem „Generalsekretariat der Genauigkeit und Seele" gern in scherzendem Ton, wegen seines utopischen Charakters, aber er meint es im Grunde ganz ernst, so wie Musil selbst im Gespräch diese meist mit fast entschuldigendem Lächeln von ihm erwähnte Idee des „Erdensekretariats" ernst meinte. Die Welt ist für Ulrich in einem „fahrlässigen Bewußtseinszustand", solange dieses Zusammenwirken einer geordneten Arbeitsgemeinschaft nicht realisiert ist.

In einem bedeutenden Essay von 1913, „Der mathematische Mensch", hat Musil die fundamentale Bedeutung der Mathematik, durch deren Mittel „unsere ganze Zivilisation" entstanden ist, als geistige Form und Verfahrensweise dargelegt. Er weist den Einwand zurück, daß Mathematiker „außerhalb ihres Fachs" oft hilflos sind. „Dort ist es nicht ihre Sache und sie tun auf ihrem Gebiet das, was wir auf unserem tun sollten. Darin besteht die beträchtliche Lehre und Vorbildlichkeit ihrer Existenz; eine Analogie sind sie für den geistigen Menschen, der kommen wird." Zu diesem „vorausgearteten Menschen" gehört z. B. auch eine Gegnerschaft gegen den Patriotismus, die Neigung, europäisch zu denken statt vaterländisch, die allgemein werden sollte. „Ulrich kann nicht das alles machen; das zum Beispiel allein wäre der Inhalt einer Lebensarbeit; es scheint ihm aber für eine bestimmte Art Mensch einfach eine Selbstverständlichkeit zu sein: so sind diese Menschen, die als Geistesrasse unter den Zeitgenossen herumgehen, ohne irgendwo Hand anzulegen." Dank der geistigen Prägung durch Mathematik und naturwissenschaftliche Denkform gehört Ulrich zu dieser zukunftsvollen „Geistesrasse".

Dies alles jedoch ist nur das eine der beiden geistigen Fundamente für Ulrichs Utopismus. Das zweite, von entgegengesetzter Natur, aber dem ersten gleichwertig zugeordnet, ist jene unbegriffliche, unmittelbare Seinserfahrung, die in einem Augenblick der Entrückung, im „anderen Zustand", wie Musil sagt, vor sich geht und die er wegen ihrer Verwandtschaft „mit verlorengegangenen Erlebnissen, die den Mystikern aller Religionen bekannt gewesen seien"

(so Ulrich), mit einigem Zögern und Vorbehalt als „mystisch"
bezeichnet. Diese Bezeichnung ist problematisch, weil sich die
moderne Erfahrung der unmittelbaren Seinsverbundenheit vom
Religiösen, von der Gottesliebe entfernt hat. Das ist Musil sehr
genau bewußt. Es ist eine säkularisierte Mystik „unter den Voraussetzungen der Ungläubigen" — so könnte man Musils bereits zitierte
Formulierung des religiösen Gehalts seines Romans abwandeln.
Zum erstenmal spricht Ulrich von dieser Erfahrung, als er seiner
neugewonnenen Freundin Bonadea erläutert, in welcher inneren
Verfassung er seinen Kampf gegen „drei Strolche", die ihn auf
nächtlicher Straße überfielen, geführt hat (Kap. I, 7). Er befand sich
da in einem bewußtseinsfernen, instinktbestimmten Kampfzustand.
Er erklärt, „dieses Erlebnis der fast völligen Entrückung oder
Durchbrechung der bewußten Person sei im Grunde verwandt mit
verlorengegangenen Erlebnissen, die den Mystikern aller Religionen
bekannt gewesen seien . . ." Doch dieser ironisch gefärbte Hinweis
ist nur ein Vorklang der ersten gültigen Beschreibung des „anderen
Zustandes", den Ulrich bei einem frühen, als Erinnerung mit-
geteilten Liebeserlebnis zum erstenmal erfährt. Er liebte als junger
Leutnant die Frau eines Majors, und diese Leidenschaft war heftiger
und reichte in tiefere Bezirke als die üblichen Garnisonsliebeleien.
Aber noch bevor sie zur Entfaltung gelangte, brach Ulrich die
Beziehung plötzlich ab und floh zu einem „langen Urlaub" auf eine
einsame Insel, wo er mit den Fischern und in der „Gesellschaft von
Meer, Fels und Himmel" ein einsames Leben führte. Die persönliche
Liebesbindung löste sich auf in ein liebendes Einschwingen in den
Allzusammenhang.

Es ist sehr charakteristisch für Ulrichs „mystisches" Erlebnis, das
als erstes wesentliches Moment in ihm das Schwinden der Trennungen und Unterscheidungen hervorgehoben wird, die Verflüch-
tigung des Unterschieds „zwischen Geist, tierischer und toter
Natur", so wie „jede Art Unterschied zwischen den Dingen geringer
wurde". Wenn das nicht faktisch in der Außenwelt geschah, so war
es doch eine seelische Wirklichkeit, die „Bedeutung" der Unterschiede fiel von ihnen ab, man war „keinen Scheidungen des Menschentums mehr untertan, genau so wie es die von der Mystik der
Liebe ergriffenen Gottgläubigen beschrieben haben . . ." Charakteristisch ist auch das Mystiker-Zitat, das von Meister Eckhart
stammt; fast immer lehnt sich Musil bei der Darstellung des „anderen
Zustandes" an sprachliche Wendungen der alten Mystik an. Ulrichs
Versinken in die Landschaft, so wird weiterhin berichtet, war ein
Getragenwerden. „Er war ins Herz der Welt geraten; von ihm zu

der weit entfernten Geliebten war es ebenso weit wie zum nächsten Baum; Ingefühl verband die Wesen ohne Raum, ähnlich wie im Traum zwei Wesen einander durchschreiten können, ohne sich zu vermischen, und änderte alle ihre Beziehungen. Der Zustand hatte aber sonst nichts mit Traum gemeinsam. Er war klar und übervoll von klaren Gedanken; bloß bewegte sich nichts in ihm nach Ursache, Zweck und körperlichem Begehren, sondern alles breitete sich in immer erneuten Kreisen aus ... Es war eine völlig veränderte Gestalt des Lebens; nicht in den Brennpunkt der gewöhnlichen Aufmerksamkeit gestellt, von der Schärfe befreit und so gesehen, eher ein wenig zerstreut und verschwommen war alles, was zu ihr gehörte ..." Alle „Fragen und Vorkommnisse des Lebens" erhielten „eine gänzlich veränderte Bedeutung". „Lief da zum Beispiel ein Käfer an der Hand des Denkenden vorbei, so war das nicht ein Näherkommen, Vorbeigehn und Entfernen, und es war nicht Käfer und Mensch, sondern es war ein unbeschreiblich das Herz rührendes Geschehen, ja nicht einmal ein Geschehen, sondern obgleich es geschah, ein Zustand." So erhielt „alles, was sonst das gewöhnliche Leben ausmacht, eine umstürzende Bedeutung ..."

Indem die Grenzen zwischen den Dingen, die Trennungen schwinden und ein universaler Zusammenhang bewußt wird, Raum und Zeit als Formen der Anschauung sich auflösen, wird auch Ich und Welt als ungeschiedene Einheit erfahren. Das Principium individuationis verliert seine Geltung, die Dinge der gegenständlichen Welt werden nicht mehr als isolierte Einzeldinge erlebt, sondern als Träger des großen Zusammenhanges, als Manifestationen des ewigen Seins, in das der betrachtende Mensch eingeschlossen ist. Deshalb haben sie „eine gänzlich veränderte Bedeutung". Nicht „Käfer und Mensch" befinden sich im Gegenüber, sondern ein Geschehen, das zugleich zeitenthobener Zustand ist, umgreift sie beide. „Ingefühl verband die Wesen ohne Raum."

Ähnliches erlebt Ulrich während des Urlaubsjahres in einem Zustand der „Umkehrung" beim Gang durch die Straßen der Stadt (Kap. I, 40). „Der kleine Zweig am Baum und die blasse Fensterscheibe im Abendlicht wurden zu einem tief ins eigene Wesen versenkten Erlebnis, das sich kaum mit Worten aussprechen ließ. Die Dinge schienen nicht aus Holz und Stein, sondern aus einer grandiosen und unendlich zarten Immoralität zu bestehen ..." Später, als Ulrich sich in theoretischen Überlegungen über den „anderen Zustand" im Tagebuch Rechenschaft ablegt, sagt er: „Es gibt einen Zustand in der Welt, dessen Anblick uns verstellt ist, den aber die Dinge manches Mal da oder dort freigeben, wenn wir uns selbst in einem auf besondere Art erregten Zustand befinden. Und nur in ihm erblicken wir, daß die Dinge ‚aus Liebe' sind. Und nur in ihm erfassen wir auch, was es bedeutet. Und nur er ist dann wirklich, und wir wären dann wahr." Ulrich knüpft daran die Spekulation, daß Gott, wie der Künstler, sich vom fertigen Teil seiner Schöpfung abwende. „Was über uns waltet, liebt, was es schafft; aber dem fertigen Teil der Schöpfung entzieht und nähert sich seine Liebe in langem Abfließen und kurzem Wiederanschwellen." Man könnte auch sagen: „Die fertige Welt Sünde! Die mögliche: Liebe!"

Hier wird klar, daß die mystische Erfahrung die andere mächtige Quelle des Utopismus für Ulrich ist. Zuweilen scheint es sogar, als sei sie die Urquelle jenes Möglichkeitssinnes, der auch die rationalen, denkerischen Veränderungsversuche Ulrichs nährt und lenkt. Doch die Interpretation geht fehl, wenn sie übersieht, daß für Ulrich dieses mathematisch bestimmte Denken schon in sich selbst die Gewähr einer über das Vorhandene hinausführenden Kraft trägt und daß die tatsächliche Umgestaltung der Wirklichkeit, die es hervorgebracht hat, ihm als Bürgschaft dafür gilt. Doch ist die Verwandlung der Welt im ekstatischen Zustand eine überwältigende Bestätigung des Möglichkeitssinnes, der utopistischen Gesinnung. Ulrich erlebt zusammen mit seiner Schwester Agathe, mit der er sich — im zweiten Band — zu einer innigen Gemeinschaft vereinigt, solche Augenblicke, von denen beide fühlten, „daß sie nicht bloß einer Einbildung, sondern einem nicht abzusehenden Geschehen ausgesetzt waren. In der überflutenden Stimmung schwebte Wahrheit, unter dem Schein war Wirklichkeit, Weltveränderung blickte schattenhaft aus der Welt!" Aus solchen Erfahrungen nährt sich immer aufs neue die Grundüberzeugung Ulrichs: „Es ist vieles der Wirklichkeit fähig und weltfähig, was in einer bestimmten Wirklichkeit und Welt nicht vorkommt." Eine solche in der Wirklichkeit nicht vorkommende Welt ist heimlich bereits immer vorhanden. „In solchen Augenblicken erkennt man, daß außer der Welt für alle, jener festen, mit dem Verstand erforschbaren und behandelbaren, noch eine zweite, bewegliche, singuläre, visionäre, irrationale vorhanden ist, die sich mit ihr nur scheinbar deckt, die wir aber nicht, wie die Leute glauben, bloß im Herzen tragen oder im Kopf, sondern die genau so wirklich draußen steht wie die geltende."

Daß gerade der mathematisch geschulte, rational denkende Ulrich, der sich bewußt aus der idealistischen Tradition löst, ein Mystiker ist und sich auf die Erfahrung einer anderen Wirklichkeit beruft, scheint ein Widerspruch zu sein. Bei Musil ist es aber, ohne daß das Gegensätzliche beider Haltungen verleugnet oder verwischt würde, eine im lebendigen Spannungsverhältnis stehende Verbindung, die auch bei Musils Zeitgenossen begegnet, etwa bei Alfred Döblin[7] oder bei dem so stark naturwissenschaftlich orientierten Gottfried Benn, der „das Unaufhörliche" der großen Strömung des Seins preist und „die Stunde, die eint", besingt. Mathematik wie Mystik sind ungeschichtlich. Kennzeichnend für die geistige Struktur, in der sich beide verbinden, ist das Mißtrauen gegen die Geschichte, die sich bei Benn wie bei Musil findet: eine entschiedene Absage an jede Geschichtsmetaphysik. In der Geschichte erweist sich für Ulrich nur „die Vergeblichkeit der Jahrhunderte", und er sieht keinen übergreifenden Sinn in ihr, der sich in notwendiger Folge verwirklicht. „Dieses Der Geschichte zum Stoff Dienen war etwas, das Ulrich empörte." Das „planlos ergebene, eigentlich menschenunwürdige Mitmachen der Jahrhunderte" möchte er ersetzt sehen durch „eine planmäßige Lösung". Beziehungsreich ist das Kapitel, das dieser Frage gilt (I, 83), betitelt: „Seinesgleichen geschieht oder warum erfindet man nicht Geschichte?" Ulrich, der radikale Verfechter der „Möglichkeiten", stellt nicht die Frage, die im „Ulysses" von James Joyce Stephan Dädalus erwägt bei dem Gedanken, der Tod Cäsars hänge mit dem Tod des Pyrrhus zusammen. „Sie können nicht weggedacht werden. Zeit hat sie gebrandmarkt, und gefesselt liegen sie im Raume der unendlichen Möglichkeiten, die sie evinciert haben. Aber können diese denn möglich gewesen sein, die nie waren? Oder war nur das allein möglich, was war?"[8]. Für Ulrich ist jederzeit Verschiedenes möglich, stets könnte „alles auch anders sein". „Denn Gott hat der Breite und Länge der Zeit nach nicht nur dieses eine Leben geschaffen, das wir gerade führen, es ist in keiner Weise das wahre, es ist einer von seinen vielen hoffentlich planvollen Versuchen, er hat für uns vom Augenblick nicht Verblendete keine Notwendigkeit hineingelegt ..."

Ratio und Mystik

Musil durchbricht den vulgären Determinismus der Zeit um 1900, aber er verläßt auch ihr Geschichtsdenken. So bildet sich die geistige Grundstruktur einer Verbindung von Ratio und Mystik. „Denn Rationalität und Mystik, das sind die Pole der Zeit." Der rationalistisch fundierte Möglichkeitssinn und seine utopische Zuversicht weisen zurück auf das 18. Jahrhundert, die Zeit der Aufklärung[9]. Die Mystik reicht weit zurück in ihre weltweite Tradition. Es gibt schon früher Kombinationen beider Geistesformen, etwa bei Swedenborg, für den Ulrich nicht von ungefähr eine Vorliebe hat; er nennt ihn „diesen alten Metaphysikus und gelehrten Ingenieur". Um die letzte Jahrhundertwende bildete sich die rationalistische Strömung um in den Fortschrittsoptimismus der Wissenschaftsgläubigkeit, die mystische in jene säkularisierte Lebensmystik, die das Weltverhältnis der Menschen überall mitbestimmte und die gesamte Literatur durchdrang. Der reife Musil ist bereits Erbe dieser beiden um 1900 hervortretenden Bewegungen; sein Werk, dessen erster Band 1930 erschien, erhellt wie ein schon weitergerücktes Licht die geistige und dichterische Landschaft des Jahrhundertbeginns.

In Ulrich ist die mystische Seinserfahrung als Unterströmung immer wirksam; sie bleibt mitbestimmend in seinem Verhältnis zur Welt und tritt in manchen Augenblicken hervor, so gegen Ende des Kapitels I, 120. Da geht in Ulrich, als er im Palais des Grafen Leins-dorf am Fenster steht und auf die demonstrierende Volksmenge blickt, „eine seltsame Veränderung" vor, eine „räumliche Inver-sion", ein Schwinden der Raumgrenzen. Ganz am Ende des ersten Buches (I, 123) hat er wieder ein Entrückungserlebnis, und bei seinem Abklingen erkennt er, „daß er wieder dort stand, wo er sich schon einmal vor vielen Jahren befunden hatte . . . Einen ‚Anfall der Frau Major' nannte er sein Befinden spöttisch". Im zweiten Band gewinnt dann zunächst in der nahen Verbundenheit Ulrichs mit seiner Schwester dieser „andere Zustand" eine größere Bedeu-tung, er dringt in Ulrichs Bewußtsein und wird zum Gegenstand seiner Reflexion. Davon wird noch zu sprechen sein. Wenn auch die rationale Komponente in Ulrichs geistigem Verhalten zeitweilig zurücktritt, so wird sie doch niemals negiert oder definitiv abge-schwächt. Noch auf dem Höhepunkt der mystischen Kontemplation in den Gesprächen der Geschwister, z. B. im Nachlaßkapitel II, 46, heißt es: „Ulrich lachte über die Bereitwilligkeit seiner Schwester, dem Wissen gleich die Ehre ganz abzuschneiden; er meinte bei-weitem nicht, daß Begriffe keinen Wert hätten, und wußte wohl, was sie leisten, auch wenn er nicht gerade so tat."

Das Verhältnis von Ratio und Mystik, eines der geistigen Grund-motive des Romans, ist nicht starr fixiert. Es hat einen gewissen Spielraum der Variabilität, bleibt aber in der Grundkonzeption immer ein Ergänzungsverhältnis. Beide Erfahrungsweisen sind bei aller Gegensätzlichkeit aufeinander bezogen, und sie modifizieren sich gegenseitig. Ulrichs mathematisch inspirierte Denkweise ist immer die eines Mannes, der auch der mystischen Seinserfahrung zugänglich ist, und seine ekstatische Weltteilhabe ist immer die eines Mathematikers. Beide Positionen stehen in einem komplementären Verhältnis, das nicht auf eine Alternative, sondern auf eine Synthese gerichtet ist. Eine gedankliche Lösung dieser als Aufgabe begriffenen

Synthese wird nicht gegeben; sie geht, wie Musil im Gespräch sagte, „über die Fähigkeiten Ulrichs und somit über die seines Urhebers hinaus"[10]. Aber Ulrich lebt den Versuch der Vereinigung „beider Wege". Für ihn ist der eine nicht ohne den anderen.

Das Komplementäre wird deutlich in der Akzentuierung der Wesenszüge, die sich in den beiden Verhaltensweisen finden. Das mathematisch bestimmte Denken ist ein teilendes, trennendes Verfahren, eine analytische Methodik, die bestimmte Momente eines Sachverhalts vorübergehend herauslöst, mit anderen neu kombiniert, zu Teillösungen vordringt und Schritt vor Schritt sich der Totalität zu nähern sucht. In der mystischen Erfahrung hebt sich gerade das Trennende auf, die Unterscheidungen werden wesenlos, das ungeschiedene Ganze des Seins, seine Einheit wird in unmittelbarer Partizipation erlebbar. Wenn Ulrich sich später (II, 60) an seine Entrücktheit auf der Zufluchtsinsel erinnert, so denkt er vor allem an das „Gleichweit", das „auf das beglückendste zwischen ihm und der ganzen Welt, die um ihn war, bestanden hatte; scheinbar oder wirklich, eine Aufhebung des Geistes der Trennung, ja beinahe des Raums ... Es schien, daß alle Dinge von ihm wüßten, und er von ihnen ...￼" In der Gemeinschaft mit der Schwester erfährt Ulrich aufs neue den „anderen Zustand", in dem — so drückt er es jetzt aus — „Liebe als das Leben selbst" erscheint. Er fragt sich, ob dabei Selbsttäuschung mitwirkt, die natürliche Folge eines „allzu lebhaft beteiligten Gefühls". „Trotzdem war es unbezweifelbar ein allgemeiner Gehalt, ein Teilhaben an Sein und Wahrheit, was die Liebe als ‚das Leben selbst‘ von der Liebe als Erlebnis der Person unterschied."

Daß Ulrich immer wieder mit kritischem Bewußtsein nach dem Wahrheitsgehalt der im „anderen Zustand" erfahrenen Wirklichkeit fragt, hängt damit zusammen, daß er in seiner Umwelt überall eine übermäßige Bereitschaft zum mystischen Alleinheitserlebnis wahrnimmt. Es ist durch die Dichtung um 1900 so vielfältig literarisch vermittelt, ist so gängig geworden, daß gerade hier, in der vom „Normalzustand" abweichenden Erlebnisweise, sich eine Konvention, eine Schematisierung nach vorgeformten Modellen gebildet hat. Auch Diotima z. B., die ironisch gezeichnete ehrgeizige Dame mit ihrem Salon, kennt Stunden, wo „eine leise Lebensberauschung und Lebensfülle sie ergriff", ist vertraut mit „Ahnungen und Andeutungen eines besonderen Zustands". Auch Arnheim, der große Finanzmann und Schriftsteller, beruft sich auf mystische Erfahrungen ebenso wie sein Wirklichkeitsvorbild Walter Rathenau, dessen Schrift eine in der Rezension Musils hervorgehobene Beschreibung dieser

Erfahrung enthält[11]. Mißtrauen in diese Pseudomystik oder „Schleudermystik", die in vielen Ableitungen und Verdünnungen zu finden ist, veranlaßt Ulrichs kritische Überprüfung der eigenen Erfahrungen und ist — nach dem gleichen künstlerischen Prinzip, wie es sich bei Ulrichs Passivität zeigen ließ — von ähnlichen Gefühlserlebnissen oder -ansprüchen der Umwelt abgehoben. Es ist kennzeichnend, daß im Kap. I, 32 noch vor der Darstellung der ekstatischen Erfahrung, die von Ulrichs Liebe zur Majorin ausgelöst wird, jene Pseudomystik erscheint. Ulrich erinnert sich da an den von Diotima zitierten Satz eines modischen Schriftstellers, „den Ulrich in jungen Jahren geliebt, aber seither für einen Salonphilosophen halten gelernt hatte". Es ist Maeterlinck[12]. „Und wie es sich zeigte, gehörte ein Raum zu diesem Satz, ein Zimmer mit gelben französischen Broschüren auf den Tischen, mit Vorhängen aus geknüpften Glasstäbchen anstelle der Türen . . ."

Die Kenntnis der konventionellen, als Erlebnisschema bereitliegenden „Mystik" veranlaßt Ulrich zu immer neuer kritischer Überprüfung dieser Erfahrungsweise und ihres Wahrheitsgehaltes. Er tut das auch in den späteren Gesprächen mit der Schwester. Sicherheit und Zweifel mischen sich, wenn Ulrich z. B. die Momente der Entrückung angesichts der gefühlvoll erlebten Natur beschreibt. „Man kann auch auf einem umgestürzten Baum oder einer Bank im Gebirge sitzen und einer weidenden Rinderherde zusehn und schon dabei nichts Geringeres mitmachen, als wäre man mit einemmal in ein anderes Leben versetzt!" Ulrich erklärt das so, daß dabei „irgendeine gewohnheitsmäßige Verwebung in uns zerreißt". Die einzelnen Wahrnehmungen haben keine Geltung mehr. „Ich möchte sagen: die Einzelheiten besitzen nicht mehr ihren Egoismus, durch den sie unsere Aufmerksamkeit in Anspruch nehmen, sondern sie sind geschwisterlich und im wörtlichen Sinn ‚innig' untereinander verbunden." Aber eine solche Erfahrung ist, wie Ulrich im Verlauf dieses Gesprächs (II, 12) hervorhebt, auch ein Sonntags- oder Urlaubserlebnis des Philisters, eine „Ferialstimmung", wie Agathe sagt. „Mystik dagegen wäre verbunden mit der Absicht auf Dauerferien." Ulrichs kritisches Bewußtsein sagt ihm: „In diesen Fragen wird viel zu viel Schwindel getrieben!" Er spottet über die modische Vorliebe für Mystik, die sich auf van Gogh oder Rilke beruft, oder über das pathetische Naturgefühl bei den deutschen Philistern. „Für sie sind Einsamkeit, Blümelein und rauschende Wässerchen der Inbegriff menschlicher Erhebung." Aber auch hierin sieht Ulrich noch einen entstellten Rest der großen Seinserfahrung älterer Zeiten. „‚Und auch noch in diesem Edelochsentum des ungekochten Naturgenusses liegt die mißverstandene letzte Auswirkung eines geheimnisvollen zweiten Lebens, und alles in allem muß es dieses also doch wohl geben oder gegeben haben!' ,Dann solltest du lieber nicht darüber spotten', wandte Agathe ein, finster vor Wißbegierde und strahlend vor Ungeduld. ,Ich spotte nur, weil ich es liebe', entgegnete Ulrich kurz."

Agathe fühlt sich zuweilen gequält durch Ulrichs Vorbehalte und kritische Zweifel, die er nicht unterdrücken kann und will. „Nach seiner Überzeugung war nichts dadurch zu gewinnen, daß man Einbildungen nachgab, die einer überlegten Nachprüfung nicht standhielten." Dieses Nachprüfen führt nicht zur Auflösung der mystischen Erfahrung, vielmehr wird sie gerade gerettet durch diesen Zweifel, durch die geistige Provokation, der sie standhalten muß. Nur so kann Ulrich den geläufigen Verfälschungen und Selbsttäuschungen der modisch-ästhetisierten und der Vulgärmystik entgehen. In der zweifelnden Erprobung befestigt sich eine Gewißheit, die schließlich doch immer das Ergebnis seines kritischen Nachdenkens bleibt. „Wir dürfen also einen bestimmten zweiten und ungewöhnlichen Zustand von großer Wichtigkeit voraussetzen, dessen der Mensch fähig ist und der ursprünglicher ist als die Religionen."

Wenn Musil 1932, als er die Korrekturen zum zweiten Band las, sich gesprächsweise über diesen „anderen Zustand" äußerte, sprach er meistens von der „*Frage* des anderen Zustands". In einer späten Aufzeichnung[13] nannte er das abkürzend die „aZ-Frage". Natürlich ist der Terminus „Frage" nicht in einem allgemeinen, verwaschenen Sinne zu verstehen (wie „Frauenfrage" oder „soziale Frage"), sondern präzis als „Frage". Sie galt zunächst dem Wahrheitsgehalt der mystischen Erfahrung, der im Roman immer wieder in Zweifel gezogen, aber zuletzt bejaht wird. Weiterhin aber stellt der Roman die Frage nach der Dauerhaftigkeit des anderen Zustandes, nach der Möglichkeit, beständig in ihm zu leben. Diese Frage wird, wie die Aufzeichnungen des Nachlasses in Übereinstimmung mit den fertigen Teilen des Romans zeigen, verneint. Davon wird noch zu sprechen sein.

Die mystische Seinserfahrung des anderen Zustandes verbürgt für Ulrich die Möglichkeit einer Änderung der Realität. Nachdem so, in der mathematischen Methodik und in der mystischen Erfahrung, die Fundamente des Utopismus verdeutlicht sind, läßt sich die Frage nach der Umbildung der Romanstruktur, die mit dem Zurücktreten der „erzählerischen Ordnung", des zeitlichen Kontinuums entsteht, präziser beantworten. Wenn, wie sich zeigte, zugleich mit der Abschwächung der Zeitfolge die Dimension des Denkens, der Reflexion sich entfaltet, so bedeutet das: die Dimension der Utopie, die im Denken Ulrichs sich öffnet. Sie erscheint in Ulrichs Überlegungen; und Musil hat, wenn er auch zuweilen im Tagebuch selbstkritisch die Gefahr, ins Abstrakte zu geraten, beklagt und dem drohenden Übermaß des Theoretischen zu steuern sucht, doch im Grunde das Recht auf diese Gedanklichkeit verteidigt. Im Roman selbst geschieht das in dem tief ironischen Kapitel I, 28. „Es ist leider in der schönen Literatur nichts so schwer wiederzugeben wie ein denkender Mensch." Wenn das Denken fertig ist, so hat es bereits die Form „des Gedachten", die unpersönlich geworden ist. Doch es läßt sich nicht vermeiden, bei der Darstellung eines denkenden Menschen Gedachtes mitzuteilen. „Der Mann ohne Eigenschaften dachte aber nun einmal nach." Gedanken werden vom Leser meist nicht „erlebnishaft" aufgenommen. „Die beiläufige Erwähnung eines Haares auf einer Nase wiegt mehr als der bedeutendste Gedanke, und Taten, Gefühle und Empfindungen vermitteln bei ihrer Wiederholung den Eindruck, einem Vorgang, einem mehr oder weniger großen persönlichen Geschehnis beigewohnt zu haben, mögen sie noch so gewöhnlich und unpersönlich sein." Ulrich nennt das „dumm". Musil schreibt mit dem Anspruch, daß auch Gedanken das Erregende eines persönlichen Geschehnisses haben können und daß sie den Menschen genauso kennzeichnen wie Handlungen. Das „Mögliche", das in ihnen erscheint, ist so bedeutsam wie das wirklich Geschehende. Die Inhalte von Ulrichs Denken, das seine Anstöße aus den in großer Vielfalt und Fülle aufgenommenen Erkenntnissen, Thesen und Positionen des zeitgenössischen Denkens empfängt, können hier nicht dargelegt werden[14].

Ironie und Utopie

Die Grundstruktur des Romans wird erkennbar, wenn Art und Ziel dieses Denkens bestimmt sind. Es versucht überall die Loslösung vom Gegebenen, von den Zuständen und Verhältnissen sowohl wie von den gängigen Interpretationen, den festen, allenthalben beschrittenen Bahnen des Denkens. Es zielt auf Utopie, auf einen verwandelten Daseinszustand des Menschen. Ulrich „besaß Bruchstücke einer neuen Art zu denken wie zu fühlen . . ." Sie sind es, die mitgeteilt werden. Musils Erzählen transzendiert ständig sich selbst, weil Ulrich „eine wirkliche Sache nicht mehr bedeutet als eine gedachte". Beides gilt gleich. Nur in der engen Verwebung mit dem Möglichen ist das Wirkliche darstellenswert. Die glatten Flächen der Wirklichkeit werden aufgebrochen, ihre Verkrustungen aufgeschmolzen. Alles, was ist, wird mit dem Bewußtsein gegeben, „es könnte auch anders sein". Das begründet den großen Stil der Ironie, den Musil in seinem Roman verwirklicht. Sie ist ein umfassendes Prinzip, das bei Musil mehrere Aspekte hat. Nur einer davon ist die ironische Entlarvung und manchmal zur Satire verschärfte Bloßstellung der Wirklichkeit, ihrer Daseinsformen, Menschen und Denkweisen. Musil notiert im Tagebuch: „Während der rund 10 Manuskripte zu den ersten 200 Seiten des Mann ohne Eigenschaften: die bedeutungsvolle Selbsterkenntnis, daß die mir gemäße Schreibweise die der Ironie sei." Die Ironie trifft die gesamte Wirklichkeit der Zeit, nicht nur Einzelerscheinungen, auch nicht nur repräsentative, zeitgemäße Gesinnungen, Einrichtungen, Verhaltensweisen, sondern gerade auch die Opposition gegen die herrschenden Gewalten, die Reformer und Sucher, die Rebellen und die protestierenden Gruppen. Dem Erzähler wie Ulrich erscheint die Umwelt in der Perspektive einer totalen Ironie, in der jede Einzelheit mit Vorbehalt gegeben ist. In dieser Sehweise wie überhaupt in der persönlichen geistigen Struktur ist Ulrich sehr weitgehend mit Musil selbst gleichzusetzen. Dennoch ist Ulrich als Gesamtfigur nicht ohne weiteres und nicht in jedem Zug ein Bild Musils selbst. Er ist Musil und ist es auch nicht. Musil schrieb nicht, um sein eigenes Ich darzustellen, soviel Ulrich auch von diesem Ich enthält. In der Romanfigur gibt er ein Bild seines eigenen Denkens und Verhaltens, und gleichzeitig ist sie ein Mittel, sich selbst im Werk verschwinden zu machen. Indem das Ich im Werk sich auflöst, löst sich das Werk vom Ich ab. Ulrich wird Figur, vom Autor distanziert. Er könnte z. B. sein Dasein nicht in einem Roman darstellen, er ist kein Dichter, sondern zielt mit seinen utopischen Spekulationen auf die Realität. Er weiß natürlich nicht mehr als Musil, sieht nicht weiter — aber Musil sieht etwas weiter als Ulrich. Auch dieser wird oft in die ironisierende Weltsicht einbezogen.

Auf versteckte Weise deutet Musil seine eigene Nähe zu Ulrich an. Im Anfang des Kapitels I, 5 heißt es von Ulrich: „Es ist nicht angenehm, jemand immerzu beim Taufnamen zu nennen, den man erst so flüchtig kennt! aber sein Familienname soll aus Rücksicht auf seinen Vater verschwiegen werden . . ." Ulrichs leiblicher Vater, ein Professor der Jurisprudenz, ist eine Romanfigur wie alle anderen und bedarf keiner besonderen Rücksicht. Musil meint Ulrichs geistigen Vater, den Autor, sich selbst. Er müßte eigentlich Musil heißen, denselben „Familiennamen" tragen. Darum verschweigt er den Namen und verrät ihn doch durch den Gleichklang der Vokale Ulrich — Musil.

Die Ironie dieses Romans ist dadurch entscheidend charakterisiert, daß ihr Gegenspiel die Utopie ist. Wenn Ulrich alle Wirklichkeit ironisch in Frage stellt, so geschieht das nicht von einer festen Position, von einer sicheren Gewißheit bestimmter Werte und Ordnungsformen aus, sondern er sucht ja selbst erst nach einer solchen Position, er hat sie nur als Ziel und Richtung unermüdlicher „Versuche", als Utopismus. Da eine feste, unbedingt bejahte Position, von der aus die Wirklichkeit nach eindeutigen Forderungen und Maßstäben abgewertet würde, nicht gegeben ist, so ist der Roman als Ganzes nicht als Satire geformt[15], sondern nur in einzelnen Partien zu satirisch-aggressiver Bloßstellung zeitgenössischer Realitäten gesteigert. Man wird in dieser Frage Beda Allemann zustimmen: „Denn das Stilprinzip dieses Romans ist eben doch keineswegs die reine Satire, sondern vielmehr ihre Milderung und Überführung in die verhaltenere Form der Ironie[16]."

Die Ironie als umfassendes Prinzip trifft auch Ulrich selbst. Wenn er seine ursprüngliche Aktivität in eine abwartende Passivität verwandelt, so geschieht das aus ironischer Distanz zur Wirklichkeit, wird aber auch selbst Gegenstand der Ironie des Erzählers. Ulrichs eigene Ratlosigkeit und Zwiespältigkeit sind einbezogen in den ironischen Weltentwurf, der in der zerfallenden Welt des Vorkriegsösterreich die Überständigkeit der gesellschaftlichen Verhältnisse und Lebensformen mit der Vergeblichkeit und Unzulänglichkeit aller Reformversuche, aller Bemühungen um einen „neuen Menschen" zum Bilde eines insgesamt fragwürdigen Weltzustandes verbindet. Was Ulrich dem entgegensetzt, sind nur kritische Reflexionen und gedankliche Experimente, eine „Gesinnung auf Versuch und Widerruf". Er sieht die Welt im Verfall, aber er weiß es, genaugenommen, auch nicht besser als die anderen. Er hat nicht die sokratische Ironie des Pädagogen, der im Grunde weiß. Musil notiert: „Sokratisch ist: Sich unwissend stellen. Modern: Unwissend sein!" Ironie ist für Ulrich — wie für Musil — das Gegenteil einer Flucht ins Unverbindliche: die Maske eines äußersten Ernstes. „Ironie muß etwas Leidendes enthalten (sonst ist sie Besserwisserei). Feindschaft und Mitgefühl." Musil weiß, daß er mit dem „Ernst" seiner ersten Bücher nicht durchdrang. „Ich benötige dazu ein Pathos, eine Überzeugtheit, die meiner ‚induktiven Bescheidenheit' nicht entspricht . . ." So heißt es in einer Notiz der letzten Jahre.

Ironie und Utopie sind die grundlegenden Kategorien zur Deutung des Romans[17]. Das „und" hat dabei nicht einen additiven oder adversativen, sondern einen funktionalen Sinn. Ironie und Utopie bedingen sich gegenseitig, fordern und durchdringen einander.

Nirgends erscheint in diesem Roman ein „realistisches" Bild der
Wirklichkeit, einer gegebenen Tatsächlichkeit. Sie ist stets ironisch
gebrochen und mit Utopie durchsetzt. Daß dabei ein einheitlicher
romanhafter Weltentwurf entsteht, ist die außerordentliche Leistung
des Musilschen Sprachvermögens. Es ist vor allem eine Kunst der
Integration, die das Disparate zusammenzwingt, viele Schichten und
Tonlagen in eine Einheit bindet: die ironische und die eines unbedingten Ernstes, die satirische und die expressiv-lyrische, die rationale
und die ekstatische, die reflektierende und die zeichnende. Für Musil
ist die letzte Stufe des künstlerischen Tuns „die formale Bindung zu
einer Einheit". Dazu kommt die leidenschaftliche Forderung nach
„Genauigkeit", die diesen Stil bestimmt. Zu ihr gehört die Absicht,
die Nuance zu fassen, die subtilste Schattierung, die seelischen Ober-
und Untertöne. Genauigkeit ist nicht als bloße zeichnerische Schärfe
des Gegenständlichen zu verstehen, auch nicht im Sinne von Eindeutigkeit, eher als Bewußtsein dafür, daß das Eindeutige zuweilen
gerade ungenau ist; daß genau sein heißt, die Ambivalenzen, die
verwirrend mitklingenden Gegentöne, die verborgenen Beziehungen
eines Phänomens zu fassen. In diesem Sinne sind Metapher oder
Vergleich oft genauer als die bildlose Rede. Musils dichterischer Stil
lebt zum guten Teil aus einer Metaphorik, die nirgends ornamentalen
Sinn hat. „Man soll Vergleiche immer nur um der Sache willen, nie
zur Verschönerung ziehen." Metapher und Vergleich heben die in
der Darstellung oft unausweichliche Isolierung der Dinge auf und
geben sie in dem Zusammenhang, in dem sie „genau" genommen
stehen. Die Analogie erhellt und präzisiert; denn sie belichtet neben
dem Gleichartigen auch die Unterschiede von der verglichenen
Sache und läßt damit diese selbst schärfer hervortreten. Ein Beispiel.
„Es graute der Tag und mischte seine Fahlheit in die rasch ab-
welkende Helligkeit des künstlichen Lichts." Die Metapher „ab-
welkende Helligkeit", dem organischen Bereich entnommen, bezeichnet genauer, als es etwa das Wort „abnehmend" könnte, das
Phänomen, wie Lampenlicht bei Tagesanbruch eigentümlich schwäch-
lich, matt und wesenlos wird.

Die paradoxe Forderung, das nicht Erzählbare dennoch zu erzählen, hat zur Folge, daß kein einziger Satz mehr naiv gebildet werden
kann. Der Text des „Mann ohne Eigenschaften" ist das Ergebnis
einer äußerst angespannten formenden Arbeit, die für jedes Kapitel
eine große Zahl von Fassungen und Überarbeitungen benötigt;
einige Kapitel sind zwanzigmal umgearbeitet worden. Musil stellte
an jede Seite eine maximale Forderung, die er unnachgiebig erfüllte.
Er stand einer geschriebenen Seite mit jenem „Möglichkeitssinn"

gegenüber, der „immer um eine Möglichkeit mehr kennt". Wie ihm jedes Ding „ein erstarrter Einzelfall seiner Möglichkeiten" ist, so auch eine geschriebene Seite. Daher die Variationen, die abwandelnden Formulierungen der gleichen Grundintention in den fertigen Romanteilen, und daher auch die vielen Überarbeitungen, die oft die Motive und Zusammenhänge eines Kapitels weitgehend beibehalten, aber die sprachliche Formung und Nuancierung verändern. Diese Arbeitsweise erklärt das sehr langsame Schaffenstempo, die überdehnte Entstehungszeit des Romans, den Musil nach der Lähmung seiner Kräfte durch einen Schlaganfall 1936 noch langsamer als früher weiterführte und in der Lebensfrist, die ihm gesetzt war, nicht mehr beenden konnte. Nur das maximal Durchgeformte, nicht das Entfalten der Motive als solches, zählte für ihn. „Es kommt auf die Struktur einer Dichtung heute mehr an als auf ihren Gang. Man muß die Seite wieder verstehen lernen, dann wird man Bücher haben."

Was über Utopie und Ironie als Kategorien der Romandeutung, über die geistige Struktur Ulrichs gesagt wurde, hat nur Bedeutung, insofern es in Ulrich Figur, im Ganzen des Romans Gestalt und Sprache geworden ist. Ironie ist gleichzeitig ein Weltverhältnis und ein Stilprinzip. Das wird schon im Eingangskapitel des Romans deutlich. Die fiktive Wirklichkeit der Dichtung wird von Anfang an in einen Schwebezustand gebracht, der dem Möglichkeitssinn entspricht, also jenem Sinn, der das Vorhandene nicht als fest und unverrückbar, als notwendig in seinem Sosein nimmt, sondern es mit dem Bewußtsein ansieht: „es könnte wahrscheinlich auch anders sein". Die Welt erscheint im Modus des Potentialis, im Modus einer Ironie, die Realität als solche mit Vorbehalt ansieht und gleichsam dicht an ihrem Schmelzpunkt ergreift, dort, wo sie sich verwandeln und andere Formen annehmen kann.

Der traditionelle Romananfang, der gern Zeit und Ort des Geschehens angibt, wird auf eigentümliche Weise bewahrt und zugleich aufgehoben. In den ersten Sätzen steht nicht die einfache Zeitangabe, sondern ein Wetterbericht in der parodierten Sprache der Meteorologen. „Über dem Atlantik befand sich ein barometrisches Minimum; es wanderte ostwärts, einem über Rußland lagernden Maximum zu, und verriet noch nicht die Neigung, diesem nördlich auszuweichen. Die Isothermen und Isotheren taten ihre Schuldigkeit . . ." Am Ende des ersten Abschnitts heißt es dann: „Mit einem Wort, das das Tatsächliche recht gut bezeichnet, wenn es auch etwas altmodisch ist: Es war ein schöner Augusttag des Jahres 1913." Die ersten Sätze scheinen zu zeigen, wie ein Roman im wissenschaftlichen Zeitalter

beginnen müßte. Der Übergang zur herkömmlichen Zeitangabe
ironisiert dieses Eindringen der wissenschaftlichen Terminologie in
alltägliche Mitteilungen. Aber die Dinge liegen nicht so einfach.
Musil scheint den Eindruck hervorzurufen, daß das zuletzt einfach
bezeichnete „Tatsächliche" vorher in der meteorologischen Fachsprache verklausuliert, aber exakt mitgeteilt wurde. Doch das trifft
nicht zu. Es wird der Anschein eines Resümees erzeugt, das in
Wahrheit nicht vorliegt. Der Gesamttatbestand „schöner Augusttag 1913" läßt sich gar nicht meteorologisch ausdrücken; und das
schöne Wetter, das den minder wichtigen Teil dieses Tatbestandes
ausmacht, wäre zwar im Wetterbericht formulierbar, wird aber hier
nicht exakt beschrieben, sondern die Beschreibung gleitet in ein paro-
distisches Spiel mit den Vokabeln der Fachsprache hinüber. Nicht
das Hochdruckgebiet über Rußland, das schönes Wetter bringt, wird
akzentuiert, sondern gerade das ostwärts wandernde Tief. Danach
wird nur festgestellt, daß die Temperaturmessungen usw. „ihrer
Voraussage" entsprechen. Daß meteorologisch alles in Ordnung ist,
hat keine Beziehung zu einem bestimmten, exakten Datum. Die
Fachsprache wird teils mißbraucht, teils tritt sie in einem Zusammenhang auf, in den sie gar nicht gehört. Verspottet wird also nicht nur
die Vorliebe für wissenschaftliche Bestimmung einfacher Tat-
bestände, sondern der verständnislose Mißbrauch der Wissenschaft-
lichkeit und ihre schiefe Anwendung auf ihr nicht gemäße Sach-
verhalte. Musils Kenntnis und Bejahung der naturwissenschaftlichen
Methodik machen ihn empfindlich für deren Mißbrauch, für die
Vermischung der Geltungsgebiete.

Zugleich aber bringt dieser schiefe Versuch einer pseudowissen-
schaftlichen Datierung die Zeitangabe selbst ins Schwanken, macht
sie irreal. Zwar scheint sie in der schlichten Formulierung eindeutig.
Aber diese Eindeutigkeit wird am Schluß des Kapitels aufgehoben.
Da nämlich sagt jemand, daß „nach den amerikanischen Statistiken"
dort „jährlich durch Autos 190 000 Personen getötet und 450 000
verletzt" werden. Diese hohe Unfallziffer kann für das Jahr 1913
noch nicht zutreffen. In der Tat entnahm Musil diese Angabe einer
Statistik von 1924; sie ist im Tagebuch vermerkt. Durch diesen
Anachronismus, zu dem sich später manche andere gesellen – z. B.
wird der 1913 noch nicht existierende Rundfunk als Mittel der
Massensuggestion erwähnt –, wird die anfangs fixierte Jahreszahl
1913 wieder aufgehoben, die Zeitangabe gerät ins Gleiten, wird unfest.

Im zweiten Abschnitt des ersten Kapitels wird als Ort des Geschehens Wien angegeben. Der Erzähler beschreibt sehr exakt den
Straßenverkehr einer Großstadt und sein Geräusch. An diesem

Geräusch, so heißt es dann, „würde ein Mensch nach jahrelanger Abwesenheit mit geschlossenen Augen erkannt haben, daß er sich in der Reichshaupt- und Residenzstadt Wien befinde". Auch dies scheint eindeutig. Aber die Bestimmtheit des Ortes wird gleich darauf, wie die der Zeit, wieder aufgehoben. Der zurückgekehrte Besucher, heißt es, würde auch an der Gesamtbewegung in den Straßen die Stadt identifizieren können. „Und wenn er sich, das zu können, nur einbilden sollte, schadet es auch nichts. Die Überschätzung der Frage, wo man sich befinde, stammt aus der Hordenzeit . . ." Genau wissen zu wollen, in welcher Stadt man sich aufhält, ist überflüssig. „Es lenkt von Wichtigerem ab." Das Phänomen der Großstadt selbst ist das Bedeutsame, nicht das Lokalkolorit. „Es soll also auf den Namen der Stadt kein besonderer Wert gelegt werden." Die Stadt ist Wien, und auch nicht Wien. Die Ortsangabe meint, wie die Datierung, nicht unmittelbar die Realitäten, die sonst mit diesen Worten bezeichnet werden. Sie sind hier aus ihrer starren Bestimmtheit gelöst, sind vertauschbar: 1913 mit 1924, Wien mit einer anderen Großstadt. Die Benennungen sind gleichsam nur Anhaltspunkte, ähnlich wie etwa die Unterschriften zu den Bildern von Paul Klee; Vorschläge des Autors, so wie die wirkliche Welt nur ein Vorschlag ihres Schöpfers ist.

Diese Unfestigkeit zeigt, daß das Werk nicht als historischer Roman zu verstehen ist. „Aber dieses groteske Österreich ist nichts anderes als ein besonders deutlicher Fall der modernen Welt." Was die Zeit betrifft, so wollte Musil nicht die spezifische Vorkriegswelt als solche darstellen, sondern eine Situation, die auch in der Gegenwart noch gilt. Fakten wie Ort und Zeit haben das Vorzeichen der Ironie, das Zeichen des Vorbehaltes. Ebenso verhält es sich mit der Identität der Personen. Im dritten Abschnitt des Anfangskapitels werden zwei Menschen geschildert, die eine belebte Straße entlanggehen. Es könnten vielleicht, wie der Erzähler andeutet, Arnheim und Frau Tuzzi sein, zwei später eingeführte Figuren des Romans, die hier zum erstenmal genannt werden. Aber sie sind es nicht, so wird versichert. Wieder ergibt sich ein ironisch schwebendes Spiel mit der Bestimmtheit konkreter Erscheinungen. „Angenommen, sie würden Arnheim und Ermelinda Tuzzi heißen, was aber nicht stimmt, denn Frau Tuzzi befand sich im August in Begleitung ihres Gatten in Bad Aussee und Dr. Arnheim noch in Konstantinopel, so steht man vor dem Rätsel, wer sie seien." Die Konklusion im letzten Satz dieses Satzgefüges bezieht sich grammatisch auf den konditionalen Anfangssatz, scheint sich aber inhaltlich nicht auf diesen, sondern auf den parenthetisch eingeschobenen Relativsatz zu beziehen. Man würde erwarten, daß der Satz etwa lautete: Da es nicht Arnheim und Frau Tuzzi sein können, so steht man vor dem Rätsel, wer sie seien. Aber nicht das ist gesagt. Die Beziehung zwischen den Gliedern der Aussage scheint hier auf ähnliche Weise schief wie im ersten Abschnitt die Beziehung zwischen Wetterbericht und Datum. Man muß den Text genau nehmen, er sagt etwas anderes, als man erwartet. Arnheim und Tuzzi können die beiden nicht heißen, denn die Personen dieses Namens sind im August nicht in der Stadt. Aber selbst angenommen, die beiden Spaziergänger hießen so, so stünde man — gerade dann — vor dem Rätsel, wer sie seien. Denn der Name besagt noch nicht viel in der unübersichtlichen Gesellschaftswelt der Großstadt; der Name fixiert nicht sicher die Identität der Person, die für Musil nur eine durch viele Ausprägungen und Möglichkeiten gleitende, sich wandelnde Wesenheit ist. Gerade der Mensch, der aus der anonymen Menge durch den Namen herausgelöst wird, erweckt die Frage nach dem, was er in Wahrheit ist.

Nachdem so nacheinander bestimmte Momente der Wirklichkeit, nämlich Zeit, Ort, Personen, in den Roman eingetreten und aus ihrer Verfestigung in den Zustand der Auflösung, der schwebenden Vieldeutigkeit transponiert sind, erscheint als vierte Realität ein Geschehnis und damit der Bereich der Kausalität. Mit ihm geschieht die gleiche Verwandlung. Es ist ein alltägliches Vorkommnis, ein Verkehrsunfall. Ein Lastwagen steht quer, ein Mann liegt verletzt, „wie tot", auf der Straße. Die Ursache wird mitgeteilt. „Er war durch seine eigene Unachtsamkeit zu Schaden gekommen, wie allgemein zugegeben wurde." Aber trotz der bestimmten Form dieser Mitteilung ist das nur die Meinung der Umstehenden. Der unbekannte elegante Herr gibt im Gespräch mit der Dame eine andere Ursache an. „Diese schweren Kraftwagen, wie sie hier verwendet werden, haben einen zu langen Bremsweg." Damit ist die Kausalität aus dem menschlichen in den technischen Bereich hinübergespielt. „Die Dame fühlte sich dadurch erleichtert und dankte mit einem aufmerksamen Blick. Sie hatte dieses Wort wohl schon manchmal gehört, aber sie wußte nicht, was ein Bremsweg sei, und wollte es auch nicht wissen; es genügte ihr, daß damit dieser gräßliche Vorfall in irgend eine Ordnung zu bringen war und zu einem technischen Problem wurde, das sie nicht mehr unmittelbar anging." Das erspart die genaue Feststellung der Ursache, die ebenso ungewiß bleibt wie die Gefühlsreaktion der Dame. Ihre Regung ist nicht einfach Mitleid, sondern ein nicht ganz eindeutiges, physiologisch fundiertes Unbehagen. Sie fühlte „etwas Unangenehmes in der Herz-Magengrube, das sie berechtigt war für Mitleid zu halten."

Am Beginn des Romans werden also Zeit, Ort, personale Identität und Kausalität nicht geradezu aufgehoben, aber in Frage gestellt, ins Schwanken gebracht, in den Zustand der Auflösung gesetzt. Zugleich wird klar, daß das nicht ein müßiges, willkürliches Spiel des Erzählers ist, sondern ein Spiel, das dem gegenwärtigen Weltzustand entspricht und den Roman befähigt, ihn zu spiegeln. Die Gebrochenheit dieses Spiegelbildes vermag die innere Auflösung hinter der anscheinend intakten Fassade aufzufangen. Ein alltäglicher, beliebiger Vorgang enthüllt diesen Zustand. Der Unfall, den die Passanten sich möglichst einfach erklären, ruft ihre Hilfsbereitschaft hervor. Aber die Hilfeleistung wird zur leeren Geste: „man öffnete seinen Rock und schloß ihn wieder, ... eigentlich wollte niemand etwas anderes damit, als die Zeit ausfüllen, bis mit der Rettungsgesellschaft sachkundige und befugte Hilfe käme." Auch das Mitleid ist kein rechtes, eindeutiges Mitleid mehr, sondern ein „unentschlossenes, lähmendes Gefühl", und der Unglücksfall ist eigentlich auch kein Unglücksfall, sondern er ist durch harte Versachlichung zu etwas anderem geworden. Als der Krankenwagen mit seinen uniformierten Männern prompt eintrifft und sein Inneres, „sauber und regelmäßig", den Verletzten aufnimmt, heißt es: „Man ging fast mit dem berechtigten Eindruck davon, daß sich ein gesetzliches und ordnungsmäßiges Ereignis vollzogen habe." Das menschliche Schicksal bleibt stillschweigend ausgeklammert, der Verletzte ist bloßes Objekt des technischen Versagens und der vorgesehenen Hilfsmaßnahmen, die Frage nach der Ursache wird durch die gleichgültige technische Formel abgefangen. Die Entwirklichung und Versachlichung werden perfekt, wenn der Herr schließlich die riesigen Unfallziffern der Statistik zitiert. Das Unglück ist zu einem vorausberechneten Fall, zu einer Komponente der Unfallziffer geworden. Die Dame kann freilich diese Versachlichung nicht ganz mitvollziehen, sie empfindet noch etwas von dem wirklichen Unglück. Aber der Erzähler, der den Eindruck der Gesetzmäßigkeit „berechtigt" nannte, kennzeichnet mit einem einzigen Wort diese Reaktion der Dame als unzeitgemäß und unangepaßt: sie hatte „noch immer das unberechtigte Gefühl, etwas Besonderes erlebt zu haben".

Es ist bemerkenswert, daß der Erzähler kein Wort der Klage, des Unwillens oder gar der pathetischen Anklage in die Darstellung mischt. Nichts liegt ihm ferner, und auch Ulrich, der im folgenden Kapitel erscheint, würde das fernliegen. Der Erzähler gibt einen kühlen Bericht; der Ton der Ironie, in dem der Protest sich verbirgt, wird nirgends verlassen. Aber diese Ironie enthält schon in sich selbst das befreiende Moment. Denn sie entlarvt nicht nur, nüchtern und unbeirrt, den gegebenen Weltzustand, sondern sie vermittelt zugleich das Bewußtsein, daß diese Gegebenheit nicht endgültig, fest und unentrinnbar ist, sondern nur eine von vielen Möglichkeiten, an deren Stelle eine andere, bessere treten könnte. Jener Unglücksfall und seine unmenschliche Versachlichung in der Scheinordnung eines glatt funktionierenden Mechanismus gehören zu einer Wirklichkeitswelt, die nur dem Anschein nach fest und starr ist, in Wahrheit aber sich in einem Schwebezustand befindet, in dem Zeit, Ort, Individualität fließend und wandlungsfähig sind. Die Ironie Musils ist nach seinem eigenen Wort eine „konstruktive Ironie". — „Es ist der Zusammenhang der Dinge, aus dem sie nackt hervorgeht." Auch die Ironie wurzelt im Möglichkeitssinn, sie impliziert den Utopismus.

Auf knapp drei Seiten gibt das Eingangskapitel eine unübertreffliche Introduktion zu der komplexen Thematik des Romans. Dank der Loslösung vom nur historischen Detail in künstlerischer Abstraktion vermag ein solches Kapitel, das auf 1913 datiert ist und 1930 veröffentlicht wurde, heute eine unverminderte Geltung zu bewahren, nicht nur durch seinen dichterischen Rang, sondern als Darstellung des Weltzustandes im 20. Jahrhundert.

Musils konstruktive Ironie berührt sich hier mit dem Ironiebegriff Kierkegaards, für den bereits „die Kategorie des Möglichen", das „Konjunktivische" entscheidend werden[18]. „Für das ironische Subjekt hat die gegebene Wirklichkeit ihre Gültigkeit völlig verloren. Sie ist ihm eine unvollkommene Form geworden, die überall geniert ... Der Ironiker ist wohl in einem gewissen Sinne prophetisch, denn er deutet beständig auf etwas Zukünftiges hin, aber was dies ist, weiß er nicht[19]." Auch für Ulrich ist, nach Kierkegaards Formulierung, „die Möglichkeit für das Selbst, was der Sauerstoff für das Atmen ist"[20]. In der veränderten geistigen Situation des frühen 20. Jahrhunderts, an der Musil teilhat, gewinnt durch die Geltung der naturwissenschaftlichen Methodik und durch die Erfahrung des „andern Zustands" diese Ironie als Korrelat des Utopismus einen positiven Sinn. Sie ist nicht mehr Flucht, Zuflucht, Ausflucht, sondern Bedingung einer Erneuerung, einer echten Positivität.

Ironie und Variation

Ein anderer Aspekt der Musilschen Ironie erschließt sich von folgendem Satz aus: „Es steckt ja in allem etwas Richtiges." Dieses Bewußtsein nimmt der „wohlwollenden Ironie" die satirisch-aggressive Schärfe. Die Einsicht, daß in allem etwas Richtiges stecke, äußert im Roman auch der General Stumm von Bordwehr. Das

bezeugt, daß auch in diesem komisch gezeichneten General und
seinem konservativ-militärischen Denken, dem vieles verborgen
bleibt und das doch zuweilen die Dinge überraschend hell durchschaut, ein Stück von Ulrich selbst enthalten ist (vgl. z. B. Kapitel I,
85). Das gleiche gilt von allen wichtigen Figuren des Romans.
„Ironie ist: einen Klerikalen so darstellen, daß neben ihm auch ein
Bolschewik getroffen ist. Einen Trottel so darstellen, daß der Autor
plötzlich fühlt: das bin ich ja zum Teil selbst." Damit ist ein wichtiges
Strukturprinzip des Romans angedeutet. Alle Personen verkörpern
Gesinnungen oder Bestrebungen, die in den benachbarten Personen
verwandelt wiederkehren, und vor allem erscheinen in ihnen bestimmte Möglichkeiten und Anlagen Ulrichs vereinseitigt und ins
Extrem gebracht. Einige repräsentieren auch frühere, halb über-
wundene Entwicklungsstufen seines Wesens. Durch die Vereinseiti-
gung bestimmter Gesinnungen, durch die Beimengung von anderen
Zügen werden es Kontrastfiguren. Aber auch die Verwandtschaft
besteht. Die innere Beziehung zu Ulrich, als Spiegelung oder Kontrastierung, begründet die primäre Funktion dieser Figuren im
Roman. Von hier aus sind sie zu verstehn, erst in zweiter Linie
von ihrer Rolle in den romanhaften Vorgängen aus, die stets sekundär
ist, so wie die Vorgänge überhaupt eine sekundäre Schicht des
Romans bilden. Ein geschlossener, alle Einzelmomente strikt ver-
knüpfender Gesamtvorgang wird nicht gegeben, sondern es erscheint
eine Reihe von Vorgangskomplexen. Dominierend ist die Parallelaktion mit ihren zentralen und peripheren Figuren: Diotima, Leins-
dorf, Arnheim, Stumm, dazu auf der Diener-Ebene Diotimas Zofe
Rachel und Arnheims Negerdiener Soliman. Dazu kommt der
Komplex Clarisse-Walter, zu denen sich der Prophet Meingast
gesellt und der Lustmörder Moosbrugger, dem Clarisses leidenschaftliches Interesse gilt; weiterhin die Gruppe um den Bank-
direktor Fischel mit seiner Tochter Gerda und deren Freund Hans
Sepp, einem Vertreter der völkischen Ideologie. Eine weitere Gruppe
bildet Agathe mit ihrem Ehemann und ihrem Freund Lindner[21].
    Die Gruppen sind meist nur lose miteinander verbunden; z. B.
befreundet sich Stumm mit Clarisse, Hans Sepp erscheint bei der
großen Sitzung der Parallelaktion. Einige Einzelfiguren werden mit
diesen Gruppen in eine lockere Beziehung gestellt: Ulrichs Geliebte
Bonadea mit Diotima, der Sozialist Schmeißer mit Clarisse und
Meingast. Der gemeinsame Bezugspunkt all dieser Figuren ist stets
Ulrich. Sie verkörpern Variationen jener Zeitproblematik, die in
Ulrich sich zentral repräsentiert.
    In der Darstellung dieser Umwelt Ulrichs wird die Zeit auf ähn-

liche Weise neutralisiert wie im Laboratorium des Experimentators. Die erzählte Welt ist immer aus der Perspektive Ulrichs gesehen, der die gesellschaftliche Wirklichkeit als Beobachtungs- und Experimentierfeld betrachtet. Fast alle Figuren treten durch Ulrichs Vermittlung ins Blickfeld des Lesers. Aber Ulrich nimmt an keiner Person und an keinem Vorgang echten menschlichen Anteil. Das gilt z. B. auch für sein Liebesverhältnis zu Bonadea. Es ist ein zeitweise leidenschaftliches erotisches Spiel, in dem Ulrichs innere Distanz niemals aufgehoben wird, das gleichsam durch ihn hindurchgeht, ohne irgendeine Spur zu hinterlassen.

Die Gleichgültigkeit aller Menschen und Vorgänge für den nirgendwo engagierten Ulrich gibt ihre Spiegelfunktion frei. Daß der deutsche „Wirtschaftsheld" Arnheim sich von der verliebten Diotima in den führenden Gesellschaftskreis der Parallelaktion einschleusen läßt, um seinem Konzern die galizischen Ölfelder zu sichern, könnte das zentrale Motiv eines Handlungsromans abgeben. Hier bleibt es ein ironisch pointiertes, erzählerisch nicht ausgewertetes Randmotiv. Wirklich bedeutsam ist Arnheim nur als Gegenfigur Ulrichs, in der Verwandtschaft der Intentionen und in den tiefen Unterschieden bei der Beantwortung der gleichen Fragen. Arnheim glaubt eine Synthese zwischen Ratio und Seele gefunden zu haben, die auch Ulrich sucht. Aber für Ulrich ist das eine vorschnelle, falsche Synthese des „schreibenden Eisenkönigs"; und es ist reine Ironie, wenn Ulrich feststellt: „. . . was wir alle getrennt sind, das ist er in einer Person". Arnheim ist als intimer Feind der wichtigste Gegenspieler Ulrichs. An der Auseinandersetzung mit ihm, die in dem großen Gespräch des Kapitels I, 121 gipfelt, gewinnt seine eigene Position schärfere Konturen. Auch der Jugendfreund Walter ist Ulrich verwandt in dem Bewußtsein, „zu Besonderem berufen" zu sein, in der Kulturkritik und Zeitkritik. Doch er ist noch in jungen Jahren ein durchschnittlicher Anti-Intellektualist mit einer Neigung für das „Pseudototale" geworden. Er repräsentiert eine frühere Stufe Ulrichs, ähnlich wie seine Frau Clarisse, die Nietzsche-Jüngerin, die Stufe der Nietzsche-Nachfolge Ulrichs darstellt. Sie ist besessen von Erlösungssehnsucht und hält sich, von Ulrichs Passivität enttäuscht, an den Propheten Meingast, der ebenfalls von Nietzsche ausgeht und die erlösende Tat aus der Kraft eines gespannten Willens herbeiführen möchte. Auch in ihm erkennt man Komponenten der Denkweise Ulrichs, etwa wenn er den Leerlauf der zeitgenössischen Wirklichkeit mit einer ähnlichen Formel wie Ulrich bezeichnet: „Tun, was geschieht!" Selbst noch eine Nebenfigur wie Fräulein Strastil, die Assistentin am astronomischen Institut (II, 22), bezeichnet eine frühere Stufe der Geistigkeit Ulrichs, die der Mathematik, deren Denkform er nie ganz aufgibt.

Der Mädchenmörder Moosbrugger, der freilich nicht in direktem Kontakt mit Ulrich gezeigt wird, erregt ihn als extremer Fall, in dem die aus aller Ordnung geratene Situation der Zeit sich grell und verzerrt spiegelt. Seine innere Verfassung wird genau nachgezeichnet (I, 59), und die Hilflosigkeit der Medizin und Jurisprudenz beleuchtet die Symptomatik dieses Grenzfalls, der im Bewußtsein Clarisses, Leinsdorfs und anderer Personen in immer anderen Spiegelungen erscheint. Für Ulrich ist er „wie ein dunkles Gedicht, worin alles ein wenig verzerrt und verschoben ist und einen zerstückt in der Tiefe des Gemüts treibenden Sinn offenbart". Der andere Weltzustand, der in Moosbruggers wahnhafter Vorstellung lebt, hat Ähnlichkeit mit Ulrichs Erfahrungen des „anderen Zustandes". Auch für Moosbrugger sind die Trennungen und „Schranken der Realität weggehoben". „Nach Moosbruggers Erfahrung und Überzeugung konnte man kein Ding für sich herausgreifen, weil eins am anderen hing." Nach der Gerichtsverhandlung gegen Moosbrugger stellt Ulrich fest: „Das war deutlich Irrsinn, und ebenso deutlich bloß ein verzerrter Zusammenhang unsrer eignen Elemente des Seins[22]."
Clarisse ist von Moosbrugger fasziniert und sieht in ihm, selber an der Klarheit des Bewußtseins leidend, eine Erlöserfigur. Ihr eigener Wahn ist ein Gegenstück zu dem Moosbruggers. Hier verdoppelt sich also das Wahnmotiv, die Variationen spiegeln und deuten sich gegenseitig, wie überall in diesem Roman. „Man darf nicht glauben, daß der Wahnsinn sinnlos ist; er hat bloß die trübe, verschwimmende, vervielfältigende Optik der Luft über diesem Bad, und zuweilen war es Clarisse ganz klar, daß sie zwischen den Gesetzen einer andern, aber durchaus nicht gesetzlosen Welt lebte." So heißt es bei Clarisses Aufenthalt im Irrenhaus. Auch der Wahnsinn kann für Ulrich eine Vorform künftiger, noch unverstandener Möglichkeiten sein. Ulrichs Beschäftigung mit Moosbrugger fügt sich ein in seine Konzeption dessen, was Geist ist: „Er anerkennt nichts Unerlaubtes und nichts Erlaubtes, denn alles kann eine Eigenschaft haben, durch die es eines Tags teil hat an einem großen, neuen Zusammenhang."

Doppelung der Motive, wechselseitige Spiegelung bestimmt die Komposition des Romans. Arnheims Synthese von Seele und Wirtschaft kehrt abgewandelt wieder bei Leinsdorf, von dem es heißt, daß er „eine Verbindung zwischen den ewigen Wahrheiten und den Geschäften" als wichtig erkannte. Diotimas Wünsche und Vorstellungen scheinen zuweilen in fast verwirrendem Maße mit denen Ulrichs gleichzulaufen. Sie hat „Groll gegen alles", und von Ulrich heißt es, daß „eine universale Abneigung" sein gesamtes Verhalten mitbestimmt. Die Beschreibung der „unbezeichenbaren Stunden", in denen sie sich „nah einer Ursprungstiefe" fühlte, der Bericht von Diotimas „Ahnungen und Andeutungen eines besonderen Zustands" erinnert an Erfahrungen Ulrichs. Beide haben teil am geistigen Schicksal des Jahrhunderts, das auch bei der Darstellung Diotimas stets im Blick bleibt. Sie entdeckt „das bekannte Leiden des zeitgenössischen Menschen . . ., das man Zivilisation nennt", und möchte mit der Parallelaktion „die Erlösung der Seele von der Zivilisation" verwirklichen: eine ironische Formel für das, was auf diese oder jene Weise alle wollen, Walter so gut wie Clarisse, Meingast wie Hans Sepp. Was Diotima „Seele" nannte, fand sie wieder „in der gebatikten Metaphysik Maeterlincks", auch „in Novalis, vor allem aber in der namenlosen Welle von Dünnromantik und Gottessehnsucht, die das Maschinenzeitalter als Äußerung des geistigen und künstlerischen Protestes gegen sich selbst eine Weile lang ausgespritzt hat".

Sich zu unterscheiden, dort genau zu sein, wo die andern sich mit einem Ungefähr, einem Kompromiß begnügen und Selbsttäuschungen erliegen, das ist Ulrichs ständiges Bemühen. Wenn in Diotimas Mystik seine eigene parodiert wird oder im Ordnungswillen Hagauers und Lindners sein eigener ironisch verfärbt erscheint, so enthält eine solche Parodie auch immer ein Moment der Verneinung seiner selbst. Als Diotima einmal wie Ulrich redet und sich auf die „immer vorhandene andere Art von Wirklichkeit" beruft, ist Ulrich „tief erschrocken": „So weit ist es also gekommen, daß dieses Riesenhuhn genau so redet wie ich? fragte er sich." Es wurde schon früher gezeigt, wie genau es Ulrich bewußt ist, daß gerade die mystische Seinserfahrung, wiewohl im Grunde unaussprechbar, in der zeitgenössischen Welt in eine geläufige Phraseologie umgesetzt worden ist.

„Das Prinzip der Kunst ist unaufhörliche Variation." Doppelung der Motive, der gedanklichen wie der vorgangshaften, Wiederholung mit Abwandlung, Variationen, die sich gegenseitig belichten, strukturieren Musils Roman. In prismatischer Brechung wird die thematische Substanz in einem breiten Spektrum entfaltet und in zahllosen Facetten aufgefangen[23]. Was Musil selbst als Körper des Romans anspricht, formuliert er nicht als Geschehenszusammenhang, sondern als Bedeutungszusammenhang: „Immanente Schilderung der Zeit, die zur Katastrophe geführt hat, muß den eigentlichen Körper der Erzählung bilden, den Zusammenhang, auf den sie sich immer zurückziehen kann, ebensowohl wie den Gedanken, der bei allem mitzudenken ist."

Auch der einzige Mensch, zu dem Ulrich eine echte innere Beziehung gewinnt, seine Schwester Agathe, ist eine Verdoppelung Ulrichs, seine weibliche Variante. Agathe freilich wird niemals kritisch abgewertet oder ironisch relativiert wie die anderen partiellen Varianten der eigenen Person, sondern sie ist eine vollkommene und beglückt bejahte Wiederholung des eigenen Wesens. „Was jeder von uns empfindet", sagt Ulrich, „ist die schattenhafte Verdopplung seiner selbst in der entgegengesetzten Natur." — „Dieses Verlangen nach einem Doppelgänger im anderen Geschlecht ist uralt. Es will die Liebe eines Wesens, das uns völlig gleichen, aber doch ein anderes als wir sein soll . . ." Tatsächlich gleicht Agathe in ihrer persönlichen Anlage in entscheidenden Zügen Ulrich genau, nur daß alles ins Weibliche übersetzt ist. Ihr reflektierendes Bewußtsein ist weit geringer entfaltet. Musil hat die Geschwister auf eine genaue Symmetrie hin angelegt. Wie Ulrich sich zu einer besonderen Wirksamkeit berufen glaubt, so ist Agathe überzeugt, „daß sie ausersehen sei, etwas Ungewöhnliches und Andersgeartetes zu erleben". Auch ihr fehlt der Wirklichkeitssinn, das Ernstnehmen der vorhandenen Realität, und sie trägt „die ganze Verachtung des zum Aufruhr geborenen Menschen gegen diese schlichte Einfachheit in sich" — die Einfachheit des bürgerlichen Normaldaseins und seiner „Gefälligkeit". Sie erfährt lebhaft die „überschwänglichen Augenblicke" eines mystischen Einsgefühls mit der Welt. Wenn Ulrich für seine hochgespannte Aktivität keinen Ansatzpunkt in der Zeitwirklichkeit findet, so lebt Agathe — in passivischer Entsprechung — „gegen ihre innigsten Neigungen", nämlich die Neigungen der Hingabe und des Vertrauens. Denn für die Mächtigkeit dieser Neigungen gibt es keinen Gegenstand; „aber wenn es ihr bisher unmöglich gewesen war, sich einem Menschen oder einer Sache mit ganzer Seele hinzugeben, so kam es dennoch davon, daß sie die Möglichkeit einer größeren Hingabe in sich trug, mochte diese nun die Arme nach der Welt oder nach Gott ausstrecken!"

Agathe und die Vita contemplativa

Die Begegnung der Geschwister eröffnet den zweiten Band des Romans. Sie wird als bedeutsames Ereignis in den beiden letzten Kapiteln des ersten Bandes vorbereitet. Als Ulrich (I, 122) nach der großen Aussprache mit Arnheim durch die nächtlichen Straßen der winterlichen Stadt heimgeht, wird ihm sein innerer Zwiespalt hell bewußt. Er denkt an den Frauenmörder Moosbrugger. „Er hatte offenbar so lange an einem Leben ohne innere Einheit festgehalten, daß er nun sogar einen Geisteskranken um seine Zwangsvorstellungen

und den Glauben an seine Rolle beneidete!" Er begreift, daß seine
unklare innere Bewegtheit ihn zu „Unmöglichkeiten" führt. „Und
Ulrich fühlte, daß er nun endlich entweder für ein erreichbares Ziel
wie jeder andere leben oder mit diesen ‚Unmöglichkeiten' Ernst
machen müsse . . ." Überdies hat er die Empfindung, „daß ihm
etwas nahe bevorstehe". Diese Vorahnung betrifft nicht nur den
Tod des Vaters, den ihm ein Telegramm mitteilt, sondern die Begegnung mit der Schwester, die eine Wendung herbeiführt. Im
Kapitel I, 123 wird auf diese Wendung wiederum vorgedeutet mit
einer der seltenen Zeitangaben. „Von dem Jahr, das er sich vorgesetzt
hatte, war die eine Hälfte fast schon verstrichen, ohne daß er mit
irgendeiner Frage in Ordnung gekommen wäre." Ulrich gleitet dann
in einen Zustand der Entrückung, den er ableugnen oder relativieren
möchte und der ihn doch, an die früheste dieser Erfahrungen erinnernd, mit eigentümlicher Macht umfängt. Das deutet vor auf die
Erlebnisse, die sich in der Gemeinsamkeit mit der Schwester ereignen werden.

Im zweiten Buch des Romans rücken diese Erlebnisse zunächst
und für eine große Strecke in den Vordergrund, und die anderen,
im ersten Buch vorherrschenden Motive treten deutlich zurück.
Musils Notizen erweisen, daß dies in seiner Absicht lag und daß er
den Roman bewußt auf diesen Wechsel der dominierenden Thematik
hin komponierte. Auch im Gespräch akzentuierte er diese Absicht,
und der Wechsel schien ihm strukturell völlig gerechtfertigt, weil
er ja den Roman Ulrichs, nicht den der Parallelaktion schrieb. Die
Umweltfiguren haben ihre Spiegelungs- und Kontrastfunktion im
ersten Band weitgehend erfüllt und treten jetzt in eine Randzone
zurück. Ulrich verliert sein Interesse an ihnen, reduziert den Umgang
mit den alten Freunden. Der Erzähler berichtet dementsprechend
jetzt seltener und flüchtiger von ihnen. Die Entwürfe und Aufzeichnungen zeigen jedoch, daß Musil plante, Ulrich nach der
Beendigung des großen „Abenteuers" mit der Schwester, das ihn
lange Zeit ganz erfüllt, in seine alte Umwelt gleichsam zurückkehren
zu lassen und dabei die Romanmotive, die zu dieser Umwelt gehören,
zu Ende zu führen.

Daß zunächst ganz einseitig die Geschwisterliebe im Vordergrund
steht, ist nur das kompositorische Äquivalent für die innere Bedeutung dieser Liebe. Es ist die substanziellste Erfahrung, die Ulrich
während seines Urlaubsjahres zuteil wird. Im „Brief an G." (vom
26. 1. 31, aber vor der Reinschrift des zweiten Bandes) legt Musil
dar, daß Ulrich im zweiten Band den Versuch macht, einen „Ausweg" aus der Welt der schematischen Abläufe zu finden, an die

ihn nichts bindet. „Vorher gibt es kein Geschehen für ihn. Was so aussieht, ist Gespenst", d. h. schematische Wiederholung, in der „Seinesgleichen geschieht". Musil begründet hier die Ausschaltung der Zeit im ersten Band des Romans und sagt vorblickend, der zweite Band würde den Zeitablauf wieder in den Roman hineinnehmen und „erzählerisch" werden. „. . . in dem Augenblick, wo das Geschehen für Ulrich Sinn gewinnt, kommt auch das erzählerische Rinnen in den Roman, und der 2. Band wird eine beinahe regelrechte Erzählung . . ." Die Äußerung zeigt, daß Musil seinen Roman ganz von der Gestalt Ulrichs her sieht und aufbaut, nicht etwa von den Handlungsmomenten her. Der erste Band gilt ihm als unerzählerisch, weil Ulrich in keinen Geschehniszusammenhang gestellt ist und sich nichts in seiner Position und seinem Verhalten ändert. Im zweiten Band dagegen geschieht wirklich etwas mit ihm, er läßt sich mit seiner ganzen Existenz auf die engste Bindung an die Schwester ein und verändert sich dadurch. Die Zeitfolge hat hier in der Tat eine stärkere strukturierende Bedeutung als im stagnierenden ersten Band. Diese Zeitfunktion hat Musil im Auge, wenn er den zweiten Band, von dem damals erst eine Reihe von Entwürfen vorlag, als „beinahe regelrechte Erzählung" bezeichnet. Die ausgeführten Teile zeigen, daß die Erzählweise mit der Integration einer breiten Schicht von Reflexionen sich der des ersten Bandes stark angleicht. Der Utopismus ist auch im zweiten Band vorhanden, und auch er ist, wie die Ironie, ein Formprinzip; er bewirkt, daß die in Form von Gedanken erscheinenden Möglichkeiten genauso behandelt werden und auf derselben Ebene stehen wie die mitgeteilten Wirklichkeiten. Auch konzentriert sich die Erzählung auf das innere Geschehen zwischen den Geschwistern, das sich in feinsten Stufungen und zartesten Übergängen vollzieht. Doch es ist in der Tat erzählerischer geformt als der erste Band, im Sinne der zeitlichen Entfaltung eines Vorgangs, der persönliche Entwicklung und Wandlung bewirkt, der einen klaren Anfang hat und ein klares Ende haben sollte.

Bevor der genaue, weitreichende Sinn der Geschwisterliebe für Ulrich dargelegt werden kann, gilt es, die Bedeutung dieses Themas im Gesamtgefüge des Romans zu klären. Wenn auch die mystisch inspirierte Gemeinschaft mit Agathe Ulrichs entscheidendes Erlebnis ist, so bleibt es dennoch im Ganzen seines Lebens ein „Abenteuer", romantechnisch gesprochen eine Episode. Der episodische Charakter der Geschwisterliebe wird nicht dadurch aufgehoben, daß ihre Darstellung einen sehr breiten Raum einnimmt und etwa die Hälfte des unvollendeten zweiten Bandes füllen sollte. Gegen Ende des ersten

Bandes (I, 116) deutet sich Ulrich die ungelöste Zwiespältigkeit seines Wesens in dem Bilde zweier Bäume, deren einer seine Aktivität, seine Neigung zur Gewalt, zu einem „ungläubigen, sachlichen und wachen Verhalten" symbolisiert, während der andere die scheinbar entgegengesetzten Kräfte verkörpert: Liebe, in dem umfassenden Sinne eines veränderten, das ganze Dasein ergreifenden Zustands, Ruhe, Weltfeindlichkeit, Kontemplation. „In diesen beiden Bäumen wuchs getrennt sein Leben." Von früh an hatte er stärker im Zeichen des ersten Baumes gelebt, dem sich auch die Mathematik zuordnet, ebenso der Möglichkeitssinn, die Ablehnung bestehender Ordnung, der Wille, sich des Unwirklichen zu bemächtigen. „... alle diese, in ihrer ungewöhnlichen Zuspitzung wirklichkeitsfeindlichen Fassungen, die seine Gedanken angenommen hatten, besaßen das Gemeinsame, daß sie auf die Wirklichkeit mit einer unverkennbaren schonungslosen Leidenschaftlichkeit einwirken wollten."

Der andere Baum (den man schematisch ungefähr als den der Vita contemplativa bezeichnen könnte) wurzelt im „kindhaften Verhältnis zur Welt", im Verhältnis von Vertrauen und Hingabe, und er zieht seine Kräfte aus der seltenen Erfahrung ekstatischer Seinsnähe. Der Erzähler hebt hervor, daß sich dieser zweite Baum in Ulrichs Leben bisher nur wenig entfaltet hat. Das Erlebnis mit der Frau Major bildete „den einzigen Versuch zu voller Ausbildung, der auf der sanften Schattenseite seines Wesens entstanden war, und bezeichnete zugleich den Beginn eines Rückschlags, der nicht mehr endete. Blätter und Zweige des Baums trieben seither auf der Oberfläche umher, aber dieser selbst blieb verschwunden, und es ließ sich nur an solchen Zeichen erkennen, daß er doch noch vorhanden war." Diese verborgene Wesensschicht ist zwar insofern sehr wirksam, als aus ihr die Impulse zur Abwertung der puren Aktivität, der „tätigen und rührigen Hälfte" kommen, also wohl auch der Entschluß zum Urlaub vom Leben, die Suche nach dem „Tatsinn". Aber als selbständige Kraft war diese kontemplative Hälfte in Ulrich verkümmert. „Seine Entwicklung hatte sich offenbar in zwei Bahnen zerlegt, eine am Tag liegende und eine dunkel abgesperrte ..." Ein Ausgleich war ihm nach der ersten Hälfte des Urlaubsjahres noch nicht gelungen. Er befand sich noch immer in einem „moralischen Stillstand", und dieser „konnte von nichts anderem als davon kommen, daß es ihm niemals gelungen war, diese beiden Bahnen zu vereinen."

Diese Stagnation, die, durch Ulrichs völlig ironisch gehandhabte Scheintätigkeit als Sekretär der Parallelaktion nicht im geringsten vermindert, im ersten Band umfassend dargestellt wird, sucht Ulrich im zweiten Band zu überwinden. Es ist die ungelöste Spannung dieser Situation, die Ulrich in der liebenden Gemeinschaft mit Agathe zu lösen versucht. Hier versenkt er sich in die Schriften der alten Mystiker und lebt mit der Schwester in stetiger Nähe zu jenem „anderen Zustand", der dem zweiten Lebensbaum zugehört. Damit wird also der einst abgebrochene „Versuch zu voller Ausbildung" dieser Wesenshälfte erneuert und gleichsam nachgeholt, der verkümmerte zweite Lebensbaum zum Blühen gebracht.

Das vollkommene Einverständnis mit der Schwester erregt in Ulrich die verwegene Hoffnung, daß sich mit ihr der „andere Zustand" verwirklichen ließe. Noch ehe das Zusammenleben in Wien beginnt, befestigt sich diese Hoffnung. Ulrich „fühlte die Bedeutung seiner Schwester. Ihr hatte er jenen wunderlichen und uneingeschränkten, unglaubwürdigen und unvergeßlichen Zustand gezeigt, worin alles ein Ja ist . . . Und Agathe tat doch nichts, als daß sie die Hand danach ausstreckte." Die Geschwister leben den Versuch, diesen Zustand zu stabilisieren. In einigen Kapiteln, die allerdings nur in nichtgedruckten Entwürfen überliefert sind (II, 64—66), stehen Auszüge aus einem Tagebuch Ulrichs, die zeigen, daß dieser Versuch nach seinem Gefühl gelingt. „Unser Zustand ist das andere Leben, das mir immer vorgeschwebt ist. Agathe wirkt dahin und ich frage mich: ist es als wirkliches Leben ausführbar?" Das also ist die „aZ-Frage", die Frage nach der Tragfähigkeit und Dauerhaftigkeit des anderen Zustandes. Ulrich bekennt, daß er ihn „aus tiefer (d. h. auch: gut verborgener) Seele liebe". Hier dringt also die „dunkel abgesperrte" Tiefenschicht in sein Bewußtsein und wird bestimmend für sein waches Daseinsgefühl, wird in sein Weltverhalten eingeformt. Das ist der langsam sich vollziehende innere Vorgang im zweiten Band. So vielfältig auch hier Ulrichs Reflexionen die mystische Seelenverfassung klärend zu durchdringen versuchen und in ihrem Wechselverhältnis zu dem Gegenzustand analysieren, so vollzieht sich doch dieses Wechselspiel nicht nur in der Theorie, sondern es wird gelebt, wird in Ulrich Gestalt und Schicksal. Das macht den Roman zum Roman.

Ulrich fährt an jener Stelle seines Tagebuchs fort: „Und es bleibt Wirklichkeit, daß ich mich jetzt in diesem Zustand fast dauernd befinde, und Agathe auch! Vielleicht ist das ein großer Versuch, den das Schicksal mit mir vorhat. Vielleicht ist alles, was ich versucht habe, nur dazu dagewesen, daß ich dieses erlebe." Die Liebe zu Agathe ist nicht ein bloßes Experiment, das Ulrich mit bewußter Kalkulation unternimmt, sondern ein Versuch des Schicksals mit ihm. Es ist wirkliche Liebe, die ihn erfaßt hat; er treibt jetzt selbst in der Strömung, statt ihr, wie früher, nur vom Ufer aus beobachtend zuzusehen, obwohl er natürlich auch jetzt derjenige bleibt, der sich bei seinem Erleben selbst beobachtet und sich Rechenschaft gibt. Auch die Tagebuchnotizen Ulrichs zeigen das, und sie setzen neben die Bejahung auch den Zweifel und die kritische Prüfung. An der eben zitierten Stelle fährt Ulrich fort: „Aber ich fürchte auch, daß sich in allem, was ich bis jetzt zu sehen vermeine, ein Zirkelschluß verbirgt." Die Eintragungen gehen jedoch in der Bejahung sehr weit. „Wir werden von dem Gefühl begleitet, daß wir die Mitte unseres Wesens erreicht haben . . ., wo die Bewegung Ruhe ist . . ." Er sucht nach einem gültigen Ausdruck und findet als den angemessensten: „die Erregung, in der wir leben, ist die der Richtigkeit". Der Kapitelentwurf II, 65 schließt mit den Sätzen: „Auch besteht zwischen Agathe und mir nicht die geringste Verschiedenheit in der Meinung, daß die Frage: ‚Wie soll ich leben?‘, die wir uns beide aufgegeben hatten, beantwortet ist: So soll man leben! Und manchmal erscheint es mir verrückt."

Es ist nicht zu übersehen, daß sich auch hier das niemals ganz schweigende Bedenken Ulrichs regt. Trotzdem scheint Ulrich die Grundfrage des Romans, die Frage nach dem rechten Leben, hier zu beantworten. Es ist unsicher, ob Musil eine so weitgehende Bejahung in den endgültigen Text aufgenommen hätte. Doch auch die gedruckten und die vollendeten oder die fast vollendeten nachgelassenen Kapitel zeigen, wenn auch weniger extrem, Ulrichs Hoffnung, im gemeinschaftlichen Leben mit Agathe eine endgültige Lösung seines Lebensproblems zu finden. Doch es war nicht Musils Absicht, ihn hier diese Lösung erreichen zu lassen. Es gehört zur Grundkonzeption des Romans, Ulrich aus seinem „moralischen Stillstand" durch Entfaltung seiner „untätigen" Wesenshälfte, die in der mystischen Erfahrung zu sich selber findet, zu lösen und ihn dabei in eine Phase der utopischen Hoffnung zu führen, dann aber diese Hoffnung scheitern zu lassen, die Notwendigkeit der Trennung der Geschwister darzustellen. Die geplante Komposition ist gut ausgewogen. Wie in Ulrich vor dem Urlaubsjahr die aktive, zur Gewaltsamkeit neigende Wesenskomponente einseitig überwog, so dominiert jetzt, ebenso einseitig, die „untätige Hälfte", die verkümmert war und eben deshalb jetzt übermäßig emporwächst. Gleichzeitig aber war in der aktivistischen Phase doch die Stimme der anderen Wesenshälfte dunkel vernehmbar, indem sie gegen die Sinnleere des puren Aktivismus sprach. Das hat seine Entsprechung, wenn jetzt in der kontemplativen Phase der Einspruch der aktivistisch gerichteten Ratio mit ihrer kritischen Überprüfung sich geltend macht. Der bloße Aktivismus entbehrt des Sinnes, die bloße

Sinnfülle der mystischen Kontemplation bleibt — dieses Wort stellt sich dafür immer wieder ein — „schattenhaft", ohne Wirklichkeit. Die wahre Aufgabe ist der Ausgleich, der Versuch, „die beiden Bahnen zu vereinen".

Daß die Geschwisterliebe scheitern müsse, die mystische Kontemplation nicht für die Dauer die Alleinherrschaft in Ulrich haben könnte, stand für Musil fest. Die „aZ-Frage" war vorentschieden. Sie wird außerhalb des Romans am bündigsten erörtert in dem großen Essay „Ansätze zu neuer Ästhetik" (1925). Dieser Essay und der aus dem Jahre 1913 stammende Aufsatz „Der mathematische Mensch" sind die bedeutendsten, die fundamentalen Stücke der Musilschen Essayistik. Hier, in den „Ansätzen", wird der andere Zustand in einigen prägnanten Sätzen beschrieben, und es wird von ihm gesagt, man könnte vielleicht „nur einen Tagtraum" in ihm sehen, „wenn er nicht seine Spuren in unzähligen Einzelheiten unseres gewöhnlichen Lebens hinterlassen hätte und das Mark unsrer Moral und Idealität bilden würde . . ." Gleichwohl steht das unmittelbare Innewerden der Welt, das „Zusammenfließen unseres Wesens mit dem der Dinge", nicht in einem feindlichen Gegensatz zum Denken. Es ist „der entscheidende Irrtum", daß man „als das, was es zu verdrängen gilt, das ‚Denken' ansah . . ." Notwendig ist die Synthese der „zwei Geisteszustände, die einander zwar mannigfach beeinflußt haben und Kompromisse eingegangen sind, sich jedoch nie recht gemischt haben". Die einseitige Vorherrschaft, das Absolutsetzen des anderen Zustandes, ist nicht möglich und bringt keine Lösung; denn „dieser Zustand läßt sich nicht zur Totalität ‚strecken'. So wenig wie das mystische Erlebnis ohne das rationale Gerüst einer religiösen Dogmatik, und die Musik ohne Lehrgerüst. Damit ist das Wesen allzu optimistischer ‚Befreiungsversuche' gerichtet." Etwas später heißt es: „Bekanntlich ist dieser Zustand, außer in krankhafter Form, niemals von Dauer; ein hypothetischer Grenzfall, dem man sich annähert, um immer wieder in den Normalzustand zurückzufallen . . ."

Was Ulrich im zweiten Band unternimmt, ist ein solcher „allzu optimistischer Befreiungsversuch". Es scheint ihm zuweilen, daß er gelingt — aber Musil wollte ihn scheitern lassen, und dieses Scheitern sollte kombiniert werden mit einer problematischen Erotisierung der Geschwisterliebe. Um den Leser von vornherein diesen Verlauf ahnen zu lassen, fügt Musil im Kapitel II, 12 eine Vorausdeutung des Erzählers ein, ein bei ihm ganz ungewöhnliches und so kaum wiederkehrendes erzähltechnisches Mittel. „Aber wer das, was zwischen diesen Geschwistern vorging, nicht schon an Spuren erkannt hat, lege den Bericht fort, denn es wird darin ein Abenteuer beschrieben, daß er niemals wird billigen können: eine Reise an den Rand des Möglichen, die an den Gefahren des Unmöglichen und Unnatürlichen, ja des Abstoßenden vorbei, und vielleicht nicht immer vorbei führte; ein ‚Grenzfall', wie das Ulrich später nannte, von eingeschränkter und besonderer Gültigkeit, an die Freiheit erinnernd, mit der sich die Mathematik zuweilen des Absurden bedient, um zur Wahrheit zu gelangen." Der Erzähler spricht hier in der Fiktion, eine schon vergangene Geschichte zu berichten (daher das Imperfekt), er kennt schon ihr Ende und weiß, was Ulrich nachher davon hielt. Damit ist die Geschwisterliebe und die mit ihr versuchte Verfestigung des anderen Zustandes unmißverständlich als „Abenteuer", als Episode gekennzeichnet, und der Roman ist auf diese Entwicklung festgelegt. Auch wird hier wenigstens angedeutet, daß besonders eine säkularisierte Mystik, die nicht in der Hinwendung zu Gott ihre Mitte hat, der Beständigkeit widerstrebt. „Er und Agathe gerieten auf einen Weg, der mit dem Geschäfte der Gottergriffenen manches zu tun hatte, aber sie gingen ihn, ohne fromm zu sein, ohne an Gott oder Seele, ja ohne auch nur an ein Jenseits und Nocheinmal zu glauben; sie waren als Menschen dieser Welt auf ihn geraten und gingen ihn als solche: und gerade das war das Beachtenswerte."

Es gibt in den späteren Entwürfen und Notizen Musils viele Bestätigungen für das Festhalten an dieser Konzeption. Insbesondere ist das Beibehalten des geplanten Kapitels „Reise ins Paradies", worin zugleich der Höhepunkt und das Scheitern der mystisch inspirierten Geschwisterliebe sich ereignen sollte, sehr gut bis in die spätesten Jahre belegt. In den frühen, zum Teil nur skizzierten Entwurf, der wohl als Grundlage zu mehreren Kapiteln bestimmt war, hat Musil später Ergänzungen eingetragen, die zeigen, daß er diesen Entwurf, der natürlich überarbeitet werden sollte, als Grundlage gelten ließ [24]. Es gibt keine Stelle in Musils Entwürfen und Notizen, die sich von diesem Motiv des Zusammenbruchs der Geschwisterliebe distanzierte. Auch aus den Texten kann nirgends eine Abänderung der Pläne in diesem Zusammenhang erschlossen werden.

Die Entstehung des Romans

Da die Fortsetzung des zweiten Buches, von dem Musil selbst im ersten Fortsetzungsband von 1933 nur 38 Kapitel veröffentlicht hatte, lediglich in nachgelassenen Manuskripten überliefert ist, so ist ein kurzer Blick auf die Entstehung des Romans und besonders des Nachlaßteils notwendig. Die ersten Keime finden sich 1902 und

1903 in den Tagebüchern[25]. Musil übernahm Personen und Motive aus seiner eigenen Erfahrungswelt, Beziehungen zu seinem Jugendfreund Gustl (Walter) und dessen Verlobter Alice (Clarisse). Etwas später unternahm Musil einen ersten Versuch der Formung. „Ich hatte aber damals das richtige Gefühl, ich könne es noch nicht fertigbringen. Ein Versuch, den ich machte, die Geschichte dreier Personen zu schreiben, in denen Walter, Clarisse und Ulrich deutlich vorgebildet sind, endete nach einigen hundert Seiten in nichts." Wenn sich in der folgenden Zeit andere Motivkomplexe anschichten, so geschieht das im organischen Prozeß der sich weitenden Erfahrung Musils, seiner breiteren Weltaufnahme. In den Jahren nach dem ersten Weltkrieg verdichtet sich die von anderen Plänen begleitete Romankonzeption, für die wechselnde Titel wie „Der Spion", „Der Erlöser" genannt werden. Die Hauptfigur heißt zeitweilig Achilles, zeitweilig Anders. Sie verändert sich, so wie die Motive sich umbilden, bleibt aber in der Grundstruktur die gleiche. Wenn Musil 1931 im „Brief an G." Stellen aus frühen Notizen zitiert, so setzt er ohne weiteres den Namen Ulrich für Anders ein und bemerkt dazu: „Ulrich hieß damals noch Anders." Das bedeutet also: die Figur *ist* bereits Ulrich, nur heißt sie noch Anders.

In den zwanziger Jahren sind große Teile des Romans entstanden. Im Tagebuch von 1920 heißt es in Notizen zum „Spion": „In gewissem Grade ist das Problem des Spions das der Generation seit 1880. Mit welchem Elan setzte der Naturalismus ein und welche positive Aktivität steckte auch in der Décadencestimmung fin de siècle. Wieviel Hoffnung war das! Der geschlossene Zug löste sich dann auf und mit einemmal stand jeder allein den nicht gelösten Problemen gegenüber. Das war dann die geistige Situation vor dem Krieg; sie war ohne innere Direktion. Menschen, die das auf den verschiedenen Linien mitgemacht haben, gehören in den Roman . . ." Damit ist ein entscheidender thematischer Bereich des Romans umschrieben. Die enttäuschte Hoffnung der Generation Musils, die in der Tat in den Jahren unmittelbar vor und nach 1900 in einer Atmosphäre starker Impulse der Hoffnung auf Veränderung, Reform, Erneuerung des Lebens aufwuchs, tritt hier hervor. Die Enttäuschung regte sich etwa um 1910 und wurde außerordentlich verschärft durch die Erfahrung des ersten Weltkrieges, der die Nichtigkeit aller hochgespannten Erwartungen, die Untauglichkeit aller Erneuerungsversuche grausam bewies.

Gleichwohl darf man den „Mann ohne Eigenschaften" nicht als historischen Roman im Sinne des Deskriptiven, der Schilderung einer vergangenen Epoche verstehen. Dagegen hat sich Musil ge-

wehrt. „Die reale Erklärung des realen Geschehens interessiert mich
nicht ... Die Tatsachen sind überdies immer vertauschbar[26]." Es
war seine Absicht, in der geistigen Lage von 1913 die gegenwärtige
Situation, die der Nachkriegsjahre, zu zeichnen. Deren Problematik
war die gleiche, die Fragen der Vorkriegsgeneration waren nicht
gelöst. Der Roman gibt ein wahres Kompendium der geistigen
Strömungen der Zeit, eine umfassende Bilanz. Doch sind die geistigen Bewegungen nicht in ihrer geschichtlichen Konkretheit dargestellt, sondern ihre Essenz wird vermittelt, so wie sie sich in
Ulrichs reflektierendem Geist ironisch spiegelt. Nichts ist erfunden,
doch alles umgesetzt. Repräsentative Denker und Autoren der Zeit
werden hinter manchen Romanfiguren erkennbar (hinter Arnheim
Rathenau, hinter Meingast Klages; die Pädagogen Kerschensteiner
und F. W. Foerster erscheinen als Hagauer und Lindner, Franz
Werfel als der Dichter Feuermaul). Doch diese Figuren sind nicht
mit der Absicht der Porträtierung gezeichnet, sondern als Repräsen-
tanten geistiger Positionen. Nicht immer sind die ihnen zugeschrie-
benen Gedanken vollständig bei den Autoren zu finden, als deren
Vertreter sie gelten können. Doch ist erstaunlich vieles, was als
Gedanke der Zeit im Roman genannt wird, tatsächlich in den
Schriften des Jahrhunderts nachweisbar[27].

1926 besteht bereits eine Gesamtkonzeption, die über den ersten,
1930 gedruckten Band hinausgreift und das Ganze des Romans
umspannt. In einem Gespräch mit Oskar Maurus Fontana hat sie
Musil genau umrissen[28]. Der Roman sollte damals „Die Zwillingsschwester" heißen. Abgesehen von kleinen Abweichungen und
kompositionellen Verschiebungen sind hier die wesentlichen Motive
des Romans und die Linien ihrer Entfaltung aufgezeichnet. Sie
münden in den Ausbruch des Krieges. Auch das Scheitern der
Geschwisterliebe ist klar festgelegt. Nachher aber sollte Ulrich (der
Name wird hier noch nicht genannt) „aus Opposition" gegen die
entartete Ordnung der Zeitwelt Spion werden und mit der Schwester
in Galizien verkommen. Die absichtlich zurückgedrängte, später in
der Geschwisterliebe noch mehr gedämpfte Aktivität Ulrichs sollte
also in einer pervertierten Spielart noch einmal hervortreten. Dieses
ironische Motiv aber, das wohl den Abschluß des Romans, einen
„romanhaften" Abschluß, erleichtert hätte, ließ Musil später fallen.

Nachdem der erste Band, dessen Reinschrift im Januar 1929 begann, 1930 erschienen war, ist die Veränderung des Schlußmotivs
in den Aufzeichnungen ab 1932 deutlich erkennbar. Musil wollte
Ulrich nach dem Zusammenbruch seiner „Reserveidee", der Utopie
des anderen Zustandes, in eine geistige Endposition führen, die

nicht rein negativ war, wie vermutlich die Spion-Episode, sondern
wenigstens den Ansatz zu einer Lösungsmöglichkeit, den Ausblick
auf eine positive Wendung erkennen ließ und damit über den Krieg
hinauswies [29]. Der große Hauptteil des zweiten Buches („Das
Tausendjährige Reich. Die Verbrecher") sollte, wie Musil in Gesprächen 1932 andeutete, mit der Mobilisation enden, und der kurze
vierte Teil, „Eine Art Ende", sollte jene Endposition Ulrichs darstellen, über deren Art Musil damals keinerlei Mitteilungen machte [30].
Der Zusammenbruch der Utopie des andern Zustandes, die Ulrich
erprobt hatte, stellt ihn erneut vor die Probleme des ersten Bandes,
da die erhoffte Lösung nicht gefunden war. Diese veränderte Konzeption des Schlusses erscheint in Aufzeichnungen von 1932, die
zwischen einem „ersten Teil" von Band II (mit dem Thema der Geschwisterliebe) und der „zweiten Hälfte" (was nicht als genaue
Angabe des Umfangs zu verstehen ist) unterscheiden. „Es hat sich
herausgestellt, daß der erste Teil zu sehr belastet würde, wenn auch
noch auf die in Band I aufgeworfenen Probleme Rücksicht genommen
werden müßte. Anderseits lassen sich diese nicht umgehen. Das
Zerlegte muß irgendwie zusammengefaßt werden — — Das trifft nun
damit zusammen, daß Ulrich ohnedies nach der Reise mit Agathe,
wo die ‚Reserveidee' seines Lebens zusammengebrochen ist, sein
Leben neu aufbauen muß. Auch von ihm aus ist also die Anknüpfung
an die Ideen von Band I und ihre neue Zusammenfassung geboten.
Das ist, was immer dazwischen auch geschieht, der Hauptinhalt der
zweiten Hälfte." Die in Ulrichs Umwelt gegebenen Personen und
Vorgänge, deren Schicksal und Verlauf zu Ende zu führen war
(„Rest des über die Nebenfiguren zu Erfahrenden"), sollten wohl,
wie im ersten Band, Ulrich Impulse zur geistigen Auseinandersetzung geben. Das ist in Skizzen zum Schlußteil angedeutet. Danach
wäre die Endposition im Epilog zu skizzieren gewesen.

Die Komposition des zweiten Bandes ist damit völlig klar erkennbar. Ihr Angelpunkt ist die „Reise ins Paradies", das Scheitern
der Geschwisterliebe. „Im Großen Teilung vor und nach der Reise."
Diese Anordnung ist wiederzufinden in einem Dispositionsentwurf
von 1936, der die Verwendung der vorhandenen, zum Teil lange
zurückliegenden Entwürfe vorsieht [31]. Einen Gesamtplan für den
restlichen Teil von Band II, dessen erster Teil 1933 erschienen war,
entwarf Musil bereits, als er im Frühjahr 1934, nach einem Jahr
schwerster Existenzsorgen und verzweifelter Erwerbsversuche, die
Arbeit an der Fortsetzung in Wien wiederaufnahm. Musil schreibt
am 15. März 1934 an Klaus Pinkus: „Vor einigen Tagen habe ich
endlich den Durchstoß bis zum Ende ausführen können, so daß nun

die Reihung und das Ineinandergreifen der Kapitel und ihres Inhalts entworfen ist und für das Szenische und Dialogische die mehr oder minder entwickelten Niederschriften und Skizzen da sind." Dies bedeute „den Sprung zur Reinschrift". Bei den „Niederschriften und Skizzen" handelt es sich ohne Zweifel um die alten, im wesentlichen schon vor 1930 vorhandenen Entwürfe, deren noch ungeordnete und lückenhafte Reihe von Musil schon 1931 als „der Roman" bezeichnet wird[32]. Denn in dem unruhigen und unproduktiven Jahr 1933 waren keine neuen Entwürfe entstanden, die eine Grundlage für etwa 700 Seiten Romantext (so berechnete Musil den Umfang des Restes) hätte bilden können[33]. Musil hoffte, mit der Reinschrift in einem Jahr fertig zu sein, wobei er sich, wie stets, erheblich verrechnete. 1936 war er noch bei weitem nicht fertig, seine neue Zeitdisposition sah den Abschluß für Frühjahr 1937 voraus. Auch das gelang nicht, zumal ein Schlaganfall 1936 seine Kräfte stark reduzierte. Im Winter 1937 waren nur zwanzig Kapitel der Fortsetzung druckfertig, die der Verlag Bermann-Fischer Mitte Januar 1938 in Satz gab[34]. Die Besetzung Österreichs durch Hitler verhinderte die Edition, und Musil zog auch seinerseits die Druckfahnen zurück, um sie im Schweizer Exil zu überarbeiten. Er kam damit, von Not und Kränklichkeit belastet, nur sehr langsam weiter und hatte, neben ergänzenden Entwürfen und vielen Studienblättern, bei seinem Tode nur sechs Kapitel endgültig umgearbeitet; acht weitere Kapitel galten „bis auf kleine Änderungen"[35] als fertig. Der Tod hinderte ihn, die weiteren Entwürfe zu überarbeiten. Doch er hat nirgends das Festhalten an diesen Entwürfen widerrufen. Vermutlich wäre manches weggefallen, und sicher wären bei der Überarbeitung die Entwürfe verändert und ergänzt worden. Aber sie ergeben doch ein — freilich ungenaues, im einzelnen unsicheres und lückenhaftes — Bild des letzten Teils, so wie ihn sich Musil dachte, als er seinem Freunde Johannes v. Allesch 1930 „den ganzen zweiten Band erzählen" wollte[36], und wie er ihm in der Disposition von 1936 vorschwebte. Eine wesentliche Änderung der Grundkonzeption seit dieser Zeit ist nicht zu erkennen[37].

Die Interpretation des Romans wird dadurch erschwert, daß sie für den letzten Teil auf unfertige Entwürfe und Skizzen angewiesen ist, die zudem unzulänglich ediert sind[38], und daß sie aus Aufzeichnungen und Bemerkungen Musils seine Intention erschließen muß. Skizzen und Notizen sind nicht so verbindlich wie fertige Texte, und die Intentionen sind nicht das Werk. Selbstverständlich ist der Anteil des Unbewußten beim produktiven Prozeß des Schreibens groß, und er steht oft im Spannungsverhältnis zur bewußten Inten-

tion. Doch auch der notierte Einfall, die planende Fixierung eines
Motivs, einer Darstellungsaufgabe oder -richtung ist schon vom
Unbewußten mitbestimmt. Ohne Zweifel zeichnet Musil in Ulrich
einen Menschen, der, wie er selbst, eine oft „gut verborgene"
Neigung zur Versenkung in die mystische Erfahrung hat und vom
anderen Zustand fasziniert ist. Aber es wäre falsch, die Figur Ulrichs
so zu deuten, als erstrebte er „eigentlich" nur den andern Zustand
und als sei die rationale Gegensteuerung bloß eine Art Störung
durch den Intellekt, als sei die Rationalität weniger „tief" in ihm
verwurzelt. Die Abwehr gegenüber dem Totalitätsanspruch, den der
andere Zustand seinem Wesen nach stellt, ist in Ulrich – auch darin
entspricht er Musil – in der gleichen Tiefe begründet, stammt aus
dem gleichen vorrationalen Instinkt, der sich des Denkens als Mittel
bedient. Auch diese Abwehr wird ins dichterisch Bildhafte umge-
formt, etwa in die Figur der Clarisse, die die Gefahr einer Absolutie-
rung des andern Zustandes verkörpert: sie führt in den Wahn.

Beide Verhaltensweisen Ulrichs treten zuweilen hart nebeneinander. Im Kapitel II, 38 weist er im Kreise der Parallelaktion auf
die Möglichkeit eines künftigen Krieges hin. „Ulrich sagte das
Schicksal vorher und hatte davon keine Ahnung. Es lag ihm auch
gar nichts am wirklichen Geschehen, sondern er kämpfte um seine
Seligkeit. Er versuchte alles dazwischenzuschieben, was sie hindern
könnte." Er kämpft *um* und gleichzeitig auch *gegen* diese Seligkeit,
die ihn von der Wirklichkeit abwendet. Im Spannungsverhältnis
dieser beiden Sätze ist Musils Kritik am Totalitätsanspruch des
anderen Zustands enthalten. Auf einem Studienblatt heißt es:
„Ulrich-Agathe ist eigentlich ein Versuch des Anarchismus in der
Liebe. Der selbst da negativ endet. Das ist die tiefe Beziehung der
Liebesgeschichte zum Krieg." Auch dieser Anarchismus führt zum
Krieg, wie alle chaotischen Bewegungen der Zeit. Das ist für Musil
der einheitliche Aspekt des Jahres 1913, der den Aufbau des Romans
bestimmt. „Oberster Gedanke von Anfang Band II an: Krieg;
‚anderer Zustand'-Ulrich dem untergeordnet als Nebenversuch
der Lösung des ‚Irrationalen'" (Schweizer Zeit). Der episodische
Charakter der Geschwisterliebe wird hier sehr deutlich. Etwa bei
Beginn der Reinschrift des zweiten Bandes notiert sich Musil als
Richtlinie: „. . . die Problematik des ‚anderer Zustand'-Kreises muß
in stärkere Beziehung zu der Zeit gesetzt werden, damit man sie versteht und nicht bloß für eine Extravaganz hält." Diese Beziehung
war auch realiter in der Zeit gegeben, die im Bereich ihrer kompakten
Realitäten den leidenschaftlich fordernden Geistern keine Ansatz-
punkte für ein sinnvolles Handeln zu bieten schien. Die Versenkung

in mystische Kontemplation, die Erfahrung der großen, Ich und Welt verschmelzenden Einheit war in vielen Graden und Abstufungen das erfüllende Erlebnis und die große Verführung des frühen 20. Jahrhunderts. Schon in Thomas Manns „Buddenbrooks" (X, 5) findet der wirklichkeitsmüde Senator Thomas seine Zuflucht und entgrenzende Erlösung „in diesem Zustande eines schweren, dunklen, trunkenen und gedankenlosen Überwältigtseins". So spiegelt sich in der Tat im Schicksal der Geschwister ein Stück vom geistigen Schicksal der Zeit.

Wenn Musil 1932 Ulrichs Situation nach dem Scheitern der Geschwisterliebe als Notwendigkeit, sein Leben neu aufzubauen, formuliert und dabei die „Anknüpfung an die Ideen von Band I und ihre neue Zusammenfassung" für geboten hält, so hat er 1941 nicht lange vor seinem Tode dieselbe Notwendigkeit ganz ähnlich ausgedrückt. Ein im Juli 1941 erschienener Aufsatz von W. Röpke gab ihm Anregungen zur „Weiterführung des I. Bandes", zur „Neuauffassung von Band I". Auch jetzt noch sucht Musil nach einer gültigen Bestimmung der Endposition Ulrichs, die er oft erwogen hatte und für die ihm zeitweise die Idee der „induktiven Gesinnung" vorschwebte [39]. Aber endgültig bejaht hat er diesen Gedanken nicht. In den letzten Jahren sah er weniger als je eine endgültige Lösung. Er fand schließlich, daß „die Problemstellung" über seine geistige Kraft hinausgehe. Die Absicht, in Ulrichs Endposition wenigstens die Richtung einer möglichen Lösung, einer Antwort auf die Frage nach dem rechten Leben anzudeuten, hat sicherlich den Abschluß des Romans erschwert. Hier aber ist auch gleichsam eine Rechtfertigung des unvollendeten Zustandes des Romans zu sehen. Sie läge in seiner Unvollendbarkeit, in einem inneren Fragmentarismus, der den offenen Schluß zu einer Notwendigkeit machte. Das Fragmentarische ließe sich beinahe als ein Ausdrucksmittel deuten. In der höchsten Verantwortung läßt sich eine abschließende Antwort auf die Frage nach dem rechten Leben in diesem Zeitalter nicht geben, nicht einmal andeuten. Aber gerade das Nichtwissen dieser Antwort macht es möglich, die Frage so radikal und kompromißlos zu stellen, wie es in diesem Roman geschieht. Der späte Musil war sich dessen bewußt, daß er selbst nicht weiter sah, daß seine innere Vorstellung nicht weiter reichte als, wie schon 1932, bis zur Antwort auf die Frage nach der Absolutierungsfähigkeit des anderen Zustandes, die Ulrich als unmöglich erkennen sollte. Musil arbeitete in der Zeit vor seinem Tode an dieser Phase seines Romans, in der die Utopie des andern Zustandes „der Erledigung zugeführt" wird. Er näherte sich diesem Punkt. Im Kapitel II, 55, an dem er am Todestag schrieb, scheint der Umschlag schon nahe. Was jedoch danach folgen konnte, war ungewiß. So schrieb er, rot umrandet, auf ein Korrekturblatt: „Bedenke: mit der Erschöpfung der aZ-Frage hat der Motor der schriftstellerischen Existenz RM keine Essenz mehr[40]."

Die Liebe der Geschwister

Im gedruckten Teil des zweiten Bandes bereits wird die Bedeutung und — wenn auch zunächst als leiseres Begleitthema — die Problematik der Geschwisterliebe in Ulrichs Begegnung und Zusammenleben mit Agathe dargestellt. „Die Geschwisterliebe muß sehr verteidigt werden. Als etwas ganz Tiefes mit seiner Ablehnung der Welt Zusammenhängendes empfindet sie Ulrich. Die autistische Komponente seines Wesens schmilzt hier mit der Liebe zusammen. Es ist eine der wenigen Möglichkeiten von Einheit, die ihm gegeben sind — —". Ulrich trifft seine um fünf Jahre jüngere Schwester[41], die er zuletzt bei ihrer zweiten Verheiratung gesehen und seither fast vergessen hat, im Hause des eben verstorbenen Vaters (II, 1). Als sich die Geschwister in fast gleichen Hausanzügen begegnen, beginnt die Wendung in Ulrichs Dasein. Sie kündigt sich darin an, daß er diese vergessene Schwester Agathe spontan bejaht und daß beim täglichen nahen Umgang die Bejahung ständig wächst und sich befestigt. Das ist das Erste und in gewisser Weise bereits das Entscheidende, was Ulrich bei dieser Begegnung erfährt. Er „bemerkt, daß er lange Zeit in ihrer Erscheinung ... nach etwas gesucht hat, das ihn abstoßen könnte, wie es leider seine Gewohnheit ist, aber nichts gefunden hat, und er dankt dafür mit einer reinen und einfachen Zuneigung, die er sonst nie empfindet." Damit ist die ironische Distanz in Ulrichs Verhältnis zu jeglicher Wirklichkeit durchbrochen. Die Schwester ist eine Realität, die er ohne Ironie, ohne Vorbehalt bejaht und liebt. Freilich ist damit noch nicht Ulrichs Verhältnis zur Totalität des Wirklichen ins Positive verwandelt. Nur an einer Stelle ist diese Positivität zunächst möglich. Die Schwester bietet diese Möglichkeit darum, weil sie nicht völlig der gegenüberstehenden Außenwelt zugehört, sondern in gewisser Weise er selbst, eine zweite Form seines Ich ist, „eine traumhafte Wiederholung und Veränderung seiner selbst". Wenn Ulrich an diesem einen Punkt mit der Wirklichkeit in Übereinstimmung ist und sich mit ihr versöhnt, so heißt das zugleich, daß er sich mit sich selbst versöhnt. „Ich mag mich ja auch selbst nicht!", sagt Ulrich in heller Bewußtheit. „Das ist die Folge, wenn man an den Menschen immer etwas auszusetzen hat. Aber auch ich muß doch etwas lieben können, und da ist eine Siamesische Schwester, die nicht ich

noch sie ist, und geradesogut ich wie sie ist, offenbar der einzige
Schnittpunkt von allem!" Es ist bedenkenswert, daß dieser Satz bis
in wörtliche Anklänge an die Formel erinnert, die Pascal, der als
Mathematiker und homo religiosus Musil nahe verwandt ist, für die
Liebe zu Gott findet. „Da wir aber nichts lieben können, was außer
uns ist, muß man ein Wesen lieben, das in uns ist und das wir nicht
sind, und das gilt für jeden Menschen. Nun, es gibt nur das um-
fassende Wesen, das dem genügt[42]." Ulrich ist ein Mystiker ohne
Gott, wie es schon Paul Valérys Monsieur Teste ist[43], und er sucht
ein Analogon für das Gottesverhältnis im Verhältnis zur Schwester.
Beim Wiedersehn in Wien sagt Ulrich zu Agathe: „Du bist meine
Eigenliebe! ... Mir hat eine richtige Eigenliebe, wie sie andere
Menschen so stark besitzen, in gewissem Sinn immer gefehlt ...
Und nun ist sie offenbar, durch Irrtum oder Schicksal, in dir verkörpert gewesen, statt in mir selbst! ..." Ulrich liebt sich selbst in
der Schwester, liebt auch die Schwester in sich; er erfährt gleichzeitig, was ihm beides vorher unmöglich war: zustimmende Bejahung
seiner selbst und eines Wesens außerhalb seiner. So steht diese
Begegnung im Roman fast wie ein verschleiertes Märchen: das
Märchen von Ulrich, der die verlorene Schwester wiederfindet und
in ihr sich selber findet und damit erlöst wird.

Ulrich verweist auf den Mythos, der das uralte „Verlangen nach
einem Doppelgänger im anderen Geschlecht" überliefert, so wie
schon vorher Agathe den platonischen Mythos von den getrennten
Hälften, die einander suchen, anführt. „So wie an den Mythos vom
Menschen, der geteilt worden ist, könnten wir auch an Pygmalion,
an den Hermaphroditen oder an Isis und Osiris denken: es bleibt
doch immer in verschiedener Weise das gleiche." Die im Mythos
erscheinende Dimension der menschlichen Grunderfahrungen wird
hier berührt, aber in der Darstellung transponiert in den Raum der
mythenlosen modernen Welt. Das Verlangen nach dem Doppelgänger ist „uralt", aber es erneuert sich immer wieder. „Es will die
Liebe eines Wesens, das uns völlig gleichen, aber doch ein anderes
als wir sein soll, eine Zaubergestalt, die wir sind, die aber doch
eben auch eine Zaubergestalt bleibt ..." Agathe wird diese Zaubergestalt. Sie will zu ihrem ungeliebten Gatten, dem Pädagogen Hagauer, nicht zurückkehren, sondern sich von ihm scheiden lassen,
und sie zieht in Ulrichs Wohnung in Wien. Das Asoziale dieser
Verbundenheit verdeutlicht Musil durch eine von Agathe begangene,
von Ulrich erst abgelehnte, aber schließlich geduldete gesetzwidrige
Handlung: die Fälschung des väterlichen Testaments. Agathe will
damit verhindern, daß ihr Mann, den sie am liebsten töten möchte,

in den Besitz von Teilen des väterlichen Vermögens kommt; er soll nichts von ihr „in seinen Fingern behalten". Agathe will diesen Wunsch mit einer „nach gemeinen Begriffen schimpflichen Handlung" realisieren: es ist eine Geste des Protestes gegen die rechtlichmoralische Ordnung, eines Protestes, mit dem sie sich außerhalb dieser Ordnung stellt. Als einen solchen Protest, als eine Entsprechung zu seiner eigenen Ablehnung der Wirklichkeit begreift Ulrich schließlich diesen Schritt der Schwester (II, 18). „Denn merkwürdigerweise übte ja das Verhalten seiner Schwester, das man tadeln mußte, wenn man es bewußt untersuchte, eine betörende Lockung aus, sobald man es mitträumte . . ." Gerade die moralische Paradoxie dieses Verhaltens, „worin sich Reinheit und Verbrechen unterschiedslos mischten", fasziniert Ulrich. „. . . denn es hatte etwas von märchenhafter Sinnlosigkeit in sich, einmal ganz und ohne Warnung dem nachzugeben, was ein anderes Wesen tat." Agathe verleugnet die gegebene moralische Ordnung, die auch Ulrich, allerdings nur grundsätzlich, verwirft; sie ist gleichgültig gegen die juristischen Konsequenzen. Dadurch wird sie vollends zur „Zaubergestalt", der nachzugeben „märchenhaft" ist. Die gemeinsame Verfehlung stellt die Geschwister außerhalb der gegebenen Ordnung, und nur dort kann der utopische Bezirk des „Tausendjährigen Reiches" sich öffnen, von dem Ulrich bei seinem Abschied vom Vaterhause zum erstenmal spricht (II, 15).

Das spätere, im Entwurf der „Reise ins Paradies" geschilderte „Verbrechen" der Geschwister, der Inzest, ist nach seiner Funktion nur die gesteigerte Wiederholung des ersten, die Bestätigung des Asozialen in der Geschwisterliebe. Ihre erotische Wendung ist nicht das zentrale Motiv, sondern eine Komponente, die zur Totalität der Beziehung gehört. In deren frühem Stadium sagt der Erzähler von Agathe: „Man hätte in diesem Augenblick ebensowenig sagen können, daß sie es ablehne, zu ihrem Bruder in unerlaubte Beziehungen zu treten, wie daß sie es wünsche. Das mochte von der Zukunft abhängen . . ." Ulrich ist ebenso indifferent und spottet darüber, daß er und Agathe „psychologisch verdächtig sind", daß „inzestuöse Neigung" zu vermuten sei. Mit der reichen Entfaltung des geschwisterlichen Zusammenlebens steigert sich dann auch die erotische Komponente. Doch die erlösende Wirkung Agathes auf Ulrich hat ihre Wurzel in der mythischen Sphäre. Musil verteidigt im Tagebuch seinen Roman gegen den Vorwurf der Perversität. „Das Archaische und das Schizophrene äußern sich künstlerisch übereinstimmend, trotzdem sind sie total-verschieden. Ebenso kann das Geschwistergefühl pervers und es kann Mythos sein." Die

Intention Musils geht auf das Mythische, aber er läßt es nur zart
durchscheinen, versucht nicht, es in Klarschrift zu geben, sondern
läßt es nur sich reflektieren im gebrochenen modernen Bewußtsein.
Worte wie Mythos, Märchen, Traum, Zauber umspielen den Vorgang, auch Hindeutungen auf frühere Weltzustände, die noch in
Resten erfahrbar sind. „Selbst unter den alltäglichsten Verhältnissen
der Liebe finden sich ja noch Spuren davon: in dem Reiz, der mit
jeder Veränderung und Verkleidung verbunden ist . . .", so erklärt
Ulrich der Schwester. „Selbst in jeder Analogie steckt ja ein Rest
des Zaubers, gleich und nicht gleich zu sein."

Was in Musils Darstellung der Zeitwelt eine Form der Ironie ist,
die Aufdeckung verborgener Verwandtschaften und Entsprechungen,
das wird im Bereich der Geschwisterliebe positiv gewendet: als
beglückender Zauber der Analogie. Der ironische Aspekt schwindet.
Schon das Beisammensein der Geschwister im Vaterhause wird in
einer veränderten Tonlage geschildert, die Sprache spiegelt die ent-
spannte Atmosphäre wohltuender Vertrautheit, Gelöstheit, innerer
Freiheit. Die Reizwirkung unaufhörlicher Herausforderungen durch
die Wirklichkeit wird in einem abgeschirmten Bezirk gedämpft.
Ulrich liest die lange vernachlässigten Schriften der Mystiker, die
er wie in einer Vorahnung auf die Reise ins Vaterhaus mitgenommen
hat. Als Agathe ihn fragt, was er lese, „überkam Ulrich ein Ernst,
wie er ihn seit gläubigen Jugendtagen nicht mehr gefühlt hatte",
und er gibt seiner Schwester eine Antwort, „die ihn mehr durch
ihren völlig ironielosen Ton als den Inhalt überraschte: er sagte:
‚Ich unterrichte mich über die Wege des heiligen Lebens'." Im
Bereich des Utopischen, in den Ulrich gelangt ist, schweigt die
Ironie. Als er später (II, 28) einmal mit Agathe durch die Straßen
Wiens geht, unterbricht er plötzlich das lebhafte Gespräch. „Sieh,
wie herrlich! — unterbrach er sich und zog sie am Arm. Sie standen
am Rand eines kleinen Marktes zwischen alten Häusern. Rings um
das klassizistische Standbild irgendeines Geistesgroßen lag das bunt-
farbige Gemüse, waren die großen sackleinenen Schirme der Markt-
stände aufgespannt, kollerte Obst, wurden Körbe geschleift und
Hunde von den ausgelegten Herrlichkeiten verscheucht, sah man
die roten Gesichter derber Menschen. Die Luft polterte und gellte
von arbeitsam erregten Stimmen und roch nach Sonne, die auf
irdisches Allerlei scheint." Es ist eine der ganz seltenen Stellen im
Roman, an denen ein ironiefrei gesehenes Stück Wirklichkeit in
seiner schlichten Lebendigkeit als Schönheit erscheint. Mit der
Schwester am Arm sieht Ulrich die Welt anders als früher. Er liebt
sie in Agathe und durch Agathe.

Das Geheimnis dieser Liebe der Geschwister und ihrer unabsehbaren Bedeutung für Ulrich erschließt sich nicht leicht und nicht ganz der Interpretation. Doch läßt sich wahrnehmen, daß ihre Verwandlungskraft auf einer Analogie zum mystischen Zustand der Entrückung beruht, daß diese Liebe schon in sich selbst, auch außerhalb der Entrückungsmomente, das vermittelt, was in der mystischen Ekstase erlebt wird: die Identität von Ich und Welt. Denn in der Schwester erscheint eben diese Identität: sie ist sowohl das Ich wie das andere, das Nicht-Ich. So ermöglicht und verbürgt sie Ulrich *das geschwisterliche Verhältnis zur Welt*, jene Einheit des Ich und der Dinge, die der Kern der mystischen Erfahrung ist. Denn in ihr sind die Einzelheiten „geschwisterlich und im wörtlichen Sinn ‚innig' untereinander verbunden". Daher erzeugt Agathe in Ulrich das Gefühl, ständig in einem erhöhten Zustand zu leben, im „Zustand der Bedeutung", in dem die Utopie des „motivierten Lebens" sich verwirklichen könnte; in ihr tut man nichts mehr nur kausal Bedingtes, sondern bloß noch das von innen her Motivierte (Kap. II, 65). Agathes Wirkung macht Ulrich auch ein wenig heimischer in einer Wirklichkeitswelt, in der der Mensch heimatlos geworden ist: durch Glaubenszerfall, durch den Zerfall der bergenden staatlichen Ordnung, der im Untergang des alten Österreich anschaulich wird, durch die Auflösung aller Bindungen und sicheren Werte. Es ist jene Welt, in der die „erzählerische Ordnung" der Zeitfolge sinnleer geworden ist und, ganz entsprechend, auch die Errichtung eines Hauses kaum mehr ehrlich möglich ist; denn „die sozialen und persönlichen Verhältnisse sind nicht mehr fest genug für Häuser . . ." Agathe macht Ulrich noch nicht eigentlich heimisch in dieser Wirklichkeit, aber sie schafft eine Voraussetzung, eine Möglichkeit dafür. Doch diese potentielle Hinwendung zur Wirklichkeit kann gerade in der Gemeinschaft der Geschwister nicht wahrhaft realisiert werden. Vielmehr sperrt diese Gemeinschaft, je inniger sie wird, beide mehr und mehr von der Umwelt ab und fordert eine inselhaft ausgegrenzte Existenz, in der allein sie sich erfüllen kann. Schon die schöne Schilderung des alltäglichen Lebens auf dem Marktplatz als ironiefrei erlebtes Stück Wirklichkeit macht die Grenze dieser Erfahrung deutlich. „‚Muß man die Welt nicht lieben, wenn man sie bloß sieht und riecht?!', fragte Ulrich begeistert. ‚Und wir können sie nicht lieben, weil wir mit dem, was in ihren Köpfen vorgeht, nicht einverstanden sind —' setzte er hinzu." Die Versöhnung mit der Welt bleibt im Bezirk der Geschwistergemeinschaft ästhetisch, sie gilt der Welt, die man „sieht und riecht", der Welt der Erscheinungen. Für Ulrich aber bedeutet diese in der Kontemplation wirksame Ver-

söhnung mit der Welt und mit sich selbst, die Agathe ihm erlösend
vermittelt, eine treibende Kraft, die ihn über den Umkreis der
Kontemplation hinausdrängt. Gerade das, was er Agathe verdankt,
enthält den Keim der Trennung von ihr. Denn der mit sich selbst
und der Welt sich versöhnende Ulrich, der durch die Erfahrungen
des anderen Zustandes sein Verlangen nach Kontemplation erfüllt
hat, dem nun der „zweite Lebensbaum" nachgewachsen ist, findet
auf einem höheren Kreis der Spirale zu seiner tatkräftigen Gesinnung,
seinem Wirklichkeitswillen zurück. Er bleibt Utopist, er ist natürlich
auch jetzt nicht „einverstanden" mit der gegebenen Welt und dem,
was „in ihren Köpfen vorgeht". Aber es wird spürbar, daß sein
Utopismus auch ein Aktivismus ist.

Die Entfaltung der Geschwisterliebe stellt Musil auch in den
fertigen oder fast fertigen Kapiteln der Fortsetzung als doppel-
stimmigen Verlauf, als gegenläufige Bewegung dar. Sie ist äußerst
subtil, mit einem Höchstmaß an Beziehungsreichtum und Ver-
weisungsdichte geformt. Auch Agathe, die sich unbefangener der
liebenden Gemeinschaft und der mystischen Beseligung überläßt,
hat das heimliche Bedürfnis nach einer Rückbindung an die Wirklichkeit im Normalzustand. Nur darum pflegt sie ihre merkwürdige
Freundschaft mit dem volltönend und selbstsicher redenden Pädagogen Lindner, der soviel banaler ist als Ulrich und oft wie dessen
Parodie erscheint. Ulrich, tief beglückt vom erhöhten Zustand des
liebenden Zusammenlebens und von den Ahnungen der anderen,
hinter der gewöhnlichen verborgenen Wirklichkeit, findet dennoch
immer wieder kritisch prüfende Vorbehalte. Aber das ist nicht die
Reaktion eines unverbesserlich skeptischen Intellekts, sondern er
verteidigt damit ein wesentliches, in seinen tiefsten Instinkten be-
jahtes Gut. Er wehrt sich nicht nur gegen das uferlose Überflutet-
werden von ekstatischen Schauern, sondern auch gegen die Einseitigkeit der bloßen Kontemplation, gegen die Abschnürung von
der Welt des Handelns im Wirklichen. Wenn die Geschwister (II, 54)
von der eigentümlichen Kunst des Stillebens, der Nature morte
sprechen, so bleibt der Faden des Gesprächs plötzlich „hängen".
„Denn sich auskömmlich über die unheimliche Kunst des Stillebens
oder der *Nature morte* zu äußern, war ihnen beiden deren seltsame
Ähnlichkeit mit ihrem eigenen Leben hinderlich." Dieser „mark-
betäubte Anhauch des Stillebens" bezeichnet das Lebensfeindliche,
Unfruchtbare eines Geschwisterverhältnisses, das weit über seinen
natürlichen Sinn hinaus gesteigert wird. Am Anfang dieses Kapitels
verweist der Erzähler auf „die im gewöhnlichen Sinn bestehende
und im höheren vielleicht drohende Unfruchtbarkeit ihrer Bezie-

hung". Dies beschattet das Zusammenleben der Geschwister, das gerade in der Phase der Fortsetzungskapitel keineswegs ein völlig ausgeglichenes Idyll ist, sondern von steigender latenter Spannung erfüllt wird.

Der völlig isolierte, von allen Bindungen radikal abgeschnittene Ulrich findet — das ist eine der schönsten dichterischen Erfindungen in der Romanliteratur der Epoche — im Bereich des Natürlichen, Verwandtschaftlichen, in einem Rest des sonst aufgelösten Familiären, eben in der „vergessenen" Schwester eine einzige echte menschliche Bindung; einen Faden, der ihn mit der Wirklichkeit verknüpft. Die Einzigkeit dieser Verknüpfung übersteigert ihre Bedeutung, gibt ihr die übermäßige Strahlkraft des Solitärs. Wenn aber der tödlich isolierte Ulrich dadurch wieder Boden gewinnt — das ist der verborgene Sinn dieser Begegnung — und aus seinem „moralischen Stillstand" erlöst wird, so bekommt er den Anstoß, sich auf diesem Boden weiterzubewegen. Das Glück der mystischen Kontemplation hat zunächst die führende Stimme in dieser Gemeinsamkeit, aber die Gegenstimme erklingt immer stärker. Die Gespräche gelten nicht ausschließlich der „Liebe als dem Leben selbst", sondern z. B. auch den Fragen „Genie, Durchschnitt und Wahrscheinlichkeit", wobei Ulrich die „Erzeugung eines mittleren Lebenszustands", die „Begünstigung des Durchschnitts" als „tiefnotwendige Aufgabe" bezeichnet (II, 47). Diese Erörterungen bereiten die für eine spätere Entwicklungsphase vorgesehene Hinwendung Ulrichs zum Fragenkreis des Sozialen vor, für die nur wenige, meist skizzenhafte Entwürfe vorliegen (vgl. II, 79–83); die Figur des Sozialisten Schmeißer sollte einen Ansatzpunkt bilden[44]. Alle derartigen, sehr vielfältigen Überlegungen Ulrichs sind nicht bloß Gedankenspiele, sondern Symptome für seine innere Hinwendung zu der außerhalb des andern Zustandes gelegenen Wirklichkeitssphäre. Musils Dichtung ist nirgends und besonders hier nicht zu verstehen, wenn man sich nur an den — ohne Zweifel vorhandenen — Selbstwert der Gedanken, an ihre theoretische Relevanz hält. „Der Gedankenreichtum ist ein Teil des Reichtums des Gefühls." Das bedeutet: Ulrichs Gedanken sind Manifestationen innerer, gesamtmenschlicher Vorgänge, seelischer Bewegungen, die in Form von Gedanken an die Oberfläche treten.

In den Gesprächen mit der Schwester spielt Ulrich die Polarität Mystik—Ratio immer mehr in die ihr zugeordnete: passivische vita contemplativa—vita activa hinüber. Das verrät, was in ihm vorgeht. In dem in Druckfahnen vorliegenden Kapitel II, 76, zu dessen vorgesehener Überarbeitung Musil vor seinem Tode nicht mehr kam,

entwickelt er die Eigenart eines „nüchternen Zustands" der Erkenntnis, der sich vom ekstatischen Zustand unterscheidet. „Eine
jahrtausendelange Erfahrung hat bestätigt, daß wir noch am ehesten
befähigt sind, der Wirklichkeit dauernd zu genügen, wenn wir uns
immer wieder in diesen Zustand versetzen, und daß seiner auch
bedarf, wer beileibe nicht bloß erkennen, sondern handeln will."
Für Ulrich gewinnt dieses Handeln und das Vermögen, „der Wirklichkeit dauernd zu genügen", erneute Bedeutung, und das gilt für
die gesamte Sphäre der Wirklichkeitswelt. Was Musil zur Geltung
bringen will, ist „der zweite Lebenspfeiler, der des Bösen oder des
Appetitiven und so weiter". Diese in der Reflexion erscheinende
Hinwendung zur „appetitiven" Sphäre „der Triebe, und mitverstanden des triebhaften, und des tätigen Menschen überhaupt" bleibt
nicht auf die Theorie beschränkt, sondern schafft sich auch einen
unmittelbaren Ausdruck, und zwar im Bannkreis des gemeinsamen
Daseins mit Agathe: in Ulrichs körperlichem Verlangen nach der
Schwester. Das ist der eigentliche Sinn des Inzestmotivs. Die Erotisierung der Geschwisterliebe, in vielen Momenten vorbereitet, geschieht mit leidenschaftlicher Heftigkeit in jener Szene, in der Ulrich
seiner Schwester beim Auskleiden zuschaut (II, 45, eines der fast
fertigen Kapitel). Es scheint nun beiden gewiß, „daß die Entscheidung gefallen sei und jedes Verbot ihnen nun gleichgültig wäre."
„Trotzdem kam es anders." Das Inzestverbot, die stärkste Schranke,
ist zwar für sie ungültig geworden, hemmt nicht ihr Verlangen,
„aber ein noch größeres Verlangen gebot ihnen Ruhe, . . . sie fühlten
eine unbeschreibliche Warnung, die mit den Geboten der Sitte nichts
zu tun hatte. Es schien sie aus der Welt der vollkommeneren, wenn
auch noch schattenhaften Vereinigung . . . ein höheres Gebot getroffen, eine höhere Ahnung, Neugierde oder Voraussicht angehaucht
zu haben." Dieser Impuls zur Askese in der Erwartung, dadurch
eine tiefere Verschmelzung zu erreichen, vernichtet jedoch das
sinnliche Verlangen nicht, er dämmt es nur zurück. „Das Fieber
der Liebe war in ihren Körpern, aber diese wagten keine Wiederholung . . ." Im übernächsten Kapitel (II, 47) wird das Bedrohliche
dieses aufgestauten Verlangens genau bezeichnet: „aber die gleiche
Leidenschaft, die sie dauernd fühlten, weil sie sich nicht sowohl an
einem Verbot gebrochen hatte als vielmehr an einer Verheißung,
hatte sie auch in einem Zustand zurückgelassen, der Ähnlichkeit mit
den schwülen Unterbrechungen einer körperlichen Vereinigung
besaß. Die Lust ohne Ausweg sank wieder in den Körper zurück . . ."
Die latente Spannung ist in den Gesprächen der folgenden Kapitel
ständig spürbar, und da der sicherste Schutz, das Inzestverbot, für

die Geschwister nicht gilt, ist der Rückfall in den Wunsch nach körperlicher Vereinigung immer möglich. So wird der Vorgang der von Musil bereits entworfenen „Reise ins Paradies" präzis vorbereitet. In der unvollständigen Reinschrift des Kapitel II, 55, „Atemzüge eines Sommertags", tritt zwar Ulrichs Verlangen nicht mit der fast brutalen Nacktheit hervor wie in einem der vorausgehenden Entwürfe dieses Kapitels[45], aber es ist sublimiert enthalten in seiner mit nachdrücklichem Ernst vorgetragenen deutlichen „Ehrenrettung der Triebe, und mitverstanden des triebhaften, und des tätigen Menschen überhaupt". Diese Darlegung Ulrichs ist dadurch so stark akzentuiert, daß sie den Gegenpol zu Agathes großem Augenblick mystischer Entrückung im Anfang des Kapitels bildet, eine der dichterisch stärksten Darstellungen des andern Zustandes in Musils Roman. Auch Ulrich ist von Agathes mystischer Ekstase tief berührt. Dennoch bringt er gerade jetzt die andere, der schattenhaften Nature morte gegenüberstehende Seite des Menschenwesens zur Geltung und beharrt trotz Agathes Einwänden darauf. „‚Dem appetitartigen Teil der Gefühle verdankt die Welt alle Werke und alle Schönheit, allen Fortschritt, aber auch alle Unruhe, und zuletzt all ihren sinnlosen Kreislauf!‘ bekräftigte er ... ‚Also‘, fügte er hinzu, ‚haben wir damit gesagt, daß es die Triebe sind, wem die Welt Schönheit und Fortschritt verdankt.‘

‚Und ihre wirre Unruhe‘, wiederholte Agathe.

‚Gewöhnlich sagt man gerade das; darum erscheint es mir nützlich, daß wir das andere nicht außer acht lassen!‘"

Der Erzähler bemerkt, daß dieses Gespräch „bei keinem Wort die Schicksalsfrage der Geschwister verkennen ließ ..." Sie berührt sich aufs engste mit der Frage des anderen Zustandes. Man spürt, daß die Entscheidung nahe ist, die in der „Reise ins Paradies" fallen sollte. Aus dem alten, oft skizzenhaften Entwurf sollten mehrere Kapitel entstehen. So gewichtig die Veränderungen der notwendigen Überarbeitung vermutlich gewesen wären: in den Grundmotiven würde sich der Entwurf durchaus an die Entwicklung der fertigen Kapitel anschließen. Der Inzest als solcher steht nicht im Mittelpunkt. Er geschieht in einem Moment der Ermüdung auf der strapazierenden Reise zum Zufluchtsort an der dalmatinischen Küste und soll nur die angestaute erotische Spannung lösen. Ulrich sagt: „Es ist auch das Vernünftigste, wenn wir nicht widerstehn; wir müssen das hinter uns haben, damit nicht diese Spannung das verfälscht, was wir vorhaben." Sie zollen gleichsam dem Machtbereich der „Triebe" ihren Tribut, um die höhere Vereinigung zu sichern. Denn was sie vorhaben, ist, „den Eingang ins Paradies" zu finden, den andern

Zustand als Dauerzustand zu realisieren. Zunächst erfahren sie eine über alles früher Erlebte hinausreichende Steigerung der Entrückung, die Musil mit höchster Sprachkraft beschreibt. „Mit den begrenzenden Kräften hatten sich alle Grenzen verloren, und da sie keinerlei Scheidung mehr spürten, weder in sich noch von den Dingen, waren sie eins geworden." Auf dem Höhepunkt dieser seelischen Verschmelzung erfolgt der Umschlag, die innere Entfernung. Die hochgespannte Erfülltheit läßt nach. „So ist den Verzückten zumute, wenn Gott von ihnen weicht und ihren eifernden Rufen nicht mehr antwortet." Ulrich erkennt, daß sie gerade als Geschwister sich zu nahe sind, um die Spannungsintensität zu bewahren, „daß gerade dies das Geheimnis der Liebe sei, daß man nicht eins ist". Etwas später stellt er fest: „Offenbar ist alles Absolute, Hundertgrädige, Wahre völlige Widernatur." Ulrich bemerkt die Widernatur sowohl im Absolutsetzen des andern Zustandes wie in der übermäßig gesteigerten Geschwisterliebe. Die Optik der Wirklichkeit, die in den vorausgehenden Gesprächen immer mehr Geltung für ihn gewann, setzt sich nun endgültig durch: nicht im Sinne der gegebenen Realität, wohl aber im Sinne der notwendigen Ordnung, sowohl der naturhaften, in der der Wert des Geschwisterverhältnisses in seinen natürlichen Grenzen befestigt ist, wie in der sozialen. „Wir sind einem Impuls gegen die Ordnung gefolgt, wiederholte Ulrich. Eine Liebe kann aus Trotz erwachsen, aber sie kann nicht aus Trotz bestehn. Sondern, sie kann nur eingefügt in eine Gesellschaft bestehn ... Aber eine Ausnahme braucht etwas, wovon sie Ausnahme ist." Das führt zum Entschluß der Trennung, die selbstverständlich das natürliche Geschwisterverhältnis nicht auflöst; spätere Begegnungen sind vorgesehen. Aber aus dem „Paradies" sind beide vertrieben, das „Abenteuer" ist zu Ende.

Gerade im notwendigen Scheitern erfüllt sich für Ulrich der Sinn dieses Abenteuers. Nur die Stabilisierung des andern Zustandes ist damit widerlegt, nicht sein unabsehbarer Wert als augenblickhaftes Innewerden einer anderen Wirklichkeit, nicht die Wahrheit der Einheitserfahrung, die für Ulrich unverlierbar geworden ist. Das Scheitern ist für Ulrich bedeutsam, weil gerade der Möglichkeitsmensch in der Gefahr steht, in seiner Loslösung vom fest Gegebenen sich an das Unmögliche zu verlieren. Die „Reise an den Rand des Möglichen" führt zur Abkehr vom Unmöglichen, das nur von diesem Rand her als solches erkennbar wird. Der Sinn des Utopismus aber ist es, statt vom niemals Realisierbaren zu träumen, sich auf das Mögliche hinzubewegen, das eines Tages Wirklichkeit werden könnte. Dieser mögliche Zustand wird nirgends verbindlich beschrieben, als festes Bild verdeutlicht. Die Erfahrung des zweiten Weltkrieges, den Musil noch erlebte, mußte es schwieriger denn je erscheinen lassen, ein solches Bild zu entwerfen. Doch wenn die Utopien scheitern, bleibt der Utopismus bestehen. „Wir irren vorwärts", sagte Musil 1936 in einem Wiener Vortrag. Selbst wenn Musil den Roman hätte beenden können: nur ein in diesem Sinne offener Schluß, im Horizont der Möglichkeiten, scheint denkbar.

ANMERKUNGEN

T: „Geld und Geist" nach: Sämtl. Werke, hrsg. v. Rudolf Hunziker und
Hans Bloesch, z. Zt. v. Kurt Guggisberg und Werner Juker, Erlenbach-
Zürich 1910 ff.; Geld und Geist Bd. VII 2. Aufl., Briefe Ergänzungs-
bände IV–IX.

L: *Darstellungen:* Carl *Manuel*, J. Gotthelf, Berlin 1857, S. 94 ff., S. 255 ff.,
S. 271 ff.; Adolf *Bartels*, J. Gotthelf, 2. Aufl. München–Leipzig 1904,
S. 87 f.; G. *Muret*, J. Gotthelf, Paris 1913, Chap. XII, p. 193 ff.; Rudolf
Hunziker, J. Gotthelf, Frauenfeld–Leipzig 1927, S. 108 ff.; Walter
Muschg, Gotthelf, Die Geheimnisse des Erzählers, München 1931, Kap.:
Priester, S. 157 ff., vgl. auch Kap.: Mutter Erde; Werner *Günther*, Der
ewige Gotthelf, Erlenbach–Zürich 1934, S. 262 ff., neue Aufl.: J. Gott-
helf, Berlin–Bielefeld–München 1954, S. 182–187, S. 284 f.; Herbert
M. *Waidson*, J. Gotthelf, Oxford 1953, S. 87 ff.; Walter *Muschg*, J. Gott-
helf, Eine Einführung in seine Werke, Bern 1954, S. 95 ff.; Friedrich
Seebass, J. Gotthelf, Gießen–Basel 1954, S. 189 ff.; Werner *Günther*,
Neue Gotthelf-Studien, Bern 1958, S. 108 ff. – *Einzeluntersuchungen:*
Fritz *Grob*, J. Gotthelfs „Geld und Geist", Studien zur künstlerischen
Gestaltung, Olten 1948; Werner *Kohlschmidt*, Christliche Existenz und
Gotthelfsche Form in „Geld und Geist", in: Die entzweite Welt, Glad-
beck 1953, S. 25 ff. – *Zu Einzelproblemen:* Theodor *Salfinger*, Gotthelf
und die Romantik, Basel 1945; Eduard *Buess*, J. Gotthelf. Sein Gottes-
und Menschenverständnis, Zollikon–Zürich 1948; Jean-Daniel *De-
magny*, Les idées politiques de J. Gotthelf et de G. Keller et leur
évolution, Paris 1952.

Seite	Seite
N: 16, 3 Bd. VII, S. 36	20, 12 S. 104
16, 16 S. 42	20, 19 S. 104
16, 4 v.u. S. 67	20, 18 v.u. S. 117
17, 12 S. 51	21, 5 S. 126
17, 4 v.u. S. 75	25, 19 S. 131
18, 13 v.u. S. 91	30, 9 v.u. S. 390
18, 3 v.u. S. 93	32, 21 v.u. S. 92
19, 9 S. 96	32, 11 v.u. S. 92 f.
19, 17 v.u. S. 96–97	33, 10 S. 397
19, 5 v.u. S. 98	33, 17 S. 398 W. K.

ADALBERT STIFTER S. 34

T: „Der Nachsommer" nach: Sämtl. Werke, begr. v. August Sauer,
22 Bde., Prag–Reichenberg 1901 ff.

L: Franz *Hüller*, Einführung zum „Nachsommer", in: A. Stifter, Sämtl.
Werke, Bd. VI, Prag 1921, S. VII–XCVIII; Günther *Müller*, Stifter,

der Dichter der Spätromantik, in: Jahrb. d. Verbandes d. Vereine kath. Akademiker, Augsburg 1924; Adolf von *Grolmann*, Adalbert Stifters Romane, Halle 1926; Dor. *Sieber*, Stifters Nachsommer, Jena 1927; Rudolf *Pannwitz*, Stifters Nachsommer, in: Adalbert Stifter. Ein Gedenkbuch, Wien 1928; Otto *Pouzar*, Ideen und Probleme in A. Stifters Dichtungen, Reichenberg i. B. 1928; L. *Arnold*, Stifters Nachsommer als Bildungsroman, Gießen 1938; Josef *Nadler*, Das Persönlichkeitsideal bei A. Stifter, in: Adalbert-Stifter-Almanach, Wien 1938; H. *Reinhardt*, Die Dichtungstheorie der sogenannten Poetischen Realisten, Würzburg 1939; Wolfgang *Paulsen*, A. Stifter und der Nachsommer, in: Corona, Studies in Philology in Celebration of the Eightieth Birthday of Samuel Singer, Durham, N. C. 1941, S. 228–251; Carl *Helbling*, A. Stifter, St. Gallen 1943; Josef *Hofmiller*, Stifter, in: Letzte Versuche, München 1943; Emil *Staiger*, A. Stifter als Dichter der Ehrfurcht, Olten 1943; Ders., A. Stifter, Der Nachsommer, in: Meisterwerke dt. Sprache, Zürich 1943, S. 147–162; J. *Kühn*, Die Kunst A. Stifters, Berlin 1943; Marianne *Thalmann*, Stifters Raumerlebnis, in: Monatshefte 38, 1946, S. 103–111; Erik *Lunding*, A. Stifter, Studien zur Kunst und Existenz, Kopenhagen 1946; Adolf von *Grolmann*, Europäische Dichterprofile, 4. Vortrag: Stifter, Der Nachsommer, Düsseldorf 1947, S. 50–63; Eric A. *Blackall*, A. Stifter, Cambridge 1948; Curt *Hohoff*, A. Stifter, Düsseldorf 1949; Hermann *Kunisch*, Stifter, Mensch und Wirklichkeit, Berlin 1950; Fritz *Martini*, Bürgerlicher Realismus und der dt. Roman im 19. Jahrh., in: Wirkendes Wort, 1950/51, S. 148 ff.; Walther *Rehm*, Nachsommer, München 1951; Fritz *Martini*, Geschichte und Poetik des Romans, in: Deutschunterricht, 1951, S. 86 ff.; Peter *Suhrkamp*, A. Stifter, in: Ausgew. Schriften zur Zeit- u. Geistesgeschichte, Frankfurt/M. 1951, S. 219–235; A. R. *Hein*, A. Stifter, Prag 1904, 2. Aufl. Wien 1952; Benno *Reifenberg*, Der Nachsommer, in: Lichte Schatten, Frankfurt/M. 1953; Roy *Pascal*, The German Novel, Manchester 1956, S. 52–75; Joachim *Müller*, A. Stifter, Weltbild und Dichtung, Halle 1956; Fritz *Martini*, Drama und Roman im 19. Jahrh., in: Gestaltprobleme der Dichtung, Festschr. f. Günther Müller, 1957, S. 207–237; Jost *Hermand*, Die literarische Formenwelt des Biedermeier, Gießen 1958; Günther *Weydt*, Ist der Nachsommer ein geheimer Ofterdingen?, in: Germ.-Rom. Monschr. 8, 1958, S. 72–81; G. Joyce *Hallamore*, The Symbolism of the Marble Muse in Stifters Nachsommer, in: Publ. Mod. Lang. Assoc. of America 74, 1959, S. 398–405; Friedrich *Sengle*, Der Romanbegriff in der ersten Hälfte des 19. Jahrh., in: Festschr. f. Franz Rolf Schröder, Heidelberg 1960; Günther *Müller*, Aufbauformen des Romans (Grüne Heinrich und Nachsommer), in: Neophilologus 27, S. 1 ff.

Seite	Seite
N: 34, 9 VII, S. 28 f.	36, 2 v. u. Stifters Werke, hrsg. v.
36, 7 XIX, S. 216	G. Wilhelm, 4. Teil, S. 42
36, 19 v. u. VII, S. 154	37, 6 ebd., S. 43

69, 3 antwortete ich / ebd., S. 168
69, 4 begreift sich / ebd., S. 246
69, 7 ebd., S. 227
69, 16 VIII, 1, S. 72
69, 20 VII, S. 227
70, 21 XVIII, S. 234 f.
70, 16 v.u. VII, S. 269
70, 15 v.u. VI, S. 226
71, 20 v.u. VIII, 1, S. 52 f.
71, 9 v.u. ebd., S. 234
72, 2 VII, S. 3
72, 6 VIII, 1, S. 227
72, 4 v.u. XIX, S. 124
72, 3 v.u. VII, S. 312
73, 2 ebd., S. 356

Seite

73, 3 VI, S. 322
73, 21 v.u. VII, S. 35
73, 15 v.u. Glück erfülle / VII,
S. 157
74, 2 XVIII, S. 212 f.
74, 8 VIII, 1, S. 154
74, 15 ebd., S. 167
74, 18 ebd., S. 172
74, 19 v.u. VI, S. 233
74, 16 v.u. VIII, 1, S. 235
74, 9 v.u. VII, S. 206
74, 5 v.u. XVIII, S. 172
75, 1 v.u. H. v. Hofmannsthal,
Prosa IV, Frankfurt/M. 1955,
S. 216–217   V. L.

GOTTFRIED KELLER   S. 76

T: „Der grüne Heinrich" nach: Sämtl. Werke in 22 Bdn. Auf Grund des
Nachlasses besorgte und mit einem wissenschaftlichen Anhang ver-
sehene Ausgabe von Jonas Fränkel und Carl Helbling, Bern–Leipzig
1926–1949, Bd. 3–6 und 16–19 (Erste Fassung) hrsg. v. Jonas Fränkel
(zit. als S.W.).

L: Emil *Ermatinger*, G. Kellers Leben, Stuttgart–Berlin 1924, 8. neu bearb.
Aufl. Zürich 1950; Edgar *Neis*, Romantik und Realismus in Kellers
Prosawerken, Berlin 1930 (Germ. Stud. 85); Thomas *Roffler*, G. Keller.
Ein Bildnis, Frankfurt–Leipzig 1931; Georg *Lukács*, G. Keller, Berlin
1946, wiederabgedr. in: Dt. Realisten des 19. Jahrh., Bern 1951,
S. 147–230; Heinz *Stolte*, G. Keller und sein „Grüner Heinrich",
Gotha 1948; Günther *Müller*, Aufbauformen des Romans, dargel. an
den Entwicklungsromanen G. Kellers und A. Stifters, in: Neophilologus
37, 1953, S. 1–14; Alexander *Dürst*, Die lyrischen Vorstufen des
Grünen Heinrich, Bern 1955 (Basler Studien 17); Paul *Rilla*, G. Keller
und der Grüne Heinrich, in: Essays, Berlin 1955, S. 51–108; Roy *Pascal*,
G. Keller, Green Henry, in: The German Novel, 1956, S. 30–51.

Seite

N: 77, 21 Vgl. Kellers Briefe v. 3. 4.
1872 an Emil Kuh und v.
19. 5. 1872 an Fr. Th. Vischer
78, 9 S.W. 3, S. 105
79, 10 S.W. 16, S. 262
79, 4 v.u. S.W. 3, S. 27 f.
80, 18 S.W. 19, S. 38

Seite

80, 14 v.u. S.W. 19, S. 60
82, 13 v.u. S.W. 3, S. 92
83, 7 v.u. S.W. 19, S. 198
84, 5 v.u. Hegel, Ästhetik, hrsg.
v. Friedrich Bassenge, Berlin
1955, S. 55
87, 12 v.u. S.W. 3, S. 28 f.

Seite

89, 16 S.W. 6, S. 67

92, 20 S.W. 4, S. 230 f.

93, 4 S.W. 4, S. 12

93, 7 v.u. S.W. 4, S. 13 f.

96, 1 v.u. S.W. 6, S. 99

97, 1 v.u. S.W. 18, S. 132

98, 17 S.W. 3, S. 227

100, 8 v.u. Kunst / S.W. 5, S. 7

105, 17 v.u. S.W. 6, S. 3 f.

106, 19 S.W. 3, S. 196

108, 13 Vgl. auch Kellers Brief v. 21. 4. 1881 an Wilhelm Petersen

110, 19 Vgl. die Briefe Fontanes an seine Frau über Turgenjew im Juni/Juli 1881 und über Zola im Juni/Juli 1883 sowie den Brief Raabes an E. Sträter v. 21. 9. 1892 über Zola

111, 21 v.u. Hegel a. a. O., S. 899

111, 12 v.u. Walter Muschg, G. Keller und J. Gotthelf, in: Jahrb. d. Freien Dt. Hochstifts, 1940, S. 159–198

113, 2 S.W. 5, S. 36 f.

113, 21 v.u. Jean Paul, Vorschule der Ästhetik, § 38

114, 2 S.W. 4, S. 116 f.

Seite

115, 16 S.W. 6, S. 84

116, 19 Theodor Fontane, Aus dem Nachlaß, hrsg. v. J. Ettlinger, Berlin 1908, S. 251 ff.; Thomas Mann, Die Kunst des Romans, Ges. Werke, Berlin 1955, Bd. 11, S. 457; Benno von Wiese, Die dt. Novelle, Bd. 1, Düsseldorf 1957, S. 238 ff.

116, 7 v.u. Erwin Solger, Vier Gespräche über das Schöne und die Kunst, Berlin 1815, S. 228 f.

117, 3 Friedrich Schlegel, Gespräch über die Poesie, zit. nach: Dt. Lit. i. Entw. Reihen, Reihe Romantik, Bd. 3, S. 315

118, 21 v.u. Hegel a. a. O., S. 571

120, 13 Walter Benjamin, G. Keller, in: Schriften, Frankfurt/M. 1955, Bd. 2, S. 292

121, 3 S.W. 3, S. 107 f.

123, 10 S.W. 6, S. 254; vgl. S.W. 19, S. 281

124, 9 S.W. 19, S. 107 f.

124, 14 v.u. S.W. 6, S. 65 f.

127, 9 S.W. 3, S. 116 f. W. P.

WILHELM RAABE S. 128

T: „Das Odfeld" nach: Sämtl. Werke, Serie 3, Bd. 4, Berlin-Grunewald o. J. [1916] (Raabe); „In alls gedultig". Briefe Wilhelm Raabes (1842 bis 1910), im Auftr. der Familie Raabe hrsg. v. Wilhelm Fehse, Berlin 1940 (Briefe).

L: *Quellen:* E. von dem *Knesebeck*, Ferdinand Herzog zu Braunschweig und Lüneburg während des siebenjährigen Krieges, aus engl. u. preuß. Archiven ges. u. hrsg., 2 Bde., Hannover 1857–58; Christian Heinrich Philipp von *Westphalen*, Geschichte der Feldzüge des Herzogs von Braunschweig–Lüneburg, nachgel. Manuskript, hrsg. v. F. O. W. H. von Westphalen, 5 Bde., Berlin 1859–72; J. W. von *Archenholz*, Geschichte des Siebenjährigen Krieges in Deutschland, hrsg. u. mit einem Lebensabriß des Verf. u. einem Reg. vers. v. Aug. Potthast, 7. unveränd. Aufl. Berlin 1861. – *Zu Raabes Leben und Werk:* Herm. Anders

Krüger, Der junge Raabe. Jugendjahre und Erstlingswerke nebst einer Bibliographie der Werke Raabes und der Raabe-Literatur, Leipzig 1911; Heinrich *Spiero*, Raabe. Leben – Werk – Wirkung, 2. erw. Aufl. Wittenberg 1925; Romano *Guardini*, Über W. Raabes Stopfkuchen, 2. durchgearb. Aufl. Wiesbaden [1939]; Wilhelm *Fehse*, W. Raabe. Sein Leben und seine Werke, Braunschweig 1937; Aloise *Esser*, Zeitgestaltung und Struktur in den historischen Novellen W. Raabes, Diss. Bonn 1952, ungedr.; Barker *Fairley*, The Modernity of W. Raabe, in: German Studies presented to Leonard Ashley Willoughby by pupils, colleagues and friends on this retirement, Oxford 1952; Emil *Luginbühl*, W. Raabe und die dt. Geschichte, St. Gallen 1952 (Progr. der St. Gallischen Kantonschule, 96, 1952/53, Wiss. Beil.); Georg *Lukács*, W. Raabe, in: Dt. Realisten des 19. Jahrh., Berlin 1952; Herman *Meyer*, Raum und Zeit in W. Raabes Erzählkunst, in: Dt. Vjschr. 27, 1953; Karl *Hoppe*, W. Raabe. Leben und Werk, in: W. Raabe, Werke in 4 Bdn., Bd. 4, Freiburg i. Br. 1954; Roy *Pascal*, The Reminiscence-Technique in Raabe, in: Mod. Lang. Rev. 49, 1954; Dieter *Liepe*, Die Zentralsymbolik in W. Raabes epischer Dichtung. Eine Studie über das Einsamkeits- und Vergänglichkeitsgefühl in Symbolen, Diss. FU Berlin 1955, ungedr.; Fritz *Meyen*, W. Raabe. Bibliographie, Freiburg i. Br.–Braunschweig 1955 (Braunschweiger Ausg., Erg.-Bd. 1); Hermann *Pongs*, W. Raabe. Leben und Werk, Heidelberg 1958; Wolfgang *Büsgen*, Strukturen im Erzählwerk Raabes, Diss. Tübingen 1959, ungedr.; Hermann *Helmers*, Das Groteske bei W. Raabe, in: Die Sammlung 15, 1960; Herman *Meyer*, W. Raabe. Hastenbeck, in: Das Zitat in der Erzählkunst. Zur Geschichte und Poetik des europäischen Romans, Stuttgart 1961. – *Zum „Odfeld":* Franz *Hahne*, „Das Odfeld" und „Hastenbeck", in: Raabe-Studien, im Auftr. d. Gesellsch. der Freunde W. Raabes hrsg. v. Constantin Bauer, Wolfenbüttel 1925; Richard *Hinke*, Studien zu Raabes historischer Erzählung „Das Odfeld", in: Jahrb. d. Phil. Fakultät d. Dt. Univ. in Prag, Dekanatsjahr 1924/25, 1926; Helmut *Lamprecht*, Studien zur epischen Zeitgestaltung in W. Raabes Roman „Das Odfeld", Diss. Frankfurt/M. 1958, ungedr.; Werner *Kniesche*, Historische Wirklichkeit und historische Fiktion in W. Raabes „Höxter und Corvey" und „Das Odfeld", Staatsexamensarb. FU Berlin 1959, ungedr.

Seite
N: 128, 12 Westphalen, s. L., Bd. 5, S. 1084. Zur Klärung der historischen Vorarbeiten Raabes habe ich die Berliner Staatsexamensarbeit von Werner Kniesche dankbar benutzt.

128, 17 v.u. Archenholz, s. L., S. 308

128, 13 v.u. Knesebeck, s. L.,

Seite
Bd. 2, S. 403

128, 7 v.u. Westphalen, s. L., Bd. 1, S. 417

128, 1 v.u. Raabe, Bd. 4, S. 180

129, 7 Fritz Martini, Dt. Literaturgeschichte von den Anfängen bis zur Gegenwart, 10. Aufl. Stuttgart 1960 (Kröners Taschenausg., 196), S. 405

THEODOR FONTANE   S. 146

T: „Der Stechlin": Da es eine hist.-krit. Ausgabe der Werke Fontanes nicht gibt und die Gesammelten Werke von 1905 selten geworden sind, füge ich zu den Seitenzahlen jeweils die Kapitelzahl hinzu. Der Text des Romans selbst wird zitiert nach der Gesamtausgabe der erzählenden Schriften, Berlin 1925, in zwei Reihen.

L: Karl *Kuhlmann*, Über Ursprung und Entwicklung des Dubslav-Charakters in Th. Fontanes Roman Der Stechlin, in: Zeitschr. f. dt. Unterricht 32, 1918, S. 219–231; Conrad *Wandrey*, Th. Fontane, München 1919; Thomas *Mann*, Der alte Fontane, in: Das Fontane-Buch, Berlin 1921, S. 35–62; Hans-Friedrich *Rosenfeld*, Zur Entstehung Fontanescher Romane, Groningen 1926; Julius *Petersen*, Fontanes Altersroman, in: Euphorion XXIX, 1928, S. 1–74; Erich *Behrend*, Th. Fontanes Roman Der Stechlin, in: Beiträge z. dt. Literaturwissenschaft 34, Marburg 1929; Clara *Sieper*, Der historische Roman und die historische Novelle bei Raabe und Fontane, in: Forschungen zur neueren Literaturgeschichte 62, Weimar 1930; Mary-Enole *Gilbert*, Das Gespräch in Fontanes Gesellschaftsromanen, Leipzig 1930 (Palaestra 174); Konrad *Peters*, Th. Fontane und der Roman des 19. Jahrh., Diss. Münster 1932; Hermann *Fricke*, Fontanes letzter Romanentwurf Die Likedeeler, Rathenow 1938; Gustav *Radbruch*, Th. Fontane oder Skepsis und Glaube, Leipzig 1945, 2. Aufl. 1948; Josef *Hofmiller*, Stechlin-Probleme, in: Dt. Beiträge II, 1948, S. 462–467; Richard *Brinkmann*, Das Bild des Menschen bei Th. Fontane, Diss. Tübingen 1949; Max *Rychner*, Der Stechlin, in: Welt im Wort. Literarische Aufsätze, Zürich 1949, S. 266–285; Ingeborg *Schrader*, Das Geschichtsbild und seine Bedeutung für die Maßstäbe der Zeitkritik in den Romanen, Limburg 1950; Joachim *Ernst*, Die religiöse Haltung Th. Fontanes, Diss. Erlangen 1951; Helga *Ritscher*, Fontane. Seine politische Gedankenwelt, in: Göttinger Bausteine zur Geschichtswissenschaft, Heft 8, 1953; Georg *Lukács*, Th. Fontane, in: Dt. Realisten des 19. Jahrh., Berlin 1953, S. 262–307; Richard *Samuel*, Th. Fontane, in: Journal of the Australian Univ. Language and Lit. Assoc. 2, 1954,

S. 1–12; Roy *Pascal*, The German Novel, Manchester 1956, 2. Aufl.
1957, S. 178–214; Paul *Böckmann*, Der Zeitroman Th. Fontanes,
in: Deutschunterricht, Heft 5, 1959, S. 59–81; Walter *Müller-Seidel*,
Gesellschaft und Menschlichkeit im Roman Th. Fontanes, in:
Heidelberger Jahrb. IV, 1960, S. 108–127; Herman *Meyer*, Das
Zitat in der Erzählkunst. Zur Geschichte und Poetik des euro-
päischen Romans, Stuttgart 1961, S. 155–185; Benno von *Wiese*,
Die dt. Novelle von Goethe bis Kafka, Bd. 2, Düsseldorf 1962,
S. 236–260.

Seite

N: 148, 14 Fontanes Briefwechsel mit
Wilhelm Wolfsohn, Berlin 1910,
S. 30

148, 2 v. u. erhebt / Briefe Fontanes, Zweite Sammlung, I,
1910, S. 393–394

150, 16 v. u. Nach einem Entwurf
von J. Petersen in seinem Beitrag über Fontanes Altersroman (S. 13) mitgeteilt

150, 7 v. u. Nach einem Aufsatz
von Rose Macaulay über E. M.
Forster, von Werner Milch zitiert in: Ströme. Formeln. Mani-
feste, Marburg 1949, S. 35

151, 6 Briefe Fontanes, zweite
Sammlung, I, S. 247

151, 13 ebd., II, S. 418

151, 4 v. u. ebd., II, S. 344

152, 13 v. u. ebd., S. 367

152, 6 v. u. An Paul Schlenther,
in: Neue Rundschau, XXI,
1910, S. 1381

152, 2 v. u. An Ernst Heilborn, in:
Lit. Echo XXII, S. 399

153, 20 v. u. E. M. Forster, Ansichten des Roman, Dt. Fassung, Frankfurt/M. 1949,
S. 19–20

155, 10 Gesamtausg., 1. Reihe, II,
S. 163, 40. Kap.

155, 21 v. u. ebd., V, S. 137,
4. Kap.

155, 12 v. u. ebd., V, S. 389–390,
8. Kap.

Seite

156, 6 Julius Petersen, Fontanes
erster Gesellschaftsroman, 1929,
S. 56–57

156, 18 Gesamtausg., 2. Reihe,
III, S. 112, 8. Kap.

156, 10 v. u. ebd., S. 218, 19. Kap.

156, 3 v. u. ebd., S. 195, 17. Kap.

157, 2 ebd., S. 192, 17. Kap.

157, 15 v. u. 1. Reihe, I,
S. 642–643, 28. Kap.

157, 5 v. u. 2. Reihe, III, S. 31,
3. Kap.

158, 3 v. u. 2. Reihe, II,
S. 395–396, 29. Kap.

159, 21 ebd., S. 387, 27. Kap.

160, 5 v. u. ebd., S. 150, 13. Kap.

161, 7 ebd., S. 155, 13. Kap.

163, 3. v. u. 1. Reihe, II, S. 533,
74. Kap.

165, 5 2. Reihe, III, S. 15–16,
1. Kap.

165, 15 v. u. ebd., S. 37, 3. Kap.

165, 10 v. u. ebd., S. 316, 29. Kap.

166, 10 Briefe, Zweite Sammlung,
I, S. 303–304

166, 20 v. u. Fontane, Briefe an
Georg Friedlaender, hrsg. v.
Kurt Schreinert, Heidelberg
1954, S. 305

166, 7 v. u. An seine Frau vom
5. 6. 1878 in: Briefe an seine
Familie, I, S. 252–253

167, 21 v. u. Karl Marx u. Friedrich Engels, Manifest der Kommunistischen Partei, Berlin
1955, S. 33

Seite

168, 2 Gesamtausg., 2. Reihe, III,
S. 173, 14. Kap.
168, 14 v. u. ebd., S. 82, 6. Kap.
169, 2 ebd., S. 243, 21. Kap.
170, 1 ebd., S. 368, 36. Kap.
171, 13 v. u. ebd., S. 33, 3. Kap.
171, 8 v. u. ebd., S. 64, 5. Kap.
172, 1 ebd., S. 159, 13. Kap.
172, 5 v. u. ebd., S. 56, 4. Kap.
173, 7 ebd., S. 36, 3. Kap.
173, 18 v. u. Fontane, Briefe an
Friedrich Paulsen, Bern 1949, S. 5
174, 20 Gesamtausg., 2. Reihe,
III, S. 185–186, 15. Kap.
174, 10 v. u. ebd., S. 316, 29. Kap.
175, 3 ebd., S. 286, 25. Kap.
175, 15 v. u. ebd., S. 431, 41. Kap.
176, 19 ebd., S. 206, 18. Kap.
176, 16 v. u. ebd., S. 441, 43. Kap.
177, 15 ebd., S. 28, 2. Kap.
177, 17 v. u. ebd., S. 12, 1. Kap.
178, 9 v. u. ebd., S. 60, 5. Kap.

Seite

180, 5 ebd., S. 80, 6. Kap.
180, 14 ebd., S. 78, 6. Kap.
180, 12 v. u. ebd., S. 13, 1. Kap.
181, 21 v. u. ebd., S. 138–139,
12. Kap.
183, 13 ebd., S. 137, 12. Kap.
183, 20 v. u. ebd., S. 167, 14. Kap.
183, 7 v. u. Fontanes Rezension
über das Keller-Buch von Brahm
erschien in der Vossischen
Zeitung vom 8. 4. 1883. Jetzt
auch in Th. Fontane, Schriften
zur Literatur, Berlin 1960, S. 98
185, 13 Gesamtausg., 2. Reihe,
III, S. 441, 43. Kap.
185, 15 v. u. Fontane, Briefe,
Zweite Sammlung I, S. 395, an
Hertz vom 1. 12. 1878
188, 11 Gesamtausg., 1. Reihe, I,
S. 458, 6. Kap.
188, 16 v. u. ebd., 2. Reihe, III,
S. 316, 29. Kap.

A: 1) S. 146, 15 v. u. Christian Friedrich von *Blankenburgs* Versuch über den Roman, Leipzig–Liegnitz 1774, ist nur noch an wenigen deutschen Bibliotheken vorhanden. Das umfangreiche Werk bedürfte dringend einer Neuausgabe, weil es sich um eines der wichtigsten Dokumente in der Geschichte der Romantheorie handelt. Die angeführte Stelle S. 272 des genannten Buches.

2) S. 146, 2 v. u. Die Frage nach der Weltgültigkeit des deutschen Romans ist in dem lesenswerten Buch von R. Pascal, s. L., gestellt und behandelt. Der Rezensent des Buches in der angesehenen „Times Literary Supplement" hat die überspitzten Folgerungen gezogen, die wir anführten: „is ultimately traceable to a lack of love for humanity", wie der englische Text lautet. Sowohl mit der Darstellung Pascals wie mit der Rezension des Buches hat sich Max *Rychner* in seinem Beitrag Vom dt. Roman, in: Merkur, X, 1956, S. 1158–1171, temperamentvoll auseinandergesetzt.

3) S. 147, 5. Die weltgeschichtliche Bedeutung des Romans wird auch sichtbar daran, daß der Gattung ein eigener Beitrag in der neuen Propyläen-Weltgeschichte vorbehalten ist, die Golo *Mann* herausgibt. Der Aufsatz dort stammt abermals von Max *Rychner*, Bd. VIII, Berlin 1960, S. 339–366.

4) S. 147, 16 v. u. Gemeint ist die Anthologie von Ignaz *Hub*, Deutschland's Balladen- und Romanzendichter, 1860, 1. Aufl. 1845. Das Zitat im Vorwort zur 1. Aufl., S. III.

5) S. 148, 11 v. u. Über Fontanes Beschäftigung mit Goethes Roman „Die Wahlverwandtschaften" liegen bisher unveröffentlichte Notizen vor, die ich demnächst mitzuteilen gedenke.

6) S. 149, 8 v. u. Seitens der Kunstgeschichte hat Richard *Hamann* das Problem des Altersstils erörtert. In seinem Buch Der Impressionismus in Leben und Kunst, 2. Aufl. 1923, hat er sich mit der Alterskunst Rembrandts, Goethes und Beethovens beschäftigt. Vor allem aber ist in diesem Zusammenhang das Buch von A. E. *Brinckmann* zu nennen Die Spätwerke großer Meister, 1925. Für Goethe ist auf den Artikel „Altersstil" von Erich *Trunz* zu verweisen in: Goethe-Handbuch, 2. Aufl., Sp. 178–187, mit entsprechenden Literaturangaben. Vom Altersstil Fontanes im Stechlin handelt J. Petersen in seinem Beitrag, s. L. Gegen alle Behauptungen über einen Verfall der künstlerischen Kräfte wendet sich H. Fricke in seiner Veröffentlichung über das Romanfragment Die Likedeeler, s. L., bes. S. 4.

7) S. 151, 7 v. u. Die Materialien hat H. Fricke in dem genannten Buch zusammengetragen und veröffentlicht. Daß es zwischen dem Fragment „Die Likedeeler" und dem „Stechlin" keine Beziehungen geben soll, wie dort (S. 138) gesagt wird, leuchtet nicht ein.

8) S. 158, 18. Der Satz bezieht sich auf eine bekannte Briefstelle Fontanes (Ges. Werke, 2. Serie, Bd. XI, S. 388). Die Briefstelle wird in der Literatur sehr unterschiedlich ausgelegt. Für J. Petersen ist Woldemar der Adel, wie er sein sollte, und Dubslav der Adel, wie er ist. Unsere Analyse geht andere Wege. Auch kann die Auslegung Petersens schon deshalb nicht überzeugen, weil die so verstandene Alternative für die Adelsfiguren von der Art Gundermanns oder der Domina keinen Raum läßt. E. Behrend, s. L., S. 50, versteht Dubslav im Sinne des Adels, „wie er sein sollte". Die zitierte Briefstelle zur Grundlage einer weiterführenden Interpretation zu machen, erscheint aber in jedem Fall problematisch.

9) S. 169, 21 v. u. Das Schwanken im Politischen beanstandet G. Lukácz mit höchst befremdlichen Argumenten: „So wird Fontane – je reifer, desto mehr – zur schwankenden Gestalt . . ." s. L., S. 274. Zwei Seiten später wird gar von der Skepsis gesprochen, die „zuweilen bis zum Nihilismus geht".

10) S. 171, 14. Das Buch von Friedrich Wilhelm August Bratring Die Grafschaft Ruppin in historischer, statistischer und geographischer Hinsicht erwähnt J. Petersen in seinem Stechlin-Aufsatz S. 7.

11) S. 173, 14 v. u. Wiederum orientiert Petersen, s. L., S. 45 ff., über diesen Dichter und die entstehungsgeschichtlichen Zusammenhänge. Auch die Beschreibung des Begräbnisses im Magazin für Literatur, Jahrg. 67, Nr. 9, wird dort zitiert.

12) S. 180, 2 v. u. Ein Satz von E. Behrend, s. L., S. 64.

13) S. 183, 13 v. u. An Einwänden dieser Art fehlt es in Wandreys Monographie nicht. Auch Petersen nimmt in seinem Beitrag solche Einwände auf, zumeist im einschränkenden Sinn. Was darüber gesagt

wird, steht bezeichnenderweise in dem Kapitel „Altersstil". Dort pflegt man, so scheint es, alles unterzubringen und „abzuladen", was von der herkömmlichen Romanform abweicht, nach der man zu urteilen gewohnt ist.   W. M.-S.

THOMAS MANN   S. 190

T: „Buddenbrooks" nach: Ges. Werke in zwölf Bdn., Bd. I, S. Fischer, 1960. Erstausg.: 2 Bde., 566 u. 539 S., Berlin 1901; Auflagenhöhe, Lizenzausgaben und Übersetzungen verzeichnet die Bibliographie von Hans Bürgin, Das Werk Th. Manns, 1959. – Sonstige Schriften Th. Manns nach Bd. II–XII der Ges. Werke sowie Briefe 1889–1936, hrsg. v. Erika Mann, S. Fischer, 1961.

L: Heinrich *Mann*, Ein Zeitalter wird besichtigt, Berlin 1947; Viktor *Mann*, Wir waren fünf, Bildnis der Familie Mann, Konstanz 1949. Alexander *Pache*, Th. Manns epische Technik, in: Mitteilungen d. Literarhist. Gesellsch. Bonn, 2, 1907, S. 41–71; Ernst *Bertram*, Das Problem des Verfalls, ebd. S. 72–79; Arthur *Eloesser*, Th. Mann, Berlin 1925; Käte *Hamburger*, Th. Mann und die Romantik (Arb. z. Geistesgeschichte d. germ. u. rom. Völker 15), Berlin 1932; Ronald *Peacock*, Das Leitmotiv bei Th. Mann, Bern 1934; Georg *Lukács*, Th. Mann, Berlin 1949; Hans *Mayer*, Th. Mann, Berlin 1950; Henry *Hatfield*, Th. Manns Buddenbrooks. The world of the father, in: Univ. of Toronto Quart. 20, 1950, p. 33–44; Ders., Th. Mann, Norfolk, Connecticut 1951; Pierre-Paul *Savage*, Activité économique et conscience bourgeoise dans les Buddenbrooks de Th. Mann, in: Bull. de la Fac. des Lettres 30, 1951, p. 155–174, 177–186; Roger A. *Nicholls*, Nietzsche in the early work of Th. Mann, Berkeley–Los Angeles–London 1955; Max *Rychner*, Gestalten und Bezüge in den Romanen Th. Manns, in: Die Neue Rundschau 66, 1955, S. 261–277; Hermann *Stresau*, Die Buddenbrooks, ebd. S. 392–410; Waltraud *Schleifenbaum*, Th. Manns Buddenbrooks, Diss. Bonn 1956 (ungedr.); Inge *Diersen*, Th. Manns Buddenbrooks, in: Weimarer Beiträge 3, 1957, S. 58–86; Hellmuth *Petriconi*, Verfall einer Familie und Höllensturz eines Reiches, in: Das Reich des Untergangs, Hamburg 1958, S. 151–184 u. 191 f.; Armand *Nivelle*, La structure des Buddenbrook(!), in: Revue des langues vivantes 24, 1958, p. 323–339; Kurt *Wais*, Zur Auswirkung des französischen naturalistischen Romans in Deutschland, in: An den Grenzen der Nationalliteraturen, Berlin 1958, S. 215–236; Paul *Scherrer*, Bruchstücke der Buddenbrooks-Urhandschrift und Zeugnisse zu ihrer Entstehung 1897–1901, in: Die Neue Rundschau 1958, S. 258–291; Ders., Aus Th. Manns Vorarbeiten zu den Buddenbrooks, in: Librarium 2, 1959, S. 22–36, 123–136; Ders., Th. Manns Mutter liefert Rezepte für die Buddenbrooks, in: Libris et Litteris, Festschr. f. Hermann Tiemann,

Hamburg 1959, S. 325–337; Erich *Heller*, Der ironische Deutsche, Frankfurt/M. 1959; Fritz *Kraul*, Die Buddenbrooks als Gesellschaftsroman, in: Der Deutschunterricht 11, 1959, Heft 4, S. 88–104; Georges *Fourrier*, Th. Mann. Le message d'un artiste-bourgeois (1896–1924), Paris 1960; Paul *Altenberg*, Die Romane Th. Manns, Bad Homburg 1961; Helmut *Koopmann*, Die Entwicklung des intellektuellen Romans bei Th. Mann (Bonner Arb. z. dt. Lit. 5), Bonn 1962.

Seite

N: 190, 8 Notizbuch 2, S. 12 (im Th. Mann-Archiv, Zürich); Auszüge veröffentlicht v. P. Scherrer, Bruchstücke der Buddenbrooks-Urhandschrift, s. L., S. 260 u. Th. Manns Mutter, s. L., S. 330

190, 11 XI, 550; vgl. XI, 123, 380, 607

190, 4 v.u. I, 9

191, 6 I, 758

191, 1 v.u. Dazu und zum folgenden bis S. 192. Mitte XI, 854–856, sowie X, 393 u. XI, 702 f.

192, 7 v.u. XI, 551; vgl. XI, 383

192, 5 v.u. XII, 89

193, 5 XI, 554

193, 12 XI, 776. Zit. nach Goethe, Dichtung und Wahrheit III, 12; WA. I, 28, S. 151

196, 9 XI, 554; vgl. XI, 380 f.

196, 15 XI, 554; chronikalische Tabellen abgedr. v. P. Scherrer, Aus Th. Manns Vorarbeiten, s. L., S. 26 ff. Zu den Übereinstimmungen mit der eigenen Familiengesch. vgl. im einzelnen Buddenbrooks, Kap. II, 1 u. V. Mann, s. L., S. 13 ff.

197, 18 v.u. I, 558

198, 20 v.u. Edwin Muir, The Structure of the Novel, 7. Aufl. London 1957, p. 102–110.

198, 14 v.u. Dazu XI, 168 f., 395, 607 f., 671 f., 747

199, 6 v.u. I, 469

202, 17 v.u. I, 259

Seite

203, 12 Trunkenheit erfüllt / I, 655

205, 6 Einzelnachweise bei Petriconi, s. L., S. 157 f.

207, 10 v.u. I, 620 u. 622 f.

209, 9 I, 437

209, 13 v.u. I, 437

211, 10 XI, 711 f.; einzelne Formeln vorgeprägt bei Nietzsche, Der Fall Wagner, Musarion-Ausg. XVII, 47

211, 21 v.u. Vgl. mit Bezug auf die Buddenbrooks XII, 73 ff. sowie X, 840 ff.

211, 18 v.u. Nietzsche contra Wagner, Musarion-Ausg. XVII, 278; dazu Th. Mann IX, 404, XII, 109 f. Auf eine ganze Reihe von Stilqualitäten der Prosa Th. Manns wird dieser Begriff übertragen von H. Koopmann, s. L., bes. S. 28–36.

211, 14 v.u. XI, 110; vgl. IX, 708

211, 11 v.u. XII, 72, auch IX, 559 u. XI, 111

212, 8 H. Hatfield, Th. Mann, s. L., p. 8

212, 19 XII, 25 f.

212, 21 XII, 90

213, 6 XII, 91 f.

213, 10 Vgl. bes. XI, 802 u. X, 353

213, 21 v.u. XI, 555 (1949)

213, 15 v.u. XI, 555

213, 5 v.u. XI, 555; dieser etwas dunkle Satz wird erläutert durch einen Brief Th. Manns über die Aufgabe des Schriftstellers, wo es in gleichem Zusammenhang heißt: „Geist ist die Selbst-

A: 1) S. 191, 12. Daß die Schlußszene von vornherein in diesem Satz gipfeln sollte, läßt die Notizbucheintragung von 1897 bereits erkennen. Sie enthält neben der Aufzählung der in dieser Szene versammelten Personen als einzigen Vermerk eben dieses „Schlußwort"; abgedr. bei Scherrer, Bruchstücke der Buddenbrooks-Urhandschrift, s. L., S. 261.

2) S. 191, 3 v.u. X, 357; vgl. XI, 702 f.; 854 ff. u. ö. Diese These ist bereits im späteren 18. Jahrh. vorgebracht (z. B. in Blankenburgs Versuch über den Roman 1774, Vorbericht) und von Hegel verfestigt worden (vgl. Vorl. über Ästhetik, hrsg. v. Glockner, III, 341 f.). Erneuert Th. Mann in seiner kultur- und sozialgeschichtlichen Bestimmung des neuzeitlichen Romans die Argumente Hegels, so sieht er seine künstlerische Sublimierung zu einer „geistigen und hochmenschlichen Kunstgattung" ganz mit Schopenhauers Blick als „Verinnerlichung". Zu diesem Begriff Fritz *Martini*, Die Theorie des Romans im dt. Realismus, in: Festschr. f. Eduard Berend, Weimar 1959; der Gegensatz zwischen Hegels und Schopenhauers Argumentation scheint mir allerdings dort (S. 278 f.) nicht genügend hervorgehoben. Th. Mann kehrt sich in seinem Schaffen, wie die folgende Interpretation zeigen soll, schon früh vom Prinzip der „Verinnerlichung", dem er in seiner Theorie noch als Sechzigjähriger huldigt, entschieden ab und verwirklicht gerade damit die von Hegel geforderte Versöhnung der „Poesie des Herzens" mit der „Prosa der Verhältnisse". – Zur Vorgeschichte des Begriffs „Bildungsroman" vgl. die aufschlußreiche Studie von Fritz *Martini*, in: Dt. Vjschr. 35, 1961, S. 44–63.

3) S. 192, 16 v.u. X, 360 f.; ähnlich XI, 854 ff. Vgl. dazu Hans *Mayer*, Der dt. Roman im 19. Jahrh., in: Dt. Lit. u. Weltlit., 1957, S. 271 f. Mayer macht sich in seiner Kritik an der Entwicklung des deutschen Romans diese Thesen Th. Manns weitgehend zu eigen.

4) S. 195, 8 v.u. Dazu wichtige Bemerkungen bei Petriconi, s. L., S. 152, wo allerdings die Eingangsfrage irrtümlich auf den Dekalog bezogen wird.

5) S. 196, 2. An dieser Stelle sei vermerkt, daß diese Studie wie auch die kürzlich veröffentlichte Arbeit von H. Koopmann (s. L.), die solche Probleme ausgiebig erörtert, aus einem Bonner Oberseminar, das Benno von Wiese im Winter 1959 leitete, manche Anregung gewann.

6) S. 196, 7 v.u. Über den Umfang der literarischen Einflüsse auf die Buddenbrooks unterrichten bündig Hatfield, Th. Mann, s. L., bes. p. 33 ff., und das Kapitel Les Buddenbrooks I, La Genèse bei G. Fourrier, s. L., p. 85–90, sowie mit besonderem Blick auf die westeuropäischen Anregungen Wais, s. L., bes. S. 231 ff. Th. Manns eigene Angaben über die literarischen Anregungen zu seinem Jugendroman sind verstreut, wiederholen sich jedoch in den wesentlichen Punkten und bilden die Grundlage aller genannten Darstellungen. Ich gebe die ausführlichsten Stellen: XI, 312; 379 ff.; 533 f.; 550 f.; 554; XII, 89 f.; ferner X, 185; XI, 123, 421. Zur Aufbewahrung des Buddenbrook-Manuskripts unter

einem Tolstoibild auch V. Mann, s. L., S. 156 u. 589; vgl. dazu XII, 539.

7) S. 197, 15 v. u. Petriconi datiert in seiner praktischen Zeittafel zur Geschichte der Buddenbrooks, s. L., S. 191 f., das Weihnachtsfest in der Mengstraße und die Verurteilung Weinschenks mit dem Jahreswechsel 1870/71 um ein Jahr zu spät. (Vgl. den Schluß von Kap. VIII, 9 und den Anfang von Kap. X, 4: aus Weinschenks Strafverbüßung ergibt sich zwingend das frühere Datum; auch die Schilderung Elisabeth Weinschenks in Kap. VIII, 8 paßt eher zu Weihnachten 1869.) Den Tod der Konsulin hat Th. Mann allerdings selbst erst im Laufe der Vorarbeiten von Herbst 1870 auf Herbst 1871 verschoben; vgl. die Korrektur in seinen Datenlisten, abgedr. bei Scherrer, Aus Th. Manns Vorarbeiten zu den Buddenbrooks, s. L., S. 27 u. 28.

8) S. 198, 2 v. u. Diese Gliederung der erzählten Handlung wird dadurch noch unterstrichen, daß die vier herausgehobenen Zeitabschnitte in abgemessener Folge mit „Teil"-Schlüssen des Romans zusammenfallen. Berücksichtigt man den Auftakt-Charakter des „Ersten Teils", der nur den Ausschnitt eines Tages wiedergibt, so sind dem ersten Jahrzehnt ein Teil, dem zweiten zwei, dem dritten drei und dem vierten vier Teile des Romans eingeräumt. Vgl. über ähnliche Verhältnisse im Zauberberg Herman *Meyer*, Zum Problem der epischen Integration, in: Trivium 8, 1950, S. 307–317.

9) S. 211, 4 v. u. IX, 561. Selbst wenn man dieser Einschränkung mißtraut, so warnt allein der Umstand, daß Th. Manns früheste Schopenhauer-Lektüre in eine Zeit fällt, da der Roman schon fast bis zum letzten Siebentel (Kap. X, 5) gediehen war, den Interpreten davor, seine „geistige Struktur" aus einer mit Nietzsche-Kritik versetzten Schopenhauer-Philosophie herzuleiten (so nach vielen Vorgängen noch Heller, s. L., S. 9–13). Überdies bringt das „Schopenhauer"-Kap. des Romans viel mehr das *Erlebnis* der Schopenhauer-Lektüre als ihren philosophischen Ertrag zur Darstellung (darüber auch Nicholls, s. L., p. 2 f.; 18 f.). In diesem Zusammenhang ist von Bedeutung, daß Thomas Buddenbrook sich über sein Erlebnis – wie übrigens auch Hans Castorp nach seiner Schneevision – schon sehr bald nicht mehr Rechenschaft geben kann und das Buch schließlich ohne Aufhebens an seinen „ordentlichen" Platz im Bücherschrank zurückräumen läßt.

10) S. 212, 13. Auf diesen letzteren Gegensatz baut vor allem G. Lukács seine Analyse der Komposition wie des gesellschaftskritischen Gehalts der Buddenbrooks auf (s. L., bes. S. 18 ff.). Wesentlich differenzierter und zugleich nüchterner verfährt G. Fourrier, der das Wortpaar „artistebourgeois" sogar zum Titelwort erhebt, bei seiner Interpretation (bes. p. 108: Les „Buddenbrooks" ne sont pas véritablement un „roman social" u. ff.) und bei der biographischen Erörterung „La problème de la vie et de l'art" im Anschluß an die Buddenbrooks-Kapitel (p. 117 f). Armand Nivelle kehrt die Gegensätze zwischen Bürgerlichkeit und Dekadenz bzw. Boheme hervor, um seine These zu rechtfertigen, daß Thomas Buddenbrook die Zentralfigur und der eigentliche

Held des Romans sei, da in ihm als einzigem eben diese Hauptkon-
flikte des Romans voll zum Austrag kämen; alle anderen wichtigen
Personen vertreten nach der Ansicht Nivelles nur die eine oder die
andere Sphäre, ja sie seien sogar lediglich „des composantes de sa
personnalité" (p. 325). Nivelles Strukturanalyse ist in ihrer immanenten
Folgerichtigkeit ein lehrreiches Beispiel für die Problemverkürzung,
die sich bei einer allein auf psychologischen und soziologischen Antithesen aufbauenden Interpretation ergibt.

11) S. 216, 13 v.u. Faksimile der ersten Seite des Urmanuskripts bei
Scherrer, Bruchstücke der Buddenbrooks-Urhandschrift, s. L., S. 263.
Die Widmung von Th. Mann selbst mitgeteilt in den „Betrachtungen",
XII, 190 f. – Was hier das „Herz" dem Dichter vorschreibt, nennt der
Bilse-Aufsatz mit Nachdruck den Vorgang der „Beseelung", der allen
Stoff zum ausschließlichen Eigentum des Dichters mache und damit
alle „Kompromittierung" der Wirklichkeit ausschließe. In der „Pariser
Rechenschaft" ist dann in entsprechendem Zusammenhang von „Ver-
geistigung" die Rede. Als Vorstufen des späteren Begriffs „Geist der
Erzählung" verdienten diese Stellen auch im Zusammenhang mit der
Romantheorie seit Hegel (vgl. A. 1), eine eingehende Untersuchung.

12) S. 217, 6 v.u. Allein auf einer Seite (I, 377) fällt die Vokabel
„Wort" elfmal, achtmal wird sie S. 383 und zweimal S. 389 angebracht,
ehe sie unter doppelter Wiederaufnahme am Ende des IV. Teils, S. 394,
ihre Auflösung erfährt.

13) S. 219, 17. So schon früh E. Bertram, s. L., S. 78 f. Einige Äußerungen Th. Manns zur Musikalität seiner epischen Darstellung in den
Buddenbrooks: XI, 116; 130; 388 f.; 552 f.; 715 f.

14) S. 221, 4 v.u. Ansätze zu einer solchen Beurteilung bieten am
ehesten H. Mayers Äußerungen zu Th. Manns Realismus und Leitmotivtechnik, s. L., S. 110 ff., und Bemerkungen Fourriers, s. L.,
p. 91 f., über die erlebnisentsprechende Wiederholung von „Leit-
motiven". Im übrigen folgt die Forschung sichtbar der Abwertung
des Naturalismus in der Ästhetik der letzten Jahrzehnte. So gilt es
nahezu als Ehrenrettung eines Autors, wenn sich die „realistischen"
Elemente seines Darstellungsstils als Vorwand für „höhere" Absichten
erklären lassen. – Grundlegende Orientierung bei Peacock, s. L.;
kritischer Forschungsüberblick und förderlicher Ansatz zur Unterscheidung zwischen epischer und musikalischer Leitmotivtechnik bei
Koopmann, s. L., S. 45 ff. E. L.

FRANZ KAFKA S. 234

T: „Der Prozeß" nach: Ges. Werke, hrsg. v. Max Brod, Frankfurt/M.
1950 ff. In derselben Ausg.: Das Schloß (zit.: S), Beschreibung eines
Kampfes, Novellen, Skizzen, Aphorismen, Aus dem Nachlaß (zit.: BK),
Hochzeitsvorbereitungen auf dem Lande und andere Prosa aus dem

Nachlaß (zit.: HL), Tagebücher 1910–1923 (zit.: T), Briefe an Milene (zit.: BrMi), Briefe 1902–1924. Ferner: Gustav Janouch, Gesprächa mit Kafka, Frankfurt/M. 1951 (zit.: Janouch).

L: a) Bibliographien: Angel *Flores*, Biography and Criticism, in: F. Kafka Today, hrsg. v. Angel Flores und Homer Swander, Madison 1958, S. 259–285; Rudolf *Hemmerle*, F. Kafka, Eine Bibliographie, München 1958; Harry *Järv*, Die Kafka-Literatur, Malmö-Lund 1961.

b) Wichtigste allgemeine Publikationen mit z. T. ausführlichen Abschnitten über Der Prozeß: Herbert *Tauber*, F. Kafka, Eine Deutung seiner Werke, Zürich–New York 1941; Friedrich *Beissner*, Der Erzähler F. Kafka, Stuttgart 1952; Clemens *Heselhaus*, Kafkas Erzählformen, in: Dt. Vjschr. 26, 1952, S. 353–376; Walter *Benjamin*, F. Kafka, Zur 10. Wiederkehr seines Todestages, in: Schriften, Frankfurt/M. 1955, Bd. 2, S. 196–228; Wilhelm *Emrich*, F. Kafka, Bonn 1958; Ders., Die Bilderwelt F. Kafkas, in: Protest und Verheißung, Frankfurt/M.–Bonn 1960, S. 249–263; Martin *Walser*, Beschreibung einer Form, München 1961.

c) Wichtige Dissertationen, ungedr.: Manfred *Seidler*, Strukturanalysen der Romane Der Prozeß und Das Schloß, Bonn 1953; Gerd *König* F. Kafkas Erzählungen und kleine Prosa, Tübingen 1954; Dieter *Hasselblatt*, Zauber und Logik, Zur Struktur des Dichterischen bei Kafka, Freiburg i. Br. 1959.

d) Wichtige Einzelinterpretationen zu Der Prozeß: S. *Vestdijk*, Over Der Prozeß van F. Kafka, in: De Poolsche Ruiter, Essays, Bussum 1946, S. 72–82; John *Kelly*, „The Trial" and the Theology of Crisis, in: The Kafka Problem, hrsg. v. A. Flores, New York 1946, S. 151–171; René *Dauvin*, Le Procès de Kafka, in: Etudes Germaniques 3, 1948, S. 49–63; Karl Heinz *Volkmann-Schluck*, Bewußtsein und Dasein in Kafkas Prozeß, in: Die Neue Rundschau 62, 1951, S. 38–48; Erich *Fromm*, Symbolic Language in Myth, Fairy Tale, Rituel and Novel, (5) Kafkas The Trial, in: The Forgotten Language, London 1952, S. 213–224; Herm. *Uyttersprot*, Zur Struktur von Kafkas Der Prozeß, Versuch einer Neuordnung, Bruxelles 1953; Erich *Neumann*, Aus dem ersten Teil des Kafka-Kommentars, Das Gericht, Das Domkapitel, in: Geist und Werk, Zum 75. Geburtstag von Dr. D. Brody, Zürich 1958; Gerhard *Kaiser*, F. Kafkas Prozeß, Versuch einer Interpretation, in: Euphorion 52, 1958, S. 23–49; Klaus *Wagenbach*, Jahreszeiten bei Kafka, in: Dt. Vjschr. 33, 1959, S. 645–647; Heinz *Politzer*, Der Prozeß gegen das Gericht, Zum Verständnis von F. Kafkas Roman Der Prozeß, in: Wort und Wahrheit 14, 1959, S. 279–292.

Seite

261, 8 T, 550
264, 11 Zögern / HL, 42, 83, 303
264, 14 HL, 39, 70 f.
264, 21 HL, 51, 107
264, 8 v.u. T, 560
272, 4 BK, 138
274, 6 HL, 123
276, 15 HL, 343

Seite

277, 3 v.u. S. 66
278, 12 v.u. BK, 294 f.
282, 6 BK, 96
283, 7 BK, 268
284, 13 T, 553
287, 8 HL, 40, 81
287, 17 v.u. HL, 49, 102 f.
289, 9 v.u. Janouch, 88

A: 1) S. 254, 10 v.u. Wie eine Parodie auf den Schuldgedanken mutet es an, wenn Kafka die einzige konkrete Erörterung einer Schuld Ks. sich um die „Schuld" an der Unordnung in Fräulein Bürstners Zimmer drehen und K. selber darüber zwei sich widersprechende Auffassungen vertreten läßt.

2) S. 256, 13 v.u. Kafka nennt diese absichtlichen Trübungen der Erkenntnis „Motivationen". Ihr Ziel ist, dem Leben einen ungestörten modus vivendi einzuräumen: „die ganze sichtbare Welt ist vielleicht nichts anderes als eine Motivation des einen Augenblick lang ruhenwollenden Menschen" (HL 49 u. 103).

3) S. 265, 21 v.u. Auch Brod erörtert in seinem „Nachwort zur dritten Ausgabe" die Möglichkeit, ein anderes Kapitel zwischen das erste und zweite einzuschieben, nämlich das fünfte. Dieses Kapitel (Der Prügler) setzt aber – was Brod entgangen zu sein scheint – inhaltlich das zweite Kapitel mit seiner Anklage gegen die Wächter voraus. Auf ebenso ungesichertem Boden bewegen sich die weitergehenden Umgruppierungsvorschläge Uyttersprots. Dazu K. Wagenbach, s. L., und G. Kaiser, s. L.

4) S. 289, 7. Dieser Begriff wird hier in dem weiten Sinn verstanden, in welchem er vor allem der französischen Literaturkritik geläufig ist. Er bleibt also unabhängig von der Ableitung aus dem Begriff des Antimärchens (Jolles), die Heselhaus, s. L., vornimmt, und damit auch von der polemischen Verengung, in welche Beissner in seiner Kritik an Heselhaus (Friedrich *Beissner*, Kafka der Dichter, Stuttgart 1958, Anm. 10) den Begriff des Antiromans treibt.   B. A.

ALFRED DÖBLIN   S. 291

T: „Berlin Alexanderplatz" nach: Alfred Döblin, Ausgew. Werke in Einzelbänden, in Verbindung mit den Söhnen des Dichters hrsg. v. Walter Muschg, Bd. 4, Berlin Alexanderplatz. Die Geschichte vom Franz Biberkopf, Olten/Freiburg 1961 (kritisch überprüfte Neuausgabe).

L: Walter *Benjamin*, Krisis des Romans, in: Die Gesellschaft, Internationale Revue für Sozialismus u. Politik, 7, 1930, S. 562 ff.; Gerhard *Küntzel*,

Das dramatische und epische Werk 1906–1956, Akademie d. Wiss.
u. d. Lit. i. Mainz, Jahrb. 1957, S. 154 ff.; Alfred Döblin, Im Buch-Zu
Haus-Auf der Straße, vorgest. v. Alfred *Döblin* u. Oskar *Loerke*,
Berlin 1928, Loerkes Beitrag jetzt wieder in O. L., Gedichte u. Prosa,
hrsg. v. Peter Suhrkamp, Bd. 2, Frankfurt/M. 1958, S. 560 ff.; A.
Döblin zum 70. Geburtstag, hrsg. v. Paul E. H. *Lüth*, Wiesbaden
1948; Robert *Minder*, A. Döblin, in: Dt. Lit. im 20. Jahrh., hrsg.
v. H. Friedmann u. O. Mann, Heidelberg 1954, 4. Aufl. 1961, Bd. 2;
Fritz *Martini*, Das Wagnis der Sprache, Stuttgart 1954, 3. Aufl. 1958,
S. 339 ff.; Walter *Muschg*, Die Zerstörung der dt. Literatur, Bern
1956, 3. Aufl. 1958, S. 110 ff.; Walter *Muschg*, Nachwort zur oben
genannten Neuausgabe.

A: 1) S. 291, 14. Solche Auffassungen sind neuerdings wieder vorgetragen
worden von Hermann *Pongs*, Im Umbruch der Zeit, Das Romanschaffen
der Gegenwart, Tübingen 1958. Zu Döblins Roman erklärt er: „Menschheit als Kollektivum ist hier der von Max Scheler so scharfsichtig
durchleuchtete Kunstgriff, alle andern Werte einzuebnen; insbesondre
hier die Werte der soliden Arbeit, die den Lebensrhythmus Berlins
bestimmt; oder die familienbildenden Werte" (S. 52), oder: „Es ist
ein Massenaufgebot Joycescher Kunstgriffe, mit dem Ziel, den zynischen
Nihilismus, der den Untergrund bildet, in ein christliches Zwielicht zu
rücken ... So wird aus dem Mörder, dem Zuhälter ... der Held des
Massenzeitalters. Eine der vielen Thersitesmasken der Zeit, unter denen
die Selbstbewußtseinsform einer aufbauenden Volkssubstanz zerstört
wird" (S. 53). – Eine dritte, erweiterte Auflage des Buches konnte 1958
erscheinen.

2) S. 303, 13 v. u. 1933 noch hat Döblin die Lehre, die aus dem Biber-
kopf-„Test" sich ergibt, in der Schrift Unser Dasein wiederholt (vgl.
dort S. 474 f.). Wieder „muß der Weg in die völlige Vernichtung, die
Auslöschung, die Zernichtung gegangen sein", erst dann die „Ein-
reihung" des Einzel-Ichs ins Ganze des Seins. „Vorher hingst du wie
Rauch über der Erde, warst nicht da und glaubtest etwas zu sein."
Aus diesem Anschluß ans Kollektiv dann entwickelt Döblin auch hier
ein neues Existenz- und Machtbewußtsein des Eingereihten, ein Aktions-
programm, welches die Ergebung, das Nicht-Widerstreben im Grunde
zurücknimmt; im Schluß der Passage klingt deutlich der Romanschluß
nach: „Laufe, lauf, mein Ich, halte dich grad und stramm. Eins, zwei,
eins, zwei, die Erde ist frei, auch für dich, auch für dich!"

3) S. 307, 1 v. u. Auf die Schlachthofbilder, die Isaaksgeschichte und
das Lied vom Schnitter Tod verweisend, hat Döblin 20 Jahre später
erklärt: „„Das Opfer' war das Thema des ‚Alexanderplatz'." (Epilog,

in: A. Döblin zum 70. Geburtstag, s. L., S. 167). In Wahrheit liegt der Akzent immer nur auf dem Aspekt des Einwilligens des Opfers in die Opferung. Die These vom „Opfer" als dem Zentralthema des Romans sucht vergeblich, das Programm zu legitimieren, das der Romanschluß entwirft („Wir ziehen in den Krieg mit festem Schritt, es gehen mit uns hundert Spielleute mit, Morgenrot, Abendrot, leuchtest uns zum frohen Tod").

4) S. 315, 16 v.u. Döblin erklärte im Epilog, s. L., S. 167, zur Behauptung der Kritiker, daß der mit dem „Berlin Alexanderplatz" in der Nachfolge des James Joyce stehe: „wenn ich schon einem folgen und etwas brauchen soll, warum muß ich zu Joyce gehen, zu dem Irländer, wo ich die Art, die Methode, die er anwendet (famos, von mir bewundert) an der gleichen Stelle kennen gelernt habe, wie er selbst, bei den Expressionisten, Dadaisten und so fort."

5) S. 315, 10 v.u. Aufschlußreich in diesem Zusammenhang ist schon Döblins offener Brief an Marinetti über Futuristische Worttechnik aus dem Jahre 1913 (Der Sturm, Nr. 150/51, 1913, S. 280 ff.).

6) S. 316, 18 v.u. Vgl. Martini, s. L., S. 344: „Die Sprache wird so zum Spiegel der Verwirrung des Daseins." – „Die Zerstückelung der Welt wird suggestiv in der Erzählform des Autors wiederholt; das Zusammenhanglose, die mangelnde Sinneinheit der Welt wird sprachlich sichtbar" (S. 359).   A. Sch.

HERMANN BROCH   S. 326

T: „Der Tod des Vergil" nach: Ges. Werke, 8 Bde., Bd. 3, Zürich 1945 (V). – Bd. 6, Dichten und Erkennen, Essays, Bd. I, hrsg. v. Hannah Arendt, Zürich 1955 (E); Bd. 7, Erkennen und Handeln, Essays, Bd. II, hrsg. v. Hannah Arendt, Zürich 1955 (E 2); Bd. 8, Briefe von 1929 bis 1951, hrsg. v. Rob. Pick, Zürich 1957 (B).

L: Hermann J. *Weigand*, Brochs Death of Vergil: Program Notes, in: Publ. Mod. Lang. Assoc. of America 62, 1947, S. 525–554; Hannah *Arendt*, The Archievement of H. Broch, in: Kenyon Rev. 11, 1949, S. 476–483; Dies., H. Broch und der moderne Roman, in: Der Monat 8/9, 1949, S. 147–151; Egon *Vietta*, H. Broch, in: Der Monat 36, 1951, S. 616–629; Erich *Kahler*, Rede über H. Broch, in: Die Neue Rundschau 63, 1952, S. 232–243; Ders., Einleitung (Biographie, geistige Gestalt, Werkinterpretation) in: H. Broch, Ges. Werke Bd. 1, Gedichte, Zürich 1953; Ders., Untergang und Übergang der epischen Kunstform, in: Die Neue Rundschau 64, 1953, S. 1–44; Jean *Boyer*, H. Broch et le problème de la solitude, (Collection Allemagne d'aujourd'hui), Paris 1954; Fritz *Martini*, H. Broch, Der Tod des Vergil, in: Das Wagnis der Sprache, Stuttgart 1954, S. 408–464; Hannah *Arendt*, Der Dichter wider Willen, in: H. Broch, Ges. Werke, Bd. 6, Dichten und Erkennen,

Essays, Bd. I, Zürich 1955, S. 5–42; Jean-Jacques *Anstett*, Le romantisme de H. Broch, in: Études germaniques 11, 1956, S. 224–239; Josef *Strelka*, Jean Boyer, H. Broch et le problème de la solitude, in: Euphorion 50, 1956, S. 482–486; Albert *Fuchs*, Einführung in den geistigen Gehalt von H. Brochs Tod des Vergil, in: Hüter der dt. Sprache, hrsg. v. Karl Rüdinger, 1959, S. 113–134; Wolfgang *Rothe*, Einleitung zu H. Broch, Massenpsychologie, Zürich 1959; Marie-Louise *Roth*, Robert Musil im Spiegel seines Werkes. Versuch einer inneren Biographie, in: Robert Musil. Leben, Werk, Wirkung, hrsg. v. Karl Dinklage, Reinbek 1960, S. 13–48.

Seite

N: 326, 15 v. u. Hölderlin, Gesang des Deutschen
327, 8 v. u. V, 42–50
330, 6 V, 39 f.
332, 9 v. u. V, 92, 20 ff.
333, 1 Unraum / V, 181–190
333, 1 v. u. B, 156
334, 9 V, 19, 25–20, 9; auch E, 265 f.; B, 316
334, 14 das Ewige ruht / V, 91, 30–92, 2
334, 14 der Tod / V, 84–89
335, 15 v. u. V, 142
336, 19 V, 242 ff.
337, 6 den Tod / V, 88–91
339, 7 Goethe, Faust, V, 382 f.
339, 2 v. u. V, 257–287
340, 14 V, 299–316
340, 17 v. u. ein Syrer / V, 291–299
340, 1 v. u. V, 333–440
342, 12 V, 441, 458
342, 14 v. u. V, 322–332
343, 12 Goethe, Iphigenie, V, 1649
346, 10 E, 198
346, 11 B, u. a. 156, 171, 200
346, 19 Goethe / vgl. unten, 53, 15; dazu Fuchs, s. L., S. 131 f.
347, 13 Goethe, Faust, V, II 344
347, 20 B, 270
347, 20 v. u. E, 267; hierzu Boyer, s. L., S. 18 f. u. Strelka, s. L., S. 483
347, 19 v. u. E, 267; B, 316; Boyer, s. L., S. 18 f.
347, 18 v. u. B, 270

Seite

349, 3 Vgl. Der Tod des Vergil, Betrachtungen H. Brochs zum Stil seines Werkes, in: Hamburger Akad. Rundschau II, 1947/48, S. 498–501
351, 21 v. u. Kunstwerks / B, 14
351, 21 v. u. Vielstimmigkeit, / B, 33
352, 14 V, 323, 11 ff.
352, 17 v. u. Goethe, Faust, V, 509
352, 2 v. u. B, 54 (zur Sprache Frank Thieß')
354, 14 allzu quietistisch / vgl. zu S. 51, 13
354, 18 B, 268
354, 19 V, 478
354, 18 v. u. B, 244
354, 8 v. u. positive Religion / B, 103 (1934), 375 (1950); F. Stössinger spricht von einer Rückwendung Brochs zum Judentum (Anstett, s. L., S. 228, Anm. 10)
354, 7 v. u. mathematisiert / vgl. zu S. 33, 5
354, 7 v. u. Unverbindlich / B, 156
354, 3 v. u. Die Wissenschaft / E 2, 83
355, 4 B, 156; vgl. Anstett, s. L., S. 229–232
355, 13 an sich ist / B, 47
355, 19 B., 23
355, 21 v. u. B, 185; E, 75
355, 21 v. u. das Ethische / E, 236
355, 19 v. u. erste Ahnung / B, 416

A: 1) S. 326, 10. Es handelt sich um das Verschwinden eines obersten, sinn- und zusammenhanggebenden Zentralwertes – Gott im Mittelalter – und die daraus entstehende Verselbständigung und „Radikalisierung aller Werte" (B, 185; E, 75; heranzuziehen E 2, 5–43).

2) S. 333, 21 v.u. Lysanias trägt, von Broch ungewußt und ungewollt, „die Attribute des Knabengottes Telesphoros (aus dem Kreise des Äskulap)" (B, 419). In der antiken Mythologie ist Telesphoros ein „Dämon der Genesung" (F. Lübkers Reallexikon des klassischen Altertums", 8. Aufl. 1914, Sp. 1018).

3) S. 346, 21. „Existenzphilosophie ist das alle Sachkunde nutzende aber überschreitende Denken, durch das der Mensch er selbst werden möchte. Dieses Denken erkennt nicht Gegenstände, sondern erhellt und erwirkt in einem das Sein dessen, der so denkt. *In die Schwebe gebracht* durch Überschreiten aller das Sein fixierenden Welterkenntnis (als philosophische Weltorientierung) *appelliert* es an seine Freiheit (als Existenzerhellung) und schafft den Raum seines unbedingten Tuns im *Beschwören* der Transzendenz (als Metaphysik) (K. *Jaspers*, Die geistige Situation der Zeit, Sammlung Göschen, Bd. 1000, Berlin 1931, S. 145). Boyer, s. L., S. 60, stellt die Frage nach existenzphilosophischen Beeinflussungen; Strelka, s. L., S. 484, läßt „mit keinerlei Art von Existentialismus ... irgendeine ernst zu nehmende Ähnlichkeit" gelten.

4) S. 346, 15 v.u. Nach Brochs Briefen (u. a. B, 103, 375) kann nicht mehr (wie bei Fuchs, s. L., S. 131) von „Metaphysik auf dem Boden christlicher Grundprinzipien" gesprochen werden; vgl. Anstett, s. L., S. 227.

5) S. 358, 12 v.u. „Religion ist Ehrfurcht, – die Ehrfurcht zuerst vor dem Geheimnis, das der Mensch ist. Sofern es um neue Ordnung, neue

Bindung, die Anpassung der menschlichen Gesellschaft an die Erfordernisse der Weltstunde geht, ist gewiß mit Konferenzbeschlüssen, technischen Maßnahmen, juridischen Institutionen wenig getan, und World Government bleibt rationale Utopie. Notwendig zuerst ist die Wandlung des geistigen Klimas, ein neues Gefühl für die Schwierigkeit und den Adel des Menschseins, eine alles durchwaltende Grundgesinnung, der niemand sich entzieht, die jeder im Innersten als Richter anerkennt. Für ihre Entstehung und Befestigung kann der Dichter und Künstler, unmerklich von oben ins Untere, Breitere wirkend, einiges tun. Aber sie wird nicht gelehrt und gemacht, sie wird erlebt und erlitten" (Neue Studien [1948], S. 159).

6) S. 358, 10 v.u. „Diese von dem Ich, von ‚Eigenschaften‘ getragene Verhaltensweise steht im Gegensatz zu einer anderen, ‚nichtratioiden‘, selbstlosen, verinnerlichten, kontemplativen ... Musil nennt diese ‚hinter der Person‘ stehende, das heißt im Innersten des Wesens liegende andere Möglichkeit einer Lebenshaltung den ‚anderen Zustand‘ oder ‚das Reich der Liebe‘ oder auch ‚das Tausendjährige Reich‘ ... Dieser ‚Zustand‘ ist anders als die normale, funktionale Wirklichkeit, weil in ihm sich die Perspektive des Menschen ändert, die Verhältnisse zur Welt werden ‚anders‘. ‚Alles ist mit einem anderen Sinn gefärbt.‘ ‚Die Dinge sind anders, weil meine Einstellung zu ihnen eine andre ist. Es handelt sich weniger darum, daß ich andere Seiten an ihnen wahrnehme, als daß ich überhaupt weniger ‚wahrnehme‘, sondern ethisch eingestellt bin. Nicht: was ist das, sondern: wie verhalte ich mich dazu; und zwar nicht praktisch, sondern kontemplativ ...‘ Das ‚nicht-ratioïde, motivierte Leben in Liebe‘ kommt dem inneren Bedürfnis des Menschen gleich nach einem ‚ganzen‘, ‚wahren‘, ‚wesentlichen‘, ‚wesenhaften‘ Leben, nach Sinnöffnung. ‚Wesentlich leben ... Das Wort kommt wohl aus der Mystik oder Metaphysik und bezeichnet den Gegensatz zu allem irdischen friedlosen und zweifelvollen Geschehen; aber seit wir uns vom Himmel getrennt haben, lebt es auf Erden als die Sehnsucht, unter tausenden moralischen Überzeugungen die einzige zu finden, die dem Leben einen Sinn ohne Wandel gibt.‘ ... ‚Es gibt einen Zustand in der Welt, dessen Anblick uns verstellt ist, den aber die Dinge manches Mal da oder dort freigeben, wenn wir uns selbst in einem auf besondere Art erregten Zustand befinden. Und nur in ihm erblicken wir, daß die Dinge ‚aus Liebe‘ sind ...‘ Die Liebe, die im Mittelpunkt der Musil’schen Lebensphilosophie steht, ist die höchste Möglichkeit, aus einem ‚Leben ohne Sinn, ein(em), das nur den sogenannten Erfordernissen gehórchte und ihrem als Notwendigkeit verkleideten Zufall, somit ein(em) Leben der ewigen Augenblicklichkeit‘ herauszutreten, Sinn, Einheit, Ewigkeit, Dauer, Glück zu schaffen" (Roth, s. L., S. 39 ff.).

7) S. 359, 4 v.u. Zum Jüdischen des „Mischbluts" Hofmannsthal: „La lignée paternelle lui légua une part de sang juif; dans le cadre de la transmission des qualités par le sang, c’est ... à ces ancêtres (que)

Hofmannsthal, bien que dégagé de tout rapport avec l'orthodoxie juive, devait, je crois, de sentir en lui une responsabilité envers l'esprit, une responsabilité morale, et d'en devenir toujours davantage le desservant. *Was Europa den Juden verdankt?* demande Nietzsche, et répond: ... *vor allem eins: den großen Stil in der Moral, die Furchtbarkeit und Majestät unendlicher Forderungen* (A. Fuchs, Hofmannsthal, in: Bulletin de la Faculté des Lettres de Strasbourg, XXXIX [1960–61], S. 148). A. F.

ROBERT MUSIL S. 361

T: „Der Mann ohne Eigenschaften" nach: Ges. Werke i. Einzelausg., hrsg. v. Adolf Frisé, Hamburg 1952–1957. Der Band, der den „Mann ohne Eigenschaften" enthält (1952), wird mit M. bezeichnet, der 1955 erschienene Band „Tagebücher, Aphorismen, Essays und Reden" mit T., der Band „Prosa, Dramen, späte Briefe" (1957) mit P. Auf diese Buchstaben folgt die Seitenzahl. Bei Angaben der Kapitel bezeichnet die vorangehende römische Ziffer das erste oder zweite Buch des Romans.

L: W. E. *Süskind*, Ein Buch gegen den Aberglauben, in: Die Literatur 33, 1930/31, S. 369 ff.; Adolf *Frisé*, R. Musil oder vom Grenzschicksal der Kunst, in: Die Tat 27, 1935, S. 53 ff.; Ernst *Kaiser*, Empire in Time and Space, in: The Times Literary Supplement, 1949, S. 689 f.; Gerhart *Baumann*, R. Musil, Eine Vorstudie, in: Germ.-Rom. Monschr. 34, N. F. 3, 1953, S. 292 ff.; Walter *Boehlich*, Untergang und Erlösung, in: Akzente 1, 1954, S. 35 ff.; Wilhelm *Braun*, Musils „Erdensekretariat der Genauigkeit und Seele", a Clue to the Philosophy of the Hero of Der Mann ohne Eigenschaften, in: Monatshefte für dt. Unterricht, Madison/Wisconsin 46, 1954, S. 305 ff.; Karl Markus *Michel*, Die Utopie der Sprache, in: Akzente 1, 1954, S. 23 ff.; Wolfdietrich *Rasch*, R. Musil und sein Roman Der Mann ohne Eigenschaften, in: Universitas 9, 1954, S. 145 ff.; Gert *Kalow*, R. Musil, in: Dt. Literatur im 20. Jahrh., Gestalten und Strukturen, Heidelberg 1954, S. 338 ff.; Beda *Allemann*, Ironie und Dichtung, Pfullingen 1956, S. 177 ff.; Wilfried *Berghahn*, Die essayistische Erzähltechnik R. Musils, Diss. Bonn 1956, ungedr.; Ernst *Fischer*, Das Werk R. Musils, Versuch einer Würdigung, in: Sinn und Form 9, 1957, S. 851 ff.; Ernst *Kaiser*, Der Mann ohne Eigenschaften, ein Problem der Wirklichkeit, in: Merkur 11, 1957, S. 669 ff.; Wilhelm *Braun*, Musil's Siamese Twins, in: Germ. Rev. 33, 1958, S. 41 ff.; Helmut *Arntzen*, Satirischer Stil, Zur Satire R. Musils im Mann ohne Eigenschaften, Bonn 1960; Gerhart *Baumann*, R. Musil, Die Struktur des Geistes und der Geist der Struktur, in: Germ.-Rom. Monschr. 41, N. F. 10, 1960, S. 420 ff.; Wilhelm *Braun*, Moosbrugger Dances, in: Germ. Rev. 35, 1960, S. 214 ff.; R. Musil,

Leben, Werk, Wirkung, hrsg. v. Karl *Dinklage*, Hamburg 1960; Walter
H. *Sokel*, R. Musils Narrenspiegel, in: Neue dt. Hefte 71, 1960, S. 199 ff.;
Philippe *Jaccottet*, A Partir de L'Homme sans Qualités, in: Nouvelle
Revue Française, 1960/61, S. 803 ff.; Wilfried *Berghahn*, R. Musil –
Interpretationen und „Parallelaktionen", in: Neue dt. Hefte, 81, 1961,
S. 104 ff.; Burton *Pike*, R. Musil, An Introduction to His Work,
Cornell University Press, Ithaka/New York 1961; Albrecht *Schöne*,
Zum Gebrauch des Konjunktivs bei R. Musil, in: Euphorion 55, 1961,
S. 196 ff.; Ernst *Kaiser* u. Eithne *Wilkins*, R. Musil, Eine Einführung
in das Werk, Stuttgart 1962 (nach Abschluß des Manuskripts er-
schienen).

Seite	Seite
N: 362, 8 M. 665	370, 15 v.u. M. 253
362, 21 v.u. P. 724 ff.	370, 13 v.u. M. 135 f.
363, 10 P. 615	370, 12 v.u. M. 1636
363, 2 v.u. M. 1180 f.	370, 3 v.u. M. 253
364, 4 P. 726	371, 16 M. 257
364, 8 M. 1640	371, 21 M. 312
364, 13 M. 1638	371, 9 v.u. M. 263
364, 7 v.u. M. 48	371, 1 v.u. M. 366 f.
365, 7 P. 726	372, 15 M. 258
366, 5 M. 1643 f.	372, 18 v.u. kommen wird / T. 595
366, 15 v.u. M. 13	372, 11 v.u. M. 1637
366, 10 v.u. M. 757	372, 1 v.u. M. 29
367, 2 M. 18	373, 16 M. 29
367, 13 v.u. M. 61	373, 6 v.u. M. 128
367, 11 v.u. M. 149	374, 19 M. 129
367, 6 v.u. M. 53	374, 5 v.u. M. 160
368, 3 M. 63	375, 4 M. 1272
368, 5 M. 63	375, 9 M. 1272
368, 9 M. 51	375, 16 v.u. M. 1153
368, 10 M. 364	375, 13 v.u. M. 1345
368, 13 M. 365	375, 6 v.u. M. 1568
368, 17 M. 46	376, 13 empörte / M. 369
368, 18 M. 757	376, 12 v.u. M. 1383
368, 17 v.u. M. 455	376, 7 v.u. T. 237
368, 5 v.u. was nicht ist / M. 16	376, 1 v.u. M. 1353
369, 6 M. 16	377, 15 M. 646
369, 13 M. 19	377, 16 M. 679 f.
369, 21 v.u. M. 257	377, 12 v.u. M. 1113
369, 17 v.u. M. 158	378, 20 M. 1207
369, 13 v.u. M. 17	378, 16 v.u. M. 1210
369, 8 v.u. M. 1191	378, 4 v.u. M. 106
370, 3 M. 786	379, 1 T. 647 ff.
370, 9 M. 366	379, 15 M. 125
370, 11 M. 1645	379, 12 v.u. M. 778

A: 1) S. 363, 2 v.u. Wunderbar erzählt ist z. B. auch die Geschichte von Tante Jane in I, 99; auch andere Episoden bestätigen diese Könnerschaft.

2) S. 364, 11. Vgl. E. Kaiser in seinem Aufsatz, Der Mann ohne Eigenschaften, ein Problem der Wirklichkeit, s. L., S. 673.

3) S. 365, 20. Nachweise jetzt in dem Aufsatz von A. Schöne, s. L.

4) S. 365, 4 v.u. Unter diesem Aspekt werden die Reflexionen Ulrichs untersucht in der Münsterer Dissertation von Renate von *Heydebrand*, Der gedankliche Gehalt in R. Musils Roman „Der Mann ohne Eigenschaften" im Zusammenhang mit dem zeitgenössischen Denken. Die 1962 angenommene Dissertation liegt im Manuskript vor.

5) S. 367, 20 v.u. Aufschließende Hinweise darauf in der Dissertation von W. Berghahn, Die essayistische Erzähltechnik R. Musils, s. L. Hier auch eine Analyse der Zeitstruktur des Romans.

6) S. 369, 14. Vgl. dazu den Aufsatz von A. Schöne, s. L., wo auch die akzentuierte Verwendung des verbalen Konjunktivs aufgewiesen wird.

7) S. 376, 3. Vgl. z. B. den Anfang des Romans: Berge, Meere und Giganten.

8) S. 376, 18 v.u. James Joyce, Ulysses, dt. Ausg. Zürich 1956, S. 32.

9) S. 376, 5 v.u. A. Schöne hat einige Parallelerscheinungen im 18. Jahrh. aufgewiesen, s. L., S. 214 ff.

10) S. 378, 3. Wolfdietrich *Rasch*, Erinnerung an Robert Musil, in: R. Musil, Leben, Werk, Wirkung, hrsg. v. Karl Dinklage, s. L., S. 374.

11) S. 379, 1. R. Musil, Anmerkung zu einer Metapsychik (Walther Rathenau, Zur Mechanik des Geistes), T. 647 ff.

12) S. 379, 12. Der zitierte Satz aus der Schrift Der Schatz der Armen, Jena 1906, S. 33.

13) S. 380, 18 v. u. Siehe die Dissertation von Wilhelm *Bausinger*, Studien zu einer hist.-krit. Ausgabe von R. Musils Roman Der Mann ohne Eigenschaften, Tübingen 1962, ungedr., S. 109.

14) S. 381, 14 v. u. Dies geschieht in der bereits zitierten Dissertation von R. v. Heydebrand.

15) S. 383, 10. Vgl. dagegen H. Arntzen, s. L.

16) S. 383, 15. B. Allemann, s. L., S. 186.

17) S. 383, 3 v. u. Ich habe sie in diesem Sinne bereits 1954 in einem kleinen Aufsatz (Universitas, 9. Jahrg., S. 157 ff.) vorgeschlagen und etwas näher in einem Vortrag entwickelt, der zuerst 1952 in Paris, später in Münster, Hamburg, Stuttgart, Bielefeld usw. gehalten wurde und auch den von Musil selbst akzentuierten Conjunctivus potentialis als entscheidenden Modus des Romans darlegte.

18) S. 390, 19 v. u. Vgl. Walter *Rehm*, Kierkegaard und der Verführer, München 1949, S. 33.

19) S. 390, 14 v. u. Sören Kierkegaard, Über den Begriff der Ironie, dt. v. H. H. Schaeder, München–Berlin 1929, S. 218 ff.

20) S. 390, 13 v. u. Sören Kierkegaard, Ges. Werke, Jena 1909 ff., Bd. VIII, S. 34.

21) S. 391, 10 v. u. W. Berghahn gibt in seiner Dissertation, s. L., Analysen der Vorgangskomplexe und der personalen Konstellationen.

22) S. 393, 20. Zur Analogie der Wahnvorstellungen Moosbruggers und der ekstatischen Momente Ulrichs vgl. den Aufsatz von W. Braun, Moosbrugger Dances, s. L.

23) S. 394, 7 v. u. Dazu wichtige Hinweise in dem Aufsatz von G. Baumann, R. Musil, Eine Vorstudie, s. L.

24) S. 402, 10 v. u. Vgl. die Angaben in der Dissertation von W. Bausinger, s. L., S. 105–107. – Die folgenden Sätze richten sich mit Entschiedenheit gegen die Hypothesen von E. Kaiser, die er zuerst in seinem Aufsatz Der Mann ohne Eigenschaften, ein Problem der Wirklichkeit, s. L., vertrat. Hier sagt Kaiser, daß beim späten Musil „die dichterische, visionär-mystische Seite nach und nach die Oberhand gewann über das Intellektuelle, gesellschaftskritisch Satirische", daß Musil den Entwurf der „Reise ins Paradies" nicht mehr verwenden wollte, daß vielmehr eine vergeistigte Liebe die Geschwister in eine überwirkliche Sphäre führen sollte und daß „ihre Trennung . . . nach 1936 nicht mehr geplant war".

25) S. 403, 1. Siehe T. 39, 46 ff., 61 ff. usw.

26) S. 404, 2. Diese Sätze stehen in dem Gespräch mit O. M. *Fontana*, Was arbeiten Sie? Gespräch mit Robert Musil, 1926, T. 785 ff.

27) S. 404, 21. Ein Beispiel. Arnheim teilt dem General Stumm mit, daß die Parallelaktion folgende Resolution gefaßt hätte: „Für seine eigenen Ideen soll sich jeder töten lassen, wer aber Menschen dazu bringt, für fremde Ideen zu sterben, ist ein Mörder!" Arnheim fügt

hinzu: „Die Resolution stammt übrigens aus einem zeitgenössischen Buch, wenn ich mich recht entsinne" (M. 1057 f.). Das ist keine Fiktion, sondern dieses Buch ist vorhanden. Es stammt von Josef *Popper* und heißt Das Recht zu leben und die Pflicht zu sterben, Dresden–Leipzig 1903 (1. Aufl. 1878). Dort heißt es S. 227: „Immer dann, wenn ein Gefühl, eine Idee im Innern des Menschen übermächtig wird und ihm den Tod vorschreibt, so stirbt es sich ihm leicht. Will aber irgend jemand Anderer, als wir selbst, uns das Leben absprechen, so nennen wir es Mord."

28) S. 404, 18 v. u. Das bereits zitierte Gespräch in T. 785 ff.

29) S. 405, 4. Der Krieg war auch in der Spätzeit als Abschluß des Romangeschehens vorgesehen. Eine Notiz vom 6. 1. 1936 besagt: „Umfassendes Problem: Krieg. Seinesgleichen führt zum Krieg. . . . Alle Linien münden in Krieg . . ." (M. 1617).

30) S. 405, 8. Vgl. dazu die Mitteilungen in meinem Aufsatz Probleme der Musil-Edition, Frankfurter Allg. Zeitung v. 6. u. 13. 10. 1962, Nr. 233 u. 239.

31) S. 405, 7 v. u. Mitteilungen darüber und ein Teilabdruck im Kommentar der italienischen Ausgabe des Nachlaßbandes von Eithne Wilkins und Ernst Kaiser (L'Uomo senza qualità, volume terzo, Torino 1962, S. 337 f.). Es ist eine willkürliche Auslegung der Editoren, wenn diese Disposition als „Versuch einer vollständigen Rückkehr zum Thema und zu den Texten der Vergangenheit" bezeichnet wird. Musil hatte sich nie von diesen Texten entfernt. Auch für die Behauptung, daß Musil nur aus Zeitnot – der Verlag Bermann-Fischer wollte damals den Schlußband drucken – die alten Texte verwenden wollte, statt den Roman in anderem Sinne fortzuführen, fehlt jeder Beweis oder Anhaltspunkt.

32) S. 406, 8. Siehe Musils Brief an Johannes v. Allesch vom 18. 9. 1931, Leben, Werk, Wirkung, s. L., S. 307.

33) S. 406, 11. Die Redaktion des alten Materials, so berichtet Musil weiter, bedeutete auch eine „Abrechnung" mit den alten Entwürfen, „wobei ich fast alles opferte, was ursprünglich den eigentlichen Roman und später einen Teil des zweiten Bandes bilden sollte . . ." Er bemerkt, „aus dem weggestrichenen Teil" könnte „eine Erzählung im Umfang des Törleß werden". Bei dem gestrichenen Romankomplex kann es sich wohl nur um die Spätphase des Clarisse-Walter-Themas handeln, das in der Tat ursprünglich die Romanhandlung bilden sollte. Allerdings zeigen spätere Notizen, daß Musil Clarisse als Kontrast- und Spiegelfigur zu Agathe und Ulrich doch nicht opfern wollte.

34) S. 406, 18. Das Datum des Satzbeginns entnehme ich einer freundlichen Mitteilung des Druckers, nämlich der Waldheim-Eberle AG in Wien, die Herr Dr. Ludwig Polsterer leitet.

35) S. 406, 19 v. u. Mitteilung Martha Musils in der Einleitung ihrer Nachlaß-Edition, Der Mann ohne Eigenschaften, dritter Band, aus dem Nachlaß hrsg. v. Martha Musil, Lausanne 1943.

36) S. 406, 11 v. u. Siehe den Brief Martha Musils an Johannes v. Allesch vom 21. 5. 1930, Leben, Werk, Wirkung, s. L., S. 300.

37) S. 406, 9 v. u. W. Bausinger bestätigt mir das freundlicherweise brieflich aus seiner Kenntnis des Nachlasses. „Ich glaube nicht, daß man in Musils Schaffen der Schweizer Jahre eine radikal neue Wendung sogar gegenüber dem zweiten Band und den ersten Dreißigerjahren sehen kann . . ."

38) S. 406, 6 v. u. Adolf Frisés Ausgabe der Nachlaßteile hat das Verdienst – nach Martha Musils Abdruck einiger Stücke dieser Entwürfe –, sie zum erstenmal in großem Umfang mitgeteilt zu haben. Diese erste, nicht nach wissenschaftlichen editorischen Grundsätzen eingerichtete Ausgabe, der Anmerkungen und Hinweise fehlen, hat neben vielen textlichen Ungenauigkeiten auch andere Mängel. Sie fügt zuweilen Texte aus verschiedenen Entwürfen zu einem Kapitel zusammen, gibt keine genauen Datierungen und ist auch in der Anordnung z. T. problematisch. Vgl. dazu meinen schon genannten Aufsatz in der Frankfurter Allg. Zeitung.

39) S. 408, 20. Diese Utopie der „induktiven Gesinnung" wäre ein Rückgriff auf frühere Ideen Ulrichs, der wiederholt für das „Verfahren einer bewußten Induktion" im Bereich des Moralischen, mit methodischer Zusammenarbeit aller, eintritt, weil „leitende Ideen" nicht mehr vorhanden seien (M. 650). Im Grunde wäre wohl die Utopie der induktiven Gesinnung nur eine Formel für jenen Utopismus, der sich an feste Leitbilder nicht bindet, eine Umschreibung für Offenheit gegenüber der Wirklichkeit, die sich aus Ulrichs Entwicklung ergeben müßte und den „offenen Schluß" des Romans markieren könnte. Am Ende eines Schemas für die „induktive Gesinnung" heißt es: „Die geschlossene Ideologie durch eine offene ersetzen" (M. 1626).

40) S. 409, 4. Mitgeteilt in der Dissertation von W. Bausinger, a. a. O., S. 109.

41) S. 409, 14. In der Konzeption von 1926 war Agathe noch die Zwillingsschwester Ulrichs.

42) S. 410, 8. Blaise Pascal, Pensées, dt. Ausg. v. Ewald Wasmuth, Berlin 1940, S. 225, Nr. 485.

43) S. 410, 9. Paul Valéry, Monsieur Teste, dt. Ausg. v. Max Rychner, Leipzig 1947, S. 95 f.

44) S. 415, 16 v. u. Auf einem Studienblatt von 1931 notiert sich Musil: „Da ‚anderer Zustand' zu individualistisch, gleich die soziale Problematik hinzunehmen" (M. 1375). Das zehn Jahre später, in Musils letztem Lebensjahr, in Reinschrift fertiggestellte Kapitel II, 47 erfüllt diese Absicht. Musil hat das Thema „Genie und Durchschnitt" in zwei weiteren Kapitelentwürfen der Schweizer Zeit (II, 49, 50) fortgeführt, doch nicht abgeschlossen.

45) S. 417, 7. In einem Entwurf zum Kapitel II, 55, der von 1938 stammt, scheint diese Wendung schon vorbereitet. Dort heißt es von dem möglichen Übergang zur sinnlichen Vereinigung: „Das bedeutete

für ihr Leben nicht mehr als die Wahl eines Vorzeichens, einer Überschrift und einer anderen Lesart, und kein Buchstabe des Sinns und
Hintersinns wäre dadurch gekränkt oder von seinem Platz gerückt
worden; ja eher mochte dann erst vieles klar werden wie ein Feuer,
das durch den Rauch bricht." (Mitgeteilt von W. Bausinger, a. a. O.,
Teil 2, S. 56a–57a.) Die warnende Stimme, die den Geschwistern nur
beim Verzicht eine höhere Vereinigung verhieß, scheint hier verstummt.

W. R.